U0153937

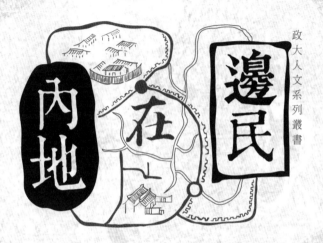

政大人文系列叢書

邊民在內地

藍美華 主編

政大人文中心

政大出版社
Chengchi University Press

國家圖書館出版品預行編目 (CIP) 資料

邊民在內地 / 張廣達等著；藍美華主編 . -- 初版 . --
臺北市：政大出版社出版：政大發行 , 2018.12
面； 公分 . -- （政大人文系列叢書）
ISBN 978-986-96304-9-8（平裝）

1. 邊疆問題 2. 少數民族 3. 文集

681.507 107022826

政大人文系列叢書

邊民在內地

主　　編　藍美華
著　　者　張廣達、定宜莊、連瑞枝、金宣旼、劉國威
　　　　　林士鉉、蔡名哲、黃淑莉、陳又新、隋皓昀
　　　　　蔡仲岳、法提合、耿慶芝、平山光將

發 行 人　郭明政
發 行 所　國立政治大學人文中心
出 版 者　政大出版社
執行編輯　蕭淑慧、林淑禎
封面設計　談明軒
地　　址　11605 臺北市文山區指南路二段 64 號
電　　話　886-2-29393091#80625
傳　　眞　886-2-29387546
網　　址　http://nccupress.nccu.edu.tw

經　　銷　元照出版公司
地　　址　10047 臺北市中正區館前路 18 號 5 樓
網　　址　http://www.angle.com.tw
電　　話　886-2-23756688
傳　　眞　886-2-23318496
戶　　名　元照出版有限公司

郵撥帳號　19246890
法律顧問　黃旭田律師
電　　話　886-2-2391-3808

排版印刷　鴻柏印刷事業股份有限公司
初版一刷　2018 年 12 月
定　　價　480 元
I S B N　9789869630498
G P N　1010702711

政府出版品展售處
‧國家書店松江門市：104 臺北市松江路 209 號 1 樓
　電話：886-2-25180207
‧五南文化廣場臺中總店：400 臺中市中山路 6 號
　電話：886-4-22260330

目次

序

藍美華

國立政治大學民族學系副教授

　　七年多前，國立政治大學人文中心開始「現代中國的形塑」研究計畫，其下有好幾個子計畫，筆者擔任其中「少數民族與現代中國的形塑」研究團隊的召集人，開始和一群學者與研究生定期討論相關的學術議題，並且透過學術會議和工作坊鼓勵團隊成員撰寫與發表論文，希望透過這樣的學術活動，把研究中國少數民族的台灣學者集合起來，彼此切磋琢磨，更希望藉此鼓勵更多研究生投入相關研究。

　　約莫五年前，人文中心周惠民主任鼓勵我們出版專書。這給了我們團隊一個具體的目標，在2014年11月出版了《漢人在邊疆》一書，目前這本《邊民在內地》則是與前書呼應的另一著作。本書分爲兩部分，第一部分收入十篇專論，討論清初至民國時期邊民在中國內地活動的情況；第二部分則是一位新疆哈薩克人的口述史，描寫他在台灣求學、工作，從老外變成新住民的故事，還搭配了一篇來台新疆人的介紹。這些專論與口述史，在張廣達先生爲本書所寫的緒論中都有介紹，筆者在此就不贅述。

　　台灣是個移民社會，先是原住民在此生活，後來漢人也在不同時期從福建、廣東遷移而來，其間又經歷過西班牙人、荷蘭人、日本人的佔領統治，1949年國民政府播遷來台，帶來了大批大陸各省軍民及各界精英，居住在全島各地；近二十年來，來自東南亞與大陸各省的新住民也加入了台灣這個大家庭的行列。這樣的特殊歷史發展，雖然過程中不乏爭鬥對立，但更有彼此扶持合作、相依共榮的經驗，讓台灣成為一個文化豐富多元的美麗之島。在此，來自不同族群背景、不同生活習慣的人變成鄰居、同學、朋友、創業夥伴甚或結成連理，不同地方的飲食出現在家裡的餐桌上，不同族群的詞彙在日常生活中混用，使得每個台灣人身上除了自身家族帶來的基因外，也都受到此地其他族群文化的影響，逐漸形成台灣人的一種特色。當離開台灣在外地旅遊、求學或工作時，我們很容易就可以分辨出誰是台灣人。台灣仍然是個移民社會，但本土的認同已經非常強烈，不管原住民、漢人或新住民，幾乎都毫不遲疑地認為自己是台灣人，他鄉成了故鄉，邊陲成了核心。台灣的例子，呈現了族群互動的珍貴，沒有不同文化的衝擊與磨合，無法產生新的機會與力量，台灣就因為擁有多元族群，才能展現出強韌的生命與絢麗多彩的文化。

　　中國歷史也是如此，廣闊的土地上出現了不同的人群，因為居住環境與生產方式的不同，形成了迥異的文化，其中包括漁獵、游牧，還有更多人從事的農耕。在歷史長河中，特別是在歷史上的移民浪潮中，華夏中國的邊界是流動的，所以與現今中國領土內曾活動過的人群的互動關係有時是國內關係，有時則是國際關係。中國從來不是一個同一血緣或民族組成的政治體，而正如許倬雲先生所概括指出的，乃是由政權、共同的社會經濟生活、文化觀念、文字系統維繫在一起的多族群共同體；多族群的龐大複雜體系是中國歷史上的常態。因此，我們在研究中國歷史時，必須特別關注不同人群或族

群間的互動，尤其是漢人與其他少數民族間的互動，不管後者是來自蒙古、滿洲、西藏、新疆或是雲貴等地。唯有正視各族群在中國歷史及其形塑上所扮演的角色與貢獻，才能眞正認識今日的中國，才有可能找到一條各族人民攜手前進、通往未來美好幸福的康莊大道。本書的出版，除了提供讀者有關大環境變化下邊民在內地從事政治、社會或文化活動的個案研究外，也附帶著筆者期待引發讀者思考台灣、中國大陸與兩岸關係何去何從的小小心願。

緒論

張廣達

中央研究院院士

國立政治大學歷史學系講座教授

　　讀者面前的這本論文集《邊民在內地》，是藍美華教授主持的「少數民族與現代中國的形塑」研究計畫的又一項成果。此前藍教授主編的《漢人在邊疆》業已刊行，[1] 本輯為該研究計畫的成果之二，兩本論文集均收在政大人文系列叢書「民族互動與文化書寫系列」之中。

　　研究計畫主持人藍美華教授，之所以將有關內地與邊疆的交互作用或互動過程的「文化書寫」分編為兩輯，書名一作《漢人在邊疆》，一作《邊民在內地》，是考慮到兩輯文章關注的重點有所不同。前輯的文章側重在探討各種身分、不同族屬認同的內地人士置身於邊疆的政治性、社會性、文化性的活動與作為；本輯《邊民在內地》所收文章，關注的主要是被滿清皇朝納入版圖的邊疆族群的活動，及其一系列當事人的所思所為、他們與內地的公私往來、他們的主動移徙或被動遷入內地的經歷、他們隨著清末民初大時代

1　藍美華主編，《漢人在邊疆》（台北：政大出版社，2014）。

變化而遭際的命運。兩書文章探索的問題看來參差錯落，紛然雜陳，實際上均與探討「少數民族與現代中國的形塑」密切相關，分編爲兩輯，有助於從時、空二維分別彰顯現代中國形塑的頭緒紛繁的歷史脈絡。

一

「少數民族與現代中國的形塑」研究計畫，讓我們清楚地看到，中國歷史上的夷夏之辨，早自帝制時代起，就是族群互動、實力較量的反映。出現在中國歷史上各個時期的族群，統轄著大小不等的空間或分野（spatiality），隨各族群的實力消長而伸縮、而變遷，族群的領域（territoriality）因時而異，變動不居。中國傳統史籍記載的歷朝歷代，不外乎兩種類型：不是藉助武力擴張而揚威於域外的中原王朝；就是因赫赫武功而入主內地、被納入中原正統的外族王朝。換言之，在帝制時期的多族群互動，歸納起來，不外乎是中原腹心地帶建立的皇朝向邊陲拓展，或是邊陲族群建立的政權向內地推進。兩種類型的皇朝循環交替，中間不時穿插著諸多族群建立的諸多政權同時併立的過渡階段。人們已然習以爲常地認爲，中央集權、以正統自居的皇朝直接統轄的腹心地帶是內地、是核心（the core），納入皇朝版圖但又不歸皇朝大一統體系直接號令之下的地帶則屬於邊陲（periphery）和半邊陲（semi-periphery）。棲息在邊徼地帶（borderlands）的族群，在皇朝建立大一統的天下體制階段，多以內藩、外藩或四裔見稱，他們與中原王朝構成各種性質的宗藩朝貢體系。晚近，隨著從海外引進「邊陲」這一術語，和王明珂先生提出「邊緣」這一概念，人們越來越多地使用邊民這一概念統稱邊徼族群。

　　無待贅言，邊徼地帶的生態環境與中原內地大不相同。生態環境的差異，導致邊徼地帶與內地在人口結構、生活方式、社會結構、經濟資源配

置、政治形態等諸多方面產生地域性差異，而地域性差異又進而影響生活在各自區域的族群（ethnos，ethnic groups），及其個人活動形成各具特色的慣習（habitus）、文化和心態，並再進一步制約著各自的身分（status，identity）或族屬認同（ethnic identity）。簡言之，在近代中國以前的歷史上，內地與邊徼的分野，實際上無一不是由於生態差異衍生而來。由此進而呈現為中國歷朝歷代，乃至內陸亞洲史上中原和四裔族群之間長期的、從未間斷的對峙、衝突與拮抗（antagonism），並不時演變為多族群的長期激戰，例如五胡十六國時期、五代十國時期，陷入戰亂不已的族群飽受摧殘。但是，對內地與邊徼雙方而言，也同樣是由於生態差異，衍生和派生出來對於雙方說來均不可或缺的一種需求：「非我族類」之間不能沒有必要的交際與往來。歷史上實際展現的情況是，即便在戰亂頻仍擾攘的年代，邊疆與內地的不同族群的雙向交往或互動（interactions），也從來沒有間斷。內地與邊疆的我者和他者雙方，無論是在族際之間，還是在個體之間，無論是從族群上層到草根基層，雙向的交互作用既時時演出為政治性的區隔、對抗、暴力衝突，也更經常體現為生計上的相互依賴、文化上和思想意識上的趨同、乃至社會性的磨合與混一。近年對生活在魏晉南北朝和隋唐五代時期的大量粟特人（the Sogdians／昭武九姓）的相關研究，讓人們清楚地看到，異族之間正是因為各有所長而互補各自所短，生成和維持著某種共生（symbiosis）關係。粟特人在促進歐亞內陸幾乎所有族群之間的物資交流、文化交流，乃至在豐富許多族群的政治、文化生活上，起了非同小可的作用。

在這裡，對於我們研究的課題說來，應當強調的一點是：歷史上的族際互動與趨同過程並非單調一致，而是因地、因時、因不斷變化的國際形勢之不同而不同。拿清代來說，有清一代，滿族統治者以內亞邊疆族群之一員的身分入主中原，可以視為中國歷史上規模空前的一次邊民跨入內地。

在1840年的鴉片戰爭之前，大清皇朝在觀念上標榜破除夷夏之防，在實踐上將許多過去從未整合到中國皇朝體制的族群納入了龐大的帝國。在治理邊疆的用心擘畫、籌措方面，大清王朝超軼前代。按照前賢的總結，滿清治理邊疆，其政制、教化方針，與治理內地22行省迥然不同：內、外蒙古地區被列為「外藩」，理藩院總理其上；以盟旗、聯姻控蒙古；以軍政、軍府制度治東北和新疆；以駐藏大臣、《善後章程》規定的體制羈西藏。這種因地制宜的治邊策略、因族群而異的互動方針，使清帝國得以在前期，維持著內地與邊疆的相對穩定。在與遠離邊境的族群互動方面，清廷前期也頗為在意與之保持必要的往來。例如，康熙晚年派出圖理琛（1667-1740），訪問伏爾加河下游地區土爾扈特部，以及包括俄羅斯在內的諸多毗鄰地區。至於天山南北各族人群，經常往來於內陸亞洲各地，近至塔什干，遠達喀山、莫斯科。如果再考慮到文化與宗教方面，天山南北的許多族群，與阿富汗、阿拉伯半島、土耳其等中亞、西亞諸伊斯蘭國度保有傳統聯繫。晚清以來，新疆地區與沙俄境內的中亞地區聯繫更見緊密，新疆一些民族，如維吾爾、哈薩克、烏茲別克族等，本來就由於與中亞地區民族血緣相同或相近，再加伊斯蘭教義的長期影響，彼此不斷互相進入對方境內遊牧、經商。在七河流域（Semirechie）的各遊牧部落之間，清廷僅設「移設卡倫」、「添撤卡倫」，用以補助「常駐卡倫」的功能。十九世紀以來，面臨西力東漸、列強加緊入侵的新形勢，滿清皇朝卻久久陶醉於其前期盛況，閉目塞聽，拒絕開放國門。1840年鴉片戰爭之後，中國經歷了有史以來的劃時代巨變。面對英、法、俄等西方列強的迭次入侵，滿清政府在全然不瞭解西方的「地緣政治」和十九世紀的國際環境的情況下倉促應戰。在邊疆問題上，滿清統治者迭次抗爭、迭次失敗，之後不得不在屈辱、無奈的情況下，被動地接受「西方條約體系」。在西方強權的軍事、外交、貿易的一再衝擊和多重壓力下，滿清帝國

被迫適應西方近代「民族國家」（nation-state）的國際範式，相應地改造傳統
王朝的國家體制，也在向近代國家轉型的過程中，改造宗藩朝貢體系，重構
國內族群關係。到了十九世紀末，日本經明治維新而脫亞入歐成功，也加入
了宰割滿清皇朝的行列，而且後來居上。滿清政府到此方才進一步接受源
自西方的、以「民族國家」為單位的、近現代主權觀念支配下的領土歸屬觀
念，和與之相應的國際關係。1912年2月12日，清朝末代皇帝溥儀頒布退位
詔書，在此之前，清朝政府已經按照近代民族國家的領土觀念，與列強簽署
了十幾個涉及領土的條約。收在上述兩輯的多篇論文，所分析的個案涉及了
這方面的內容。

　　1912年，中華民國建立，民國取代了滿清，在繼承大清王朝領土、將
原來的「臣民」變成了「國民」的同時，也繼承了大清王朝留下來的政治遺
產。在新舊交替的動盪中，邊疆地區也隨之出現了不同於傳統時代的邊界糾
葛，以及諸多新型政治構建的案例。一些歷史上居住在中國邊陲的族群，在
與新的中央政權打交道上，在族群認同上，提出了一系列離心離德，但又難
以與內政和外交斷然切割的問題。民國初年，在俄國鼓動支持下，外蒙古首
先宣布獨立，繼而蒙、藏私自簽約，準備與中國進一步脫離關係。中國北洋
政府既無力壓制外蒙古和西藏的獨立和實際分離活動，也不能有效地應付外
國勢力對內蒙古、滿洲、新疆、西藏等地的諸般圖謀，以及這些地方謀求自
治或獨立的企圖。每當中央政權試圖整合國土，邊疆族群則往往依託外國，
以強調自身特殊性而與中央抗衡。再者，歐風東漸，來自不同方位的各種政
治思想、觀念、思潮無遠弗屆，傳入邊疆，逐步喚醒和增強邊疆各族群精英
的近代民族意識和觀念。這一切，在新疆表現得最為明顯。在新疆，泛突厥
主義和泛伊斯蘭主義的思潮，本來就已經漸次流傳，而今，隨同科技新知一
道，民主和民族平等新思想、新觀念影響著新疆社會的各個層面。特別是

1917年發生在毗鄰俄國的十月革命，二十世紀三十至五十年代蘇聯國內宣傳和宣導的有關民族理念，通過種種管道進一步輸入新疆，直接、間接影響到新疆境內各種社會變革和政治事件，乃至中、蘇關係。1933年的東突厥斯坦伊斯蘭共和國問題，特別是1944至1949年的東突厥斯坦臨時政府問題，都與國際形勢變動下蘇聯的策動脫不了干係。中共建政之後，東突厥斯坦議題仍然隨著中蘇關係的變化而持續若隱若現。1991年蘇聯解體，冷戰結束，但新疆地區集權性的權力運作，依然激化著民族之間對立，促使新疆地區少數民族問題與極端宗教思潮統合，東突議題乘勢再起。

二

　　依據上述時代潮流的演變，以下讓我們簡介本輯的內容。

　　收入本輯的專論有十篇，作者依據漢、滿、蒙、藏、維吾爾等多種語言文本，特別是依據近年搜集到的滿語《語錄》、晚近新刊日記、隨筆、漢藏互譯佛典、異域著述等，考察和梳理了涉及滿鮮、蒙古、新疆、安多、衛藏、雲貴、廣西、閩南、台灣的進入內地的邊民在諸多方面的歷史細節。十篇專論除了個別章節對清代之前的歷史背景有所追述外，主要是回顧了（一）清初、（二）康熙雍正乾隆盛世、（三）迫於西力東漸而向現代民族國家轉變的晚清、（四）民國四個時段，揭示了邊民與內地乃至海外的族群因應形勢變化的多方面互動情景與多元文化的交互影響。時間跨度從十七世紀中葉到清末民初乃至今天，長達三、四個世紀。

　　在這裡，應該特別提請讀者注意收入本輯的平山光將先生的專論〈新疆突厥語系穆斯林在內地（1390-1945）——以艾沙為例〉，和哈薩克族法提合先生的口述史〈從老外到新住民——一個哈薩克人在台灣〉兩文。兩文的特點在於，其中涉及的人物和敘述的事績，在今天仍然具有一定的現實意義。

平山的專論記述的是艾沙二十世紀三十年代和四十年代，從新疆到南京等地的活動和事蹟，但艾沙後來起過遠爲更加重要的作用，他是1944年後，東突厥斯坦在伊寧建國時期的建國領袖之一。在當時的泛突厥主義派中，他與麥斯武德、伊敏三人號稱「三先生」，由於投靠國民政府和傾向親美而遭伊寧政權親蘇派的杯葛。1949至1952年流亡海外後，他是宣揚東突的主要人物。法提合先生口述史敘述的雖然是他在土耳其、台灣的成長，以及他在更加廣闊天地的事業和成就，但他在新疆的家庭屬於哈薩克族群，之所以流亡海外，是因爲他的父親率領族衆反抗1949年中共的接收新疆。從這一意義說來，兩文不僅屬於邊民在內地的範疇，而且昔日意義的邊民，今天還在更廣闊的海外諸多地區起作用。爲了便於讀者瞭解兩文的時代背景，本輯特地增加了一篇蔡仲岳先生撰寫的〈來台新疆人之介紹〉，旨在對1931至1990年間，新疆人口移居台灣的情況略做概括。出於同樣的考慮，以下的簡介也不嫌辭費，提及一些細節。

現在就讓我們簡介各篇內容。

韓國高麗大學金宣旼教授的文章〈朝鮮通事古兒馬紅（鄭命壽）研究〉，反映了滿清開國之初和施政早期，引用邊民的考慮和採取的相應措施。本文依據清初刑部檔案和朝鮮方面的記載，論述後金時期滿鮮邊境出身於朝鮮官奴的古兒馬紅（清譯漢名鄭命壽）起家和漸次受到倚重過程。古兒馬紅由官奴先被收爲滿洲八旗包衣，跨進一個嶄新的社會，後作爲兩種語言的通事而被漸次提升爲敕使，參與後金與朝鮮的交涉事務，推進和管理滿洲與朝鮮的貿易。及至被檢舉濫用權力、大量犯罪行爲，依然被皇帝免去一死，貶爲奴隸。可以說，此文是「展現『跨邊境人物（transfrontiersman）』特徵的典型例子」。

在〈散落於內地的女眞後裔──以閩台粘氏的宗族與族譜爲例〉一文

中，定宜莊研究員以清代內務府有關完顏世家的記載，和閩、台粘氏的宗族與族譜的集體記憶爲案例，結合多次親身實地考察和反復訪問，探索自從1234年金朝滅亡之後，下迄清代，移徙內地的女眞的餘裔，包括猛安謀克的後裔，在前後八百年來分分合合的複雜過程中，如何重構族群意識，再建「金源世家」的「認祖歸宗」的文化身分。看來，八個世紀之前，包括猛安謀克在內的移居內地的金代邊陲群體，面臨的考驗是如何適應不斷變化的形勢而不斷重新自我定位，文章指出，在傳承家族集體記憶的過程中，有些重構難免由於因應現實情況的變化而有實有虛。

連瑞枝女士的〈南京歸來──大理世族的身分抉擇〉一文的主題，與定宜莊〈散落於內地的女眞後裔──以閩台粘氏的宗族與族譜爲例〉一文相近。連文研究元明之際西南地區的世族精英如何重新建構世系，具體說，也就是南詔大理國的貴族後裔，漢文典籍中稱爲的白人，自從被明太祖朱元璋陸續請到新的政治中心南京，脫離故土，匯聚異鄉，因獲得了新的政治身分而如何重構世系。文章詳盡地探索了從南京返鄉後的新興大理士人集團，又怎樣通過撰寫墓誌與族譜以展示其姻親關係和身分，建構起世系與文化正統地位。

林士鉉先生的〈清乾隆年間厄魯特降人在內地──兼述琿春的厄魯特〉一文，探討乾隆時期清廷與準噶爾部的和戰關係。早在蒙元帝國時期，斡亦剌惕（Oirats）是蒙古韃靼諸部之中，唯一沒有被完全統合到蒙古的一部，它保持其相對獨立狀態，直到明、清，先後以瓦剌、厄魯特、衛拉特等名見稱。在清代前、中期，清廷與厄魯特蒙古，特別是與其中勢力最強的準噶爾部，因邊界糾葛和商務問題衝突不斷，直到乾隆22年（1757）消滅準部之前，雙方時戰時和。林先生本文依據清軍機處檔案，論證了直到十八世紀中後期，清廷仍然沿襲入關之前的方針，將征討俘獲和投降來歸的邊民編入旗

籍的一套做法施用於厄魯特蒙古降人，亦即運用八旗制度促使厄魯特蒙古降人進入內地。人們看到，清廷引誘厄魯特蒙古人來降並收容安插之於內地八旗體系中的種種措施，不可謂不周密，但被安插的某些厄魯特蒙古降人因其特殊身分仍然不時叛逃。感謝林士鉉先生，此文對厄魯特蒙古之進入內地的脈絡，爲我們做了清晰的梳理。

　　蒙古正藍旗人瑪拉特氏出身的松筠（1752-1835）爲清代重臣，是一位侍奉乾隆、嘉慶、道光三朝，前後共五十二年的元老。松筠，筆帖式出身，歷任內閣學士、內務府大臣、兩江總督、兩廣總督、協辦大學士、東閣大學士、武英殿大學士、吏、戶、禮、兵、工五部尚書，三度在軍機處上行走；又多次外任庫倫辦事大臣、駐藏辦事大臣、陝甘總督、伊犁將軍，在邊疆地區度過半生，對清代處置邊疆地區的貿易、吏治、水利、農業均有貢獻。政績、事功之外，松筠名下有《新疆識略》、《西陲總統事略》、《衛藏通志》等著述十餘種，其中雖多爲他人代筆，但他的學術造詣頗高亦爲世所公認，他與徐松、祁韻士、沈垚等諸多飽學之士，保持著長期的過從和密切的往來可爲有力證明。松筠在藝術領域亦有成就，以書法爲最。最近數年，兩岸學者發表有關松筠的論文數量多達三十餘篇，可以說，松筠是近來被研究得相當充分的清代人物之一。收入本輯的蔡名哲先生的〈松筠——面對漢人凝視的蒙古旗人〉一文，使世人看到松筠生平的又一側面：松筠身爲清廷中樞要員，封疆大吏，由於信奉藏傳佛教，於乾隆54年完成專爲旗人寫下的滿文著作《百二老人語錄》八卷，向當時家家供佛的旗人宣導如何看待旗人與皇上的關係，又如何看待漢地文化。此書既展示了松筠的漢族理學造詣和用滿文寫作的水準，又記載下來松筠面對漢地優勢文化，如何看待蒙古旗人應該認同的藏傳佛教教義與信念，此書歷來受到中外學者的重視。蔡名哲先生近年專心致志於研究滿文《百二老人語錄》的多種存世抄本及相關滿漢文本的

比較，所下功夫極深，發表相關論文多篇。本文指出，《百二老人語錄》一書記錄了一百二十則老人舊言，這些老人述說的故事難免有虛構成分，但松筠編纂此書的意圖和宗旨正在於「本計是圖，審所先務。」何謂「本計是圖，審所先務」？有些什麼內容？松筠認為，有些舊言，例如，「旗人與皇上的關係是最聽話的奴才」一語，滿蒙旗人應當牢記心頭，確保在記憶之中。蔡名哲先生進而指出，面對具有文化優勢的漢人的「凝視」，松筠不免「對於自己的身分與信仰仍有一定的緊張感」，這一敏銳觀察反映了蔡先生的卓見，有助於人們今天從新角度認識像松筠這般高階邊民還在高度關注自己在意識形態領域的作用和身分歸屬，以適應在內地和宮廷的文化生態和慣習（habitus）。

　　與宗教信仰有關的另一篇文章，是劉國威研究員的〈十八世紀北京蒙藏人士對中國佛教的理解〉。在清代，蒙、藏僧侶、神權領袖，和上層人士與內地人物多有往來者。本文詳細研究和介紹了十八世紀幾位與清廷關係密切的格魯派蒙古高僧，他們經常往來或常駐北京，既與來自漢藏文化交匯地區的青海安多（Amdo）的學問僧有密切交往，又能廣泛、直接接觸漢傳佛教的經典典籍。這些高僧由於精通滿、蒙、藏、漢四種語言，不存在文字認知上的障礙，對漢區佛教或曰漢傳佛教的教義有確切的認知，因而對漢傳佛教的敘述理解確實具有獨特性。本文提及多位學問僧和多部論述漢區佛教源流著作，但著重介紹的是內蒙古錫林郭勒盟烏珠穆沁部貴冑貢布嘉（通常作工布查布）的生平及其突出貢獻，例如，貢布嘉編就《漢區佛教源流》（1736）、將玄奘《大唐西域記》譯為藏文（1736年之後）。如何研究蒙、藏邊疆的西番學與漢地文化的深度交流，這一艱深的課題，本文揭示了著手的門徑。

　　在十九世紀西方列強加緊入侵的劃時代的巨變形勢下，有一點甚為值得人們注意：邊疆社會幾經動亂而得治，與內地和中央的關係反而有所加強。

在這方面，黃淑莉女士的〈岑毓英與清末雲南社會的「亂」與「治」〉，詳細
敘述了出身廣西壯族的岑毓英（1829-1889）的早年功業，在反抗太平天國初
期籌辦團練、保衛地方有功。繼而參加平定1856年爆發的雲南回漢衝突，
建立滇軍，從此青雲直上，1868年擢升雲南巡撫，1874年署理雲貴總督，
躋身「中興名將」之列。1875年的「滇案」（英國駐華公使館譯員馬嘉理在
滇緬邊境被殺），使岑毓英仕途受挫。丁憂三年期滿，被召覲見，授貴州巡
撫。岑毓英在黔撫任上提出了裁汰官府冗員、減免賦稅、改善民生、修繕學
校、興辦公益事業等一系列施政改革措施，並在邊疆大力推進儒家教化。
1881年，岑毓英調任福建巡撫，督辦台灣防務。1882年，岑毓英在中法戰
爭即將爆發之際，擢署雲貴總督。在僮／壯族史上，岑毓英是首位僮／壯
族總督與兵部尚書，後與其弟岑毓寶、其子岑春煊一起，被稱作「一門三總
督」。黃女士在雄文的結論處提出，本文只是為研究岑毓英與清末西南邊疆
的政治經濟和族群關係起個頭。

　　陳又新先生的〈第十三輩達賴喇嘛在內地的活動〉一文，詳明地考察了
第十三輩達賴喇嘛，從1904年6月離開拉薩，輾轉於蒙古庫倫、青海塔爾
寺，駐錫於山西五台山以候進京覲見、1908年9月入京這一時期的前後大量
外事活動。此文值得今天人們的重視，因為人們今天對於五台山在歷史上，
曾經具有的重要性已經不太措意。當年，第十三輩達賴喇嘛陛見太后與光
緒皇帝之後，於1908年11月末離開北京時，直到1913年2月13日發布《水
牛年文告》之前，西藏並未與清廷脫離「供施關係」。1872年訪問五台山的
James Gilmour（景雅各）說過，五台山，對於蒙古人說來，就等於耶路撒冷
之於猶太人，麥加之於穆斯林。從這一點著眼，五台山具有重大的政治意
義。有關清末與民國時期居停內地的蒙、藏、維上層人士以及個別外交人士

的動態，林士鉉先生在他的〈滿文文獻與清帝西巡五台山研究〉[2]一文中也曾指出，滿清諸帝避暑期間，以熱河行宮及其外八廟爲皇朝行政中心，和蒙藏等地政務和接見其政教領袖之外，也重視經營五台山，在內地北部建立一個「中華衛藏」，使漢、藏佛教並存，一道起促進滿漢蒙藏各族對「中華」的向心力與認同的作用。1911年辛亥革命爆發，當內地各省紛紛宣布「獨立」之際，以十三世達賴喇嘛爲首的西藏上層分子，在英國人的支援下，組織藏軍，驅逐駐藏川軍和在藏漢人，也宣布「獨立」。西藏之獨立傾向，在十三世達賴喇嘛頒布的1913年2月13日《水牛年文告》中，得到充分體現。與此同時而稍早，1913年1月11日，在十三世達賴喇嘛親信的俄籍布里雅特喇嘛僧德爾智（1854-1938）策劃下，西藏與外蒙古雙方於庫倫，締結了互相承認對方爲「獨立國家」的《蒙藏協約》，並試圖建立「蒙藏聯盟」。只是由於兩位締約人不具代表性，《蒙藏協約》未能發生政治效力，但這一協約可以看作是蒙藏上層精英對其所擁有的權力和地位的「自我表述」。1914至1915年的西姆拉會議期間，在達賴喇嘛的授意下，西藏地方代表提出獨立要求。由於民國中央政府代表強烈反對，西藏地方最終不得不採用英國人提出的「宗主權」概念，界定中國政府與西藏地方之關係。

　　2015年，法國學者伊莎蓓勒‧沙爾勒（Isabelle Charleux）刊出《遊牧人的朝聖之旅：1800-1940年蒙古人在五台山》（*Nomads on Pilgrimage: Mongols on Wutaishan (China), 1800-1940*）一書，認眞考察了蒙古人朝拜五台山的歷史，蒙古人在那裡留下340方蒙文石刻，値得我們研究邊民在內地時注意。

　　本書所收隋皓昀先生〈鄂多台在北京的生活——以《鄂庚垣手書日記》爲主〉一文，把我們帶入了民國以及當前的現實階段。隋皓昀根據鄂多台

2　林士鉉，〈滿文文獻與清帝西巡五台山研究〉，收入周惠民主編，《中國民族觀的摶成》（台北：政大出版社，2013），頁161-209。

《手書日記》，研究了世界趨同於現代化的潮流，導致滿清皇朝統治下的中國內地和邊疆，也都相繼做出變革。因應這一局勢的巨變，內地與邊疆的各族文化精英的頭腦中，「臣民」意識中增添了「國民」意識，越來越認真思考西方模式的政治體制的抉擇與價值觀念的取捨。臣民意識中增添了君主立憲的構想，中華民國取代了滿清臣民原來的認同，藉以建構近代民族國家或曰國族國家（nation-state）。隋文還研究了清末民初車王府，基於時代的變化的原因而終於敗落的過程。清末民初社會的現代轉向、旗民社會身分的變化、生計的貧困化及旗民今後生計的籌畫，這是前人研究不夠充分的課題，本文大大補充了缺門。此外，在清代，蒙古王有領地。內蒙古諸王有的在京有府邸，外蒙古諸王較少。在為數不多的外蒙古諸王府中的車王府最為人知。車王即車登巴咱爾，為外蒙喀爾喀賽音諾顏部札薩克和碩親王。藝術上極有價值的清代車王府曲本，曾被著名戲劇藝術家歐陽予倩稱為「中國近代舊劇的結晶。又，子弟書等說唱曲本也是從車王府流散在外。如果從作者到作品產生的南方或北京的場域著眼，這些作品無一不與滿族有關，但卻沒有被歸入滿洲文學，今天，和元曲一道被納入了漢文學。看來，即便人們今天研究側重點有所不同，仍需對清代旗人身分與八旗體制、滿漢關係、地區認同，與中國人認同等因素，及他們在此時期的演變做綜合分析。

就時代順序而言，平山光將先生的文章〈新疆突厥語系穆斯林在內地（1390-1945）──以艾沙為例〉，把我們帶到了二十世紀的三十年代和四十年代新疆地區邊民進入內地的歷史新階段。在中國近代史上，位於中國西北邊疆的新疆，因為地理上與諸多國家接壤，其地緣戰略地位異常重要。期間境外發生的各種社會變革和政治事件，都無不使之深受影響。各種淵源相異、不同類型的政治思潮和思想觀念，也伴隨著歐風西雨，相繼進入新疆大地，衝擊著新疆古老的社會基礎和傳統文化，影響著各族民眾的經濟生活，

促使外來觀念意識的形成。

艾沙‧約瑟夫‧阿布泰肯（Isa Yusuf Alptekin，1901-1995），是二十世紀出身於新疆突厥語系穆斯林的上層精英代表人物之中，開始投效南京國民政府的代表人物。平山先生從國史館所藏南京軍事委員會委員長侍從室檔案中，覓得艾沙留下的履歷，艾沙出生於新疆的英吉沙（疏附），曾祖在清代伯克制下任伯克，祖父與父親均通漢文，出任英吉沙地方官員。1925年，艾沙任英吉沙交涉局分局長、縣署翻譯官，1926年，調任駐蘇俄安集延領事館主事兼繙譯，輾轉經北平到南京，任職於南京軍事委員會參謀本部。由於祖父和父親的家教，艾沙具有較高的漢文水準。例如，民國23年（1934），新疆執政盛世才成立了「新疆民眾聯合會」，根據「維吾爾教育促進會」的建議，放棄以前在漢文裏使用的纏回等種種稱呼，統一使用「維吾爾」三個漢字爲Uyghur的正式族稱。新疆省政府的這一《新疆省政府令改纏回名稱爲維吾爾佈告》，由邊防督辦盛世才、新疆省政府主席李溶、副主席和加尼牙孜三人署名發布，標出漢文譯者是艾沙。

艾沙在內地（南京、重慶和西北地區）的政治活動，特別是他的族群認同方面的思想，日本學者新冤康做過研究。平山先生利用中央研究院近代史研究所、國史館、中國國民黨黨史館收藏的檔案，進一步研究了1930至1945年，以艾沙爲代表的新疆突厥語系穆斯林，加入南京國民政府的活動。1930年代，艾沙於南京創辦《天山》月刊、《邊鐸》半月刊等漢、維雙語期刊；經費來自軍事委員會參謀本部。艾沙創辦這兩種期刊，意在提醒內地知識分子注意新疆問題，強烈譴責金樹仁、盛世才與蘇俄的勾結，特別是盛世才脫離南京政府的獨立傾向。1931年，艾沙在南京告發金樹仁在新疆的暴政（1928-1933）。但艾沙更重視的是穆斯林的利益，以邊疆穆斯林族群自我定位，進行「自我表述」。在以上兩種期刊的維文版中，艾沙強調自己的本族

認同，對1933年成立的東突厥斯坦伊斯蘭共和國表示同情。他雖然人在南京，實際上一面觀察民國的政治趨勢，一面謀求新疆的高度自治，追求新疆獨立。1936年艾沙在南京擔任立法院議員，促成他帶領的南京新疆同鄉會的成立。

盛世才發現了艾沙的言論，認為是對新疆各民族挑撥離間，試圖破壞新疆全域，將有關函件轉寄哈密軍司令堯樂博士（Yolbas）。堯樂博士看到艾沙的來信後，譴責艾沙的《邊鐸》與《天山》兩種期刊，不僅詆毀南京國民政府，亦有新疆脫離中華版圖的陰謀。盛世才收到堯樂博士的來信之後，函致蔣介石透露，雖然艾沙任職於軍事委員會參謀本部，可是他寫的新疆消息並非事實，盛世才希望蔣介石必究真相，徹底究辦。重慶國民政府方面認為，艾沙等為新疆省突厥語系穆斯林的優秀分子，因此給予救濟與照顧，加以籠絡。抗戰期間，艾沙於1938年到西安、蘭州、西寧，對西北地區穆斯林進行「宣慰」活動，因重慶政府部分官員，懷疑其煽動而被召回重慶；1938年10月至1940年4月，以中國回教救國協會代表的身分訪問印度、沙烏地阿拉伯中東國家進行抗日宣傳；返程經緬甸仰光，會見杜文秀的後裔及雲南大理穆斯林代表，為杜文秀展開平反活動。

平山先生文章的後半部分，著重研究了新疆同鄉會和在南京的中央政治學校附屬蒙藏學校回民班的政治活動與言論。南京政府有的官員懷疑他謀求新疆獨立，這種情況導致他與政府的關係往往是若即若離。這種若即若離的關係，在日本宣布投降之後更為明顯。不管如何，在平山看來，1945年之前艾沙的政治活動代表新疆的利益，致力於內地與新疆之關係的加強，向國民政府官員與內地知識分子闡明新疆的情況，透過政治管道改善內地新疆突厥語系穆斯林的生活條件等，消除漢族對中國穆斯林風俗習慣的誤解，對內地漢文媒體屢屢發生侮教案件，艾沙也極力予以反駁。

　　1949年和1952年，艾沙、麥斯武德、伊敏「三位先生」，先後流亡喀什米爾與土耳其，出版《東土耳其斯坦之聲》，促使國際輿論關注維吾爾問題。隨著形勢的變化，艾沙等新疆獨立運動的領袖，在亞非國際會議以及世界回教聯盟大會上宣傳獨立，爭取各國領袖的支持與認同。對於艾沙等新疆突厥語系穆斯林，所提倡的新疆高度自治或新疆獨立運動，在台灣的中華民國政府除了通過外交途徑加以應對外，也盡力救濟土耳其、沙烏地阿拉伯等中東地區的新疆突厥語系穆斯林難民，以援助難民子弟到台灣升學等具體措施，紓解其困難。

　　新疆哈薩克族裔法提合先生口述的〈從老外到新住民——一個哈薩克人在台灣〉，是一篇感情充沛、內容豐富的回憶錄，經由他的夫人耿慶芝記錄定稿。法提合先生的這篇口述史為我們提供了1951至1990年期間，生活在台灣的新疆人的生動記錄。法提合（Fatih）先生本名叫阿布都帕達克（哈薩克語作Abdulfatih，後因父母移民並定居土耳其，為申報戶口而取姓為Uçar）。法提合的父親韓木札（Hamza），是生於新疆塔城的哈薩克族人，1947年在南京召開第一屆國民代表大會上被提名為國大代表。1949至1950年，中共軍隊開進新疆，當共軍逼近新疆哈薩克人居住的巴里坤地區的時候，四千戶哈族牧民攜家帶眷，驅趕牲畜，在韓木札與卡里貝克（Qalibek Hakim）等族群領袖率領下南逃。逃亡生涯長達四年，犧牲慘重，期間翻越喜馬拉雅山，輾轉進入阿富汗、印度等地，倖存者最後定居於土耳其。1952年，法提合在父母外逃期間出生於喀什米爾。

　　1971年，19歲的法提合在土耳其Izmir市完成高中學業，在父親的提議和中華救助總會的安排下，成為來台就讀的第一批海外新疆學子。這批來台就學的學子，在機場就遇到了唐屹教授，與唐屹教授一道來台，其後在許多具體問題上也得到唐屹教授的幫助。法提合先在華僑中學學習中文，隨即於

當年9月進入國立臺灣大學就讀土木工程學系。法提合此番來台灣求學，長達十年，期間曾到香港（1973）和日本（1977），1981年8月，修畢大學的七年學業，在台灣成婚，而後返回土耳其入伍服兵役。法提合與夫人在土耳其居住了將近八年，於36歲那年，因為獲得聘任，在台灣正式成立的新疆省政府辦事處工作，再度返回岳父、岳母所在的台灣，這塊熟悉的土地。1987年11月之後，就在人們最常聽說「台灣錢淹腳目」這句話的年分，舉家回到了台灣定居，每年只是趁著年假回去探望老母。

法提合先生工作的新疆省政府辦事處前身為「新疆省主席辦公處」，1949年與國民政府一同遷台，當時的新疆省主席為兼新疆綏靖總司令堯樂博士，1971年7月，堯樂博士病逝，「新疆省主席辦公處」改組為「新疆省政府辦事處」，並由時任新疆省政府委員的堯樂博士長子堯道宏兼任主任。在台灣改組後的新疆省政府辦事處，秉持原來的工作項目：推展聯繫、宣慰、救助海內外之新疆僑胞等事務，以照顧新疆籍旅外的少數民族；其次，就新疆方面結合學術界，提出文化、語言等方面的研究，主要目的是能讓國人有進一步瞭解新疆的歷史與文化的機會。法提合先生之後任職駐台北土耳其貿易辦事處的經濟顧問。

先生的夫人耿慶芝是台灣人，定居土耳其多年，熟悉土耳其歷史文化及風土人情。返台後擔任土耳其貿易辦事處秘書。法提合先生作為當年的邊民後裔，與耿慶芝女士半個多世紀以來的經歷，及其豐富多彩的生活歷練，給我們提供了原來的邊民在內地、以至於大時代下，原來的邊民及其家屬活躍於全球這一過程的縮影。過往時代的邊民的生涯，如今揭開了嶄新的一頁。他們的長子現在美國工作。

法提合先生的口述史提示人們，今天，當邊民將原來的身分意識，置於近代國際體系之中加以思考，人們的思想結構、分析框架和現實關注，不可

避免地將有重大變化，彼此之間多方面、多層次的相互激盪與交互影響，也將會讓我們基於當前的現實狀況、世界政治格局，及中西關係史的格局中反思過去。

最後，我們應當感謝藍美華教授編成《邊民在內地》。本書收錄的多篇鴻文，既反映邊陲與內地的原有的多元文化、近代傳入的異質文化的展現，及其與傳統文化的相互激盪，也同時提示我們，時代潮流不斷帶來前人注意不夠充分的課題，有待我們今後在跨領域的整合研究中做出進一步探討。

散落於內地的女眞後裔——以閩台粘氏的宗族與族譜爲例*

定宜莊

中國社會科學院歷史研究所研究員退休

金朝是由女眞人建立的，1115年完顏阿骨打於會寧府（今黑龍江省阿城地區）建都立國，國號大金，海陵帝時遷都中都（今北京），通常即以此爲金代國都，統治區域包括今天的東北、華北地區。後因蒙古南侵，再遷都汴京（今河南開封）。1234年，金在南宋和蒙古南北夾擊之下亡國。

在中國歷史上，進入中原內地並且建立政權的非漢族群不止女眞一個，但在他們建立的金朝政權覆亡幾百年之後，與他們屬同一族系的另一個族群，亦即滿洲再度進入內地，並建立起繼元朝之後的又一個全國性政權——清朝，這是女眞人區別於其他曾在內地建立政權的非漢族群的特殊之處，也是討論他們在內地的歷史時，比起其他族群更爲複雜、誤區也更多的原因。

金朝遷都北京，大量女眞人也隨之陸續遷入內地定居。金亡之後，不是所有的女眞人都撤回到了他們的故鄉東北，正如後來的滿洲一樣，他們大多

---

* 本文的部分內容，採自多年來與中國人民大學社會學系胡鴻保教授合作的成果，特此說明；並感謝本文審查專家的批評指點。

數散落在中原內地，用漢人的傳統觀念和話語描述，就是已經漢化並且融入了漢人的汪洋大海中間。這一歷史現象，甚至成爲漢人以先進文化征服少數民族的落後文化，並最終像滾雪球一樣，將少數民族融入到漢人主體之中的一個典型事例。

然而，民族之間的關係，雖然相互的融合或曰「涵化」是大趨勢，期間的過程卻總是分分合合、反反覆覆，頗爲曲折複雜。從1234年到如今將近八百年，金代女眞人在中原內地，究竟是否還留下痕跡？如果還有的話，其間又經歷了何等的過程？他們用什麼樣的方式，來堅持自己的族群認同和族群身分？這些問題在目前學界，幾乎還是一片空白，而在社會上，則存在諸多誤解。本文擬以迄今爲止散布於內地的人數最多、散布地域最廣，也最廣爲人知的一支女眞後人，即生活在福建、台灣的粘氏家族入手，來探討這個問題。

粘氏是主要居住在福建和台灣的一個地方群體。據出示的族譜所載，他們是金代女眞完顏宗翰的後人，族人以名爲姓，均姓粘。在閩南重鎮泉州（主要指城內即鯉城區）和晉江、南安一帶，有粘氏人口2,000餘人。清乾隆年間，他們中有部分人越海去台灣謀生，主要集居在彰化縣的鹿港鎮和福興鄉，目前約有380多戶、6000餘人。此外在台中、南投、基隆各地也有粘姓人居住，估計共達10,000餘人，遠超過在泉州的人數。

我曾於1990年、2001年兩赴晉江。[1]又於2008年12月赴台灣彰化縣福興鄉廈粘村，與當地粘氏後裔座談。歷時二十餘年、每次相隔近十年的三次走

1　我曾根據在泉州考察所見，寫過幾篇論文：定宜莊、胡鴻保，〈淺談福建滿族的民族意識〉，《中央民族學院學報》，1993年第1期（1993年1月），頁51-96；定宜莊、胡鴻保，〈「有出有入」與「融而未合」——對共同體形成的若干思考〉，收入王鐘翰主編，《滿學朝鮮學論集》（北京：中國城市出版社，1995），頁104-106；定宜莊、胡鴻保，〈虛構與眞實之間——就家譜和族群認同問題與《福建族譜》作者商榷〉，《中南民族學院學報（人文社會科學版）》，2001年第1期（2001年1月），頁44-47。

訪，使我對這個女真後裔群體，在這幾十年前後不同的生存狀況和自我認同等諸多方面，得獲一些與目前盛行的諸多相關報導不同的體會和感受，茲將我的一些心得和認識簡述如下，乞請方家指點。

一、歷史敘述：粘氏開基祖以前的遠祖系譜

粘氏宣稱自己是金朝女真後人的關鍵證據是族譜。粘氏族譜不只一部，我在晉江時親眼見到的，就有南安一本，衙口二本，泉州一本和台灣彰化一本，而以現存台灣的《渡台開基粘氏源流族譜》[2]為最完整，今即以此部為本，敘述粘氏後人的傳承等問題（下文凡稱《族譜》，即指這部，不再一一註明）。

族譜既是讓社會和外界承認他們這一群體合法性的唯一保證，也是得以保持這個姓氏凝聚力的唯一憑藉。可見作用不可小視。

粘氏是在博溫察兒一代抵達泉州的，博溫察兒作為粘氏一支的開基祖，他以上的世系，也就是遠祖的系譜，是以完顏宗翰為一世，所列出的二十七世的完整世系。值得注意的是，從一世完顏宗翰到八世，該譜都是以官書即二十五史中的《金史》、《元史》為依據，顯得可靠而有憑據，遠非同時期華南一帶，大量湧現的那些一望便知為杜撰的民間宗譜可比。

完顏宗翰在史上確有其人，《金史》與《元史》等官書都可為證：

> 宗翰本名粘沒喝，漢語訛為粘罕，國相撒改之長子也。……熙宗即位，拜太保、尚書令，領三省事，封晉國王。乞致仕，詔不許。天會十四年〔1136〕薨，年五十八。追封周宋國王。正隆二年〔1157〕，例封金源郡王。大定間〔1161-1163〕，改贈秦王，諡桓忠，配享太祖廟庭。

2　此譜由台灣粘氏宗親會編印，成書於中華民國74年（1985）國曆2月23日。2008年在我赴台灣彰化縣福興鄉的粘氏宗親會走訪時承蒙惠賜，特此致謝。

　　《金史》對他一生的評價是：「宗翰內能謀國，外能謀敵，決策制勝，有古名將之風。」[3] 儘管後世對他的功過、個人性格和行事方式等褒貶不一，但這些與本文的敘述並無直接關係，故不贅。

　　至於完顏宗翰以下諸子，我們可按照族譜，將一世到八世臚列如下：

完顏宗翰—眞珠—秉德

　　　　　　斜哥—盆買—合合打—重山—南合—博溫察兒

　　　　　　　　　　　　割奴申
　　　　　　　　　　　　荊山

　　　　　　割幹
　　　　　　割貞

　　　粘割韓奴

　　事實上，《金史》等史書上對完顏宗翰一系的記載，遠非族譜所示的這樣清晰完整，而是相當錯謬混亂，下面試舉幾個疑點：

（一）完顏宗翰是否有後？

　　族譜所述，宗翰生二子，即眞珠和粘割韓奴，眞珠有兩個兒子，即秉德與斜哥。這在《金史》都有明文記載。而這其中，秉德是個十分重要的人物。

　　秉德在《金史》有傳，傳卻在《逆臣》中（列傳第七十），傳載秉德曾因高壽星和裴滿皇后等人誣陷，被杖責，因而怨恨金熙宗，1149年他和同族完顏烏帶等一起，殺熙宗於寢殿，立海陵王完顏亮爲帝。後來又因完顏烏帶的

3　〔元〕脫脫等撰，《金史》，卷74，〈列傳十二・完顏宗翰傳〉，中華書局標點本（北京：中華書局，1975），頁1693-1699。

誣告而被捕入獄，並被斬首：「秉德與烏帶以口語致怨，既死，遂並殺其弟特里、颭里，及宗翰子孫，死者三十餘人。」

《金史》中有這樣幾段話，殊堪玩味：

> 秉德與烏帶以口語致怨，既死遂並殺其弟特里、颭里，及宗翰子孫，死者三十餘人，宗翰之後遂絕。世宗即位，追復秉德官爵，贈儀同三司。
>
> 初，撒改薨，宗翰襲其猛安親管謀克。秉德死，海陵以賞烏帶，傳其子冗答補，大定六年，世宗憫宗翰無後，詔以猛安謀克還撒改曾孫盆買，遣使改葬撒改、宗翰於山陵西南二十里，百官致奠，其家產給近親以奉祭祀。
>
> 秉德既死，其中都宅第，左副元帥杲居之。杲死，海陵遷都，迎其嫡母徒單氏居之。徒單遇害，世宗惡其不祥，施爲佛寺。[4]

幾段話透露出的資訊有三：其一，受秉德一事牽連。他的弟弟以及宗翰子孫共三十多人被殺，「宗翰之後遂絕」。

其二，大定6年（1166），世宗憫宗翰無後，詔以猛安謀克還撒改曾孫盆買。一是明確說宗翰確實無後，二卻說盆買是撒改的曾孫。按，完顏宗翰是撒改的長子，撒改的曾孫，顯然就是宗翰的孫子了，這與「無後」一說自相矛盾，只有一個解釋，那就是這位曾孫並不是宗翰的親孫，而是侄孫，也就是宗翰兄弟的後人。據《金史》，撒改有兩個兒子，一是宗翰，還有一個是宗憲，宗憲在金史中固然十分有名，但《金史》卻迄無他有後人的記載。

其三，秉德在中都（即今北京）的宅第，也都沒有由他的子孫繼承，而最終被施爲佛寺。這也是秉德並無子孫的證據。

以上這些記載，隻字未提完顏宗翰還有一個孫子，即眞珠還有一個次子，即斜哥。但斜哥其人應該確實存在，因爲《金史》雖然未爲他單獨列

4　〔元〕脫脫等撰，《金史》，卷132，〈列傳七十・秉德傳〉，中華書局標點本，頁2819。

傳，但在完顏宗翰的傳記中卻有他的故事，稱他曾因私用官中財物，罪當死，世宗曰：「斜哥今三犯矣，蓋其資質鄙惡如此」，但因「祖父秦王宗翰有大功，特免死，杖一百五十，除名。」該傳記還說，斜哥後來又做了勸農副使。[5]此事既然發生在世宗朝，說明在完顏宗翰子孫幾十人被殺之後很久，斜哥還活著。

事實上，《金史》對斜哥的記載也前後矛盾，一說他是宗翰的兒子，一說他是宗翰的孫子，至於這個世系中承上啓下的關鍵人物盆買，究竟與斜哥有無關係，是否眞的是斜哥的兒子，卻沒有確鑿史實可以證明，總之，說盆買是斜哥的兒子，是族譜的編纂者，唯一可以將這個族系持續寫下去的途徑，族譜也的確是這樣寫的。

(二) 粘氏到底姓什麼？

有金史專家懷疑這支粘氏本不姓完顏，而姓粘哥。有人認爲他們所謂的姓完顏，很有可能是在攀附皇族，就像如今很多滿族人都自稱姓金，是愛新覺羅氏一樣。他們的懷疑不無道理，尤其再結合宗翰後人多被殺絕一說來看，以粘割氏來附會已經無後的完顏氏，也不是沒有可能。[6]

宗翰的後人並不僅秉德之父眞珠一人，還有一位，即眞珠之弟粘割韓奴。粘割韓奴在《金史》中也確有其人，他於皇統4年（1144）被派往西遼，「韓奴去後不復聞問」，也就是說家人再沒有他的消息了。直到大定中（1162

5　〔元〕脱脱等撰，《金史》，卷74，〈列傳十二・完顏宗翰傳〉，中華書局標點本，頁1699-1700。

6　景愛曾在〈閩台粘氏家族譜讀後〉一文中稱：「粘氏屬於金代女眞人粘割氏的後裔，看來是沒有什麼問題的了。不過粘氏家族譜中，都一致的把遠祖追溯到金代宗室貴族粘罕（完顏宗翰），把粘罕列爲粘氏的一世祖。這個問題比較複雜，粘割氏屬於黑號之姓，完顏氏屬於白號之姓，是兩個完全不同的姓氏。或許粘姓人把『粘割氏』誤作『粘氏』了，亦未可知。在沒有進行深入研究以前，只可作爲存疑，待深入研究以後，才能有準確的說法。」參見景愛，〈閩台粘氏家族譜讀後〉，《古籍整理出版情況簡報》，2004年第6期（2004年6月）：http://www.guji.cn/web/c_0000000500660002/d_9555.htm。（2017年1月5日點閱）

年左右），也就是過了十多年以後，才有人帶回消息說，他已被耶律大石的人殺死。[7]

說到這裡請注意，上面的引文稱粘割韓奴為「韓奴」，而不是「割韓奴」，這當然就讓人聯想到金女真的另一個姓氏，粘割。據考，粘割氏是女真人中出現比較早的一個姓，《金史》中便提到過粘哥荊山、粘葛奴申、粘割韓奴、粘割貞、粘割幹特剌等十餘人。[8]

不過，我們也不能排除另一種可能，那就是，這個被列入忠義傳的、姓粘割名韓奴的，與完顏宗翰的次子、名割韓奴的，並不是同一個人。再說，此傳中未提粘割韓奴與宗翰家族的關係，而如果他果真是宗翰之子，那麼重要的皇室後人，傳記應該會記上一筆的。

而且，即使這位韓奴與完顏氏真的無關，問題也仍然存在，因為從那個相當可疑的第四世盆買之後，五世在族譜中名合合打。據《族譜》：「合合打，盆買公之子也，章宗泰和中，官北路招討使衛招王，太安三年，使元行成不合而歸，未幾而卒，子三人：重山、割奴申、荊山。」引原文如此，但這段話的斷句有問題，正確的應該是：

> 合合打，盆買公之子也。章宗泰和中，官北路招討使。衛招王太安三年使元，行成不合而歸……[9]

衛招王，即衛紹王，按《金史》卷13〈衛紹王本紀〉稱：「辛卯……遣西北路招討使粘合合打乞和。」所載事蹟與《族譜》合，《族譜》的出處，很可

7　〔元〕脫脫等撰，《金史》，卷121，〈列傳第五十九・忠義一〉，中華書局標點本，頁2636-2637。

8　筆者在台灣參加政大舉辦的「邊民在內地學術研討會」時，本文的與談人劉學銚教授也特別提出了這個疑問，並且講述了粘割韓奴的故事。他的提醒對本文的走向起了重要作用，特此致謝。

9　《族譜・潯江粘氏家乘》，頁40。

能就來自這裡。

　　再接下來，《族譜》說，粘合合打之子叫粘合重山。粘合重山在元朝是個重要人物，在《元史》卷146有傳：

> 粘合重山，金源貴族也。國初爲質子，知金將亡，遂委質焉。太祖賜畜馬四百匹，使爲宿衛官必闍赤。……立中書省，以重山有積勳，授左丞相。時耶律楚材爲右丞相，凡建官立法，任賢使能，與夫分郡邑，定課賦，通漕運，足國用，多出楚材，而重山佐成之。

　　對於粘合重山的先世與家系，著名學者唐長孺與劉曉都做過翔實的考證。唐長孺先生主要根據《聖武親征錄》：「哈答因見其孫崇山而還」等記載，推斷粘合重山應爲金中都留守哈答的孫子，而劉曉稱，他在翻撿《析津志輯佚》時所發現的又一條材料，足以印證唐先生的這個推斷，那就是該書的「名宦」條稱：「粘合中書，有名合達者，仕至榮祿大夫。金亡歸我朝，我朝以前金故宦之子孫，而累朝寵任之，以迄於今。」他認爲文中的粘合中書，指的顯然就是粘合重山，因爲他在窩闊台汗時期官拜中書省左丞相，故有是稱。合達，當爲《聖武親征錄》中的哈答。由此，他結合唐先生的考證得出結論說，粘合應爲合達之孫。[10]

　　這裡便出現了兩個問題，首先，如果粘合重山果眞如唐、劉二位先生所說是合達的孫子而不是兒子，那麼《族譜》中言之鑿鑿的重山爲合合打之長子，又是從何而來？再者，在唐、劉二位先生的論證中，直將重山稱爲粘合中書，而將他的祖父（父親？）稱爲合達或哈答，顯然認爲「粘合」是這祖孫（或父子）二人的姓。粘合與粘割、粘哥本是同音，總之，無論是粘割韓奴，還是粘合合達和粘合重山，說他們姓粘合而不是姓粘，顯然更合理也更

10　劉曉，〈粘合重山的先世與別號〉，《中國史研究》，2001年第2期（2001年5月），頁88。

可信。而且，粘合在女真人中本是一個重要的姓氏，說當時人將粘合與粘這兩個姓氏一再搞混，這幾乎是不可能的事。

這只可能有兩個解釋了，第一個，這支粘氏是粘合合打的後代，粘合重山的兒子名南合，在《元史》中亦有傳，南合之子就是溫博察兒，即浮海到泉州的那位，他們很可能確如一些學者推斷的，與完顏氏根本無關，因為從史書上也找不到他們是完顏之後的任何依據。

還有一個可能，那就是他們的確出於完顏宗翰一支，但從盆買之後，家系就已經不能詳敘，將其與合合打一支扯上關係，只是姓名類似的一種附會而已。

這便出現第二個無法解釋的疑團了，那就是：一世到四世這前半段的完顏氏，與五世到八世這後半段的粘合氏，二者間到底怎麼聯結上的？又有些什麼關係呢？這是又一個、也是最大的一個疑團。

(三) 既然是完顏的後代，為什麼又改姓「粘」？

即使我們承認這支粘姓來自完顏家族，與粘合氏並無關係，問題也仍然存在，那就是，他們為什麼放著好好的完顏不姓，卻去姓什麼粘氏呢？

對此，粘氏族人在族譜中是這樣解釋的：

> 1149年金丞相完顏亮，本名迪古乃，即海陵王亮。弒殺熙宗奪位自立為主。亮殘暴肆虐，殺戮宗室，二世祖完顏真珠及弟割韓奴商決，以乃父粘沒喝之名冠為姓粘，以避猜忌突變，以表明無爭皇位之意，從此大將軍割韓奴由完顏復姓改為粘氏。〔參見《金史·粘割韓奴傳》〕[11]

這段解釋從史實上仍然站不住腳。前面已經談到，完顏宗翰之孫秉德，

---

11 《族譜·粘氏姓源考略》，頁62。

是參與殺害熙宗並擁戴海陵王爲帝的，按照《金史》的說法，此後不久宗翰後人即已被殺絕，禍事已經臨頭，又何談「避禍」？再者，秉德擁海陵王爲帝時，宗翰長子眞珠情況不詳，但次子割韓奴應該已經不在人世。即使我們無法確知他的卒年，至少自皇統四年之後他就已經與家族失去聯繫，而當時海陵王尚未即位（即位時間是1149年），所謂「完顏眞珠及弟割幹韓奴商決」改姓一事，顯然是杜撰了。

　　當然，對這一現象還可以有另一種解釋：以名爲姓，也就是父親名字的第一個字作爲兒子的姓。《潯江粘氏家乘》亦有如此說明：「因後宗室浩大，子孫即以祖所名爲氏」，[12]這是女眞相沿已久的一種習俗，清代滿人以名爲姓者比比皆是。後人以這樣的故事作解釋，很可能是在漢地日久，已經不熟悉女眞人命名習俗的表現。[13]

　　總之，即使如粘氏這樣幾乎句句都能從官方史書中找到證據的《族譜》，也未必就眞實可靠，以族譜來作爲家族傳承證據之舉，其實不可輕信。

二、追溯與再建：族譜的修撰與宗族的形成

　　上文對於粘氏族譜與歷史記載之關係的討論，也許過於拘泥繁瑣，也許

12　《族譜》，頁38。

13　王禹浪先生著有〈完顏宗翰及其家族墓地考〉長文，對於完顏爲何改成粘姓，有如下解釋：「《三朝北盟彙編》在記述粘罕的事蹟時，往往在粘罕的名下加有批註，將粘罕皆注釋爲『尼堪』，顯然這是清朝人所加的注釋。由此可知，粘罕有時可以根據音譯而寫作『尼堪』。尼堪之姓是否就是現在的台灣和閩南地區的粘姓家族呢？這尚有待於今後進一步的考察。如果說今天台灣和閩南的粘姓家族就是金代女眞名將『粘沒喝』或『粘罕』的後代，那麼，說明作爲後女眞期後裔的滿族人，曾經將前女眞期的顯赫家族的女眞大姓中的名字的字頭，當作繼承祖宗的姓氏而沿用至今。實際上這種習慣一直到今天依然保留在拉林京旗滿族的普通人家中。」參見王禹浪，〈完顏宗翰及其家族墓地考〉，《東北史研究動態》，2002年第1期（2002年1月），頁17。這段話有幾處值得商榷，首先，「尼堪」在滿語中有特定的詞義，即「漢人」，一般地說，清人不會隨意地將這個詞用到音譯上。而爲何用「尼堪」二字，尚無學者作過認眞考訂。其二，以名爲姓是滿人習俗，在辛亥革命之後由於隱瞞身分，這樣做的滿人尤其普遍，並非顯赫的女眞大姓如此。第三，簡單地將女眞人與滿族人混爲一談，也是不合適的。

不必如此認真，因為如果從民族學家或歷史人類學家的角度來看，族源的討論是否符合歷史真實，並不是很重要的事情，重要的是這種對族源的建構，背後代表的是什麼樣的社會身分以及結構關係的轉變。但具體到我們這裡討論的粘氏，由於他們對祖先譜系的重構，環環都緊扣官方所修正史，是他們確立自己社會身分的最重要的手段，所以這份族譜的是否真實，就成為我們討論這個問題的出發點，是需要認真辨析的關鍵。當然，這樣的重構，是發生在粘氏已經跨海渡泉幾代之後，這便是下文要討論的主要問題了。

上文提到，粘合重山之子名南合，曾任江淮安撫使，中統4年（1260）卒，他的兒子博溫察兒曾知河中府，此系元朝之事，亦均可見於《元史》。[14]《族譜》亦載：「博溫察兒為南合子時，遺像猶存，乃元朝衣冠也。」

博溫察兒為什麼會放棄官職而浮海抵泉，官書當然沒有記載，但從此他與他後代的蹤影，便從官書中消失，我們唯一可以看到的文字證據，便只有他們的族譜。據該譜記，粘氏修譜始於粘燦（即引文中的滌樓公）：[15]

> 原夫譜之所由作，其肇修者滌樓公〔十二世祖素齋公之三子也，生於成化八年，卒於嘉靖三十四年，壽七十四歲〕，肇修族譜方成而未傳佈，洪潦氾濫，書齋遭陷，譜稿亦被溺，因有一二遺失。
>
> 踵而成之者鳳台公也〔十四祖蕭軒公之子，明隆慶二年承叔父見真公命，取滌樓公散失世牒，緝修而成之，由是吾族始有譜也〕
>
> 萬曆二十六年，北台公、以棟公先後各取前助鳳台公所修之譜，重加校訪，而粘氏族譜乃至此而愈加詳備。

14　〔明〕宋濂等撰，《元史》，卷146，〈列傳三十三‧粘合重山‑粘合南合〉，中華書局標點本（北京：中華書局，1976），頁3465-3466。

15　按粘燦所撰族譜，即《潯江粘氏家譜》，迄今可見的僅是它的序。在該序中，粘燦只提到：「吾粘氏先世始於金源，後由海入閩，家於晉江十七八都潯美場，今祖廟在焉」，而未及其它。參見《族譜》，頁24。

　　順治辛卯年，卿垣公宦遊北直，訪得武邑，邢台、臨汾、洪洞諸派宗支，康熙四年乙己，乃命長男士麟緝修武邑世系合全一冊。

　　重加考訂增修而鑴於版者，定候公也〔十八世伯祖衷闇公之長子也〕，或任各房增修，或有文獻之責，或任抄錄或任校訂……

　　梓人鑴之於版，承父兄之命，夙夜纂修，凡數閱月，而付剞劂留貽孫子，並倡建宗祠以安祖宗者，則鹹頌誠齋公之功勳也。〔十九世祖鏡圜公第七子也，承父兄之志與命，大修族譜，倡建大小宗祠，其功更倍於先世也。現今吾宗世牒，即公所修鑴者，子孫鹹頌其德〕。

　　誠齋公之譜雖增修，最後迄今，經百八十四稔矣〔乾隆十五年庚午，誠齋公譜成迄今民國二十二年，凡閱184年〕，其間族黨聚散，與存亡幾滄桑矣。[16]

　　這段引文詳述了粘氏族譜的修撰過程，簡略言之，即粘氏到達泉州之後，是傳到粘燦一代，開始修撰族譜的嘗試。粘燦（字懋昭，又字中美，為南京山西道監察禦史）生於明朝成化8年（1472），卒於嘉靖34年（1555）。這就是說，粘氏從他們奉為開基祖的博溫察兒入居本地到第一部族譜的編纂，期間存在著百年的一段空白期。而修譜自粘燦開始，也是因為粘燦得以科舉入仕，這個家族有了修譜的需求與條件。粘燦所修之譜並未流傳下來，又過了兩代以後，到隆慶2年（1568），才又有粘鐘德取其散佚譜牒緝修而成，粘氏有譜，系自此始。

　　這部《族譜》此後歷經各房支撰修，後將諸譜合成一冊，再經考訂增修，直到入清後的乾隆15年（1750），又有粘嘉樂（字儀伯，泉城太學生）倡建大宗祠於潯美，同時在泉州甲第巷建造一座小宗祠，並增修族譜。原來

---

16 《族譜‧續修廷贊公派下私譜記》，頁30-31。

粘氏的世代行次以「金木水火土」輪轉承接，此次則訂設字行：「敦承祖德，奕世傳芳，忠孝為本，詩禮克家」，第十九世的行輩便從這16個字中的第一個「敦」字開始。從此粘氏後人歷經離亂，還能相互認同並釐清輩分才有了依據。由此可知，從博溫察兒渡海抵泉，到他們仿效當地漢人建立自己的宗族組織，閱元明清三朝，經歷了約三百餘年，時間算是相當漫長的了。

　　《族譜》的修撰是一個追溯性的過程，按照通常的規律，編纂者會千方百計地尋找開基祖之前的祖先事蹟，作為讀書人的粘燦，應該是從當時已經修成並頒布於世的《金史》和《元史》中，去尋找粘氏祖先蹤跡的。如果這樣說還沒有足夠證據的話，乾隆15年增修的《族譜》就很明確了。該譜中記：

> 誠齋公修譜至此〔指修到博溫察兒之父南合〕謂：卿垣公以南合為重山子，元史亦詳之，其生春雲何雲失諱也，而官職不對，豈重山或有二子乎？在晉江載博溫察兒為南合子時，遺像猶存，乃元朝衣冠也，由是觀之，則粘氏祖當以重山為斷，而晉江之博溫察兒、武邑之春童、邢台之木達木可三派，以三公為分居啟祖可也。

　　顯然是非常詳盡地查閱了元史，對元史如此用功，對《金史》更可想而知。所以，我們上面提到的從《金史》而來的各種記載，相信粘氏的這些前輩們，都曾比我們更仔細地研讀過。

　　族譜編纂者說：「粘氏舊未有譜，故一世以上遠不可知，八世以上雖載於史冊，亦詳其功績，而不及世系，即有分支別派，都茫然莫知自焉，文獻不足故也。」[17]可以想見，儘管不排除粘氏家族可能流傳有一些祖先的口頭傳說，但粘氏這些族譜對於博溫宗兒以上祖先的追溯，正是編纂者通過一方面

---

17 《族譜》，頁30。

從正史中，搜尋可能與自己家族有關的散亂記載，一方面自己嘗試將這些記載連綴起來的努力，再加上自己的想像和假設，而重新建構出來的結果。

　　瀨川昌久說，族譜是一部包含著對本族過去經歷的解釋與主張的「歷史敘述」，族譜的編纂者有可能在相當大的程度上，賦予族譜中所記錄的內容以某種虛擬性質，因為對於編纂者自身來說，族譜的內容也是一種與自我認同和自我誇耀直接相連的東西。[18]細讀《族譜》，我們可以發現，對於粘氏來說，這種自我認同和自我誇耀的主要目的，是要把自己的家族，與金朝皇室聯繫起來，這是他們編撰族譜的關鍵。

　　把這個關鍵點找到，所有在我們本文第一節中提到的疑團，便都能解釋了。首先，完顏氏究竟有沒有後，後人是誰，這是族譜編纂者必須解決的問題，由於族譜中的世系大多是「一代一人」的基幹型，所以，粘氏族譜編纂者只要能夠找到盆買，並將其說成是斜哥的兒子，便可以將族系持續地編寫下去，族譜也確實是這樣做的。

　　再者，我們上文提到的最大的疑團，就是從盆買以下到合合打，期間出現明顯的斷裂，令人懷疑合合打以下其實並非完顏一系後人，而屬於姓粘合的另一姓氏。況且史書中也隻字未提這兩人與完顏皇室存在任何關係。金史學家景愛也特別提到這一疑點，但他認為這「或許粘姓人把『粘割氏』誤作『粘氏』」的結論，卻未免輕率。事實上，只要抓住族譜編纂者力圖往皇室完顏一系靠的企圖，問題便迎刃而解。這也可以倒過來看，那就是從博溫察兒往上追溯到南合，再從南合追溯到粘合重山，這幾個人和他們的世系，從《元史》中可以找到根據，問題只是如何將這些人與完顏氏結上關係，這是需要編纂者自己動心思的事，而盆買與合合打之間，在史書記載中既然存在

18　〔日〕瀨川昌久著，錢杭譯，《族譜：華南漢族的宗族‧風水‧移居》（上海：上海書店出版社，1999），頁1-2。

一個大的斷裂，恰好給粘氏族譜的編纂者一個可以想像和假設的空間，粘合合打和粘合重山，便變成姓粘，名合合打和重山。

總之，如果將博溫察兒的世系追溯到粘合，儘管更為合理也更有根據，但以粘合為祖先，在閩地之人看來，卻未免太平淡無奇，遠不如完顏皇室那麼響亮。這很可能是粘氏一定要將自己的族譜與完顏家族聯繫到一起的原因。

《族譜》至此，還有一個問題要解決，那就是這支人何以放著好好的完顏不姓，而要姓粘？這裡存在一個巧合，那就是完顏宗翰也名粘沒喝，又稱粘罕，而這個粘罕又因各種戲曲與民間傳說，成為中國民間家喻戶曉的人物。粘氏從完顏改成姓粘，並非沒有根據。至於為何要改，說是因宮廷內鬥而避禍，則是聽起來最充分的理由，粘氏提及避禍的說辭為何那麼漏洞百出，這便是原因。

既然粘氏《族譜》編纂的目地，是將自己家族重構為金朝皇室，一旦這個問題解決了，其它問題便變得不那麼重要，族譜中存在諸多粗疏遺漏之處，譬如合合打與重山究竟是父子還是祖孫，以及上文提到的《族譜》中某些斷句的明顯錯誤等等，也就都可以理解了。

三、文化身分的建構：「正統」的多樣性

粘氏族譜中無疑存在諸多虛構。對於這類虛構，以往的史家除了進行考證辨偽，然後予以擯除之外，很少有人去推敲其中的社會意義。而當代的民族學家和社會史學家等人文學者則正是在這種差異裡發掘出了虛構具有的現實作用。

在明清時期，許多宗族在修纂族譜時，都盡可能地把本族的祖先與中國先朝的名人望族聯繫起來。這種通過炫耀祖先的身分或攀附名人，以提高宗

族的榮譽和在地域社會的地位的做法,在傳統中國的家族中相當普遍。劉志偉如此解釋這一現象:「要組成一個宗族,需要一個能被正統的文化傳統所認同的歷史,這是一個具有社會成員某種社會身分和社會權利的證明和價值來源。」他認為:「明代以後珠江三角洲地區的宗族的成長,是由國家的正統意識形態規範起來關於祖先與繼嗣的觀念,被利用來適應政治經濟環境變化的歷史文化過程。」[19]瀨川昌久也持有大致相同的闡釋,他說:「〔族譜〕具有溝通個人以及宗族的自我意識,與漢民族乃至整個中華文明的歷史的媒介意義」,「族譜所記錄的系譜之終極起源一般都是黃帝或古代中國王朝的王族,這就使得族譜的保持,成為自己具有作為中國人、作為漢民族的正統性的根據。」[20]

劉志偉談到的是「國家的正統意識形態」,瀨川則更明確地說這是「漢民族的正統性的根據」。二人強調的,都是「正統」。我們要問的是,即使將自己家族的族系納入國家「正統」的做法,已經成為當時華南社會的大潮,但就粘氏的這個個案來看,什麼是國家的正統意識形態,什麼是漢民族的正統性,我們卻不敢一概而論。誠然,粘氏以炫耀祖先身分來提高社會地位的做法,與其他宗族如出一轍,但他們所追溯的祖先,卻是非漢族群進入內地之後建立政權的金朝皇室。而在中原內地漢人的歷史記憶中,女真人建立的金朝包括他們的皇族,並不是什麼值得誇耀的東西,在中國民間膾炙人口的《說岳全傳》,講的就是宋代民族英雄岳飛抵抗金兵的故事,而粘罕也正是故事中的反面人物之一。將自己宗族的歷史追溯到這樣一個朝代的皇室,又怎麼談得上否符合當地當時的「正統文化身分」,是需要打上問號的問題。

19　劉志偉,〈祖先譜系的重構及其意義——珠江三角洲一個宗族的個案分析〉,《中國社會經濟史研究》,1992年第4期(1992年12月),頁30。

20　〔日〕瀨川昌久著,錢杭譯,《族譜:華南漢族的宗族·風水·移居》,頁23。

要解答這一問題，應該從粘氏抵泉後所處的特定歷史環境，結合粘氏宗族建構的特定地域和時間來分析。

（一）閩南一帶不比江南，雖然蒙古軍隊在至元十三、十四年時曾攻入漳州、泉州等地，但畢竟是契丹、女真等族的馬蹄未曾踏入的地區

作為開基祖的博溫察兒抵泉之後，居晉江永寧楊丹，即今天的石獅市永寧鎮楊丹。他有子三人，子壽，子祿，子正。長子子壽，後再遷至溍江即今晉江縣龍湖鄉衙口村；次子子祿，其後裔散布於泉州市內和南安縣屬地；三子子正不詳。再以後子孫繁衍，分布泉州諸縣。在這裡，雖然族譜並未提到博溫察兒是隻身一人、還是攜眷抵泉的，但三個兒子散布各處，可見他們當時很可能處於並無恆產、四處謀生的狀況。至於以後雖然子孫繁衍，仍是分布泉州諸縣，可以想見粘氏初入晉江的艱困。博溫察兒後來歿於楊丹，據載，鄉人「以粘氏不載姓氏之傳，又系元之衣冠故」，將他的墳墓稱為「蕃人墓」，[21] 該墓至今猶存。既然將他稱為「蕃人」，可見他抵晉江時，還帶有與當地土著判然有別的鮮明的非漢身分。而在從博溫宗兒到首次修譜的粘燦之間的百餘年，我們並不知道在這個家族中曾發生過什麼，只知道在據說是粘燦所作的《溍江粘氏家譜》中，已經提到了「吾粘氏先世始於金源」，清楚地亮明瞭自己是金朝女真人的身分。但僅僅「始於金源」一句，還不能肯定在粘燦修譜時，是否已將完顏皇室與粘氏的族系如此完整地連綴到了一起。

總之，族譜等文獻均未記載這種身分對他們的定居和發展造成什麼危害，可能就與當時閩南地處偏遠，對於遙遠北方來的所謂「蕃人」，還沒有江南漢人那樣切齒的反感和仇恨，不無關係。

---

21 《族譜》，頁12。

(二) 與施琅家族同處一村的獨特環境

閩地尤其閩南，是外來人戶很難立足之處，皆因當地宗法勢力的強盛：「閩俗刁悍，毆官械鬥，相習成風」；「族大丁繁之家往往恃其人力強盛，欺壓單寒，偶因細故微嫌，輒聚眾逞兇，目無憲典，漳、泉大率如此。」而粘氏祖廟所在的龍湖鄉衙口村尤為突出，蓋因與粘姓共同居住於衙口村的，是當地的強宗豪族施姓，而施氏宗族中最著名的人物，是清代曾經兩次降清，並被康熙帝啓用為福建水師提督，最終收復台灣的施琅。

施琅曾是鄭成功集團成員，清朝順治8年與鄭成功決裂。與粘氏一樣，也是晉江龍湖鎮衙口村人。施氏祖先於南宋初年在此定居，於明代中葉崛起，明嘉靖間始修族譜，崇禎時始建祠堂，明末時已頗具規模。清康熙年間，施琅因平台之功而顯赫一時，其族眾卻因遷界而流離失所。復界後，施琅極力招撫流亡者回鄉，同時倡修族譜，重建祠堂，恢復祖墓，廣置族產，並在康熙22年與26年這兩年，親自為重修的族譜撰文。

對於施氏宗族的建立、發展和特徵，鄭振滿在《明清福建家族組織與社會變遷》一書中有具體詳細的描述，他特別強調：「這一時期施氏聚居宗族的發展，是與政治特權相聯繫的，因而具有明顯的擴張性。對當地的其他居民構成了很大的威脅。」、「衙口施氏宗族勢力的擴張，一度激化了當地的社會矛盾。」[22]

施氏的強橫直到乾隆朝絲毫沒有收斂，參見《清實錄》乾隆5年6月（1740）條下：

> 德沛又奏：晉江縣所轄之衙口鄉施姓丁壯一萬餘人，自恃族大丁多，哨聚械

22　鄭振滿，《明清福建家族組織與社會變遷》（北京：中國人民大學出版社，2009），頁136-139。並參見楊海英《施琅史事探微》，《清史論叢》，2006年號（北京：中國廣播電視出版社，2006），頁136-148。

鬥，拒捕抗糧，興販私鹽，劫奪貨船，靡惡不為。有司畏事隱忍，莫敢誰何。……臣擬於附近衙口地方移駐文武，以資彈壓。……得旨：此見甚屬可嘉。

僅僅過了不到半年，德沛再次上奏：

兵部等部議覆閩浙總督宗室德沛奏稱：泉州府晉江縣衙口鄉施姓丁眾一萬有餘，又楓林吳姓、陳林許姓、仕林蔡姓各大族，俱毗連近鄉。每恃族大丁多，爭強肆橫，列械凶鬥，以及搶犯拒捕、販私奪貨等事。不一而足。[23]

對此本文在後面還將詳敘。施姓動輒聚眾萬餘人，竟使僻處閩南的這個小小的衙口鄉，鬧到驚動皇上的程度。

問題在於，面對如此一個強宗豪族，相對弱小分散的粘氏，憑什麼在這裡立足並與施氏相抗衡？

粘氏是在施氏之後才來衙口定居的，此後分布泉州諸縣的各支粘氏，都以龍湖鄉衙口村的這支為大宗，粘氏的大宗祠也建在這裡。該宗祠據說於明正德3年（1508）始建，粘氏各支到春秋兩次，都在這裡舉行祭典，可知粘氏在明代可能一度繁盛，其表現，便是有若干子弟從科舉中第。但此後也屢遭危難，據《族譜》記：「我族隸海濱一帶，遭倭寇以及鄭兵革，死亡不可彈述，而各房散處鄉城，廢支失傳者，所在亦多，荒煙蔓草中，曾不得饗宗祠酒筵，情實堪憫……」[24]顯然未能像施氏家族那樣很快從戰亂中恢復起來，而更像是鄭振滿所稱的那種「散居宗族」，在散居各地的族人之間，既不存在共同的地緣關係，也不具備可靠的繼嗣關係，當然也不可能有施氏宗族那

23　《清高宗實錄》，卷129，「乾隆五年十月戊午」，中華書局1986年影印本（北京：中華書局，1986），頁884。

24　《族譜・二十世孫嘉樂》，「續編規條」，頁27。

樣的勢力。而以如此勢單力薄的小宗族，既不具有與施氏數量相比的眾多人口，也無可以倚仗的權勢，還沒有施氏那樣雄厚的經濟實力，卻能與施氏大宗祠一道，並存於同一個村落，他們憑藉什麼來與施氏彼此相安無事地共存數百年？如果要回答的話，那就是他們作為金朝皇室後裔，也就是他們所號稱的「金源世冑」的身分。他們煞費苦心地從《金史》等史書中，尋找他們為金開國功臣完顏宗翰後人的證據，很可能，目的就是要在這種豪強林立的環境中保護自己。

（三）不同時期「正統」的不同含義

　　上文提到，鄭振滿教授書中談及施氏時，強調了施琅的政治特權在其間所起的作用，但還有一個更重要的因素，卻未被鄭教授提及，那就是，施琅之所以有這樣的政治特權，是由於他和他的子弟都進入了八旗，成為旗人。

　　將降清明將編入八旗，是清廷的一貫政策。施琅是康熙7年（1668）進京並被納入入旗的，曾有專家懷疑他被編入的是內務府三旗，但盧正恒根據《八旗世襲譜檔》證實，施琅家族所入旗分並非內務府，而是鑲黃旗漢軍第三甲喇。據《潯海施氏族譜》載，施琅有八子，即世澤、世綸、世騮、世驥、世（騋）、世驃、世驊和世范，其中長子世澤死於三藩之亂，世騮早施琅而逝，此外，次子世綸入鑲黃旗，世驃入旗為一等阿達哈哈番，世驊據《清史稿》載，亦入旗籍，唯世驥、世（騋）二人情況不明。由此來看，施琅的後代中有大半，在清代都是旗人。[25]

　　有清一代的戶籍，分旗人與民人兩種，故有「只問旗民、不分滿漢」之說。清代凡被編入八旗制度的人，享有高於一般民人的各種政治、經濟特權，這是施氏家族得以橫行鄉里的前提。但同時，他們享有旗人身分的時

25　《八旗世襲譜檔》，微卷第31卷，襲13冊，中央研究院近代史研究院郭廷以圖書館藏。感謝盧正恒同學將他查閱到的史料慷慨贈予我。

間愈久，對滿洲人建立的清王朝的認同感也會愈強，對滿洲皇族和他們的祖先，也不可能不多少心懷敬畏和忌憚，粘氏族人不可能不明白這一點。對他們來說，儘管他們並未被接納加入八旗，但也仍然沒有比號稱自己是「金源世胄」，是「金朝皇室」更好的保護自己的手段了，而那份將完顏宗翰以下完整排列出來的《族譜》，也就成為他們最好不過的護身符。

在有清一代，竭力將自己的祖先世系與金朝皇族攀上關係的，粘氏並不是孤例。清代著名大儒阿什坦的後人留保，在乾隆朝被正式承認為「金宗室之苗裔」，並在高宗到房山拜謁金陵時，特遣大學士阿克敦祭祀金世宗的興陵，並「命金裔完顏氏子孫陪祀」，[26] 就是一個例子，儘管這個家族之人，始終未能提供自金世宗到該家族之間若干代的確鑿世系。

有清一代女真後裔紛紛攀附金朝皇室，這是有其特定背景為依託的。清入關翌年（順治2年，1645年），多爾袞即命戶部尚書英俄爾岱，代順治帝祭祀歷代帝王，是清廷爭正統、爭統治合法性的重要舉措，而將遼太祖、金太祖、金世宗和元太祖增入祭祀，是他們在向世人表明，並不是僅漢族皇帝才能代表正統。[27] 這說明了，所謂的正統性，在不同的歷史時期，具有不同的含義，它與「漢族」乃至「儒家文化」，未必就是同義詞。粘氏族譜中蘊含的社會意義，就在於此。

26　〔清〕麟慶，〈房山拜陵〉，《鴻雪因緣圖記》，集3，2001年影印本（北京：國家圖書館出版社，2001），頁988。

27　參見定宜莊，〈內務府完顏世家考〉，收入中國社會科學院歷史研究所文化史研究室編，《清史論叢》（瀋陽：遼寧古籍出版社，1995），頁133-146；定宜莊，〈滿族士大夫群體的產生與發展：以清代內務府完顏世家為例〉，收入中國社會科學院歷史研究所清史研究室編，《清史論叢：商鴻逵先生百年誕辰紀念專集》（北京：中國廣播電視出版社，2007），頁292-335。

四、越海渡台的粘氏

事情到此並不算完，因為清朝覆亡前後，又有一段「驅逐韃虜、恢復中華」的重新建構漢民族的時期。而且這場浪潮既然主要源起於廣州等地，就不可能不波及到粘氏族人所居住的閩南地區，那麼，在這樣的歷史階段，粘氏族人號稱「金源世胄」，是否會被作為韃虜而受到某種影響呢？

這裡有一個意味深長的事實，那就是據《族譜》所記，乾隆15年（1750）所修的族譜，此後竟然會再一次散失。從這時起直到民國22年（1933），才有族人從台灣來，再重拾昔日記憶，重新編撰族譜、建立宗祠並且確立堂號。這一空，就空了整整184年，而這184年，正是清朝從盛世到衰亡的時期，這個家族在這段漫長而且變動劇烈的時期曾經發生過什麼故事，迄今還無法得知。但族譜究竟散失於何時，又為何不再有人尋找和續修補綴，而續修族譜一事的中斷對於粘氏宗族又意味著什麼，則均已成謎。

再次將粘氏族譜延續下來的，是從泉州跨海赴台，並在台灣定居繁衍的那支粘氏。

晉江的粘氏族人渡海赴台，是清康熙朝開放海禁之後，屬於福建大量東渡開拓的閩南諸姓中的一支。據晉江譜牒研究會副會長粘良圖根據族譜統計，在當時粘姓合族的百餘戶、500餘人中，就有渡台族人30餘戶，其中高潮在乾隆53年（1788）至55年（1790）年間，僅粘氏廿二世的「德」字輩，就有12戶人跨海渡台，幾乎占族中人丁十分之一。

《粘氏源流渡台開基族譜》對廿二世的幾位渡台者有比較詳細的記載：

> 一是粘粵粘恩兄弟，因父母雙亡，生活困苦，兄弟三人於清乾隆五十五年〔1790〕背帶祖父母及父母親兩座木主渡台，定居於台灣的彰化縣福興鄉的廈粘村廈粘街，三弟逝世。到民國二十四年〔1935〕，已傳有八代子孫約

六百人。

另一位是粘尚，清乾隆五十三年〔1788〕四十一歲時經商渡台，帶五子一妻一家七名，順請祖居鎮宅之神丁府千歲，渡台為開莊保衛之神，傳有九代，子孫約七百人，現在居住彰化縣福興鄉頂粘村，享年六十六歲善終。

還有一位粘德，系粘氏另一支，原居晉江縣南門外粘厝埔，輩分世，名德。廿八歲時，獨自渡台謀生，先在鹿港街船仔頭定居，不久即移來福興莊粘厝一四七番地，置產維生，至三十歲娶妻福興莊菜園角黃素為妻，生有七男二女。

這四位，同被稱為粘氏的開台始祖。[28]

　　除此之外，我在2008年12月11日在福興鄉頂粘村調查時聽老人說，粘尚之外，渡海來到這裡的還有幾支（他們將支稱為「條」），有一條是在家鄉把兄嫂打死之後逃匿到這裡的，還有另外幾條不知來源，他們也姓粘，但他們祖先的牌位是放在文武廟的，後來宗祠落好了，但他們不願意入宗祠。可知當時到彰化一帶定居的粘姓族人為數甚多。

　　這些跨海渡台的粘氏，基本上是沒有太多文化的貧苦農民，福興鄉這一帶當時沒有人，他們大多是以「討海」（閩南語的發音是touhai）為生，有人打魚，也有人做田，種米，也種地瓜，既沒有祠堂，也沒有族譜，只是記得行輩字而已，他們姓粘，卻不知自己是女真後裔，也不知道自己與金朝皇帝有什麼關係。

　　福興鄉所在的彰化，即號稱「一府、二鹿、三艋岬」中的「二鹿」亦即鹿港所在地，是台灣最早被開墾的地區之一，地處嘉南平原的一部分，這裡土地肥沃，物產豐饒，素有「台灣穀倉」之稱，加上沒有閩南地區那種強宗

---

28 《族譜・渡台開基沿革》，頁278、319、344。

豪族的威脅，粘氏家族在經濟實力和人口繁衍等方面都有了較大發展。二十世紀初，便又有族人產生了回鄉祭祖的願望，但他們回泉州尋找族人和族譜的過程，卻頗為曲折。《粘氏源流渡台開基族譜》對此有這樣的記載：

> 民國十二年〔1923〕，台灣舉辦了鹿港天后宮媽祖前往福建湄洲進香的活動，粘氏廿二世族人粘芳模借此機會轉道衙口，欲抄寫其祖先尊號，帶台祀奉，卻不得要領，無奈空手而歸。他在回台途中路經廈門，遇到衙口鄉的族親粘傳仁，便將此事交付與他。而粘傳仁卻自稱因「為工務所阻，後雖回衙口向其功兄芳緘言明此舉，彼欲抄之而不知從何抄起，又不肯引仁開視其神主，仁亦因事忙，付之無可如何也。」[29]

這段記述的文字不長，卻包含諸多內容。首先，在彰化的粘氏雖然發展得族大丁繁，但對自己的祖先和族系，卻基本上茫然無知。再者，粘芳模到衙口鄉訪求族譜和祖先尊號，竟「不得要領」，而其族親粘傳仁想替他抄寫族譜，也「欲抄之而不知從何抄起」，至於「不肯引仁開視其神主」，很可能族譜究竟藏於何處，族人已不知道，而粘氏宗祠可能也多年無人光顧，祭祖活動也不再舉行，總之，在辛亥革命之後的這種歷史背景之下，一貫號稱為金朝皇室的粘氏處境如何，是可以想見的。

然而，台灣一支的粘氏族人並未因此中斷重建宗族、重修族譜的努力。粘傳仁在受粘芳模囑託而未能著手這項工作的十年之後，終於歷經曲折將族譜抄就，並寄往台灣。閩台兩地族譜終於承接。這是民國22年（1933），正是台灣的「日據時期」，由於日人在台灣推行「皇民化運動」，企圖改變漢人姓氏，以割裂台灣同祖國之間的文化聯繫，反而促使民間一些遷台支族各自回到故鄉尋根祭祖，撰修族譜。也正是在這樣的形勢下，粘氏族人作《金女

29　《族譜‧續修廷贊公派下私譜記》，頁30-32。

眞族漢化過程考紀要》，表示了要「認同於漢化，歸納於中華民族之內」的決心。[30]

　　日本投降之後，由於又有族人陸續從大陸來台，粘氏宗族又迎來壯大發展的時期。正如舊時修譜立祠往往是由科舉入仕的士人主持一樣，此時的活動，很多也是由粘氏後人中的知識分子組織的。二十世紀五十年代中期，宗親會這一組織形式在台灣興起，到八十年代有了大規模的發展，會址遍布台灣。而台灣的粘氏宗親會也是在這一期間建立的，1973年建立粘氏宗祠，堂號桓忠堂。這個時候的粘氏宗族，也終於具有了漢族宗法宗族制的一切典型特徵，諸如聚族而且規模大、時間久、地域廣；有清晰的親疏派系和嚴格的等級制度；有作為宗族存在標誌的宗祠，祠堂內有一套從事宗族管理事務的組織機構，有族長，有祠堂的公共財產如祭田，每年收取租金供祭祀之用，有族譜延續至今和完備的修譜規定等等。

　　據1984年的統計，在彰化、鹿港、福興鄉粘厝莊，頂廈粘二村，傳有380戶，粘氏居民約3,000餘人口，而台中市亦有30餘戶，台北市30餘戶，高雄、屏東、花蓮、台東、南投埔里、嘉義、台南縣市、基隆市、台北縣均有少數戶粘氏居住，全台粘氏族眾，約計6,000人口。[31]

五、族群重構與歷史再建：從女真到滿族

　　上文已經談到，以非漢族群身分抵達泉州的這支粘氏，雖然在幾百年間也曾仿依當地漢俗建立了自己的宗族組織，但時盛時衰，時強時弱，從乾隆朝到民國初期，更是寂寂無聲。他們的族群意識在上世紀八十年代的再度活躍，應歸功於兩個原因。第一是大陸「文革」結束後，各地方群體的重新活

30 《族譜・金女眞族漢化過程考紀要》，頁64、67。
31 《族譜》，頁67。

躍，以及民族政策的一度寬鬆。第二是兩岸阻隔多年之後，台灣粘氏赴晉江進行一系列尋根問祖活動，對晉江粘氏的促進和影響。

（一）民族成分的「恢復」和再造

1978年中共十一屆三中全會以後，民族識別工作重新開啓，在全國興起了一次恢復、更改民族成分的風潮。1981年11月國務院人口普查領導小組、公安部、國家民委聯合發出《關於恢復或改正民族成分的處理原則的通知》（下簡稱《通知》）的頒布，更使這個浪潮達到沸點。[32] 據當時官方報導，1982年第三次全國人口普查時，全國要求恢復、更改民族成分的人數已達500萬之多，並有260萬人得到了恢復和更改，其中從漢族改報滿族的，所占比例尤高。[33]

女眞後裔提出從漢族更改爲滿族的要求，正是這個浪潮的組成部分。從目前得知的情況看，最早提出這一要求並採取行動的，並不是泉州這支粘氏，而是安徽肥東縣的完顏氏，他們自稱是完顏宗弼的後裔：「完顏宗弼就是金兀术。」[34] 便是他們的看法。兀术是宗弼本名，將其稱爲金兀术，顯然是民間話本、小說的說法。但無論如何，根據《通知》第一條「凡屬少數民族，不論其在何時出於何種原因未能正確表達本人的民族成分，而申請恢復其民族成分的，都應予以恢復」，以及「一村或一個地區的居民恢復或者改正民族成分，須經縣以上人民政府調查認定方可辦理」的規定，提出更改民族成分爲滿族的申請，其理由是：「女眞族是滿族的前身，既然我國今天56個民族中沒有女眞族之稱，女眞遺民恢復本來面目爲滿族，就在情理之

32　【81】民政字第601號。

33　1982年第三次全國人口普查時，滿族的人數爲430多萬人；1990年人口普查爲980多萬人；2000年人口普查已經超過1,000萬人，是全國人口增長最快的民族。

34　〈肥東「完顏部落」尋天下同宗──文化部將赴當地調研「女眞文化」〉，《新安晚報》，2008年4月6日。

中。」他們之所以有這樣的說法，依據的也還是國家民委的規定。按《通知》的第九條稱：「恢復或改正民族成分系指國家已正式認定的民族成分。對尚未識別的民族成分，待識別後恢復或改正民族成分。」也就是說，如果要恢復或改正民族，只可以往「國家已正式認定的」民族成分歸納，既然女真並不是國家正式認定的56個民族之一，他們便只能歸納入在他們看來血緣、文化最接近的群體──滿族一途。

　　肥東縣人民政府於1983年5月作了批復，同意恢復這支完顏氏為滿族，在全國引起相當大的反響。河南省鹿邑縣其他各支金兀朮後人聽說這一消息之後，也向鹿邑縣政府提出申請。據說鹿邑縣政府非常重視，專門派人到安徽肥東縣調查瞭解。1987年，鹿邑的單姓「完」改為複姓「完顏」，民族成分也從漢族改成滿族。如今鹿邑縣的完顏姓居民約有6,000人，分布在馬鋪、渦北、太清宮、賈灘、楊湖口等5個鄉鎮的12個自然村中，都已經成為滿族人。[35]

　　如此看來，粘氏提出更改民族成分的申請，作為這股浪潮中的一個，也就毫不奇怪了。1985年，晉江粘氏打報告給市政府，認為他們的先祖是滿族人，並以出示的族譜為證，集體要求恢復其滿族身分，還公然打出了「女真滿族大金宗室」的旗號，得到當地政府的批准。儘管1980年代初期，這種一湧而上改變民族成分的風潮引起了諸多歧誤，國家民委也為此做了一系列調整，[36]但泉州粘氏成為滿族的一員，已經是不可更改的事實。

　　粘氏要求恢復民族成分的行為，初看起來頗為突兀，因為他們在清代並

35　河南省鹿邑縣完氏更改民族成分的做法持續了數年，遲至1993年還有申請者得到當地政府批准的例子。

36　1986年國家民委印發《關於恢復或改正民族成分問題的補充通知》，對恢復或改正民族成分問題的審批權做了必要調整，1989年11月，國家民委、公安部又針對個別地區不適當地、大批地更改了民族成分的現象，印發了《關於暫停更改民族成分工作的通知》，要求全國各地一律暫停更改民族成分的工作。至此，更改民族成分工作告一段落。

未入旗，也未受到清朝皇帝乃至官方包括當地政府的任何關注，他們是憑藉閩南漢族的一整套宗族制度的形式，才使自己的女真世系保留至今。[37]此後從明至清直到民國，這支粘姓人也從未被當作少數民族對待。1949年以後直到1980年代，也未見他們有過脫離漢族的任何要求。他們在1980年代進入滿族，完全是民族政策的規定導致的後果。

不過，一旦成為「滿族」，再建族群的一系列活動便不可遏止。我相隔十年兩赴晉江，看到的一些現象便非常耐人尋味。

首先是衙口鄉的閩台粘氏大宗祠。1988年該祠的重新修繕，得力於台灣粘氏子孫來晉江祭祖的捐資協助。1993年又再次翻修。我2001年去的時候，它已經富麗堂皇。

這個宗祠給人印象最深的是兩點。第一是它的大門門廊處豎立的兩根蟠龍石柱。粘家後人指著龍柱自豪地給我看，據說，閩南的漢人宗祠再大，也是不敢立龍柱的，而粘氏源自皇室，祠堂才敢有此規制。（這樣的龍柱，也出現在台灣福興鄉的粘氏大宗祠中。）

其次，是祠堂中懸掛的清朝末代皇帝溥儀之弟溥傑題寫的「河山衍慶」匾額。1991年的《滿族簡報》曾有專文報導：

> 全國人大常務委員會委員溥傑先生，馬年為福建省晉江縣龍湖鄉衙口村的閩台粘氏大宗祠重建題字匾「河山衍慶」。由中央民族學院趙展副教授題滿文。「河山衍慶」原是粘氏大宗祠匾字。[38]

由於祠堂於1993年6月動工翻建，於1994年竣工。所以我1990年初次

37　定宜莊、胡鴻保，〈「有出有入」與「融而未合」——對共同體形成的若干思考〉，收入王鐘翰主編，《滿學朝鮮學論集》，頁104-106。

38　丹東滿族聯誼會主編，《滿族簡報》，第1期，1991年3月1日，版1。

來時尚未得見。由清代滿洲皇室之人親題匾額，表示粘氏的歸入滿族，已經不僅得到當地官方，同時也得到滿族本族的承認，即使在清朝覆亡百年之後，恐怕也只能從「爭正統」的某種心態來做解釋了。

粘氏大祠堂和施氏大祠堂並列於龍湖鄉的衙口村，互不相擾，直至如今。這一現象的弔詭之處正在這裡：建立金朝的女真人與後來興起的滿洲，儘管在族源上相同，卻從來都不是同一個族群。清代數百年，粘氏儘管還保留一些不同於當地土著的非漢特徵，卻從未進入八旗，與旗人未曾有過任何共同生活經歷和共同生活方式，當然也從未有過任何共同的族群意識和族群認同，卻在清亡百年之後，自動納入了「滿族」這個群體，成為「非旗滿洲」中最典型的一例。與此相反的是，自康熙朝起就被納入八旗、作為「旗人」生活了數百年的施琅後人，無論自己還是他人，卻都沒有將其當作滿人看待，他們曾是旗人的身分以及由此帶來的特點，幾乎從未被研究閩南宗族的學者關注和提及。而尤其耐人尋味的是，在同一個村落共處數百年，他們曾各以什麼樣的身分，處理與對方的關係？這也許是再深入進行田野調查才有可能瞭解的問題。而更可能的是，在雙方的身分認同與歷史真實，已經錯置數十年之後，現在也許已經再沒有深入調查的線索了。

如今晉江的新景點，是南安縣的梧坑村。南安縣有粘氏後裔1,000多人，80%居住在這個村。據他們的族譜所示，他們是博溫察兒的次子子祿的一支後人，也是在1985年得到地方政府批准後擁有了滿族身分。1990年我第一次去晉江時，據泉州市政府主管民族工作的陳先生給我出示的材料稱，南安這個粘氏聚居的梧坑村非常貧困，至1989年底，適齡兒童尚無一人入學，村中尚未通電，多數人家亦無自來水。2002年我再度拜訪，情況明顯要好得多，許多人家都蓋上了新房，新房門楣上，很多都有「河山衍派」或「完顏傳芳」字樣，可惜我未能瞭解到這是相沿已久的習慣，還是改為滿族

之後的事。

　　現在的梧坑村，已是泉州地區唯一有建制的滿族聚居村。村中建有梧坑滿族文化館及文化長廊、民族文物室、文化廣場等設施。文化館的大門處立著完顏宗翰的半身塑像。據該村老人稱：「村裡人正計畫去哈爾濱阿城把更多正宗的滿族習俗、禮儀等學回來。」、「或許不久大家就能在梧坑村觀賞到純正的滿族禮儀展示了。」[39]全然不掩飾再造族群的動機和行跡。

（二）再建的「金史」

　　1987年7月，台灣當局宣布解除實施了長達38年之久的「戒嚴」，並廢除因實施「戒嚴」而制定的30種相關的法規和條例。1987年10月，國民黨中常會又通過了台灣居民赴大陸探親的方案，兩岸隔絕的狀態開始鬆動，經濟、文化的交流也日趨密切起來。閩台兩地的粘氏，正是在這樣的背景下，開始了頻繁的交流活動。1988年5月，《戒嚴令》解凍後僅僅一年，正值台灣粘氏舉行東渡來台二百周年紀念活動，台灣粘氏宗親會會長粘火營，就以台灣粘氏宗親會名義，專程回到晉江衙口鄉的粘博溫察爾墓地祭祖，並捐資協助重建粘氏大宗祠，一時盛況空前。該祠落成時，台灣粘氏族人200餘人組團前來參加慶典。晉江粘氏族群的重新活躍，在很大程度上是台灣粘氏宗親會推動的結果。

　　台灣粘氏的祭祖尋根之舉，後來越來越活躍，影響也越來越大。他們聲稱：

> 粘博溫察爾不僅僅是八世祖，粘氏始祖粘罕是在金上京成長起來並建立功業的。若溯源而尋，八世祖只是上游，並不是源頭。那麼，粘氏的源頭在哪裡呢？閩台粘氏逐漸意識到自己的根在金上京，在金源阿城。金太祖陵的宵神

39　〈獨具魅力的文化中心　南安滿族村蘊含氏族記憶〉，《泉州晚報》，2013年3月15日。

殿裡，供奉著粘罕始祖。……「閩台粘氏尋根團」的成員們由衷地感慨，落葉一定要歸根。[40]

　　這趟訪古活動，被大陸和台灣兩岸的媒體大肆宣揚。結果便是在黑龍江省阿城縣的金上京遺址，矗立起由台灣億豐集團董事長粘銘帶領的台灣粘氏宗親會捐建的多種設施。其中最顯眼的，就是落成於2005年的金上京歷史博物館廣場，稱之為粘氏廣場，廣場上左右兩邊各一尊的青銅雕像，就是金太祖完顏阿骨打與粘氏祭拜的祖先——完顏宗翰。此外，博物館的展館裡專門設有粘氏後裔廳，廳裡甚至還有諸如《22世粘尙（晉江赴台的開基祖之一）後裔名人錄》之類的內容。完顏宗翰和他的歷史功績，成為這個博物館最引人注目的展示重點之一。

　　粘氏族人還積極捐資協辦了，由阿城市政府舉辦的每兩年一屆的「金源文化節」活動。在2000年6月的首屆金源文化節上，粘銘帶了近百人的尋根團。在第四屆文化節上，又帶來30多人的祭祖團。台灣粘氏家族祭祖的大型活動，也成為這個文化節的重要內容。

　　完顏宗翰和他們的粘氏子孫，就這樣在阿城這個金朝的發源地，一躍而成為最顯赫的金源文化的代表，甚至金朝的奠立者完顏阿骨打都相形見絀。大批前去參觀訪問的人眾也對此深信不疑。歷史就這樣被重建了。

六、結語

　　對粘氏族譜的考據，尤其是對開基祖以前的遠祖系譜的辨偽，是本文所做工作的第一步。正是在這樣的甄別過程中，發現了粘氏族譜中存在著的重

40　關伯陽、李玉琦，〈千萬里我追尋著你——閩台粘氏尋根問祖始末〉，《人民日報海外版》，2002年7月16日，版5：http://www.people.com.cn/BIG5/paper39/6733/657150.html。（2017年1月5日點閱）

大漏洞。

　　然而，即使發現了這份族譜中的虛構成分，也不能止步於對其「真實性」的糾纏。首先需要做的，是釐清它是在何處虛構，又虛構了什麼，從而追尋它做這種虛構的目的所在，進而探討這種虛構的社會意義和現實作用。

　　毫無疑問，粘氏修撰族譜的目的，是要在晉江這樣地瘠人稠，傳統宗族意識、宗族勢力濃重的社會謀求立足自存。但是，粘氏宗族的建立過程，並不像學者通常描述那樣，是明清時期漢人邊界擴大的表現，在「民族」乃至「漢族」這些近代才建構出來的概念尚未產生的時候，粘氏修譜所追求的，只是以皇室後裔的身分來與周邊的強宗大族抗衡，而這種抗衡，又因清朝對金元等少數民族建立的王朝之正統性的承認，而得到了強化。

　　我在此前所寫文章中曾認為，粘氏仿效漢人修撰族譜和建立宗族，是借漢族傳統文化的形式來包裹自己，以保存自己的族群意識，事實上，這種解釋過於簡單了。[41]因為這樣的解釋並未注意到閩南社會在這幾百年並不是一成不變的，既使地處邊遠，它也經歷了幾個王朝，受到過幾個王朝的不同影響，至少在明、清和民國這三個不同時段，所謂的「國家權威」和「正統性」，其含義都是不同的。閩南的地方社會和族群邊界，必然會隨之產生流動和變遷，而出於自身利益的考慮，各族各姓的族譜書寫和宗族構建，也必然要迎合這一點。

　　族譜作為一種文本，它的活力源出於它所記載的當世後裔的意識和理念之中。粘氏族譜在各種不同歷史時期，已經表現出了不同的「當代意識」，這樣的「當代」，也許還會被永遠看到。

41　定宜莊、胡鴻保，〈虛構與真實之間——就家譜和族群認同問題與《福建族譜》作者商榷〉，頁44-47。

附記

本文完成之後，筆者又於無意間發現《山東粘氏族譜》一冊，據十四世孫燦廷所撰《譜敘》，該譜初撰於嘉慶12年11月初10日：

> 宗譜之立，所以本世系、別親友、勸惇敘、重倫理也。聞之予粘族自大明洪武元年自小雲南徙居於山東登州府萊陽縣東大策莊，迄今益數百餘年矣。

另有手寫字跡：

> 元代〔西元1333〕太平王？鐵木兒及相伯顏〔即位1335年大？，弒皇后〕權傾一時，將在華北所有女真族人士驅散，此時〔我們祖河間府〕八世粘博溫察兒遷徙入閩開基。但山東由小雲南在明代時遷徙，可能是在元代同被驅散之故。遷入雲南之一部？？族系我等在第五世是同一祖先的，那就是衛招王合打公〔章宗泰和年間官北路招討使〕的一系，五世合打公有子三人，長子重山派在蒙古為人質，次子為割奴申，三子荊山，可能？？重慶及雲桂將領，待在明代後才遷移山東，故承？山東粘氏族譜，入山東稱為〔下文不清〕……

後又有「粘族排名次序」：

> 由十七世開始：明朝洪武來昌陽　本流禮錦百世長
> 　　　　　　　忠信仁義得福祿　富貴榮華全安康

字跡潦草不清，但以此與閩台粘氏族譜相比對，卻極為有趣。

族譜提到他們是明代從「小雲南」遷移到山東萊陽的，這種說法在山東萊陽、掖縣等處非常普遍，只是「小雲南」究係何處，學界有多種說解，莫

衷一是。由於與本文所述無關，不另討論。

最有意思的是族譜這些手寫的批語，從西元紀年來看，顯然是民國以後才寫的，更有可能的，是不知從何處看到了閩台粘氏的譜書，並加以對照參考之後寫的，但即使這樣，他們也只是將自己一支的族源追溯到如招王合打（注意：是姓粘合，名合打，而不是姓粘，名合合打。），並將合打作為他們的始祖，而隻字未提完顏一姓。這有兩種可能，一是他們從閩台粘氏的總譜中，就未見到祖先係完顏的字樣，也就是說，他們抄譜時，閩台粘氏的族譜也還未將粘氏與完顏聯繫起來，還有一個可能，是山東粘氏另有所本。

這部譜書，為我們上文的推論提供了一個很有力的旁證，那就是，四世盆買和五世合打之間，確實存在一個大的脫節，很可能是後人為了證明粘氏家族出於完顏，硬將二人聯繫起來的。

又，景愛在《閩台粘氏家族譜讀後》（參見註6）一文中稱：

> 定居哈爾濱的粘領弟告訴我，她原籍是山東省高格莊東大策村。山東的粘氏，是由河北遷移而來，還是獨立的一個族支？由於缺乏研究，尚不明。

粘領弟是山東粘氏無疑，但景愛先生未看到這部譜書，也是肯定的。

南京歸來──大理世族的身分抉擇

連瑞枝

國立交通大學人文社會學系教授

　　對西南世家大族而言，明朝的南京是一個全新的政治中心，其象徵著一個新時代的來臨。西南世家大族指是南詔大理國以來的貴族們，元明以來，他們被漢籍文獻記錄爲白人或僰人。[1] 洪武16年以來，其世族子弟陸續被派遣到南京，他們或爲人質，或以僧人身分被延請到宮廷舉行法會，有的赴京論功，受封土官官爵，也有的是被派往國子監見識學習的學生，或是赴京告職的基層吏員。這種遠距的空間流動，使得中心和邊陲也逐漸產生強烈的對比。對西南政治中心的大理而言，其世族子弟所受到的挑戰尤大，他們因

1　六十年代中國少數民族政策下將白人標誌爲白族，主要聚居在大理州白族自治區。在六十年代以前，因爲其漢化程度相當高，一度被視爲漢人鄉村之代表地點，如許烺光著有《祖蔭下：中國鄉村的親屬、人格與社會流動》與《驅逐搗蛋者：魔鬼・科學與文化》二書，皆以大理西鎮（即今天的喜洲）爲田野地點，他便將西鎮視作代表「中國鄉村」的村落之一。參見許烺光（Francis L. K. Hsu）著，王芃、徐隆德譯，《祖蔭下：中國鄉村的親屬、人格與社會流動》（台北：南天書局，2001〔1948〕）；許烺光（Francis L. K. Hsu）著，王芃、徐隆德、余伯泉譯，《驅逐搗蛋者：魔鬼・科學與文化》（台北：南天書局，1997〔1952〕）。相對地，稍早的Fitzgerald著有《五華樓：雲南大理的民家研究》，視當時的大理「民家」是有別於漢人的特殊人群。參見C. P. Fitzgerald, *The Tower of Five Glories: A Studies of the Min China of Ta Li, Yunnan*（London: The Cresset Press, 1941）.

應政治改變所造成身分流動是顯而易見的，遠赴南京，便意味著參與新的政治，也說明了即將發生的新局面。

　　這批受新政治洗禮的世族精英自南京返回家鄉時，成為獲得新的士人身分的一群人。他們著手從事鄉里基層社會之文化活動，包括為鄉里舊宦貴冑撰寫墓誌銘，也著手從事編纂族譜的文化工作，留下大量的文字資料，不僅提供我們觀察這個被征服的地方社會所面臨的變化，也看到這批新身分的士人如何重新建構他們的歷史。大理世族社會如何適應明朝治理所涉及的層面相當廣泛，而這篇文章主要集中在討論世家大族出身轉型的新興士人階層，如何在地方社會的意義框架下編纂族譜，並討論其背後潛藏的社會關係與運作機制。從這些返鄉士族的文化活動，可以看出身為新興士人的他們一方面小心翼翼處理過去地方歷史書寫的問題，也必須協調他們的身分在新舊二種不同知識與意義體系所代表的地位。隨著舊與新的政治情境與社會內部與外在關係的改變，他們開始採取各種多元的祖先敘事來論述身分，有的是用南京人，有的是九隆氏、婆羅門，或是鳥卵異類等等。[2]這些多元的祖先論述並不是任意隨機出現的，而是與地方過去的政治傳統有關。長期以來，大理世族精英透過一套具有社會分類意義的祖先系譜，來處理他們社會內在與外在的政治關係，也用此架構來作為調節政治危機與社會衝突的機制。此祖先系譜是地方社會用來調節鄰近人群的知識架構，其不僅是歷史性的系譜關係，也是特定社會關係的再現。考證他們真正的祖先並不重要，而是這些自南京返回大理的士子面對了什麼樣「新的」地方條件，而他們又如何透過重新塑

2　最早注意大理墓誌銘記載著九隆氏論述的是石鍾健，他曾撰寫一文〈論哀牢九隆族和洱海民族的淵源關係〉，《石鍾健民族研究文集》（北京：民族出版社，1996）。侯後將九隆氏論述的墓誌銘作了大致的整理，參見《白族心史：《白古通記》研究》（昆明：雲南民族出版社，2002），頁194-199。另有關大理貴族世系的討論，可參見連瑞枝，《隱藏的祖先：妙香國的傳說和社會》（北京：生活‧讀書‧新知三聯書店，2007）。

造祖先來改造新的身分。

　　這篇文章將「前往南京」與「返回大理」，視為一段重要的政治經驗，前往南京，表示獲得新的仕宦身分，象徵著新朝政治地位與身分網絡；但返回大理，又使他們進入地方社會，面對被制度所分化的世族、新的社會關係、鄉里秩序，乃至於透過一種新的文類來記載社會內在分際的改變。文章主要討論明朝所編纂的三份族譜，分別呈現了大理府太和縣中鄉塔橋趙氏、下鄉龍關趙氏，以及上鄉喜洲的董氏的家族史，討論內容包括：1.第一批前往南京的大理鄉貢生，自南京返鄉後，為鄉人撰寫了許多墓誌銘。這些墓誌逐漸成為族譜撰寫的重要依據。2.返鄉後對於祖先論述產生紛歧，上鄉喜洲出現了九隆族論述，而中、下二鄉的世族，則逐漸產生南京人論述。3.由姻親關係所建立的士人集團，是推動父系世系編纂的推手。經由這些個案的討論，筆者試圖從地方精英的姻親社群網絡，來說明大理族譜內在的系譜是如何建構起來的。

一、中鄉塔橋趙氏僧族與士人網絡

　　明洪武年間，一批大理貴族精英被送到南京國子監讀書。永樂年間，正式在雲南推動鄉試，更有系統地拔薦世族子弟精英前往南京。明初這些前往南京的地方精英，在外地逐漸形成具有仕宦經驗的群體，返鄉後著手為地方耆舊撰寫了許多墓誌銘。這些返鄉士子，包括了永樂9年（1411）、10年（1412）的太和縣鄉進士如楊禧、楊榮、楊森以及趙壽等人。為免論述龐雜，茲先對這些取得功名者進行基本的介紹。

（一）楊禧（1388-1467）

　　楊禧的史料並不多見，《滇雲歷年傳》指出永樂九年（1411）雲南第一次

舉辦鄉試，當時取了二十八名生儒，太和縣民楊禧便是其中之一。[3]第二件史
料是出自其墓誌銘〈楊禧墓碑〉，記載其一生：楊禧，字祐之，大理府太和
縣人。他的父親楊山，被授以誥命贈中議大夫，並任廣西慶遠府知府。後
來，楊禧在府學中永樂辛卯科鄉試，拜四川縣庠教諭，又陞廣西慶遠府知
府，再擢廣西布政使司，賜食正三品祿。歷官五十五年，執事十五載。成化
丁亥時，葬於大理城西之玉局山。[4]從其墓誌銘可知，楊山與楊禧父子二人，
在明初被派往廣西慶遠府擔任同知。後來，父親楊山死後，其子楊禧將之葬
於玉局山，從玉局山墓地於大理城外可知，楊禧應是太和縣在城裡居之大理
世族。第三條是《滇史》對楊禧的記載，內容稍加詳細：

> 楊禧，舉人，任榮經縣教諭。上太宗文皇帝書，言時政，辭激切，上怒，
> 繫之獄。頃之，得釋，拜監察御史。<u>任慶遠知府，以誠信感化夷民</u>。任滿
> 將行，民庶道泣留，台臣上其事，復留三年……乃以參政行府事。歷十二
> 年，實授參政。[5][按：底線為作者所強調，以下同此例]

指出楊禧在明初政壇頗有清望，曾因時政建言激怒皇帝而獲獄，後遠調
任廣西慶遠府知府等等之事蹟。楊禧之事功多在雲南以外，沒有留下任何著
述，也不足為大理人所記憶。惟他返鄉後，也為鄉里趙壽僧族寫下一份族譜
序，後文將加以論述。

3　倪蜕輯，李埏校點，《滇雲歷年傳》（昆明：雲南大學出版社，1992），「永樂九年秋八月」
　　條，頁280-281。

4　〈楊禧墓碑〉，收入楊世鈺主編，《大理叢書・金石篇》，冊10（北京：中國社會科學出版
　　社，1991），頁58下、59上。

5　劉文徵撰，古永繼點校，《滇志》（昆明：雲南教育出版社，1991），卷14，〈人物志・鄉
　　賢〉，頁489。又卷8，〈學校志〉「大理府科目」條下，舉人永樂辛卯科項列有楊禧，頁
　　295。

（二）趙壽

趙壽是大理塔橋人，世代居住在大理城稍北之塔橋。他自幼便被遣爲郡庠生，永樂10年（1412）選貢至京，永樂12年歲次甲午科雲南試中試舉人，於宣德6年復任四川成都府重慶州新津縣丞一職。一份墓誌銘指出趙壽的祖先曾是大理位高權重的僧侶：「自祖父榆城叟，精演釋教，得無爲之宗，親戚鄉里咸推敬之。」趙壽的父親趙華嚴護也是一位釋教僧侶，有七個兒子，只有趙壽擔任明朝的官職。[6]而也因爲如此，趙壽回鄉後致力於爲其父親撰寫墓誌銘以及編纂族譜。

（三）楊榮

《滇史》記載：「楊榮，太和人，永樂壬辰（1412）進士。翰林院庶吉士，篤信謹厚，同館推其器。以苦學勞瘁，卒官。」[7]他曾爲趙壽家族撰寫族譜序，文末署名爲「靖江王府審理所理正承直郎葉榆楊榮」，可知楊榮和趙壽是同一年被選入南京的大理世族。有意思的是楊榮在明進士冊籍中登記的是：「貫雲南大理府太和縣保和鄉塔橋里，民籍。」[8]他和趙壽爲同里，也是保和鄉塔橋里人。

楊禧、趙壽和楊榮的史料相當零碎，如果要還原他們在鄉里從事的活動，必須從景泰5年（1454）應趙壽之請求，爲其撰寫《大理塔橋趙氏族譜》序文以及其父之墓誌銘，我們才得以從這些留下之文獻中爬梳當時其間之社會關係網絡。

趙壽於景泰5年爲其父趙華嚴護撰寫墓誌銘，並爲編纂族譜作準備。他

6　〈善士趙公諱葆暨慈淑孺人墓志銘〉、〈故居士趙華嚴護墓志銘〉，《大理古塔橋趙氏族譜》，大理市圖書館藏，頁132-133。
7　劉文徵撰，古永繼點校，《滇志》，卷14，〈人物志‧鄉賢〉，頁489。
8　引自王毓銓，〈貫‧籍‧籍貫〉，《文史知識》，1988年第2期（1988年2月），頁118。

邀請楊禥爲其父親趙華嚴護撰寫墓誌銘，楊禥在墓誌中說明了他們的關係是同師受業的學友鄉人，並署名爲「賜食正三品祿嘉議大夫廣西布政司參政大理楊禥」，[9]可知這位楊禥就是永樂9年通過鄉試之太和縣舉人。換句話說，他和趙壽是前後隔一年到南京國子監讀書的大理貢生。出自於同師、同鄉又同往南京的經歷，趙壽請楊禥爲他的父親撰墓誌銘應是相當合理的事。趙壽除了請楊禥撰父親的墓誌銘，同時也請他爲「族譜碑」題名。另外二位重要士人也參與了族譜碑：楊榮和楊璽。以當時的習慣，撰寫墓銘之內文、書法以及題名各有其人，而楊璽便負責撰文，楊榮書法，以利石匠將文字刊刻在石碑上。楊璽是趙壽妻子楊魯的兄長，文末署頭銜是「北京河間長蘆都鹽運使司朝列大夫同知。」[10]楊榮則是上述永樂10年同時入南京的翰林院庶吉士，不僅是太和縣人，還是同里同鄉人。這個網絡關係很明顯是永樂9年、10年之間，居留京師的大理世族，他們回到大理後形成一股關係緊密的南京集團。

　　在了解這三位大理士人的關係網絡後，我們再來分析他們如何塑造塔橋趙氏的家族歷史。趙壽返鄉爲其父編寫墓誌銘的同時，也請朋友爲之撰寫族譜碑，可知族譜碑和墓誌銘一樣，是進行祭祖儀式時所需的前置作業。但是，祭祖、追溯世系到撰寫族譜是很不一樣的事情，祭祖和追溯世系主要是以個人爲中心向上追溯其祖先，這個祖先可能是父系的，也可以是母系的；相對地，族譜的撰寫格式，是由父系的祖先開始往下撰寫到當事者。如何整合此二者使其成爲合乎體例與格式規範，便有可操作之處。大理世族初撰族譜之時，對族譜格式的書寫不甚講究。他們的作法是到先祖墳上去收集墓碑，再將墓碑上的墓銘收錄起來，最後寫出一套符合當時需要的祖先故事，但如何將這些不連貫的、無法解釋的不同支系之間的族姓歷史串連起來，便

9　楊禥，〈故居士趙華嚴護墓志銘〉（1454），《大理古塔橋趙氏族譜》，頁132-133。

10　〈故居士趙華嚴護墓志銘〉，《大理古塔橋趙氏族譜》，頁132-133。

是所謂的可操作之處。況且，世系成員之墓地未必集中於一處，若要建構世系則受限於世族內部之氛圍；再者，大理昔日採用火葬，立碑亦以佛教之梵文碑爲主，其內容多爲經咒。[11]更重要的是，墳塚區並非以族姓爲界線，昔日之火葬習俗更仰賴佛寺爲中心，所以收錄墓誌銘無法建置出一個以父系爲主的理想世系關係。

景泰5年，趙壽請楊禧爲父親撰寫墓誌銘的同時，也請楊璽撰寫族譜碑，二件事是同時進行的。楊禧爲趙壽父所撰寫的墓誌銘〈故居士趙華嚴護墓志銘〉（1454）中，記錄一條比較可靠的世系歷史，其內容如下：

> 居士姓趙氏，名華嚴護，葉榆望族也。蒙段以來代有顯者，先祖榆城叟，隱德不仕，生男一，曰居士。自幼心地坦然，惟緣善事，以事業之豐，宿殖之厚，鄉里所不及……自祖父榆城叟，精演釋教，得無爲之宗，親戚鄰里咸推敬之，及居士亦闡釋教，奉持尤謹，以善勸之，所以子孫繁衍，家道興隆。[12]

碑文指出趙壽以上二代祖先是鄰里重要之僧侶，從族譜同時也收錄其它支系的墓誌銘可知，塔橋趙氏家族是當地重要的僧族。不僅趙壽的上二代是僧侶出身，其它趙氏族人之墓誌銘甚至宣稱他們是先祖是「西天種族」以及「波羅門身」，說明了趙氏祖先的身分。這些散落的墓誌銘根本無法建立一個完整的世系。收錄最早的一份是由「中蒼五密道僧廣德李文愷」爲「昌明弘道大師」趙興隆所撰寫的墓誌銘，〈昌明弘道大師諱興隆趙公墓誌銘〉（1426）指出了其世系：

11　昔日大理以火葬爲主，留下許多梵文碑。這種梵文碑傳統一直流傳到明末，其墓誌銘一面以漢文撰墓主生平，另一面爲則刻以梵文經咒。參見 Walter Liebenthal, "Sanskrit Inscriptions from Yunnan I," *Monumenta Serica*, Vol. 12（1947），pp. 1-40.

12　〈故居士趙華嚴護墓志銘〉，《大理古塔橋趙氏族譜》，頁132-133。

趙氏處居大理，西山東水，南北龍關金璅，山明水秀，人杰地靈，<u>祖傳瑜加</u>〔<u>伽</u>〕<u>奧典</u>，至於嚴父趙興隆爲僧受法，母李氏藥師酌蓮生五子。……後赴京選貢入第，廣讀大經大法，周易八卦春秋五傳，細要九經，文行忠信無不精通。<u>永樂二十一年〔1423〕，差行回安盤鹽盤米，洪熙元年〔1425〕差理刑廳，宣德元年〔1426〕，歷任廣東運鹽使，</u>俾辦事以得公平民便，卒然一疾俄終而逝。[13]

第二份是由「太和縣文化坊教讀儒士楊經」爲趙子瞻所撰寫的墓誌銘〈故莊仕左郎趙公墓志銘〉（1449），指出元末明初一位名爲趙子瞻的事蹟：

天水郡趙公，諱子瞻，字時望，乃大理塔橋之巨族也。曾祖諱生，祖諱明，橋梓相傳，<u>精秘密教，道高德大，珍禍祓災</u>。元段氏舉爲守護之師，父諸天賜，守素務農，教子以禮……公自幼博學篤志，切問近思，盡孝竭忠，<u>遂采芹於邑庠，迨選赴監除授於蘇州照府</u>，民賴以恤，莫不欣然，忽報慈親天祿永終，聞訃解印……<u>復任廣東高州府</u>，務其本而推其末，……及其秩滿，期待獻瀕，<u>行至山東臨清縣，不幸傾逝</u>。

第三份墓銘是趙葆墓誌，他是趙華嚴護的孫子。景泰6年〈善士趙公諱葆暨慈淑儒（孺）人墓志銘〉（1456）中指出：

其先自宋及元，俱有顯達，代不乏人。曾大父至榆城名，世習西方秘密之教，故凡邑郡人民之有實旱潦者，皆賴以格天，祖父諱華嚴護，道高德重，至今人傳頌之。[14]

13　中蒼五密道僧廣德李文愷撰，〈昌明弘道大師諱興隆趙公墓志銘〉（1426），《大理古塔橋趙氏族譜》，頁130-131。

14　〈善士趙公諱葆暨慈淑儒（孺）人墓志銘〉（1456），《大理古塔橋趙氏族譜》，頁132。

　　第四份是趙祥墓誌銘，他是趙子瞻的孫子。弘治10年（1497）的〈驛宰趙公同偶周孺人壽藏墓志銘〉中，則指出：

> 其祖諱忠，段時賜襲金榜之職，諱生亦授前職及金襴法衣……明生諱賜，悉承波羅門教，代為守護國師。賜生子瞻，即公之父也。[15]

　　第五份碑是趙成墓誌，他亦為僧人謚名「誠身弘道大師」，未詳其祖先姓名。嘉靖元年（1522）的〈誠身弘道大師趙公壽藏之銘〉中也記載著：

> 有高曾祖考，原系波羅門身，西天種族，隨觀音開化大理，作段家守護法師，是瓏承授五密教法，破講儒釋經文，神功浩大，四業修行。[16]

　　從十六世紀以前出土的五份墓誌銘可知，塔橋趙氏大致分為二支，一是趙華嚴護，一是趙忠、趙子瞻到趙祥，此二支系皆為大理段氏總管身旁之僧族世家。趙壽撰譜之時，塔橋僧族共同經歷了一些身分性格的改變，如最早的僧人趙興隆，他的頭銜是「昌明弘道大師」，但卻赴京選貢入第，被差往廣東運鹽使之職，後死於他鄉。再者，趙壽父親也是一名僧人，趙壽入京選貢後，被派往成都新津縣任職。趙子瞻一支系其祖有金襴法衣之傳，是段氏總管身旁重要的僧族，趙子瞻亦授職蘇州、高州擔任朝廷之官員。這五份墓誌銘中的共同特色是僧族身分，後來致仕任官，但他們彼此之間卻無法找到一個共同的來源或是祖先。或是說，他們更重視的是法脈關係，但法脈卻無法在族譜這種文類表現出來。

　　景泰5年，族譜碑內容開始改造了祖先敘事。這份碑是由楊璽撰文、楊禧題字、楊榮撰字書丹於石碑。說明當時最具代表性之大理新興階層見證了

15　〈驛宰趙公同偶周孺人壽藏墓志銘〉，《大理古塔橋趙氏族譜》，頁133-134。
16　〈誠身弘道大師趙公壽藏之銘〉，《大理古塔橋趙氏族譜》，頁134。

這一場改造歷史的現場。楊璽爲趙壽家撰寫了一篇族譜序文時，內容卻記載著：

> 今歲戊午之春，奉命來榆，得與西宗兄重訂交誼，稔知趙氏爲葉榆世族，西宗〔趙壽〕乃族翹楚。一日，語及家世，見出譜徵序，余披讀之，見其先世有祖自應天府來榆，相傳十餘世，今即奉以爲始祖，其元宋以上，則遠莫之稽也。

由於這份碑文時間和楊禧所撰寫墓誌銘是同一年，很難解釋同一年的墓誌銘與族譜碑，何以產生二個不同的論述內容。同時趙壽也寫了一份族譜序，內容在調和其父親的墓誌銘和楊璽族譜碑的內容，其族譜序中記載著：

> 居士姓趙氏，名華嚴護，葉榆望族也。蒙段以來，代有顯者，先祖趙旻公、趙颺公業籍榆城，隱德不仕。……先祖二公原籍南京應天府，即今江南省江南人氏。颺公本籍於洪武二年歲次乙酉科鄉試中試，登庚戌會試進士，江南人升授大理路中堂。[17]

二文指出「有祖自應天府來榆，且已來十餘世」，與趙壽想要創造的祖先是原籍南京應天府人的論述是一樣的，但楊璽文中指出趙氏來到大理十餘世，是不可能如趙壽所言先祖趙颺在洪武2年「鄉試中試」；另一支系的祖先是趙旻，據順治年間之族譜序載：「洪武十八年歲次丙寅，我祖趙公諱旻者以指鈔事奉詔落錦衣衛職，從潁川侯傅友德軍戎到榆。」[18]此二者極爲爭議，應是當地人的附會，也無法進一步考證。若要進行合理的解釋，那麼會有

17　趙壽，〈舊譜序二〉，《大理古塔橋趙氏族譜》，頁8。

18　此一出處是依據順治16年，趙氏第八世之趙中進所撰之族譜序。參見《大理古塔橋趙氏族譜》，頁10。

以下的幾個可能性：第一，是大理人被召為皇帝貼身偵伺機構擔任錦衣衛之職，或者是後來被召為錦衣衛職，但卻附會為洪武初年南京籍之祖先身分。第二，明初施行開中法，曾令大理僧族以官商身分負責鹽米運輸之事項，如墓銘指出的趙興隆與楊璽二人，然證據相當有限。第三，也不排除外來漢軍進駐與當地趙氏支系相互混融，以致在祖先來源產生移花接木的情形。總之，族譜之撰寫體例在格式上要求一份先源，那麼編纂書寫的過程，便使其祖先來源充滿政治性的選擇。

這裡比較難考察的是楊璽的身分，他的身分相當關鍵。他是趙壽的妹婿，連續幾段碑刻都相當強調趙壽娶了「河間長蘆都轉運鹽使司同知楊璽妹魯為妻」，又從楊璽「奉命來楡」文字判斷，楊璽可能不是大理人，也可能就是大理人，但文意中表示了他是一個外來者的身分。最後，趙壽之一男一女，婚嫁皆為太和千戶所土官千戶，可以推測他們正由僧族向上轉型為朝廷任命之土軍，並且有由當地世族轉向土漢官族的身分，這些都與其族譜中努力要建構的南京應天府的「原籍」身分有關。[19]

二、下鄉龍關趙氏僧族與士人網絡

洪武16年，明軍初入大理時，另一批前往南京見新朝皇帝的大理僧族代表是趙賜。他被賜以國師阿吒力，其族人在大理社會仍然保有相當崇高的地位。趙賜祖先向來駐守大理平原南方的龍關，又稱為龍關趙氏。趙賜後裔後來陸續往返京師，直到第五世趙汝濂登上進士身分，整個家族性格才正式登入仕族身分。在此之前，他們在京師以及大理建立一套仕宦政治網絡，也因此而編寫《太和龍關趙氏族譜》。我們從譜序與後跋等書寫者的脈絡，來觀察大理僧族轉型士族時身分認同的轉向。

---

19 〈故居士趙華嚴護墓志銘〉，《大理古塔橋趙氏族譜》，頁132-133。

（一）第一位重要人物是龍關段子澄。《滇志》記載段子澄：

> 太和人，爲諸生時，不納奔女，路還遺金，天順壬午，秋試，主司待其
> 卷，屢感異夢，知其爲端人也，遂荐之奪解。仕爲德安府通判，以內艱遂不
> 起。晚年居鄉，爲盛德，事益多。里人稱爲太丘彥方之亞。[20]

指出他在參與秋試時，如有神助，考官拔舉之爲解元，後來，被派往德
安府擔任通判職。《滇史》又記載了他是景泰壬午科（1452）大理府解元。[21]段
子澄與趙賜是同鄉人，他在《太和龍關趙氏族譜》序文中，自署「承德郎湖
廣德安府判，雲貴解元。」有關段子澄之其他相關史料不多，惟在大理州圖
書館藏有《龍關段氏族譜》，指出段子澄是大理總管世族後裔，其族構難於
建文朝，避政變返回滇地。[22]龍關段子澄家族和趙賜家族，因爲鄉里地緣條
件也進行密切的聯姻關係：趙賜裔孫趙平和段子澄是同鄉友人，趙平的二子
趙儀與趙智，分別娶了段子澄的女兒以及其兄之女，指出了龍關段趙二家的
姻親關係。[23]（參見圖1）

---

20 段子澄，收入《滇史》，卷14，〈人物〉，頁488。又可見周宗麟，《大理縣志稿》（昆明：大
　　理圖書館翻印，1991），卷12，頁6。
21 劉文徵撰，古永繼點校，《滇志》，卷8，〈學校志〉，頁296。
22 《龍關段氏族譜》，大理州圖書館館藏。
23 《太和龍關趙氏族譜》，大理州博物館照片翻拍。

圖1　太和龍關趙氏聯姻系譜

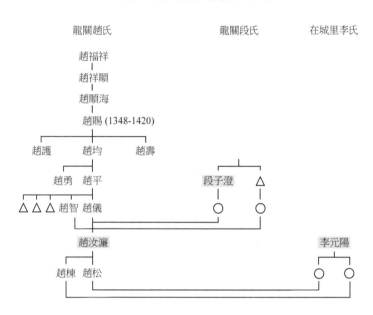

（二）第二位重要的士子是龍關趙賜裔孫趙汝濂（1496-1572），他於嘉靖壬午（1523）得進士功名，選為庶吉士，後任副都御史，晚年歸家隱居，又稱趙雪屏先生。《滇史》記載：

> 趙汝濂，字敦夫，太和人。嘉靖壬辰進士，選庶吉士，為考功郎，主內察。……晚官都御史，諤諤有大臣節。致仕家居，益敦內行，不治產業，第營一草庵，匾曰：覺真，推俸弟兄族人同之。[24]

他曾在外地致仕，因為性格剛正，在朝仇家日熾，復歸鄉里居，隱居在

24　劉文徵撰，古永繼點校，《滇史》，卷14，〈人物〉，頁472。文字與《大理縣志稿》之描寫略有不同，參見《大理縣志稿》，卷12，〈人物志〉，頁4。

他們家族佛寺之中。他與李元陽（1497-1580）相當友好，晚年時李元陽爲趙汝濂撰寫墓誌銘，內容記載了他在朝廷致仕之經歷與在鄉之義行。

（三）第三位重要關係人是李元陽（1497-1580）。李元陽，字仁甫，太和人。嘉靖丙戌（1526）進士，選翰林庶吉士，歷江陰縣令、戶部主事、監察御史等，四十二歲（1539）見朝政日非，解任回鄉，隱居四十年。[25]時大理鄉里經濟殘破不堪，徙居他處者衆。李元陽居住在鄉里，發動了許多慈善義舉，也從事鄉里重建工作。他「里居不出不營生業，薄自奉，厚施予，如婚嫁喪葬飢寒冤抑，以至橋場道路列爲三十二事，日以自課，至老不少替，雖廢家產不恤也。」[26]此乃李元陽經世濟民於鄉里之作風。李元陽和趙汝濂不僅同鄉友人，也同爲嘉靖壬午鄉薦，他將二個女兒嫁給趙汝濂的二個兒子，成爲士族聯姻的延續。趙汝濂卒後，他的長子，同時也是李元陽的女婿，向李元陽請銘，所以李元陽之撰寫了〈正奉大夫正治卿南京都察院右副都御史雪屏趙公墓誌銘〉。[27]

上述人際關係的釐清有助於我們接下來討論族譜編纂者的時空脈絡。筆者曾經撰文討論趙氏家族性格的轉變。[28]在這裡主要強調討論什麼樣的政治條件與社會網絡重塑了他們性格之轉化。這批社群網絡是龍關趙家的「姻親」，也是當時大理之核心士人集團，他們在推動龍關趙氏祖先來源「標準化」過程中扮演關鍵角色，尤其是段子澄和李元陽二人。

明初靖難事件，永樂帝在北京取得政權，延續了北方政權對邊境吐蕃密

25　李元陽先後編纂了《大理府志》、《雲南通志》，另有《李中谿全集》、《心性圖說》。參見劉文徵撰，古永繼點校，《滇史》，卷14，〈人物〉，頁472。

26　李選，〈侍御中谿李元陽行狀〉，《大理縣志稿》，卷26，頁3-6。

27　李元陽，〈正奉大夫正治卿南京都察院右副都御史雪屏趙公墓誌銘〉，收入方樹梅纂輯，李春龍、劉景毛、江燕點校，《滇南碑傳集》（昆明：雲南民族出版社，2003），頁35-38。

28　參見連瑞枝，〈合法性的追求：大理佛教集團的政治生態與身分選擇〉，收入黃永豪、蔡志祥、謝曉輝主編，《邊陲社會與國家建構》（台北：稻鄉出版社，2017）。

教僧人的重用，後也培植隸屬皇帝私人在地方的偵伺力量。段子澄避亂返回大理，可能與此政爭有關。趙賜的兒子趙壽，是一位承繼父業的高僧，他被送到京師宮廷舉行法會，也被封爲國師阿吒力。《太和龍關趙氏族譜》內有一篇天順6年（1462）許廷瑞撰寫之序文。他受趙壽之託請撰寫譜敍，內容詳細載明趙氏首任僧侶祖先趙永牙受密教教法的歷史，也記載了其密教源自於印度佛教密教傳統：

> 教始燃燈如來傳釋迦文佛，釋迦於涅盤會上傳金剛手尊者，尊者傳五印度國王，金剛乘婆羅門，遂成五祖因緣，今阿左力皆中印度之秘密也。蒙晟羅時，天竺人摩迦陀闍瑜珈教，傳大理阿左力輩，而趙氏與焉。自是法派分流南度矣。[29]

內容指出天竺摩迦陀將密教傳到大理阿左力（即阿吒力）手中，而趙氏祖先趙永牙便是當時學習瑜珈教的僧人之一。這一段開宗明義的文字列於族譜之首，指出了世族祖先源自於西天佛教之法脈。

成化年間，趙賜長孫趙平，拿著許廷端之序文託請段子澄撰寫一份〈後跋〉。值得注意的是，趙平是段子澄之姻家。在段子澄所撰寫的後跋中，記載了趙氏家族的歷史：

> 趙之先，始於〔趙〕永牙公，後以兵燹漶化若干，代有福祥者出焉。祥生祥順，順海，海世居太和龍尾關白蛮寨，爲關中甲族。咸習瑜珈教爲盟詔國師。海生賜，賜行最優，且爲人卓犖，立招風雨，擒龍捕鬼，大顯於時……[30]

---

29 《太和龍關趙氏族譜》。

30 段子澄，〈趙氏族譜後跋〉，《太和龍關趙氏族譜》。

可知成化年間，趙平請段子澄撰寫族譜時，其家祖先之敘事仍以僧族之歷史為主軸。

趙賜裔孫有趙儀（1462-1530）一支系，轉型為仕宦家族。趙儀，登弘治辛酉科（1501）雲貴經元，授四川涪州學正，後考績擢應天府推官。[31] 在仕宦期間，治績卓越，皇帝恩賜其父親官銜，以此榮耀先人。所以，他在嘉靖元年（1521），請當時政治地位極高的雲南人「光祿大夫柱國少傅兼太子太傅吏部尚書武英殿大學士」楊一清，為他的父親趙平（1418-1477）撰寫了一份墓誌銘，名為〈應天府推官趙平墓表〉。[32] 在這裡「應天府推官」是趙儀之官銜，也用在他的父親趙平墓表中。趙儀的兒子趙汝濂，自幼隨其父在外為宦，後來職居翰林庶吉士，又任職南京右副都御史協官院事。[33] 趙儀到趙汝濂二父子間奠定了趙氏轉型士子身分之代表人物。嘉靖22年（1543），趙汝濂歸鄉重新整理上二代之歷史，重新整理家譜。他前往祖先墓地找尋墓銘：

> 焚黃先塋，皆珠石減書，而墓碣僅三兩冢，<u>先靈駁雜，似難辯也</u>。詢之父老，不得其詳。<u>適有家譜二卷，一覽而歷代顛末昭昭矣</u>。余有續貂意，耐考滿北上王程孔急中止。[34]

他意外發現原來族中耆老已收有舊譜，即曾祖伯趙壽委由許段二氏所撰之譜序，「一覽而歷代顛末昭昭矣！」趙汝濂後因北上任官，未及完成纂譜

31　趙儀之生平，參見〈明趙儀夫婦行述〉，收入楊世鈺主編，《大理叢書・金石篇》，冊10，頁95下。

32　楊一清，〈應天府推官趙平墓表〉，收入楊世鈺主編，《大理叢書・金石篇》，冊10，頁96下、97上。

33　李元陽，〈正奉大夫正治卿南京都察院右副都御史雪屏趙公墓誌銘〉，收入李元陽，《中谿家傳彙稿》，雲南叢書集部，叢書集成續編，冊142（台北：新文豐出版社），卷9，頁15-20。

34　趙汝濂，〈跋〉，《太和龍關趙氏族譜》。

工作，故託請好友李元陽爲之撰寫家譜之後跋。當時，由趙汝濂的二個兒子出面，向李元陽請撰譜跋。隆慶元年（1567），李元陽以「監察御史前翰林院庶吉士中谿山人」的身分撰寫〈跋略〉，內容指出趙汝濂請二青衿拜訪李元陽的情形：

> 二青衿謁余，袖出一卷乃家譜也。欲余草跋于後以竟其終。余以館長筆家下，命不敢辭。遂秉筆以應之曰：論族者，諭諸水，或源也，或委也，其爲物不同，其理一也。雖然沂焉，沿焉……是故譜修而後倫敘，倫敘而恩蒙……太和龍關趙氏南中右望族也，其族之始末，備載許、段二先生首簡，雪屏公後跋斟酌損益……[35]

這幾句話格外重要，表示李元陽知道並且看過趙汝濂手邊收藏的許廷瑞、段子澄二先生之譜跋，也看到跋記載著趙氏祖先，是怎麼從天竺人摩迦陀手中習得瑜珈教法的情形。但重要的是，趙汝濂於五年後過世，李元陽爲他撰寫墓誌銘。墓銘是這樣寫的：

> 公諱汝濂，字敦夫，姓趙氏，<u>其先南京上元人也。永牙公於元末游滇，得地於太和之龍尾關，因居焉</u>。高大父陽〔按：應是賜〕，曾大父均，咸有隱德，爲鄉評所推。大父平，贈推官。考儀，號春汀，治禮記，領雲貴鄉荐禮魁。初授涪州學正，歷應天府推官，瀘州知州，有惠政，累贈中憲大夫。妣段氏，同郡通判曉山段公子澄之女，累贈恭人。[36]

清楚地記錄了趙氏是南京上元人的祖先論述。李元陽所撰寫的墓誌銘有幾個疑點：1.其祖籍是南京上元人，不知從何而來。2.《太和龍關趙氏族譜》

35　參見《太和龍關趙氏族譜》。
36　李元陽，〈正奉大夫正治卿南京都察院右副都御史雪屏趙公墓誌銘〉。

寫得很清楚其祖先永牙是南詔時人，受天竺人摩迦陀教法。但李元陽卻說趙永牙是元末游滇，得地太和龍關。3.其祖先中「高大父陽」實爲趙賜，怎麼會變成趙陽？又說趙汝濂祖父幾代皆有「隱德」，刻意淡化明初幾位祖輩以僧族身分到京城爲皇室施法的經歷。[37]

　　李元陽爲趙汝濂撰碑之時在隆慶年間，和前文之塔橋趙氏在景泰年間所建立起來的南京論述已略有不同，前者是將南京論述放在族譜中，後者是將之放在墓誌銘中，這種改造都與「仕宦」與「前往南京」的經驗有關。

三、上鄉喜洲世族與其士人集團

　　喜洲的故事則與上述二者不同，卻也有類似之處。喜洲位於太和縣之上鄉，也是一個世族精英聚居之地。喜洲最早的一份族譜是嘉靖6年（1528）《大理史城董氏族譜》。這份族譜由大理士子楊士雲（1477-1554）撰寫序文，譜中收錄明初入南京之鄉貢生楊森所撰寫許多墓誌銘。族譜和墓誌銘提供了二種不同歷史敘事內容。以下先介紹幾位重要士人：

　　（一）楊森，太和縣鄉進士，喜洲人，永樂辛卯（1411）舉人。楊森和前面第一個個案提及的楊禧都是永樂9年（1411）第一批太和縣的鄉進士。[38]從楊森爲鄉人所寫的墓誌銘，所採用的署名有「國子監生鄉貢進士楊森」、「五峰進士」或「鄉貢進士五峰楊森」或「辛卯科鄉貢進士四川成都府金堂縣承事郎知縣五峰楊森」等等，可知他是南京國子監生鄉貢進士，前往四川金堂縣擔任知縣，返鄉後成爲當時具有指標性又具有士宦身分的大理人，也是明前期喜洲最具文望的士人。[39]楊森返鄉後活躍於鄉里社會，爲當時之世族精

37　明朝大理墓誌銘，往往以「祖先有隱德」來描寫家族歷史，大多有隱晦之情。

38　楊森永樂辛卯（1411）科舉人。參見劉文徵撰，古永繼點校，《滇志》，卷8，〈學校志〉，頁295。

39　楊森在墓誌銘中所使用的頭銜有許多，可參見〈故居士楊公墓誌銘〉（1420）、〈楊仲英同

英寫下了不少的墓誌銘，目前留下十通餘的墓銘中，包括了當地之里長、僧族世家、昔日總管府段氏族裔、明初書史以及大理有名的隱士楊黼等等。[40]

（二）第二位重要的人物是楊士雲。楊士雲，字從龍，號弘山，又號九龍眞逸，太和人。他於弘治辛酉（1501）以詩經薦雲南鄉試。正德丁丑年（1517）進士，改翰林院庶吉士，歷官工科、兵科、戶科給事中，監察御史等職。[41]因厭惡官場之陋習，以病辭家。後來從陳白沙學，爲白沙門人，著有《楊弘山先生存稿》。時朝政日壞，他選擇退隱回鄉，在鄉里積極推動婚喪禮儀的改革，使得原來世族豪貴之風逐漸趨於簡樸。明人謝肇淛在《滇略》一書中提及：「居里二十餘年，郡縣罕其面，鄉人不知婚喪之禮，士雲條析教誘，令易奢爲儉。國人化之。」[42]官員每訪大理，很難見到這位隱居的朝臣，又若見其面，與之晤談，則有「清氣逼人」之嘆，指的就是楊士雲隱士清高之風。[43]楊士雲投身在鄉里儀式改革運動，尤其是向鄉人條析教誘婚喪之禮，可知其鄉從事的禮儀改革也是官府在全國推動的禮儀運動。當時，全國有諸多朱子家禮精簡版《家禮四要》楊士雲甚至還爲之撰有〈重刊家禮四要序〉推廣至基層社學。[44]可知楊士雲在推動地方鄉里儀式所扮演的角色。

楊森與楊士雲都和喜洲董氏關係至爲密切。楊森是董家女婿，娶了元末

　妻杜氏壽墳銘〉（1421）、〈故居士張公墓誌銘〉（1425）、〈李益墓誌銘〉（1436）、〈故處士段公墓誌銘〉（1436）、〈故寶瓶長老墓誌銘〉（1437）等等，收入楊世鈺主編，《大理叢書·金石篇》，冊10，頁31下、33中下、34下42中下、43上。

40　楊森，〈段福墓誌銘〉（1444），又爲一位隱居的隱士楊黼（1370-1450），撰寫〈重理聖元西山碑記〉（1450），收入楊世鈺主編，《大理叢書·金石篇》，冊10，頁48中下。

41　楊士雲（1477-1554），字從龍，號宏山，太和人。他由解元登正德丁丑（1517）進士，歷官工科、兵科、戶科給事中，監察御史等職。因惡官場惡習，以病辭。著有《楊宏山先生存稿》。

42　謝肇淛，《滇略》，收入方國瑜主編，徐文德、木芹、鄭志惠纂錄校訂，《雲南史料叢刊》（昆明：雲南大學出版社，1998），卷6，頁723。

43　李元陽，〈給事中宏山先生墓表〉，《大理史城董氏族譜》（大理市圖書館藏），卷8，〈藝文〉，頁26。

44　楊士雲，〈重刊家禮四要序〉，《大理縣志稿》，卷26，頁12。

喜洲鉅族董寶的孫女。楊森爲董家撰寫了幾份重要的墓誌銘,其中包括了:
1.〈元鄧川同知董公墓表〉,此即妻子之祖父元末鄧川同知董寶。2.〈南京國
子監上舍生董公墓誌〉,此爲南京國子監生董山。3.〈處士董公墓銘〉,爲太
和所總旗董光。4.〈故處士董公配李氏祔墓銘〉,墓主爲董和。有別於地方梵
文經咒之墓碑撰寫格式,楊森試圖用家族世系的敘事結構,來記載元末明初
大理世族的歷史,對後來族譜編纂奠定了重要的論述基礎。

　　另一位人物是楊士雲,他的父親是喜洲董家之人,名爲董玹。董玹爲
其外祖母楊氏所疼愛,爲楊氏招爲贅婿,所以楊士雲一直隨父親外祖家姓
楊。[45]楊士雲也爲董氏寫下了不少墓誌銘,比較重要的包括了:1.〈故明處士
墓銘〉,此爲楊士雲的曾祖父董文道。2.〈檢菴隱壽翁碑〉,此爲楊士雲的伯
父董廉。3.〈故掾董公墓誌銘〉,此爲楊士雲的叔叔董府。4.〈董母尹氏墓誌
碣〉,此爲董府之妻。5.〈明故掾史董公墓表〉,此爲董勉,是族譜編纂者。
6.〈敬庵先生墓表〉,此爲董璧,爲楊士雲之受業師。

　　楊森在爲岳祖董寶所撰寫的墓銘中,記錄了喜洲董氏在南詔大理國歷史
的地位。董寶擔任元末鄧川同知,其祖先是南詔布燮董成:

> 公諱寶,字性善。姓董氏。世處大理之喜郡。昔觀音建國,以蒙氏爲詔,迄
> 世隆遣布燮董成。入朝於唐,受敵國禮而還。成即其始祖也。[46]

　　他在墓誌銘中建立了一套相當完整時間世系的架構,主要分爲三部分:
1.王權歷史;2.氏族起源;3.支系歷史,而支系歷史又包括了墓主前三代、

45　楊宏山,世係太和喜洲人,姓本董氏,其先有諱昇寶者,仕元爲鄧川州同知,寶生高祖
　　俊,爲大理宣慰學錄,俊生曾祖文道,文道生祖鎔,鎔生考玹,考也祖姑董氏愛其
　　敏,遂抱爲己子,祖鎔弗難也,許之。因姓楊氏。〈給事中弘(宏)山楊公墓表〉,《大理
　　縣志稿》,卷26,藝文部,頁28。然而,喜洲董氏族譜記載著董玹爲贅婿,他有五個兒
　　子,包括了楊士雲和其四個兄弟皆姓楊。參見《大理史城董氏族譜》。
46　楊森,〈元鄧川同知董公墓表〉,《大理史城董氏族譜》,卷8,頁5、6。

墓主與子嗣、婚嫁網絡等等，呈現了相當完整的家族史內容。楊森先把大理觀音建國的地方傳說（神話）寫在墓銘之首；再來說明董氏起源傳說，是「簪纓繼世，仙源流慶，布於內外。」[47]這是一段祖先源自於山上鳥卵的仙源傳說，也是表達其土著來源的祖先論述；第三，董氏鉅族派下的董成是南詔清平官，曾經代表南詔入唐朝，受到賜賞而返回大理。其祖先與世系呈現的是佛教王權、仙源、官宦世系書寫的結構。此族譜之歷史敘事結構可說是相當「本土性」的一種寫法，它確定了過去二國（南詔與唐朝）之間的關係，而這種本土意識在稍後的墓誌銘中，改以九隆族之裔的名稱出現，並以此來統稱喜洲的氏族集團。[48]換句話說，南詔大理歷史敘事逐漸消失，逐漸為氏族化的符號「九隆族」所取代。雖然這並不是楊森的發明，但和南方塔橋和龍關世族比較來看，喜洲世族似乎較堅持採取本土論述來標誌身分。

　　楊森為喜洲第一位被派往南京擔任國子監舍生的董山（1374-1432）撰寫〈南京國子監舍生董公墓誌銘〉，內容記載明初董山入京的情形：

> 始祖諱成，蒙詔舉用清平之職，入朝於唐，賜賞而還，簪纓繼世，仙源流慶，布於內外。……入郡庠，補廩膳，窮經史，達時務，以成材而貢春官。卒業成，為修道堂上舍生，名列賢關，交遊天下美才，覽金陵之勝慨，覯太平之制度。[49]

　　董山在明初便列入郡庠，入南京國子監修道堂為舍生，其獲得洪武賜衣，朝廷還令其「監辦寶舡廠」。此一寶舡廠，應是當時之南京造船廠，指出他投入了南京基礎建設等公務。後來，董山死於異地，他的兒子董繼光

47　楊森，〈元鄧川同知董公墓表〉、〈南京國子監上舍生董公墓誌〉，《大理史城董氏族譜》，卷8，〈藝文〉，頁5-7。

48　楊森，〈處士董公墓銘〉，《大理史城董氏族譜》，卷8，〈藝文〉中，頁9-10。

49　楊森，〈南京國子監上舍生董公墓誌〉，《大理史城董氏族譜》，卷8，〈藝文〉中，頁7。

（1412-1478）負骸而歸，隔了五年才將其父葬於喜洲世族之墳山，弘圭山。當時，董家境極為優渥，董繼光「建水陸大齋科儀，以薦供齋感通崇聖諸剎之千僧……產業榮富，莫非孝思之所感。」[50]可知董家世族地位崇高，其裔進京受賜衣，又監辦寶釭廠，死後又得以動員明初大理政治勢力最大的感通寺與崇聖寺，二大佛寺之千位僧人為之舉行薦亡法會。然，董山裔後來被編入了里甲，成為市戶里第二甲之甲長。

南詔建國源於觀音的說法後來略被修正，楊森在景泰元年（1450），為董寶派下被劃入土軍擔任太和所總旗的董光撰寫墓誌，便指出「九隆族之裔，世居理之喜瞼。」改以九隆取代觀音建國的起源論述。一種新的本土氏族論述取代了佛教王權的論述，而九隆族的傳說，也開始普遍出現在喜洲弘圭山出土的墓銘之中。[51]

除了楊森以九隆族裔來形容董光身世以外，還有楊琪所撰〈太和五長董公同室楊氏墓誌銘〉：「義勇五長董公，乃太和喜瞼之世家也。公諱俊，字文傑。董氏九隆族之葉。」[52]又，李元陽撰有〈董君鳳伯墓誌銘〉：「君諱難字，號鳳伯山人，其先系出九隆，世居太和。有諱成者，唐咸通中，為南詔清平官。」[53]說明了九隆族曾經流傳一時。但這些墓誌銘下另有清初編譜者之補註，指出「謹按：舊譜始祖諱成，原籍金陵，非系出九隆也，所引非是」，或「舊譜始祖諱成，自江南金陵縣遷至大理國，為蒙氏所舉，非系出九隆也。」[54]等句。指出不同時期之族譜編纂者，對祖先身分有不同的看法，而這也與董氏後來士人身分愈來愈確定有關。換句話說，這種九隆族裔的祖先論

---

50 楊森，〈南京國子監上舍生董公墓誌〉。

51 楊森，〈處士董公墓銘〉，《大理史城董氏族譜》，卷8，〈藝文〉中，頁9-10。

52 楊琪，〈太和五長董公同室楊氏墓誌銘〉，《大理史城董氏族譜》，卷8，〈藝文〉中，頁15。

53 李元陽，〈董君鳳伯墓誌銘〉，《大理史城董氏族譜》，卷8，〈藝文〉中，頁35。

54 同註52、註53，楊琪與李元陽所撰之墓誌銘。

述，維持了約一百年左右，約在在十六世紀末也逐漸無人論及，後便由金陵人取而代之。

　　董氏被分爲不同的身分集團，有的是密教僧族，有的是土官，有的成爲編戶齊民，不同身分的政治境遇，以及被編整到制度下所產生的社會關係也極爲不同：當時一支董氏密教僧族曾自稱爲鳥卵後裔，被明太祖封爲國師，明成祖又賜地大理南方趙州。這個潛在社會脈絡，很可能是喜洲董氏刻意要區辨的對象。喜洲董氏被劃作里甲編戶，剛開始可能只是出於一種選擇，是以，楊森在撰寫墓誌銘之時，排除了趙州董氏之僧人支系，將董氏身分起源追溯到南詔清平官的董成，這也成了嘉靖年間編纂族譜時歷史依據。嘉靖年間，董勉董仁父子著手編纂族譜時，便以南詔清平官董成作爲其喜洲董氏之始祖。後來土著身分逐漸處於邊陲化，才有江南金陵人之說取而代之。

　　嘉靖6年，喜洲董仁著手編纂《大理史城董氏族譜》。董仁祖先在明初被劃入太和所總旗，是土軍身分。此後，其嫡裔便不斷投入邊夷的戰爭。董仁祖父董森參與貴州之役，因爲戰役甚苦，所以他將兒子董勉（1433-1512）送到衙門擔任吏職，避免軍差。此一轉型的企圖，也表現在董勉整理祖墳上的墓銘編寫族譜。嘉靖6年，其子董仁請楊士雲撰寫譜序。楊士雲也稱贊董勉撰譜是喜洲之文化創舉：

> 竊嘆古有闔乘，近代士族往往以譜爲議，三世不修，君子比其罪於不孝。況吾鄉有譜，尤爲落落，有之，自今日始也。[55]

　　內容有幾點值得注意，一是明中葉以來擠身士族的大理世族紛紛編纂族譜，而喜洲之族譜則始於董勉與董仁父子二人。二是楊士雲以「吾鄉有譜」讚譽之，指出鄉里成爲撰譜之社會脈絡，也是鄉里士大夫的文化活動。

55　楊士雲，〈明故掾史董公墓表〉，《大理史城董氏族譜》，頁22-24。

　　楊士雲自官宦返家後，開始推動地方精英編纂族譜的工作。他鼓勵喜洲董勉父子編纂董氏家譜，還親自爲之撰序。董勉也將楊士雲以及楊士雲的父祖出贅的異姓者，列入董氏族譜之中。[56]對出贅的楊士雲來說，他也自認是董家之人。另一個間接的證據是，約在同時，喜洲楊氏族人也編纂族譜，楊士雲竟以「婿」的身分，爲之寫了一篇〈楊氏族譜序〉文。[57]換句話說，姓氏所傳達的父系概念，只被用來作爲族譜架構的符號，也被用來作爲突顯士大夫的形象，但對從事族譜編纂的行動者來看，他們行動背後的社會關係，仍然是以傳統的姻親網絡爲主。

　　楊士雲是一位具有代表性的大理士子。撰譜是士大夫在鄉里推動儒家理想社會生活的一種實踐方式，而其譜系格式也趨使他們以追溯父系祖先的世系爲主，楊士雲自己說了：

> 今日由有服以至無服，雖千百指之多，其初一人之身也。雖欲不親亦不得已，親則孝弟之行興，姻睦之風作，庸皆非斯譜作之力。[58]

　　他想要建立起來的是以五服爲主的秩序架構，並以「其初一人之身」，來建構一個具有起源意義的父系祖先。撰譜的方向仍必須循此理想來建構，雖然這種理想和原來社會實際運作的方式大不相同。明中葉以來，大理世族撰譜時，不只表達他們「其初」來源的追溯，也涉及當時階層集團重新認定的現實性問題。弔詭的是，董氏一直視出贅的楊士雲爲其董家人，將之列入族譜之中。換句話說，此禮儀運動想要建立另一套以血緣的父系世系垂直關係，這和原來階層的、身分集團的平行關係是完全不一樣的，但行動者卻仍

56　〈董氏族譜序〉，《楊弘山先生存稿》（台北：新文豐出版社，1989），卷11，頁190。又見《大理史城董氏族譜》。

57　〈楊氏族譜序〉，《楊弘山先生存稿》，卷11，頁191。

58　〈楊氏族譜序〉，《楊弘山先生存稿》，卷11，頁191。

然仰賴平行的、姻親的社會資源，來推動這樣的理想社會。

四、系譜、世系與姻親

我們必須回到地方社會的知識架構，才能對大理地方精英所提出的南京人與九隆氏二種論述，進行進一步的認識。昔日之大理王權為治理不同的部酋勢力，將不同人群的祖先整合在佛教聖王為中心的祖先系譜中。基本上，祖先傳說包括了三類不同的文化元素，一是佛教的阿育王傳說，一是土著女性傳說，一是漢典籍的正統歷史論述。這三種文化元素，象徵著不同人群參與王權的過程，也是不同人群共享社會關係的歷史基礎。（參見圖2）明初以來墓誌銘出土的婆羅門僧的祖先論述，基本上象徵著過去王權、佛教聖王阿育王傳說所留下的身分集團，他們是承繼佛教法脈之僧族世家；明初出現的九隆氏，是土著女性沙壹的另一種表現，用來說明非僧族的名家大姓；明初南京人論述，也應視為傳統漢籍文獻中，南征的諸葛亮與楚莊蹻論述的延伸。昔日大理王權用聯姻的方式，將這三種勢力組織在一組祖先系譜架構。後來佛教政治與文化愈來愈濃厚，僧侶世族內部透過聯姻關係，使得他們在政治、軍事與宗教上，成為具有支配性的社會階層。這種情形使得西南傳說架構，愈來愈強化阿育王與沙壹的二套語言文化，而政治核心之大理社會，則又更傾向於強化梵僧觀音建國的僧侶祖先敘事。這是地方傳說之所以普遍流傳著阿育王作為人群祖先的世系建構的原因。（參見圖3）[59]這種傳說之系譜架構，呈現一種佛教政治聯盟的架構，也展現其階序社會的秩序。換句話說，西南人群的政治合法性，由以阿育王／佛教／僧人為中心，擴展到土著人群所共同組織而成的貴族社會，其社會結構是透過聯姻，來建立整套政治與人群的系譜關係，其論述過去／祖先的語言結構亦然。

59　參見連瑞枝，〈第三章：佛國的傳說〉，《隱藏的祖先：妙香國的傳說和社會》，頁48-77。

圖2 傳說結構與祖先論述

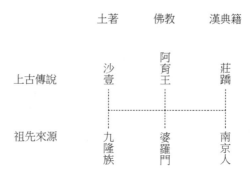

圖3 阿育王世系圖

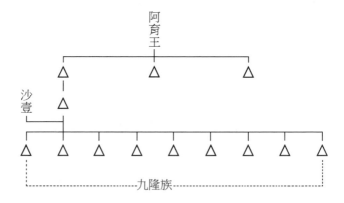

(一)世族分化與身分轉型

上述傳說結構的認識,有助於進一步對後來大理士人之祖先論述進行分析。婆羅門僧是象徵阿育王主流論述的延伸,如龍關趙氏、塔橋趙氏,他們的祖先皆曾是大理皇室重要的僧族世家;他們的身分來自於政治與宗教,但

新的政治局勢，使得致仕南京成爲新的身分象徵，這批大理新興士子回到家鄉，對後續身分的選擇不同，也改變了他們的祖先論述。以龍關趙氏來說，自趙賜到趙汝濂，是一段由僧轉仕的過程，他們的族譜從天竺波羅教法的傳承，到墓誌銘中改之爲南京上元人，很明顯地是在調整其世族的社會性格。第二個例子是塔橋趙氏，他們和龍關趙氏一樣，是大理傳統之僧族世家。洪武永樂年間，便被派往其它地區擔任基層官員，官員身分使其將身分轉爲南京籍。這二僧族，很快就發現了新身分新符號的相對性。第三個例子是喜洲董氏，雖然楊森也前往南京，但卻採取不同的策略，這也可能與喜洲世族被劃里甲以及其在西南各府擔任文武衙門之吏職有關。他們在許多土官轄區擔任吏職，九隆族身分反而有助鞏固其在地方社會中的正統位置。換句話說，致仕的大理世族選擇了不同的身分，也抑制了阿育王或是僧人祖先論述，象徵新朝政治的南京人論述，取代了阿育王的歷史敘事，沙壹的本土化性格則爲九隆族所承繼。

　　除了政治正確的考量外，世族內部的分化，也是形塑多元祖先論述的另一個原因。趙氏僧族原來分布大理各地，後來因爲各別政治境遇不同，居處龍關以及塔橋二派，分別選擇不同的身分。前者在南京受封國師，故其族譜仍追溯天竺佛教法脈爲祖先源流；但後者擔任仕宦，在景泰年間便易其祖源來自南京。董氏亦然，其僧族支系前往南京面見洪武皇帝，自稱是仙胎後裔，受賜國師銜，並擔任土僧僧官。[60]非僧支系便被排擠出來，又有被劃入土官、里甲編民者。僧與非僧身分受到制度制約，使其世族內部形成多種不同的身分。上鄉喜洲董氏在這樣的世系內部的氛圍下，被編入里甲編戶，並將其祖源敘事集中在土著正統的地位，將家族歷史追溯到早期之南詔觀音建

60　筆者有一篇文章專門論及此，參見連瑞枝，〈合法性的追求：大理佛教集團的政治生態與身分選擇〉，收入黃永豪、蔡志祥、謝曉輝主編，《邊陲社會與國家建構》，頁209-252。

國、南詔清平官，乃至於九隆族論述，沿著一套土著政治正統的敘事軸線。也就是說上鄉喜洲董氏在撰寫族譜時，必須小心翼翼和僧侶世系的董氏區隔開來，標誌了南詔時期之清平官董成，作為喜洲董氏的始祖。

　　也因為如此，遠古九隆氏神話與中央王權南京正統，成為祖先敘事的二個極端，在此二極端之間，還有其它象徵不同身分的祖源論述，包括了婆羅門僧等異類祖源等等，這些都說明了鄉里化之世族社會，隨著不同的政治境遇，而產生了身分分化的情形。

（二）氏族化的世系：九隆氏

　　楊森將喜洲世族總稱為九隆氏，很明顯是採取了另一套身分策略。九隆氏並不是他的發明，九隆氏出自於漢書西南夷列傳沙壹傳說的延伸。《後漢書‧西南夷列傳》：

> 哀牢夷者，其先有婦人名沙壹，居於牢山，嘗捕魚水中，觸沈木若有感，因懷妊。十月，產子男十人，後沈木化為龍，出水上，沙壹忽聞龍語曰：若為我生子，今悉何在？九子見龍惊走，獨小子不能去，背龍而坐，龍因舐之。其母鳥語，謂背為九，謂坐為隆，因名子為九隆。及後長大，諸兄以九隆為父所舐而黠，遂共推以為王，後牢山下有一夫一婦，婦生十女子，九隆兄弟皆娶以為妻，後漸相滋長。[61]

　　九隆氏是從《後漢書西南夷列傳》之九隆兄弟而來，也是西南夷沙壹傳說語境脈絡下的延伸。不只楊森為董家墓誌採用了九隆氏的稱號，喜洲以及少部分其它地方的的墓誌銘，也以九隆氏來描寫墓主的身分。明朝出現的九隆氏論述，與《後漢書》的沙壹九隆兄弟，以及大理國時期的阿育王世系下

61　范曄，《新校本後漢書》（台北：鼎文書局，1979），卷86，〈南蠻西南夷列傳〉，頁2948。

的九隆氏，三者之間有很大的區別，它已經成爲名家大姓的集合體，也成爲
氏族化大理世族集團的傳說，這種氏族仍然承繼著西南土著人群兄弟祖先的
結構。明末流寓文人楊愼（1488-1559），在其《滇載記》與《南詔野史》中，
大量以「九隆族」總稱大理貴族遺裔。[62]楊愼在《南詔野史》對九隆氏進行解
釋：

> 哀牢夷傳，哀牢蠻蒙伽獨捕魚易羅池，溺死，其妻沙壹往哭之，水邊觸一浮
> 木，有感而妊產十子……故名之曰九隆氏。哀牢山下有婦名奴波息，生十
> 女。九隆弟兄娶之，立爲十姓：董、洪、段、施、何、王、張、楊、李、
> 趙，皆刻畫其身象龍文於衣後著尾，子孫繁衍，居九龍山谿谷間，分九十九
> 部，而南詔出焉。[63]

這段話主要指出了哀牢山上和哀牢山下的十子和十女聯姻，成爲南詔十
姓始祖：董、洪、段、施、何、王、張、楊、李、趙等十姓，而此十姓是爲
九隆氏。此九隆氏來繁衍成爲九十九部，是昔日南詔氏族社會的基本架構。
換句話說，明朝大理地區流傳的九隆氏族傳說，是此十姓用來表現地方政治
正統祖先論述的。楊愼的《滇載記》所記載的沙壹傳說，其文寫道：

> 〔沙壹〕生九男，曰九隆族。種類滋長，支裔蔓衍，竊據土地，散居深谷，
> 分爲九十九部。[64]

九十九部有六個部落長，稱爲六詔，是南詔得以建國的政治聯盟組織。

62 楊愼撰，《滇載記》（台北：藝文印書館，1966）；《胡蔚本南詔野史》，卷上（大理：大理
　　白族自治州文化局，1998）。

63 《胡蔚本南詔野史》，卷上，頁5-6。

64 楊愼，《滇載記》，收入方國瑜主編，徐文德、木芹、鄭志惠纂錄校訂，《雲南史料叢
　　刊》，卷4，頁756-757。楊愼的《南詔野史》與《滇載記》，對於沙壹有十子或是九子分別
　　持有不同的論點，這與地方傳統與漢典籍《後漢書》在互相附會時所產生的歧異有關。

九隆氏／九隆族的祖先敘事，不僅在表達「本土」的世族集團之社會基礎，也在論證他們與生俱有的、草根性的政治合法性。九隆族是用來象徵古代王權歷史敘事的另一種語言型，經由「典籍化」成爲古老的邊夷後裔。（參見圖4）這種「自我夷化」的九隆傳說，有故國遺老集團的意味，象徵著本土氏族身分集團，也是標誌「非漢」正統的表徵。甚至應視之爲已經消失的政治、社會集體記憶的一種隱藏性語彙。

圖4　九隆族傳說系譜

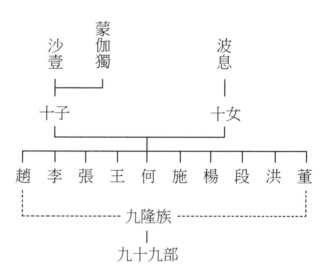

從分類系譜架構來看，突顯九隆氏／九隆族有二個意義：一是系譜內在的權力關係已經面臨改變：象徵西南政治中心的阿育王／佛教／僧人，在系譜中的地位已經褪去，只剩下九隆氏的氏族符號存留下來；第二、九隆氏是在其它二種祖先論述並存的脈絡下被強化的，其一者是僧族世族祖先源自於

天竺「婆羅門種」的傳說，其二是新興的政治語言的出現如「南京」歷史敘事。也就是說，社會結群模式已經產生分歧，在系譜結構上，九隆氏與宣稱南京人與婆羅門僧的人群意味著互為異類。

九隆族和南京人這二種論述處於不對等的權力關係，九隆族後來逐漸從大理中心消失，並「漂流」到邊陲地區，最明顯的可以從以下二個不同的情境得知。向來身居文化正統的大理世族轉型為士人之時，對過去的歷史採取了迴避的態度。喜洲士子楊森雖以九隆氏族來稱呼大理世族集團，但隨著大理士子愈來愈積極投入科舉文化與基層官僚體系之時，他們對於土著的身分則愈來愈不確定，也愈來愈曖昧。楊士雲有一首詩名為〈建寧郡〉：

> 白國山川擅白崖，九隆八族是渠魁，
> 建寧改號兼張姓，千古南征萬亮來。[65]

這裡很清楚地說明了九隆八族，是渠魁的地方的歷史記憶。令人訝異的是，他在另一首詩〈郡名〉中，提詩：

> 我本楪榆人，羞稱大理國，欲奏明天子，千古事當白。[66]

指出了他們對於大理過去產生一種扭曲與隱晦之情，這也致使大理士族，更願意以士大夫文化正統的身分自居的原因。這也突顯了他對人群歷史來源，抱持著迴避的態度。

李元陽的態度更值得加以討論。他將人群歷史的興趣轉向地方文化的歷史，從他撰寫的《大理府志》以及《雲南通志》，可知他已躋身於士人之列。他並不接受當時許多志書以「爨人」稱大理人的說法，在志書「種人志」項

65　楊士雲，〈建寧郡〉，《楊弘山先生存稿》，卷6，頁14。
66　楊士雲，〈郡名〉，《楊弘山先生存稿》，卷7，頁20。

目下，也沒有將大理人視爲僰人，而是把大理人描寫成「俗本於漢」的一群人。他從文化的角度，視大理文化源自於漢文化。這種文化態度也造成他與族群認同間的焦慮與緊張關係。當邊民與朝廷利益產生嚴重衝突時，李元陽撰文控訴朝廷好大喜功，以暴力在邊地造成百姓無辜慘死。他曾經以土夷的角度，批評時政，自稱「雲南山澤一老民也，何敢出位僭言，但桑梓墳墓在焉，是爲切己之痛，不得不呼天、呼父母也。」指出了身爲邊民的無奈之感。他甚至在寫給官員的一封信中，指出自己原來是土夷世官。他進一步自陳其祖先來源：

> 我公原之雲南土夷世官，勢使然也，夷酋至相戕賊乃其恒俗也。夷狄相攻，中國之責，而喜功好名者，往往任爲他事興無名之事，殺無辜之民，幣藏之金，破邊氓之產，……夫萬里編氓，亦國家之赤子，何忍急一己之功名，而視民曾草菅？[67]

文中指出李元陽在夷民政治衝突中，自陳祖先原爲土夷世官的情形。楊士雲與李元陽等士子們，擺盪於正統士大夫文化與土夷世官二種處境顯然易見。換句話說，李元陽對自家之歷史，可謂昭昭然也。雖然如此，他們二人仍傾向於以文化正統的角度，來表達他們的身分認同。

正當九隆氏之祖先論述，在大理悄悄地消逝之時，九隆氏卻在邊遠之區流傳下來。清中葉曹樹翹的《滇南雜錄》，曾記錄了一則非常具有說明性的史料：

> 〔雲南〕蒙自有張、王、李、杜、段、何、楊七姓，同祖於九隆，居蒙自最久。明天啓間，有杜雲程者，以明經授武定教授，置杜氏鼻祖墓碑於西

---

67 李元陽，〈與陳撫翁〉，《中谿家傳彙稿》，卷10，頁26-27

郊。盡書其遠祖之名，自南詔迄元明，凡數十人。歲時伏臘七姓之裔合祭於墓。有古風焉。[68]

　　蒙自位居近滇越之邊境，這份史料的重點在於：1.蒙自有世居大族，其有姓張、王、李、杜、段等大姓皆爲「同祖九隆」。2.天啓年間，其中有一位名爲杜雲程的士子，以明經授武定之儒學教授，回家鄉設置「鼻祖墓碑」，內容「盡書其遠祖之名，自南詔迄元明」，應是墓誌銘之屬，也有可能是族譜碑。3.年底祭祖時，此九隆七姓合祭於墓，是爲「古風」。由於七姓同祖於九隆氏，所以杜雲程在獲得功名後，建立了九隆氏合祭的氏族祭儀。換句話說，他們採取了氏族祭儀的方式，七姓合祭維持了九隆氏氏族的社會界線，來現實士大夫身分儀式正統的規範。喜洲九隆氏是否意味著世族祭祖儀式，限於史料，無法多作討論。可以加以思考的是，九隆氏在大理消失，卻在邊境之區維持下來，而這種世族／氏族結盟的傳統，仍然是支撐祖先論述與祭祖儀式的重要基礎。

（三）族譜與姻親

　　新興大理士人集團返鄉後，以撰寫墓誌銘與族譜來表示其文化正統的地位，但從墓誌銘與族譜二種文類的編纂可以看出，維繫其士人社會關係的關係仍是地緣性的姻親關係。他們一面爲鄉里親族撰寫墓誌銘，同時也以女婿身分爲其妻方撰寫墓誌銘或者族譜序。本文的三份族譜，包括了龍關趙氏族譜、塔橋趙氏族譜，乃至於史城董氏族譜，大多由具有姻親關係的鄉里士族來著手：塔橋的趙壽與楊璽是姻親關係；段子澄與李元陽是龍關趙氏之姻親家族；喜洲之楊森與楊士雲也是董氏姻親。這批士子仍採取地方既有的聯姻

68　曹樹翹，《滇南雜錄》，收入王有立主編，《中華文史叢刊》，輯11（台北：華文書局，1969），卷8，「杜雲程」條，頁306。

基礎，來建立一個外表看起來符合士大夫理想的、以父系血緣爲主的宗族社會。這種傳統社會關係使得其與族譜世系書寫的方向產生相互悖離的情形。

再者，更重要的是世系建構所呈現家庭內部的社會關係。其實，強調父子繼承的世系原則，有利於鞏固社會內在秩序，但是大理之社會基礎，並不單以父系繼承制爲原則。早期地方傳統政治，更傾向以聯姻與招婚來鞏固政治集團內部的勢力，女性在政治上亦扮演重要角色。即便在帝國治理下，大理周邊仍然出現了幾位重要代理女土官，其中如太和縣神摩洞土巡檢趙俊，因其無子，其妻女承繼土官職。招婿爲子亦爲其風氣，楊士雲的父親亦是其例。這說明了社會運作的重點在於聯姻與聯盟。於是，即便在推動父系世系寫作如族譜，仍由姻親關係來扮演這一股「看不見的力量」。段子澄與李元陽皆爲龍關趙氏之岳父，他們爲女兒之夫家（婿）寫族譜序；楊森與楊士雲是喜洲董氏族人女婿，他們爲其妻／母之家族撰寫墓誌與族譜。再者在城里的楊璽是塔橋趙壽之妹婿，而他們彼此之間也是鄉里學友與師生的關係。很明顯地，這些受了朝廷功名的士大夫爲其妻／祖母／女兒家撰寫譜序，是以姻親的身分來推動父系爲主的族姓世系。從族姓的意義上來看，他們以外來者自居，但卻不證自明地揭示了族姓世系編纂背後姻親們的重要性：他們一方面推動儒家父系家族的價值，但卻以姻親身分爲其妻／祖母／女兒，來建構她們的父系世系。換句話說，家譜是家庭內部社會關係的延續，也是透過姻親網絡來推動。

五、小結

這篇文章主要是希望從地方政治的語境脈絡，來剖析大理地方社會的歷史敘事，並試圖從中了解他們是如何適應政治變化與身分選擇。大理世族因其位居西南之政治核心區，在明朝治理下有更多機會到南京去。其政治地位

與社會身分，都面對了二種極端的處境。從上述發生在太和縣上中下三鄉的三個家族史個案可知，他們在社會分化與身分流動的局勢下，開始從事族譜編纂的工作，也在這種文化活動中，透過傳統的姻親關係與鄉里網絡，重構新的社會關係。

大理社會採用許多不同策略來應對外來條件的變化。其世族精英分別以不同的方式調整其社會身分，雖然象徵過去的人群分類架構已受到挑戰，他們仍在既有的系譜架構上，重新建立社會運作的機制。以阿育王／觀音開國的歷史論述，隨著僧侶集團地位的邊陲化而逐漸消失，而南京論述則隨著致仕大理士子的地位愈來愈重要而具有支配性；九隆氏雖然極盛一時，它曾被視為一種象徵本土正統的歷史敘事，隨著喜洲中心人群之流動而有逐漸往邊陲漂流的趨勢。這些世族精英並沒有在地方史的框架下產生一致化的歷史敘事，而是隨著社會身分與聯盟對象的轉化，採取不同之祖源論述。他們選擇什麼樣的文化符號作為其身分與社會的表徵，看起來是一組動態的過程，但這也正好說明了在正統政治與歷史書寫標準化的過程中，他們不斷以各種文化符號與歷史資源來重新創造適合生存的意義體系。這一套意義體系，不僅呈現了被選擇後的社會記憶，同時也保留了社會試圖要遺忘的過去。

朝鮮通事古兒馬紅（鄭命壽）研究

金宣旼

韓國高麗大學民族文化研究院教授

一、前言

　　1653年（順治10年）4月20日，清朝的刑部尚書交羅巴哈納（Gioroi Bahana）[1]向皇帝呈報題本，上奏「負責朝鮮相關事務者任意違背皇帝旨意、破壞法度、濫用權力」的情況。巴哈納所列舉的十一條違法罪狀，全部都與朝鮮通事古兒馬紅（Gūlmahūn）相關。其中包括納朝鮮女人爲妾、托人爲自己在朝鮮的親戚安排官職、將皇帝賞賜給朝鮮史臣的禮物據爲己有、汙辱朝鮮負責貿易的官員、在出訪朝鮮時向地方官吏索要財物、壟斷與朝鮮人的接觸並對其他八旗造成損害、未經皇帝許可將人犯帶往朝鮮等等。巴哈納在題本中，還詳細羅列了與古兒馬紅共事的其他通事和官吏們的證詞，以及古兒馬紅的自白，之後做出古兒馬紅的罪行均爲事實的結論。巴哈納向皇帝建

---

[1]　交羅巴哈納爲滿洲鑲白旗人，是清太祖努爾哈赤第三祖父索長阿之第四代孫。參見《清史稿》（北京：中華書局，1994），卷238，列傳25，頁9493-9494。

議，應當對人犯古兒馬紅斬首示眾，將其家產全部沒收歸公；還要對那些與他一起貪汙的通事處以鞭刑並剝奪官職，受其牽連的其他官員也要按罪懲處。此外，巴哈納還補充表示，應發送諮文責成朝鮮國王，處罰那些明知古兒馬紅違法卻不先行揭發的朝鮮地方官。[2]

「古兒馬紅」在滿語裡的意思是兔子，在清代的漢語文獻中根據其發音進行了記載，有古兒馬紅、顧爾馬渾、谷爾馬洪等各種寫法。其中，在《八旗滿洲氏族通譜》中介紹說，古兒馬渾是一位有高麗姓氏的滿洲正紅旗包衣（booi，奴僕），「世代居於〔朝鮮〕恩山縣，在清國成立之初歸降，被任命爲通事官。」[3]此外，《清太宗實錄》和《清世祖實錄》中也有少量關於古兒馬紅的記載，但是大部分只說到他的官職，或者是簡單地說明他曾經擔任負責朝鮮事務的通事、敕使。除此之外，迄今尚未發現有關古兒馬紅的其他傳記。[4]

爲清朝服務的通事古兒馬紅，在朝鮮的名字叫鄭命壽（或者鄭命守）。[5]在朝鮮的記載中，鄭命壽被稱爲「胡譯」或者「鄭譯」，意即翻譯官。至順治年間（1644-1661），他以敕使的官銜出訪朝鮮，所以逐漸被稱爲「鄭使」。根據《朝鮮仁祖實錄》和李肯翊的《燃藜室記述》的記載，鄭命壽原本係平安道殷山的賤隸或者官奴出身，在1627年（天聰元年、仁祖5年）丁卯胡亂時，在很小的年紀遭到金國的俘虜。由於他熟悉滿語，其後成爲專門負責朝

2　《同文匯考》（首爾：國史編纂委員會，1978），卷38，蠲弊1，〈原題〉，頁6a-25a，順治10年4月20日。《同文匯考》指出，題本主體爲「刑部」。另外，台灣中央研究院歷史語言研究所發行的《明清史料》中，也有同樣內容的題本，但它卻記載其主體爲「刑部尚書交羅巴哈納等」。參見中央研究院歷史語言研究所，《明清史料》，甲編，第七本，《刑部尚書交羅巴哈納等題本》（上海：上海商務印書館，1932），頁672。

3　《八旗滿洲氏族通譜》記載：古兒馬紅之兒子與孫子都擔任過護軍校。參見《八旗滿洲氏族通譜》（瀋陽：遼海出版社，2002），卷73，〈附載滿洲旗分內之高麗姓氏〉，頁800。

4　楊海英，〈朝鮮通事古爾馬渾（鄭命壽）考〉，收入中央民族大學歷史系主編，《民族史研究》，輯3（北京：中央民族大學歷史文化學院，2002），頁252。

5　「大通官孤兒馬紅乃鄭命壽。」參見《（國譯）瀋陽狀啓》（首爾：世宗大王紀念事業會，1999），卷3，頁57，仁祖21年9月2日。

鮮事務的譯官。[6]另外，從《瀋陽日記》與《瀋陽狀啓》的記載可以發現，在昭顯世子作爲人質滯留瀋陽期間，鄭命壽毫無遺漏地參加了淸與朝鮮的全部交涉。從以下的記錄中，可以明明白白地瞭解到朝鮮對於鄭命壽的認識：「鄭命壽的性格原本狡猾，因爲他偷偷地將朝鮮的情況告知皇太極，所以受到了信任和寵愛。」[7]當時淸朝主管對朝鮮政策的多爾袞（Dorgon，1612-1650）、英俄爾岱（Inggūldai，?-1648）、馬福塔（Mafuta，或稱馬夫大，?-1640）等皇室成員及八旗的核心勢力，都對古兒馬紅予以庇護。[8]在朝鮮的所有文獻中，均把鄭命壽評價爲非常負面的人物，認爲他最忠實地代表淸朝的立場，依靠淸朝的勢力發揮近乎專橫的影響力。

　　十七世紀初，滿族在遼東興起，曾兩次對朝鮮出兵，許多朝鮮人因此渡過鴨綠江和圖們江，移居金國。既有像古兒馬紅一樣淪爲俘虜被帶走的，也有自願歸順金國的。他們中間不乏因與滿族合作而升任高級官職，從而形成強而有力家族的事例。國內外學術界運用多種史料，一直努力對歸化滿洲的朝鮮人及其後代情況進行研究。楊海英教授就曾對《淸實錄》和《滿文老檔》及《朝鮮王朝實錄》等朝鮮時期的文獻進行廣泛研究，綜合地分析了古兒馬紅（即鄭命壽）的一生及其活動。[9]韓國的禹景燮教授也基於對《八旗滿

6　白玉敬，〈仁祖朝淸之譯官鄭命守〉，《梨花女子大學校大學院研究論叢》，第22期（1992年），頁5-21；金南允，〈丙子胡亂後（1637-1644）在朝淸關係中「淸譯」階層〉，《韓國文化》，第40期（2007年12月），頁249-282。

7　《朝鮮仁祖實錄》（首爾：國史編纂委員會，1955；http://sillok.history.go.kr/main/main.do），卷34，頁24b，仁祖15年2月3日。

8　劉爲，〈試論攝政王多爾袞的朝鮮政策〉，《中國邊疆史地研究》，2005年第3期（2005年9月），頁91-102；南恩暻，〈《瀋陽日記》研究——以昭顯世子、鳳林大君的瀋陽生活爲中心〉，《東洋古典研究》，第22期（2005年），頁31-60；金南允，〈《瀋陽日記》與昭顯世子之人質生活〉，《奎章閣》，第29期（2006年），頁45-60；宋美玲，〈入關前淸朝的瀋陽館管制形態〉，《明淸史研究》，第30期（2008年），頁129-155；裴祐晟，〈派往漢陽的淸敕使馬夫大與三田渡碑〉，《首爾學研究》，第38期（2010年），頁235-271。

9　楊海英，〈朝鮮通事古爾馬渾（鄭命壽）考〉，頁251-281。

洲氏族通譜》中關於高麗姓氏的記載，以韓雲、韓尼兄弟以及新達理家族的事例為中心，分析了出身於朝鮮西北部地區的移民融入滿族社會的過程。[10]此外，最近劉小萌教授也基於對墓誌銘等多種清代文集的分析，介紹了出身於朝鮮的安尚仁、安岐父子的活動情況，他們父子是康熙年間一直擔任清朝高級官職的滿州旗人明珠家裡的僕人。[11]

　　本文將以先前所提到的清朝刑部尚書巴哈納的題本為中心，重新考察古兒馬紅其人其事。

　　巴哈納的題本與內容簡略且片面的清朝官方文獻，以及側重道德評價的朝鮮文獻均不同，更為詳細及全面地展現了古兒馬紅的活動。一個有意思的事實是，巴哈納的題本雖然是清朝官吏編寫的有關古兒馬紅事件的報告書，而且是皇帝的結論性檔案，但將其留傳下來的卻是朝鮮王室編纂的外交資料集──《同文匯考》。[12]按照巴哈納的建議，清朝的禮部向朝鮮朝廷發送諮文，對未能揭發古兒馬紅違法行為一事進行問責。諮文中附加的古兒馬紅事件的報告書，因此得以收錄在朝鮮的文獻並留傳下來。在清朝與朝鮮的關係最為複雜且困難的時期，通事古兒馬紅代表清朝的利益全面參與其中，他本出身朝鮮官奴卻成為擔任朝鮮宗主國敕使的鄭命壽，使朝鮮長期遭受折磨，古兒馬紅最終被清朝懲處，而朝鮮卻保存著記錄鄭命壽罪狀的檔案並留傳給後代，歷史就是這樣耐人尋味。

　　本文欲以收錄於《同文匯考》中的巴哈納的題本為中心，對古兒馬紅的

10　禹景燮，〈入滿洲籍的朝鮮人〉，《犯越與離散：到滿洲去的朝鮮人》（首爾：仁荷大學校出版部，2010），頁51-78。

11　劉小萌，〈旗籍朝鮮人安氏的家世與家事〉，《清史研究》，2013年第4期（2013年11月），頁1-19。

12　金暻錄，〈朝鮮後期《同文匯考》之編纂過程與性格〉，《朝鮮時代史學報》，第32期（2005年），頁185-226；丘凡真，《朝鮮時代外交文書──與明清交往的文書之結構分析》（首爾：韓國古典翻譯院，2013），頁7-32。

活動進行再考察。在題本中所羅列的十一條罪狀，是以古兒馬紅在朝鮮國內的活動、與清朝皇室勢力的關係、在清朝與朝鮮貿易中的作用等三個主題爲中心，進行分類說明的。通過巴哈納的題本可以知道，當時在清朝與朝鮮的關係之中，譯官的作用並不侷限於單純的資訊提供者或翻譯者。清朝在入關以前，在對朝鮮的關係中最爲迫切的需要，就是從外部獲取物資供應，也就是貿易，以便養育國家境內不斷膨脹的人口。此前關於古兒馬紅的研究，大多歸結於他道德上的評價，但本文有不同觀點，將具體地考察他在當時清朝與朝鮮最爲重視的貿易關係之中擔當何種角色。藉著這種考察，有助於我們認識當時清朝的情況，及古兒馬紅戲劇性的個人歷史。

二、由官奴到敕使

在刑部尚書巴哈納開列古兒馬紅的十一條罪狀中，最先提出的是納妾和任用親戚問題，即違抗了皇帝關於「差往朝鮮的官吏及八旗子弟不得娶朝鮮女子」的指示。古兒馬紅在義州和殷山兩處成家納妾，並由小妾看護父母墳墓。根據古兒馬紅的主張，殷山的女子是在1637年[13]與皇帝的姪子都都（Dudu）一起出征朝鮮時，朝鮮方面根據慣例送給他的妓女。之後，他每次出訪朝鮮都去找這個女人。到後來，雖然他讓該女子早些嫁人，那女子卻說：「要留在這裡看護您父母的墳墓。無論吃穿全憑您提供，所以我不會離開。」但是與古兒馬紅同行的其他通事的證詞卻有所不同。他們表示，除殷山之外，古兒馬紅在義州還另有一位女人，並爲他生了兩個孩子，且親眼看到那個女人與古兒馬紅在一起。女人的父母雖然免除了一切官差，但朝鮮人害怕古兒馬紅，都不敢說出這一事實。除在外國娶妻並建立家庭之外，巴

13　在本文中記爲「從丑年定朝鮮國之時」，意思就是丁丑年（1637）朝鮮出征。參見《同文匯考》，原編，卷38，蠲弊1，〈原題〉，頁7a。

哈納還指出，古兒馬紅曾施加壓力謀取私利，將其在朝鮮的侄子五次調任朝鮮的富裕之地，並五次提升官階。[14]除納妾及爲親戚請托之外，巴哈納還指出，古兒馬紅利用自己的地位經常脅迫朝鮮人。根據同行者的證詞，古兒馬紅在去朝鮮漢陽做貿易期間，曾在某年的正月初一責罰朝鮮的「戶部郎中」和「管賣買人官」，讓他們下跪，搶走他們的財物，甚至還脫去他們的衣服，用鐵鍊將他們捆綁起來直到第二天早晨。巴哈納表示，「去外國期間，在正月初一強迫商人和官員下跪、強買強賣，這是違背皇帝旨意之罪。」古兒馬紅還被告發，稱其每次去漢陽時，都收到了比慣例更多的禮品。他收到各式各樣的禮物，有貂皮、牛皮衣服、鹿皮鞋、銅鍋、雨衣等。古兒馬紅辯解說，自己作爲聽得懂朝鮮語的通事，訓誡官商是賦予他的職責；而在收受物品方面並不知道有何規定，接受的物品是朝鮮人作爲禮品送來的，一起同行的英俄爾岱、馬福塔也一樣接受了這些物品。巴哈納指出，古兒馬紅明確違反不得收受物品的禁令，而且存在徇私枉法行爲。他批評道：「在朝鮮納妾成家之人，怎能不對那些小物件占爲己有呢。」[15]

古兒馬紅的官方身分，是在清朝與朝鮮的交涉事務中進行滿語和朝鮮語翻譯。像鄭命壽這樣爲清朝服務的朝鮮人滿語翻譯，大多是在戰爭期間被俘獲的俘虜；或者是出身於朝鮮北方邊境，後來又掌握了滿語，並參與對朝鮮交涉事務者。朝鮮最初將女眞語翻譯稱爲「胡譯」。但從1637年以後開始把那些曾被清朝抓作俘虜，遣返回朝鮮後精通滿語者任命爲「清譯」。[16]看起

---

14 關於納妾、裙帶關係等事情，古兒馬紅及其證人們所供述的內容，可參見《同文匯考》，原編，卷38，蹋弊1，〈原題〉，頁7a-9a；巴哈納所整理的文本，頁22b。

15 關於捆綁朝鮮官吏和商人以及行賄受賂等指控，古兒馬紅及其證人們所供述的內容，可參見《同文匯考》，原編，卷38，蹋弊1，〈原題〉，頁10b-12a；巴哈納所整理的文本，頁23a、24a。

16 《通文館志》（首爾：世宗大王記念事業會，1998），卷1，〈沿革〉，「等第」，頁7b。這些清譯所屬官府是司譯院。朝鮮建國後設立司譯院，承擔多種語言的翻譯工作，司譯院下面設立漢學、蒙學、倭學、女眞學等機構。朝鮮在1667年（康熙6年，顯宗8年）把女眞學

來，對於從清朝派來的翻譯，以及在朝鮮工作的翻譯以及滿語翻譯，在朝鮮均統稱爲「清譯」。[17]

1599年，努爾哈赤借用蒙古文字創制無圈點滿語文字，1632年皇太極又將其改良爲有圈點字，此後金國開始用自己的文字來記載文書。1629年，皇太極已經設立了翻譯漢文書籍和專門負責記載金國歷史的機構——書房（bithei boo），由這一事實可以確認，皇太極他是很重視用滿文記事的。[18]1636年，爲紀念記述努爾哈赤時期歷史的《太祖實錄》編纂完成，清太宗曾用滿文、蒙文、漢文寫了一篇表。[19]1638年，頒布進攻明朝的詔書時，也是三種文字一起使用。[20]清朝在與朝鮮進行交涉方面，重視滿文記錄的整理是從1637年開始討論的，在1639年完成的大清皇帝功德碑，即三田渡碑的製作過程中，也充分地表現了這一點。當時，清朝的敕使馬福塔與三名巴克什（baksi，掌管文案者的官稱）一起出訪朝鮮，他要求清朝的筆貼式將朝鮮準備的漢文碑文翻譯成滿文和蒙文，並按照碑石的大小書寫文字，再由朝鮮的刻工將這些文字雕刻在碑石後面。[21]

儘管朝鮮將清朝奉爲宗主國，而滿文是清朝的「國語」，但在當時，朝鮮對於學習滿語和滿洲文字均表現得非常消極。1637年，皇太極曾經給在瀋陽的昭顯世子送來兩位滿洲的筆帖式和兩卷「蒙書」，也就是滿文書籍，勸他學習滿文，但世子卻拒絕了。瀋陽館的朝鮮官吏甚至不能區分模樣相似的蒙文和滿文，既表明他們對於滿語的無知，也說明他們對此毫不關

正式更名爲清學，使其歸屬於禮曹。參見《通文館志》，卷1，〈沿革〉，「官制」，頁1a。

17　金南允，〈丙子胡亂後（1637-1644）在朝清關係中「清譯」階層〉，頁253。

18　神田信夫，〈清初の文官について〉，《清朝史論考》（東京：山川出版社，2005），頁78-98。

19　《清太宗實錄》（北京：中華書局，1986），卷32，頁404b-405a，崇德元年11月乙卯。

20　《瀋陽狀啟》（首爾：世宗大王記念事業會，1999），卷1，頁103，戊寅年9月3日。

21　裴祐晟，〈派往漢陽的清敕使馬夫大與三田渡碑〉，頁254-260。

心。[22]1638年，在創作大清皇帝功德碑的碑文時，瀋陽昭顯世子官邸的官員們也還認爲，應將漢文草稿翻譯成「蒙語」並呈送皇帝。[23]在朝鮮學習滿文的書籍直到1639年才終於問世，在此之前，朝鮮的清譯們即使知曉滿語，也沒有人懂得滿文，但是由司譯院派往瀋陽的申繼黯卻學會了有圈點滿洲文字，他回到朝鮮後編寫新教材，旨在培養朝鮮譯官的滿文教材由此得以問世。[24]

在朝鮮對滿語和滿文未能予以充分關注的時候，清譯——特別是由清朝派來的清譯，其作用想當然耳漸漸變大。從鄭命壽作爲清譯展開活動的1630至1650年間，在清朝和朝鮮之間存在著無數懸案。被清軍抓作俘虜而逃脫的朝鮮人、擄獲在朝鮮居住的女眞人後裔「向化人」並送往清朝之事、清朝進攻明朝時朝鮮派兵增援之事、管控和調查明朝的船舶進出朝鮮海岸之事、運送清朝所需的歲幣或軍糧之事等等，這些全部都是使兩國利害關係尖銳對立的事項。在瀋陽和北京決策的清朝皇室貴族和旗人官吏們聽不懂朝鮮語，即使他們爲了協商懸案而訪問漢陽，朝鮮朝廷的官吏們也一樣不會讀寫滿文。在這種情況下，清譯對於交涉各種懸案發揮了決定性的作用，這是無庸置疑的。

當時，清朝與朝鮮相互來往的檔案都是用漢文編寫而成，但是清朝的滿族官員們並不能精準地讀解漢文，對此他們也是公開承認的。1637年（仁祖15年）11月，爲了磋商建立大清皇帝功德碑事宜，英俄爾岱和馬福塔來到漢陽，在研究朝鮮編寫的漢文碑文草案時，他們即提出，由於自己不懂漢文，因此要求將碑文翻譯成滿文，以便確認其內容。[25]同年9月，作爲人質在瀋陽

22　《瀋陽日記》（首爾：大洋書籍，1975），卷1，頁71，丁丑年7月21日。

23　《瀋陽狀啓》，卷1，頁61，戊寅年1月26日。

24　金南允，〈丙子胡亂後（1637-1644）在朝清關係中「清譯」階層〉，頁255-257。

25　「俺等雖不解文字，而使人解釋之，則可知其文義之如何耳。」參見《承政院日記》，http://

居住的昭顯世子爲了祭奠母親，以文書形式提出訪朝請求時，清朝禮部的官員們也非常直接地表現出對文字的反感。他們威逼朝鮮官員說：「假如通過上呈文書，本來可行的事情也可能發生變故，所以今後一切事項均可口頭呈辦，不必再使用文字。」[26]就此要求用滿語溝通來討論懸而未決之事，取代原來用漢字書寫的文書，清譯的權勢和作用自然因而逐漸增強。

那麼，古兒馬紅能夠讀懂用漢文編寫的文書嗎？關於這個問題，楊海英教授以《滿文老檔》和《清太宗實錄》中，有關古兒馬紅的記載爲基礎，認爲古兒馬紅是在1619年薩爾滸之戰前後成爲金國俘虜的，並且他在天命年間成爲巴克什（baksi），至天聰年間以筆貼式的身分活動，至崇德年間則在內國史院擔任理事官（beidesi）和通事的工作。由於古兒馬紅的家鄉位於清和朝鮮的交界地區，所以他熟悉漢語，因此也可能進行漢文書籍的翻譯。[27]但是，對於古兒馬紅在天聰年間，擔任翻譯漢文書籍官職的說法，多少有些令人質疑的空間。正如前面所介紹的，朝鮮的文獻中記載著，鄭命壽是在1627年丁卯胡亂前後進入金國的，照此來說，他這位幼小年紀的朝鮮奴婢，僅用兩年時間即精通了漢文，並在1629年（天聰3年）成爲了金國的巴克什，這在現實之中根本是不可能的。所以說，在《滿文老檔》和《清太宗實錄》中出現的那個人物，也就是根據努爾哈赤的指示，與巴克什達海（Dahai）、筆貼式剛林（Garin）、蘇開（Surkei）、托布戚（Tobci）一起翻譯漢文書籍的那位顧爾馬渾，並非朝鮮通事古兒馬紅，而是另外一位古兒馬紅，也就是說應當把他們看作是同名的兩個人。[28]

---

sjw.history.go.kr/main.do，仁祖15年11月25日。

26　「且程文之舉，似涉有弊，此後諸事，須以言語相通，切勿用文字可也。」參見《瀋陽日記》，頁78，丁丑年9月2日。

27　楊海英，〈朝鮮通事古爾馬渾（鄭命壽）考〉，頁254-260。

28　「巴克什達海，同筆帖式剛林，蘇開，顧爾馬渾，托布戚等四人，翻譯漢字書籍。」參見《清太宗實錄》，卷5，頁70b，天聰3年4月丙戌。如楊海英教授所指出，當時「古兒馬紅」

　　古兒馬紅無法如實讀懂漢文的事實，從以下兩個事例中也可以得到確認。1642年（崇德7年），在瀋陽的昭顯世子向清朝呈送奏文後，古兒馬紅曾直接來到世子的官邸詢問其中的內容，侍講院的官員們解釋了意思，他弄明白後才離開。[29]這說明他憑藉自己的能力並不能理解用漢文編寫的奏文內容。實際上，古兒馬紅也公開承認自己並不懂漢文，1653年清朝的刑部尚書巴哈納向其追問去朝鮮的使臣們應當遵守的規定時，古兒馬紅竟然直言不諱地表示：「當時，禮部和戶部雖然有相關規定的檔，但是我不懂漢文，怎麼能知道〔其內容〕呢？」[30]這也說明，古兒馬紅在幼小的年紀進入金國，雖然能精通滿語會話成為通事，但並沒有熟習漢文到能夠翻譯清朝與朝鮮相互來往文書的程度。

　　或許是因為漢文讀解能力不足的原因，古兒馬紅的滿語水準和交涉能力卻似乎非常卓越，隨著時間推移，古兒馬紅已不再是隨同清朝官吏進行輔佐的翻譯，而躍升成皇帝的敕使。他從1633年開始隨同清朝使臣作為「胡譯」來到朝鮮，先後被稱為「金差使」、「胡差使」、「清譯」和「鄭譯」等，[31]其後於1643年開始升職成為「敕使」。[32]1644年，古兒馬紅以三使的資格，帶著昭告大清平定北京的詔書出訪朝鮮。[33]從1645年2月，朝鮮朝廷稱其為「鄭

是一個常見滿族名，故有不少稱作「顧爾馬紅」的同名異人，也與清太祖「努爾哈赤」之任子「阿敏」第三子同名。參見楊海英，〈朝鮮通事古爾馬渾（鄭命壽）考〉，頁252。

29　《瀋陽日記》，頁495，壬午年6月18日。

30　「那一時定這規矩的檔子，禮部、戶部想是也有，我因不識得字，如何知道。」參見《同文彙考》，原編，卷38，關弊1〈原題〉，頁15a。

31　「胡譯」，參見《朝鮮仁祖實錄》，卷28，頁50a，仁祖11年10月22日；「金差使」，參見《朝鮮仁祖實錄》，卷30，頁47a，仁祖12年12月29日；「胡差使」，參見《朝鮮仁祖實錄》，卷32，頁14a，仁祖14年3月7日；「清譯」，參見《朝鮮仁祖實錄》，卷38，頁13a，仁祖17年2月7日。

32　朝鮮朝廷聽到「鄭命壽」晉升為「敕使」的消息後，討論了該如何款待他。參見《朝鮮仁祖實錄》，卷44，頁35a，仁祖21年9月26日。

33　《朝鮮仁祖實錄》，卷45，頁64b，仁祖22年12月4日。

使」的情況來看，當時他即以敕使的資格出訪朝鮮。[34]同年11月順治帝為了表示對昭顯世子辭世的弔唁，曾向朝鮮派出使臣，以內翰林弘文院大學士祁充格（Kicungge）為正使，禮部郎中朱世起和戶部主事古兒馬紅為副使。[35]1649年，古兒馬紅也曾以敕使的資格訪問朝鮮，並與三政丞進行會談。[36]

　　朝鮮朝廷為了祝賀他努力參加與清朝交涉的功勞，向古兒馬紅贈送了豐厚的物品和銀兩，1646年時朝鮮除按慣例向隨同敕使來訪的古兒馬紅贈送700兩白銀，另外還追加贈送了800兩。[37]朝鮮朝廷對於古兒馬紅的厚待並不局限於物質層面，對於官奴出身的古兒馬紅，受其擔任清朝通事的影響力，朝鮮國王還曾授予其很高的官職。1639年，仁祖任命古兒馬紅為同知中樞府事，甚至將此項決定追溯至1628年生效適用。1642年，古兒馬紅的品級已升為正憲，1648年又提升為領中樞府事。古兒馬紅的權勢也提升了他的父母和親戚的地位，朝鮮從1639年開始向他的母親發放月科，1641年母親去世時，還被追封為貞夫人。此外，他的妻舅、侄子、養子、妹夫、表弟，甚至弟弟的女婿都借古兒馬紅之勢，在各地擔任各類的官職。[38]古兒馬紅為了他在朝鮮的親戚所犯下的罪行請托罪責，與清朝刑部尚書披露的相比，實際波及的範圍要大得多。

　　從朝鮮的官奴鄭命壽變身成為清朝通事的古兒馬紅，利用自身的地位，威脅朝鮮朝廷和朝鮮人的事例不計其數。在清朝與朝鮮尚未確立為宗主國

34　《朝鮮仁祖實錄》，卷46，頁6a，仁祖23年2月20日。

35　《清世祖實錄》（北京：中華書局，1986），卷21，頁187b，順治2年11月己未。

36　《朝鮮仁祖實錄》，卷50，頁2b，仁祖27年1月23日。據《通文館志》所記載：「鄭命壽為通官，兼任戶部主事而其名被載於敕書，並擔任副使、三使、四使等職責。」參見《通文館志》，卷4，〈事大〉下，「敕使行」，頁2a。

37　當時的敕使三人分別收受了銀一千兩、絲綢二百匹、細麻布六十匹、棉布三百匹等財物。參見《朝鮮仁祖實錄》，卷47，頁2a，仁祖24年1月10日。

38　金南允，〈丙子胡亂後（1637-1644）在朝清關係中「清譯」階層〉，頁275-276。

和朝貢國關係的1633年，古兒馬紅曾以翻譯的資格出訪朝鮮，就因辱罵平山縣監而引起物議。1636年以後，他甚至有在漢陽用木棒責罰兵曹佐郎的記載。[39]與古兒馬紅關係不好的朝鮮官吏，因此被迫下台的情況也很頻繁，甚至還有人招來殺身之禍，[40]其中1639年在瀋陽侍講院侍奉昭顯世子的鄭雷卿，就曾因揭發古兒馬紅等朝鮮通事的腐敗行為反遭告發，被朝鮮處以絞首刑罰，這個事件可以說是最能展現古兒馬紅權威的一個事例。[41]鄭雷卿事件以後，古兒馬紅的權勢變得更大，1641年古兒馬紅還曾以接觸明朝船舶為由，將包括義州府尹在內的十一名相關人員押解漢陽，當著朝鮮朝廷官僚的面將他們公開處死，而後又要求立即設宴款待清朝使臣。「從朝鮮的官奴變身成上國譯官的鄭命壽，以這種方式來解放官奴出身的自卑感，同時也因此獲得了清朝的信任。」[42]將鄭命壽推到前台，這從清朝的立場上來看也是很有效的。「通過將朝鮮人推到前面，可以避免對於清朝的惡感。由於批評的矛頭集中指向同為朝鮮人的清譯，所以強化了清朝的地位。」[43]這樣一來，可以說清朝威脅朝鮮、謀求自身最大利益的外交戰略，與古兒馬紅個人的利害關係就完美地結合起來。

39　《朝鮮仁祖實錄》，卷28，頁50a，仁祖11年10月22日；《朝鮮仁祖實錄》，卷39，頁22b，仁祖17年12月2日。

40　金南允，〈丙子胡亂後（1637-1644）在朝清關係中「清譯」階層〉，頁276-277；楊海英，〈朝鮮通事古兒馬渾（鄭命壽）考〉，頁263-267。

41　《朝鮮仁祖實錄》，卷38，頁8b，仁祖17年2月6日；卷38，頁24b，仁祖17年5月1日；《瀋陽日記》，頁155，戊寅年12月23日、己卯年1月23日、己卯年1月26日、己卯年4月18日。石少穎，〈從「鄭雷卿案」看早期清鮮關係〉，《社會科學輯刊》，2010年第3期（2010年5月），頁200-205。

42　韓明基，《丁卯-丙子胡亂與東亞細亞》（首爾：藍史，2009），頁181-183。

43　白玉敬，〈仁祖朝清之譯官鄭命守〉，頁10。

三、滿洲八旗包衣

在巴哈納指出古兒馬紅的罪狀之中，有一項是在正式向朝鮮國王轉告皇帝命令之前，古兒馬紅擅自先行會見朝鮮官吏並處置事情。1652年（順治9年）發生了居住在朝鮮碧潼（或稱別克屯）的沈尚義等十名朝鮮人，進入正白旗包衣所屬的採蔘地域挖掘人蔘的事件，其中一人被抓獲，另外九人都逃脫了。當時，古兒馬紅以理事官的職務，與內院學士蘇納海（Sunahai）、梅勒章京、胡沙（Hūša，或稱虎沙）一起被派往朝鮮，以捉拿非法採蔘者。[44] 此後，當他抵達義州，在尚未轉告皇帝的正式命令前，即要求朝鮮官吏捉拿人犯，因沒有如實地向清朝的官吏進行報告，而受到揭發。他的罪狀被描述爲：「在朝鮮的官吏尚未接到皇帝的聖旨之前，搶先去見他們，並將事情告知他們，還讓他們捉拿人犯。」[45] 捉拿侵犯清朝領土進行非法採蔘者的事情，從皇太極時期開始，就是清朝和朝鮮之間最頻繁被提出來的核心案件。根據題本上所寫的內容，古兒馬紅爲了捉拿逃脫的非法採蔘者，一到義州即迅速與朝鮮官吏進行商議，並且成功地抓獲人犯，這應當被看作他任職清朝通事、全力爲皇帝效忠的表現。但刑部尚書巴哈納的想法卻有所不同，通事未經清朝官吏的同意，並且是在向朝鮮正式傳達皇帝的文書之前，竟然與朝鮮官吏見面協商，這種事情是不被允許的。

在古兒馬紅的罪狀裡，還有一條是貶低皇帝賞賜給朝鮮使臣的禮物，試圖將其據爲己有。根據巴哈納的調查，1652年（順治9年）皇帝曾向前來朝貢的朝鮮使臣贈送馬匹，古兒馬紅來到朝鮮使臣的住處，並讓一起擔任通事的同僚去試騎一下那匹馬，在確認皇帝賞賜的馬匹善於奔跑、品種優良之

44　《清世祖實錄》，卷70，頁549a，順治9年11月乙亥。

45　關於未等皇帝的聖旨就逮捕犯人的事情，古兒馬紅及其證人們所供述的內容，可參見《同文匯考》，原編，卷38，蠲弊1，〈原題〉，頁18b-22a；巴哈納所整理的文本，頁22b-23a。

後，古兒馬紅卻對朝鮮使臣說：「皇帝豈能將好馬送給你們？送來的都是一些無力、無用之物」，於是轉贈給他自己。對此，古兒馬紅反駁說：「我如果說了那樣的話，我就是個吃屎的傢伙」，極力否認這一事實。巴哈納雖然沒有古兒馬紅強奪贈馬的證據，但仍然指出，古兒馬紅讓其他人試騎皇帝賞賜給朝鮮使臣的駿馬，是準確無誤的事實，這同樣相當於犯罪。[46]作爲忠於皇帝的臣子，巴哈納想強調的是，古兒馬紅很可能在外國使臣面前說了一些貶低皇帝賞賜物品的話。不管怎麼說，這個事例仍然能夠表明，古兒馬紅經常試圖欺騙不熟悉清朝情況的朝鮮人，爲自己謀求私利。

　　古兒馬紅之所以能夠如此行使權勢，並非因爲他僅僅是個精通滿語的譯官，而是在於他與清朝皇室的中心勢力有密切的關係。丙子胡亂之後不久，朝鮮的仁祖曾向赴瀋陽的使臣朴魯詢問清朝皇室的動向。朴魯回答，清朝的當權者包括「范文程、普太平古、祁充格〔Kicungge，或稱祈清高〕」，而「東方之事則由英俄爾岱、馬福塔兩人全面負責。」[47]根據朴魯所掌握的，當時清朝的朝鮮政策是由內三院所屬的范文程、祁充格、剛林（Garin）、希福（Hife）、羅碩（Lošo）和戶部所屬的英俄爾岱、馬福塔、滿達爾漢（Mandarhan，或稱滿月介）、普太平古（布丹，budan）等所分管。[48]昭顯世子在瀋陽的時候，每當清朝與朝鮮出現需要交涉解決的問題時，這些人物經常出入世子的官邸。1638年，爲了批評朝鮮未能展現派兵助清的誠意，范文程、英俄爾岱、馬福塔、希福、剛林等曾一起來到官邸，向世子表達抗議。第二天又有人來找世子進一步表達不滿，並說「眞搞不懂世子爲什麼不能對

46　關於皇帝所賜予的「下賜馬」問題，古兒馬紅及其證人們所供述的內容，可參見《同文匯考》，原編，卷38，蹋弊1，〈原題〉，頁9a-10b；巴哈納所整理的文本，頁24b。

47　《朝鮮仁祖實錄》，卷37，頁13b，仁祖16年8月4日。

48　宋美玲，〈入關前清朝的瀋陽館管制形態〉，頁141-146。

清朝更積極一些」，其中的兩位就是英俄爾岱和馬福塔。[49]

　　英俄爾岱屬於滿洲正白旗，在天聰－崇德年間幾乎每年均以使臣身分被派往朝鮮，從很早即開始參與對朝鮮的貿易。從天聰5年皇太極最初設立六部開始，便擔任戶部承政一職，專門負責金國的財物、戶籍、兵力等相關事務。戶部的業務事實上與八旗的行政在許多方面是重疊的，英俄爾岱負責此項工作多年，充分證明皇太極對他特別的信任。實際上，皇太極就曾經說過：「由於英俄爾岱盡心專注於戶部事務，處理事情有條不紊，所以朕非常高興。再看看各部的大臣們，像英俄爾岱這樣的人物可不多啊。」[50]馬福塔屬於滿洲正黃旗，從天聰5年開始出任戶部參政，與英俄爾岱共同執掌戶部，並與其一起作為使臣出訪朝鮮。[51]在《朝鮮仁祖實錄》中曾無數次出現「龍骨大、馬夫達兩位將軍」的名字，憑這一事實就可以充分地確認，英俄爾岱和馬福塔全面負責著朝鮮問題。

　　以近距離隨行這兩位官員，深度介入清朝對朝鮮交涉事務的人，正是古兒馬紅。1642年（崇德7年）10月出訪朝鮮的英俄爾岱，曾以自己的婚事費用為由索要禮品，朝鮮贈送了白金五千兩、黃金十兩。同年閏11月，英俄爾岱再次向昭顯世子提出借用白銀數百兩，作為自己的婚事費用，並且還要求世子官邸以二百五十兩的代價贖回自己使用的朝鮮人奴僕。毫無疑問，從中斡旋並推動這些事情的都是古兒馬紅。[52]古兒馬紅與英俄爾岱密切的關

49 《瀋陽日記》，頁132-133，戊寅年7月10日、戊寅年7月11日；宋美玲，〈入關前清朝的瀋陽館管制形態〉，頁149。

50 《清史稿》，卷228，〈英俄爾岱傳〉，頁9265。

51 宋美玲，〈入關前清朝的瀋陽館管制形態〉，頁142-144；劉為，〈試論攝政王多爾袞的朝鮮政策〉，頁94-95。馬福塔於1640年派往朝鮮時死在當地。當時，皇太極向仁祖發送密信報告馬福塔被毒殺的消息，以警惕仁祖小心朝廷的官員們。參見《朝鮮仁祖實錄》，卷40，頁15b，仁祖18年3月8日。

52 《瀋陽狀啟》，卷2，頁234-235，辛巳年閏11月2日；《朝鮮仁祖實錄》，卷34，頁24a，仁祖20年10月16日。

係，通過古兒馬紅本人的證詞也能確認。多羅額駙（Doroiefu）英俄爾岱獲得皇帝的許可，曾將一位名叫永呢的人任爲通事，並推薦給古兒馬紅，永呢常以古兒馬紅的養子自居，充分說明二者關係親密。[53]古兒馬紅依靠著執掌清朝財政的英俄爾岱和馬福塔，這從1639年發生的鄭雷卿事件中也可以看得很清楚。當瀋陽昭顯世子官邸的官吏們告發古兒馬紅營私舞弊的行爲時，英俄爾岱和馬福塔即強烈主張對鄭雷卿進行處罰，他們威脅說：「幫助試圖加害我們的鄭雷卿，就是想吃掉我們兩人及鄭命壽、金乭屎兩位譯官的肥肉。」就連身爲朝鮮國王的仁祖也替鄭雷卿感到惋惜和鬱悶，認爲他不知道古兒馬紅是英俄爾岱和馬福塔的心腹，而將事情搞大。[54]在朝鮮問題方面，可以說英俄爾岱、馬福塔和古兒馬紅建立了密不可分的關係。

古兒馬紅的政治人脈還不單純地局限於滿洲旗人官員的範圍。在天聰－崇德年間主管清朝對朝鮮事務的英俄爾岱和馬福塔，正是大名鼎鼎的多爾袞的心腹。多爾袞是努爾哈赤的第十四個兒子，也是皇太極同父異母的弟弟，在他的侄子順治帝即位後，上升到了攝政王的地位。1646年（順治3年），攝政王多爾袞曾表示，「我繼承太祖和太宗的基業，代替皇帝執政，……如果我有過失，請你們不要考慮個人感情，一定要表明各自的見解」，並明確提出「戶部的事情由英俄爾岱全面負責」。[55]多爾袞的登場，爲與英俄爾岱、馬福塔聯繫在一起的古兒馬紅形成了更爲有利的條件。攝政王多爾袞在1644年10月1日，自己的侄子順治帝在天壇舉行祭祀正式登基不到10天後，即允許昭顯世子回國。與此同時，清朝還向朝鮮派出敕使，告知平定北京，

53 《同文匯考》，原編，卷38，蠲弊1，〈原題〉，頁10b。「英俄爾岱」因與饒余郡王「阿巴泰」之女成婚而被封爲「多羅額駙」。《清史稿》，列傳，卷228，頁9263-9266。永呢因包庇古兒馬紅的非法行爲而獲罪，以贖罪金來代替一百杖鞭刑並被罷免通事一職。參見《同文匯考》，原編，卷38，蠲弊1，〈原題〉，頁24b。

54 《朝鮮仁祖實錄》，卷38，頁24b，仁祖17年5月1日；卷38，頁11b，仁祖17年2月7日。

55 《清世祖實錄》，卷24，頁205b，順治3年2月乙酉。

而且皇帝已經登基。此時，古兒馬紅被任命當上三使的位置。[56]昭顯世子在回國後的第二年去世，多爾袞任命古兒馬紅爲通事官，向朝鮮派出弔唁團。當時，古兒馬紅曾「把周邊的其他臣子甩在一旁，三次往返於仁祖和清朝敕使之間」，轉告多爾袞的言語。[57]在入關初期，北京的糧食供應曾一度出現困難，1645年多爾袞還要求朝鮮提供米穀，當時也是派遣古兒馬紅前去交涉裁處。[58]

馬福塔在1640年去世，英俄爾岱也在1648年去世，這使得古兒馬紅在朝鮮問題方面的影響力更趨擴張。同時，隨著多爾袞在清朝權勢的壯大，古兒馬紅在朝鮮的活動也更加頻繁。多爾袞在攝政初期曾向朝鮮致函表示，「自己只是輔佐年幼的君主，協助處理國政，所以接受外藩的禮物是不當的」，明確拒絕朝鮮的禮物。[59]但隨著時間推移，多爾袞的態度也發生了變化。1645年，在弔唁昭顯世子去世的文書中，多爾袞雖然自稱「皇叔父攝政王」，但在1648年已開始使用「皇父攝政王」的稱號。隨著多爾袞勢力的增強，古兒馬紅也要求朝鮮王朝按照皇帝的標準給予攝政王相應的禮遇。1650年，多爾袞的夫人一去世，古兒馬紅隨即要求朝鮮向多爾袞發送慰問辭，並且指示「皇父王后喪事的禮單必須和皇帝的完全一樣」，還補充說「在清朝高高擁戴多爾袞就跟擁戴皇帝一樣沒有差別」。[60]

56　《朝鮮仁祖實錄》，卷45，頁64b，仁祖22年12月4日。《清世祖實錄》，卷9，頁91a，順治元年10月乙卯。

57　當時，多爾袞擔心朝鮮昭顯世子之幼子繼承王位會引起政局的動盪不安。後來，清朝所派遣的四位使臣（包括鄭命壽）聽到仁祖指定鳳林大君爲嗣子的消息後格外高興。（「予乃告之以實，四使皆喜曰，國王已有定計，則東方之幸也。」）參見《朝鮮仁祖實錄》，卷46，頁53a，仁祖23年閏6月4日。

58　《朝鮮仁祖實錄》，卷46，頁6a，仁祖23年2月20日。

59　《朝鮮仁祖實錄》，卷45，頁2b，仁祖22年1月20日。

60　當時，朝鮮朝廷對於稱「多爾袞」爲皇帝等級的「陛下」，或者稱他爲國王等級的「殿下」這一問題議論紛紛，而且古兒馬紅也沒有對這一問題提出解決方案。因此，每當朝鮮派遣使臣時，總會預先準備兩種表文和祭文，即分別記錄「陛下」和「殿下」的兩種檔，讓

多爾袞的突然去世以及順治帝正式親政，是宣告古兒馬紅時代自然落幕
的一個信號。1650年12月，在多爾袞去世幾個月後，古兒馬紅就曾向朝鮮
官員們通報消息說，多爾袞在生前曾謀劃反叛，順治帝瞭解到該事實後剝奪
他的攝政王尊號，並且將其家產全部充公。之後，當出訪北京的朝鮮使臣再
次見到古兒馬紅時說，明顯感到「他的氣色大不如前，帶有很憂慮、擔心的
臉色。」[61]在多爾袞去世以後，古兒馬紅依然繼續參與朝鮮相關事務，並且直
到1652年前，仍是派往朝鮮的使臣中一員。但就在半年以後，他即淪落到
接受刑部尚書巴哈納審問的地步。作為清朝的敕使和大通官的古兒馬紅，隨
著其在皇室和八旗內部後台的消失，最終遭到與他一起從事朝鮮事務的官員
和通事們，指認為各種腐敗和非法行為的主犯。

四、貿易管理者

巴哈納在題本中所記載許多人物的證詞，客觀地體現了當時究竟是誰負
責著清朝與朝鮮之間的貿易，以及採取什麼方式進行貿易的。根據與古兒馬
紅同行的通事們的證詞，他在每次訪問朝鮮時，在既有規定之外，均將自己
欲採購的貂皮、蜂蜜、煙草、海參、松籽等物品清單寫好交給地方官員，讓
他們進行準備，在回國的路上再接貨結算。這些物品均是用來進行貿易的商
品。當時在朝鮮進行物資交易的主要是兩類人，即譯官和八固山（八旗）的
家人。古兒馬紅將屬於自己的份額，賣給管理皇帝內府的官員進行貿易。當
完成在朝鮮的業務返回鳳凰城時，他常常帶回二十輛車和七匹馬分量的物

使臣帶著這兩種檔到北京後酌情使用。參見《備邊司謄錄》，http://db.history.go.kr/item/
level.do?itemId=bb，孝宗元年3月9日、孝宗元年3月12日。

61 《朝鮮孝宗實錄》（首爾：國史編纂委員會，1955；http://sillok.history.go.kr/main/main.do），
卷6，頁7b，孝宗2年2月18日；卷6，頁37b，孝宗2年6月3日。

品。[62]在往來於朝鮮的時候，除接受皇帝命令的清朝鮮官吏之外，同行的還有來自各個八固山的家人們，他們也參加與朝鮮進行的貿易。

八固山分別參與和朝鮮之間的貿易，這種慣例看起來最早始於天聰年間。1630年（天聰4年），英俄爾岱赴朝鮮購買毛青布時，就曾帶領每個固山的一位大臣和每個牛彔的兩名甲兵一同前往。1632年（天聰6年）時，八家的八位大臣也曾帶領他們的家人（jakūn booi jakūn amban sinijekui yafahan）前往朝鮮採購毛青布。[63]另一方面，根據朝鮮的記載，清朝出訪朝鮮的敕使一行中除上使、三至四名使臣、大通官、次通官和隨從之外，還包括所謂的「八分人」，也就是說包括來自八固山的人。據說「他們的數量達到一百餘名，他們販賣帶來的物品，並強迫朝鮮方面接受他們的出價。」[64]在清朝敕使一行之中，有翻譯及來自八固山的人，他們各自都有規定的份額，這從1646年朝鮮朝廷向他們分別贈送物品的事實中，也能得到確認。[65]像古兒馬紅這樣的翻譯們，也要與從八固山派遣而來的人一起共同分享對朝鮮貿易的利益。

八固山（八旗）是滿族統治體制中的核心組織，隨著統治地域和屬民的

62　關於古兒馬紅收受「定例」規定之外物品的內容，古兒馬紅及其證人們所供述的內容，可參見《同文匯考》，原編，卷38，鋪弊1，〈原題〉，頁12a-13a。

63　滿文老檔研究會譯注，《滿文老檔》（東京：東洋文庫，1959），卷4，頁386，天聰4年5月16日；卷5，頁624，天聰6年1月3日。

64　八旗所屬的人們跟隨往來朝鮮之使臣團體的制度，至1658年（順治15年）才被正式廢止。參見《通文館志》，卷4，〈事大〉下，「敕使行」，頁1b。

65　仁祖在1646年賜予清使一行的賞賜爲如下：向敕使三人分別賜予銀一千兩、絲綢二百匹、細麻布六十匹、棉布三百匹；向一等頭目十人分別賜予銀二百兩、絲綢四十匹、棉布一百匹；向二等頭目八人分別賜予銀一百五十兩、絲綢二十六匹、棉布八十匹；向三等頭目十六人賜予銀七十兩、絲綢二十匹、棉布五十匹。尚不清楚一等頭目是誰所派遣的，但二等頭目和三等頭目是八旗分別所派遣的通事。除了這些八旗所派遣的人們之外，其他的譯員們也收受了銀兩。例如，鄭命守收受了銀四千五百兩、大通官收受了銀一百五十兩、差役二人分別收受了銀五十兩。參見《朝鮮仁祖實錄》，卷47，頁2a，仁祖24年1月10日。

持續增加，努爾哈赤感到有必要以一個綜合性的體制將大家編制成一體，所以他對女眞傳統的生產組織——牛彔制改編成軍事組織，並將其擴大，發展成爲固山。到1615年時，努爾哈赤已將社會上的全部成員編入牛彔，並且將牛彔分割在八個固山之下，從而建立清朝八旗體制的雛形。爲了透過八固山鞏固汗的統治體制，努爾哈赤將自己的兒子和侄子們封爲和碩貝勒（hošoibeile，或稱旗主貝勒），讓他們各自佔有一個固山。《滿洲實錄》中將和碩貝勒翻譯成固山王，這也表明它的意思是「擁有固山的王」。[66]八位和碩貝勒擁有了固山這樣的個人財產，向自己固山所屬的人員徵收糧食和物品，率領他們參加作戰，並分享戰利品。八固山同時也平均地分擔戰爭所需的勞役、士兵的調集以及公共費用；如果獲得了俘虜和戰利品，也平等地進行分配。因此，他們又被稱爲八家，即八大家族（jakūn boo），或者八分（jakūnudu）。掠奪品和戰利品根據「八家均分」的原則，按照八固山的標準進行同等分配。[67]

金國的八旗八分體制在天命7年（1622年），由努爾哈赤非常具體地制定出來，明確提出「在父汗確定的八分所得之外，若偷偷獲利或者隱匿不報，就暫停分配一次應得份額；如果再次隱匿，就再停一次；如果隱匿三次的話，則永遠剝奪應得份額。」[68]1626年，努爾哈赤再次強調了「八家均分」的原則。他表示，「八家但得一物，令八家均分之，毋得私有所取。」[69]努爾哈赤提出的這種共同統治，是以八固山擁有同等地位爲基礎，由八位和碩貝勒分掌權力爲前提。人和土地均由八固山平均所有，以相互保持獨立經濟單

66　劉小萌，《滿族從部落到國家的發展》（北京：中國社會科學出版社，2007），頁176-177。

67　《滿文老檔》，卷2，頁644，天命8年2月3日。

68　《滿文老檔》，卷2，頁554-558，天命7年3月3日。

69　滿文爲：jakūn boo emu jaka bahaci, gese dendefi etuki jeki seme doigonde toktobufi, jakūn boo gese jergi bahara dabala, enculeme ume gaijara。參見《滿洲實錄（*Manju i Yargiyan Kooli*）》（北京：中華書局，1986），卷8，頁411a。

位的分配原則爲基礎，八位和碩貝勒在政治上的權力同樣是同等分占。[70]

　　八家均分的原則在皇太極即位以後，仍然得以延續。1626年，皇太極通過議政會議被推舉爲汗，在即位儀式上，他在諸位貝勒面前發誓表示，「如今我的諸位兄弟和子侄爲了國家和百姓的事情，推舉我爲汗，我將堅決繼承皇父的偉業和思想。如果我對兄弟不恭敬，或是不愛護子侄們，沒有走正道，明知有錯誤卻故意行事，因兄弟及子侄們的小過失就剝奪皇父賜予的財產，降低他們的地位，或者予以誅殺，我就必遭天地之譴，丟掉性命。」參加皇太極即位儀式的貝勒們在獲得對於「八家均分」原則的承諾，即皇太極保證不干預他們所擁有的固山之後，才發誓忠誠擁戴大汗，稱「我們兄弟和子侄經共同協商，決定擁護皇帝繼承皇父的大業。」[71]

　　在金國與朝鮮的關係方面，八固山也以各自權力爲基礎，採取獨立的行動。天聰元年（1627年），在金國進攻朝鮮時，儘管與朝鮮進行了議和交涉，大貝勒阿敏仍然主張向漢陽繼續進攻。當時，岳托和濟爾哈朗均反對阿敏的進攻計畫，所以決定「各自行動〔meni meni yabuha〕」。[72]並且在結束與朝鮮的講和儀式後，阿敏還繼續縱兵掠奪，八固山的大臣們不僅爲其讓路，還連續三天大肆虜掠。[73]在戰爭結束、金國與朝鮮之間正式開始貿易之時，貿易的主體和受益者也依然是八固山。天聰元年12月，皇太極曾經說過，「在漢陽進行貿易，僅僅給貝勒及有權勢的人帶來利益，無助於一般老百姓。」當時皇太極的意圖雖然是爲了逼迫朝鮮在邊境開放市場交易，但從他的話中也可以看出，當時八固山的貝勒們壟斷著與朝鮮的貿易。[74]

70　劉小萌，《滿族從部落到國家的發展》，頁301-310。

71　《清太宗實錄》，卷1，頁25a-26a，天命11年8月辛未。

72　《滿文老檔》，卷4，頁44-45、頁46-47、頁49-50，天聰元年4月7日。

73　《滿文老檔》，卷4，頁55-56、頁58，天聰元年4月18日。

74　《滿文老檔》，卷4，頁111-112，天聰元年12月9日。

　　皇太極建立清朝，登上皇帝的寶座以後，仍繼續與朝鮮進行貿易，貿易的主體依然是八固山。崇德元年（1637年），皇太極命令前往朝鮮的清朝使臣，帶上各固山的一名驍騎校（fundebošoku）、各個牛彔的一位甲兵一同前往。[75]通過其他事例也可以確認，與朝鮮的交涉是以八固山為單位來進行的。在崇德6年和7年，金國曾要求朝鮮為八固山分別派遣一名滿語翻譯（清譯），由於當時朝鮮的滿語翻譯不多，為了找到八個人，不得不東奔西走。[76]從當時的翻譯頻繁參加貿易業務的情況可以知道，八固山分別需要翻譯是為了與朝鮮獨立地進行通商交涉。

　　古兒馬紅在出入朝鮮的時候，清朝官員和八固山的家人們用各式各樣的方法獲取利益。其中之一就是在接受朝鮮方面款待以後，要求將剩下的飲食換算成錢款。清朝的使臣一行在訪問朝鮮時，在驛站休息並受到款待，向官員們提供豬肉，向八固山的家人們提供雞肉、魚肉。當有剩餘飲食時，清朝人已形成慣例，要求將其換算成錢款。清朝的禮部雖然曾經指示，吃剩下的食物一定要留給朝方，不得要求換成錢款，但是這種禁令並非必須嚴格遵守。根據古兒馬紅的主張，如果朝方拒絕將剩下的食物換成錢款，那麼清朝人就會說，「此前來過的人都得到了錢款，如果現在說不行的話，這一切就都是因為你」，從而使自己受到非難。他並且辯解說，關於不准將食物折成錢款的禁令只是禮部和戶部口頭上說的，自己並不知道已有了書面規定。英俄爾岱、馬福塔、額色黑（Esehei）等曾經出訪朝鮮的官員們，也有一兩次接受了由剩餘食物換算成的錢款。但是，與古兒馬紅同行的官吏、通事、八

75　當時馬福塔於6月19日走往朝鮮而於7月3日回國。之後，由於9月7日至9月16日與朝鮮交易期間，發生了交易物品分量不足的事件，馬福塔再次去往朝鮮，並從宜州帶回人參。參見《滿文老檔》，卷6，頁1140，崇德元年6月19日；卷7，頁1246，崇德元年9月7日；卷7，頁1281，崇德1年9月16日。

76　《瀋陽狀啓》，卷2，頁52，崇德6年7月24日；《瀋陽日記》，頁451，崇德7年1月20日。

固山的家人卻一致表示，他們全部遵守禮部的禁令，沒有收受錢款，「如果有人知曉剩餘物品的下落，那就只有古兒馬紅本人了。」[77]

　　根據揭發，古兒馬紅利用自身的地位，不僅不當撈取朝鮮人的物品，而且給其他清朝人，特別是八固山帶來損害。根據與古兒馬紅一起共事的通事們供述，1651年（順治8年），為了迎接朝鮮使臣的到來，古兒馬紅為了維修鴻臚寺住處，曾向每位通事們收取白銀1兩3錢，表示維修兩間房用來讓通事們輪番值宿。但當年12月朝鮮的使臣抵達時，古兒馬紅卻只讓與自己親近的兩位通事一起進駐值宿，其他七位固山的通事均不得進入使臣住處。被排擠的通事們主張，朝鮮的使臣前來時安排章京和兵丁進行接待和護送，這本是原則，但古兒馬紅卻不讓其他人接近朝鮮人，還用鎖將門鎖上，自己「每天晚上出來進去，怎能沒有問題呢？」古兒馬紅卻表示，自己就是章京，可以保護朝鮮使臣，但禮部侍郎和啓心郎均否認，請古兒馬紅負責把守一事並非事實。[78]可以輕易地推測出來，古兒馬紅獨占與朝鮮使臣一行的接觸機會，不讓其他固山的家人和翻譯們接近他們，這是為了壟斷與朝鮮的貿易。1643年（崇德8年），古兒馬紅因努力參與對朝鮮的貿易，對皇帝忠誠的功勞，成為了牛彔章京。1645年（順治2年）又擔任戶部主事。[79]由此可見，古兒馬紅作為通事，不僅專門負責與朝鮮之間的外交，而且還包括貿易業務。站在對利益抱有期待的其他固山立場上看，他壟斷與朝鮮貿易的情況絕對不是什麼令人高興的事。

77　關於把供給清使的飲食兌換成金錢的問題，古兒馬紅及其證人們所供述的內容，可參見《同文彙考》，原編，卷38，贐弊1，〈原題〉，頁13a-15a；巴哈納所整理的文本，頁23a-23b。

78　關於夜宿在朝鮮使臣宿舍的事情，古兒馬紅及其證人們所供述的內容，可參見《同文彙考》，原編，卷38，贐弊1，〈原題〉，頁15b-17a；巴哈納所整理的文本，頁24a。

79　《清世祖實錄》，卷2，頁34b，崇德8年9月癸酉；卷21，頁187b-188a，順治2年11月己未。

　　還有人提出具體事例，稱古兒馬紅在出訪朝鮮期間，給同行的其他固山帶來實際損害。當清朝的使臣抵達義州時均乘坐驛馬前行，根據揭發，古兒馬紅總是先將好馬占爲己有，而將不太好的馬分給其他官員和固山的家人們。當時，與古兒馬紅一起前往朝鮮的蘇納哈伊和胡沙就曾抱怨驛馬不好，隨同他們的通事們都答道：「馬匹均由古兒馬紅負責分配。」不僅驛馬如此，朝鮮方面提供的鹽、醬油、大米等物品，也是由古兒馬紅來分配的。古兒馬紅雖然解釋說，從英俄爾岱和馬福塔作爲使臣來訪時，自己就開始負責分發，所以朝鮮人每次都把物品交與自己，但巴哈納仍舊指出，他在挑選驛馬時犯有「欺騙同行官員〔大人〕之罪」。[80]

　　在努爾哈赤死後，隨著金國社會的不斷發展壯大，八家均分的原則實際上暴露出很多問題。最爲突出的是，八家均分和貝勒們的共同統治，與皇太極所追求的大汗權力強化及中央集權，從根本上是互相排斥的。自繼承汗位以來，皇太極始終在不斷地牽制其他和碩貝勒們的權力。八家均分給皇太極帶來的挑戰，在分配牛彔的過程中明顯地暴露出來。在分配從戰爭中俘虜的壯丁時，他主張沒有必要再像過去那樣，由八固山平均分配，並且分配給自己率領的固山最多的壯丁。[81]自皇太極以來，汗的權力持續膨脹，逐漸壓倒性地超過其他貝勒，最終達到明確樹立皇帝權威的地步。隨之而來的是，直至順治年間，八固山獨立的經濟基礎還在繼續維持著，這種八家的獨立性在與朝鮮的關係方面體現得更爲明顯。金國之所以有與朝鮮進行貿易的必要，實際上就是因爲要維持作爲金國統治體制基礎的八固山其經濟自主性，才需要與朝鮮進行貿易。即使在與朝鮮展開戰爭時，八固山也保持著各自的獨立

80　關於先取義州驛馬的問題，古兒馬紅及其證人們所供述的內容，可參見《同文匯考》，原編，卷38，躪弊1，〈原題〉，頁17a-18a；巴哈納所整理的文本，頁24a。

81　劉小萌，《滿族從部落到國家的發展》，頁398-399、頁442-444。

性。在達成講和協定後，清朝派來使臣，八固山也分別派遣了自己人來從事貿易。這表明，八固山體制也毫不例外地適用於清朝對朝鮮的關係上。

五、結語

　　與刑部尚書巴哈納在題本中所提建議不同的是，皇帝最終決定赦免古兒馬紅。皇帝認為，雖然他的罪行應當斬首示眾，但是考慮到他素來努力參加與朝鮮的交涉事務，故免去一死。根據〈披甲例〉，其家產雖屬私有，但須交與他所屬的旗主，並貶為奴婢。[82]皇帝的上述決定隨即正式通報朝鮮。在發給朝鮮的聖旨中，既有寬恕古兒馬紅性命、將其貶為奴婢的決定，也羅列了他的罪狀。目前，由《增補文獻備考》留傳下來的聖旨內容，與巴哈納的題本相比省略許多，其中包括了「在義州和殷山均納妾成家並且置備家產、在院子裡罰郎官下跪並脅迫商人進行強買強賣、違反禮部規定將食物換取錢款、在沿途要求官員們依樣贈送物品、要求為子侄升職、違反禁令而接受箭罩、雨衣、馬轡等禮物、私自徵索馬匹」等等。[83]

　　朝鮮方面聽到古兒馬紅受到處罰的消息後，在同年7月27日向清朝刑部發來諮文報告說，已對古兒馬紅本人的家人、親戚中接受官職者革職懲處，他在義州的小妾們也均被遣送原籍，對於明知他的違法行為又未加報告的地方官也均予以治罪，剝奪了官職。同時還披露說，古兒馬紅長期往來於朝鮮，所犯下的邪惡罪行並非一件兩件，但是由於他的訪問全部與皇帝的敕使相關，所以一直儘量忍耐。古兒馬紅在負責處理與朝鮮業務方面，雖然犯下

82　「古兒馬紅罪大應絞。念素日出力應差，姑免死。家產著照披甲例與他，仍發本主為奴。」參見《同文匯考》，原編，卷38，躝弊1，〈刑部抄錄鄭命壽等勘罪原題語〉，頁5b。另外，《明清史料》記載：「仍發本王為奴。」由此可知，本主與本王都是指旗主或旗王。據楊海英教授分析，在此所說的「本王」是指正紅旗的旗主「滿達海」。巽簡親王「滿達海」是清太祖「努爾哈赤」第二子「代善」之第七子。

83　《增補文獻備考》（首爾：世宗大王記念事業會，1999），卷175，〈六聘考五〉，頁282-283。

了無窮無盡的罪行和惡果，但現在一切真相已公諸於眾，這都得益於皇帝通達萬里的慧眼，方能糾正他的罪行，對此表示特別感謝。[84]

對於古兒馬紅倒台的消息，朝鮮朝廷毫不掩飾地表現出歡迎和舒心之感。朝廷的官員們對於既已揭露古兒馬紅的罪行卻又不將其處死的做法，指責這是清朝刑法變得紊亂的證明，但與此同時也擔心如此奸詐、狡猾的古兒馬紅沒有喪命，或許日後還可能再次作惡。同年11月，孝宗還向來朝鮮訪問的清朝敕使說，朝鮮的百姓們對於古兒馬紅的下台感到說不出的喜悅。接著又直接地確認他恢復權力有無可能，彷彿只有從敕使那裡直接聽到他不會再被起用的答覆才能放心，這充分說明朝鮮對古兒馬紅的忌憚。[85]

在朝鮮朝廷的記憶之中，鄭命壽乃卑賤的奴婢出身，並且投降了胡人，立身後又再次背叛祖國，是不能寬恕的叛逆者。與之相反的，清朝所審判的古兒馬紅不過是某一個獲罪的滿洲旗人，儘管他不辭勞苦地赴外國出差，是皇帝的忠實奴僕，但卻因私自謀利而犯下罪行。如果把他看作是清朝的滿洲旗人古兒馬紅，而不是單純地將其當作朝鮮官奴鄭命壽的話，我們就能超越以朝鮮為中心、基於一國歷史的狹隘觀點，從而全新地瞭解在朝鮮邊境地區出現「金國－清」，這樣一個帝國體制形成的過程。出身於外國的古兒馬紅，在「金國－清」得以立身的經歷，可以加深我們對八旗制度的理解，滿族正是通過所謂八旗的開放性組織，將多種出身和背景之人融入體制內，並以此為基礎最終發展成為一個帝國。另外，朝鮮通事古兒馬紅發揮的主要作用，是推動與朝鮮之間貿易的順暢，這一事實對於我們掌握當時「金國－清」的情況，特別是作為滿族統治基礎的八旗體制特徵來說非常有用。無論

84　《同文匯考》，原編，卷38，鬬弊1，〈鄭命壽親屬據諮勘斷諮〉，頁25a-26a，順治10年7月27日。

85　《朝鮮孝宗實錄》，卷10，頁52b，孝宗4年6月3日；卷11，頁47b，孝宗4年11月11日。

如何，古兒馬紅的一生可謂波瀾壯闊，他出生於清朝與朝鮮的國境地區，經歷十七世紀初影響東亞的戰爭，並進入一個嶄新的社會。以兩種語言為媒介擔任翻譯，開始獨立展開積極活動，乃至升任敕使的高位。這個以鄭命壽的名字出生，又成為古兒馬紅的人物，出生於邊境，卻能往來兩邊活動，正可謂一位能夠展現「跨邊境人物（transfrontiersman）」特徵的典型例子。

十八世紀北京蒙藏人士對中國佛教的理解

劉國威

國立故宮博物院圖書文獻處研究員

　　佛教大約自西元一世紀末由絲路逐漸傳至中國文化地區，其間經長時期對佛教經典的翻譯、弘傳、消化，到七世紀初的隋唐時期，佛教已成中國文化的重要成分，具中國佛教特色的宗派也已逐漸成形。然於此同時，生活於青藏高原的藏人，方以松贊岡布所建吐蕃王朝為基礎，開始吸納來自印度與中國兩方的佛教信仰內涵，與其本土文化漸次結合。在吐蕃王朝發展的強盛時期，唐朝通過戰爭、和談、乃至聯姻等方式同吐蕃交往，唐蕃間的文化交流是漢藏文化的首度接觸。吐蕃的佛教發展在八世紀後半到九世紀初達到高峰：在藏區，不僅迎請印僧參予譯經，也有相當數量漢僧來藏弘法；在吐蕃控制敦煌的約七十年間（約780-846），漢藏佛教更是直接往來，也因此在敦煌文獻中可見相當數量藏譯漢或漢譯藏的佛教文獻，可說漢藏佛教在約一千兩百年前即有相當程度的密切交流。隨吐蕃王朝的崩潰，佛教在藏區的發展也進入百餘年的黑暗期，而漢地中原地區也因唐朝的沒落而自顧不暇，漢藏文化彼此間因此長期無有接觸機緣。即使十一世紀初西藏佛教開始復興，但

北宋王朝因國力不昌，並未與西藏直接接觸，對其文化發展一無所知。

　　西藏佛教徒自印度主要吸收承襲後期大乘佛教的特色，如中觀見、密乘行、乃至對因明量論的重視等。在十二至十三世紀期間，西夏人基於佛教信仰，居間同時引入中國佛教（以禪宗與華嚴宗爲主）與西藏佛教（以噶舉派與薩迦派爲主），使漢藏佛教有再次接觸的機緣，可惜自1226年西夏滅亡後，其文化逐漸掩沒失傳，至近年由於相關文獻的考古發掘，對此課題研究有突破性進展，成爲學界新課題，但可確知西夏佛教文獻對後世漢藏佛教間的交流是無大影響。

　　直到十三世紀，透過蒙古人所建元朝政權，漢藏佛教在中原才有實質地再次接觸。在當時西藏教派已漸成形的情形下，蒙人扶植薩迦派成爲西藏的掌政教派，於大都設總制院，委由薩迦派僧人管理西藏行政事務及漢藏佛教事務，西藏接受元朝的封授與政治、經濟、軍事等方面的管理。此後，於元明清三朝，漢藏佛教交流成爲中央王朝政權與藏區教派主導政權間往來的部分，此類透過官方的交流模式一直延續到清末。

　　舉部分明顯事蹟爲例：1285至1287年間，元政府組織漢藏僧人於大興善寺勘校佛經，經由對漢藏兩種文本藏經的對勘，編成十卷本的《至元法寶勘同總錄》。元代藏區的許多重要佛寺皆邀請漢地工匠參予設計修建，如薩迦寺、夏魯寺等，因此其建築雕刻因此具備融匯漢藏文化的藝術風格。在佛教文獻方面，明政府繼承元代蒙古貴族對藏文佛教文獻的布施勘刻，進一步資助在內地刻印藏文佛經，如第一部雕版藏文甘珠爾（Bka' 'gyur）即明成祖出資勘刻的永樂版《甘珠爾》（1407年）；也有相當數量的藏文密教典籍被譯爲漢文，然大多存於宮廷，未向外流傳，如台北故宮所藏的《吉祥喜金剛集輪甘露泉》（抄寫於1439年）與《如來頂髻尊勝佛母現證儀》（抄寫於1434年），或是民初方流傳出的《大乘要道密集》等，近年學界才較明瞭明代漢藏

佛教間曾有過的密切交流。

　　清初自順治皇帝起即刻意扶植格魯派，不僅是欲借用格魯派影響力形成對蒙古和西藏的攝受，在支持過程中，也展現清廷對西藏佛教的信仰。由於清朝給予格魯派在政教上的特殊地位，格魯派寺院在西藏及周邊地區進一步擴展其影響；清帝在宮中也毫不避諱地展現其對格魯派的信仰偏好，不僅邀請該派高僧入宮，更長期駐京主持佛事，從而促進漢藏佛教的接觸，由兩岸故宮典藏中所見康、雍、乾時期，內府所造西藏佛教文物與典籍可見一斑。

　　十八世紀幾位與清廷關係密切的格魯派高僧，由於經常往來或長住北京之故，對漢傳佛教有直接接觸，較能掌握，如松巴堪布・耶喜班覺（Sum pa mkhan po Ye shes dpal 'byor，1704-1788）、第三世章嘉・若貝多傑（Lcang skya Rol pa'i rdo rje，1717-1786）、第三世土觀・羅桑卻吉尼瑪（Thu'u kwan Blo bzang chos kyi nyi ma，1737-1802）等人，在他們的論著中，可以見到這些格魯派學者，已不再僅僅陳述過往西藏所流傳關於漢地佛教的片段史料，而有更新且較直接的觀察論述，甚至針對藏人因過去唐代摩訶衍禪師與印僧蓮花戒在西藏辯論失敗之故，而輕視漢地佛教傳承的傳統看法提出批評，如松巴堪布的《如意寶樹史》（*Dpag bsam ljon bzang*）、土觀的《土觀宗派源流》（*Thu'u kwan grub mtha'*）、乃至稍晚阿芒・昆秋喬珮（Dbal mang dkon mchog rgyal mtshan，1764-1853）的《漢蒙藏史略》（*Rgya bod hor sog gi deb ther*）等，這些格魯派僧人都來自甘肅、青海一帶的安多（A mdo）地區，本就是漢藏文化交界地帶，自然對漢傳佛教抱持較高興趣。

　　這幾部藏文著作關於漢傳佛教的過去歷史，亦多借重參考留京蒙古貴族貢布嘉（Mgon po skyabs, Gůmůjab）的《漢區佛教源流》（*Rgya nag chos 'byung*），因此關於十八世紀蒙藏人士對漢傳佛教的理解，必須從貢布嘉開始討論。

一、貢布嘉（Mgon po skyabs, Gűműjab）的《漢區佛教源流》（*Rgya nag chos 'byung*）

漢文文獻稱他爲工布查布、古木布札布、古穆布札普等，依蒙古人讀藏文人名的慣例，其藏名Mgon po skyabs的尾音b亦發音，所以其漢譯著作上均屬名爲工布查布，本文暫依現代藏文轉音習慣稱呼爲貢布嘉。

他是蒙古烏珠穆沁部落人，1692年襲父爵爲輔國公，自幼在北京長大，通滿、蒙、藏、漢語，雍正時受任命爲西番學總管後，專門從事翻譯工作，除以藏文撰寫《漢區佛教源流》外，也以蒙文撰寫蒙古史書《恒河之流》，並先後參與多類佛典翻譯，如藏譯蒙、藏譯漢、漢譯藏等多項工作，也參與編寫過《蒙藏合璧大詞典》。其佛典譯作分別收入清代編纂的漢文、蒙文、藏文大藏經中，以此特點而言，其貢獻可說史上獨有。

他對蒙藏語文翻譯的貢獻及其名著《漢區佛教源流》很早即爲國外學者所注意，但皆僅簡述，未有詳論，如德國的Heissig、俄國的Vostrikov、以及蒙古的Bira等。[1]1968年著名佛教文獻學者狄雍（De Jong）在《通報》（*T'oung pao*）上針對蒙古學者Bira的著作所寫長篇書評中，方見其對貢布嘉的《漢區佛教源流》與其部分漢藏譯作做考述分析，此文今日閱讀依然不減其價值。[2]

記載貢布嘉生平的文獻材料不多，過去多從其漢譯《造像量度經》中幾

1　Walther Heissig, Die *Familien-und Kirchengeschichtsschreibung der Mongolen,* Teil I: 16-18 Jahrhundert (Wiesbaden: Otto Harrrassowitz, 1959), pp.114-115. Vostrikov, A. I. *Tibetan Historical Literature,* trans. Harish Chandra Gupta. Calcutta: Indian Studies Past and Present, 1970, pp. 166-167. Sh. Bira, "Mongolian Historical Literature of the XII-XIX Centuries Written in Tibetan," Ts. Damdinsuren ed., Stanley N. Frye. trans., *Mongolia Society Occasional Papers*, No. 7 (Bloomington: Mongolia Society, 1970), pp. 28-30.

2　J. W. de Jong, *Sh. Bira, O "Zolotoj knige" S. Damdina (Book Review), T'oung pao*, Vol. 54（1968）, pp. 173-189.

篇序文探索，如沙門明鼎之序、[3]三世章嘉所作序、[4]及其自序。[5]王堯教授在其〈《大唐西域記》藏譯本及譯者工布查布〉一文中，根據以上材料，歸納說：「工布查布（Mgon po skyabs）有『公』一級的爵位，蒙古烏朱穆沁部人，幼時承康熙帝鞠育之恩而為儀賓（即外事官員），因而與西藏喇嘛、信徒接觸，精通西藏語文。雍正帝將他留在帝都，擔任西番學總理，這是專門應對藏事的研究、教學和服務。於帝王的機構，他直接與宮廷接觸，經常擔任翻譯的任務，頗有名氣。」[6]大致不差。

近年來，學者在蒙文史料與清代檔案中尋得一些新材料，對其生平之理解獲得些許突破。內蒙古社科院的喬吉先生在介紹貢布嘉所著蒙古史書《恒河之流》時，[7]從清代蒙文文獻做了一番分析整理。[8]身為蒙古族學者的喬吉先

3　爰有大檀生緣，烏朱穆泰部落。自幼承聖祖仁皇帝鞠育之恩，以為儀賓。因其通西土之語，世宗憲皇帝特留帝都，以為西番學總理，兼管翻譯之事焉。其為人朴素鯁直，聰敏恭謹，出乎稠人之表。予得會儔修《大藏》，乾隆元年同館事。三年來，形骸相忘，脫非比比。亦深知熏習善種，無忘本得。雖處塵塵之中，無他所好，惟耽心梵冊，酷嗜華言。窺顥末、察微芒，盡其平生力，是欲測佛智。於中揀閱《佛說造像量度儀經》一帙。

4　乾隆七年佛初轉法輪日，儔封灌頂普善廣慈大國師章嘉胡圖突書于儔建嵩祝禪林之《造像量度經序》云：今有番學大人工某者，生平樂學習之業，懷弘濟之念。寒暑不墜，益久彌勤。因見佛像傳塑。規儀未盡。乃特譯出《舍利弗造像經》。親加註述，弘緘具備，而屬予考訂。予細閱數次，喜自不勝。因規校一切，詳加釐定，題諸經首。以記予隨喜之志云耳。

5　余先在恩師敕封弘教三藏廣智法王褟前親受《密集》曼〔達〕那羅尺寸時，並得佛像及塔之尺寸，附安龕法要集偈番本。雖未能熟習，亦自知珍惜之，蓋慎藏而弗失者有年矣！……近陝西洮州敕賜禪定寺崇梵靜覺國師喇嘛來朝，晤于公署……國師贈經之模本並畫像五篇，俱擇日而程其功……仰賴佛力，已獲垂成。凡我同好，永遠供爲資糧矣！因做番王佛陀阿布提所作五明傳略引，而書于經首。時乾隆七年佛從忉利天還日，依番〔曆〕九月二十二〔日〕番學總管漢北工布札布謹識。

6　王堯，〈《大唐西域記》藏譯本及譯者工布查布〉，《法音》，2000年第12期（2000年12月），頁20-24。

7　官布札布著，喬吉校注，《恒河之流》（呼和浩特：內蒙古人民出版社，1980）。包文漢、喬吉編著，《蒙古歷史文獻概述》（呼和浩特：內蒙古人民出版社，1994），頁93-102

8　清代蒙文文獻稱其爲袞布札布公和袞布札布台吉，漢文文獻亦寫成「工布查布」。我們依據清代《欽定外藩蒙古回部王公表傳》中的《烏珠穆沁部總傳》將其名字寫成「袞布札布」。據清代蒙漢文獻記載，袞布札布出生於清代錫林郭勒盟烏珠穆沁右翼旗，是成吉思汗第二十三代直系後裔，關於他的生卒年月並無可靠資料記載。不過，我們從他著作年

生從蒙文史料梳理出貢布嘉的家世淵源，以及他蒙文中的重要著作，但對於貢布嘉在藏文方面的著譯成果則僅概述前人研究，未作深入探討。

大陸的資深藏學學者陳慶英先生，在爲羅桑旦增漢譯《漢區佛教源流》所寫序言中，亦曾簡述其生平資料：

> 工布查布的名字不見于這些封爵的傳承世系，但是本書藏文文本的題跋稱他爲Mi bzang gung lo chen mgon po skyabs〔賢德公大譯師工布查布〕，加上他自稱是成吉思汗的後裔，因此他可能是出身于烏珠穆沁部的一個閒散台吉的家庭，後來到北京擔任官職，在雍正朝和乾隆朝做民族語文的翻譯工作，曾經擔任過清朝「西番學總管」的官職，而烏珠穆沁部在錫林郭勒盟的北部。清代「西番學」實際上即是清朝中央政府中負責藏語文翻譯的機關，隸屬於理藩院。[9]

以上關於他的生平介紹中，出現了「公」和「台吉」兩個職位，貢布嘉爲何有時叫「公」，有時又叫「台吉」呢？烏雲畢力格教授在其〈關於清代著名蒙古文人烏珠穆沁公袞布札布的幾點新史料〉一文中，引用新發現史料，

代可推算爲康熙年間至乾隆年間的人物。袞布札布公的五世祖多爾濟・徹辰・濟濃，是「原蒙古察哈爾汗之宗族，世爲烏珠穆沁部之長也。」崇德2年（1637）降清，6年（1641）封札薩克和碩親王，治理烏珠穆沁部。順治3年（1646）多爾濟親王病故之後，袞布札布公之祖父察罕巴拜承襲了和碩徹辰親王。在察罕巴拜的六子中，袞布札布之父烏達喇排行第五，察罕巴拜故去之後，袞布札布之伯父素達尼于順治15年（1658）承襲了和碩徹辰親王。素達尼任札薩克時，袞布札布公之父親烏達喇協理旗務。康熙31年（1692）清廷追封烏達喇爲輔國公，本擬其子袞布札布承襲，後來何什麼原因使之「後停襲」，史書沒有告訴我們。袞布札布於康熙年間來到京城，由於「聖祖仁皇帝鞠育之恩，以爲儀賓」，後來到雍正年間時，「因其通西土之語，世宗皇帝特留帝都，以爲西番學總理，兼管翻譯之事焉。」這裡所說「西番學」，是指在清代在北京設立的「唐古特學」（藏文學校），故蒙文文獻稱袞布札布「唐古特學校總理」。這所學校始建于順治14年（1657），從屬於理藩院。袞布札布在這所學校任職多年，並在這裡撰寫了許多著作。袞布札布是一位多才的蒙古學者，精通蒙、藏、滿、漢四種文字，從而與其同代的學者們稱讚他爲「精通四種文字的袞布札布」。掌握多種文字的這位學者，通過其學術研究工作，對各民族間的文化交流做出了極寶貴的貢獻。

9　貢布嘉著，羅桑旦增譯，《漢區佛教源流》（北京：中國藏學出版社，2005），頁2。

對貢布嘉的頭銜來源有所補充考證。[10] 奠基於過去這幾位學者的研究成果，我們可對貢布嘉的生平有簡單理解：他是內蒙古錫林郭勒盟烏珠穆沁部的貴族，由於其父沒有參與噶爾丹叛亂，故其父過世後被追認爲「輔國公」，其子貢布嘉承襲該爵位，故在史料中稱之爲「公貢布嘉」。之後不知何故被革爵，然未被流放，後復冊封「頭等台吉」頭銜，故文獻中又稱其爲「貢布嘉台吉」；然因其翻譯長才，革爵後仍留北京，擔任清廷「西番學總管」，亦即藏文學校的校長。

他精通滿蒙藏漢四種文字，有不少著作與譯作傳世，過去學者雖有部分討論，但皆有所疏漏，故此處予以全面性的整理歸納：[11]

（一）蒙藏詞典編纂

　　1.《蒙藏合璧大詞典》

　　2.《海比忠乃辭典》

　　3.《母音字母與輔音字母》：以蒙文轉寫說明梵語發音

　　4.在第三世章嘉於乾隆7年（1742）所編成的《正字・智者所源》（Dag yig mkhas pa'i 'byung gnas）中，[12] 貢布嘉亦列名其中：bod kyi bslab grwa'i spyi dpon mi bzang rim pa dang po'i tha'i ji e phu u ju mu chin mgon po skyabs（西番學總管賢公頭等台吉烏珠穆沁貢布嘉）。[13]

10　烏雲畢力格，〈關於清代著名蒙古文人烏珠穆沁公袞布札布的幾點新史料〉，《清史研究》，2009年第1期（2009年2月），頁119-123。

11　蒙文作品在喬吉的著作中已有分析，於此不再覆述。

12　此書爲當時欲進行蒙譯丹珠爾時所作之詞彙編纂。

13　'phags yul paN grub rnams kyi gsung rab rmad du byung ba bstan bcos 'gyur ro cog chen po hor gyi skad du 'gyur ba la nye bar mkho ba'i dag yig mkhas pa'i 'byung gnas. from Lcang skya Rol pa'i rdo rje'i gsung 'bum, Vol. 7, pp. 231-656.

（二）藏文著作

現唯一留下者即《漢區佛教源流》（*Rgya nag chos 'byung.* 全名爲：*Rgya nag gi yul du dam pa'i chos dar thsul gtso bor bshad pa blo gsal kun tu dga' ba'i rna rgyan*《漢區聖法興盛情況概説——明慧同喜耳飾》）此書於1736年以藏文寫成，是應蒙古高僧西爾克圖（Zhi re thu hu thug tho, Siregetü）之請而寫，[14]完成後受到當時藏區多位高僧重視，影響頗大。據其跋文：

> 如是，清朝第四代乾隆皇帝時期，由賢公〔mi bzang〕大譯師貢布嘉所著《漢區佛教源流》，因久揚大遍智司徒大師之大名，爲考證其是否具了義之故，遣驛使將其贈與〔司徒〕，此外尚將《蒙藏合璧大辭典》、《佛之身量》、《金剛壽陀羅尼經》、及其儀軌、《秘密舍利陀羅尼》、與新譯《無二尊勝》開首缺一頁、《天文曆法》等前所未有之諸宗教禮品亦均贈送於彼。[15]

這裡指的「遍智司徒大師」即是德格八蚌寺（Dpal spungs）的創建者——著名的第八世大司徒仁波切（Si tu VIII Chos kyi 'byung gnas，1700-1774），[16]據其傳記，第八世大司徒仁波切語言造詣甚佳，精通包括梵、漢、蒙、藏等九種語言文字，故貢布嘉贈其譯作請求指點。在這份贈書紀錄中，所謂的

14　西爾克圖又作錫日圖、噶爾丹西勒圖，1736年9月隨第三世章嘉一同進京，曾被封爲國師（zhi re thu kva 'si'i chos rjer grags pa'i grags pa don ldan）。根據《漢區佛教源流》，他曾將俺達汗時期以《大般若經》爲主的許多藏文經典譯爲蒙文。他贈送貢布嘉一尊大威德金剛像、一匹駿馬、以及紙墨等，晚諭貢布嘉撰寫此書。

15　'Di lta na gong ma tshin chu'i rgyal rabs bzhi pa chwan lung gi mi bzang gung lo chen mgon po skyabs kyis bstsams pa'i rgya nag chos 'byung 'di/ sku zhabs thams cad mkhyen gzigs chen po si tu rin po che'i snyan pa'i grags pas thugs 'phrogs te bstan bcos 'di don dang ldan min dpyad pa'i slad du rta zom gyis brgyud nas phul byung ba zhig go/ gzhan yang sog bod skad yig shan sbyar gyi dag yig chen mo dang/ rgyal ba'i sku gzugs kyi cha tshad/ gzungs rdo rje'i tshe dang/ de'i sgrubs thabs dang/ gsang ba ring bsrel gyi gzungs dang/ gnyis med rnam rgyal gyi dbu nas ldeb gcig ma tshang ba gsar bsgyur dang/ las rtsis dus rtsis bcas kyi snga na med pa'i chos kyi skyes su phul ba rnams kyang yod do//

16　第八世大司徒的俗名爲mgon po srung，和貢布嘉名字有異曲同工之巧合。

《佛之身量》(即《造像量度經》)、《金剛壽陀羅尼經》及其儀軌(指《金剛壽陀羅尼經修習法》)、《秘密舍利陀羅尼》、《無二尊勝》、《天文曆法》等，都是貢布嘉自藏文譯爲蒙文的作品；貢布嘉在1742至1749年間參與第三世章嘉受乾隆之命進行將藏文《丹珠爾》譯爲蒙文的工作，在蒙文《丹珠爾》中，這幾部經典都是署名由貢布嘉所譯。

　　與第八世大司徒交好的寧瑪派噶陀寺高僧噶陀持明·策旺諾布(Kaḥ thog rigs 'dzin tshe dbang nor bu，1698-1755)，也是當時對歷史甚有興趣的知名學者，他在1744年寫過一短文：《漢地和尚(見地)出生方式》(Rgya nag hwa shang gi byung tshul)，[17]該文主要討論所謂前弘期「吐蕃僧諍」事件中，漢地禪宗僧人摩訶衍的見地內容與傳承問題，在此文中，所引用文獻主要還是過去藏文史料。策旺諾布可能透過其友第八世大司徒得到此《漢區佛教源流》一書，因此在1747年，他曾寫信給貢布嘉，針對書中所述歷史部分提出九個問題，如釋迦牟尼佛與文成公主的出生年代等，基本上與年代或歷史人物有關。[18]

　　策旺諾布的著作文集(Gsung 'bum)有多種版本，所收內容不盡相同，此信現僅收錄於1973年大吉嶺翻印的草書寫本，研究者一般未注意到。此信足以佐證《漢區佛教源流》在1736年完成後，在短時間內已受到藏區學者的重視。

　　根據傳記史料，第八世大司徒與策旺諾布均從未前往內地或北京，也無史料足以證明貢布嘉曾前往藏區，但從他們彼此間的往返書信，顯示當時蒙

17　*Rgya nag hwa shang gi byung tshul grub mtha'i phyogs snga bcas sa bon tsam smos pa yid kyi dri ma dag byed dge ba'i chu rgyun.* In *The Collected Works (Gsung 'bum) of Kaḥ thog rig 'dzin chen po tshe dbang nor bu*, Vol. 5 (Dalhousie, H. P.: Damcho Sangpo, 1977), pp. 419-450.

18　*Rgya nag tu gung mgon po skyabs la dri ba mdzad pa. In Selected Writings of Kaḥ thog rig 'dzin Tshe dbang nor bu.* Vol. 1 (Darjeeling: Kargyud Sungrab Nyamso Khang, 1973), pp. 717-723.

藏地區學者間的書信往返已達相當的密切程度。

現存《漢區佛教源流》的最早刻本是由德格印經院所刊印，但德格印經院於何時將其刻印，刊跋文中並未明述。僅於該版本結尾有一刻版祝願題記可供參考：

> 願吉祥。文殊淨土摩訶支那地，佛教聖法興盛之情況，確切善說原文付梓於，德格倫珠登寺善成。如是心願使遍智上師蔣揚欽則如願以償之願望矣。[19]

「蔣揚欽則」在此應指十九世紀當地薩迦派名僧蔣揚‧欽哲旺波（'Jam dbyangs mkhyen brtse' dbang po，1820-1892），依其所願，交由德格倫珠登寺刻版付梓。十九世紀安多地區格魯派名僧阿庫親‧喜饒嘉措（A khu ching shes rab rgya mtsho，1803-1875）在編纂《珍罕古籍目錄》（*Dpe rgyun dkon pa 'ga' zhig gi tho yig don gnyer yid kyi kunda bzhad pa'i zla 'od 'bum gyi snye ma*）時，亦引用《漢區佛教源流》，可能參考此德格版本。[20]而近代習見之另一版本則是1946年由當時西藏攝政達札仁波切下令於拉薩「雪印經院」（Zhol par khang）重刻此部。

---

19 Om svasti/ 'jam dbyangs zhing khams ma ha'a tsi na ru/ rgyal ba'i dam chos ji ltar dar ba'i tshul/ khungs btsun legs bshad yi ge'i phyi mo'i spar/ sde dge lhun grub steng du legs par bsgrubs/ zhes kun mkhyen bla ma 'jam dbyangs mkhyen btse'i dgongs bzhed skong ba'i 'dun pas so//

20 *Dpe rgyun dkon pa 'ga' zhig gi tho yig don gnyer yid kyi kun da bzhad pa'i zla 'od 'bum gyi snye ma bzhugs so*, 60 folios. *Collected Works of A khu ching Shes rab rgya mtsho*, Vol. 7 (New Delhi: Ngawang Sopa, 1974), pp. 406-525. 此部作品主要是作者對拉卜楞寺圖書館與安多地區一些寺院的藏文珍本藏書目錄。作者在談到《至元法寶勘同總錄》時，參考《漢區佛教源流》對該書的藏譯：hor se chen rgyal po'i dus pod dang rgya'i bka' 'gyur bsdus nas ma tshang ba rnams bsnan/ hwa shang mkhas pa rnams kyis brtsams pa'i gzhung che ba pod brgya dang gsum te/ khyon po ti bdun brgya dang bzhi bcu'i dkar chag bsgrigs pa der bod du ma 'gyur ba'i mdo rgyud mang po yod ces u cu mu chin mgon po skyabs kyi rgya nag chos 'byung las bshad do/

（三）蒙文著作：《恒河之流》

因已有內蒙學者喬吉的專著研究，於此不述。

（四）翻譯作品

1.《大唐西域記》（*Chen po thang gur dus kyi rgya gar zhing gi bkod pa'i dkar chag*），漢譯藏

大谷大學最早蒐集刊印此部作品，大谷大學名譽教授佐佐木教悟，1953年於《印度學佛教學研究》第二卷第一號發表〈西域記のチベット語譯及びその飜譯者〉一文是關於貢布嘉將玄奘的《大唐西域記》予以藏譯的最早學術研究，[21]後來蒙古學者Bira也對此做初步引介，近年來大陸藏族學者針對此書寫過數篇專著。該藏譯作品似乎只於北京地區流傳，未見藏區藏族學者對此有所引述。貢布嘉在書中未記載其翻譯年代，故不確知此作完成於何年，但於其跋文中：

> 此之後附有《大唐三藏大譯師大乘天本傳》，在拙著《漢區佛教源流》中已有那位大譯師的翻譯簡傳，因已可知其意，不須再譯。[22]

顯示此書完成於《漢區佛教源流》之後。

2.《菩提心要裝嚴十萬》（*Byang chub snying po'i rgyan 'bum zhes bya ba'i gzungs*），[23]漢譯藏

在西藏佛教前弘期所編纂譯經目錄《丹噶目錄》（*Tan ka dkar chag*）中，

21　佐佐木教悟，〈西域記のチベット語譯及びその飜譯者〉，《印度學佛教學研究》，第2卷第1号（1953年9月），頁72-74。

22　'di'i mjug tu thang gur gyi sde snod gsum pa lo chen lha'i rnam thar phyogs cig tu bkod pa ni/_ bdag gi rgya nag chos byung du lo chen de'i rnam thar mdor bsngus bsgyur yod par don gyis thob pas yang bsgyur ma dgos so/_/

23　Tôh. No. 508. Dergé Kanjur, Vol. NA, folios 7v.3-24v.6.

已載明此經譯自漢文，可能即指現今《甘珠爾》中所收《菩提心要裝嚴十萬陀羅尼》(*Byang chub snying po'i rgyan 'bum kyi gzung*, Tôh. No. 509)，不過該本未有譯跋，未能確定翻譯年代。

貢布嘉將不空 (Amoghavajra，705-774) 漢譯之《菩提莊嚴陀羅尼經》譯為藏文，其譯本收錄於德格版與北京版《甘珠爾》中。

3.《造像量度經》(*Sku gzugs kyi tshad kyi mtshan nyid*, Toh. No. 4316)，藏譯漢、藏譯蒙

4.《造像量度經解》(*Rdsogs pa'i sangs rgyas kyis gsungs pa'i sku gzugs kyi mtshan nyid kyi rnam 'grel*, Toh. No. 4315)，藏譯漢

以上兩部作品是西藏佛教關於佛教造像尺度的根本所依來源，對藏傳佛像製作或唐卡繪畫的影響甚大，近年對該書研究成果豐富，於此不加詳述。

5.《彌勒菩薩發願王偈》，藏譯漢

此部作品先後收錄於清乾隆時之《龍藏》與現代日本學者所編之《大正藏》中，原文譯自《甘珠爾》中的《聖彌勒誓願文》(*'Phags pa byams pa'i smon lam*, Tôh. No.1096)。

6.《藥師七佛供養儀軌如意王經》，藏譯漢

此經漢譯本卷首云：

> 大清冊封西天大善自在佛領天下釋教普智持金剛達賴喇嘛造；內閣常譯西番蒙古語文番學總管儀賓工布查布舊譯，崇梵靜覺國師琢漾珞瓚校對；傳賢首宗講經論沙門京都靜默寺住持僧海寬潤色；內廷經咒館行走梵香寺大喇嘛巴爾藏嘉磋補譯；顯親王府潤色校刻。

可見此部作品並非是佛經，而是達賴喇嘛的著作，由貢布嘉於清宮將之漢譯。該部作品其實是五世達賴 (Ngag dbang blo bzang rgya mtsho，1617-

1682）所造藥師七佛儀軌，藏文題名爲《七善逝供養法集》（*Bde gshegs bdun gyi mchod pa'i chos sgrigs*）。

　　梵香寺是位於北京西城區群力胡同（原名「馬狀元胡同」）內北側的一座藏傳佛教寺院。據清代檔案，該寺落成於康熙55年（1716），雍正年間御賜寺名爲「梵香寺」，乾隆45年（1780）重修。該寺乃理藩院直屬藏傳佛寺之一，至1940年代仍有佛事活動，1970年代末方被拆除。

　　7.《金剛壽陀羅尼經》，藏譯蒙

　　8.《金剛壽陀羅尼經修習法》，藏譯蒙

　　9.《秘密舍利陀羅尼》，藏譯蒙

　　10.《天文曆法》，藏譯蒙

　　11.《無二尊勝》，藏譯蒙；貢布嘉依漢譯本對藏譯本校勘[24]

　　貢布嘉自藏譯蒙的作品在喬吉先生的著作中已有所整理探討，這些譯作均收錄於蒙文《丹珠爾》中。前幾部均爲短篇，唯《無二尊勝》乃大部頭重要密續典籍，可稍加補充其背景：《無二尊勝》指的是藏譯之《聖無二平等尊勝儀軌大王》（*'Phags pa gnyis su med pa mnyam pa nyid rnam par rgyal ba zhes bya ba'i rtog pa'i rgyal po chen po*, Advayasamatāvijayākhyā kalpamahārāja），此密續經典譯出較晚，由布頓・仁欽竹（Bu ston Rin chen grub，1290-1362）根據其師塔巴譯師（Thar pa lo tsā ba nyi ma rgyal mtshan，十三世紀）所藏梵本進行翻譯；[25]貢布嘉則參考北宋施護漢譯之《佛說無二平等最上瑜珈大

24　Tôh. No. 452. Dergé Kanjur, Vol. CHA, folios 58v.3-103r.3. Tr. by Bu ston Rin chen grub. Revised by Mi bzang Mgon po'i skyabs.

25　此經梵文本近年於西藏發現，上海交通大學范慕尤教授對此已有部分研究成果：Fan Muyou, Some Notes on Editing the Sanskrit Manuscript of the Advayasamatāvijayamahākalparajā on the Basis of the Chinese and Tibetan Translations, *Tantric Studies*, Vol. 1 (2008), pp. 155-180. Fan Muyou, Some Grammatical Notes on the *Advayasamatāvijaya-mahākalparāja*, contained in: Ernst Steinkellner, ed., with Duan Qing & Helmut Krasser, *Sanskrit Manuscripts in China: Proceedings of a Panel at the 2008 Beijing Seminar on Tibetan Studies, October 13 to 17*, (Beijing:

教王經》加以漢藏對勘教訂。第八世大司徒仁波切是德格版《甘珠爾》的主編，其編纂工作於1733年即完成，故德格版中未收入此貢布嘉的校訂本，而是收錄於稍後完成的納塘版與庫倫版，以及二十世紀初的拉薩版。據其跋文，譯作完成於乾隆元年（1736），亦即《漢區佛教源流》完稿同年。[26]

二、《漢區佛教源流》的內容及其來源

《漢區佛教源流》全書除開首頌辭和尾跋外，分三部分：第一部分「總論漢區風土人情及其簡史」，第二部分「概論何時誕生何佛教祖師」，第三部分「講說自彼等漸次弘揚之佛教名稱品類」。

（一）對中國歷史敘述的史料來源

《漢區佛教源流》的第一部分主要對於漢地歷史作簡要概述。此部分對於漢地古史傳說及漢傳佛教歷史的描述基本上中規中矩，也加入貢布嘉個人的一些解釋。部分較特異處可能來自野史軼聞，如在描寫漢武帝時，說他某次在五台山祭祀先祖，聽到自天連響三遍的「萬歲」呼聲，故而此後「萬歲」就成為帝王稱謂：「萬又義為蝙蝠，如今每逢新年，須向皇帝進貢一隻蝙蝠，以示祝福。」此記載顯然來自傳說，與中國習俗講究蝙蝠象徵「福氣」

China Tibetology Publishing House , 2009), pp. 41-46.

26　跋文：... de ltar bu ston rin po ches bsab dgos par bka' chems su bzhag pa nas bzung sgang lo lnga brgyar nye ba chen po ching gur gyi gnam sa'i dbang phyug rabs drug pa/ bdag nyid chen po gong ma lha skyong rgyal po'i gnam lo dang por/ jin ging rigs las bka' 'gyur khang gi do dam pa bod kyi slob grwa'i mi bzang mgon po skyabs kyis/ rgya'i bka' 'gyur nang gi rgya gar paNa chen dA na rak Shi tas bsgyur ba'i rgyud dpe tshang ma las blangs te ji nus bzhin bod skad du bsgyur nas/ thams cad mkhyen pa badz ra d h wa ra ta la'i bla ma la sogs pa'i bla chen mang por gzigs su phul bar/ tshang mas dgyes pa chen pos legs so gnang ba la brten nas/ slar gnam lo gnyis pa'i zla ba gnyis pa'i tshes bco lnga bzang po'i nyin/dad stobs kyis mngon par 'phags pa ho shos thob chin dbang dang /ho shos hwal ya kha chin dbang gnyis brgyud de gong du zhus pas/ gong nas kyang legs so stsal ba gus pas dang du blangs te bod kyi bka' 'gyur nang kha skongs su tshud par byas so//

的解釋不同，可再探究。

　　有關漢以前的王朝歷史，其敘述基本上簡明扼要，其內容大概參考如
《史記》、《漢書》等史著；對漢代後的歷史，貢布嘉雖然敘述亦簡要，但由
於其蒙古身分和文化背景，故特別關注元代和清代歷史，部分歷史記敘的
細節顯示作者參照《蒙古秘史》或《大清一統志》等材料，同時亦摻雜一些
民間傳說爲輔佐性材料。例如談到明神宗時：「據說因形象醜陋，在即位
四十八年中，除上朝二三日外，一直迷戀於女色，臥床不起，搞得上下紛
擾。此禍由此時生起，漸次擴展，直至第十六代王由儉時期，最終釀成江山
落入匪首李自成手中之惡果。」將明朝衰敗歸咎于明神宗個人，頗似鄉野之
說。

（二）關於漢地佛教歷史的史料來源

　　第二部分是對於漢地學術源流以及佛教傳播的歷史記敘。此部分記載亦
類似前面部分：有正史事蹟，也有口傳故事。關於漢地佛教部分，主要參考
漢文文獻來源應是《高僧傳》、《續高僧傳》、《宋高僧傳》等史傳。

　　貢布嘉依據上述文獻，對漢地佛教傳入及發展、部分代表人物及其經典
的傳譯過程分別進行系統性介紹。他在引用漢文文獻時，一般採用意譯和概
述方式，部分字句直譯。貢布嘉對高僧傳中一些異行事蹟較具興趣，常予以
特別記敘，如關於東晉奇僧佛圖澄（231-348）的事蹟，基本上是將漢文《高
僧傳》的佛圖澄傳加以翻譯和整理：

　　梁慧皎所撰《高僧傳》第九卷記載西域僧人佛圖澄來到中原弘揚佛法，
說他：

　　　　善誦神咒，能役使鬼物，能力高強，欲於洛陽立寺，值劉曜寇斥洛台帝京擾
　　　　亂，澄立寺之志遂不果，乃潛澤草野以觀世變。時石勒屯兵葛陂，專以殺戮

爲威，沙門遇害者甚眾。澄愍念蒼生，欲以道化勒，於是杖策到軍門。勒大
將軍郭黑略素奉法，澄即投止略家，略從受五戒，崇弟子之禮。略後從勒征
伐，輒預克勝負。勒疑而問曰：「孤不覺卿有出眾智謀，而每知行軍吉凶，
何也？」略曰：「將軍天挺神武，幽靈所助，有一沙門術智非常，云將軍當
略有區夏，已應爲師，臣前後所白皆其言也。」勒喜曰：「天賜也。」召澄問
曰：「佛道有何靈驗？」澄知勒不達事理，正可以道術爲征。因而言曰：「至
道雖遠，亦可以近事爲證。」即取應器盛水，燒香咒之，須臾生青蓮花，光
色耀目。勒由此信服。[27]

《漢區佛教源流》敍述此事，則說：

天竺論師佛圖澄者，熟諳三藏，獲得密咒成就，神通廣大，神變無窮，無
有任何阻礙，於西晉時代至〔漢區〕。當時中原地區有一號稱「鬍子王石爺」
者，此人一般對殺生毫無顧忌，特別對所依三寶慘不忍睹，使得人神皆膽戰
心驚。論師早有調伏此人之意圖，先以全知全能的神通調伏了一個性情溫順
的人，此人稱爲威福將軍黑略；隨即將彼之眼前與將來之得利受損之情統統
授記與彼，並使之取捨，隨之彼常時獲利取勝。對此，王心生驚異，並連連
稱讚與彼。後來一天此將軍對王云：「托大王之福，能得如此奇異之邊僧援
助，眞是天助吾矣。余所得一切勝利，全靠彼之教導。」此王聽後大悅，遂
延請論師至彼處。王〔石勒〕云：「余突然心想得見三寶之功德。」論師將一
大器皿呈于王前，遂將水注入器皿內，然後口念咒語，即刻從水中生出一隻
青蓮花，閃閃發光，芬芳馥鬱。[28]

27 慧皎著，湯用彤校注，湯一玄整理，《高僧傳》（北京：中華書局，1992），頁345-346。
28 貢布嘉著，羅桑旦增譯，《漢區佛教源流》，頁54。

　　其後有關石勒、石虎事蹟，也與《高僧傳》類同，細節略有增刪。對照內容，可見貢布嘉是將《高僧傳》所載內容加以編譯，並將部分內容通俗化，或是參照口傳：如石勒的外號在《高僧傳》中沒有描述，貢布嘉則加上所謂的「鬍子王石爺」，可能來自民間流傳。

　　貢布嘉對玄奘特別重視，他似乎主要參考《續高僧傳》之〈大慈恩寺釋玄奘傳〉為主，結合《大唐西域記》等記錄，詳細介紹玄奘的西行取經功業；貢布嘉對玄奘的印度經歷詳細描述，基本上轉譯《續高僧傳》中玄奘事蹟，並加以改編，藏文修辭流暢自然，且貢布嘉對梵文似乎也有些造詣。為便於藏人易讀，還將一些漢文度量衡名詞轉換為藏人習慣概念，如《續高僧傳》中記載玄奘朝拜佛牙，說：「又有佛齒舍利。劫初緣覺齒長五寸許。金輪王齒長三寸許。並商那和修缽。及九條衣絳色猶存。」《漢區佛教源流》則將「五寸」、「三寸」改為藏地度量衡術語：「在跋耶那一地朝聖佛牙、舍利、劫初一獨覺牙十指長，所謂金輪王牙六指長，舍那伽縛薩（Sha na'i gos）之缽盂及幅面拼接為九條的衣服。」原文的「五寸」譯為「十指」、「三寸」譯為「六指」，九條衣譯為Snam sbyar snam phran dgu pa，指以九條布料依其幅面拼接而成的衣服，是解釋性的準確翻譯，但衣服顏色「絳色」則未譯出。

　　作者在描述玄奘傳記的結尾這樣寫道：「關於玄奘法師朝聖的少許內容，餘由彼之《略傳》二卷及《廣傳》十卷中摘錄些許後，作為附錄記載於此。」[29]此處所謂《略傳》，指的是唐道宣《續高僧傳》卷四之「大慈恩寺釋玄奘傳」，《廣傳》則是慧立、彥琮編撰的《大慈恩寺三藏法師傳》。

　　《漢區佛教源流》也對東渡日本的高僧鑒眞和尚事蹟予以記載，這可能是西藏初次論述到日本佛教歷史，其依據來源應為《宋高僧傳》，《漢區佛教源流》則以較簡略的編譯引述，將其核心內容表達：

29　貢布嘉著，羅桑旦增譯，《漢區佛教源流》，頁88。

鑒真戒師，通達佛法，尤精於毘奈耶律藏。其聲譽聞名遐邇，於遙遠之東方大海島內，有一名為日本的國家，其王派遣專使迎請此戒師。因曾有歷史記載道，南嶽大師〔即智者大師之上師慧思〕轉生為日本國國王後，彼廣泛傳播和弘揚佛法，用該國緞子製造三法衣一千套，佈施給支那國。鑒真帶比丘沙彌助伴十四人至日本，為該國國王、王后、太子、大臣等傳授菩薩戒、齋戒及男女居士戒招收原有持戒比丘十人，由彼任親教師，有四百人受近圓戒，受沙彌戒者頗多。彼於日本建一大佛寺，七十七歲於定中圓寂。據說其膚色毫無褪變，後人常用金粉塗飾其身，以為供養。[30]

在論述漢地高僧傳記的材料來源時，貢布嘉說：「彼類乃宋朝前期以前，於此處出現之絕大多數印、漢智者以及成道者傳記八十六卷中，所挑選之少數功業最為突出者，猶如滄海之珍寶，凡是利益佛法終生，即使是一些細微之事亦作為補充部分彙集於此。」[31]

他所提到的八十六卷高僧與成道者傳記，可能指的是《高僧傳》（十四卷）；《續高僧傳》（三十卷）；《宋高僧傳》（三十卷）；《明高僧傳》（八卷）；《大唐西域求法高僧傳》（二卷）；這些加起共八十四卷。貢布嘉未直接列出其參考來源，實際參考資料應當更多。

（三）關於漢地佛教經典

第三部分為「講說由彼等漸次弘傳之佛經名稱品類」。在此部分，貢布嘉對漢地佛經的翻譯、編目、注釋、校勘等等工作均有敘述，顯示他對漢地佛經文獻和目錄做過一番研究。

開篇即提到漢地在一段時間南北各分，王朝紛亂，導致自漢明帝到隋文

30　貢布嘉著，羅桑旦增譯，《漢區佛教源流》，頁94-95。
31　貢布嘉著，羅桑旦增譯，《漢區佛教源流》，頁95。

帝時期翻譯的一切大藏經均受損失。因而在隋朝對佛經進行一次審訂。貢布嘉想當詳細地論述隋朝這次佛經目錄的編纂：

> 遵照文帝之委託，諸僧俗智者對大藏經進行極爲妥善的審訂，亦頗合現今之三藏編排次第，即採用以每藏爲六個章節之編排形式，第一章爲單譯類；第二章爲從一類；此二者無論詞或義，彼此皆互不可少，故未移動。第三章爲附加類，因此附加類無論有無，均不影響其餘缺，故任繕寫者自便；第四章爲未譯完的部分和譯稿散失的部分，即譯稿若能尋得，可再行彌補充實類；〔第五章〕爲法律規定的部分，即破斥僞裝佛語之非佛語者，使之不得再行流傳。如梁武帝之臣汪泌〔Wang mi〕，其女生就不識字而精通佛法，自八到十六歲講説經藏達十五函。太子蕭子良移易經藏爲數眾多。因前者是既神奇而又受帝之讚揚之人，後者爲帝王之寵子，故將彼等之事收錄佛語之中，如有某些類似者，一概從經中抽出，並注明其原由等，只可題寫書名。第六章爲待考察類，似非眞本，但既無梵本，又無譯文標目，雖語詞優美，但與一般經典不相同。諸如此類，作爲任務留給後期智者。如是，就開始編撰此具六章之眞實目錄。[32]

　　貢布嘉所敘述此隋朝編撰的佛教經籍目錄，指的就是隋代僧人法經等人受隋文帝委託所編撰的《眾經目錄》。《眾經目錄》共分七卷，前五卷基本上與貢布嘉敘述的內容一致，依大小乘佛經分類，再根據其翻譯流傳情況而劃分爲六個目類：

1.「眾經一譯」：以第一卷編目者所注明爲例，其對於「一譯」的解釋謂：「右一百三十三經，並是原本，一譯其間，非不分摘卷品別譯獨行，而大本無虧，故宜定錄。」這裡收錄的經典就是貢布嘉所謂的

32　貢布嘉著，羅桑旦增譯，《漢區佛教源流》，頁102-103。

　　單譯類；

2.「眾經異譯二」：「右一百九十五經，並是重譯，或全本別翻，或割品殊譯，然而世變風移，質文迭舉，既無梵本校讎，自宜俱入定錄。」此即貢布嘉所謂的重譯或內容相同、題名有別而加以收錄；

3.「眾經失譯三」：「前一百三十四經。並是失譯。雖複遺落譯人時事。而古錄備有。且義理無違。亦爲定錄。」此即貢布嘉描述的第四章所謂的未譯完或失譯的部分。

4.「眾經別生四」：「前二百二十一經。並是後人隨自意好，於大本內，抄出別行，或持偈句，便爲卷部。緣此趣末歲廣，妖濫日繁，今宜攝入以敦根本。」此即爲貢布嘉所說的第三章的附加類。

5.「眾經疑惑五」：「前二十一經。多以題注參差眾錄，文理複雜，眞僞未分，事須更詳，且附疑錄。」此即貢布嘉所謂的「眾經僞妄六」。

　　《眾經目錄》：「右自寶頂至此，二十一經，凡三十五卷。是南齊末年，太學博士江泌女子，尼名僧法，年八九歲，有時靜坐，閉目誦出，楊州道俗，咸稱神授。但自經非金口，義無傳譯，就令偶合，不可以訓，故附僞錄。」這裡所謂的太學博士江泌，就是貢布嘉轉寫的Wang mi，證明《漢區佛教源流》記敘汪泌之女口誦佛經事蹟確實轉錄自《眾經目錄》。

　　貢布嘉還引介唐朝僧人智昇奉玄宗旨編撰的《開元釋教錄》以及僧人圓造奉德宗旨編撰的《貞元新定釋教目錄》，不過關於《開元錄》收錄的譯師統計數字和經函數字與《漢區佛教源流》統計有相當出入，貢布嘉說譯師總數是170人，較原文的176人少6人；又說經函共1,527函，較漢文原文的1,076部數字有明顯不同，其差異不知何據，還需再行考究。

　　此部分接下來即是重點介紹在元世祖忽必烈的支持下，於至元22年（1285）開始編撰的《至元法寶勘同總錄》：首先詳列奉皇帝聖旨參加目錄編

纂的所有人員名號、身分等；然後將《至元錄》所錄佛經根據經、律、論之分類加以記敘。在介紹各類佛經時，貢布嘉就漢地佛教對大乘經藏五種傳統分類：即《般若》、《寶積》、《大集》、《華嚴》、《涅槃》等經及其相關注疏等的翻譯、流傳加以詳細記敘，同時與藏本進行比較，便於藏語讀者理解大乘佛教在漢地流傳的主要經典及其版本概況。其後尙介紹漢地流傳的大乘佛教雜部經律典籍，如《大遊戲經》、《寶雲經》、《具萬寶經》、《佛說供燈功德經》等等。

對於漢地佛教的密宗經典，貢布嘉也加以敘述，並據《勘同總錄》指出部分無藏文譯文的經典，如《大勝樂基金剛不空誓言怛特羅大王》、《大乘變化不可思議境界》、《一切如來極深密王神奇曼荼羅》、《護國陀羅尼》等，認爲均僅存漢譯，無藏譯本。

貢布嘉對部分經卷還作漢藏文本對勘，提出需加考證等問題，如《闍婆羅陀羅尼儀軌》、《闍婆羅曼荼羅儀軌》，均爲達摩提婆譯，但他引用《勘同總錄》說：「據說有藏文，前者是否爲《慧王商羯羅》，可查考。」

《至元法寶勘同總錄》是元代時期漢藏佛教學術交流的重要成果，近年有不少學者研究，如大陸的蘇晉仁先生、黃明信先生、台灣的法賢法師等，但僅黃明信先生針對貢布嘉《漢區佛教源流》的第三部分加以深入探討。

蘇晉仁先生僅略述貢布嘉對《至元法寶勘同總錄》的收錄：「本書在清代乾隆年間（1736-1795），工布查布著藏文本《漢土佛教史》曾抄譯本錄爲其最後一部分。」[33]不過必須注意的是：貢布嘉並未對《至元法寶勘同總錄》的經錄內容進行完全翻譯，原因爲何尙不知。

《至元法寶勘同總錄》是元代一部融合漢、藏、蒙三地學者心血的一部佛教文獻目錄，反映當時不同民族學者間的學術交流，貢布嘉之所以選擇此

33　蘇晉仁，《佛教文化與歷史》（北京：中央民族大學出版社，1998），頁281。

部目錄作重點介紹，一方面與其民族身分有關；另一方面顯然他是欣賞此部目錄的，認爲有利於蒙藏地區佛教徒理解漢地佛教經典源流，所以在此書中不惜大段轉譯和闡述。此外，從跋文中所提到他特別贈送此書予第八世大司徒看來，由於第八世大司徒是德格版《甘珠爾》的編纂者，此部分看來也有爲其提供對勘經錄之參考用意。

　　貢布嘉最後於結語中對佛教宗派提出他的觀點，此點看法影響到後來在北京活動的這些格魯派僧人：

> 「宗門」一詞並非從密宗怛特羅中講說和諸聲論師中傳說之名詞，即非通過文字能學到的，而是類似《舊史》中所載蓮花戒與和尚二者初次相見時雙方立即以信號試探對方的故事。複次，《布敦宗教源流》中說親教師白央和益旺二者各持頓門和漸門之偏見互相批駁辯論，細考起來，彼二者均爲智者大師和清涼國師師徒之見解，亦屬諸入次第之類，並爲適合引導的補特伽羅講說門類而已，而在此地並未分裂成宗派。
>
> 宗門一詞亦可譯成佛語傳承。體驗加持傳承，或稱千明大印，即講說宗旨。正如覺囊派貢噶寧保在其《印度宗派源流》中所說：「龍樹怙主向提婆講說宗旨後，即赴吉祥山」一樣。於支那漢區所傳宗門是正等覺釋迦牟尼佛、大迦葉、阿難、商那和修、優婆鞠多，隨之傳與提多迦和末因提迦二者，提多迦傳迦羅、迦羅傳善見、毗婆迦二者，毗婆迦傳佛陀難提、佛陀密多、漢尊者、富那舍、阿濕縛窶沙〔即馬鳴〕、迦毗摩羅、龍樹、提婆、羅睺羅、僧伽難提、伽耶舍〔有少許藏文佛經中將伽耶舍說成阿羅漢比丘和伽耶舍二人，錯矣〕、鳩摩羅多、闍夜多、婆蘇盤豆、摩拿羅、鶴迦勒耶舍、獅子、婆舍斯多、毗首密多、般若多，隨之爲菩提達摩。[34]

34　貢布嘉著，羅桑旦增譯，《漢區佛教源流》，頁148。

　　貢布嘉對藏文佛教史書記載漢藏歷史上所謂印度僧人蓮花戒與唐朝禪宗僧人摩訶衍的「漸頓之爭」提出：二者分歧僅屬修行次第方式的不同，不存教派之別，頗具獨到看法。他認為吐蕃時期在西藏弘法的漢地和尚所持論點因為將其義解釋為可為一般人理解的共同法，本身並沒有錯，主要是因其立論模糊，「導致許多愚癡者引入斷見。」因此，蓮花戒和益西旺波將這種模糊見地予以澄清，這對吐蕃佛教來說確實重要。所以藏地一些人認為「斷見」（「頓門」，主張頓悟者）屬「和尚」（藏語中指漢地僧人）之見解，此為謬見；因為「和尚」在漢地有許多宗派，持頓門見的只有吐蕃和尚一人。

　　他強調佛教具「善巧」智慧，在藏地、漢地、或是其他地方，雖傳承各有分支，但具殊途同歸之妙，所以不必拘泥於「宗門」的短淺分類：

> 善引初學者之琵琶聲，婉轉重在了義而不同；隨眠偏執水鷗叫喚之，歪曲誣衊雜訊相混合，堪忍思擇正當公正話，暢談夏鼓隆隆作響時。公正有識之士如孔雀，不由打動堅心乃自性。依附此處數人妙匯增，反之或許被阻祈至尊。[35]

　　貢布嘉也對藏傳佛教在蒙古的傳播作簡要闡述，敘述他撰述此書的緣由，並列舉一些參考著作：《摩訶支那王統大檔案》、《高僧傳》、《三藏經目錄》等。這裡的所謂《摩訶支那王統大檔案》可能指《史記》、《漢書》等類的二十四史；《三藏經目錄》應是前述唐、宋、元時期的經錄。對如何使用並翻譯這些漢文文獻，貢布嘉也提出其原則：

> 對能譯和須譯方面，相應的進行意譯或音譯。除此以外，無論是否訛語，均保持原樣。宗教術語中大多理解者均如藏文佛經翻譯，在費解和因繁忙而無

35　貢布嘉著，羅桑旦增譯，《漢區佛教源流》，頁149-150。

暇考證者中，易譯部分亦相應作意譯或音譯，而對難譯部分則如上保持原
樣。[36]

三、松巴堪布的《如意寶樹史》(*'Phags yul rgya nag chen po bod dang sog yul du dam pa'i chos 'byung tshul dpag bsam ljon bzang*)

作者松巴堪布・耶喜班覺（Sum pa mkhan po Ye shes dpal 'byor，1704-
1788）。1704年出生於海晏托勒地方的一個蒙古族家庭，祖上是和碩特蒙古
王族。三歲時，經第二世章嘉（Lcang skya Ngag dbang blo bzang chos ldan，
1642-1714）和蔣揚謝巴（'Jam dbyang bzhad pa，1648-1721）認定爲松巴活
佛的轉世靈童，送到塔秀寺，在塔秀活佛處受戒出家，學習藏文。1713年，
迎入佑寧寺坐床。1723年，青海正好爆發羅布藏丹津叛亂反清之時，二十歲
的耶喜班覺動身前往西藏，到拉薩後先在哲蚌寺郭莽札倉學習。兩年後，他
遊學札什倫布寺，晉謁第五世班禪羅桑益西（Pan chen Blo bzang ye shes，
1663-1737），並從受比丘戒，一年後又返回拉薩，被選爲哲蚌寺的郭莽札倉
堪布。從此，人們稱他爲松巴堪布。

　　1737年，松巴堪布陪同奉詔進京的第三世章嘉若必多傑去北京，乾隆
帝召見後很喜歡他，和他討論佛理，隨之下令以松巴堪布爲蒙古諸部的法
師。之後他在北京生活了五年，主要參與校訂內地印製的藏文典籍，獲頒
「額爾德尼班智達」的稱號。乾隆帝還任命他爲蒙古匯宗寺的法台。1740
年，他返回青海，主持擴建佑寧寺。1742年再赴北京，與章嘉、土觀等活佛
研討佛教理論，但因水土不服，未待長時即返回家鄉。松巴堪布將後半生的
主要精力放在寫作著述上。他學問淵博，對各種學科都有相當的造詣，尤其

36　貢布嘉著，羅桑旦增譯，《漢區佛教源流》，頁151。

擅長於歷史。著作共九函，計六十八部。

　　1748年，松巴堪布寫成《印、漢、藏佛教史如意寶樹》，這是一部頗具分量的佛教史專著。論述印度、藏地、漢地、蒙古地區的佛教發展源流。

　　本書關於漢地山川地理及學術源流等描述，松巴堪布大部皆參考《漢區佛教源流》，因該書所言及漢地省州府縣和所謂的城市大中小分類的說法均與《漢區佛教源流》相同，如所謂的「十六省」、「五大湖泊」、「四大古都」、「五中古都」、「七小古都」、「以順天府〔Zhun tha' in hu〕為主的其他大城市」、「以通州〔Thung te'a〕為主的中等城市」、「以大興縣〔Tha'i shib thyan〕為主的兩千縣城」等，文字敘述與藏文拼音的地名術語都基本上相同。

　　在具體敘述漢地歷史時，《如意寶樹史》的敘述較之更加簡略。以宗派流傳的說法為例，基本上採用《漢區佛教源流》的記載，但再行簡化論述：[37]

> 頓門心要義傳宗〔指教傳、實修、加持傳承、明空大手印〕，非指詞語和文字的境界。其傳承從佛陀起傳七教祖，從此又傳至獅子比丘，從獅子比丘傳婆舍斯多、布若密多、般若多羅、菩提達摩，至般若多羅間皆是口耳相傳。之後阿闍黎菩提達摩渡海來到南梁，給蕭衍君臣宣甚深法義。然機緣不契，菩提達摩北上，乘蘆葦度江，至北朝境，住少林寺。漢和尚慧可道育禪師前往拜謁〔時梁與北朝不和〕，從達摩受聽實修加持傳承，得正法眼藏，其下依次傳僧璨、道信、弘忍、六祖惠能諸師，中原至今有其傳承。……
> 簡言之，往昔從南路，印、漢兩地相近，關係密切，許多印度學者成就者來到中原傳教，而眾多漢僧依文殊菩薩等加持亦赴印度求法，故漢地佛教源流早於藏區，並得大宏揚，對此很難詳述。雖然漢地出現過三四次法難，但無

37　Sum pa ye shes dpal 'byor, *'Phags yul rgya nag chen po bod dang sog yul du dam pa'i chos 'byung tshul dpag bsam ljon bzang* (lan chou: kan su'u mi rigs dpe skrun khang, 1992), pp. 945-948.

前弘期和後弘期分法。……

如此漢地弘傳的佛法，簡言之有律宗、密宗、廣行宗、深觀宗和心要宗五派，其中律宗和密宗從漢明帝時的到傳播，但內無眾流派。廣行宗即慈恩宗，有觀、修、行三次第和五次第教導，從慈恩宗法展出的一派是俱舍師，一派是天台宗。天台宗判教爲五時〔中士道、大乘教、終教、頓教、圓教〕和八法門。從天台宗由發展出一派稱賢首宗，清涼國師判廣大道之次第爲五。禪宗分臨濟、曹洞、雲門、潙仰、法眼五派，現唯有臨濟與曹洞二宗。

從唐朝以下起，將總的佛法攝爲律門即律法，格義門即講傳，定門即修傳，共三門。隋文帝和唐明皇時期所編佛典目錄分爲六科〔一譯、重譯、別生、缺本、僞妄、惑疑〕，忽必烈等時期由薩迦派等眾多學者編撰目錄，至今享有盛譽，內分經、律、論三藏。

　　可看得出松巴堪布的論述基本上擷取整理貢布嘉的著作，他對漢傳佛教似未有直接認識，這應和他在北京未如其他格魯派學者長時居住，且身體不佳有關。

四、第三世土觀的《土觀宗派源流》（*Thu'u kwan grub mtha'*）

　　第三世土觀呼圖克圖六歲（1742）時被認定爲前世土觀・羅桑卻吉嘉措的轉世，迎至佑寧寺坐床。1747年在松巴堪布・耶喜班覺座前受戒出家。1755年赴拉薩晉見七世達賴噶桑嘉措（Skal bzang rgya mtsho，1708-1757）。在四月法會期間，至哲蚌寺果芒經院拜會第二世蔣揚謝巴（'Jam dbyangs bshad pa 'Jig med dbang po，1728-1791），並從其學習。1757年受具足戒，後與來到衛藏的第三世章嘉・若貝多傑相識，拜其爲師，聆聽許多教誡。

1759年，西藏噶廈政府任命其爲夏魯寺堪布，並從當時薩迦派法王貢噶洛哲（32ⁿᵈ Sa skya khri chen 32 Kun dga' blo gros，1729-1783）那裡學習各類佛教典籍。1761年返回安多，依其師松巴堪布之命，出任佑寧寺第三十六任住持。

1763年受詔赴京，覲見乾隆皇帝及其上師第三世章嘉‧若貝多傑，除與章嘉國師學習佛法外，並協助其管理在京宗教事務，任掌印喇嘛，御前常侍禪師等職，受賜「靜悟禪師」之號。在京期間，曾參與章嘉國師所主持的《五體清文鑒》、《滿文大藏經》的編纂和翻譯工作。

1768年乞請皇帝恩准返回故里，但不久再次晉京，至1773年返佑寧寺。1789年，赴塔爾寺擔任第三十五任住持，於塔爾寺修建土觀府邸，1793年卸任，晚年隱居佑寧寺。

土觀著述頗豐，影響較大的著作有《三世章嘉‧若貝多傑傳》、《土觀宗派源流》、《佑寧寺志》、《喇欽貢巴饒賽傳》等。

《土觀宗教源流》全名爲《善說指導一切宗派來源主張‧水晶鏡》（*Grub mtha' thams cad kyi khungs dang 'dod tshul ston pa legs bshad shel gyi me long*），成書於1801年，影響深遠。全書分五章：

第一章、印度各種宗教派別及佛教各派歷史。

第二章、藏傳佛教宗派史，分述藏傳佛教於前弘和後弘期傳播的情況，以及寧瑪、噶當、噶舉、希解、薩迦、覺囊、格魯、本教等各派源流。

第三章、漢地各派歷史，分述儒家、道家，以及漢地佛教源流。

第四章、分章敘述蒙古、於闐、香拔拉各地佛教弘傳史。

第五章、敘述編寫經過。

土觀此本著作和其師松巴堪布的《如意寶樹史》一樣，主要是綜論佛教發展史，但不像《如意寶樹史》有許多段落直接轉載《漢地宗教源流》，《土

觀宗教源流》沒有漢地地理的論述，主要論述其歷史，部分亦參考《漢地宗
教源流》，但經消化轉寫。

　　土觀在北京雖居住很長時間，但他對漢文的掌握似乎有限，該書道家部
分的結尾，他說：「對各派純正情況，言之者少，我又未學習漢文，未具直
閱各派典籍之眼，必須依靠別人的誦讀。關於儒道的起源與主張，只是部分
理解，因此不敢再寫。」[38]他對漢文佛教典籍經錄僅是概述，並說：「怕寫得
太多即此住筆，若欲詳知，請閱讀《漢地宗教源流》等。」[39]證明他的確熟悉
此書。

　　土觀對思想內容較有興趣，也嘗試用西藏佛教的觀點解釋漢地佛教的
見地，例如他認為禪宗見地和噶舉派大印實同，所以他也不像傳統格魯派僧
人，對所謂的「和尚見地」直接抱負面看法，而予以批判；他認為歷史上摩
訶衍和尚的見地和他所見到的禪宗傳承實有不同，因此不能一概而論，這和
他的老師第三世章嘉的看法一致。

　　土觀在其所著《章嘉・若白多杰傳》中提及其師第三世章嘉呼圖克圖回
答土觀本人詢問有關漢地摩訶衍和尚的看法：[40]

38　so so'i ring lugs gtsang sing nge thon par smra ba nyung ba dang/ bdag gis rgya'i yi ge ma
　　sbyang pas gtsug lag lta ba'i mig dang mi ldan par gzhan gyis bklags pa nyan dgos pa'i dbang gis
　　she'u dang do'u si'i byung ba dang 'dod thsul phyogs mthong de tsam las 'bri bar ma spobs so//

39　yi ges 'jigs nas ma bris pas rgya nag chos 'byung sogs las shes bar bya la/

40　Thu'u bkwan chos kyi nyi ma. *Lcang skya rol pa'i rdo rje'i rnam thar* (Lan kru'u: Kan su'u mi
　　rigs dpe skrun khang, 1989), p.138. sngon 'phags yul nas klu sgrub yab sras kyi rjes 'brang gi
　　panti ta 'ga' zhig rgya yul du byon cing/ rgya'i hwa shang 'ga' zhig kyang rgya gar du song nas
　　dbu ma pa'i paN grub rnams la gtugs pas de dag gi dbu ma'i lta ba rgya yul du cung zad dar ba
　　byas 'dug kyang myud' dzin mang du ma 'phel/ rgya skad du ta'a mo tsu shi bya ba slob dpon
　　bho dhi dhar rmo tta ra rgya yul du byon nas lta ba'i rnam bzhag gsungs pa dar che ba 'dug cing/
　　slob dpon de 'ga' zhig gis pha dam pa sangs rgyas yin yang zer la/ gang ltar yang lta ba 'dug cing/
　　bod kyi zhi byed kyi lta ba dang gnad gcig tu 'dug /deng sang lta ba'i 'dod tshul dar rgyas che ba
　　ni sems tsam pa'i lta ba dang shin tu mthun par snang/ bod du byung ba'i hwa shang ma ha'a ya
　　na'i lta ba 'dzin mkhan deng sang rgya yul du gcig kyang mi 'dug ces gsung/ des na bod dag gis
　　hwa shang gi lta ba thams cad ma ha'a ya na'i lta ba dang gcig tu 'khrul nas than mthong ba ltar

〔上師言〕:「從前追隨龍樹師徒的一些班智達從印度來到漢地,而漢地的幾位和尚也去過印度,禮敬中觀派的學者大德,正是他們使中觀見地在漢地略有弘傳,但繼承和發揚者不多。有一漢語稱爲達摩祖師的菩提達摩多羅〔Bodhidharmottara〕阿闍黎來到漢地,講說見地之安立,廣爲弘傳,有人說此人即帕丹巴桑杰,總之這種觀點的本質同西藏希解派的見地同一要點。現今其見地主張廣爲弘傳,大部與唯識派見地共同。曾在西藏出現過的摩訶衍和尚的信奉者,現今在漢地連一個也沒有。」藏人將所有内地和尚見地與摩訶衍混爲一談,一見就憎恨起來,實在是未明眞相啊!

此外,書中關於五台山部分的論述,明顯參考其師第三世章嘉的《清涼山志》;關於關公與智者大師的故事,則受過去藏文史書的影響,如《紅史》(Deb ther dmar po)與《漢藏史集》(Rgya bod yig tshang)等。

以下是他對中國佛教的敘述:[41]

東漢明帝三年,帝夜夢金人,身長丈六,頂有白光,飛行殿庭,明晨問於群臣,太師傅毅答說:「臣聞昭王時,天竺有一名號爲佛之大仙,身長丈六,膚色金黄,放異光明,能行空中,王之所夢或與此天人有緣。」王遂稽查舊籍,得昭王時所記,推其年代,過千有十年,事相吻合,大爲喜悦。即遣王遵等前往西域求法。那時有迦葉種族的阿羅漢摩騰,班智達跋羅那,漢語訛爲竺法蘭二人,知漢土宏法時至,以白馬負佛畫像、各種大小乘經典、舍利子一斛等起行,在中天竺月氏國相遇,遂偕王遵等至洛陽京城,帝親禮迎

---

sdang bar byed pa ni rgyu mtshan ma mthong bar zad do/ 漢譯參考:陳慶英、馬連龍合譯,《章嘉‧若白多傑傳》(北京:民族出版社,1988),頁288。

41　Thu'u bkwan blo bzang chos kyi nyi ma, *Grub mtha' shel gyi me long* (lan kru'u: kan su'u mi rigs dpe skrun khang, 1984), pp. 421-436. 譯文參考:土觀‧羅桑苑吉尼瑪著,劉立千譯,《土觀宗派源流》(北京:民族出版社,2000),頁213-223。

而奉事之。二人獻佛像經典，帝觀像與夢中所見無異，大悅。阿羅漢後顯神通，王生淨信，遂建白馬寺給二天竺僧人居住，供養承事。南嶽道士等上奏，曆舉理由說佛法爲異端之教，不宜於流傳此土。帝命將佛道二教的經典，投之於火，若無所損者則當敬奉。如命爲之。道士的經籍俱燼，佛經無損，南嶽道士費叔才與褚善信二人憤而投火自焚。二竺僧則飛升天際，現諸神異，於是王和臣民皆信佛教。王遂作頌而贊說道：「狐非獅子類，燈非日月明，池無巨海納，邱無嵩嶽榮，法雲重世界，法雨潤群萌，昔無今現見，處處化群生。」在河南府建白馬寺爲首的七寺和尼庵三寺，王受勤策戒，有些大臣領頭率其下約千餘人出家。帝問道：「我的邦土內有沒有安康住世而作饒益眾生的大聖？」摩騰答：「已有文殊菩薩現住五台山。」阿羅漢摩騰和班智達竺法蘭二人遂至五台山文殊道場，用天眼觀察到化身道場的殊勝處，遂奏帝說：「迦葉佛時阿育王由非人相助，於一夜建八萬四千佛舍利寶塔，其一即指此五台山。」於是爲安住佛舍利修建寶塔，即現在叫作大寶塔，並建顯通寺。又在五台山和其他地方修建安住佛之舍利的寶塔亦複不少，現的有名北京白塔則是其中之一，內面安住有佛的舍利。剃度了六百二十八出家爲僧，三百三十人爲尼。摩騰從小乘經典中總括出來的常用經文《四十二章經》譯成漢文，是爲漢地譯經之始。此經現存。傳說竺法蘭譯出《十地經》等五部，由於佛法歷經興衰，現已失傳。……

漢朝經歷十三代，晉朝經歷十四代，此後，又出現前秦、北魏、隋等朝代甚多。隋後又有唐二十代，宋十八代。上說朝代中，從天竺來華的班智達與成就大師很多，作育出有學的高僧或曾赴天竺就學，或居本土，得了不可思議教證功德的人，亦難以數計。他們翻譯梵本經論和他們對於佛教所作的大行事蹟，也是最爲稀有突出，怕寫得太多即此住筆。若欲詳知請閱讀《漢地教法源流史》。自元以後，藏地大德也有很多人到內地，因此使佛法興旺，蒸

蒸日上，這在下面還要詳述。

所譯經論的數量，在隋文帝時，曾將前此所譯經論製成目錄。以後唐時，前後又作過兩次大翻譯，宋時亦有兩次翻譯，總前所譯，並加入新譯，又重制目錄。最後元世祖時則將藏漢兩地翻譯對勘，其不全者，則自藏文本譯出爲之補足，總匯漢文大藏得梵譯經典六百八十七部，加入諸高僧所有著作一百五十三部，共爲七百四十七部，重新編目。在漢譯大藏經中亦有很多爲藏地所未曾譯出過的。

漢地所宏佛教，有五派，律宗、密宗、廣行宗、深觀宗、心要宗。……

深觀派由本師薄伽梵依次遞傳有與文殊菩薩，聖龍樹、青目。青目爲月稱論師的異名，因爲師的二面頰上有二青痣，如二眼相似，故有此稱。還有後清辯論師或名小清辯論師，般若羅什彌與及漢土大師慧文等。慧文得有龍樹菩薩之親傳，慧文傳慧思、思傳智顗大師。顗是具有智慧的大阿闍黎，等同漢地深觀傳持之大車。師學識高深，戒行謹嚴，神通無礙，以菩提心力普化眾生，不依他人。爲南方陳國兩代君主及大隋文帝兩朝之國師，其事業的宏偉沒有人能勝得過他。在天台山建國清寺，在玉泉山建玉泉寺。以此二寺爲首，分建講聽道場約三十六處。鐫刻大藏全部十五次。以金銀銅質及旃檀木塑造佛菩薩的聖像八十萬尊。得戒弟子一萬四千餘眾，紹其傳承者三十有二人。至於與大師有法緣者，則不可以數計。大師把佛的一代說法系統歸納爲五個時期：一、華嚴時；二、鹿苑時；三、方等時；四、般若時；五、涅槃時。其說法之方式歸爲八教：頓教直入之門；漸教次第門；祕密教不共之門；不定教之門；藏教之門；通教之門；別教之門；圓教之門等創立如是等的名言。大師應隋文帝之請，作《入法界次第》等的著作近四十部。師於會中講說《華嚴》、《般若》、《法華》、《中論》、《般若大疏》等，弟子爲之筆錄有五十部，以龍樹論旨爲主轉法輪三十年，壽六十歲，於開皇十七年十一月

二十四日，入三摩地中而般涅槃。漢土最著名的武神關雲長或呼名爲關老爺，亦爲大師所收伏，派他充當護法神。繼得其法統弟子三十二人中，最上首者當推章安尊者、法華威尊者、東陽天宮寺尊者、左溪玄朗尊者、荊溪尊者。從此次第下傳，稱爲天台宗，現在此宗宏傳於南方江南一帶。分宏于北方中原一帶者，爲智大師師徒，遞傳與終南杜順大師、雲華智儼大師、賢首法藏大師、清涼澄觀國師、圭峰宗密大師。此上五師系依講授《華嚴經》而宏其宗，故又稱爲華嚴五祖。

清涼國師，本名澄觀，藏語爲無垢觀。因其長住五台山，故後稱爲清涼國師。生於唐明皇時。對大五明小五明共十種明處和經世之學，無不通曉，具有菩提心。雖未遠至天竺，然嫻梵語，與竺德齊名。能自譯佛經。身長九尺四，垂手過膝，齒滿四十，目光炯炯，相好莊嚴。無論貴賤人等，見者無不生起敬信，誠爲漢地的一位無有匹敵的大班智達。先師湯吉勤巴所作五台山聖地贊內中說：「東方內地大菩薩，乃與彌勒無差別，清涼國師是其名。」又傳其爲文殊菩薩乘願再來。續譯《華嚴經》，著《華嚴綱要》三卷，《攝頌》一卷，《華嚴法界玄鏡》一卷，《玄鏡燈論》一卷，《入菩提道次第五門》等闡明三藏旨趣，及其所著拾遺闡微的論典，共有三百餘部，傳說漢土精嫻《華嚴》，未有過於師者。與唐主君臣詳講《華嚴經》已有二次，其他經典講說更多，曆爲七朝國師，壽一百另二歲。

清涼判分廣大道次爲五數：即中土道共教，大乘的始教、終教、頓教、圓教共五教。以此來引導後學。這一法系則名爲賢首宗。這一宗與前說的天台宗，旨歸雖一，但其化儀不同，天台倡八教，華嚴說五教，僅是導引方式不同，各自構成自己的傳承系統了。

這樣看來，藏土少數教法源流史中，認爲頓門與漸門爲各別宗派，實屬錯誤。頓門漸門之義，應解釋爲直接悟入與漸次悟入的意思，僅屬於導引弟

子方法的差別而已。自華嚴五祖歷二十一世，有佑安普泰法師，曾往朝五台山，在神變殿中，親見彌勒菩薩，一個月中聽完慈氏五論的詳解。由上諸祖，分傳南北，未嘗絕斷。但智者師弟所說中道之見，能如實宣說其空趣比，似乎傳持不久即成絕響。

心要宗……果如達磨祖師的懸記，由慧可傳到六祖禪師時，前五祖皆為單傳，六祖則普傳弟子，後分為五派，即臨濟、曹洞、雲門、潙仰、法眼。現惟有臨濟與曹洞二宗，其餘三宗皆已失承。

心要派，漢人呼為宗門，就其實義與噶舉已相同，即大手印的表示傳承。至於來到藏地的大乘和尚，雖是宗門，但他的言論和宗門共同所主張的見地，略有不同。宗門說凡出離心與菩提心所未攝持的善惡業，雖各別能施苦樂之果，但不能成為一切種智之因，所以它們是無有差別的，比如白雲黑雲，雖現顏色不同，但能障虛空這點也是無有差別的。大乘和尚乃于此語不加簡別，倡說一切善分別及惡分別皆是能作繫縛。又宗門修見法的口訣，雖有全無所作、全無所思之語，這是就已現證實相的補特迦羅而說的。大乘和尚是說從初業行人起若能全不作意，便可解說。因此不可只就一和尚所言有誤，便認為一切和尚之見皆是邪計。如上所述佛教分為五大派，相傳從唐代的中葉則把律門即律傳，教門即講傳，宗門即修傳，歸攝成為三宗，直到現在尚有這種劃分法。

五、結論

如前所述，西藏佛教自後弘期佛教復興以來，與南北宋的漢傳佛教並無直接往來，直至十三世紀元代時，因蒙古人對藏傳佛教的信仰，漢藏佛教方有再度直接接觸的機緣，上距九世紀中期吐蕃與唐朝間的密切佛教文化交

流，隔閡已達近四百年。元明兩朝期間，藏僧赴內地京城進貢弘法者雖屢見
不鮮，以目前史料與文物證據所見，較多是西藏佛教對漢傳佛教的影響，如
藏文密教經典的傳譯、宮廷內藏傳佛像法器的製作等，未見當時赴內地之藏
傳僧人對元明時期的漢傳佛教有任何具組織性的直接藏文引介著述。故從此
角度而言，十八世紀清代這幾位蒙藏學者對漢傳佛教的敘述理解確實具其獨
特性：

1. 他們均因常住北京而對漢傳佛教有親身接觸，如土觀引述其師第三世
章嘉呼圖克圖對禪宗的看法，其所以能不落往昔藏人對摩訶衍和尚的
固有成見，主要即是基於其與內地漢僧接觸的經驗。

2. 若以對漢文文獻的掌握能力而言，貢布嘉應是其中最嫻熟者，他對漢
傳佛教的宗派史傳與論著均能直接引用，如經錄類的《眾經目錄》、
《開元釋教錄》、《至元法寶勘同總錄》等，史傳類的《高僧傳》、《續高
僧傳》等，在其著作中都有摘錄引述。之後的松巴堪布與第三世土觀
在這方面的論述亦大量參考《漢區佛教源流》，部分語句甚至全同；
然而他們亦非完全僅是抄襲貢布嘉的看法，部分地方仍可看出是出自
不同來源的補充論述，例如：《漢區佛教源流》中對華嚴宗僅概述五
祖之名，且將之認為是天台宗的另支，書中有特別對華嚴四祖清涼澄
觀的生平論著做較詳細論述，但是放於其後另一段落。土觀在其書中
則是先引述來自《漢區佛教源流》的段落，接著對華嚴四祖清涼澄觀
亦論述其生平論著，但內容明顯並非出自《漢區佛教源流》，且他指
出天台宗與華嚴宗的差異：「此宗與前說的天臺宗，旨歸雖一，但其
化儀不同，天臺倡八教，華嚴說五教，僅是導引方式不同，各自構成
自己的傳承系統。」看法和貢布嘉有所不同。

3. 對漢傳佛教宗派種類的論述，這些蒙藏學者一方面雖能閱讀史料與

接觸漢僧，但另一方面仍以西藏佛教的角度加以詮釋。比方像是將大乘佛教見地的兩大支分爲依循龍樹見地的「深觀」傳承（Zab mo lta ba'i brgyud）與依循彌勒見地的「廣行」傳承（Rgya chen spyod pa'i brgyud），如此分類方式是阿底峽（Atiśa，982-1054）帶進西藏的影響，所以這幾位十八世紀的蒙藏學者仍立基於此傳統來看漢傳佛教，其中共同的部分是：將天台宗與華嚴宗視爲深觀派，將玄奘的法相宗視爲廣行派。相異的部分則是對此二傳承在漢地後來發展的論述，且這些相異看法都和漢傳佛教的傳統理解有些許差異：《漢區佛教源流》中說：「自窺基法師後深觀派論師智儼、賢首等人繼承此宗，遂成爲觀行結合之宗派。」貢布嘉認爲玄奘的傳承後來是由華嚴宗繼承下來，這迥異於一般對華嚴宗傳承的認識；而《土觀宗派源流》則說：「但智者師弟所說中道之見，能如實宣說其空趣比，似乎傳持不久即成絕響。」土觀認爲天台宗傳承後來沒落不傳，這可能基於其當時所見聞，當時北京附近北方地區確實幾無天台傳承。

4. 對於禪宗，貢布嘉以漢文「宗門」（Cung men）爲名，將之譯爲「佛語之傳承」（Bka' yi brgyud pa），其實這就是西藏佛教「噶舉」派的同一辭彙。身爲格魯派的松巴堪布與第三世土觀呼圖克圖師徒，看來不同意此易引誤解的譯法，所以改用「心意宗」（Snying po don brgyud），可能是採取禪宗「以心印心」的用意。此外，令人好奇的是，這幾位蒙藏學者完全沒有談到明清時期盛傳的淨土宗，是否也是和當時他們常住地區主要是北京，未至其他地方有關，但是如《漢區佛教源流》中論述唐代佛教發展時，也完全未述及淨土宗相關祖師，這是出於環境因素的未加知曉，還是因不認可其爲宗派的刻意忽略，仍待進一步探究。

　　如呂澂1953年在其〈漢藏佛學溝通的第一步〉中所言：「我還記得二十年前，喜饒嘉措法師剛從拉薩回到南京來，我就拉薩新版甘珠爾的編纂上有些問題和他討論，他談到漢地大藏經的一切，就是完全依據工布查的書，並還對它加以推重的。」[42]喜饒嘉措（Rdo sbis dge bshes shes rab rgya mtsho，1884-1968）格西就是拉薩版《甘珠爾》的主編，以他這樣一位具代表性的近代格魯派學者，他在1930年代對漢傳佛教的理解仍是基於《漢區佛教源流》，由此可見此書對藏人的影響。

　　針對讓藏人正確的理解漢傳佛教，呂澂當時建議：「用藏文重寫一部簡明扼要的漢土佛學源流，一直敘述到現在的情況；這須注意糾正工布查，土觀等撰述裏的錯誤。」這些工作在幾代不同學者的努力下，今日已可見大致成果。但不可否認的是，十八世紀這幾位蒙藏學者爲藏人所介紹的漢傳佛教歷史與見地，其中仍或有誤解或主觀見解，其影響至今仍未過時，依然是藏人理解漢傳佛教的主要媒介之一。

42　呂澂，〈漢藏佛學溝通的第一步〉，《現代佛學》，1953年8月號（1953年8月），頁7-9。

清乾隆年間厄魯特降人在內地——兼述琿春的厄魯特*

林士鉉

國立臺北大學歷史學系副教授

一、前言

　　清代「邊民」的意涵，可據光緒朝《大清會典》有關核計戶籍數目的說明，即「凡腹戶計以丁口，邊民計以戶」之別，[1]除部分「番、回、黎、苗、猺、夷人等，久經向化者，皆按丁口編入民數」之外，其他則以戶計之；這些群體正可謂為邊民。[2]邊民大致分布於新疆、黑龍江、甘肅、四川、西藏、

＊　本文最初發表於2014年12月20日，國立政治大學人文中心「民族互動與文化書寫（二）——邊民在內地」學術研討會，承蒙與會專家肯定本議題的價值，並感謝主辦單位復安排匿名審查人惠賜修改意見；復於2016年1月23日，發表於京都大學大學院文學研究科附屬ユーラシア文化研究センター（羽田記念館）「2016年国際ワークショップ『ジューンガルに関する歴史研究最前線』」學術研討會，期間承志、小沼孝博二位教授分別提醒雍正年間安插厄魯特人於內地，及安插俄羅斯人於福建，應可連繫考量；日本筑波大學博士研究生楊帆除了協助翻譯日文簡報、還提供諸多有關邊民議題的觀點，均有益於本課題之後續拓展，茲此一併致謝。

1　〔清〕崑岡奉敕纂，《欽定大清會典（光緒朝）》（續修四庫全書影印本），卷17，〈戶部・尚書侍郎職掌五〉，頁1-2。另見《清史稿》（漢籍電子文獻資料庫），卷120志95，〈食貨一戶口〉，頁3480。

2　清代戶籍除八旗滿洲、蒙古、漢軍之「丁檔」，由戶部八旗俸餉處專司；外藩札薩克所屬

烏里雅蘇台、唐努烏梁海、科布多、阿爾泰諾爾烏梁海等地所屬之貢貂丁戶、姓、族、番子。[3]而相對於邊疆地區的邊民，則爲內地之「腹民」，主要分布於直隸及各省，爲其督撫所屬。[4]上述邊民的範圍亦與乾隆年間所繪編《皇清職貢圖》大致等同，即除了東西洋各國之外的沿邊各少數族群。

《皇清職貢圖》有關蒙古者，僅有清朝境內的「厄魯特蒙古」，故亦可將之視爲清朝之邊民。[5]當時來自厄魯特而歸附清朝的降人，則是遷移他處的邊民，他們在清朝前期陸續進入清朝領土，其戶籍或由藩部、理藩院兼審，或由八旗駐防造冊，[6]這些厄魯特降人正因爲清朝和厄魯特蒙古長期複雜的互動關係，顯得尤其特別。

當時的厄魯特降人以準噶爾部爲主，或稱「準噶爾部人某某」、「厄魯特

編審丁檔，則掌於理藩院之外，彙報於戶部之各省各樣人戶，尚有民戶、軍戶、匠戶、竈戶、漁戶、回戶、番戶、羌戶、苗戶、猺戶、黎戶夷戶等別。參見《欽定大清會典（光緒朝）》，卷17，〈戶部‧尚書侍郎職掌五〉，頁1-2。

3　同註2。據光緒13年（1887）《新疆冊》，其回民、纏民、安民、克什米民夷民，除登記戶數，亦計有丁口。

4　核計丁口的範圍，還包括奉天、吉林之丁口，新疆鎮迪、阿克蘇、喀什噶爾三道所屬漢民。唯不含八旗在京及各駐防人丁。參見《欽定大清會典（光緒朝）》，卷17，〈戶部‧尚書侍郎職掌五〉，頁1-2。

5　〔清〕傅恒奉敕編，《皇清職貢圖》（哈佛大學哈佛燕京圖書館藏本），卷2，頁16-21。「伊犁等處台吉、伊犁等處宰桑、伊犁等處民人」三則圖文。另參見國立故宮博物院藏本，〈謝遂職貢圖〉，彩繪圖像及滿漢文圖說。《職貢圖》所載厄魯特人，「舊爲厄魯特部落，所屬有21處，乾隆20年，我師平定，遂隸版圖。」然其標目僅書地名而未記族稱，與他族體例不同；其畫像成立時間與《職貢圖》的整體關係及相關問題，尚需另文討論。同屬衛拉特蒙古（清代有時亦與厄魯特一詞混用）之一的土爾扈特部，於乾隆36年（1771）東邊而來、因此，《職貢圖》亦描繪土爾扈特台吉、民人，惟其圖文體例不同於描繪其他諸國及族群。

6　清朝乾隆年間對厄魯特人的管理，除本文討論的內地八旗駐防、黑龍江寧古塔將軍屬下，以及把率眾歸附者，安置游牧地者（例如：乾隆15年，薩喇爾率屬內遷，是乾隆年間最早歸附的準噶爾貴族；乾隆19年，附牧準噶爾的輝特部台吉阿卜達什、巴桑先後率眾內遷；乾隆20年，達什達瓦部內遷巴里坤投靠清朝，其後改置於科布多布延圖、鄂爾坤，再分遷於察哈爾、承德），尚有乾隆27年，設置總統伊犁等處將軍，作爲清廷派駐新疆之最高軍政長官，又分區設置滿營、索倫營、察哈爾營、厄魯特營，其中厄魯特營的組成，主要是流散各地的準爾噶人，亦包括乾隆36年隨土爾扈特汗渥巴錫東返的部眾。參見馬大正、成崇德主編，《衛拉特蒙古史綱》（烏魯木齊：新疆人民出版社，2006），頁127-130、321-327。

等投誠者」、「投誠厄魯特」等。「厄魯特」、「準噶爾」都是「衛拉特」的組成部分，整體來說，「衛拉特」可以指稱所有的「衛拉特人」。筆者考量清代部分官書典籍如《方略》、《實錄》多以厄魯特指稱全部衛拉特，為行文所需，本文統稱作「厄魯特降人」，這些降人大體是以準噶爾部為主的依附投誠者。清朝與準噶爾汗國近百年的長期和戰關係中，清朝基於蒐集情資、懷柔遠人等目的，相當重視厄魯特降人，安插於適當地點，厄魯特降人便陸續進入中國、內地。

在清代官書中所謂的厄魯特是蒙古語ögeled的譯寫；(滿語：ūlet, oilet)，又稱作額魯特；衛拉特則是蒙古語oyirad，(滿語：oirat)；《明史》及明朝多稱為「瓦剌」。準噶爾(蒙古語：jegün γar；滿語：jun gar)是「四衛拉特」之一部。十七、十八世紀中葉，杜爾伯特、準噶爾、和碩特、輝特、土爾扈特諸集團，成為衛拉特部落聯合體的核心集團，因此他們自稱「四衛拉特」。[7]準噶爾部勢盛時，以天山南北為中心，控制哈薩克國諸國，影響內亞廣大地區；土爾扈特等部西遷到伏爾加河沿岸，和碩特部則南下至青海。四衛拉特蒙古的聚合、消長，影響內陸亞洲地緣政治格局甚巨。[8]

7　外文著作還經常將衛拉特稱之「卡爾梅克」(kalmyk, kalmuk)。有關衛拉特一詞的民族詞源學分析，以及學界對於「四衛拉特」之說的不同意見，參見馬大正、成崇德主編，《衛拉特蒙古史綱》，頁4-9；〔日〕宮脇淳子著，曉克譯，《最後的游牧帝國——準噶爾部的興亡》(呼和浩特：內蒙古人民出版社，2005)，頁74-76。

8　關於利用清代滿文檔案史料進行準噶爾歷史研究的重要成果，參見承志，〈十八世紀準噶爾十六大鄂拓克——以一件滿文奏摺為中心〉，收入烏雲畢力格主編，《滿蒙檔案與蒙古史研究》(上海：上海古籍出版社，2014)，頁137-204。該文討論長期以來較受重視但未有突破的準噶爾游牧社會的基本組織——鄂拓克問題；亦認為現有研究成果，對於長期以來敘述準噶爾歷史的基本架構沒有大的變動，有必要進行全面回顧和檢討。另外衛拉特以其托忒文所書寫的歷史文獻亦反映其主體意識，參見M.烏蘭，《衛拉特蒙古文獻及史學：以托忒文歷史文獻研究為中心》(北京：社會科學文獻出版社，2012)。相較於準噶爾汗國歷史發展的研究角度，筆者較關注的，是準噶爾與清朝兩政權的長期互動關係過程中，帶給清朝內政、外交、治邊等政策，乃至於天下秩序觀念的影響；以及在史書編纂、圖像呈現等面向的表現。其中有關準噶爾貢馬活動及圖像，參見林士鉉，〈玉質純素‧隱有青文——記郎世寧畫十駿圖如意驄的繪事特色〉，《故宮文物月刊》，第391期(2015年10月)，頁40-49。

十七世紀末期，準噶爾部首領噶爾丹博碩克汗（1644-1697）東掠喀爾喀蒙古，直接與清朝發生激烈戰爭，康熙帝（1654-1722，1661-1772在位）因而三次親征。在乾隆20年（1755）清朝進兵征服準噶爾以前，清準雙方的重大糾紛主要爲界務與商務，至於進藏熬茶與遣使進貢的爭執，亦皆與商務有關。[9]

乾隆皇帝（1711-1799，1735-1795在位）即位後，清準關係相對平和，出現互派使臣及貿易往來的機會。[10]在乾隆20年（1755）征服準噶爾戰爭之前，收納厄魯特降人成爲清朝涉及內政外交，及邊防措施的重要政策。乾隆年間大量的厄魯特降人，或另置游牧地，或編入八旗，他們進入中國後，除了照舊安插於口外，亦有改置於內地八旗駐防的新政策。[11]上述沿邊族群大多世居本地，而厄魯特降人或個人或群體得以進入內地，形成「邊民在內地」的特殊現象。厄魯特降人在內地不只是清準之間的互動結果，也是清朝的國體——八旗制度運作的相關環節。

對清方而言，降人是最重要的情資來源管道；隨著來降人數增加，安

9　莊吉發，〈第二章：準噶爾部的崛起及其與清廷的早期關係〉，《清高宗十全武功研究》（台北：國立故宮博物院，1982），頁12。

10　馬大正、成崇德主編，《衛拉特蒙古史綱》，頁105-107。

11　厄魯特降人的安置處理方式，歷時調整政策發展而呈現多元途徑。包括：劃定游牧地、編入盟旗、編入布特哈八旗等，相關著作可參見：承志，《ダイチン・グルンとその時代——帝国の形成と八旗社会》（名古屋：名古屋大学出版会，2009），頁466-469；オチル・オユンジャルガル（Ochir Oyunjargal），〈乾隆中葉におけるトゥルヘトの牧地問題について〉，《日本モンゴル学会紀要》，第36号（2006年），頁3-15；岡洋樹，〈ハルハ・モンゴルにおける清朝の盟旗制支配の成立過程——牧地の問題を中心として〉，《史学雑誌》，第97編第2号（1988年2月），頁1-32；小沼孝博，〈清朝のジューン＝ガル征服と二重の支配構想〉，《史学研究》，第240号（2003年6月），頁58-79。此外，有些來降厄魯特陸續編入察哈爾旗份佐領，作爲侍衛、護軍、披甲等，可見於滿文檔案，參見〈軍機大臣馬爾賽奏將來投之厄魯特人等移住盛京吉林等〉（雍正9年正月11日），收入中國第一歷史檔案館、中國邊疆史地研究中心合編，《清代新疆滿文檔案彙編》，冊1（桂林：廣西師範大學出版社，2012），頁26-28。

插厄魯特蒙古的政策亦有所調整，同時也出現逃人案件。[12]厄魯特降人脫逃後成爲通緝對象，拿獲立即處決，失職官員亦遭嚴懲。這些降人是相當特殊的群體，然而整體的厄魯特降人現象以及降人的地位與作用尚未得到充分討論。

　　本文主要以第一手檔案史料爲中心，析論乾隆年間厄魯特降人在內地的現象。特別是相關的滿文檔案大多典藏於北京中國第一歷史檔案館，由於該館於1999年出版《清代邊疆滿文檔案目錄》，其中第6至11冊爲新疆卷內含大量的滿文奏摺錄副，反映清朝與準噶爾以及中亞各地各民族的多面向互動關係；2012年影印出版《清代新疆滿文檔案彙編》283冊，更進一步推動學界深入討論相關議題。國立故宮博物院典藏的宮中檔奏摺及軍機處檔摺件，以及中央研究院歷史語言研究所典藏《明清內閣大庫檔案》滿漢文史料亦極具價值。而除了中央檔案，地方檔案亦可見厄魯特降人史料。筆者發現《琿春副都統衙門檔》詳細記載當時安置厄魯特人的過程，彌足珍貴，除了彌補同時期其他八旗駐防的厄魯特人相關史料之不足，更顯示安置降人的政策確曾落實辦理。[13]

　　筆者首先由乾隆年間名叫達什哈的厄魯特人談起，達什哈從山東青州

12　清代官方文書對厄魯特降人的人安置措施稱作「安插」，將之歸屬於八旗，實有監督之意，此與康熙年間的「新滿洲」屬性不同。感謝中國政法大學李典蓉教授惠賜卓見。厄魯特降人相較於各時期編入八旗內部的其他不同來源的族群，他們的屬性及權利義務的異同，值得另文處理。

13　中國第一歷史檔案館、中國人民大學清史研究所、中國社會科學院中國邊疆史地研究中心編，《清代邊疆滿文檔案目錄》，全12冊（桂林：廣西師範大學出版社，1999）；中國第一歷史檔案館、中國邊疆史地研究中心合編，《清代新疆滿文檔案彙編》，全283冊（桂林：廣西師範大學出版社，2012）；中國邊疆史地研究中心、中國第一歷史檔案館合編，《琿春副都統衙門檔》，全238冊（桂林：廣西師範大學出版社，2006）。關於史料，筆者必須強調的，是滿漢文檔案史料具有無可取代的第一手史料價值，然而清朝官書仍不可偏廢，《實錄》可補足相關事件的重要史實，尤其纂修《方略》爲戰爭結束後之重要善後措施之一，保存許多不見於《實錄》之史實及未見於檔案之史料；本文利用《平定準噶爾方略》記載的大量厄魯特降人史料，即是一例。

往西北逃亡，在喀爾喀布拉罕地方被捕，從降人到逃人的身分變化引發一起從山東延伸至大西北全力查緝的巨案。此案發生的背景正是當時厄魯特降人已陸續被安置於內地。案發之初地方駐防官員尚不以為意，正因清準兩國關係的本質仍是敵對狀態，故而引爆為令乾隆皇帝震怒的大案。不惟達什哈降而復逃，此案前後均有厄魯特降人復逃之事，雖引起極大反應，但是清朝並不因而終止收編厄魯特降人。因此本文於達什哈案件後，即接續討論乾隆年間收納厄魯特政策有何特別之處，因為達什哈案固然特殊，但特殊性意義尚須在清朝前期持續性收容安置降人脈絡中方可顯示，此過程亦出現清廷對於安置降人官員曾表示反對，出現中央與地方對收留原則存在認知不協調的現象。最後，本文以安插厄魯特降人於東北琿春地方的滿文史料，說明清朝確曾落實安置程序，亦約略側寫降人的處境，凸顯八旗駐防體制之於安置降人的作用與意義。

　　筆者日後擬就上述滿文檔案史料，針對康熙、雍正年間的降人投誠及安置政策進行論述，以此實證研究基礎進一步討論清朝八旗制度之安插降人機制與有清一代欲達成內外一體的關係，乃至於蒙古降人之於歷史書寫、國家建構有何意義等相關課題。

二、從「不比尋常逃犯」談起

　　乾隆12年12月至13年4月（1747-1748），發生一件查緝厄魯特逃人達什哈的大案件，達什哈自山東青州之八旗駐防營地（山東濰坊市益都縣）向西北潛逃，最後在喀爾喀游牧布拉罕地方（科布多西南布爾干）被查獲。一名原本應籍籍無名的厄魯特人達什哈，其從降人到逃人的身分變化，其人其事之書寫目的隨即改變，原本僅被載記在清代的檔簿裡，至多寫入《實錄》、《方略》等官書，以彰顯當時清朝不斷接納厄魯特降人的仁政恩澤，但因為

又成為逃人，他變成為當時首要的通緝要犯。潛逃之初地方官員尚不以為意，不久清廷即刻動員山東、直隸、河南、山西、陝西、甘肅、四川、西北二路將軍大臣等地方官員，嚴行查拿。此次查緝規模如此廣大，大約僅有乾隆33年（1768），查緝剪辮子妖術之「叫魂」案件可與之比擬。[14]

此逃人案成為從中央到地方嚴肅看待之事，始見於乾隆12年（1747）12月初7日之上諭。由此諭可知，當時共有六名厄魯特人逃脫，博羅特等五人先於博山縣（時為青州府屬）被捕，經理藩院奏報請旨問訊正法，惟達什哈在逃。乾隆皇帝一方面諭示理藩院派侍衛賽音圖、理藩院郎中善泰至青州問訊，「傳集在彼投誠厄魯特及官兵等，一同觀看，將博羅特等五人即行正法」；另一方面，因這些厄魯特人於9月27日已逃走，青州將軍並未及時查緝，故乾隆皇帝下令查辦該原任青州將軍額爾圖、現任署將軍副都統三達色，且諭令西北、口外各將軍大臣務必查緝在逃之達什哈。[15]上諭內容還顯示唯恐發生連鎖叛逃效應：

> 諭軍機大臣等。據理藩院奏稱，安插青州之厄魯特博羅特等，約齊逃走，經官兵追趕，將五人擎獲，已降旨即行正法，以昭國憲。伊等逃時，將軍額爾圖尚未丁憂，似此逆賊理應一面嚴緝，一面奏聞，擎獲時即問明緣由正法；乃博羅特等，於九月二十七日逃走，而副都統三達色遲延許久，始行俱報，又惟以錢糧咨請，觀此可知伊等全不曉事。<u>將軍、副都統俱係駐防地方大員，乃不知事之輕重，至於此極，辦理草率，實屬不合。</u>額爾圖、三達色俱

14　〔美〕孔飛力（Philp A. Kuhn）著，陳兼、劉昶譯，《叫魂：1768年中國妖術大恐慌（Soulstealers: the chinese sorcery scare of 1768）》（上海：上海三聯書店，2012）。

15　參見甘肅巡撫黃廷桂，〈奉到查拿額魯特達什哈〉（乾隆12年12月24日）（具奏日期），《軍機處檔摺件》，國立故宮博物院藏，文獻編號：001787；《清實錄・世宗憲皇帝實錄》（漢籍電子文獻資料庫），卷305，乾隆12年12月下辛巳，頁992-993；《平定準噶爾方略前編》（景印文淵閣四庫全書本），卷50，乾隆12年12月辛巳，〈以安插青州厄魯特博羅特等潛逃被獲正法示眾〉，冊357，頁739-740。

著傳旨嚴行申飭。並傳諭各省駐防將軍大臣，各處俱有安插此等厄魯特、回人，令其密行防範，毋稍疏懈。然並非於無事時欲其過嚴。現在投誠人等俱屬安靜，若因此一事，稍露形跡，伊等知覺，反生疑懼，致滋事端，亦有不便。該將軍等務宜用心妥協辦理。

其未經拏獲之厄魯特達什哈，乃去歲投來，安插內地，居住一年有餘，通曉內地言語、地方情形。倘若將內地道路，沿途詢知，逃回準噶爾地方，甚有關係。著開明達什哈年貌，交與兩路將軍、大臣，傳諭各處卡倫，嚴行查緝，并行文直隸、山西、陝西、甘肅、四川、河南等處督撫，令其留心加緊查拏，斷勿使之免脫，以致逃回巢穴，俟於何處拏獲時，即速奏聞。[16]〔按：底線為作者所加，以下同此例。〕

由此亦可知，此案經由理藩院奏稱，乾隆皇帝始知此案，青州地方官員原對此次逃人案沒有任何處理；中央欲慎防達什哈將內地情資帶回準噶爾部，這應是朝廷嚴行查拏此人的主要原因。

達什哈乃是乾隆11年（1746）10月內前來投誠，目前筆者尚未發現當時來投問訊之相關史料，僅能據《平定準噶爾方略前編》記載，可知達什哈應為隻身前來，因其弟西喇口已在青州安插，故將達什哈亦發往青州。[17]

通緝達什哈期間，朝廷首先察議青州將軍失職之處，主要在於未將厄魯特逃人視為緊要案件，甚至漠不關心，彷彿置身事外。[18]其次，一再諭令地

16　同註15。

17　《平定準噶爾方略前編》，卷49，乾隆11年10月乙酉，〈準噶爾部人達什哈來降如例〉，冊357，頁712。

18　有關懲戒失職官員之訓諭，參見《清實錄‧世宗憲皇帝實錄》，卷307，乾隆13年正月下癸卯，頁15-16。「又諭，前因安插青州之額魯特博羅特等脫逃，該將軍及副都統等不行奏報，業已傳旨申飭。及差侍衛賽音圖、理藩院郎中善泰前往會同三達色，將已經拏獲之博羅特等五人審訊正法，賽音圖等復命回京。三達色並不將辦理之處奏聞，又經降旨詢問，而三達色於接到朕旨之後，仍不過陳奏謝恩，無一語及前事，竟若置身事外者，三達色著傳旨嚴行申飭。」《清實錄‧世宗憲皇帝實錄》，卷307，乾隆13年正月下甲寅，

方官員嚴加查拏。目前尚存不少大臣奏報查緝情形之檔案。例如，直隸總督那蘇圖，接獲乾隆12年（1747）12月初十日上諭，即知會古北口提督、山海關副都統等，於各邊口稽查，亦飭行鎮協道府等官廳於關道隘口勘查；又進一步派員於通往張家口、獨石口、龍泉關、倒馬關、殺虎口等道途查緝。[19] 關於那蘇圖此奏，奉硃批：「設法緝拏，務獲此不比尋常逃犯也。」

透過有如密密層層的天羅地網，乾隆13年（1748）4月內，終於在喀爾喀游牧布拉罕地方，將達什哈查拏到案。據相關奏報及所得口供，其出逃原因僅為：「因不能受青州炎熱，欲逃往喀爾喀餬口，並無一人主使；再脫逃時，係由青州西北邊牆闕處出口，實不知經由內地地名。」[20]達什哈似無謀逆內情，只是官員查緝不力，才使其幾乎成功返回準噶爾。

乾隆皇帝稱達什哈為「不比尋常逃犯」，達什哈伏法之後，怒氣未消，認為逃人可以如入無人之境遠走口外邊地，反映地方管理欠佳，而欲進一步整肅青州駐防營地乃至於逃亡所經各地之官員：

> 又諭，額魯特達什哈自青州脫逃，直至喀爾喀游牧布拉罕地方，其所經由內地甚遠，沿途州、縣安設里甲，原為稽察不肖匪類，今以面生蒙古，任其潛逃。竟漫無覺察。則山東、直隸、等處地方官員，平日因循苟且，雖有緝拏

頁26。「軍機大臣等奏，遵旨詢問額爾圖。據稱博羅特等六人脫逃，理應即行奏聞，後因博山縣擒獲五人，惟達什哈一人未獲，欲俟審明具奏，因母病故，移交署將軍三達色辦理，似此緊要事件又係任內經手辦理，並不奏聞，實屬罪無可辭，請交部議處。得旨，自青州脫逃之額魯特達什哈等六人，俱係逆賊，理應一面嚴緝，一面奏聞，乃額爾圖等，竟視若尋常逃犯，不行具奏，甚屬疏忽；及移交三達色後，祇將錢糧咨請部示，更屬舛謬。額爾圖、三達色著一併交部察議。」

19　直隸總督那蘇圖，〈遵旨嚴緝青州逃犯厄魯特達什哈由〉（乾隆13年正月21日），《軍機處檔摺件》，國立故宮博物院藏，文獻編號：001808。

20　《清實錄‧世宗憲皇帝實錄》，卷312，乾隆13年4月上癸亥，頁114。另參《平定準噶爾方略前編》，卷51，冊357，頁746-747。此處將癸亥日之諭旨（方略注明「諭內閣」）繫於乾隆13年4月壬戌，〈命議敘緝獲逃人之扎薩克頭等台吉達什丕勒等〉之後，並未另註明「癸亥」。

奸匪之責，並不實力奉行可知。達什哈俟拏解到京，其由何路經行出口之
處，交軍機大臣審明後，即行正法外，其沿途地方官員俱著查明議處。
……查達什哈係準噶爾賊人，前從邊上被獲時，即應正法，因其投誠前
來，安插青州，乃不思感戴，輒行逃回，情甚可惡，應請將達什哈交刑部即
行正法。再達什哈雖供稱由青州西北邊牆關處出口，不知內地地名，青州西
北，係山東、直隸、山西地方，應令該督撫查參，以為承緝不力者戒。
得旨：達什哈著即處斬，其逃走經由地方，不行查拏官員均應議處，但既未
供明內地路逕，若將三省官員通行議處，未免株累。其地方官查議之處，
著加恩寬免。至直隸、山東、山西三省督、撫、按察使、捕盜同知、通判
等，平素漫不留心，著交部察議。[21]

　　降人之投誠復叛，對於清朝而言不惟顏面無光，尤其涉及監管功能失調
之弊、亦反映人心未服之情，且內部情資恐怕因而外洩於敵。因此，對於處
置厄魯特逃人的辦法，乃唯一死刑。我們從諭旨所言「準噶爾賊人，前從邊
上被獲時，即應正法，因其投誠前來，安插青州」可知，投誠的降人與邊界
被俘獲者不同，因投誠可得到安插內地的機會。或許清朝的收容政策已廣為
邊外厄魯特人所知，如果投誠者亦正法，那麼或許就不會再有投誠之人；我
們從清廷對於降人政策的討論便可知道，「降人不來」可能是清朝更不願發
生的事，容後討論。

21　《清實錄・世宗憲皇帝實錄》，卷312，乾隆13年4月上癸亥，頁114。關於獎勵拏獲達什
　　哈之喀爾喀喀頭等台吉達什丕勒，參見註20，及《清實錄・世宗憲皇帝實錄》，卷312，乾
　　隆13年4月上壬戌，頁113-114。「軍機大臣等奏，額駙策凌奏稱，喀爾喀喀頭等台吉達什丕
　　勒，嚴飭伊屬，將青州脫逃之額魯特達什哈留心擒獲，甚屬可嘉。應請將達什丕勒紀錄
　　二次，其可否賞戴花翎之處，出自皇上天恩，四等台吉孟克，遵奉訪查，於布拉罕地方
　　將達什哈拏獲，亦屬可嘉。應請照額駙策凌所奏，賞給糅緞一疋、官用緞一疋、布四疋
　　外，仍令加賞一分；兵丁齊巴克等四人亦請照所奏，各賞給布四疋外，再加賞官用緞各
　　一疋。得旨：達什丕勒著戴翎，再著賞糅緞二疋、官用緞二疋，餘依議。」

　　達什哈最後是由喀爾喀蒙古人查獲，或許是當地人較能知曉地理形勢。達什哈若沒有被喀爾喀人發現，當可繼續在布拉罕地方活動，或許還有機會返回準噶爾部。緝拿之地在「喀爾喀游牧布拉罕地方」，地近阿爾泰山，此處位於軍事重鎮科布多西南一帶。該地有屯田之利，或許較易於謀生，又近準部，故達什哈前往藏匿。此交通樞紐重地又富經濟利益，可由以來下事例得知。康、雍年間以降，針對準噶爾部之調兵、屯田及追緝等事件，均提及此布拉罕地方，而文獻記載此地或寫作「阿拉罕口」[22]、「布拉罕路口」[23]、「布拉罕大路」[24]等名。例如，康熙59年（1720）3月，「傅爾丹領八千兵從布拉罕，同時進擊準噶爾。」[25]雍正9年（1731）6月，「夸額爾齊斯、在阿爾泰之傍。科布多城之西南。相隔不遠。而與布拉罕路口甚近。」[26]乾隆2年（1737）10月，噶爾丹策凌所派使臣，「於初五日起程；十月二十日，至布拉罕之察

22　《清史稿》，卷521，〈列傳三百八・藩部四・喀爾喀土謝圖汗部〉，頁14399。此處布拉罕口為喀爾喀地方可堪種地之區，參見「五十四年，以準噶爾策妄阿喇布坦煽眾喀爾喀，命散秩大臣祁里德率大軍赴推河偵禦。廷議屯田鄂爾坤、圖拉裕軍食，詔詢土謝圖汗旺扎勒多爾濟勘奏所部可耕地，因言附近鄂爾坤、圖拉之蘇呼圖喀喇烏蘇、明愛察罕格爾、庫爾奇呼、扎布堪河、察罕廈爾、布拉罕口、烏蘭固木及額爾德尼昭十餘處俱可耕，命公傅爾丹選善耕人往屯種。是年，詔簡所部兵駐防阿爾泰。」

23　《清實錄・世宗憲皇帝實錄》，卷110，雍正9年9月丙寅，頁460。

24　《清實錄・世宗憲皇帝實錄》，卷109，雍正9年8月甲辰，頁450-451。當時整建科布多城即考量了布拉罕、察罕叟爾等處的相關地位，據靖邊大將軍傅爾丹奏稱：「科布多修城處所，既當奇林庫里野圖大路二道，又與布拉罕大路相近；且於阿爾泰小路通連之處甚多，地方實屬緊要。臣至修城處所之時，城垣周圍已高築五尺，此際見令綠旗兵丁等加力修築，將城牆高築一丈。合計埭城共修一丈五尺，其於防守事宜已為堅固。但周圍十有二里，甚屬遼闊。見今在城兵丁共計一萬五千九百餘名，僅足看守城池，若再於城垣兩邊要隘添兵駐防，庶賊眾來時可以協力攻禦。查修城處所離察罕叟爾約計一千四百餘里。難於策應。伏乞皇上敕令盛京、船廠、黑龍江、內扎薩克等處兵丁前往築城處所、駐箚防守，於軍務實有裨益。奏入。」

25　《清史稿》，卷8，〈本紀八・聖祖玄燁三・康熙五十九年〉，頁298。

26　當時靖邊大將軍傅爾丹摺奏：「臣等遵旨公議率科布多兵丁撤回察罕叟爾地方，今陸續自賊營脫回之人俱云賊兵在夸額爾齊斯地方。」是故奏報夸額爾齊斯之地位及物資狀況，據此可知與科布多、布拉罕相近。

罕托輝。」[27]乾隆11年（1746），「有準噶爾宰桑別號通禡木特，游牧諾海克卜特爾，近索勒畢嶺，爲布拉罕、察罕托輝下游。」[28]乾隆19年（1754）10月，署定邊左副將軍班第「遣兵由彼越索勒畢嶺，進至布拉罕之察罕托輝、額貝和碩地方，將準噶爾宰桑庫克新瑪木特、通瑪木特悉行擒獲，收厄魯特兵一百五十餘名。」[29]乾隆20年（1755）9月，參贊大臣哈達哈等奉旨，即派員領兵丁一千名，「前往布拉罕、察罕托輝等處追捕阿睦爾撒納。」[30]乾隆27年（1762），「烏梁海人等在布拉罕、察罕托輝耕種，俱獲豐收；科布多相距不遠。」[31]可知布拉罕與北路軍區重鎮科布多相距不遠。（參見圖1至圖3）

　　尚有類似達什哈，由內地脫逃至口外者，卻能久居當地，數年未被發現之情形。例如，乾隆13年（1748）12月，據額駙策凌奏稱：

> 扎薩克圖汗巴勒達爾拏獲安插荊州之額魯特逃人察罕岱，解交理藩院辦理。其失察容留之巴勒達爾，應否交部議處等語。扎薩克圖汗巴勒達爾該管旗分，容留額魯特逃人居住年久，未經查出，實屬疏忽，理應交部議處。但經額駙策凌嚴飭，而巴勒達爾即能逐戶稽察，將察罕岱拏獲，尚屬可恕，著加恩寬免；其容留察罕岱之蒙古多爾濟等，亦著照策凌所奏，令由本處懲治。察罕岱俟解送來京，該部定擬請旨。[32]

此案當是因查緝達什哈的後續稽察，如果當時沒有逐戶清查，這些逃人可望長久居留該地，當地似亦不以爲意。若尋獲此等人犯，審訊後即行「正

27　《清實錄・高宗純皇帝實錄》，卷56，乾隆2年11月上壬戌，頁922。
28　《清史稿》，卷523，〈列傳三百十・藩部六・杜爾伯特〉，頁14490。
29　《清實錄・高宗純皇帝實錄》，卷475，乾隆19年10月下癸酉，頁1140-1141。
30　《清實錄・高宗純皇帝實錄》，卷496，乾隆20年9月上甲申，頁239-240。
31　《大清會典事例》（漢籍電子文獻資料庫），卷179，〈户部二八・屯田二・北路屯田・乾隆二十七年〉，冊3，頁22。
32　《清實錄・高宗純皇帝實錄》，卷324，乾隆13年9月上庚申，頁349。

法」，相關官員亦連帶懲處。達什哈等一夥厄魯特降人自內地逃脫所引起的極大關注，相較於之前較不以為意的態度，或許也反映此時清朝對待準噶爾的和平相待態度已經改變，必須加強戒備，慎防情資外漏。[33]

厄魯特降人及其逃人可謂是一種伴生的現象。降人復逃的行為或因個人不適應，如上述達什哈之供稱，只因不適內地氣候水土，抑或有其部族利益的考量，而就清朝而言即視為叛亂。例如，雍正年間，清朝於阿拉善地區，曾將康熙朝內附之準噶爾原部四旗、和碩特部一旗、輝特部一旗，以阿拉善旗為主，短暫地籌組成地跨大漠南北的厄魯特盟。[34]其中輝特旗輔國公扎薩克巴濟、厄魯特後旗輔國公貝子扎薩克茂海，於雍正9年（1731），和通淖爾一役清朝戰敗後，茂海和巴濟二旗叛投準噶爾。[35]

然而，這些逃人現象並沒有改變持續收納厄魯特降人政策，雖然如此，在乾隆元年至20年之間，納降政策仍有變化。至於厄魯特如何安置？有何特殊性質？以下接續討論。

三、乾隆年間收納厄魯特降人之政策

清朝政權的發展過程即同時收納各地降人，厄魯特降人當中若干具有指標性的納降，不惟作為充實人力軍備的來源，也具有提振士氣、強化皇朝王化思想的作用。例如，康熙54年（1715）9月，據西安將軍席柱、吏部尚書

---

33 據承志先生引用《乾隆朝上諭檔》（中國第一歷史檔案館編，冊2，頁281）及綜合其他史料指出，乾隆14年，清廷開始討論是否進軍準噶爾的問題，且這一年也恰好是準噶爾內部開始出現明顯內訌的一年。參見承志，〈阿睦爾撒納「叛亂」始末考（上）〉，《追手門學院大學國際教養學部紀要》，第8號（2015年12月），頁53。

34 厄魯特盟所有六旗，包括：阿拉善旗、厄魯特前旗、厄魯特旗、輝特旗、厄魯特後旗、色布騰旺布旗，置旗先後及建置過程參見佟佳江，〈清雍正年間厄魯特盟史事鉤沉〉，《內蒙古社會科學（漢文版）》，1997年第2期（1997年3月），頁49-51。

35 參見註34；另見包文漢、奇朝克圖整理，《蒙古回部王公表傳》，輯1（呼和浩特：內蒙古大學出版社，1998），卷68，〈噶爾丹達爾扎列傳〉，頁470-472。

富寧安疏報，準噶爾部首領策妄阿喇布坦屬下特穆爾、伯克默特等人「首先輸誠」，將之收編入旗，「編置八旗蒙古佐領下爲兵」，且給與糧餉、產業、妻室。[36]在軍防體系裡，「厄魯特侍衛」及「新滿洲侍衛」同時擔任偵防敵情工作。[37]又如，康熙60年（1721）間，傳言策妄阿拉布坦移居伊犁、準部內部變亂之際，是年歸順之厄魯特、回子等人衆，即帶來重要情資。[38]

雍正元年（1723），策旺阿喇布坦屬下博羅特等六人來降，清朝以其「牽先向化」之舉，賜侍衛翎；而博羅特等人聲稱「有近族兄弟在貝勒博貝處爲護衛」，便進一步決議「即以此六人給博貝，加意撫輯。」[39]

乾隆18年（1753），厄魯特杜爾伯特部台吉策凌、策凌烏巴什率衆三千戶，自伊犁河起行來歸等納降之舉，均承自康熙年間「撫其衆且護以兵」之策。[40]由此可推知清朝收編準噶爾部衆，給予名衛職缺，並使其家人團聚，此一原則基本上亦爲乾隆年間承襲。

厄魯特降人與逃人的伴生現象於乾隆年間仍不斷發生。上述乾隆18年（1753），厄魯特杜爾伯特部台吉策凌、策凌烏巴什率衆來降三千戶，其

36　《平定準噶爾方略前編》，卷3，康熙54年9月辛酉，〈賞賚厄魯特降人特穆爾伯克默特等歸旗編伍〉，冊357，頁55。

37　《平定準噶爾方略前編》，卷3，康熙54年12月丙寅，〈命撤噶斯口官兵分駐肅甘二州〉，冊357，頁55-56，「時命此等侍衛駐箇色爾騰、柴達木所在形勝處，偵探入報。」

38　《平定準噶爾方略前編》，卷9，康熙60年6月乙卯，〈命靖逆將軍富寧安收撫吐魯番〉，冊357，頁156-157。方略館館臣亦謂，先前康熙59年，土魯番額敏和卓「率先內附」，反映準噶爾部不能撫衆，致使清朝成爲投誠目標；另參見《平定準噶爾方略正編》，卷1，乾隆18年11月甲戌，〈定邊左副將軍富珬扎布奏報準噶爾都爾伯特台吉策凌及策凌烏巴什率部衆三千餘戶來降〉，冊358，頁1-4。

39　《平定準噶爾方略前編》，卷12，雍正元年9月甲申，〈賜準噶爾降人博羅特達什扎卜侍衛翎〉，冊357，頁194-194。此處「貝勒博貝」似爲光緒年間，扎薩克多羅貝勒多布沁札木楚之太祖父，其事蹟待進一步考察。參見「人名權威資料查詢」：http://archive.ihp.sinica.edu.tw/ttsweb/html_name/search.php。（2014年12月13日點閱）

40　《平定準噶爾方略正編》，卷1，乾隆18年11月甲戌，〈定邊左副將軍富珬扎布奏報準噶爾都爾伯特台吉策凌及策凌烏巴什率部衆三千餘戶來降〉，冊358，頁1-4。

中策凌孟克之子巴朗，即帶領二百人逃竄。[41]著名的厄魯特阿睦爾撒納其來投與逃離，引起清朝另一波征伐西北，且與哈薩克、俄羅斯進行交涉的核心人物。乾隆19年（1754）5月，清廷得知準噶爾大台吉阿睦爾撒納意欲投誠；[42]7月，阿睦爾撒納與達瓦齊離異，攜帶四千餘戶前來投誠；[43]7月8日，阿睦爾撒納進入卡倫內，共兵五千餘名，婦女人眾約共二萬；[44]至乾隆20年（1755），清軍平定準噶爾部後，阿睦爾撒納亦「叛逃」。[45]

　　乾隆36年（1771），部分土爾扈特部由渥巴錫帶領自伏爾加河流域東返至伊犁，雖然清朝與土爾扈特並非交戰國，前來投靠與舉部投誠作為清朝降人之概念，不完全相同，但仍可將之視為清朝收留厄魯特降人的廣義範圍。[46]清朝亦將土爾扈特人繪製圖說編入《皇清職貢圖》，使之成為清朝邊民之新成員。土爾扈特東歸一事被乾隆皇帝視為「全部蒙古歸順」，[47]至此厄魯特降人及逃人亦不再成為清朝的課題。

41　《平定準噶爾方略正編》，卷3，乾隆19年6月戊辰，〈命將軍策楞等派兵擒拏逃人巴朗等〉，冊358，頁41。

42　《平定準噶爾方略正編》，卷3，乾隆19年5月乙巳，〈命預備收納降人阿睦爾撒納等事宜〉，冊358，頁35-36。

43　《平定準噶爾方略正編》，卷3，乾隆19年7月丁酉，〈定邊左副將軍策楞等奏報準噶爾輝特台吉阿睦爾撒納來降〉，冊358，頁45-46。

44　《平定準噶爾方略正編》，卷3，乾隆19年7月庚子，〈命籌辦接濟降人事宜〉，冊358，頁47-48。

45　關於阿睦爾撒納的「叛亂」評價，以及作為英雄及叛者的兩種形象值得重新評估，而評估的基礎點正是滿文檔案所記載的重要卻尚未被充分利用的史實。參見承志，〈阿睦爾撒納「叛乱」始末考（上）〉，《追手門学院大学国際教養学部紀要》，第8号（2015年），頁41-73。

46　將清朝接收東邊的土爾扈特部列入收留厄魯特降人之舉，此概念可對比於乾隆年間編纂《御製詩文十全集》，〈再定準噶爾〉（北京：中國藏學出版社，1993），亦收錄有關清朝宴賜土爾扈特部首領的詩文，可知清朝對土爾扈特部東歸的看法，延續征服準噶爾部而來，至此收編了「四衛拉特」。

47　《御製詩文十全集》，卷9，〈再定準噶爾第三之四〉，頁90；〈伊犁將軍奏土爾扈特汗渥巴錫率全部歸順詩以誌事有序〉：「今土爾扈特復隸我藩屬，於是四衛拉特之眾，盡撫而有之，可謂盛矣。」、「從今蒙古類，無一不王臣。」

但是在土爾扈特部東遷之前的三十年間，不惟不知清準關係之前景為何，征服西域尚在未定之數，就連官員對於持續收納厄魯特降人之策，也曾表示不認同。乾隆初年，當時清準雙方已遣使進行界務和貿易談判，同時又收容厄魯特降人確實是矛盾之舉。

乾隆7年（1742）9月8日，正黃旗滿洲副都統巴爾品上奏，婉轉表達收留降人之舉有損清朝與準噶爾兩國的和平關係。其滿文奏書曰：

> 奴才巴爾品謹奏，為盡愚誠恭請聖鑑事。……聖主以天心為心，好生推德，曉示準噶爾使臣，彼已行朝覲之道。此實為視內外如一，普慈天下之至意。伏惟軍營仍接受自準噶爾來投之厄魯特，帶往保護贍養，給其家產，此雖為懷遠獎順之道，惟已曉示其使臣，且又接其投誠之人，於示顯寬大之道有礙，且將使準噶爾另有二心也。再此等人似蛇蟒，如豺狼，終將難使其心信靠。設若準噶爾遣使來書，索取此幫人等，應允給之，則從前恩恤皆成枉然，非顯威勢之道；若允以不給，則敗壞曉示使臣之義，尤非示以德性之心。因此，威、德二項俱不可全，似非萬全之道。況且聖主妙慈，天下甚為太平，凡天覆地載皆致王化。外夷〔tulergi i〕準噶爾全行朝貢，遣使輸誠，應示中國之寬大、聖主之至誠。請旨諭示邊臣，此後若有此等投誠之人，去文曉以大義，使來者一併送返其境。如此無需辦理自軍營帶送京師、安排駐地等冗務。且聖主之妙慈，中國之至大者也，愈可示之所有外藩蒙古〔tulergi monggoso〕，此雖非要緊大事，而似於治道稍有關矣。……乾隆七年九月初八日。奉旨，著軍機處大臣看。欽此。[48]

---

[48] 〈巴爾品奏請不必收留準噶爾來歸之人摺〉（乾隆7年9月8日），《軍機處全宗》滿文摺件，中國第一歷史檔案館藏，檔號：03-0173-1233-018。此摺另見中國第一歷史檔案館、中國邊疆史地研究中心合編，《清代新疆滿文檔案彙編》，冊6，頁103-105。滿文音讀轉寫如下：aha barpin gingguleme wesimburengge. mentuhen unenggi be akūmbume. enduringge ejen i genggiyen i bulekušere be baire jalin.. ...enduringge ejen abkai mujilen obume, banjibure amuran

爲此乾隆皇帝交軍機大臣議奏，軍機大臣鄂爾泰等人認爲，巴爾品並不知曉當時朝廷對準部的外交政策及互動現狀，認爲其議無庸考慮。鄂爾泰等人滿文議覆：

> 臣等看得副都統巴爾品奏書，其意雖是，然因不曉其中緣故，故如是上奏。查得，從前富鼐、阿克敦等出使準噶爾地方時，皆曾請旨，噶爾丹策凌若提及逃人之事，則以吾大皇帝並無諭示有關逃人之事，故設若訂定大事，商議此等瑣事皆易也等語，預備向彼言說之辭前往。若有此等特意自彼處投誠之人，其形勢概略，可得而知之也，且收留安置投誠之人，並無牽連項目之故，噶爾丹策凌若議請相互不許留容逃人，我等即依照所請允之。適才哈柳議定邊界時並無提及逃人情形，故巴爾品所奏可無庸議矣。〔乾隆七年九月二十一日具奏，奉旨，知道了。欽此。〕[49]

erdemu be badarambufi. jun gar i elcin be hafumbume. ini hengkilenjire doro be yabubuhabi. ere yargiyan i dorgi tulergi be emu adali tuwara. abkai fejergingge be bireme gosire ten i gūnin. damu donjici. coohai kūwaran ci kemuni jun gar baci dahame jihe ūlet be alime gaifi benjimbi. benjihe manggi. karmatame ujime boigon hethe bahabumbi. ere udu goroki be bilure dahashūn be huwekiyebure doro bicibe. damu emgeri ini elcin be hafumbuha bime. geli ini dahame jihe urse be alime gaici. onco amba be tuwabure doro de goicuka bime. jun gar i gūnin be juwedebumbi. jai ere jergi urse serengge. meihe jabjan i gese. niohe jarhū i adali. terei gūnin be dubentele akdulara de mangga sere anggala, aikabade jun gar elcin takūrafi bithe wesimbume. ere jergi urse be baire ohode. acabume buci. onggolo isibuha kesi mekele oho bime. horon be tuwabure doro waka. acabume burakū oci. elcin be hafumbuha jurgan be efulehe bime. erdemu be tuwabure gūnin waka. uttu oci. horon erdemu juwe hacin be yooni yongkiyabume banjinarakū be dahame. tumen de yooni ojoro doro waka gese. tere anggala enduringge ejen i ferguwecuke gosingga. abkai fejergi i umesi taifin de. yaya abkai elbehe na i aliha ele bade gemu wen de foroho. tulergi i jun gar yooni hengkilenjime elcin takūraha de dahame. ele dulimbai gurun i onco ambalinggū. enduringge ejen i umesi unenggi be tuwawbuci acambi. bairengge jase jecen i ambasa de hese wasimbufi. ereci amasi. ere jergi dahame jiderengge bici. amba jurgan be tucibume bithe unggifi. dahame jihe urse be suwaliyame ini jecen de benebureo. uttu ohode. coohai kūwaran ci benjire. ging hecen de icihiyafi tebure largin baita akū bime. enduringge ejen i ferguwecuke gosingga. dulimbai gurun i umesi ambalinggū be. ele tulergi monggoso de tuwawbuci ombi. ere udu oyonggo amba baita waka bicibe. dasan i doro de majige holbobuha gese. ...abkai wehiyehe i nadaci aniya uyun biyai ice jakūn. [hese. coohai nashūn i ambasa tuwa sehe...]。

49 〈鄂爾泰奏巴爾品所奏準噶爾來歸之人不必收留之處毋庸議片〉（乾隆7年9月21日），《軍機處全宗》滿文摺件，中國第一歷史檔案館藏，檔號：03-0173-1233-020。此摺另見《清

　　據此可知，清朝赴準部使臣已曾先就逃人問題進行預備問答，且軍機大臣亦認為：「噶爾丹策凌若議請相互不留容逃人，我等即依照所請允之。」此即反映清朝並非對收留降人毫無顧忌，也不堅持一定收留，維持和平現狀應更為重要。值此乾隆7年之際，準噶爾方面尚未要求針對處理逃人問題進行談判、或要求不許留容、或索還逃人，因此，清廷並未改變收納政策。

　　然而，並非所有準噶爾降人均予以收留。自準噶爾來投之俄羅斯人，則不在收留範圍，此例約始於雍正12年，因向與俄羅斯定議不相容留逃人，故將俄羅斯逃人送還。[50]另外，亦有準噶爾部之喇嘛來投之案例。[51]

　　準噶爾方面對於其內部之人投誠清軍的行為，並非完全無動於衷。乾隆8年（1743）12月，定邊左副將軍額駙策凌奏稱，據巴彥珠爾克親軍喀蘭

代新疆滿文檔案彙編》，冊6，頁105-107。滿文音讀轉寫如下：amban be. meiren i janggin barpin i wesimbuhe bithe be tuwaci. terei gūnihangge inu bicibe. erei dorgi da turgun be. i sarkū ofi. uttu wesimbuhebi. baicaci. neneme funai. akdun sebe elcin obufi. jun gar i bade takūraha de. gemu hese be baifi. ukanju i baita be, g'aldan cering aika jonoci. meni amba ejen umai ukanju i baita be hese wasimbuha ba akū. tuttu seme amba baita aika toktoci. ere jergi buyarame baita be gisurere de gemu ja seme. ini baru gisurere gisun be belhefi. gamaha bihe. ere cohome tubaci dahame jidere niyalma bici. ceni ba arbun muru be bahafi saci ombime. dahame jihe niyalma be bibufi tebuhe de. umai holbobuha hacin akū i turgun. g'aldan cering aika ukanju be ishunde singgeburakū babe baime gisureci. muse uthai terei baiha songkoi obumbi. jakan halio jecen toktobume gisurere de. umai ukanju i babe jonohakū be dahame. barpin i ere wesimbuhe babe gisurere ba akū obuki sembi...[abkai wehiyehe i nadaci aniya uyun biyai orin emu de wesimbuhe. hese saha sehe...]。此奏書中關於清朝派遣使臣赴往準噶爾議事談判的過程，尚待進一步考查。

50 《清實錄‧高宗純皇帝實錄》，卷269，乾隆11年6月下辛卯，頁503。「軍機大臣議奏，定邊副將軍額駙策凌將自準噶爾投來之俄羅斯人伊番解京。查雍正12年，俄羅斯婦人伊納博克來投，因向與俄羅斯定議不相容留逃人，仍命送還，今應照此例，令理藩院行文俄羅斯，并派員將伊番解送至恰克圖地方，交俄羅斯守邊頭目。從之。」此處所謂雍正12年俄人來投之例，似亦指來自準噶爾部。另見《平定準噶爾方略前編》，卷49，乾隆11年6月辛卯，〈命還俄羅斯逃人〉，冊357，頁706。

51 安西提督綽爾多，〈奏報遵旨照例辦理準噶爾投誠之喇嘛摺〉（乾隆17年10月20日），《宮中檔奏摺乾隆朝》，國立故宮博物院藏，文獻編號：403002717。此喇嘛來投案件涉及中途被獲復逃、堅不肯離去之情，決議經肅州解送至京師，交理藩院安插。目前所見，乾隆二十年之前，定邊左副將軍、安西提督、陝甘總督等奏報準噶爾處脫出之人來投案件甚多，尚待進一步彙整分析。

泰報稱：「準噶爾逃人格布克於卡倫外，被噶爾丹策零所遣厄魯特拜什里拏獲，應令攜回。後如有似此事件，於卡倫外被獲者，均照此例辦理。得旨：甚是。知道了。」[52]由此可知，準噶爾不將逃人問題正式向清朝提出，並不表示同意放任屬民出走。又策凌亦曾就巡查準噶爾放卡情形，發現「準噶爾以防範逃人為辭，從原舊放卡處，漸次移近我卡。」[53]雙方卡倫設置、移動地點，與已畫界線、圖籍是否相符，均是稽查重點。厄魯特蒙古或作為準部之逃人、或作為清軍之降人，都可能是邊防衝突的引爆點。

　　乾隆初年，清準關係由和平穩定、多管道交流，轉向不穩定、重啟戰略模式的轉折點，應是乾隆9年（1744），首領噶爾丹策零病故之後。此亦導致清廷官員對於收納降人之策持懷疑態度。乾隆10年（1745）正月，甘肅巡撫黃廷桂奏報應重新考慮厄魯特降人之政策：

> 向來沿邊蒙古及哈密、瓜州回民，并準夷人等投誠，或令本處團聚，或於別處安插。今聞噶爾丹策零病故，恐其部落內亂，致生事端，嗣後辦理投誠夷人，應請少加分別，如蒙古、番、回，原非準夷所屬，仍照前例辦理。若有準夷頭目率眾來款，應請旨定奪，如不過一二無關緊要夷人前來歸命，或羈管哈密，候夷使進貢，曉諭帶往；或即于卡倫外賞給口糧，令自行回巢。得旨，軍機大臣議奏。
>
> 尋議：查噶爾丹策零病故與否，未有確信，如彼處有事，酋目率眾，款關投誠，應如所奏，請旨定奪；至尋常投誠之人，仍照舊例辦理，無庸令夷使帶回，及令自行回巢，致失懷遠之義。從之。[54]

52　《清實錄‧高宗純皇帝實錄》，卷206，乾隆8年12月辛亥，頁651。

53　《清實錄‧高宗純皇帝實錄》，卷228，乾隆9年11月上丙戌，頁949-950。

54　《清實錄‧高宗純皇帝實錄》，卷257，乾隆11年正月下乙未，頁327-328。

但決策核心認為，「若有準夷頭目率眾來款」，確實應請旨定奪。其它尋常降人，不必等準噶爾使臣來到令其帶回，是故仍以實踐「懷遠之義」為原則。然而，對於地方官員而言，降人數量及來降目的之不確定因素，需同時兼顧納降與備戰，應是一項額外的負擔。

收納降人最為顧忌之事，仍是唯恐引起準噶爾部之反彈。有一降人案例十分特殊，乾隆12年（1747）巴雅爾案。此案之降人簡直就是個燙手山芋。厄魯特人巴雅爾原為跟隨準噶爾使臣之人，因故潛逃，又再來投靠清軍，由安西提督李繩武受理。李繩武奏稱：

> 詢問自準夷投來之厄魯特巴雅爾，據稱：伊係去年隨同來使瑪木特前來之人，回巢時，因副使都喇勒哈什哈出痘，令伊調治，未痊身故，瑪木特不令伊同行；都喇勒哈什哈從人又欲將伊加害，兩次潛行逃歸，在路被獲，今又乘間逃來等情，應將巴雅爾照例料理解京等語。[55]

而乾隆皇帝、軍機大臣均以為不可按照前例，遂將需要問訊者皆送京師，諭示曰：

> 此係近日隨同夷使來京之人，又有逃回兩次被獲情節，今來投誠，彼處斷無不知，非從前投誠之人可比。李繩武應具奏請旨辦理，乃即向伊詳問彼處一切情事，解至京師，辦理甚屬不合。但此時若再令回巢，伊必備細歸告緣由，反令彼此疑惑，致生事端。此案著即照此完結。[56]

申斥李繩武未將此特殊情況請旨辦理，本案至此陷入進退兩難。因惟恐引發兩國手端，竟只能按現況結案，靜觀其變。

---

55 《清實錄‧高宗純皇帝實錄》，卷292，乾隆12年6月辛未，頁832。
56 《清實錄‧高宗純皇帝實錄》，卷292，乾隆12年6月辛未，頁832-833。

　　然而，乾隆皇帝並非完全沒有懷疑過收納政策的實質作用。因爲上述巴雅爾之案，便於諭旨中言及新訂之收納原則：

> 朕思屢收此等投誠之人，竟無裨益。從前用兵時，尚欲得其信息，方今罷息干戈，伊等甚屬恭順，來使交易往來，並無事端，得其信息與否，無甚關係；且此投誠人內，大抵皆沿邊居住，或幽僻處所者居多，彼處要緊大事，未必稔知，即伊道聽之言，亦難憑信；假如一人前來，謂彼處有進兵之信，可即信其言，遽爾出征乎！亦不過仍照原議，同守疆界耳。
>
> 現今將若輩收留安插，不但需費繁多，將來辦理，亦費周章；但定界時，並未議及不准收納逋逃，未便將投來之人即行拏解伊處。嗣後如有投至卡座者，務須問明，逃時曾否有人知覺，或有無追拏之處。如有前項緣由，不必詳問彼處秘密之事，即諭以「現今和好，爾台吉甚屬恭順，大國施恩不比從前；汝國逃來之人，未便收留，若拏獲遞回，又恐致汝被罪，將令其自回」之處，明白曉諭，不必令進卡座。倘自彼處來，無人知覺，又並無追拏等情，問明後送至軍營，聽候辦理。可密諭兩路軍營大臣等知之。[57]

乾隆皇帝不得不承認，收納此等降人沒有得到什麼好處。但也給予臣下一個收與不收的原則，即先確認來投之人「逃時曾否有人知覺，或有無追拏之處」；如果「無人知覺，又並無追拏等情」，才可使之進入卡倫內，送至軍營，而且「聽候辦理」，再不能比照前例，直接建議送往寧古塔或京口駐防安插。

　　也因爲巴雅爾案，地方官員在收納降人時，亦多了一層考量。乾隆12年（1747）9月，定邊副將軍額駙策凌奏稱，本年7月，準噶爾烏梁海杭噶勒

57　《清實錄‧高宗純皇帝實錄》，卷292，乾隆12年6月辛未，頁832-833。參見《平定準噶爾方略前編》，卷50，乾隆12年6月辛未，〈命兩路軍營大臣分辦理投誠人等〉，冊357，頁729-730。

投誠，已問明「伊逃來時，與一蒙古台吉額倫同逃，額倫已被人拏回，伊一
人步至邊卡，已遵旨阻回。」因為乾隆皇帝曾指示，認為既然有追兵前來拿
索逃人，應當不予收納，並且奏稱日後後續處理方法：

> 嗣後除即行阻回者，無庸另議，其有畏本處治罪，不肯回巢者，臣等難以辦
> 理，請酌量照前收留，俟夷使進貢來京時，將不容留逃人之處，曉諭準噶爾
> 台吉，彼必愈加感激，臣等亦得遵循辦理。
>
> 得旨：此次投誠之杭噶勒，其情節並不與巴雅爾相似，乃遽令阻回，辦理殊
> 屬拘泥。嗣後有似此，及必不願回巢者，仍著收留安插。[58]

　　李繩武的判斷及處理原則雖符合乾隆皇帝前旨，但是，中央決策核心仍
認為「不願回巢」之降人應予以收納。據此，先前唯恐準部因逃人入卡導致
兩國爭議，又成為次要考量。

　　不久之後，同年11月，李繩武又遇上降人巴顏庫車克等人來投，且得
知「逃出時，曾被人知覺，又有被追拏情節」；因此，「理宜遵旨阻回」，不
便收留。但「巴顏庫車克情急，取出佩刀，意欲自盡，苦求收留」，李繩武
只好上奏請旨。針對此案，乾隆皇帝認為，李繩武仍不明白收納原則：

> 朕從前降旨，如有投誠人至邊卡時，即將伊曾否遇見彼處之人，及有無追拏
> 情事，詢明辦理，特為此等投來人內，有從前逃出被擄，後復投誠者。其中
> 情節，彼處人業已深悉，是以令伊等詢問明白，不令收留。今巴顏庫車克等
> 三人內，一人經額敏和卓查明，係伊屬下部落，其無檔案可稽之二人，亦稱
> 係自幼被擄，伊等雖非內地之人，並無被獲復逃情事。李繩武自應斟酌辦

---

58 《清實錄・高宗純皇帝實錄》，卷303，乾隆12年11月下乙卯，頁966。參見《平定準噶
　　爾方略前編》，卷50，乾隆12年9月己未，〈命收留投誠人等毋得拘泥辦理〉，冊357，頁
　　735。此處《實錄》與《方略》所載日期不同。

理，乃堅持不受，所謂因噎廢食，固執太甚。況哀懇迫切，斷不肯回，情亦可憫。著傳諭李繩武，令收留伊等，照例辦理。

從前額駙策凌，以投誠之杭噶勒曾遇見彼處之人，即行阻回，經朕批諭，所辦甚屬拘泥，再有似此不願回去者，仍著收留。今覽李繩武所奏，伊等皆未能領會前降諭旨，著將此再行傳旨，曉諭兩路軍營大臣。嗣後務須審度情形，酌量妥辦，不得仍前拘泥。[59]

由此可知，如果降人曾有「被獲復逃」的記錄，才是不願收留之人。上諭中提及「額敏和卓」乃土魯番頭目，雍正10年（1733）間因不願受準噶爾部支配，東遷至甘肅，此時額敏和卓亦成爲查明降人身分之把關者。

　　乾隆12年可謂是處理厄魯特降人、逃人最爲棘手的一年。除了前述巴雅爾案、烏梁海杭噶勒案、巴顏庫庫克案等，接二連三的降人投誠案件，反映中央和地方對於接收原則認知不同，亦有重大逃人案件發生，例如，乾隆12年（1747）6月，已安插約束之投誠準噶爾烏梁海泯達遜一戶，「私自逃回，旋經挐獲」；定邊左副將軍額駙策凌審理奏報，將泯達遜等正法，其子索雲解送理藩院照例辦理；奉旨「俟到京日，交刑部長遠圈禁。」[60]此外，朝廷檢討應如何進一步防範逃人，包括加強約束、不時巡查卡倫等，但又恐刺激此等逃人，致生事端，故而「平日防範之處亦不宜顯露形跡，過於聲張，致令伊等妄生疑懼，惟暗中留心防範，方爲妥協。」[61]但即使如此防範，是年年底仍發生本文一開始討論的安插青州厄魯特降人達什哈案，案發之初地方

---

59 《清實錄・高宗純皇帝實錄》，卷303，乾隆12年11月下乙卯，頁966。另見《平定準噶爾方略前編》，卷50，乾隆12年11月乙卯，〈申諭兩路軍營大臣等酌收投誠人等事宜〉，冊357，頁735。

60 《清實錄・高宗純皇帝實錄》，卷292，乾隆12年6月上戊辰，頁829-830。

61 《平定準噶爾方略前編》，卷50，乾隆12年6月戊辰，〈定防範逃人事宜〉，冊357，頁728-729。這些防範原則前注之《實錄》並未載入。

官並未立即奏報，表現態度明顯與中央不同。

前引乾隆皇帝諭旨，他所謂的不可拘泥、審時度勢之原則，安西提督李繩武經過幾次辦理後，倒也能掌握要領。乾隆13年（1748）5月，阿濟巴勒第、呢雅斯二人前來投誠，經查明原查係土魯番額敏和卓部落人，被準噶爾擄後私自逃回，「雖有被獲復逃情節，但遣之不去，哀懇迫切」；因此，請旨定奪可否收留。時軍機大臣等議覆，「雖經被獲復逃，尚無追逐縱跡」，故應予以收留。[62]

乾隆皇帝與臣下對於收納厄魯特降人的看法不一，不止是那些位於前線之邊臣，亦有身爲決策核心的軍機大臣，這可由是否應沒收降人器械之議觀察。軍機大臣劉統勳等要員於奏請酌帶賞需一摺中，若干提議引起乾隆皇帝特別注意，爲此特諭軍機大臣等：

> 劉統勳等奏酌帶賞需一摺內稱：準噶爾頭目如果有交納軍器，實心向化者，應酌予賞賚等語，所奏非是。準夷投誠人眾所需軍器，若令其一一交納，則是激之，使反拒之使不來，既阻其向化之誠，復啓其疑貳之漸，焉有如此辦理之法。若果應行獎賞，則當其率眾歸誠，朕自有格外加恩之處。如近日北路之阿睦爾撒納等來降，何嘗不厚加寵錫。如以其投誠交納器械，軍營將軍即行議賞，則是以我財幣賄誘來降，幾似利其所有而爲之矣。況囊載鉅萬而往，是啓賊人以搶掠之門也。此從前岳鍾琪等辦理錯謬，豈可復蹈前弊。劉統勳原係漢人，軍務非所諳練，鄂昌外任年久，乃亦漸染綠營惡習，爲此陳奏，甚屬不合，著飭行。[63]

62　《清實錄・高宗純皇帝實錄》，卷315，乾隆13年5月下丁未，頁177-178。另見《平定準噶爾方略前編》，卷51，乾隆13年5月下丁未，〈議定分別安插投誠人等事宜〉，冊357，頁752。此案《實錄》省略較多，《方略》則完整交待處理過程。

63　《清實錄・高宗純皇帝實錄》，卷477，乾隆19年11月下庚子，頁1164-1165。

　　乾隆皇帝申明安置政策要顧及不可阻擋降人投誠的心意，亦不可引起不安猜疑；收納降人政策亦非「以利誘使」；臣工具有的漢人心態、漸染綠營惡習等性質，均成為安置降人的辦法與態度中不應存在的因素。

　　事實上，隨著準噶爾內部形勢的變化，清朝不曾中斷任何蒐集彼方情資的機會，降人仍是重要的情資管道。經常授以職缺，妥善安置，使之轉向為清廷效力。例如，乾隆15年（1750）9月，準噶爾宰桑薩喇爾率所屬來降，呈報準噶爾台吉策旺多爾濟那木扎勒為其下所弒之相關過程。辦理青海番夷事務副都統班第將薩喇爾送京，經軍機大臣訊問，據稱：

> 策旺多爾濟那木扎勒疑忌其姊夫賽音伯勒克，賽音伯勒克遂與宰桑厄爾錐音等同謀，將策旺多爾濟那木扎勒殺害，立其兄喇嘛達爾扎。因我台吉達什達瓦為策旺多爾濟那木扎勒所信任，亦遂擒拏，又拘喚大策零敦多布之孫達瓦齊，達瓦齊不肯前往，喇嘛達爾扎以其人眾地險，亦未敢相迫。至我台吉被擒後，又欲將我等戶口，分賞各宰桑，是以我等來降等語。

其後軍機大臣具奏「請將薩喇爾等照例安插，賞給畜產等項，編設佐領，即令薩喇爾管理」；後來安插於察哈爾，授薩喇爾為散秩大臣。[64]由此可見，雖

---

64 《清實錄·高宗純皇帝實錄》，卷373，乾隆15年9月下辛酉，頁1119-1120。另見《平定準噶爾方略前編》，卷52，乾隆15年9月辛酉，〈準噶爾宰桑薩喇爾率所屬來降報準噶爾台吉策旺多爾濟那木扎勒為其下所弒〉，冊357，頁772-773。此處亦略述宰桑薩喇爾呈告之前，清朝方面所掌握的情資：「先是，沙喇克來降時，稱策旺多爾濟那木扎勒昏暴不理政事；其姊烏蘭巴雅爾代管諸務，又為策旺多爾濟那木扎勒所疑，送往回地羈禁等語。及敦多布等來降又稱：策旺多爾濟那木扎勒自知兇暴淫亂，懼眾人謀害，可代伊立為台吉者惟喇嘛達爾扎一人，欲托言至沙喇拏勒行圍，將喇嘛達爾扎謀害。有台吉賽音伯勒克，與為首宰桑厄爾錐音、袞布、勒朝吹鄂羅巴瑚巴哈曼集、那木扎多爾濟、博和爾岱商謀，乘策旺多爾濟那木扎勒行圍，即將伊擒住，另立喇嘛達爾扎為台吉。經小策零敦多布之子達什達瓦密告其謀，策旺多爾濟那木扎勒聚兵，將厄爾錐音擒獲，袞布等聞知，隨即領兵將厄爾錐音奪回；復將策旺多爾濟那木扎勒擒住，其兩目併達什達瓦俱送往阿克蘇囚禁，遂立喇嘛達爾扎為台吉等語。」另參護理山西巡撫廣東布政使朱一蜚，〈奏報護送準噶爾投誠夷人薩刺爾等至查哈爾地方安插事〉（乾隆16年1月17日），《軍機處檔摺件》，國立故宮博物院藏，文獻號：006365。

然乾隆皇帝曾抱怨收納投誠之人用處不大，但重要情資仍由此降人管道而得。事實上，乾隆17年（1752）2月初2日，準噶爾使臣圖卜濟爾哈朗曾要求清廷賜回薩喇爾，清廷斷然拒絕了此番要求，沒有歸還薩喇爾。[65]由此亦可知，當時確實爲了安置厄魯特降人冒著與準噶爾失和的風險。

表1　乾隆年間重要厄魯特降人、降人復逃案例一覽表

厄魯特降人案例					
序號	年／月	人　名	人數	出逃地點	備　　註
1	乾隆5年（1740）5月	噶克	1人	察哈爾	《清實錄》
2	乾隆7年（1742）12月、乾隆10年（1745）	特古斯、多拉墨等	3戶	先安插寧古塔後至琿春	《琿春副都統衙門檔》特古斯於途中病故，多拉墨配給同行的庫本。
3	乾隆8年（1743）2月己亥	阿必達、鄂勒錐等	6人	寧古塔	《平定準噶爾方略前編》
4	乾隆8年（1743）2月	巴圖爾	1人	江寧	《平定準噶爾方略前編》其妻爲鄂勒錐，其後亦發往江寧。
5	乾隆12年（1747）	巴雅爾	1人	不明	《清實錄》前有兩次逃歸被獲紀錄。

65　薩喇爾原是準噶爾達什達瓦屬人，庫圖齊納爾鄂托克宰桑。有關薩喇爾的圖像、提供的情報，以及來附人眾的實際數目和長期被誤記的情況，參見承志，〈阿睦爾撒納「叛乱」始末考（上）〉，頁55-56。承志先生引用的原始滿文史料主要是：《清代新疆滿文檔案彙編》，冊8，頁131-141；中國第一歷史檔案館、中國邊疆民族地區歷史與地理研究中心合編，《軍機處滿文準噶爾使者檔譯編》，冊下（北京：中央民族大學出版社，2009），滿文原件見頁2469-2474，漢譯文見頁2767-2768。

6	乾隆12年（1747）11月	巴顏庫車克等	3人	不明	《清實錄》《平定準噶爾方略前編》
7	乾隆13年（1749）5月	阿濟巴勒第、呢雅斯	2人	口外京口	《平定準噶爾方略前編》阿濟巴勒第發往其弟兄所在的札薩克，故於口外。
8	乾隆13年（1749）5月下己亥	尼瑪	12人	先至寧古塔，後至琿春。	《平定準噶爾方略前編》《琿春副都統衙門檔》
9	乾隆15年（1750）9月	薩喇爾等	不明	察哈爾	《清實錄》《平定準噶爾方略前編》《軍機處檔摺件》
10	乾隆18年（1753）10月21日	策凌、策凌烏巴什	3000戶	喀爾喀推河、洪郭羅、阿濟爾罕地方	《平定準噶爾方略正編》
11	乾隆19年（1754）7月	庫本	70餘人	先在沿邊，後至喀爾喀科布多地區。	《清實錄》
12	乾隆19年（1754）5月	阿睦爾撒納	4000戶	阿爾台以內	《平定準噶爾方略正編》
13	乾隆36年（1771）	部分土爾扈特部	不明	伊犁	《御製詩文十全集》《皇清職貢圖》

厄魯特降人復逃案例				
序號	年／月	人　名	人數	出逃地點	備　　註
1	乾隆12年6月（1747）	泯達遜	1戶	不　明	《清實錄》

2	乾隆12年（1747）至13年4月（1748）	達什哈等	6人	山東青州（山東濰坊市益都縣）	《清實錄》《平定準噶爾方略前編》《軍機處檔摺件》博羅特等五人先於博山縣被捕。
3	乾隆13年9月（1748）	察罕岱	1人	荊州	《清實錄》
4	乾隆19年6月（1754）	策凌孟克之子巴朗	200人	喀爾喀	《平定準噶爾方略正編》
5	乾隆26年（1761）	多爾濟	1人	東北三姓地方（今黑龍江伊蘭縣）	中央研究院歷史語言研究所藏《明清內閣大庫檔案》
6	乾隆20年（1755）	阿睦爾撒納	4000餘戶	赴熱河觀見中途	《平定準噶爾方略正編》雙方發生戰爭。

四、厄魯特降人的安置方式

厄魯特降人依人數多寡而有不同的安置形式，有大批來降者，亦有個別派往各地關外、內地各八旗駐防地點安置；乾隆年間的新發展主要是多次安置於內地，本章主要討論這個部分。

清朝滿洲政權以八旗制度歷經從部落到國家的過程，入關前的八旗分立、八分體制，隨著中央集權的強化，入關後八分形式隨著原先旗主的故去及特權力消失，已不復存在，轉爲皇帝領有上三旗、宗室王公領下五旗之勢，尤其入關後實行八旗俸餉制，旗人對旗主不再有經濟依賴，原本經濟上八分的獨立性與多元化、轉變爲中央一體化；同步發生的，是王公貝勒的議政體制、八旗各置官屬之制均漸次取消。在軍事方面八旗制度亦有相當大的

變動，入關後一大部分八旗兵被分散於全國各地長期駐防，宗王旗主則全聚居北京，便失去了對這部分軍隊的統御權；同時也逐步失去對於駐守京城的禁旅八旗，其主體八旗驍騎營、護軍營的統領權。[66]

在八旗制度走向國家中央化的過程中，亦提高八旗制度之於全國的重要性，即是透過駐防體系，分別在畿輔、各省，以及邊疆地區設置駐防區；邊疆地區包括東北、蒙古，以及伊犁地區，其中蒙古地區即包括熱河、察哈爾、綏遠城。[67]除了調播八旗原有之各種族群，清廷也採取持續性措施，以編旗的方式安置於駐防地前來投靠或來降的部眾。以東北地方為例，包括布特哈八旗、「新滿洲」、索倫、錫伯等等均歷經編旗過程；[68]安插厄魯特降人亦屬此一脈絡。

為安置大批厄魯特降人，首先考慮其生計需求，及防範勾串等因素。例如，乾隆18年（1753）10月21日，自準噶都爾伯特台吉策凌，及策凌烏巴什等，率部眾三千餘戶自伊犁河起行，前往清軍之烏里雅蘇台邊界卡倫，請求內附。[69]次年正月，就應該安置於何地，朝臣出現不同意見。兵部尚書舒赫德主張「準噶爾之人以種地為業，不似喀爾喀蒙古賴畜牧度日，今若令往於推河等處與喀爾喀一同牧放，伊等人眾不得種地，不善牧放，殊於生計

66　杜家驥，《八旗與清朝政治論稿》（北京：人民出版社，2008），頁255-263。

67　八旗駐防的形成及特色，參見定宜庄，《清代八旗駐防研究》（瀋陽：遼寧民族出版社，2003）。該書頁83-94專論清廷為控制蒙古而設的防點，包括：南線之熱河、察哈爾、綏遠城；東線之柳條邊諸邊門、伯都訥、呼倫貝爾駐防；北線以定邊左副將軍之屬，惟清代官書不將其管領列入八旗駐防之例。有關八旗駐防衙門的地點及機構、編制，參見張德澤，《清代國家機關考略》（北京：學苑出版社，2001），頁234-240。

68　喬明君，〈近三十年來東北地區八旗駐防研究綜述〉，《滿族研究》，2010年第3期（2010年9月），頁54-66。

69　《平定準噶爾方略正編》，卷1，乾隆18年11月甲戌，〈定邊左副將軍成衮扎布奏報準噶爾都爾伯特台吉策凌及策凌烏巴什率部眾三千餘戶來歸〉，冊358，頁1-4。此次來歸人眾頗多，「合計策凌烏巴什同來部眾共三千一百七十七戶，台吉五員，喇嘛二百九十三名，同來滿洲、漢人共五十名。」

無益」；因此議請將新降之人指與「呼倫貝爾地方，與喀爾喀車臣汗之地連界，不但可以種地、亦有牧放牲畜之處。」但是軍機大臣卻認爲：「厄魯特人等雖知耕種，究賴牲畜度日，並非全恃田土種作」，又呼倫貝爾地方「該處駐劄索倫、新巴爾虎、厄魯特等，人口繁庶，牧場牧畜已孳生，若令陸續再往居住，實恐地方狹窄」；議請以喀爾喀之推河、洪郭羅、阿濟爾罕地方查明有無游牧情形，於調查後決之。[70] 又如，乾隆19年（1754）5月，清廷針對準噶爾大台吉阿睦爾撒納有意投誠，即預備收納，計畫將四千戶人眾「安插在阿爾台以內，將我卡倫向外展放，軍營向前安置。」[71]

這些大規模來投之人，日後直接成爲平準戰爭中，西、北兩路的「新降厄魯特兵」。[72] 在清準戰爭爆發前夕，乾隆皇帝曾於硃批臣工奏摺中言及此等厄魯特兵的重要性：「朕此次即滿兵亦不多用，仍以新歸順之厄魯特攻厄魯特耳！」[73]

至於零星來投者，或攜家人或獨自前來，於乾隆5年（1740）以後人數增多，朝廷因此數次調整相關收納政策。據乾隆5年5月上諭，及軍機處議奏辦理噶克等人來投，可知此前安置厄魯特降人的原則：

> 諭軍機大臣：噶克等棄其妻子前來投順，甚屬可憫，伊等未經出痘，又無應詢之事，無庸解京；可即由口外送往察哈爾，交該總管安插。其如何賞賚

---

70 《平定準噶爾方略正編》，卷1，乾隆19年正月乙丑，〈議安插降人事宜〉，冊358，頁15。

71 《平定準噶爾方略正編》，卷2，乾隆19年5月乙巳，〈命預備收納降人阿睦爾撒納等事宜〉，冊358，頁35-36。

72 《平定準噶爾方略正編》，卷1，乾隆19年2月癸卯，〈命揀選察哈爾及新降厄魯特等發往軍營調遣〉，冊358，頁20；《平定準噶爾方略正編》，卷2，乾隆19年5月己亥；〈議西北兩路派兵事宜〉，冊358，頁34-35。據載當時北路派兵三萬，西路派兵二萬，其中新厄魯特兵二千。

73 閩浙總督喀爾吉善，〈奏請以藤牌兵助西北兩路進剿事宜摺〉（乾隆19年11月24日），《宮中檔奏摺乾隆朝》，國立故宮博物院藏，文獻編號：403008133。

之處，著軍機大臣議奏。尋議：據噶克等自言本係台吉，無憑可查；又向
例，單身投誠者，發天津等處安插。今噶克等棄孥來歸，應發察哈爾，授額
外護軍，并請賞給如例。從之。[74]

首先，應確認是否解送至京師問訊，此案例之降人噶克以「未經出痘，又無
應詢之事」，認爲沒有別情可知，是故不必解京。其次，依照單身、攜眷情
況分配至「內地」或「口外」，若是單身則發天津等處之「內地」安插；若有
家眷則送往「口外」之察哈爾安插入旗。此例之降人噶克，乃是「棄其妻子」
前來，在當時的判斷與「單身」不同，故送往察哈爾。最後，對降人授予職
銜及賞賜，授噶克以「額外護軍」。以上可謂是安置降人的慣例。

　　據清代官書所載，可稍知清朝收納安置於各處之降人之人口數目。自
雍正6年至乾隆7年（1729-1742），此十四年之間，「來降者凡三百三名，計
發往察哈爾、寧古塔、天津、江寧、杭州、青州安插者，已二百五十三名；
其在京者厄魯特僅二十三人，回民僅二十七人。」[75]又據乾隆12年（1747）統
計，「由準噶爾陸續脫回，及投來欲歸親族之厄魯特、烏梁海及回人等，共
五十起，二百二十一名口，俱由軍營詢明情節，奏交各該旗安插。」[76]

　　自收容厄魯特降人成爲慣例以來，清廷將攜眷之降人安置於察哈爾，使
得該地人滿、無法容納。因此，便將此等攜眷降人發往內地，惟實施期間十
分短暫；對照前引乾隆五年安置降人噶克之例，推知實施期限應不到二年；
到了乾隆8年（1743）正月，定邊左副將軍額駙策凌奏請將這些攜眷成員停
發內地，改置「東三省」，箇中原因在於：這些邊民不適內地水土，並有感

---

74 《清實錄‧高宗純皇帝實錄》，卷116，乾隆5年5月上丙午，頁703。另參見《平定準噶爾
　　方略前編》，卷45，乾隆5年5月丙午，〈準噶爾部人噶克率弟巴圖來降〉，冊357，頁633。

75 《平定準噶爾方略前編》，卷46，乾隆7年11月丁巳，〈命厄魯特等投誠者不必當差〉，冊
　　357，頁657。

76 《清實錄‧高宗純皇帝實錄》，卷292，乾隆12年6月上戊辰，頁829-830。

染痘症之現象。據《清實錄》載其奏稱：

> 向例準噶爾投誠人等，其攜眷來者，例發察哈爾安插，嗣因人眾改發內
> 地。其婦女嬰孩，多未出痘，於內地不宜，請改發東三省涼爽之地。下軍機
> 大臣議。尋議：盛京諸處，現清查無業游民，不便令準噶爾人混處；黑龍江
> 所屬接壤俄羅斯，又近北路，亦不便；應發寧古塔安插。從之。[77]

軍機大臣指出，邊外東三省可供安置之處，盛京、黑龍江均有所不便，此所
謂地近北路，即在喀爾喀蒙古所屬之烏里雅蘇台，及其向西鄰近阿爾泰山之
科布多一帶，布有重兵，以防範準噶爾。因此東三省只有吉林地區適合安
插。另據《平定準噶爾方略》所載，可知除了寧古塔，尚有三姓與琿春，「在
盛京之東，既與邊外遙遠，又屬風土涼爽。」[78]是故，乾隆8年（1743）2月己
亥，「準噶爾部人阿必達、鄂勒錐各率屬六人來降，命賞給，照新例發寧古
塔安插。」[79]

　　但是，在征服準噶爾之後，察哈爾仍作為安插有眷屬厄魯特降人之地，
惟需以人口較少之處為目的地：

> 理藩院據陝甘總督黃廷桂以額魯特侍衛多爾濟一戶共九名口，奉旨送往察
> 哈爾旗分居住。應定於察哈爾何旗居住之處，令行大同總兵官徑行移送辦

---

77 《清實錄‧高宗純皇帝實錄》，卷182，乾隆8年正月上己未，頁355。

78 《平定準噶爾方略前編》，卷47，乾隆8年正月己未，〈定議準夷挈眷投誠者改發寧古塔安
插〉，冊357，頁664-665。此處提及「盛京地方現在行查無業游民，不准編籍，勒回本
地，不便又令準噶爾人混處」，可知《實錄》所載較簡略。再對照前引《平定準噶爾方略
前編》，卷46，乾隆7年11月丁巳，〈命厄魯特等投誠者不必當差〉，冊357，頁657，由此
案可知，在此議之前已有安插於寧古塔之例，其來由待進一步考察。

79 《平定準噶爾方略前編》，卷47，乾隆8年2月己亥，〈準噶爾部人阿必達鄂勒錐各率屬六人
來降〉，冊357，頁9。

理。酌量分在人少旗分，是以附於正白旗察哈爾旗分居住。[80]

察哈爾旗一指原是成吉思汗之大蒙古國後繼者蒙古林丹汗子額哲，迫降於清朝後，清朝對其部眾的管理單位。額哲受封為和碩扎薩克親王，尚皇太極之女，編組扎薩克旗；額哲病逝後，公主再嫁額哲弟阿布鼐，然阿布鼐父子對抗清廷，尤其布爾尼公開反叛後被削爵，其部眾乃被分散編入八旗滿洲、蒙古。此外，清廷亦把天聰、崇德年間分散來降的察哈爾部眾編入八旗，形成了八旗察哈爾，各旗約設參領一名，由蒙古八旗都統兼轄，他們可能在清朝入關後就游牧於大同、宣化迤北。乾隆年間，清廷設置察哈爾都統，使八旗察哈爾脫離八旗蒙古。康熙年間清朝征討準噶爾汗噶爾丹，將部分來降之喀爾喀、巴爾虎人、準噶爾人編入八旗察哈爾。[81]此後，察哈爾旗一直是安插其他來投部眾的地點。

清廷考慮厄魯特降人的個別狀況不可不謂周到，例如，降人先是單身來投，已按例發於內地安置，但其親眷後至，處理方式是使之前往內地駐防地與家眷「完聚」，使之闔家團圓。例如，乾隆8年（1743）2月，巴爾圖先來投誠，已安插於江寧，後來其婦人鄂勒錐亦來投，便亦發往江寧，「隨夫安插」。[82]

至乾隆13年（1748）5月，原先安插「單身」降人之江寧、杭州、青州、天津等處，人已過多，故而軍機大臣等奏請再開「京口」（江蘇鎮江），做為安插額外披甲之地；同時調整安置條件，「給錢糧半分，併立產銀減半支

80 大學士兼吏部尚書仍兼管工部事務史貽直，「題覆額魯特侍衛多爾濟一戶奉旨送往察哈爾旗分居住理藩院員外郎拔格等員遲誤行文照例議處」，〈題本（滿漢合璧）〉（乾隆22年7月22日），《明清內閣大庫檔案》，中央研究院歷史語言研究所藏，登錄號：052107-001。

81 達力扎布，〈清初察哈爾設旗問題考略〉，《明清蒙古史論稿》（北京，民族出版社，2003），頁289-300。

82 《平定準噶爾方略前編》，卷47，乾隆8年2月戊申，冊357。

給，無庸另給娶妻銀」，嗣後單身來投之厄魯特降人均照此辦理。[83]此處提及
錢糧減半支給的辦法，在乾隆10年（1745）9月已由理藩院提出實施。[84]參照
前述乾隆13年（1748）5月，阿濟巴勒第、呢雅斯二人前來投誠一案，因爲
阿濟巴勒第表示有弟兄可認，故清廷應其所請，交付於其弟兄所在之扎薩
克，「令其完聚」；另一人呢雅斯係單身來投，故照奏定新例，解往京口安
插。[85]原本同行來投之二人，因此而分居口外、內地。

　　類此同行之人，因眷屬因素而分別異地的案例，另可見於安西提督李
繩武解到之厄魯特尼瑪等眷屬十二口，原照例送往寧古塔安插，其中同來之
單身厄魯特策凌、孟克特穆爾、巴雅爾、們都等四人，則送往京口安插。[86]
此處送往東北寧古塔之尼瑪一家，其後又轉置於琿春而於《琿春副都統衙門
檔》留下生活記錄，詳後敘述。

　　較爲特別的降人，尚有喀爾喀蒙古、內扎薩克蒙古自準噶爾「脫回」的
現象。他們身處準噶爾部的原因或被擄、或爲降人，如今來歸，清朝自然不
能不處理。乾隆11年（1746）12月，軍機大臣等奏稱：

　　　近年辦理準噶爾脫回之喀爾喀人等，經將軍等詢明情節，即由軍營解回各游
　　　牧安置。其內扎薩克蒙古人等俱解送京師，交臣等詢問，仍送回各游牧。查

83　《清實錄・高宗純皇帝實錄》，卷315，乾隆13年5月下己亥，頁165。另見《平定準噶爾
　　方略前編》，卷51，乾隆13年5月下己亥，〈議定準噶爾投誠人等改發京口安插事宜〉，冊
　　357，頁21-22。此次來投者，「單身額魯特策零、孟克特穆爾、巴雅爾、捫都等四人。」
84　《清實錄・高宗純皇帝實錄》，卷248，乾隆10年9月上庚午，頁196。另見《平定準噶爾方
　　略前編》，卷48，乾隆10年9月庚午，〈議定投誠厄魯特等挑補食糧事宜〉，冊357，頁28-
　　30。
85　《平定準噶爾方略前編》，卷51，乾隆13年5月下丁未，〈議定分別安插投誠人等事宜〉，冊
　　357，頁23-24。此案中阿濟巴勒之弟究竟所在於何扎薩克，及何故身處彼處，待進一步考
　　察。
86　《平定準噶爾方略前編》，卷51，乾隆13年5月下己亥，〈議定準噶爾投誠人等改發京口安
　　插事宜〉，冊357，頁21-22。

> 內扎薩克各旗俱在口外,離軍營甚近,今解送來京,復行解回各游牧,徒多
> 往返,應即照喀爾喀之例辦理。從之。[87]

此處說明原先將喀爾喀蒙古及內扎薩克蒙古分別處理,後者特別解送到京,
詢問後才送返原游牧地,如此實在耗費時程。據《平定準噶爾方略前編》可
知,此二種脫回之蒙古人等可一體辦理,即於軍營由額駙策凌詢明情節,無
庸再送京師。

　　愈迫進於戰爭爆發,投誠者之出身則呈現多樣化現象,降人的安置方
式亦有所調整。乾隆19年(1754)7月,將攜眷來投的厄魯特降人計七十餘
人,不使其派往內地,且比照差不多時間點處理之烏梁海扎哈沁人,暫依其
原屬官階管理:

> 班第奏,據設誠之厄魯特格勒克布庫努特呈報,庫本等七十餘人來降,俟審
> 察投降屬實,令擬給騎馱,前往接取等語。庫本等七十餘人,如果誠心歸
> 降,若令遷住內地,辦理更費周章。昨已將扎哈沁人等補放得木齊、收楞
> 額,責令駐劄管理,此項來降人眾,即交得木齊等兼管,較為妥協,著寄知
> 班第,令其遵旨辦理。
> 再此次收服烏梁海扎哈沁人眾,俱已編立旗分,添設佐領、總管、副總管等
> 官,均由班第奏請補放。但新降人眾,不能明悉內地官階,嗣後除佐領以上
> 官員,著班第照例補放,其得木齊、收楞額舊名,無庸裁去。[88]

這裡的「扎哈沁」(札哈沁,jaqčin)蒙古語義為守邊人、守卡人,是一種邊

87　《清實錄・高宗純皇帝實錄》,卷280,乾隆11年12月上丙寅,頁653-654。另見《平定準噶
　　爾方略前編》,卷49,乾隆11年12月丙寅,〈命自準噶爾脫回內扎薩克蒙古人等不必解送
　　京師〉,冊357,頁28。

88　《清實錄・高宗純皇帝實錄》,卷469,乾隆19年7月下丙申,頁1167。

防部隊，應是由不同血緣的人們所構成的共同體，形成於十八世紀初策妄阿拉布坦時期的戍邊軍事組織，其後成爲行政、經濟、軍事合一的社會組織，即鄂托克。原爲準噶爾汗國的屬民，此時也陸續降清，駐守於準噶爾、喀爾喀邊界，在後來清朝圍剿阿睦爾撒納的戰爭中受到重創，部分殘眾被遷往喀爾喀科布多地區。[89]

又如，乾隆20年（1755）正月，當時尚未逃離清朝、職任定邊左副將軍的阿睦爾撒納奏稱：「收獲包沁宰桑阿克珠爾」等人，「包沁乃布魯特回種」。[90]包沁，爲清朝統計準噶爾游牧社會二十四鄂拓克之一；又說其爲「司礮人」。[91]阿睦爾撒納指稱的包沁乃布魯特人，據學者考察，他們的主體是定居在中亞的突厥語民族，後來依附準噶爾汗國，成爲一個鄂拓克，此時投靠清朝成爲另一種選擇，後來又隨阿睦爾撒納叛離清朝。

五、降人當差之議

安置後的降人已具有旗人身分，旗丁的首要工作任務即是當差效力。乾隆7年（1742）11月，正白旗蒙古副都統策凌奏議，厄魯特投誠者亦應一體當差，議曰：

89　M.烏蘭，〈札哈沁淵源考——兼論非血緣關系部落的形成〉，《新疆大學學報（哲學社會科學版）》，第20卷第1期（1992年1月），頁65-70。另參見阿‧敖其爾，〈關於蒙古國札哈沁人的行政建置、姓氏和起源〉，《蒙古史研究》，第4輯（1993年6月），頁158-171。

90　《清實錄‧高宗純皇帝實錄》，卷480，乾隆20年正月上甲申，頁8。

91　清朝統計準噶爾之二十四鄂拓克（鄂托克），其名目見《清高宗純皇帝實錄》，卷695，乾隆28年9月壬午，及《欽定大清一統志》，卷415，「伊犁」；其名稱、宰桑名、宰桑數名、戶數、游牧地等資料列表，以及有關不同史料所記鄂拓克數目之異同、上層人物的行動等重要史實，參見承志，〈十八世紀準噶爾十六大鄂拓克——烏嚕特鄂拓克探析（續一）〉，《蒙古學問題與爭議》，第11期（2015年），頁80-105。「司礮人」之說，參見乾隆21年，乾隆皇帝，〈舒布圖鎧巴圖魯奇徹布歌〉詩註，收入《御製詩文全集》（北京：中國藏學出版社，1993），卷6，頁54-55。關於包沁的歷史考察，參見趙毅，〈清代「包沁」小考〉，《西部蒙古論壇》，2013年第4期（2013年11月），頁24-27。

額外護軍多爾齊等，並自準噶爾向化投誠，蒙恩給賞妻奴房屋，授以額外護軍，支給月糧，野性漸馴，當與蒙古一例當差。歲久著有勞績，亦得量授官職，其傲惰者治罪，如例辦理。[92]

可知此議的出發點是以投誠之人，既已安置，即當一視同仁，不應與其他旗丁有別。然而軍機大臣之議覆則持否定看法：

準夷投誠人等，嘉其向化，恩施優渥伊等，贍養有資，遵守約束之道，已屬盡善，何必藉其材力，以備驅使。若必以蒙古一例當差，殊非安戢遠人本意，且自雍正六年至乾隆七年，來降者凡三百三名，……為數無多，不必派令當差。俟子孫長成，所轄佐領，或送補額甲，或令當差，另行辦理。奏入。上從之。[93]

軍機大臣及乾隆皇帝認為，安戢遠人的實踐之道，不必在意其能否效力當差，至第二代降人再要求當差效力。

朝廷雖加意優厚降人，其子孫是否可頂補職缺，仍引起討論。乾隆10年（1745）9月，軍機大臣等議奏：

準噶爾投誠之厄魯特、回子等安插各處，賞置產等項銀，又作為額外護軍、披甲，支給錢糧，原因伊等邊遠來投，加恩格外；伊等身故後，所出額外護軍等缺，若再挑取伊等子孫頂補，未免過優。查安插各處之厄魯特、回子等俱係歸入旗份佐領之人，嗣後除照例賞置產銀外，如本身已故，出有額外護軍等缺，即照理藩院所辦，選伊子息內，漢仗可觀、堪供差遣者，該

92　《平定準噶爾方略前編》，卷46，乾隆7年11月丁巳，〈命厄魯特等投誠者不必當差〉，冊357，頁31-32。

93　同註92。

管大臣酌挑本旗佐領下額缺，不准挑補額外護軍、披甲；即有子息幼小，不
能料理產業者，未長成以前，該管大臣派人照管，令足資養贍。再此後投誠
之人，奉旨賞給額外護軍、披甲者，錢糧減半支給，仍令該管大臣不時稽
查，毋致妄費。從之。[94]

此議由理藩院奏准，可知決策者亦認爲他們原來所占職缺，額外護軍，是格
外加恩之職，並不在原額項目，因此，伊等身故後，所空出的額外護軍等缺
不宜過度優寵再挑取伊等子孫頂補，成爲世襲之職，而是從降人子孫挑選優
秀者由此納入各旗分佐領之內，時間日即久可完全以原制度、原訂旗丁額數
吸納降人，即完成「旗籍化」的歷程。

　　由乾隆24年（1759）3月23日的一則滿文上諭，可大致了解清朝在征服
準噶爾後，還視情況調整厄魯特人之當差、世職辦法，以及自康、雍年間至
乾隆24年的變化概況：

乾隆二十四年三月二十六日，自圓明園軍機處抄出。乾隆二十四年三月
二十三日奉上諭。併於察哈爾旗之厄魯特人等，原誠心來投，賞給二等、三
等、四等官，無世續之例，後經皇父慈愛賜恤，彼等出缺人等子嗣，減等續
任原官，至八等官後停止續任。今於陸續歸附之厄魯特人等，朕賜恤賞官者
已有之，新、舊厄魯特人等內續任官職後，未於游牧地當差、行於軍陣間
者，出缺後，若按原例減等續任，至八等官後即停止續任。惟彼等之內因征
戰用兵而病倒亡故者，若亦如是至八等官即停止續任，朕意憫然。此後彼等
若因征戰用兵而病倒亡故者，減等續任已至八等官後，著賜恤亦同八旗恩騎
尉，世襲罔替，將此定例。此特慈愛我蒙古臣僕之意。曉諭彼等知之。欽

---

94 《清實錄・高宗純皇帝實錄》，卷248，乾隆10年9月上旬午，頁196。另見《平定準噶爾方
　　略前編》，卷48，乾隆10年9月庚午，〈議定投誠厄魯特等挑補食糧事宜〉，冊357，頁28-
　　30。

此。等知之。欽此。[95]

此乃為獎勵軍功，特別恩恤戰死的降人出身的蒙古旗丁，一體視為「蒙古臣僕」，將之比照「八旗恩騎尉」。

關於厄魯特人世職食俸辦法，乾隆28年（1763），朝廷再進一步調整，由察哈爾都統巴爾品提出，其滿文原奏略謂：

> 奴才巴爾品謹奏，為示厄魯特世職俸祿不同情形請旨事。查得，察哈爾旗所有總管……等職，自康熙年間以來，投誠厄魯特受恩賞官，皆各視等級依京師條例得整俸；察哈爾人等之內，若世職當行走者，皆得半俸；若未及年歲未當差世職者，自半俸再半給之。此察哈爾旗原遵辦之例。適才據自兵部傳咨軍機大臣處奉旨議奏文內，省城內八旗世襲官、東三省世襲官，此後若當差行走，除按平時食整俸外，及年歲未當差行走者，食半俸，未及年歲者半俸之內再半給之等語奏入，奉旨依議。欽此。欽遵。[96]

---

95 「兵部為厄魯特人等賞給世職事」，〈移會〉，清文上諭粘單（乾隆24年3月），《明清內閣大庫檔案》，中央研究院歷史語言研究所藏，登錄號：171678-001。滿文音讀轉寫如下：abkai wehiyehe i orin duici aniya ilan biyai orin ninggun de iowan ming yuwan i coohai nashūn i baci sakiyame tucibuhe ilan biyai orin ilan de hese wasimbuhangge cahar gūsade kamcibuha ūlet se daci unenggi gūnin baime jihe turgunde kesi isibume jai jergi ilaci jergi duici jergi hafan šangnaha. sirabure kooli akū bihe. amala han ama cembe jilame gosime kesi isibume ceni oron tucike niyalmai juse de jergi ebrembume an i hafan sirabufi jakūci jergi hafan de isinaha manggi. sirabure be nakambi. te siran siran i baime jihe ūlet sede. bi kesi isibume hafan šangnahangge inu kejine bi. ice fe ūlet sei dorgi hafan sirafi nukte de alban kame cooha dain de yabuhakūngge oci. oron tucike manggi an i fe kooli songkoi jergi ebrembufi sirabume jakūci jergi hafan de isinaha manggi. sirabure be nakakini. damu ceni dorgi dain de gaibuha coohai bade nimeme akū ohongge be inu uttu jakūci jergi hafan de isinafi sirabure be nakaci. mini gūnin de šar sembi. ereci julesi esei dorgi aika dain de gaibuha. coohai bade nimeme akū ohongge bici. jergi ebrembume sirabume jakūci jergi hafan de isinaha manggi. kesi isibume inu jakūn gūsai kesingge hafan i adali jalan halame lashalarakū sirebukini erebe uthai kooli obu. ere cohome mini monggo ahasi be jilame gosire gūnin. cende bireme ulhibukini sehe...。

96 「戶部移會稽察房察哈爾都統巴爾品奏厄魯忒世職食俸一摺奉硃批諭旨該部議奏」，〈移會〉，清文原奏粘單（乾隆28年1月），中央研究院歷史語言研究所藏，《明清內閣大庫檔案》，登錄號：202956-001。原奏寫明左右翼各旗新、舊厄魯特職官人員清單。滿文音讀轉寫如下：aha barpin gingguleme wesimburengge. ūlet sei jalan sirara hafasai fulun adali akū

巴爾品議請提出調整方案：

> 皇上格外施恩給與世職，自應照察哈爾之例支食半俸，即原投誠厄魯特世職官員自安插察哈爾地方以來，年歲已久，與西北兩路出兵之厄魯特並無區別，今西北兩路之厄魯特世職既給與半俸，而投誠之厄魯特世職仍給與整俸，辦理未免參差。[97]

乾隆28年正月18日奉硃批：該部議奏；乾隆28年2月11日，戶部奏入：

> 臣等酌議，請嗣後除有職任兼世職官員給與整俸外，所有新賞厄魯特世職，并原投誠厄魯特世職各官，一體與半俸，未及年歲者，給與半俸之半，以昭畫一。……本年春季支俸祿即照此例辦理。……乾隆二十八年二月十一日奏。本日奉旨：依議。欽此。[98]

　　筆者尚未發現乾隆28年以後，是否仍有入旗厄魯特當差辦法的調整措施，由上述檔案史料可以了解，無論何時、何地安置之厄魯特降人，已一體考量其世職資格、當差食俸辦法；優待厄魯特降人的措施至此告一段落。

---

babe tucibufi hese be baire jalin. baicaci cahar jakūn gūsade bisire uheri da... jergi tušan i hafasa elhe taifin aniya ci ebsi dahame jihe ūlet sede kesi isibume šangnaha hafasa de gemu meni meni jergi be tuwame gemun hecen i kooli songkoi gulhun fulun bahabumbi. cahar sei dorgi jalan sirara hafasa. yamulaha alban kame yaburengge oci gemu hontoho fulun bahabumbi. sede isinara unde yamulahakū jalan sirara hafan oci hontoho fulun ci geli hontoholome bahabumbi. ere cahar gūsai daci dahame icihiyaha kooli. jakan coohai jurgan ci ulame unggihe coohai nashūn i ambasai baci hese be dahame gisurefi wesimuhe bithei dorgide goloi hoton i gūsai sirara hafasa dergi ilan goloi sirara hafasa. ereci julesi alban kame yaburengge oci. an i gulhun fulun ulebureci tulgiyen. se isinafi alban kame yaburengge oci hontoho fulun ulebuki se isinara undengge oci hontoho fulun i dolo geli hontoholome ulebuki seme wesimbuhede. hese gisurehe songkoi obu sehebe gingguleme daha□...。□表示原文有缺字，或文字有部分殘缺。

97 「戶部為世職食俸畫一辦理由」，〈移會〉（乾隆28年2月14日），《明清內閣大庫檔案》，中央研究院歷史語言研究所藏，登錄號：237339-001。

98 同註97。

六、琿春駐防的厄魯特降人

前文討論安插厄魯特降人於內地駐防的政策發展，而此等降人在各地駐防有何表現及生活情形究竟如何，無論是發生過因不適應氣候水土而逃亡的達什哈案件的青州，或是天津、杭州、京口等地方，厄魯特降人的駐防生活史料目前均未發現。筆者僅據檔案記載，乾隆33年（1768），挑選德州、青州厄魯特人歸入火器營行走一事，略可反映他們因受到朝廷重視，亦已當差操演，故得以一體選用。[99]

雖然如此，《琿春副都統衙門檔》滿文檔冊卻記載相當多關於安插此地的第一代厄魯特降人的安置辦法，以及寧古塔副都統與琿春協領等，辦理這些降人事務的範圍、運作形態，或可作為理解其他地區厄魯特降人生活之參考，亦可作為日後進一步討論各種旗籍、族群管理有何異同特色之比較基礎。

琿春位於吉林東部，鄰近朝鮮、俄羅斯，地理位置十分重要，清代於此設有協領、副都統管理當地軍政事務，此邊境之地並非一般以地理位置定義的內地。厄魯特降人僅因攜眷與否，即決定安置地點在口外或內地駐防，因此，口外或內地在安置降人的考量上，並非重點，以此事例我們甚至可以認為，在八旗駐防制度的架構中，沒有內外之別。

據《琿春副都統衙門檔》記載，乾隆10年（1745），有三戶厄魯特人被送至琿春，其中有特古斯（tegus）及其妻多拉墨（dolmo）二人；[100]而對比官

---

99 「兵部為德州青州厄魯特歸入火器營行走由」，〈移會〉，清文原奏粘單（乾隆33年3月），《明清內閣大庫檔案》，中央研究院歷史語言研究所藏，登錄號：230719-001。

100 〈暫署琿春協領關防佐領巴克西納為請將賞給厄魯特銀作為本銀生息補貼其生計事致寧古塔副都統衙門呈文〉（乾隆12年5月16日），《琿春副都統衙門檔》，冊1（桂林：廣西師範大學出版社，2006），頁170-171。

書記載可知，他們是乾隆7年（1742）12月內前來投誠的。[101]再據《琿春副都統衙門檔》記載，投誠後，先安插寧古塔，後來於移駐琿春；特古斯不幸於途中病故，其遺孀多拉墨則被配給同來之厄魯特人庫本（kubun）。因庫本僅得「半分錢糧」，不足他與多拉墨二人度日。因此，乾隆12年（1747）5月16日，琿春協領呈文寧古塔副都統，請將賞給多拉墨亡夫之賞銀，一百六十四兩，領至琿春，作為生息銀兩，放債得息，得以貼補日用。[102]由此例可知，攜眷來投、安插至寧古塔者，可得賞銀一百六十四兩；夫死可由遺孀繼承賞銀，惟支用需由官方經手。

　　庫本及其弟霍爾木什（horomsi）應為同時前來投誠，因有親眷同行，故

---

[101]《平定準噶爾方略前編》，卷47，乾隆7年12月辛卯，〈準噶爾部人特古斯率屬九人來降〉，冊357，頁3。

[102]〈暫署琿春協領關防佐領巴克西納為請將賞給厄魯特銀作為本銀生息補貼其生計事致寧古塔副都統衙門呈文〉（乾隆12年5月16日），《琿春副都統衙門檔》，冊1，頁170-171。漢譯略謂：「暫署琿春協領關防佐領巴克西納呈稱，查得，乾隆十年，一夥人帶至我處，三戶厄魯特內，帶往時，厄魯特特古斯於途中病故，其妻多拉墨配予同夥前來之厄魯特披甲庫本為妻。因庫本得半分錢糧，於彼等夫妻之穿用時，此半分錢糧銀兩不足用，似於生理困難。再查得，賞給多拉墨之原夫特古斯銀兩一百六十四兩，因儲於副都統衙門庫藏，將此賞銀領至琿春，交該管佐領、驍騎校等照看情形放債若干銀兩，得息時，於彼等穿用等項似可饒益。似應將此銀兩自副都統衙門送出，若是，交付我處帶送銀兩之領催穆喇泰送至。為此呈文。……」滿文讀音轉寫：meiren i janggin yamun de. huncun i gūsai da i guwan fang be daiselame icihiyara nirui janggin baksina i aliburengge. baicaci. abkai wehiyehe i juwanci aniya meni bade emu meyen i benjibuhe. ilan boigon i ūlet sei dorgi benjire de jugūn de nimeme akū oho. ūlet tegus i sargan dolmo be ceni emu meyen de benjibuhe ūlet uksin kubun de sargan acabuha. kubun hontoho ciyanliyang bahara be dahame. ceni eigen sargan i eture baitalara de. ere hontoho ciyanliyang ni menggun tesurakū. banjire de mangga gese. geli baicaci. dolmo i da eigen tegus de šangnaha menggun emu tanggū ninju duin yan be. meiren i janggin yamun i ku de asaraha be dahame. ere šangnaha menggun be. huncun i bade gajifi harangga kadalara nirui janggin. funde bošokū sede afabufi acara be tuwame udu yan be juwen sindafi. baha madagan de. ceni eture baitalara jergi hacin de baitalabume ohode tusa ojoro gese. meiren i janggin yamun ci. ere menggun be unggici acanara gese oci. meni baci menggun baname genehe bošokū murtai de afabufi unggireo. erei jalin alibuha. ereci wesihun ilan baita be. unggiki seme gūsai da i baita de daiselame icihiyara nirui janggin baksina de. tuwašara hafan i jergi janggin gakci. funde bošokū ningguri. dasingga se alifi alibume unggihe. bithesi itunju. juwan uyun de gomša de afabufi unggihe bithe.。另參見〈署琿春協領事佐領濟布球為請將厄魯特披甲銀兩交佐領處每季取息事致寧古塔副都統衙門呈文〉（乾隆15年4月26日），《琿春副都統衙門檔》，冊2，頁151。

安插於寧古塔地方。庫本與多拉墨婚配後，曾買穀及種田之牛隻、犂具衣布、派車等物，買時共費銀五十七兩，琿春協領爲此呈請寧古塔副都統，因今庫本、霍爾木什等人是年春季錢糧未得，應可於庫本、霍爾木什等人賞銀之內支給五十七兩。[103]

他們又曾購買奴僕，關於購買之對象及費用來源，由檔案可知，其奴僕之價爲四十五兩，費用源於賞銀，賞銀亦存於寧古塔副都統衙門；琿春協領欲派人取用此款項，則需先呈文寧古塔副都統。[104]

多拉墨還曾與其他厄魯特人，包括前述之安置降人一夥共計十二人之尼

---

103 〈琿春協領珠蘭泰爲請賞正黃白旗厄魯特銀兩以便購買耕牛農具等事致寧古塔副都統衙門呈文〉（乾隆12年2月初4日），《琿春副都統衙門檔》，冊1，頁138-139。漢譯略謂：「琿春協領琿春協領加一級珠蘭泰致寧古塔副都統衙門呈稱，正白旗佐領雅畢訥、富德、領催達興阿等告稱，併於我等佐領之厄魯特之庫本、霍爾木什等人所食穀糧不承襲致困窘之故，買穀及種田牛隻犂具衣布派車等物，買時共給銀五十七兩。今庫本、霍爾木什等人今年春季錢糧未得，請於庫本、霍爾木什等人賞銀之內，給五十七兩。率庫本、霍爾木什等人告之。因此，從賞銀內將五十七兩交付我等地方之正黃旗德爾蘇佐領之領催陶西林送去。爲此呈文。」滿文讀音轉寫：meiren i janggin yamun de. huncun i gūsai da emu jergi nonggiha julantai aliburengge. gulu šanggiyan i nirui jangin yabina. funde bošokū dasingga se alarangge meni nirude kamacibuha oilet kubun. horomsi se jetere jeku siraburakū gacilabure jakade jeku udaha. jai usin tarire ihan. ofoho. halhan eture boso. takūrara sejen jergi jaka udaha de uheri bure menggun susai nadan yan. ne horomsi se ere aniya niyengniyeri forgon i ciyanliyang be baharakū be dahame. bahaci. kubun horomsi sede šangnaha menggun i dorgi be susai nadan yan i menggun bureo seme. kubun. hormosi sebe gaifi alambi. uttu be dahame. kubun hormosi sede šangnaha menggun i dorgici susai nadan yan i menggun be meni bai gulu suwayan i dersu nirui bošokū taosila de afabufi unggireo erei jalin alibume unggihe.

104 〈琿春協領珠蘭泰爲請支給正黃白旗厄魯特銀兩以便買家丁家奴事致寧古塔副都統衙門呈文〉（乾隆12年2月13日），《琿春副都統衙門檔》，冊1，頁140-141。漢譯略謂：「正白旗佐領雅畢訥呈稱，併於我佐領之厄魯特庫本、庫本之弟霍爾木什等將本佐領之閑散沙吉泰家中男子覺勒，以四十五兩銀購買，請將給彼等之賞銀內給四十五兩等語。帶庫本、霍爾木什等告之。因此，將給庫本四十五兩銀交付自本處乘便往返寧古塔之人帶往。」滿文讀音轉寫：meiren i janggin yamun de huncun i gūsai da emu jergi nonggiha julantai aliburengge. gulu šanggiyan i nirui janggin yabina i alarangge. mini nirude kamcibuha ūlet kubun. kubun i deo horomsi se mini nirui sula šajitai i booi haha giol be dehi sunja yan menggun de udaha. bahaci esede šangnaha menggun i dorgi be. dehi sunja yan bureo seme. kubun horomsi sebe gaifi alambi. uttu be dahame. kubun sede šangnaha menggun i dorgici dehi sunja yan i menggun be. meni ubaci ningguta de genefi amasi jidere ildun i niyalma de afabufi unggireo erei jalin alibume unggihe.

瑪（nima），共同向琿春協領呈請，希望比照前例，預先將所得賞銀放債於佐領，每季取息；琿春協領乃呈報轉答此請，照舊案「仍每季每兩各取息一錢放債」。[105]

但是，放債銀兩又因購買其他物品使用完罄。例如，已故厄魯特渥勒珠（oljui）之妻查干庫本（cagan kubun），乾隆18年（1753）餘放債銀一百五十兩，而查干庫本因購買奴才二名，給銀一百二十銀，買穀五石二十五兩，豆一石五兩；另外，厄魯特甘濟（g'anji）其額娘策淩波瑪（cering boma）所餘放債銀一百一百兩，策淩波瑪買奴才一名六十兩，牛一隻十兩，穀六石三十兩，豆二石十兩。二戶原有銀共二百六十兩至此用罄。[106]

---

[105]〈署琿春協領事佐領濟布球爲請將厄魯特披甲銀兩交佐領處每季取息事致寧古塔副都統衙門呈文〉（乾隆15年4月26日），《琿春副都統衙門檔》，冊2，頁151-152。漢譯略謂：「署琿春協領事佐領濟布球呈稱，爲請示事。佐領巴克西納、德爾蘇、雅畢訥等呈稱，併於我等佐領厄魯特披甲尼瑪、巴朗哈什哈、扎木蘇、阿喇巴占、已故特古斯之妻多拉墨等呈稱，給我等之賞銀，我等花費於所用物件項目完盡之後，日後生理似有艱難，欲請比照從前已故渥勒珠之妻查干庫本等人之銀兩放債於佐領，每季取息，若給我等，仍日月經久，可得花費等語呈告。查得，已故厄魯特渥勒珠之妻查干庫本等人之銀兩，因呈報副都統衙門，於佐領處放債，厄魯特披甲尼瑪、巴朗哈什哈、阿喇巴占、扎木蘇、特古斯之妻多拉墨等人之銀兩交付彼處佐領，仍每季每兩各取息一錢放債。是否合宜視副都統衙門咨文遵行。爲此呈告。」滿文讀音轉寫：meiren i janggin yamun de. huncun i bai gūsai da i baita be daiselame icihiyara nirui janggin jibkio aliburenggge. dacilara jalin. nirui janggin baksina. dersu. yabina sei alibuhangge. meni nirude kamcibuha ūlet uksin nima. barang hasiha. jamsu. arbajan. akū oho tegus i sargan dolamo sei alarangge. mende šangnaha menggun be. meni baitalara jaka hacin de takūrame wajiha manggi. amaga inenggi banjirede mangga gese. bairengge neneme akū oho oljui sargan cagan kubun sei menggun be juwen sindabufi. madagan bahabumbi. meni menggun be inu nirui bade juwen sindabufi. forgon dari madagan gaifi mende buci. be kemuni inenggi biya goidame bahafi takūraci ombi seme alambi seme alibuhabi. baicaci akū oho ūlet oljui. sargan cagan kubun sei menggun be meiren i janggin yamun de bithe alibume boolafi. nirui bade juwe sindabuha be dahame. ūlet uksin nima. barang hasiha. arbaja. jamsu. tegus i sargan dolmo sei menggun be ceni nirui bade afabufi. kemuni forgon dari yan dome emte jiha madagan gaibume juwen sindabuki sembi. acanara acanarakū babe meiren i janggin yamun ci jorime bithe unggihe be tuwame dahame yabuki. erei jalin alibuha.

[106]〈署琿春協領關防佐領阿松阿爲賞移駐本厄魯特披甲家春銀兩事致寧古塔副都統衙門呈文〉（乾隆19年3月21日），《琿春副都統衙門檔》，冊3，頁84-85。漢譯略謂：「署琿春協領關防佐領阿松阿稱，我等地方移來駐防之額外披甲食錢糧厄魯特阿必達等人，賞給銀兩彼等陸續派遣完結，所餘銀兩數目寫於各自名下簿冊，去年十一月內，呈報副都統衙門。今年併於正黃旗訥爾布佐領之已故厄魯特渥勒珠之妻查干庫本其去年餘放債銀一

又一名厄魯特婦人托克托（tokto），其原夫額勒伯克（elbek）去世後，改嫁給併於正黃旗德爾蘇佐領（dersu niru）之額外披甲、食錢糧之厄魯特人渥巴錫（ubasi）。因乾隆13年（1748）2月自寧古塔遷移自琿春，而其原置寧古塔之家產則轉租於人，同時還有放債收租之舉：

> 我原夫婿額勒伯克。我夫妻曾併於寧古塔鑲白旗之扎爾賽佐領〔jarsai niru〕，自我夫額勒伯克之賞銀，買過倭任〔weren〕莊屯有房十一間，田五十畝，馬二匹，牛二隻，驢一隻，磨、臼、鍋二個、水桶一對、豎櫃二個、刀一支、犁鏡、犁鏵等物件。我夫婿額勒伯克病故後，本年二月內，將我帶至琿春，我的屋田馬牛驢器具等皆交我等佐領扎爾賽〔jarsai〕，以二十兩銀租人，又借債於流人蘇珠克圖〔sujuktu〕五兩銀。佐領扎爾賽亦知悉。請取變賣屋田驢器具等賣銀兩，及我遺留而來之馬二匹、牛二隻亦請一併取回。[107]

百五十兩，查干庫本買奴才二名，給銀一百二十銀，買穀五石二十五兩，豆一石五兩，併於正白旗雅必納佐領之厄魯特甘濟，其額娘策凌波瑪所餘放債銀一百一百兩，策凌波瑪買奴才一名六十兩，牛一隻十兩，穀六石三十兩，豆二石十兩。二户原有銀共二百六十兩，彼等用完。為此呈文。滿文讀音轉寫：meiren i janggin yamun de. huncun i gūsai da i kadalan be daiselame icihiyara nirui janggin asungga aliburengge. meni bade guribume tebuhe fulu uksin ubufi caliyan ulebure oilet uksin abida i jergi urse de šangnaha menggun be ceni siran siran i takūrame wacihiyaha. funcehe menggun i ton be meni meni gebui fejile cese arafi duleke aniya omšon biyai dorgide. meiren i janggin yamun de alibume boolaha bihe. ere aniya. gulu suwayan i nerbu nirude kamcibuha akū oho oilet oljui i hehe cagan kubun i duleke aniya funcehe juwen sindabuha menggun emu tanggū susai yan be. cagan kubun aha juwe udaha de buhe menggun emu tanggū orin yan. jeku sunja hule udaha de orin sunja yan. turi emu hule de sunja yan. gulu šanggiyan i yabina nirude kamcibuha oilet g'anji i eniye cering boma i funcehe juwen sindabuha menggun emu tanggū juwan yan menggun be cering boma aha emke udaha de ninju yan ihan emke udaha de juwan yan jeku ninggun hule udaha de gūsin yan. turi juwe hule de juwen yan buhe □ juwe boigon de bihe menggun uheri juwe tanggū ninju yan be. ceni beye wacihiyame □ raha. erei jalin alibuha. □表示原文有缺字，或文字有部分殘缺。

107〈琿春記名協領赫保為接到厄魯特披甲遺孀房地折價銀及其馬牛事致寧古塔副都統衙門呈文〉（乾隆13年9月12日），《琿春副都統衙門檔》，冊1，頁486-488。滿文讀音轉寫：meiren i janggin yamun de. huncun i bai gebu ejehe gūsai da bime. tuwašara hafan ilan jergi ejehe hiboo aliburengge. ganara jalin. gulu suwayan i dersu nirude kamcibuha fulu uksin ciyanliyang ulebure ūlet ubasi i sargan tokto i alibuhangge. mini da eigen elbek. meni eigen sargan be.

此說明原先添置之家產，以及遷居時，委託佐領出租其屋舍並變賣之情形。琿春協領爲此事呈文寧古塔副都統，該處回覆辦理情形：

> 額勒伯克所立之屋田交該旗佐領，因不能立即賣出，故仍交該管官出售，得銀另送；除給額勒伯克之妻之外，應給額勒伯克之賞銀，額勒伯克已陸續花用。再額勒伯克身故時，用剩銀兩內，銷解額勒伯克之妻祭祀上墳其夫用銀二十兩，今餘銀十兩。是故額勒伯克之妻托克托一併將銀十兩交委驍騎校邁木蒲、領催披甲送出帶回。[108]

由此可知，亡夫所餘賞銀亦一併結算發還。又其屋曾出租，租金亦應收回，爲此琿春協領又向寧古塔呈報此事，轉答托克托請求將去年（乾隆13年）未給之租屋銀二十兩，及變賣屋、田、驢一、器具等得銀，併牛二隻，

---

ningguta i kubuhe šanggiyan i jarsai nirude kamcibuha bihe. mini eigen elbek de šangnaha menggun de. weren toksoi boo juwan emu giyan usin susai cimari. morin juwe. ihan juwe. eihen emke. muse. hujuruku. mucen juwe. hunio emu juru. horho juwe. joko emke. ofoho halhan i jergi jaka be udaha. mini eigen elbek nimeme akū oho manggi. ere aniya juwe biyade tokto mimbe huncun de benjiburede. mini boo usin. morin. ihan. eihen. tetun agūra be gemu meni nirui janggin jarsai. niyalma de orin yan i menggun de turihe. jai falabuha niyalma sujuktu de sunja yan menggun juwen buhe be. nirui janggin jarsai inu sambi. mini boo usin. eihen. tetun agūra be gemu uncabufi. uncaha menggun. mini werifi jihe. morin juwe. ihan juwe be suwaliyame ganabureo seme alibuhabi.

108 同註107。接續前引滿文讀音轉寫：baicaci. meiren i janggin yamun ci afabume unggihe bithede. elbek i ilibuha boo usin be harangga gūsa nirude afabufi. nergin de uncame tucibume muterakū ofi. kemuni harangga gūsa nirude afabufi. uncabuha erinde. baha menggun be encu unggifi elbek i sargan tokto de bahabureci tulgiyen. elbek de šangnaha menggun be elbek de šangnaha menggun be elbek siran siran i takūraha. jai elbek i akū oho de baitalame funcehe yan i menggun i dorgi be. elbek i sargan ini eigen de doboro waliyara de baitalaha menggun orin yan be sufi. ne funcehe menggun. juwan yan. uttu ofi. elbek i sargan tokto. menggun juwan yan be suwaliyame. araha funde bošokū maimpu de afabufi. bošokū uksin tucibufi benebuhe seme. juwe biyai tofohon de araha funde bošokū maimpu. elbek i sargan tokto de benjime isinjihabi. uttu be dahame. elbek i sargan tokto i boo. usin. eihen. tetun agūra uncaha menggun. jai sujuktu de juwen buhe sunja yan i menggun. morin juwe. ihan juwe be suwaliyame meni baci gebu ejebume genehe bošokū saibuha. tosila sede afabufi unggireo. erei jalin alibume unggihe.

乘便帶回。[109] 而關於租屋銀二十兩之事，檔案亦記載，此承租者乃寧古塔地方之蒙古人梅何圖（meihetu），因欠缺官參五兩而變賣家產賠補，致於無力付此租銀：

> 時梅何圖答稱，去年我曾領官契一張採參，秋季將至，因欠缺官參五兩之故，我之馬匹牲畜皆販賣賠補，今仍稍欠未完，現不能給托克托二十兩銀，請於秋季八月錢糧到後，卑人當效力賠補交納等語。[110]

---

109 〈署琿春協領事佐領濟布球為請將正黃旗厄魯特披甲遺孀留寧古塔房地產等變賣事致寧古塔副都統衙門呈文〉（乾隆15年4月26日），《琿春副都統衙門檔》，冊2，頁152-153。原件全文滿文讀音轉寫：meiren i janggin yamun de. huncun i bai baita be daiselame icihiyara nirui janggin jibkio aliburenge. gulu suwayan i niru janggin dersu alibuhangge. mini nirude kamcibuha hontoho caliyan jetere ūlet uksin ubasi i sargan tokto alarangge. tokto mimbe mingguta ci huncun de benjiburede. mini weren tokso i boo usin. ihan juwe. ihan juwe. eihen emke. tetun agūra be gemu meiren i janggin yamun ci nirui janggin jarsai de afabufi. niyalma de emu aniya orin i menggun gaime tucihe bihe. ne duleke aniya i turgen orin yan i menggun be buhekū bairengge mini alaha babe alibufi ulame meiren i janggin yamun de alibume yabubufi. mini boo. usin. eihen emke. tetun agūra be gemu uncabureo uncaha menggun. duleke aniya. emu aniya i turgen orin yan i menggun. juwe ihan be suwaliyame ildun ci unggifi minde bahabureo seme alambi. baicaci ningguta de tokso i boo usin. ihan eihen. tetun agūra bisirengge yargiyan seme alibuhabi. uttu be dahame. meiren i janggin yamun ci harangga nirui bade afabufi. tokto i boo usin. eihen. tetun agūra be gemu uncabufi. baha menggun. duleke aniya i boo usin i turigen i menggun. juwe ihan be suwaliyame ildun de unggireo. erei jalin alibuha.

110 〈寧古塔副都統衙門為本處蒙古欠琿春厄魯特孀婦房租俟發錢糧再催還事致琿春協領札文〉（乾隆16年閏5月30日），《琿春副都統衙門檔》，冊2，頁455-457。原件全文滿文讀音轉寫：gosin de. kubuhe suwayan i baksina nirui uksin ihan karun ci banjihe bithe. meiren i janggin yamun i bithe. huncun i gūsai da de afabume ungggihe. sini baci alibume benjihe bithede. gulu suwayan i nirui baita be daiselame icihiyara tuwašara hafan i jergi janggin bundei alibuhangge mini nirude kamcibuha hotoho caliyan jetere ūlet ubasi i sargan tokto i alarangge. ini ningguta de bihe booi turigen orin yan i menggun be duleke aniya ningguta i kubuhe šanggiyan i nirui janggin jarsai. meihetu ci bošome gaifi bolori unggimbi seme meiren i janggin yamun ci afabume bithe unggibihe. ere orin yan i menggun be unggihekū bairengge mini alaha babe ulame yabubufi minde bahabureo seme alambi seme alibuhabi. uttu be dahame. meiren i janggin yamun ci tokto i booi turigen orin yan i menggun be. fulun caliyan gaime genehe funde bošokū astai de afabufi unggireo seme duin biyai orin ninggun de alibuha bihe. ere menggun be kemuni unggihekūbi meiren i janggin yamun ci ildun de unggireo seme isinjiha manggi. harangga nirude afabufi. tokto i boo be turifi tehe meihetu ci orin yan i menggun bošome gaifi benju seme afabuha de. kubuhe šanggiyan i nirui janggin i baita be daiselame icihiyara funde bošokū urtai sei alibuha bade meni nirude kamcibuha akū oho ūlet elbek i sargan tokto i boo be turifi tehe monggo meihetu be gaifi. ere orin yan i menggun be bošoci. meihetu i jaburengge. duleke aniya bi alban i

厄魯特人之房舍出租於蒙古人梅何圖，不巧梅何圖因賠補交納官參不足，一時之間無力交租。

乾隆26年（1761）9月，朝廷調查寧古塔、琿春所辦理過的厄魯特人現況，據琿春協領呈報可知該地厄魯特人數目：

> ……琿春地方原有多少厄魯特辦理駐防者，其內額外披甲食各二兩、各一兩錢糧者共若干？此間減損者若干？今有若干？彼等滋生孩童共若干？今皆幾歲？是否將此滋生孩童於該處取於披甲、拜唐阿項下等，一一察明速呈等語行文呈來。九月二十九日到。

> 查得，琿春地方原辦理駐防厄魯特十九人，此內額外披甲食各二兩厄魯特八人，食各一兩厄魯特六人，其間減損，注銷食各二兩厄魯特披甲三人，今有食各二兩厄魯特披甲五人，食各一兩厄魯特披甲六人，閒散五人，再來此滋生之厄魯特之孩童五人，布林十七歲、特古斯十五歲、布彥達里十歲、波勒呼岱七歲、吉喇朗一歲。以上今有各食二兩、食各一兩之厄魯特披甲十一人，原駐防閒散厄魯特五人，來此滋生之厄魯特五人，皆未於該處取於拜唐阿項下。[111]

temgetu bithe emu afaha gaifi orhoda gurunahe bihe. bolori amasi jifi sunja yan i alban i orhoda edelehe turgunde. mini morin ulga. jaka hacin be gemu uncafi toodaha. ne kemuni majige edelefi wacihiyara unde. te tokto de bure orin yan i menggun be bahame muterakū. bairengge bolori jakūn biyai caliyan de isinaha manggi. buya niyalma faššafi toodame afabuki seme jabumbi meni nirui baci kimcime baicaci. monggo meihetu duleke aniya alban i orhoda edelefi. inde bihe morin ulga jaka hacinbe gemu uncafi. ne ere orin yan menggun be bahame meterakūngge yargiyan. erebe jakūn biyai caliyan de isinaha manggi. ton i songkoi bošome gaifi jai afabume benjiki seme alibuhabi. uttu be dahame. tokto de buci acara booi turigen orin yan menggun be bolori jakūn biyai caliyan de harangga niruci bošome gaifi afabume benjihe erinde jai unggiki erei jalin afabume unggihe. anagan sunja biyai orin sunja.

111　〈琿春協領德克都為報先前安置本地之厄魯特人口增減數目情形事致寧古塔副都統衙門呈文〉（乾隆26年9月30日），《琿春副都統衙門檔》，冊5，頁61-62。原件全文滿文讀音轉寫：gosin de. kubuhe suwayan i tešengge nirui bošokū singgala de afabufi benebuhe bithe. meiren i janggin yamun de. huncun i gūsai da dekdu alibuha. baicafi benere jalin. meiren i janggin yamun ci afabume unggihe bithede. ici ergi fugate i alibuhangge. baicaci. neneme jun

　　雖然時至乾隆26年，統計資料顯示厄魯特人在琿春原先僅有十九人，但清廷未曾輕忽。目前筆者尚未發現是否有琿春厄魯特人脫逃情況，參照安插於東北三姓地方（今黑龍江省伊蘭縣）的厄魯特人的逃人案件，可知此案起因不同於本文一開始所述的達什哈案件，達什哈因不適應內地氣候水土而脫逃，三姓的厄魯特多爾齊案件，係因地方官之管理失當，案情上報後相關官員仍須受罰：

> 今厄魯特多爾濟係安插三姓地方披甲之人，與賞給駐防人等為奴者有間，且伊打傷家奴乃屬細事，而該佐領格爾休、協領班達爾善等，平素既並未教導防範，及打傷奴僕又加意詢問恐嚇，以致厄魯特多爾濟懼罪脫逃，甚屬不合。
>
> 應將佐領格爾休、協領班達爾善均應照約束不嚴例，降一級調用，班達爾善有軍功加一級應銷去軍功加一級，抵降一級，免其降調，仍給還軍功紀錄二次。副都統富僧阿平日並未嚴飭管束，以致厄魯特多爾濟亦屬不合，應將副

gar ci uksura be gaifi baime dosinjiha ūlet sebe jurgan ci wesimbufi fulu uksin obufi. ningguta. huncun de icihiyame tebubuhangge bisire be dahame. erebe ningguta i meiren janggin yamun de yabubufi. ningguta huncun i bade daci udu ūlet icihiyame tebubuhe. erei dorgi fulu uksin obufi juwete yan emte yan caliyan jeterengge uheri udu. ere sidende ekiyehengge udu. ne bisirengge udu. jai ceni fuseke juse uheri udu bi. ne gemu udu se oho. ere fuseke urse be harangga bade uksin baitangga de gaiha hacin bisire akū babe emke emke i getukeleme baicara donjibukini seme bithe yabubufi sembi seme alibuhabi. erei jalin unggihe seme isinjihabi. erebe huncun i gūsai da de afabume bithe unggifi. huncun i bade daci udu ūlet icihiyame tebubuhe. erei dorgi fulu uksin obufi juwede yan, emte yan caliyan jeterengge uheri udu. ere sidende ekiyehengge udu. ne bisirengge udu ceni fuseke juse uheri udu bi. ne gemu udu se oho. ere fuseke ursebe harangga bade uksin baitangga de gaiha hacin bisire akū babe emke emke i getukeleme baicafi hūdun benjibukini seme afabume bithe yabubufi sembi seme alibuhabi. erei jalin afabume unggihe seme. uyun biyai orin uyun de isinjiha baicaci huncun i bade daci icihiyame tebubihe ūlet juwan uyun. erei dorgi fulu uksin obufi. juwete yan. jetere ūlet jakūn. emte yan jetere ūlet ninggun bihe. erei dorgide ekiyehe. juwete yan jetere ūlet uksin ilan be sufi, ne bieire juwete yan jetere ūlet uksin sunja, emte yan jetere ūlet uksin ninggun. sula udu. jai ubade jifi fuseke ūlet sei juse sunja. burin juwan nadan se. tegus tofohon se. buyandali juwan se. bolhosai nadan se. jiralang emu se. ereci wesihun ne bisire juwete yan. emte yan jetere ūlet uksin juwan emu. da ☐ tebehe sula ūlet sunja. ubade jifi fuseke ūlet sunja be gemu umai baitangga de gaiha hacin ☐ erei jalin alibuha.

都統富僧阿照例罰俸六個月，但事在乾隆十五年八月初四日恩詔以前，所有富僧阿罰俸六個月之處，應請寬免。[112]

東北邊疆作爲滿洲人的「龍興之地」、「故土」，該地具備容納厄魯特降人的條件，即因八旗制度。在清準戰爭期間，便考量將厄魯特降人送到東北，透過入旗籍的程序，認爲此舉可以隔離厄魯特人，反而有利於清朝的國家安全。安置此等境外邊民進入東北，展現朝廷對於邊防管理、族群控制的自信心。相較於清朝入關前，滿洲建政之初，前來歸降的各部族人數有多有少，卻不因人少而拒絕安置，這種編旗安插的模式正是滿洲政權對待邊民的政治傳統，可謂「海納百川，不棄涓流。」

七、結論

清朝與準噶爾汗國歷經長期的和戰關係變化，在平定準噶爾之前，這些來歷特殊的邊民，通過八旗體系進入中國；平定準噶爾之後，即使編入《皇清職貢圖》的厄魯特人僅僅顯示出生活在新疆伊犁一帶，然而蒙古、東北乃至內地駐防均有厄魯特人，唯其身分已有不同。厄魯特降人一直是清朝八旗體系的特殊群體，也是清朝重要的準噶爾問題。

由本文引述的檔案史料反映空間地域的多元性，安置厄魯特降人的空間分布，從新疆北部與之相鄰的喀爾喀、西北省分，或先送往北京或直接安置口外的察哈爾，又或安置東北寧古塔、琿春，乃至於內地青州、杭州、京口、江寧等駐防地，即包括邊疆與內地。本文所述安置於內地以及琿春的厄魯特降人雖然數量不多，但是這些原始檔案保留了事件處理過程的原貌，使我們看到事件本身的緣起，政策實施過程中統治者的意圖，以及政策落實辦

---

[112]「兵部爲厄魯特人等脫逃事」，〈移會〉（乾隆15年9月），《明清內閣大庫檔案》，中央研究院歷史語言研究所藏，登錄號：159323-001。

理的曲折，有助於研究者把握歷史事件的全貌，相較於傳統官書史料之欠缺細節，大多僅按編年敘述事件流程，原始檔案確實提供更豐富的訊息。

　　乾隆元年至20年間，即使君臣曾經質疑、議論收納厄魯特降人的利弊得失，還發生多次降人逃脫，甚至是牽動數省官員查緝「不比尋常逃犯」的案件，收容安插厄魯特降人可以說是持續貫徹的目標，以懷柔遠人為宗旨。厄魯特降人的安置辦法雖承襲自康、雍時期，而乾隆年間開始加速厄魯特降人旗籍化的趨向，分散安插於內地駐防。清廷主要以攜眷或單身與否的標準，決定置於口外或內地，而夥來投之人，因這個標準而離散各地；降人沒有決定自身去處的自由；然而後投之人則可以前往先到親眷之處所。對於安插降人的同時亦給於賞賜銀兩，乃至取妻、置產銀兩，此亦依例執行，並且於對這些第一代降人還不必令其當差。投誠者之規模無論是貴族階層帶領之數千戶，或是二、三人乃至十餘口之單身、族屬，均一體收納。對於造成來降復逃的失職官員，亦有配套法規處置。

　　清代的邊民大致有別於核計丁口的漢民，而類同於職貢之人，其生活空間亦有內地與邊疆之分。復對照清朝前中期於處理邊民事務所慣常使用的「內外一體」概念，其內外之別，一般認為是內地與口外邊疆之空間與族群，而我們透過厄魯特降人在內地的現象，可知他們原先是邊民，雖然後來有的被安插在口外，有的在內地，但是均在八旗駐防體系裡運作，乾隆年間將厄魯特邊民、降人分置口外、內地，只因投誠時是否攜眷，並非這些人的性質有所不同。因此，「內外一體」所謂「內」，似並非專指地理範圍的「內地」，也還可以是指涉連結口外、內地的八旗駐防體系範圍之內，這個體系所聯繫的內地與口外亦為「一體」。清朝自入關前已將征討及來歸之人編入旗籍，乃至於十八世紀乾隆年間的厄魯特降人亦如是辦理，均顯示了清代八旗制度確實是使邊民由外而內的主要機制。

　　清朝中後期各駐防地的厄魯特史料尚待進一步發掘，晚清政府基於客觀環境因素已減少對旗人的照顧，甚至主動取消八旗的部分特權，使旗人漸次與民人齊一，直到清朝政權瓦解，旗人已不再是統治階層，喪失以往的特權、身分與地位之後，才有可能真正與一般民人「齊一」。[113]厄魯特降人屬於八旗駐防旗人內部的少數族群，更難敵擋時代浪潮的推進，或許早已和一般民人「齊一」，乃至於不可識別，內地各省的厄魯特降人其後代至今已不易追尋。

圖1　山東　青州

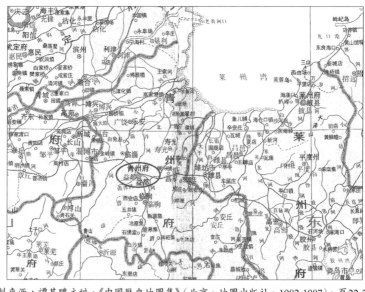

資料來源：譚其驤主編，《中國歷史地圖集》(北京，地圖出版社，1982-1987)，頁22-23。

---

113 劉世珣，〈清末旗人的齊民化〉，《臺灣師大歷史學報》，第49期 (2013年6月)，頁137-206。

圖2　喀爾喀蒙古　布爾干

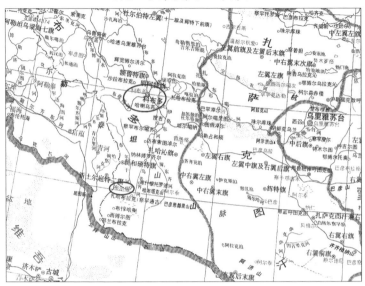

資料來源：譚其驤主編，《中國歷史地圖集》（北京，地圖出版社，1982-1987），
頁55-56。

圖3　科布多、布爾干

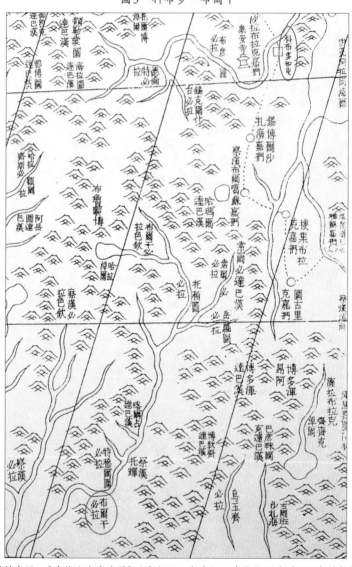

資料來源：《清乾隆內府輿圖》（翁文灝、朱希祖，清乾隆25年〔1760〕鐫製銅
版，民國21年〔1932〕故宮博物院重印）。

松筠——面對漢人凝視的蒙古旗人[*]
（附《百二老人語錄‧聖道與佛教》譯註）

蔡名哲

中央民族大學歷史文化學院博士研究生

一、前言

正藍旗蒙古人瑪拉特氏松筠（Marat xala Sungyun，[1]1752-1835）[2]，爲歷仕

[*] 本文之初稿發表於2014年12月20日，國立政治大學人文中心「民族互動與文化書寫（二）
——邊民在內地」學術研討會，感謝定宜莊教授、陳又新教授與蔡偉傑博士於會中提供寶
貴意見。出版送審過程中，感謝匿名審查人的諸多指正。

[1] 本文所採用的滿文轉寫法，爲甘德星據李蓋提（Louis Ligeti）拼寫法改良之拼寫法。詳
見甘德星，〈滿文羅馬字拼寫法芻議〉，收入閻崇年編，《滿學研究》，冊6（北京：民族
出版社，2000），頁50-68。目前學界於滿文羅馬拼寫上，雖多採用穆麟多夫（Paul Georg
von Möllendorff）之拼寫法，然此套拼寫法以音寫（transcription）爲主，在相關新材料轉
寫上，無法還原爲滿文原字。即便採用穆麟多夫拼寫法的學者，也不得在其基礎上另創
符號，以拼寫相關文獻。而甘德星之拼寫法，乃是參考眾多拼寫法之長，並回到滿文造
字的脈絡所創的系統，目的便是在拼寫老滿文等文獻時，能夠還原爲滿文原字。關於其
他學者的造字，可見河內良弘譯註，《中国第一歷史档案館藏内国史院满文档案訳註——
崇德二、三年分》（京都：松香堂書店，2010），頁VIII；Tatiana A. Pang, Giovanni Stary,
*New light on Manchu Historiography and Literature : the Discovery of Three Documents in Old
Manchu Scrip* (Wiesbaden: Harrassowitz Verlag, 1998), pp. 6-7. 此名爲松筠於《百二老人語
錄》與奏摺中的滿文署名。另外，「故宮人名權威檔」稱松筠一名之滿文寫爲 "sungyūn"，
不知其根據。據筆者目前所見，僅遼寧省圖書館本的《百二老人語錄》松筠滿文題名寫爲
sungyôn。

[2] 松筠生年不詳，但根據《松文清公升官錄》，可知乾隆17年爲其生年。參見佚名編，《松
文清公升官錄》，收入《北京圖書館藏珍本年譜叢刊》，冊119（北京：北京圖書館出版
社，1998），頁240。相關問題可見馬長泉，〈松筠生年考〉，《歷史檔案》，2009年第2期
（2009年24月），頁116。

乾嘉道三朝的名臣，曾於中央擔任軍機大臣與內閣大學士等要職，並多次出任封疆大吏，歷任過庫倫辦事大臣、駐藏大臣與伊犁將軍等重要邊臣。在傳世文獻中，松筠實心為國，官聲卓著，通曉理學，[3]獲得當時各方好評。

　　以今日眼光觀之，松筠對理學與漢文化的理解，幾乎可作為持「漢化論」者的論據。[4]不過，作為蒙古旗人，松筠同樣保留固有的藏傳佛教信仰，[5]但在漢人同僚的眼中，並不以其信仰為怪，顯示蒙古旗人當時似乎很融洽地融入漢人社會之中。

　　然而，松筠另有一全以滿文寫成的著作《百二老人語錄》，之中卻記載了一段蒙古旗人與漢人的對話，全文主要是蒙古旗人向漢人解釋蒙古旗人信佛與韓愈的排佛言論並不矛盾，似乎顯示蒙古旗人身處漢地，對於自己的身分與信仰，仍有一定的緊張感。

　　那麼，兩種看似南轅北轍的記載，究竟何者較真，蒙古旗人在清代究竟

<hr/>

3　《嘯亭雜錄》中，〈松相公好理學〉一條便載：「公性忠愛，幼讀宋儒之書，視國事為己務，肝膽淋漓，政事皆深憂厚慮，不慕近功。」參見昭槤，《嘯亭雜錄》（北京：中華書局，1997），頁109。

4　感謝蔡偉傑對本文「漢化」定義提出的建議。近二十幾年來，「漢化」成為清史研究的一大爭辯議題，但誠如王成勉所說，爭辯雙方所採用的漢化定義並不一致。關於爭論的始末與學者的評議，參見王成勉，〈沒有交集的對話──論近年來學術界對「滿族漢化」之爭議〉，收入汪榮祖、林冠群主編，《胡人漢化與漢人胡化》（嘉義：國立中正大學臺灣人文研究中心，2006），頁57-81；汪榮祖，〈大清帝國的漢化爭議〉，《明清史叢說》（桂林：廣西師範大學出版社，2013），頁177-189。在開始討論前，本文有必要對所採的「漢化」定義做一說明，本文此處所稱的「漢化」係採用廣義的定義，亦即非漢民族對漢文化的採用。不過這樣的詞語，卻僅能粗略地描述現象，而忽略了漢化的是否有力度之別，是否有不同差異，而無法有效地作為分析工具。蔡偉傑亦曾指出此問題，詳參蔡偉傑，〈評黃培著，《滿人的再定位》〉，《史原》，復刊第4期（2013年9月），頁325-326。本文則是對此問題的反思，然而本文無意涉入「漢化」爭論，因此未對「漢化」採取更精確的定義，而是希望繞開此爭論，進而更加強調發生廣義漢化的「社會情境」，亦即希望跳脫現象的描述，轉而探討背後的微觀互動與動因，試圖從「不精確」之外，找出另一條反思「漢化」說的途徑。

5　松筠信仰藏傳佛教，可從史料中得到證明。《清實錄》記載乾隆皇帝曾說：「現派松筠赴藏辦事。伊係蒙古，素遵黃教。倘不知自重，恐將來辦事，仍虞掣肘。」參見《大清高宗純皇帝實錄》（北京：中華書局，1986），卷1458，頁462。

處於何種景況，本文試著比較兩類記載以探究之。

二、漢人眼中的松筠

　　清代文人的筆記中，留下許多關於松筠的記載，對其讚譽有加，對其信仰藏傳佛教，並不以爲怪，反而視爲其美德之展現。曾與松筠同朝爲官的後輩官僚梁章鉅，致仕後有《歸田瑣記》一書，書中載松筠故事甚多，茲取相關者如下：

> 外省知交，於中朝之名公偉人，有識有不識，而無不知，有蒙古松中堂筠，多欲從余得其詳者。……公出爲伊犁將軍時，……夫人既至，公亦不擇日，即命入署，僚佐皆不知將軍夫人之已至也。……院內正屋三楹，中爲堂，夫人居堂東，西爲佛堂，公每日五更入佛堂頂禮畢，坐堂中，與夫人啜茗閒語半時而出，仍扃其門，而夫人每日當四更必起櫛沐以待之。公之禮佛，不間寒暑；夫人之夜起，亦不間寒暑。同時有策大人者，公事故簡，每日黎明即起，面畢，即駕騾車傳食於同城寅好署中，亦無間寒暑。那繹堂師時亦在西域，嘗戲語人曰：「我若死入輪迴，必與閻羅相約，或再爲男人，或轉爲女身，或墮落畜類，惟命之從。但不願作策大人騾及松將軍夫人耳。」公由伊犁將軍除吏部尚書，入京，行抵涿州，八喇嘛遣人迎之。公乘一馬，喇嘛之使人乘一騾，易騎而行，自涿州連宵至圓明園，其家人戚友迎於長新店者俱不知也。……次日入見，即呈講大學首章，以爲治國平天下，當自正心誠意始。出借勒相國肩輿候客，家人始聞公之已到都也。……公身材僅中人，而體氣壯實，有莊敬日強之功。惟自邊臣內擢後，頭每涔涔動，鎮日不已，即入對亦然。……因乘間問公頭動之故。公慨然曰：「此非病也。我在西域時，手刃叛回至數百人，未免殺戮過重，至今

耿歇於中，不覺震動於外耳。然不如此，恐回疆未必安戢至今也。」公面如
羅漢，必極慈祥，自是活佛度世，節鉞所莅，無人不被其澤而飲其和。叛回
之戢，辟以止辟，正公鎮邊作用，不知者或以殺降爲公咎，豈知公者哉！[6]

　　以上史料大致包含三則故事，一是松筠在西域之勤，二是松筠因公忘
私，三是松筠在西域的殺伐。故事開頭可見梁章鉅清楚知道松筠是蒙古旗
人，並提及松筠禮佛與理政之勤，梁章鉅不以爲怪，不認爲松筠的舉止是迷
信的表現，反而視之爲松筠在私生活與公事上的嚴謹。倘若梁章鉅以藏傳佛
教爲儒家之外道，應會認爲松筠不應沉迷此道，若其書寫目的是要揚松筠之
善，便會隱其惡，僅需書寫松筠治家與理政之嚴即可，而不需描寫松筠禮佛
之勤，由此可知梁章鉅與其預想的讀者，並不視松筠之信仰爲訝異之事。

　　第二則故事明確地提到喇嘛，可見梁章鉅知道松筠信仰者應係是藏傳
佛教，或松筠本人至少與藏傳佛教有來往，但文中所要強調的是松筠因公忘
私，回到北京連家都不回，家人都不知道他回來。如前所述，若只是要表
述松筠因公忘私，喇嘛是可以忽略的細節。第三條史料則是松筠解釋其在新
疆的殺伐，梁章鉅以「羅漢」、「活佛」等字眼來討論松筠的作爲。顯示梁章
鉅與其所預料的讀者，都能接受以佛教所做的譬喻，亦都不以松筠之信仰爲
怪。梁章鉅此時已致仕，松筠也已過世，梁並無逢迎之必要。其提及交友圈
中，許多人向他詢問松筠的事蹟，可知他的書寫是有預想的讀者，假設他所
預想的讀者，是一群以藏傳佛教爲外道之人，梁應該就不會如此書寫。

　　由此看來，身爲蒙古旗人的松筠，似乎已能在漢人文化圈中，找到自己
的定位，與漢人和諧相處。松筠在日常生活中的展演，被人冠以佛教思想解
釋，另外亦包含他的書法展演。松筠善書「虎」字，而他的書法作品，也被

6　梁章鉅，《歸田瑣記》（北京：中華書局，1997），頁108-110。

賦予類似的意義，爲漢人品味與解讀。中央研究院傅斯年圖書館所藏的「清松筠書虎字」搨本，爲松筠奉派浙江時所書，兩位漢人官員分別評價松筠的字如下：

> 一氣揮灑際，宛有神虎蹲，力比狻猊勁，心如駒㬵〔騶虞〕仁，慈悲即威猛，佛性原不分旬〔旨〕哉。撫軍言：書中誠有人，留此鎮海上，蛟鼉遠逡巡。知海鹽縣事汪仲洋敬題。[7]
>
> 湘圃相國精於八法，尤善作虎字，世爭寶之，今以讞案來浙，於公暇書見詒，英風毅氣溢於毫素之間，書中有人，覽者毋視爲尋常之寶也。帥承瀛跋。[8]

　　帥承瀛係嘉慶25年（1820）到道光4年（1824）的浙江巡撫，汪仲洋於道光元年（1821）到道光3年（1823）任海鹽縣知事，[9]松筠則於道光元年「派赴浙江查辦鹽務事件」，[10]此應是當時所書。帥承瀛強調「書中有人」，汪仲洋也重複巡撫（撫軍爲巡撫的別稱）的話，再次強調「書中誠有人」，代表他們均認爲松筠的人格反映在這幅書法中，並深表讚賞。彼等所見之「松筠」，兼有猛獸之力，仁獸之仁，同時兼具「慈悲與威猛」，兩者一體的境界。汪仲洋更強調慈悲與威猛二者於佛法本就不分。代表兩位漢人所讚嘆此境界是與佛法有關。松筠習佛與漢人社會無矛盾一點，再次得到證明。

7　〈清松筠書虎字〉（無年月），中央研究院歷史語言研究所藏，檔號：T100 4888，碑刻拓本。此段話承志標點爲「一氣揮灑際，宛有神虎蹲力，比象怕勁心，如證虞仁慈悲，即威猛佛性原不分有哉。撫軍言，書中誠有人，留此鎮海上蛟蝕遠逡巡。」應爲誤。狻猊是猛獸，騶虞是仁獸，兩者應互相對仗。參見承志，《ダイチン・グルンとその時代──帝國の形成と八旗社会》（名古屋：名古屋大学出版会，2009），頁515。

8　〈清松筠書虎字〉（無年月），中央研究院歷史語言研究所藏，檔號：T100 4888，碑刻拓本。

9　王彬修等纂，《海鹽縣志》（台北：成文出版社，1975），卷2，〈職官表上〉，頁200

10　佚名編，《松文清公升官錄》，頁322。

　　前文主要說明松筠之信仰與漢地並非不能相容，同時應該指出的是，關於松筠的史料甚多，其中較多更指向他的理學成就。即便松筠僅此一人，卻可作不同地解讀。吾人今日刻意凸顯其藏傳佛教信仰，固係刻意為之，究之松筠當時的作為，可能很難歸類，整體而言是可以融入漢人文化，但難以被刻意歸類。

　　《清史稿》如此評價松筠：「服膺宋儒，亦喜談禪。尤施惠貧民，名滿海內，要以治邊功最多。」[11]以其儒學成就為先。《天咫偶聞》載：「松文清公筠第在二條胡同，今子孫仍居之，嘗聞其聽事中有巨椅一，公遺物也。人不敢坐，坐者往往致疾，公以理學名，而滑稽不羈。然事君交友之際，汲黯不能過也。」[12]強調其理學成就。吳振棫評論其字曰：「書中之聖自有人，守在四夷誰虎臣。」[13]將松筠的書法成就與治邊之功聯繫起來，還提出「四夷」二字，似乎未意識到松筠也可列在「夷」。對於松筠的治邊，時人亦是以忠孝二字理解，比如《嘯亭雜錄·松相公好理學》載：

> 公性忠愛，幼讀宋儒之書，視國事為己務，肝膽淋漓，政事皆深憂厚慮，不慕近功。鎮伊犁時，撫取外夷，視如赤子。凡哈薩克、布魯特、俄羅斯諸國貢使至日，公皆呼至坐前，詢問其國之治亂，親賜以食，教以忠孝之道，並曰：「我大清國所以立萬年基者，惟賴此二字也。」辭行時，厚加賞賚，其豐貂錦幣之物，滿載而返，故屬國愛若父母，涕泣而別。[14]

　　以上所舉，主要說明松筠的所作所為，在時人（包含滿人與漢人）眼中

11　國史館編，《清史稿校註》，冊12（台北：國史館，1989），卷349，頁9471。不過此處松筠的佛教信仰被總結為「禪」。
12　震鈞著，《天咫偶聞》（台北：文海出版社，1968），卷4，頁238。
13　吳振棫，《花宜館詩鈔》，卷14，收入《清代詩文集彙編》編輯委員會編，《清代詩文集匯編》（上海：上海古籍出版社，2010），頁136-137。
14　昭槤，《嘯亭雜錄》，頁109。

並無詭異之處，許多作爲還可冠以儒學風骨化之於行來理解。顯見當時的社會氣氛是以儒學爲宗，而各種形式的作爲均以此爲本，蒙古旗人移居內地之後，也遵循此道而行，雖然他們有自己的信仰，但這些信仰可能已被漢地接受，當時漢地亦有信佛之人，況且松筠仍以儒學爲本，因此時人不以爲怪。

三、《百二老人語錄》中對藏傳佛教信仰的解釋

松筠於乾隆54年（1789）以滿文完成了《百二老人語錄》（*Emu tangyô orin saqda-i gisun sarkiyan*）一書，松筠說書中內容是其自身記得的一百二十則老人舊言，但據筆者一直以來的研究，此書爲松筠假托老人之口而著述的可能性很大。[15]不管如何，對松筠而言，《百二老人語錄》一書是 "muse yôsai niyalma ofi. saci acara tacici acara. jai niyalma jalan-de banjinjifi kiceci acara yabuci acara xacin. yooni amba muru baqtaqabi" [16]（我們身爲旗人，應該知道的、應該學習的，以及在人世出生後應該努力，應該行的種種，大概都已包含。）表示《百二老人語錄》是松筠爲旗人而寫的濟世之言。

該書最長的一則故事，爲卷一的〈聖道與佛教〉，[17]該文開頭記載了一

15　《百二老人語錄》現存有滿文本、滿漢合璧本與漢文本三種形式，漢文譯者並非松筠，而是書成之後二十年，由另一蒙古旗人富俊漢譯。村上信明曾取四版本的同一則故事比對，認爲《百二老人語錄》有兩大系統，即普倫泰編輯的滿文本與富俊翻譯後的滿漢合璧本。可見村上信明，〈松筠著『百二老人語錄』鈔本4種のテクスト比較〉，收入楠木賢道等，《清朝における滿・蒙・漢の政治統合と文化變容》（平成14年度-平成17年度科學研究費補助金研究成果報告書），頁92-111。筆者另比對多版本的多數篇章，可以確定滿漢合璧本與漢文本並非僅是漢譯《百二老人語錄》，而是改寫，部分故事歧異度甚大，而改寫者很有可能就是富俊。可見蔡名哲，〈滿文書《百二老人語錄》的版本與史料性質〉，《東吳歷史學報》，第35期（2016年6月），頁83-129。

16　Sungyun, *Emu tanggû orin sakda-i gisun sarkiyan* (San Fransisco & Taipei: Chinese Materials Center, 1982), p. 4.

17　此段故事亦受到村上信明先生重視，其特別注意了故事所反映的藏傳佛教對蒙古旗人的蒙古認同的維持，且注意蒙古人與旗人身分兩者的並行不悖，以及蒙古旗人的官吏身分、藏傳佛教和清代藩部統治之間的關係，由於蒙古旗人兼具身爲旗人的忠誠與身爲蒙古人的佛教信仰，成爲藩部統治不可或缺的存在。而他們在藩部時，也以信仰藏傳佛教

段蒙古旗人和漢人的有趣對話："mini emu mongɤo ɤôsai gucu. emu niqan siyan šeng-ni baru Xan Wen Gung-ni leolen-be jafame ishunde duiibuleme giyangnaxa babe. bi yala ferguweme donjixa. dergi gisun. giyan bifi ejeme araxa. siyan šeng fonjime. julgei šu fiyelen-de Tang gurun-i Xan Ioi-i araxa Yuwan Doo sere fiyelen-be xôlaxabio. hendume. Siyan šeng aiinci mimbe mongɤo ɤôsai niyalma seme jortai fonjixa aiise. bi terei šu fiyelen-be xôlaxa sere angɤala. kemuni terei ɤosin jurɤan. doro erdemu-i leolen-be ferguweme buyembi. fonjime. terei šu fiyelen-i gubci leolehengge inuo waqao. hendume. Mengzi' aqô oxo-ci doroi ulan burubufi. bithe tutabucibe. sara niyalma qomso ojoro. encu demun-i untuhun aqô cib gukubun-i tacihiyan dendehebi. Tang gurun-de isinjifi. Wen Gung teiile nenehe enduringge-i ulan-be getukeleme tucibuhe. we gelhun aqô waqa seme ɤônimbi leolembi. fonjime tuttu oci wesihun mongɤo ɤôsai niyalma. boo tome fucihi dobumbi qai. Wen Gung-ni leolen-i sasa ilici ombio." [18](我一位蒙古旗人朋友，跟一位漢人先生互相根據韓文公之論，相比而談，我實在讚嘆而聞之。高明的言論有道理，〔我〕將其紀錄。先生問道：「在古文中，讀過唐朝韓愈所寫的〈原道〉嗎？」〔蒙古旗人對〕曰：「先生想必是認爲我是蒙古旗人而故意發問吧？我不但讀過那篇文章，還讚嘆喜愛其仁義道德之論。」〔漢先生〕問道：「該文通篇所論是對的嗎？還是錯的呢？」〔蒙古旗人對〕曰：「從孟子死了之後，道統之傳消失了，雖然文章留存，知道者少。異端的「空」

的蒙古人面孔行動，進一步使其蒙古認同更加顯現。可見村上信明著，《清朝の蒙古旗人 ——その実像と帝國統治における役割》（東京：風響社，2007），頁32-39。本文則是試圖從另一角度研究〈聖道與佛教〉此一故事。

18　Sungyun, *Emu tanggû orin sakda-i gisun sarkiyan*, p. 42. 按：( ) 所寫中文爲筆者的翻譯，以下同此例。

「無」，寂滅之教分出。到了唐朝，只有文公查明先聖之傳，〔發揚而〕出。誰敢認爲、談論他是錯的呢？」〔漢先生〕問曰：「如此說來，您們蒙古旗人，家家供佛啊！可以和文公之論並立嗎？」）

故事開頭便出現了劍拔弩張的緊張氣氛，漢先生的提問頗具攻擊性，挑動著「夷夏之辨」的敏感議題，而且詢問的對象還是有「夷人」身分的蒙古人，而其武器便是儒家的「道」。蒙古旗人也非常警覺，立刻感到對方是針對自己的「夷人」身分提問的。

韓愈〈原道〉論曰：「孔子之作春秋也，諸侯用夷禮則夷之，進於中國則中國之。經曰：『夷狄之有君，不如諸夏之亡！』詩曰：『戎狄是膺，荊舒是懲。』今也舉夷狄之法，而加之先王之教之上，幾何其不胥而爲夷也。」[19]文中將「先王之教」與「夷狄之法」對立起來，《百二老人語錄》中的漢人熟練地操弄著此議題。同樣的主題，雍正皇帝也曾設法駁之。雍正皇帝在《大義覺迷錄》中，便公開的與曾靜爭辯滿洲的「夷狄」身分，其言：

> 聖人之在諸夏，猶謂夷狄爲有君，況爲我朝之人，親被教澤，食德服疇，而可爲無父無君之論乎？韓愈有言：「中國而夷狄也，則夷狄之；夷狄而中國也，則中國之。」[20]

雍正皇帝這段話，主動將韓愈引用的「夷狄之有君，不如諸夏之亡」一語中的「如」作「若」字解，將韓愈引用來批評夷狄之語，轉化爲對夷狄採用中國之體的稱讚，將此語轉換爲「夷狄」亦得以「載」德，得以「有君」的論據，[21]更直接利用韓愈「進於中國，則中國之」的言論，讓夷狄的身體，變

19　韓愈著，蔣抱玄評注，《注釋評點韓昌黎文全集》（台北：廣文書局，1991），頁93-94。

20　〔清〕雍正皇帝撰，《大義覺迷錄》（台北：文海出版社，1969），頁16。

21　滿文《論語》將「夷狄之有君，不如諸夏之亡也」翻譯爲tulergi aiiman. ejen bisire-be sara bade. Dulimbai gurun-i elemangya aqô-i gese adali aqô qai..（外面的部落，知道有君主，故與

成開放的載體，能夠承載漢文化，變成「諸夏」與「中國」。如同楊念群所言：「〔清朝君主〕克服了宋代的狹窄『人地關係』的文化解釋，而回歸不以『種族』劃分『文化』的漢唐模式。」[22]然而，藏傳佛教畢竟未被視為漢文化，蒙古旗人其身即便承載了漢文化，只要依然信仰「藏傳佛教」，他們面對的質疑還是不能完全消除，畢竟韓愈當年所排之佛，還未涉及藏傳佛教，已被視為「夷狄之法」，那麼身為夷狄又信仰夷狄之法（更不用說藏傳佛教可能比漢地佛教更「夷狄」）之蒙古旗人，又該如何自處呢？

因此，〈聖道與佛教〉可視為蒙古旗人對於這種質疑的反應，不論這種質疑是否發生，它確實出現在松筠的腦海中，並導致他寫下這篇文字。在這篇文字中，蒙古旗人的策略並不是誇耀一個強大的蒙古文化，炫耀「成吉思汗」等表徵，[23]而是展示其對漢文化的理解，大量引用儒家的言論，描繪了人類從野蠻進入文明的歷程，其認為早期人類並無文明，人獸無別，直至聖人生後，依照天道而設教，中國地方因此有了自己的文化，但其他地方，也自然發展出自己的文化，這也是他們的「道」，將韓愈〈原道〉所言：「古之時，人之害多矣。有聖人者立，然後教之以相生養之道。」變成普遍性的原則，使得中國以外的地方也能有「道」。在蒙古旗人的邏輯中，韓愈排佛是因為中國用了其他地方的教，韓愈所還原的是中國的「道」，但並不是說其他地方的道就不是道。蒙古旗人嫻熟地引用漢文經典，引用了如《中庸》、董仲舒、子思、張載等人的話，逐步折服了漢先生。

然而，蒙古旗人心中可能仍有疑慮，擔心漢人質疑蒙古旗人既已進入

中國好像反而沒有〔君主〕，不一樣啊。）參見《欽定繙譯五經四書》，收入《景印文淵閣四庫全書》，冊189（台北：臺灣商務印書館，1983），頁356。

22 楊念群，《何處是「江南」？——清朝正統觀的確立與士林世界的變異》（北京：生活・讀書・新知三聯書店，2010），頁8。

23 《百二老人語錄》雖為蒙古旗人的著作，然該書通篇未提成吉思汗、忽必烈等蒙古英雄人物。

漢地，那是不是應該改變自己的道了。這樣的疑慮在改寫後的《百二老人語錄》清楚地表達出來。在改寫本中，增加了漢人在蒙古旗人回答後的提問內容："uttu oci. enduringge niyalma dergide bifi aiinu dasaraqô wen gung geli coxotoi gisurehei milarabuxangge adarame."[24]（聖人在上，為何不修正，文公又特別要持續議論以卻之一事，又是為什麼？）因此，蒙古旗人申明藏傳佛教是他們的「道」，但他們作為儒家的信徒，大清的官吏，並沒有迷信自己的道。蒙古旗人說："te bici. meni yôsai niyalma ejen-i kesi-de. xafan amban tehe manggi. Mongyo Tangyôt bade taqôraxa dari. kemuni meiimeni ba-i tacin an-be tuwame. elhe obume dasabure tušan baiita bi. ere utxai An Dulimba bithei suhe hergen-de bisire. tere niyalmai doro-be jafafi. tere niyalmai beyebe dasambi. sehengge waqao."[25]（即如我們蒙古旗人，憑藉主恩，居官為臣之後，每派往蒙古唐古忒地方，仍舊有視各個地方風俗，治之使安的工作。這不就是在中庸註解中，所謂的「掌握其人之道以後，治理其身。」嗎？）對於自己的風俗，竟用「以彼之道，還施彼身」的道理來解釋，後面又說："enduringge ejen. yaya juqtehen-de engeleci. urunaqô hiyan dabume unenggi yônin-be aqômburengge. inu Mongyo Tangyôt-be yosin-i bilurengge"[26]（當聖主到達任何廟宇，必定點香盡誠，此事也是以仁撫卹蒙古唐古忒之事。）將自己的行事模範歸結於滿洲統治者，表示清朝的統治模式是 "mederi dorgi-be irgebun bithei tacihiyame. tulergi aiiman-be fucihi nomun-i dasabume."[27]（海內以詩書教之，外藩以佛經治之）的因地制宜統治範式。蒙古旗人表明了自己自己不僅在公開領域是儒家的信徒，更是忠實執行帝國理藩政策的臣

24　松筠著，富俊譯，《百二老人語錄》（東洋文庫本），頁45a。

25　Sungyun, *Emu tanggû orin sakda-i gisun sarkiyan*, p. 49.

26　Sungyun, *Emu tanggû orin sakda-i gisun sarkiyan*, p. 50.

27　Sungyun, *Emu tanggû orin sakda-i gisun sarkiyan*, p. 52.

僕，強調這樣的治理模式，符合了《易經》中「旁行而不流」（Ma. jaqanjame yabucibe eyeraqô）的理念。「旁行」被理解為「遍行」，表示智者能夠不拘泥於成規，知道變通，但卻「不流」，表示不流於奸狹。滿文將旁行譯做 jaqanjame yabumbi（詳究而行）是以此表示「遍行」。此與表示在遵循大原則之下，能夠有所變通，卻不為原則的理想。

這樣的統治模式，看似外藩與內地平等並列，滿洲人對於儒家與佛教同樣尊崇。然而，在這種看似兩者並列，互相尊重的外表下，所強調的卻是一種在外藩與中原同樣有的普遍原則，這種普遍原則，表現在前文所說的「道」，也表現在改寫版本中蒙古旗人如下的表述："An Dulimba bithede. dulimba xôwaliyasun-de isibuci. abqa na toqtombi. tumen jaqa xôwašambi sehebi. aiinci abqa e a sunja feten-i niyalma-be banjibufi. urunaqô meiimeni teiisu-de elhe obu. meiimeni banjire-de acabu manggi. teni toqtoxo xôwašaxa seci ombi. uttu oci toqtoro xôwašara doro aiinaxai damu Dulimbai gurun-de teiile ni. geli abqai fejergi niyalma-be taryabume bolyomibume bolyo etuku etufi wecere juqtere-be yabubumbi sehebi. uttu oci. hutu enduri-i erdemu-i wesihun ojorongge. tulergi aiiman-de utxai aqô semeo." [28]（在中庸中，說過「若到中和，天地定，萬物撫。」想是以天地陰陽五行生人，必使各自安於本分，各自合於生之後，才可稱為位與育。若是如此，位育之道豈會只在中國？〔《中庸》〕又說過「要訓斥天下人使其齋戒並穿潔淨衣服後祭祀。」若是如此，鬼神之德之盛，在外頭部落就沒有了嗎？）這條史料雖然並列中國（dulimbai gurun）與外藩（tulergi aiiman），但卻是論述儒家的普遍性原則在二地均有的道理，也就是以儒家思想為骨幹，兩地並列的統治架構。這種表面以儒家為本的統治關係，或許就是由改寫本中漢先生的提問提綱挈領地

---

28 松筠著、富俊譯，《百二老人語錄》（東洋文庫本），頁45b-46a。

表達出的緊張關係所促成。而這樣的統治模式，在改寫本中，令他說："bi te teni baxafi jaqanjame yabucibe eyeraqô sere gisun-be saxa. bi te teni baxafi niyalma-i niyalma-be dasara gisun-be saxabi sehe."[29]（我現在才得以知道旁行不流之語，我現在才得以知道以人治人之語。）「旁行不流」、「以人治人」點出了蒙古旗人所說清帝國治理外藩的指導原則，兩語皆引申自儒學思想。

接著強調中國道統之衰微，其實從秦朝就開始了，黃老、老莊等異端說法，至唐朝已不能挽救，暗示韓文公所面對的豈只有外夷的佛教，還包含漢文化自己產生出來的學說。其中漢武帝對儒術的尊崇則被省略，後文特別強調清王朝對於儒學的重視，力論王朝之本是為儒學，暗示清王朝比史上異端紛起的諸朝更加光耀。而蒙古旗人便成為清朝統治者底下「撫藩」的執行者。蒙古旗人的禮佛，便在漢文化跟滿洲統治者的詮釋下，成為可以私領域信奉的固有宗教，同時在公領域更可以成為儒家文化與統治者的治理手段，有其存在必要，蒙古旗人禮佛不違背天道，不違背滿洲統治者，更不違背「漢文化」。

透過這樣的言說，「藏傳佛教」勉強被納入「漢文化」的理解模式中。透過這樣的誇耀，蒙古旗人藉著攀附漢文化，讓自己得以與漢人產生「區分」，並在其中找到一個棲身之處，嘗試讓蒙古人的文化與漢人的文化框架相揉合。[30]如同文中蒙古旗人曰："Wen Gung ne-i jalan-de bici. ere gisun-

---

29　松筠著、富俊譯，《百二老人語錄》（東洋文庫本），頁57b。

30　王明珂在《英雄祖先與弟兄民族》一書中，曾以蜀人秦宓與越人虞翻為例，指出他們受到來自中原同僚鄙夷的故事。「來自中原者鄙夷本地士人與其歷史，本地士人因此誇耀本地的地靈人傑，但同時也攀附華夏的英雄祖先。這樣的言行表徵，被記錄流傳成為文本表徵，更強化一些社會現實本相──蜀人或吳越人為華夏之人，但居於華夏邊緣。」參見王明珂，《英雄祖先與弟兄民族──根基歷史的文本與情境》，頁102、156-157、323-324。不過越人虞翻的言論中，多少還強調吳越本地過去的英雄人物，而將吳太伯視為外來之君。

be inu waqašame banjinaraqô dere." [31]（文公若在今世，亦不會責備而出此言吧！）因爲王朝仍是以儒學爲本，所以文公聞言亦不以爲忤。

論者或許質疑《百二老人語錄》爲松筠年輕時的著作，其晚年可能已經擺脫這種心境，因此與梁章鉅等漢人相處融洽。然而，閱讀松筠晚年著作《鎮撫事宜》，仍可見到松筠說自己在庫倫（今烏蘭巴托）的任務是「鎮兩愛瑪克，撫一哲布尊」，該文小字說明部分則說「撫馭哲布尊丹巴胡土克圖，振興黃教。」[32]，「撫馭」二字，讓人感覺不到松筠是一位藏傳佛教的信徒，而是一位清朝的忠實官吏，甚至是一位漢文化框架下的撫邊大臣。這與《百二老人語錄》中這種以儒學爲王朝之本，佛教是統治工具與私領域信仰的言論並無太大差異。可惜的是，人腦海中的思緒是千絲萬縷的，其中能行諸文字的少之又少，而且許多時候是在人的心中，經過層層文化架構與社會制度的過濾下才得以形成。松筠同時身爲清王朝的官吏、儒學信奉者與藏傳佛教信徒，不會不知道彼此之間的牴觸之處，不會不知道清王朝面對藏傳佛教，也經過多次禮儀改革，[33]但由於檔案與撰述是經過前述的過程所形成，因此無法反映歷史的全貌，即便滿文檔案亦如是。[34]因此目前尚未找到松筠從藏傳佛教觀點來理解儒學的著述，我們也難以窺見他的整體心聲。或許對松筠而言，眞正必須迫切地行諸文字的，便是他們面對漢文化的自身調適，他身爲藏傳佛教徒的眞正心聲，可能是潛藏本心而自知就好。

因此，松筠雖爲藏傳佛教信徒，《百二老人語錄》雖爲蒙古旗人的信仰

31　Sungyun, *Emu tanggû orin sakda-i gisun sarkiyan*, p. 54.

32　松筠，《鎮撫事宜》（台北：華文書局，1969），頁38-39。

33　村上信明，〈清代乾嘉時期滿文檔案的記載規範及其變化〉，收入趙志強編，《滿學論叢》，輯3（瀋陽：遼寧民族出版社，2013），頁379-380。

34　村上信明，〈試論清朝滿、漢文檔案在有關記載上的特徵與規範——以有關乾隆時期清朝官員與藏傳佛教大活佛的會見禮儀檔案爲例〉，收入中國社會科學院近代史研究所政治史研究室編，《清代滿漢關係研究》（北京：社會科學文獻出版社，2011），頁637。

在漢文化框架下找到一個位置，但在《百二老人語錄》中，論述最多的還是儒學。如前所述，松筠仍須以儒學爲本，將佛教變成自己私領域中的道，但作爲官吏，藏傳佛教只是統治手段，一來宣稱儒學仍是自己主要的信奉，自己日常處世的準則，二來藉此表示藏傳佛教仍有其存在必要。無怪乎《百二老人語錄》仍以儒學爲其論述的大宗。

　　爾後，《百二老人語錄》受到改寫，〈聖道與佛教〉中的蒙古旗人變得更加熟稔漢文化，[35]在談論理學的靜坐時，還特別多出原文未有的 "ekisaqa-i terengge tulbin-be kimcirengge umai xôwašan-i adali cib seme gukubun-i yaburengge waqa." [36]（靜坐者，乃是詳查揣度者，並不是像和尚一樣以寂滅

35　改寫後，本文一開始所引的文字改變成如下樣貌："mini emu mongɣo ɣôsai gucu emu niqan siyang šeng-ni baru Xa.n Wen Gung-ni araxa bithe-be jafame. ishunde duiibuleme giyangnaxa babe. yala ferguweme donjixa. terei gisun giyang bifi ejeme araxa. siyang šeng fonjime. julgei šu fiyelen-de Tang gurun-i Xa.n Ioi-i araxa Yuwang Doo sere emu fiyelen-be xôlaxabio. jabume siyang šeng si aiinci mimbe mongɣo ɣôsai niyalma seme jortai fonjixa aiise. bi terei šu fiyelen-be xôlaxa sere angɣala. kemuni terei ɣosin jurɣan doro erdemu-i jorin-be sibkifi tacire-be buyembi. fonjime terei šu fiyelen-i gubci leolehengge inuo waqao. jabume mengzi' aqô oxo-ci doroi ulan burubufi. encu demun der seme dekdehebi. Tang gurun-de isinjifi. damu Wen Gung-ni teiile emu bai niyalma. šu oci jaqôn jalan-i wasiqa-be yendebume. doro oci abqai fejergi irubuxa-be aiitubuxa ofi. tere fonde gemu Wen Gung-be daxafi. yooni tob-de dayanaxabi. Sung gurun-i Su xalangɣa kemuni saiišame maqtaxa bihe. we gelhun aqô waqa seme leolembini. fonjime tuttu oci mongɣo ɣôsai niyalma boo tome fucihi doboxongge. Wen Gung-ni leolen-de miosixon-be tuwacihiyambi sehei tob-be dabanaxa."（我的一位蒙古朋友和一位漢先生，根據韓文公所寫的文章，互相比較而談，實在是讚歎而聞之。其言有理紀綠之。先生問道：「在古文中，讀過唐朝韓愈所寫的〈原道〉一文嗎？」〔蒙古旗人對〕回答：「先生你想必認爲我是蒙古旗人而故意發問吧？我不但讀過那篇文章，還探究其仁義道德之旨意，想學習之。」〔漢先生〕問道：「該文通篇所論是對的嗎？還是錯的呢？」〔蒙古旗人對〕曰：「從孟子死了之後，道統之傳消失了，雖然文章留存，知道者少。異端紛紛分出。到了唐朝，只有文公，一個普通人，文使八代的衰弱振興，道拯救天下被溺〔者〕，所以那時全都跟隨文公，全部依附於正。宋朝的蘇氏還曾經稱讚。誰敢談論他是錯的呢？」〔漢先生〕問曰：「如此說來，蒙古旗人，家家供佛一事！於文公之論，說是矯枉但過正了。」）這裡面我們可以看到，蒙古旗人的言論被改寫了。首先，蒙古旗人不再只是「喜愛」〈原道〉一文，而是能夠探究〈原道〉一文。而其對於韓愈的理解，多出了著名的「文起八代之衰，道濟天下之溺」一語，並且還加上了蘇軾的言論。參見松筠著，富俊譯，《百二老人語錄》（東洋文庫本），頁41b-43a。

36　松筠著，富俊譯，《百二老人語錄》（東洋文庫本），頁593a。本則故事位於《百二老人語錄》第7卷，筆者比對後發現，整個卷7的次序，在滿文本與漢譯本兩大系統並不同。

而行者。）強調理學與佛學的不同，整體而言呈現更強的「漢化」傾向，也就不足爲怪了。

《百二老人語錄》的珍貴之處，在於告訴我們蒙古旗人諸多看似「漢化」的言論，其實反映出蒙古旗人面對的情境，「漢化」作爲結果，確實發生了，但卻是在這種彼此凝視之下所產生的策略而推動的。

與此同時，我們可以進一步知道，引起蒙古旗人焦慮的是什麼樣的漢人？是漢軍、漢人文人抑或是包含深山老農在內的漢人？其實，漢人亦非一個整體，包含了形形色色，習俗不同的漢人，但在《聖道與佛教》的語境中，可以見到引起蒙古旗人焦慮的與其說是「漢」先生的漢人身分，不如說是漢先生引述的與代表的龐大文化資本與其象徵力，面對著在當時可能已具備「文明」象徵意義的文化資本，使得蒙古旗人不得不小心應對。因此，假設要以「漢化」來討論〈聖道與佛教〉一文，「儒家化」或「文明化」（本文此處並未指涉滿洲文化較不文明，儒家文化較爲文明的意思，但在當時，在種種論述下，儒家文化或許獲得了「文明」的外衣）或許來得更加精確，而「中國化」則仍有商榷之處，但整體而言，當吾人不把「漢化」等同於後三者，[37]才能解釋清末之時，爲何會有蒙古旗人認爲民國體制違背儒家文化，而著力於復辟等政治活動。[38]松筠是否成了「披

37　汪榮祖質疑若以「文明化」取代漢化，但此文明不就是「漢文明」嗎？另外指出「中國」的意涵並不等同於漢人，而所謂漢化仍是漢族的擴張，進而豐富中國的意涵，因此認爲漢化逐漸導致「中國化」，各民族最後成爲中華民族。參見汪榮祖，〈大清帝國的漢化爭議〉，頁178、188-189。此說似乎仍是以「文明化」及「中國化」作爲廣義的漢化定義之替代詞彙。

38　感謝蔡偉傑以升允爲例，指出一個看似「漢化」的蒙古旗人，卻在「儒家」旗幟下反對以漢人統治爲主的民國，質疑這是否可稱作「漢化」。因此，本文認爲若先試著思考漢人或許不能完全等同於儒家文化，許多的問題才能解答。關於蒙古旗人升允，可見張永江，〈升允考論〉，收入中國社會科學院近代史研究所政治史研究室編，《清代滿漢關係研究》，頁254-265。

著蒙古人外衣的漢人」[39]實有待商榷，更何況，以上四個詞彙確實僅能描繪現象，而不能做出更有效的分析，甚至更加忽略了背後的動因與各群體之間的微觀互動。

四、結論

　　本文舉出關於清代名臣松筠的記載，與松筠自己的滿文撰述做比較，試圖呈現兩者之間的矛盾。可以發現松筠在當時滿漢人士眼中，其蒙古旗人身分並不特別，並未出現刻意檢視其蒙古人身分的書寫，松筠的所作所為也符合「漢化論」所述。整體而言，其行為與漢地文化看似沒有矛盾，但在松筠自己的書寫中，卻多少呈現出一種焦慮，在其書寫中，漢人挾漢文化之優勢，質疑蒙古旗人信佛一事，我們不知道這則故事是否真實發生，但書寫的出現，確實反映松筠認為必須向漢地社會解釋自己的習俗，解釋自己的身分。松筠文中蒙古旗人的解釋策略，亦符合「漢化論」的解釋框架，松筠或許就是懷著這樣的策略，在漢地社會展演，因而我們可以見到他人眼中對於松筠的描述，似無超出〈聖道與佛教〉所述，符合一般對清王朝統治策略的理解。然而，我們可以發現，蒙古旗人的「漢化」，可能是在這種社會差異導致的目光下所推動的，出於擔心被質疑，蒙古旗人不得不「漢化」，「漢化」並非僅是因為漢文化高於外族文化所致，在微觀的層次，蒙古旗人正是因為擔心在漢文化的氛圍中遭受質疑，擔心異樣的目光，是這種緊張感才推動了文化的變遷，這無疑是《百二老人語錄》的價值所在。

39　此詞乃借用自陸康（Luca Gabbiani），其以滿洲人升寅為例，提出其合成身分。質疑升寅是不是一個「披著滿洲人外衣的漢人」。參見陸康，〈「旗人也，漢人也」：滿洲人升寅（1762-1834）與其青年時期的生活經驗〉，收入中國社會科學院近代史研究所政治史研究室編，《清代滿漢關係研究》，頁273。

附錄：《百二老人語錄・聖道與佛教》譯註

　　由於此篇故事滿文本與漢譯本差異大，因此無法如同筆者過去發表的譯註作品，以滿文本爲準，並以註腳註明漢譯本的差異。只能分別呈現滿文本與漢譯本的內容，滿文本以芝加哥本爲準，漢譯本以北京首圖的滿漢合璧本爲準。

芝加哥本（一）

1　emu saqda hendume. mini emu Mongyo ɣôsai gucu. emu Niqan
　一　老人　說　　我的　一　蒙古　旗的　友　一　漢
　siyan šeng-ni baru[40]
　先　生　朝著

2　Xan[41] Wen Gung-ni leolen-be jafame ishunde[42] duiibuleme giyangnaxa
　韓　文　公的　論　把　根據　互相　　比較　　講
　babe. bi yala ferguweme
　處　我果眞　驚異

3　donj'ixa. terei gisun. giyan bifi ejeme araxa. siyan šeng fonjime.
　　聽　其的　話語　道理有後　記錄　寫　先　生　問
　julgei šu fiyelen-de[43]
　古的　文　篇章在

40　滿文轉寫中加底線者，表示爲複合詞，以下同此例。

41　北京民大本爲Xa.n。

42　大阪本筆誤爲isihunde。

43　北京民大本與大阪本之後有bisire（有的），文法上與文意上較芝加哥本正確。

4　Tang gurun-i Xan[44] Ioi-i araxa Yuwan Doo sere fiyelen-be xôlxabio[45].
　　唐　　朝 的　韓　　愈 的 寫的　　原　　道 稱作篇章　　　有賊嗎

　　hendume. siyan šeng
　　　　説　　　先　　生

5　aiinci mimbe mongγo γôsai niyalma seme jortai fonj'ixa aiise. bi
　　想必　把我　蒙古　旗的　人　　認爲故意地　問　或是 我

　　terei šu fiyelen-be
　　那的 文　篇　把

6　xôlaxa <u>sere angγala.</u> kemuni terei γosin jurγan. doro erdemu-i
　　宣讀　不但　　　　還 那的　仁　義　道　德　的

　　leolen-be ferguweme
　　論　把　驚奇地

7　buyembi. fonj'ime. terei šu fiyelen-i gubci leolehengge inuo[46] waqao.
　　愛　　問　　那的 文 篇　的全部　　論者　是嗎　非嗎

　　hendume. Mengzi' aqô oxo-ci
　　　説　　　孟子　　無　變　從

8　doroi ulan burubufi. bithe tutabucibe. sara niyalma qomso ojoro.
　　道的　傳授 消失後　文　雖使留存知道的人　少　　變

　　jaqade. encu demun-i
　　因爲 異的　異端的

頁43

1　untuhun aqô <u>cib gukubun</u>-i tacihiyan dekdehebi. Tang gurun-de
　　空　　無　寂　滅　之　教　　已興起　唐　朝 往

　　isinjifi. Wen Gung[47]
　　來到後　文　公

44　北京民大本與大阪本爲Xa.n。

45　北京民大本爲xôlaxabio，文意正確。

46　斯達里此處轉寫爲inu。

47　大阪本之後有-ni，兩者文法上均可。

2 teiile nenehe enduringge-i ulan-be getukeleme tucibuhe. we <u>gelhun</u>
　僅　　先　　　聖　　之傳把　　察明　　使出了　誰　敢

<u>aqô</u> waqa seme
　　非　　說

3 γônimbi leolembi. fonjime. <u>tuttu oci</u> wesihun mongγo γôsai
　想　　　論　　　問　　如此　　　貴　　蒙古　旗的

niyalma. boo tome fucihi
　人　　　家　每佛

4 dobumbi[48] qai. Wen Gung-ni leolen-i sasa <u>ilici ombio</u>. hendume.
　使蹲　　啊　文　公　的論　以一齊立　可以嗎　　說

ere ai gisun.
這什麼話

北京首圖本滿文部分（一）

　　emu saqda hendume. mini emu Mongγo γôsai gucu.[49] emu Niqan siyang

šeng-ni baru Xan[50] Wen Gung-ni araxa bithe-be jafame[51] ishunde duiibuleme

giyangnaxa babe[52] yala ferguweme donjixa. terei gisun giyan bifi ejeme araxa.

siyang šeng fonjime. julgei šu fiyelen-de Tang gurun-i Xan Ioi-i araxa Yuwan

Doo sere emu fiyelen-be xôlaxabio. jabume.[53] siyang šeng si aiinci mimbe

Mongγo γôsai niyalma seme.[54] jortai fonjixa aiise. bi terei šu fiyelen-be xôlaxa

sere angγala. kemuni terei γosin jurγan doro erdemu-i jorin-be sibkifi tacire-

be buyembi. fonjime terei šu fiyelen-i gubci leolehengge inuo waqao. jabume.

48　北京民大本與大阪本爲dobombi（供奉），文意正確。

49　東洋文庫本此處無標點"."。

50　東洋文庫本於韓愈之「韓」，滿文均拼爲Xa.n。

51　東洋文庫本此處有標點"."。

52　東洋文庫本此處有標點"."。

53　東洋文庫本此處無標點"."。

54　東洋文庫本此處無標點"."。

Mengzi' aqô oxo-ci doroi ulan burubufi. encu demun der seme dekdehebi. Tang gurun-de isinjifi. damu Wen Gung-ni teiile emu bai niyalma. šu oci jaqôn jalan-i wasiqa-be yendebume. doro oci abqai fejergi irubuxa-be aiitubuxa ofi. tere fonde gemu Wen Gung-be daxafi yooni tob-de dayanaxabi. Sung gurun-i Su xalangya kemuni saiišame maqtaxa bihe. we gelhun aqô waqa seme leolembini. fonjime. tuttu oci Mongγo γôsai niyalma boo tome fucihi doboxongge. Wen Gung-ni leolen-de miosixon-be tuwancihiyambi sehei tob-be dabanaxa.hendume. ere ai gisun.

芝加哥本筆者譯（一）

　　一老人云：我一位蒙古旗人朋友，跟一位漢人先生互相根據韓文公之論，相比而談，我實在讚嘆而聞之。其言論有道理，〔我〕將其紀錄。先生問道：「在古文中，讀過唐朝韓愈所寫的〈原道〉嗎？」[55]〔蒙古旗人對〕曰：「先生想必是認爲我是蒙古旗人而故意發問吧？我不但讀過那篇文章，還讚嘆喜愛其仁義道德之論。」〔漢先生〕問道：「該文通篇所論是對的嗎？還是錯的呢？」〔蒙古旗人對〕曰：「從孟子死了之後，道統之傳消失了，雖然文章留存，知道者少，所以異端的「空」、「無」，寂滅之教興起。到了唐朝，只有文公察明先聖之傳，〔發揚而〕出。誰敢認爲、談論他是錯的呢？」〔漢先生〕問曰：「如此說來，您們蒙古旗人，家家供佛啊！可以和文公之論並立嗎？〔蒙古旗人對〕曰：「這什麼話！」

北京首圖本筆者譯（一）

　　一老人云：我的一位蒙古旗人朋友和一位漢先生，根據韓文公所寫的文

55　北京民大本與大版本此處可譯爲「古文有唐韓愈所寫的〈原道〉一文，讀過嗎？」譯文中粗體字爲芝加哥本滿文原文錯字或並無此字，筆者根據其他版本補譯之字。〔〕之字爲滿文原文未有，根據文意加入。

章，互相比較而談，實在是讚歎而聞之。其言有理紀錄之。先生問道：「在古文中，讀過唐朝韓愈所寫的〈原道〉一文嗎？」〔蒙古旗人對〕回答：「先生你想必認爲我是蒙古旗人而故意發問吧？我不但讀過那篇文章，還探究其仁義道德之旨後，想學習之。」〔漢先生〕問道：「該文通篇所論是對的嗎？還是錯的呢？」〔蒙古旗人對〕曰：「從孟子死了之後，道統之傳消失了，雖然文章留存，知道者少。異端紛紛興起。到了唐朝，只有文公，一個普通人，文使八代的衰弱振興，道拯救天下被溺〔者〕，所以那時全都跟隨文公，全部依附於正。宋朝的蘇氏還曾經稱讚。誰敢談論他是錯的呢？」〔漢先生〕問曰：「如此說來，蒙古旗人，家家供佛一事！於文公之論，說是矯枉但過正了。」〔蒙古旗人對〕曰：「這什麼話！

北京首圖本富俊譯（一）

　　一老人云：我有一蒙古朋友，同一漢先生互相講究韓文公著作，實所罕聽，因其言近理而錄之[56]。先生問曰：「古文載有唐韓愈原道篇，曾讀過否？」答曰：「先生殆以余爲蒙古旗人而故問之耶？余非止讀其文，並譯其道德仁義之旨而願學焉。」問曰：「其文通篇所論是否？」曰：「孟子沒道統失傳，異端並起，洎至唐代，獨文公起布衣，文起八代之衰，道濟天下之溺，當時靡然從公，胥歸於正。宋蘇[57]氏曾贊美之，疇敢議以爲非。」曰：「然則蒙古之家家供佛，得毋文公之論矯枉過正乎？」曰：「是何言也？」

芝加哥本（二）

5　aiiseme sasa ilixa-de obuxa-ni. siyan šeng si abqa-be sambio
　　何必　一齊立　往　使變呢　先　　生　你 天　把　知道嗎

56　東洋文庫本爲「因其言盡理而錄之」。

57　東洋文庫本爲「蘓」。

dorolon-i
禮　　的

6 nomun-de. abqai doro ten-i tacihiyan sehebi. umesi lampa-i fonde
經　　在　天的　道　極的　教　　已曾說過　非常　混雜的的　時候

niyalma gurgu
人　　獸

7 γasxa ilγabun aqô-de. ishunde jendume. ishunde nungnebumbihe. abqa na-i
鳥　分別　無在　互相　相吃　互相　曾使殺害　天的地的

8 amba erdemu utxai banjin qai. abqa enduringge niyalma-be
大　德　　即　生性　啊　天　聖　　人　　把

banjibufi. enduringge niyalma
使生後　聖　　　人

頁44

1 abqai doro-be daxame. ten-i tacihiyan-be ilibuxa-ci duiin mederi dorgi-be
天的 道 把 隨著 極的 教 把 使立從 四 海 內把

2 ulhiyen-i wembume dasaxa. tacihiyan wen bireme selgiyeme
逐漸地 教化 治理 教 化 普遍 傳播

isinaxaqô ba bifi. tuttu
去不到 地有後 所以

3 Kungzi' kemuni Yoo Šôn-be ede joboxombi sembihe. damu abqa
孔子 仍 堯舜把 因此 憂愁 曾說 惟 天

na-i sidende abqai
地的 之間 天的

4 elbeheqôngge aqô. na-i alixaqôgge aqô ofi. tacihiyan wen
不覆蓋者 無 地的 不承者 無 因為 教 化

isinaxaqô bade seme
去不到 處於 雖然

5 ineku niyalma bifi. teiisu teiisu ulhire sara ici tacihiyan ilibure
照舊 人 有後 各 自 通曉 知道 隨 教 使立

jaqade. tuttu
因為　　所以

6　Mongγo Tangγôt bade <u>ini cisui</u> fucihi nomun-i tacihiyan yendefi.
　　蒙古　唐古忒 處在　隨其　　佛　經　的　教　　興起後

geren wesihuleme
眾　　　崇尚

7　aqdara jaqade. <u>ulan ulan-i</u> ere doro-be jafafi dasaxabi. ere inu
　　相信　因為　　傳　傳以此　道 把掌握後已治理　此 也

ceni
他們的

8　emu doro qai. Tung Šu bithede. emu e. emu a-be doro sembi.
　　一　道 啊 通　書 在書　一　陰 一　陽　道 稱作

doro utxai
道　即

北京首圖本滿文部分（二）

tob oci[58] geli dabanaxangge bio.siyan šeng si abqai doro ten-i tacihiyan-
be sambio. emu e emu a-be doro sembi. doro serengge utxai giyan inu. banin-
be daxarangge-be doro sembi. doro serengge juγôn-i adali. doro julge-ci tetele
xalaraqôngge. abqai doro qai.doro erin-be daxame qôbulime γamaxangge.
niyalmai doro qai. abqa niyalma-i narxôn-be getukeleraqô. julge te-i šošoxon-
be ilγaraqô oci. emgi doro-be gisureci ojoraqô bade. adarame emgi tacihiyan-be
gisureci ombini. fonjime.[59] tacihiyan adarame.hendume.[60] julgei farxôn lampa-i

---

tuqtan neiihe fonde. niyalma gurgu ɣasxa ishunde giyalabuxangge[61] heni.[62]
abqa ineku banjire banin-be banjibure dabala. tacihiyan-be tuwabume muteraqô
bihe. damu enduringge niyalma-be banijibufi. teni abqa-be dursuleme doro-be
getukelefi. ejen ilibufi.[63] sefu ilibufi. tacihiyan wen ambarame yabubume. duiin
mederi dorgi-be ulhiyen ulhiyen-i wembume dasaxa. terei tacihiyan isinaxaqô
ba. udu Yoo Xan[64] Šôn Xan seme joboro ba aqô obume muteraqô. tuttu seme
abqai elbeheqôngge aqô. na-i alixaqôngge aqô. niyalma-ci tulgiyen doro aqô.
doro-ci tulgiyen niyalma aqô.[65] tacihiyan isinaxaqô bade niyalma aqô obume
muteraqô-be daxame. utxai doro aqô obume muteraqô. ede teiisu teiisu sara
ulhisu[66] -i buyen amuran-be tuwame. beyei tacihiyan obure jaqade. tuttu Mongɣo
Tangɣôt-i bade fucihi nomun-i tacihiyan bifi. geren wesihuleme aqdame niyalmai
mujilen-be bargiyatame. fafun selgiyen-be iletuleme.[67] ulanduxai xalaraqô ofi.
dorgideri seiibeni nenehe xan-sai enduri doro-be tacihiyan ilibuxa ɣônin-de laq
seme acanaxabi. ere inu ceni emu doro. ceni emu tacihiyan qai.

芝加哥本筆者譯（二）

何必並立呢？先生你知道天嗎？在《禮經》中，提過「天道與至教」。在
極為混沌之時，人因與禽獸無別，相食相害。天地之大德，即本性啊！天生
聖人後，聖人因天道立至教，自比逐漸教化治理四海之內。教化有不能普及

61　東洋文庫本為giyalabunxangge，為多牙之誤。

62　東洋文庫本此處無標點"."。

63　東洋文庫本此處無標點"."。

64　東洋文庫本此處有標點"."。

65　東洋文庫本此處無標點"."。

66　ulhisu應為動詞ulhimbi派生的形容詞，動詞加上後綴詞-su，表示善於此動作。但此處似作名詞用。

67　東洋文庫本此處無標點"."。

到達的地方，所以孔子還曾說了堯舜因此憂愁，惟天地之間，沒有天所不覆蓋者，沒有地所不承載者，故雖在教化不及之處，仍然在有人之後，各自隨其所知曉的立教，所以在蒙古唐古忒地方，隨其興佛經之教後，眾人崇信，因此相繼據此道治之。此亦彼之一道啊！在通書中，說：「一陰一陽謂之道，道即

北京首圖本筆者譯（二）

正還會有超過嗎？先生你知道天道與至教嗎？一陰一陽謂之道，所謂道，即理也。隨性謂之道。所謂道，如同路一樣，道從古至今不變者，是天道啊！道隨時而變化安排者，是人道啊！若不查明天人之微，不明辨古今之統，立於無法和其討論道的位置上，又如何和其談論教。〔先生〕問：「教怎麼樣？」〔蒙古旗人〕曰：古時混沌初開之時，人與禽獸互相的間隔很少，天也不過依舊生〔其〕本來之生性罷了，而不能使〔其〕見教。[68]惟〔天〕使聖人生後，才法天明道，立君立師後，使教化大行，教化治理四海之內。那些教到不了的地方，雖是堯汗舜汗，也不能沒有擔憂。然而，沒有天所不覆蓋者，沒有地所不承載者，人外無道，道外無人，因教所不及之處不能無人，即不能無道，因此各自以其知曉視其愛好，使其為自身之教，所以在蒙古唐古忒地方，有了佛經之教，眾人崇信，收攏人心，彰明法令，一直相傳著而不改變，從內恰好符合昔日先汗們以神道立教之心。這也是彼之一道，彼之一教啊！

北京首圖本富俊譯（二）

正則甯有過歟？先生汝知天道至教乎？一陰一陽之謂道，道即理也。

68　此處應是省略使動態的受詞。

率性之謂道，道猶路也。道歷古今而不易天道也，道與時爲變通人道也。不明乎天人之微，不審乎古今之統，未足與言道，烏可與言教哉？曰：教何如也？曰：古之時混沌初開，人與鳥獸相去幾希，天亦祇聽生生之性，而不能示之以教。惟生聖人，始體天以明道，作君作師，教化大行，四海之內，漸被風聲。其教所不及之區，雖堯舜不能無病，然天地間無不覆載，人外無道，道外無人，教所不及不盡無人，即不盡無道，遂各遂其知識好尙，自以爲教。是以蒙古唐古特[69]有佛經之教，眾因遵而信之以攝人心，以彰禁約，相傳不替，隱隱與昔先王神道設教之意相合。是以彼之一道，彼之一教也。

芝加哥本（三）

頁45

1　giyan. e a. giyan-be baxa manggi teni xôwaliyasun ombi sehebi.
　　理　陰陽　道理　　獲得　之後　才　和　　　變　　說過
　　An Dulimba bithede.
　　　中庸　　在書

2　dulimba xôwaliyasun-de isibuci. abqa na toqtombi. tumen jaqa
　　中　　　和　　往當使到　天　地　定　　萬　物
　　xôwašambi sehebi.
　　撫育　　說過

3　aiinci e a. sunj'a feten-i niyalma-be banjibufi. urunaqô teiisu-de
　　或是 陰陽 五　行以　人　把　使生後　必定　本分於
　　elhe obume.
　　安　使變

4　banjire-de acabume oxode. teni toqtombi. teni xôwašambi. Dung[70]
　　生　　往　使會　在變　才　定　　才　撫育　　董

69　東洋文庫本「唐古特」均爲「唐古忒」。

70　北京民大本作Tung。

Zi'-i doroi amba
子的　道之　大

5　fulehe. abqa-ci tucimbi. sehengge. erebe qai. abqa na-i dolo. e
　　根　天　從　出　　所謂的　此吧　啊　天　地之　中　陰

a. giyan-be
陽　理　把

6　baxa manggi. teni xôwaliyasun ojorongge uttu-be[71]. mentuhun bi.
　　獲得　之後　才　　撫育　　　變者　　如此把　　蠢的　我

Wen Gung-ni tere niyalma-be
文　公　的　其　人　把

7　niyalma obuki. tere bithe-be deiij'iki. tere juqtehen-be boo obuki
　　人　使變希望其　書　把　焚燒　那　寺　　把　家希望使變

sehe gisun. inu
希望　話　也

8　tere fon-i Dulimbai gurun-i niyalmai[72] jalin gisurehengge. adarame
　　那　時的　中　　國　的　人的　　　為了　論者　　　怎麼

seci. Tang Ioi. ilan
說　唐　虞　三

頁46

1　jalan-ci ebsi. Dulimbai gurun-de nomun bithe-be daxame tacihiyan
　　代　從以來中　　國　在　經　書　把　跟隨　教

ilibufi. niyalma
使立後　人

2　irgen-be gemu Yoo Šôn-i doro-be daxame dasaxabi. Tang gurun[73]
　　民　把　都　堯舜之道　把　跟隨　已治理　唐　朝

71　大阪本與北京民大本之後均有daxame一字，芝加哥本應是漏字。

72　北京民大本為niyalma（人）。

73　北京民大本與大阪本之後有-de，讓唐朝變成時間副詞而非主詞，文法上更清楚

fucihi-i tacihiyan-be
佛　　的　　教　把

3　wesihulere jaqade. Yoo Šôn. Kungzi'. Mengzi[74] -i tacihiyan
尊奉　　　因爲　堯舜　孔子　　孟子　的　　教

waliyabuxa. ere beyei kiceci acarangge-be
使丟棄　　此自身的勤勉　　應該者把

4　waliyafi. dalj'i aqô baiita-de danara adali qai. tuttu Xan[75] Wen
丟棄後　　　無關　事　於　去管　一樣 啊 所以　韓　文

Gung asxôci acambi sehebi musei
公　拋棄　應該　已說　咱們的

北京首圖本滿文部分（三）

fonjime[76] uttu oci.[77] enduringge niyalma dergide bifi[78] aiinu dasaraqô[79] Wen
Gung geli coxotoi gisurehei milarabuxangge adarame[80] hendume[81] Wen Gung-ni
tere niyalma-be niyalma obuki. terei bithe-be deiijiki[82] terei muqdehen[83] -be boo
obuki sehengge. coxome tere fon-i Dulimba gurun-i niyalmai jalin henduhengge
dere. julgeci ebsi.[84]　yaya abqai fejergi bisirengge. Xan-i doro-be wesihuleraqô[85]

74　芝加哥本此字之z漏寫末筆。
75　北京民大本與大阪本爲Xa.n。
76　東洋文庫本此處有標點 "."。
77　東洋文庫本此處無標點 "."。
78　東洋文庫本此處有標點 "."。
79　東洋文庫本此處有標點 "."。
80　東洋文庫本此處有標點 "."。
81　東洋文庫本此處有標點 "."。
82　東洋文庫本此處有標點 "."。
83　東洋文庫本爲juqtehen，正確。muqdehen爲枯木樁。
84　東洋文庫本此處無標點 "."。
85　東洋文庫本此處有標點 "."。

emu uhe-be amba oburaqôngge aqô. jalan-be dasara enteheme toose. dulimba xôwaliyasun-ci amba ajige[86] aqô An Dulimba bithede. dulimba xôwaliyasun-de isibuci. abqa na toqtombi. tumen jaqa xôwašambi sehebi. aiinci abqa e a sunja feten-i niyalma-be.[87] banjibufi. urunaqô meiimeni teiisu-de elhe obu. meiimeni banj'ire-de acabu manggi. teni toqtoxo xôwašaxa seci ombi. uttu oci toqtoro xôwašara doro. aiinaxai damu Dulimbai gurun-de teiile ni.[88] geli abqai fejergi niyalma-be[89] tarɣabume bolɣomibume bolɣo etuku etufi.[90] wecere juqtere-be yabubumbi sehebi. uttu oci. hutu enduri-i erdemu-i wesihun ojorongge. tulergi aiiman-de utxai aqô semeo. Tang gurun Ioi gurun[91] ilan jalan-ci ebsi. Dulimbai[92] gurun-de nomun bithe-be daxame tacihiyan ilibufi. niyalma gemu Yoo Xan[93] Šôn Xan-i wen-be urgunjendume daxaxa bihe. Tang gurun-de isinjifi.[94] fucihi Loozi'-be teiile wesihulere jaqade. Kungzi' Mengzi'-i doro waliyabuxa. geli yabuci acarangge-be waliyafi. cixangɣai baiitaqô bade kiceme ofi. tuttu Wen Gung xôsutuleme ten iliburaqô ome muteraqô qai. erebe adarame te-i jalan-de duiibuleci ombini. musei

---

86　東洋文庫本爲ningge，符合對應之漢文。
87　東洋文庫本此處無標點 "."。
88　東洋文庫本此處無標點 "."。
89　東洋文庫本此處有標點 "."。
90　東洋文庫本此處無標點 "."。
91　東洋文庫本在Tang與Ioi之後沒有gurun。
92　東洋文庫本爲Dulimba，亦可。
93　東洋文庫本此處有標點 "."。
94　東洋文庫本此處無標點 "."。

芝加哥本筆者譯（三）

是理，陰陽獲得理之後，才和。」在中庸中，曾說：「若到中庸，天地定，萬物撫。」或是以陰陽五行生人，必使其安於本分，當合於生才定才撫。董子所謂：「道之大本，從天出」一語，就是此吧！天地之中，陰陽獲理才和，就是如此吧！愚以為文公所說，希望使其人變人，焚燒其書，把其寺廟變成家這段話，也是為了那時的中國人而論的。怎說呢？自唐虞三代以來，隨經書而於中國立教，均隨堯舜之道而治理人民。唐朝重奉佛教，因而丟棄了堯舜孔孟之教。這就跟揚棄自身應該勤勉之事，去管無干之事一樣啊。所以韓文公說應該拋棄。咱們的

北京首圖本筆者譯（三）

〔漢先生〕問曰：「聖人在上，為何不修正，文公又特別要持續議論以卻之一事，又是為什麼？」〔蒙古旗人〕曰：「文公所希望使其人變人，焚燒其書，把其寺廟變成房屋一語，是特別為彼時的中國人而說的吧。自古以來，凡是有天下者，沒有不遵汗之道，不以一統為大者。治理世間的永恆權力，並無比中和大或小者。[95]在中庸中，說過『若到中和，天地定，萬物撫。』想是天地以陰陽五行生人，必使各自安於本分，各自合於生之後，才可稱為位與育。若是如此，位育之道豈會只在中國？〔《中庸》〕又說過「要訓斥天下人使其齋戒並穿潔淨衣服後祭祀。」若是如此，鬼神之德之盛，在外頭部落就沒有了嗎？唐朝、虞朝三代以來，曾隨經書而於中國立教，人全都喜悅地跟隨堯汗與舜汗之化。到了唐朝，只尊崇佛老，所以揚棄孔孟之道，又棄應行之事，而務於無為，所以文公不能不努力立下極點啊！怎可將此與今世比

95　此句在東洋文庫本，應譯為「沒有比中和大者」。

擬呢？咱們的

北京首圖本富俊譯（三）

　　曰：「聖人在上何爲不易之？如文公又必辭而闢之者何故。」曰：「文公之所謂[96]人其人，火其書，盧其居者，特爲彼時中國人道之耳！自古撫有天下，未有不以遵王道大一統爲貴者，而御世之經權，莫大於中和。中庸云：『致中和，天地位焉，萬物育焉。』蓋天以陰陽五行生人，必使各安其所，各遂其生，謂之位育，然則位育之道，豈竟止于[97]中國乎？又云使天下之人齋明盛服以承祭祀，然則，鬼神之德之盛，豈竟不在外夸[98]乎？唐虞三代以來，中國遵經書以教[99]，人民皆樂循堯舜之化，至唐專尚佛老，孔孟之道廢，並棄有爲，而甘無爲，是文公不能不力爲砥柱者，烏可與當今之事[100]比論哉？我

芝加哥本（四）

5　enduringge gurun bisirele tulergi aiiman-be uherilefi. te abqai
　　聖　　　朝　　所有　外　　部落　把　統一後　今天的
　　fejergi duiin mederi tulergi elengge yooni
　　下　　四　海　　外　　滿足者全部
6　enduringge ejen-i xarangya ofi. albabun jafame xaryašanjire-de. ceni
　　聖　　　主 的 轄下 變後 貢物 拿著而 來朝見 在 他們的

---

96 東洋文庫本無「之」字。
97 東洋文庫本「于」爲「於」字。
98 東洋文庫本「外夸」爲「外夷」。
99 東洋文庫本「以教」爲「以立教」。
100 東洋文庫本「事」爲「世」字。

wesihulehei jihe¹⁰¹. qooli-be
崇尚著　　來　　例　把

7 xalame banj'inaraqô ofi. meiimeni banin-be daxame teiisu-de elhe
更換　　不去生　因爲　各自　　天性　　隨　　本分在　安

obume. meiimeni tacin-be
使變　各自　　習性

8 daxame banj'ire¹⁰²-de acabume dasabuxabi. erebe abqai doro
隨著　　生　　往　使合　　已使治理　此　天的　道

ten-i tacihiyan waqa seci ombio
極的　　教　　　不是　説　可以嗎

頁47

1 tere angyala. Zi' Si" Zi' abqai hesebuhengge-be banin sembi.
　況且　　子　思子　天的　　天賦與者　把　天性　稱作

banin-be daxarangge-be doro sembi.
天性把　　跟隨者　　把　道　稱作

2 doro-be dasarangge-be tacihiyan sembi sehebi. Jang Zi' geli irgen
道　把　跟隨者　把　　教　　稱作已説過　張子　又　民

musei emu hefeli.
咱們的一　肚子

3 jaqa musei duwali sehebi. Mongyo Tangyôt oci. teiisu teiisu
物　咱們的　同夥　已説　蒙古　唐古忒主格　各自

gemu musei adali hesebuhe
都　咱們以一樣　天賦的

4 banin bi. damu ulxai¹⁰³ jihe tacin-de. an baxafi utxai banitai
天性有　惟　牲畜的　來　教　於常　獲得後　即　天性

---

101 北京民大本與大阪本無此標點符號。

102 大阪本爲baiita（事）。

103 大阪本與北京民大本均爲ulaxai（傳著）。

oxongge adali.[104] ini
變者　　一樣　　任其

5 cisui emu doro oxobi. ede terei banin-be daxame. doro obume.
　　一　道　已變　因此　那的　天性　跟隨　道　使變

terei doro-be
那的　道

6 dasame tacihiyan obume. daci bihe nomun-be xôlabure. daci bihe
治　　教　　使變　原先　曾　經　把　使念　原先　曾

fucihi-be doboburengge. coxome
佛　把　使供奉者　　正是

7 terebe emu hefelinghe[105] seme tuwarangge qai. ede[106] teiisu teiisu
把那　　？　　　　說而　看者　啊　因此　各自

giyan-be baxafi xôwaliyasun-de
道理把　獲得後　雍　　往

8 isinafi toqtombi. xôwašambi. dasan-i nomun-de balungya jecen[107].
使去後　定　　撫育　　政治的　經　在

siderilengge jecen lampangya
　　要　服　　　荒

頁48

1 jecen sehe. jergingge-be. tere fonde aiinaxai gemu Dulimbai gurun-i
服　稱作　一層層　的　那　時　未必　都　中　　國

gese dasaxa-ni. ne
似的　治理　呢　現

2 gemun hecen-de bisire Mongγo γôsai elengge. gemu musei
　京城　在　有　蒙古　旗的　所有的　都　咱們的

---

104 北京民大本與大阪本均爲adali ofi，但大阪本ofi之後無無標點符號.。

105 北京民大本與大阪本均爲hefelingge。

106 北京民大本與大阪本之後有teni一字。

107 北京民大本與大阪本均是bilungγa jecen（綏服）。

3　wesihun gurun fuqjin doro neiihe fonde faššame daxajixangge[108]. da
　　盛　　朝　　肇　　道　　開　時候　效力　　來追隨者　　原

bihengge-be daxame fucihi
有者　　把　跟隨　　佛

4　doboro nomun xôlara-be daci fafulaxaqô. utxai Manju γôsai
　　供奉　　經　　念把　原先　不禁止　　即　　滿洲　旗的

niyalma okini. inu Manj'u-i
人　　聽便吧也　滿洲　的

5　qooli-be yabubumbi. ere inu meiimeni an-be daxakini serengge.
　　禮俗　　使行　　此　也　各自　常規把　跟隨　　希望者

tuttu bime. an-ci dababume
然而　本分　從　使過度

6　yabure-be yargiyan-i fafulaxabi. ere coxome
　　行　　把　眞實地　　已禁止　此　正

7　enduringge ejen Yoo Šôn-i gese dulimba-be unenggi jafara.
　　聖　　　　主　堯　舜以似的　中　　把　誠　　掌握

Kungzi'-i gese duiin-be
孔子　似的　四　把

8　lasxalaxa amba enteheme amba toose qai. tuttu meni niyalma
　　禁絕　　大　經　　　大　權　啊　所以我們的　人

an-be daxame fucihi dobocibe.
舊把　隨著　　佛　雖然供奉

頁49

1　gemu teiisu teiisu enduringge mergesei bithe-be xôlame. enduringge
　　都　各自　　　聖　　賢人的　書　把　念　　聖

niyalma-i jalan-be dasara giyan-be
人　　的人世把　治理　道理把

108　大版本爲daxanjixangge（來歸順），正確。

2 baiime. umai nenehe jalan-i adali fucihi. Loo Zi'-i tacihiyan-be
　求　　　並非　　先　　世以　一樣　　佛　　老　子的　教　　　把

　teiile wesihuleme. ciqtan giyan-ci
　僅　　　崇尚　　　倫常　從

3 alixa ba aqô. te bici. meni γôsai niyalma
　接受處　無　　即如　我們　旗的　　人

北京首圖本滿文部分（四）

　　gurun bisirele tulergi aiiman-be uherilefi. mederi gubci yooni enduringge
ejen-i ba na-i niruγan-de bifi. albabun jafame xarγašanjixa. geren aiiman-be
ceni fe tacin-be xalame banjinaraqô seme.[109] damu meiimeni ba-i tacin niyalmai
buyenin-be daxame. irgen-be tuwame tusa arame.[110] ishunde elhe obuxabi.
ere aiiqa abqai doro ten-i tacihiyan waqa semeo. Zi' Si" Zi' ujude.[111] abqai
hesebuhengge-be banin sembi seme tucibuhe. Jang Zi' geli irgen musei emu
hefeli jaqa musei duwali seme folon obuxabi. Mongγo Tangγôt oci. inu adali
hesebuhe banin bi. ceni banin-be daxame yaburengge. kemuni ceni doro-be
tuwancihiyabume tacihiyan obume. daci bihe nomun-be xôlabume. daci bihe
fucihi-be dobobume. emu hefeli duwali obume tuwaci. Dulimba gurun-de ai
qokirara babi. uttu aqô oci. dasan-i nomun-de bilungγa jecen[112] siderilengge
jecen[113] lampangγa jecen sehe gisun-be tuwaci. tere fonde[114] aiinaxai gemu
Dulimba gurun-i gese dasaxa biheni. ne gemun hecen-i Mongγo γôsai

---

109 東洋文庫本此處無標點 "."。
110 東洋文庫本此處無標點 "."。
111 東洋文庫本此處無標點 "."。
112 東洋文庫本此處有標點 "."。
113 東洋文庫本此處有標點 "."。
114 東洋文庫本此處有標點 "."。

niyalma. gemu musei wesihun gurun fuqjin doro neiihe fonde. xôsun bume
daxanjixangge[115] daci fucihi dobome nomun xôlaxa-be. umai fafulaxaqô. utxai
Manj'u ɤôsai niyalmai adali. an-i Manju qooli-be yabubumbi. ere coxome fe-
be daxakini seme ɤônime ofi. tuttu an-be xalaxangge. elemangɤa fafulara xacin
debi. ere yala enduringge ejen Yoo Xan[116] Šôn Xan-i gese dulimba-be jafara.
Kungzi'-i gese duiin-be lasxalara.[117] amba enteheme amba toose qai. tere angɤala
meni an-be tuwakiyame fucihi-be dobocibe. kemuni enduringge mergesei geren
xacin-i bithe-be xôlame. ten-i giyan-be sibkime baiimbi. nenehe jalan-i adali
fucihi Loozi'-i tacihiyan-be teiile wesihuleme.[118] ciqtan-be fudarara[119] banin-be
burubuxangge waqa. te bici meni beyese

芝加哥本筆者譯（四）

　　聖朝，統一所有外面的部落，現天下四海之外的一切，全爲聖主轄下，
執貢來朝時，不更換他們一直以來崇尚的律例，所以各自隨其天性使其安於
本分，各自隨習性合於生[120]地治理之。這能說不是天道至教嗎？況且，子思
子已說：「天賦予者稱之爲天性，隨天性者稱之爲道，隨道者稱之爲教。」張
子也說過：「人民是咱們的同胞，物是咱們的同夥。」蒙古與唐古忒，各自
跟咱們一樣有天賦之性。惟於相傳而來的教中，獲得常規，就像生來即如此
一樣，自然地成爲他們的一道。因此隨其天性，使爲道，治其道，使爲教。

---

115 東洋文庫本此處有標點 "．"。
116 東洋文庫本此處有標點 "．"。
117 東洋文庫本此處有標點 "．"。
118 東洋文庫本此處有標點 "．"。
119 東洋文庫本此處有標點 "．"。
120 若是大阪本，「合於生」爲「合於事」。

使其念原有之經，供原有之佛，此點正是將他們視為同胞啊！因此才各自獲得理，通往和後，穩定，撫育。在《書經》中所說的綏服、要服與荒服等級別，那時未必都如中國一般治理之呢！現在京城的所有蒙古旗人，都是咱們盛朝開基業之時，效力而來隨者，原不禁止他們隨其原本供佛念經。即便是滿洲旗人吧，也讓他們行滿洲的禮俗。這也是使其隨各自的常規而居者。然而，確實地禁止超出本分。此正是聖主如堯舜一般誠然執中，與如孔子一般絕四的大經大權啊！因此，我們雖然隨常規供佛，但都各自念聖賢之書，求聖人治世之道，並非如先世一樣僅崇尚佛老之教，無法為倫常接受。即如我們旗人

北京首圖本筆者譯（四）

　　朝統一外面所有部落，海內全在聖主的輿圖，執貢來朝。不想改變各部落的舊習，惟隨各自的土風人情，視民而作利，使其相安。這難道不是天道至教嗎？子思子於首篇揭示「天所賦予者，稱之為性。」張子又以「人民是咱們的同胞，物是咱們的同夥」為銘。蒙古唐古忒，也一樣有天賦之性。隨其性而行者，若是仍修其道而為教，使其念原有之經，供原有之佛，將其視為同胞同類，對中國有什麼傷害。不然，若見到在《書經》中說綏服、要服與荒服之語，那時未必都如中國一般治理之呢！現京城的蒙古旗人，都是咱們盛朝開基業之時，出力來隨者。原先並不禁止供佛念經。即如滿洲旗人一般，仍使行滿洲常例。此正是想說隨其舊，因此改變常規一事，反而在禁止之列。此就是聖主如堯汗舜汗一般地執中，如孔子般絕四的大經大權啊！況且，我們雖然守常規而供佛，仍念聖賢的各式書籍，研究探求至理。並非是如先世一般僅崇尚佛老之教，叛倫滅性者。即如我們自己

北京首圖本富俊譯（四）

　　朝總統外藩，薄海皆隸聖主輿圖，納貢來朝，諸部不便遽革其舊習，惟各隨乎土俗人情，因民而利之，俾之相安，謂非天道至教乎？子思子首揭天命之謂性，張子又以民胞物與爲銘，如蒙古唐古特各處亦有同賦之性，其率其性而行之者，仍聽修其道以爲教。誦原有之經，供原有之佛，將以胞與視之，何害乎中國？不然，書經之所謂，綏服要服荒服者，維時詎盡如中夏治之耶？現今京城蒙古旗人[121]。皆盛朝開國時，效力歸附之人，原習供佛誦經，向未禁止。猶如滿洲旗人，仍行滿洲之禮，無非由舊之義。所以改常者，轉在所禁。此即聖主法堯舜執中，孔子絕四之大經大權也。況我輩守俗供佛，仍習聖賢諸書，講求至理，不似先世之專尚佛老，悖倫蔑性者比。即如我等

芝加哥本（五）

4　ejen-i kesi-de. xafan amban tehe manggi. Mongyo Tangyôt bade
　　主的　恩於　官　大臣 居 之後　　蒙古　唐古忒 在處
　　taqôraxa dari. kemuni meiimeni ba-i
　　派遣　　每次 仍　　各自　地方的

5　tacin an-be tuwame. elhe obume dasabure tušan baiita bi. ere
　　習俗常把　看　　安　使變　使治理 職任 事情 有 此
　　utxai An Dulimba
　　　　即　　中庸

6　bithei suhe hergen-de bisire. tere niyalmai doro-be jafafi. tere
　　書的 註解 字 在　有　那　　人的　道把掌握後那
　　niyalmai beyebe
　　人的　　把身

---

121 東洋文庫本爲「下」字。

7　dasambi sehengge waqao. tuttu dorgi bade juqtehen bici.
　　治理　　所謂的　不是嗎 所以　內　地在　　寺　　若有
　　xaryašanjixala[122]　Mongyo Tangyôt-i
　　每個來朝見　　　　蒙古　唐古忒的

8　urse. teni aqdara nikere ba bimbime. cembe inu toxorombume
　　眾人　才　依賴　依靠　處 有而且　他們　也　　安撫
　　biluci ombi. Tung Šu
　　撫育　可以　通　書

頁 50

1　bithede. enduringge unenggi-de wajixabi. geli enduringge niyalmai
　　在書　　　聖　　　誠　 在　行了　又　　聖　　人的
　　doro γosin juryan dulimba
　　道　仁　義　　中

2　tob-de waj'ixabi sehebi.
　　正在　行了　　已説

3　enduringge ej'en. yaya juqtehen-de enggeleci. urunaqô hiyan dabume
　　聖　　　　主　一切　寺　　　往　當光臨　必定　香　點燃

4　unenggi γônin-be aqômburengge. inu Mongyo Tangyôt-be
　　　誠　　心　　　盡者　　　　也　蒙古　唐古忒把

5　γosin-i bilurengge bime. yaya gungge. weiile-de isinaci. yooni
　　仁 以　撫育者　而 一切　　功　　罪　往 若施　全部
　　dulimba tob-i γamame šangnan[123]
　　中　　正以　安排　賞

6　fafun-be getukeleme juryan-i tacihiyaxabi. Jijungge nomun-i asxabuxa
　　罰　把　查明　義 以　已教正　　易　　經 的　繫詞

---

122 北京民大本爲xaryašajixale。若爲後綴詞爲xala，表示每個人作此動作的，但若是後綴
　　詞-le，則有「凡是，每個」的意思。所以二者均符合文法，只是文意略微不同。可見Larry
　　V. Clark, "Manchu Suffix List", Manchu Studies Newsletter 3, (1979-1980), p. 35.

123 北京民大本此字爲šangnaxa，爲動名詞，文法上亦可。

gisun-de jaqanjame
　　在　　詳究

7　yabucibe eyeraqô sehebi. Kungzi'-i gisun oci. aiiqabade baiita-de an[124]
　　雖然行　不流　已說　孔子的　話　主格　設若　事情在　本

giyan-be
道理把

8　jafafi yabuci ojoraqô ba bisire. erin-de an qooli-be jafafi icihiyaci
　　掌握後行　不可以處　有　時在　常　例　把　掌握後　處理

ojoraqô ba
不可以處

頁51

1　bisire oxode. enduringge niyalma geli terei uj'en weiihuken-be
　　有　變在　　聖　　人　又那的　重　　輕　把

bodome. faqsiqan-i γamame forγošome
算　　巧妙地　安排　　運轉

2　acabume[125] yabumbi. toqtoxo babe memereraqô. erebe jaqanjame
　　使合　　　行　　安定把之處　不固執　把此　詳究

yabumbi sembi. jaqanjame yabure-de.
行　　稱作　　詳究　　行　在

3　terebe ja-i eyere-de isinaraxô seme tooselame yabure dorgide.
　　把其易以　流往　到　　恐怕　用權　行　在內

inu abqai giyan
也　天　理

4　bisire-be daxame. ini cisui doro jurγan-i tuhen-de acanafi.
　　有　因爲　任其　道　義的　結果往　去會後

qoiimali jalingγa
狡詐　奸詐

---

124 北京民大本與大版本之後有-i，兩者文法上關係不太相同，但文意接近。

125 大版本爲acambi，文法上可以，但文意上不如另兩版本清楚。

5 arγa-de eyeraqô. ere enduringge niyalmai baiita-de acabure γosin
　計謀往　不流　此　　聖　　人的　　事情往　使合　仁

mergen qai sehebi.
　智　啊　已稱

6 ere emu meyen-i gisun. inenggidari giyangnaxa Jijungge nomun
　此　一　條　的話　每天　　　講　　　易　　經

debi. <u>asxabuxa gisun</u>-be
在有　繫詞　　　把

7 suhe bade jaqanjame[126] yabumbi serengge tooselame yabure mergen
　註解在處　詳究　　行　　　所謂的　用權　　行　智

qai. eyeraqô serengge. tob-be
啊　不流　所謂的　正把

8 tuwakiyan[127] γosin qai. seme heduhebi.
　守　　　　仁　啊　説　已説過

頁 52

1 enduringge ejen γosin mergen-i dasan-be yabubume. abqa na-i
　聖　　　主　仁　智　以政　把　使行　　天　地的

mujilen-be mujilen obume.
心意　　把　心意使成爲

2 erin-i dulimba-i abqai fej'ergi-be. dasame umai memereraqô ofi.
　時的　中　　的天的　下　把　治理　並不　不拘泥　因爲

tuttu Mongγo Tangγôt-be
所以　蒙古　唐古忒把

3 <u>irgebume</u>[128] bithe xôlakini. <u>šu tacin</u>-be giyangnakini seheqô. inu
　作詩　　　書　希望讀　文學　把　希望講　不希望　也

---

126 北京民大本爲jaqajame，爲漏牙之誤。

127 北京民大本與大版本爲tuwakiyara，文法上更正確。

128 北京民大本與大版本爲irgebun，文法與文意更清楚。芝加哥本文法雖可，但文意與上下
　　文的排比形式不符。

umai mederi dorgingge-be
並不　海　　內者　　　把

4 Tangγôt-i adali nomun tacikini. fucihi dobokini seheqô. damu
唐古忒以一樣　　經　希望學　佛　希望供奉不希望　惟

Kungzi'-i irgen-i juryan-be
孔子　的　民的　義　把

5 kice. hutu enduri-be ginggulembime. aldangya obu sehe γônin-be
令謀求鬼　神把　　敬而且　　　遠　令使變說　意把

γaiime. mederi dorgi-be
　取　　海　　內把

6 irgebun bithei tacihiyame. tulergi aiiman-be fucihi nomun-i[129]
　詩　　以書　教　　外　部落把　佛　經以

dasabume. yarγiyan-i abqa
使治理　　眞實地　天

7 na. e a. sunj'a feten-i tumen jaqa-be banjibure adali. ini cisui
地陰陽五　行以萬　物　把　使生　一樣　任其

banjinara-be
去生　把

8 daxaxabi. yala wesihun qai. abqai fejergi-i xacin xacin-i niyalma-be
已隨　果眞　貴　啊天的　下面的　種種　的　人

emu bade acabuxa
一　處在　使合

頁53

1 bime. ishunde suwaliyabuxa ba aqô. meni meni an-be daxame
而　互相　　使摻合　處無　各自　常規把　隨

faqsalaxa bime. gemu ini teiisu-de
分開　　而　都　他的本分於

2　elhe baxambi. dorgi tulergi ilγabucibe. fuxali emu boo oxobi. ere
　　安　　獲得　　內　外　　雖分別　　竟然　一　家　已變　此

　　utxai emu bime juwe.
　　即　　一　而　二

3　juwe bime emu ofi.
　　二　而　一　變後

4　enduringge ej'en yala amba ten-i adali qai. juwe sunj'a sehe[130]　doro
　　聖　　　　主　果眞太極　的　一樣　啊　二　五　叫做　　道

　　teyen aqô. yabubure jaqade.
　　歇息　不　行　　因爲

5　Wen Gung-ni henduhe emu duiin sehe[131]　gulu-be aiifini
　　文　公　的　說　一　四　叫做　　純把　早已

　　baqtambuxabi. te julgei niyalma isinaxaqô
　　使發展　　　今　古　　人　　不去到

6　bade. ne feshelefi ududu tumen ba-i huweki usin nonggifi. cooxa
　　處在現在開拓後　數　萬　里的　肥沃的田　增加後　軍隊

　　irgen-be tebuhe.
　　民　把　使居

7　Dulimbai gurun-i adali
　　中　　　國　以一樣

8　enduringge tacihiyan selgiyebuhe-be daxame. Wen Gung-ni henduhe
　　聖　　　教　　　　使傳播　因爲　　文　公　的　說

　　ilan ninggun sehe suwaliyata. dalji aqô
　　三　六　　叫做　摻合　　相關　無

頁54

1　oxobi. tuttu bi. Wen Gung ne-i jalan-de bici. ere gisun-be inu
　　已變　如此我　文　公　現在的世於　若存　此　話　把　也

---

130 北京民大本爲suhe（剩下），似乎文意不對。

131 北京民大本爲suhe，誤。

waqašame banjinaraqô
責備　　　不生

2 dere sembi. <u>tere angγala</u> julgei fonde. Dulimbai gurun-i tacihiyan
　吧　說　況且　　古　時候　　中的　國的　　教

wen. tulergi aiiman-de
化　外　部落　往

北京首圖本（五）

　kesi-be alifi xafan tefi. amba tušan-de isinafi[132] Mongγo Tangγôt-i ba-de

taqôraxa manggi. inu damu geren-i tacin-be daxame. terei baiita-be icihiyara

dabala. ere aiiqa Juzi'-i suhe tere niyalmai doro-be jafafi.[133] tere niyalmai

beyebe dasambi sehe gisun waqao. tuttu dorgi bade muqdehen[134] ilibuxangge.

ineku dorolome xarγašanjixala[135]. geren aiiman-i ursebe aqdara nikere-be[136]

baxabumbime. ereni bilume toxorombukini sehengge qai. Tung Šu bithede.[137]

enduringge serengge[138] unenggi-de wajixabi. geli enduringge niyalmai doro γosin

jurγan dulimba tob-de wajixabi sehebi. musei enduringge ejen yaya muqtehen[139]

-de enggeleci. urunaqô unenggi γônin-i hiyan dabuxangge. inu coxome geren-

be bilume toxorombure šumin γosin-be tuwabume acinggiyaburengge qai.

yaya gung-de šangnara weiile arara-de[140] jurγan-i yabuxa-be daxame. dulimba

---

132 東洋文庫本此處有標點 "."。

133 東洋文庫本此處無標點 "."。

134 東洋文庫本爲juqtehen，正確。

135 東洋文庫本爲xarγašanjixale。

136 東洋文庫本-be爲ba，兩者文法上均可。

137 東洋文庫本此處無標點 "."。

138 東洋文庫本此處有標點 "."。

139 東洋文庫本爲juqtehen，兩版本的意思均爲廟。

140 東洋文庫本此處有標點 "."。

tob aqôngge aqô. Jijungge nomun-i asxabuxa gisun-de. jaqanjame yabucibe eyeraqô sehengge erebe qai. baiita-de an erdemu-be jafafi yabuci oj'oraqô ba bi. erin-de uhei tacin-be jafafi icihiyaci ojoraqô ba bi. enduringge niyalma sehe seme xono terei ujen weiihuken-be bodome. faqsiqan-i acabume γamambihe. toqtoxo seme memereraqôngge-be. jqanjame yabumbi sembi. jaqanjame yabure ufaracun. ja-i eyere-de isinara-be daxame. geli abqai giyan banjinara babe daxame.[141] tooselame γamacibe da-ci alj'aburaqô[142] ofi. ini cisui doro jurγan-de acanarangge-be[143] eyeraqô sembi. ere enduringge niyalmai γosin mergen sasa aqônaxangge qai. suhe gisun-i jurγan-be narxôšame sibkici. jaqanjame yabumbi sehengge. tooselame yabure mergen qai. eyeraqô sehengge[144] tob-be tuwakiyara γosin qai. enduringge ejen γosin mergen-i dasan-be yabubume. abqa na-i mujilen-be mujilen obume. erin-i dulimba-i abqai fej'ergi-be dasame. umai toqtoxo γônin-be memereraqô ofi. tuttu Mongγo Tangγôt-be irgebun bithe xôlakini. šu tacin-be tacikini seheqô. inu umai geren niyalma-be gemu Mongγo Tangγôt-i adali.[145] nomun xôlakini fucihi dobokini seheqô. baqtambufi umai seraqô. damu Kungzi'-i irgen-i jurγan-be kice. hutu enduri-be ginggulembime aldangγa obu sehe γônin-be[146] γaiime. dorgi bade oci. irgebun bithe-i tacibume. tulergi aiiman-de oci fucihi nomun-i dasabume. yargiyan-i abqa na-i wembume xôwašabure adali. ini cisui banjinara-be tuwame dasara dabala. utxai irgen geren aiiman-i

---

141 東洋文庫本此處無標點"."。
142 東洋文庫本為aljmburaqô，為錯字。
143 東洋文庫本此處有標點"."。
144 東洋文庫本此處有標點"."。
145 東洋文庫本此處無標點"."。
146 東洋文庫本在"nin-be"處殘缺。

niyalma suwaliyaɣanjame tekini.[147] ishunde majige facuxôrara ba aqôngge.

inu damu meni meni qooli-be yabume. meni meni teiisu-be tuwakiyambi.

dorgi tulergi udu encu secibe. fuxali emu booi adali oxobi. ere utxai emu bime

juwe. juwe bime emu sere giyan qai. uhei enduringge ejen-i amba ten-i dorgide

baqtaqabi. erebe amba uhe sembi. Wen Gung-ni emu duiin seme leolehengge.

juwe sunja-i teyen-i aqô sere suhe gisun-de ishunde acanacibe. aiiqa te-i ududu

tumen ba-i jecen badarambufi. yaya julgei niyalma isinaxaqô ba. gemu huweki

usin ofi. cooxa irgen-be tebubufi. Dulimba gurun-ci encu aqô. bireme enduringge

tacihiyan-be alixa-be daxame. Wen Gung-ni ilan ninggun sere leolen-de ilɣabun

bisire gese. duiibuleci Wen Gung te-i jalan-de banjici. aiinaxai[148] qôbulime

ɣamaraqô[149]. yaqsitai julgei tacin-be daxôki sere-be toqtoxo leolen obumbini.

amcame[150] ɣônici julgei fonde. tacihiyan wen Dulimbai gurun-de bi[151]. tulergi

aiiman-de isinaxa ba aqô. tulergi aiiman-i fucihi-i tacihiyan. inu Dulimbai gurun-

de dosinjixaqô bihe.

芝加哥本筆者譯（五）

　　憑藉主恩，為官為臣之後，每次派往蒙古唐古特地方，仍有視各自地方的習俗常規，使其安居而治的職事。此即在《中庸》註解所說的「掌握其人之道，治理其身」嗎？所以在內地若有寺院，每有蒙古唐古特人來朝，才有依靠之處，也可以安撫他們。在《通書》中，說「聖，誠而已」，又說「聖

---

147 東洋文庫本此處無標點"."。

148 東洋文庫本此字與其他字的字跡不同。

149 東洋文庫本此字與其他字的字跡不同。

150 東洋文庫本此二字與其他字的字跡不同。

151 東洋文庫本連寫為-debi。

人之道，仁義中正而已。」聖主每至各寺廟，必定點香盡誠一事，也是以仁撫育蒙古唐古忒，而每當賞罰，全以中正安排，明賞罰，以義正之。《易經》繫詞曰：「雖詳究而行，不流。」孔子之言，是說「於事中掌握理後，若有不可行之處，於時掌握常規後，若有不可處理之處，聖人又衡量輕重，巧妙地運轉，使合而行，不固執於已經定好的事情，此稱之為「旁行」。旁行時，恐其至於流，因為權行之內，也有天理，任其會於道義之歸宿，不流於奸狡之計。」這一條話，在《日講易經》中。在繫詞中已說「所謂旁行，權行之智啊！所謂不流，守正之仁啊！」聖主行仁智之政，以天地之心為心，以時中治天下，並不有所拘泥，所以並不希望蒙古與唐古忒，作詩念書[152]講文學，也並不希望海內如唐古忒一般習經供佛。惟取孔子所說「務民之義，敬鬼神而遠之」之意，以詩書教海內，以佛經治外藩，確實如天地以陰陽五行生萬物一般，隨其生長。果真尊貴啊！使天下各色人等合於一處，而無相互摻雜。各自隨常規分開都在其本分上獲得安定。內外雖分，竟成一家。此即一而二，二而一，聖主果真如太極一樣啊！二五之道不歇而行，所以文公所言一四之純早已發展。今於前人到不了之處開墾，增加數萬里肥田，駐軍民，如中國一般傳播聖教，所以已與文公所說的三六摻合無涉。因此我說文公若生於今世，亦不責備而生此言吧！況且，古時中國之教化

北京首圖本筆者譯（五）

受恩居官，至於大任，派往蒙古唐古特地方之後，也都隨各自的習俗，辦理其事罷了。這難道不是朱子註解說的掌握其人之道，治理其身一語嗎？所以在內地建廟，本是凡有來朝禮，使各部之人有所依靠[153]，而以此撫育之

---

152 北京民大本與大阪本此處則為「讀詩書」。
153 東洋文庫本文意為「使其有能依靠的地方」。

啊！在《通書》中，云：所謂聖，誠而已，又聖人之道，仁義中正而已。咱們聖主每臨各廟，必定以誠心點香一事，也正是讓眾人看見撫育之深意以使之感動啊！凡賞功治罪，以義而行，所以無不中正者。在《易經》的繫詞所說：「雖詳究而行，不流」一語，正是此啊！事有執常德卻不能行之處，時有執同習卻不能辦之處。就算是聖人，尚需衡量其輕重，巧妙地使其適合地安排，雖是定例亦不拘泥，此稱之為旁行。因為旁行之失，易至於流，又隨天理所生來變通，即便如此，不離其本，合於各自的道義，此稱之為不流。這是聖人仁智齊盡啊！若細究繫詞之義，所謂旁行，是權行之智啊！所謂的不流，是守正之仁啊！聖主行仁智之正，以天地之心為心，以時中治天下，並不拘泥於定見，所以不讓蒙古唐古忒念詩書，學文學，亦不讓眾人如蒙古唐古忒一般，念經供佛，包含在一起卻不能言語。但取孔子務民之義，敬鬼神而遠之之意，在內地，以詩書教之，在部落，以佛經治之，如同天地化育一般，視其各自所生治理罷了。即使讓人民與各部落之人雜居，沒有互相錯亂之處，也只是行各自的制度，守各自的本分。內外雖疏，竟成了如一家一般。這就一而二，二而一的道理啊！共包於聖主太極之內。此謂之大同啊！文公的一四之論，與二五之不歇的註解雖合，若如今日開拓數萬里之邊，凡古人不及之處，全成肥田，駐兵民，與中國無異地全蒙聖教，故與文公的三六之論似有別。若要比擬，當文公生於今世，未必會不變通而斷然以復古為定論。若追溯，古時教化在中國，不到外面部落，外面部落的佛教，也不入中國。

北京首圖本富俊譯（五）

受恩居官，秩至大員，出使蒙古唐古忒地方，亦祇順俗，經理其事，殆非朱註所釋即以其人之道，還治其人之身之說歟？故內地建廟，不過使瞻

禮之夷，有所憑依，藉以安撫焉。考之通書云：聖者誠而已矣！又云聖人之道仁義中正而已。我皇上每臨各廟，必捻香盡誠，亦係撫卹深仁必[154]有觀感，一切賞罰功罪，以義行之，罔不中正允協。易繫辭：旁行不流者此也，夫事有執庸德而不可行，時有執同風而不可理者，聖人且籌其輕重，善為合宜，不謬於一，是謂旁行。旁行之過，易至於流，復循其天理之自然，變不離宗，自歸道義是謂不流。此聖人之仁智兼盡，細會解義。所謂旁行者，行權之智也，不流者，守正之仁也。聖主以仁智行政，以天地之心為心，以時中治天下，從未設以成見。故不令唐古特讀詩書，講文學，亦不令人盡學唐古特，念經供佛，相渾無言。但取孔子務民之義，敬鬼神而遠之[155]意，內地則教以詩書，外夷則治以佛經，實如天地之化育，任其自然而贊之云爾。就令民夷雜處，毫無相亂，亦惟我行我法，各如其分，中外雖殊，宛如一家，何莫非一而二，二而一之理。共包於聖主太極之內，是之謂大同。如文公之所論一四者，固與二五不已之能相通，若以今之開疆數萬里，凡古人不到之地，俱為樂土，安駐兵民，無異中夏，普被王化，似與文公三六之論有別。假如文公生今之世，未必不變而通之，遽以反古之道為定論也。溯夫上古，化在中國，不盡及外夷，外夷佛教，亦未入中國。

芝加哥本 (六)

3　selgiyeme isinaxaqô. tulergi aiiman-i fucihi tacihiyan inu
　　傳播　　　去不到　　外　部落的　佛　　教　　也
　　dosinjixaqô. Cin gurun. balai
　　進不來　　　秦　朝　暴戾而

---

4 doqsirame. bithe-be deiijihe. mederi tun-de endurin-i niqtan-be
　　　　　　書　把　焚燒　　海　島往　仙人的　靈丹把

baiixabi. ere utxai encu
已求　　此　即　異

5 demun-i amba deribun. Xan[156] gurun-de isinjifi. C'oo C'an uj'en
異端的　大　　開始　　漢　朝往　來後　曹　蔘　重

tušan-de bimbime.
　任　在　在　而且

6 G'ai gung-be tukiyeme dosimbufi. Xôwang Loo-i tacin-be
蓋　公　舉　　使入後　　黃　老的　學把

giyangname ulandure jaqade. encu demun-i
講　　　一齊傳　因爲　異　異端的

7 untuhun aqô-be gisurere. tacihiyan-i eyehe[157] xoron. ulhiyen-i šumin
虛　無把　論　　教　的　流　毒　漸漸地　深

oxobi. Jin gurun.
已變　晉　朝

8 geli Juwang Jeo-i leolen-be yendebure jaqade. Tang gurun-de
又　莊　周的　論　　使興旺　因爲　唐　朝　往

isitala aiitubume muteheqôbi.
直到　救　　已不能

頁55

1 tere fon-i ten[158]-be cixalara. γoro-be kicere genggiyen urse. inu-i
那　時的　極把　愛好　遠把　謀求　明　眾人是的

gese waqa-be umai
似的　非　把　並不

156 北京民大本與大版本爲Xa.n。
157 北京民大本爲ejehe（記錄），文意錯誤。
158 北京民大本與大版本爲den（高），符合好高騖遠的文意。

2 ulhiheqô. tere aiiqa fucihi-i tacihiyan-i teiile semeo. inu tere
不理解　那　設若　佛的　教的　僅　說嗎　也　那

fonde dergici utxai
時　從上　即

3 jingkini doro giyan-be giyangnaxaqô ofi. gemu jabšan-be ejelere
正當的道理　把　不去講　因爲都　幸運　把　佔據

cisu γônin-i yabuxai. umesi
私自　心　以　行著　非常

4 badarara jaqade. gubci niyalma dalibume xôlimbufi. beyei jingkini
擴散　因爲　全部　人　使胡鬧地被迷惑住後自身的正當的

kicere baiita-be yooni waliyaxabi.
謀求　事把　全部　已丟棄

5 ede enduringge niyalmai tutabuxa bithe-be xôlacibe. tere giyan-be
因此　聖　人的　留　書把　雖念　那　理把

ulhiraqô. banin giyan-i
不通曉　天性　道理的

6 tacin burubufi. doro-be donjixa saiisa qomso oxobi. jabšan-de
教　消失後　道把　聽　賢人　少　已變　幸運在

Wen Gung tucibufi. Yoo
文　公　使出後　堯

7 Šôn Ioi. Tang. Wen. U Jeo[159]. Kungzi' Mengzi'-i ulan-be sibkime
舜　禹　湯　文　武　周　孔子　孟子的　傳授把　追究

baiime[160] safi. tacire urse-be
求　知道後　後學　眾人把

8 serebume yendebume. kemuni Mengzi'-be tukiyeme wesihuleme.
使察覺　使興旺　還　孟子把　舉　崇尚

gungge-be Ioi-ci eberi aqô seme
功　把禹較不及　無　說

---

159 北京民大本與大阪本之後有 gung（公）一字。

160 北京民大本此字爲 banjime（生活），文意似誤。抄寫者可能是將 baiime 的草寫體 ii 誤以爲 ji。

頁 56

1　getukeleme tucibuhebi. ere teiile aqô. γônin-be unenggi mujilen-be
　　已敘明　　　　　　　此　僅　不　心　把　　誠　　心意　把

　　tob sehe amba tacin-i
　　正　說　大　學　的

2　ulan-be getukeleme tucibuhengge. ele enduringge duqa-de ambula
　　傳把　　敘明者　　　　　更加　聖　　門　於　多

　　gungge bi seme. nenehe
　　功　　有　說　　先

3　mergese maqtaxabi. ere inu Dulimbai gurun-i dasan-i doro-i[161]
　　賢者們　已稱讚　　此　也　中的　　國的　政治的　道的

　　ulanjixangge tašarame jurcenjefi.
　　來傳者　　　出錯　　兩歧

4　elemangya encu juγôn-de dosiqa-be getukeleme mutehe-be
　　反而　　相異　路　往入　　　　察明　　能夠　把

　　tukiyecehengge. bilungya jecen.
　　讚揚者　　　　　綏服

5　siderilengge jecen. lampangya jecen-i gesengge-be. inu adali gisureci
　　要服　　　　荒服　　的　似者　把　也　一樣　說

　　ombio siyan šeng. si
　　可以嗎　先　生　你

6　enduringge doro. fucihi tacihiyan-be duiilebume sasa ilici ombio
　　聖　　　道　佛　教　把　並列　　一齊　立可以嗎

　　seme fonjixangge. utxai
　　說　問者　　　即

7　Wen Gung-ni henduhe xôcin-de tefi. abqa-be šame abqa-be ajigen
　　文　公的　　說　井　在坐後　天把　望　天把　小

　　sehe-ci
　　說　從

---

161 北京民大本無-i。

8 guweheqôbi. <u>tuttu seme</u> gingqaraqô oci neiileraqô. fancaraqô
　不避免　　　然而　　不幽悶　若　不開啓　不發悶

oci tuciburaqô. uttu fonjixaqô
若　不使出　如此　不問

頁 57

1 bici abqa ajigen sere waqa-be dubentele sarqô ombi[162] . banin
　若　天　小　說　非把　直到最後不知道　變　性

giyan-i tacin-be gisureci. musei
理　　的學　把　若論咱們的

2 wesihun gurun yala enduringge mergesei mujilen-i ulan-be yooni
　盛　　　朝　果然　聖　賢人的　　心意的　傳把　全部

bargiyame tukiyefi. ne-i
整理而　　抬後　現的

3 jalan-de daxôme gehun eldeke.
　世　在　重複　清楚地　照亮

4 Xan-i araxa inenggidari giyangnaxa dasan-i nomun. jijungge nomun-i
　汗的　寫　　每天　　講　　政治的　經　易　　經的

juryan[163] suhe bithe. jai
義　　註解　書　再

5 Hiyoošungya nomun-i juryan-be badarambuxa bithe. geli
　孝　　　　經的　義把　　使推廣　　書　又

6 Xan-i banjibuxa banin giyan-i narxôn juryan bithe-be tuwaxade
　汗的　編　　性　理的　細　義　書把　在看

saci ombi. ede Sung
知道可以　因此　宋

---

162 大阪本爲ombihe，時態上表示此事過去完成式。但此處所講爲一假設的情況，似乎另二
　版本較正確。

163 北京民大本與大阪後有一be，文法與文意上亦相同。

7 gurun-i bithei urse. gemu iletuleme temgetulere-be alixa. Ju Zi'-be
　朝　的 文的眾人　都　　顯露　　表揚　　把　受　朱子
teiile. ele
僅　更加

8 uj'eleme banixônjame wesihulehe. ere ai jalin bihe. yargiyan-i
　看重　　重視　　崇尚　此 何爲了曾　眞實地
nenehe mergese umesi
先　　賢人　非常

頁58

1 kesingge bifi[164]. musei
　有福分 有後 咱們的

2 wesihun gurun-i šumilame saxa-de teiisulebuhe. siyan šeng si ne-i[165]
　盛　　朝的　深入地 知道當 使相稱　先　　生 你現的
yabubure eiiten baiita-be
行　　一切 事情把

3 kimcifi. jai bithe-de acabure oci. aiinci abqa ajigen sere waqa-be
謀求後 再書 往 使合 若 或是 天　小　說 非把
sambidere. tere
知道吧　　那

4 siyan šeng gisun moxofi. yertehei waqa-be alime hungkereme
先　生　話 用盡後 慚愧著 非 把接受而 傾心而
γônin daxaxa. ere gucu-i
心　　跟隨 此 友的

5 gisun yala ambula saxa babi. secina. tuttu bi ejeme araxabi.
話　果眞 多　知道處有 說呢所以 我 記　　已寫

164 北京民大本與大阪本爲ofi。
165 北京民大本無-i。

北京首圖本（六）

Cin gurun-ci balai doqsirame.[166] bithe-be deiijihe. bithei niyalma-be jocibuxa. mederi tun-de enduri-be baiime ofi. encu demun der seme dekdehebi[167] Xan gurun-i C'oo C'an beye ujen tušan alixa bime[168] xono G'ai gung-be tukiyefi[169] Xôwang Loo-i untuhun aqô sere tacihiyan-be giyangnaxai. eyehe jobolon ulhiyen-i šumin oxobi. Gin[170] gurun-de geli Juwang Jeo-i leolen-be yendebufi. encu gebu banjibufi. Tang gurun-de isinjifi aiitubume muteheqô bime. balai den γoro-be giyangname kicehei. ufaraxangge ele ambula oxo. genggiyen urse xono ilγabume muteraqô bade. fucihi-i tacihiyan-de eyeme dosinara teiile mujangγao. inu dergici tob-be tuwakiyaraqô doro-be getukeleraqô. damu ereni enteheme banjire arγa-be kicehei. utxai balai yabume tarγara ba aqô. geren ishunde fiyentenume xôlimbure-de isinafi. kiceci acara teiisu baiita-be waliyara-de[171] isinaraqô oci naqaraqô.[172] ede udu enduringge mergesei bithe-be xôlacibe.[173] doro-be donjifi tuwancihiyarangge we bini. jabšan-de Wen Gung tucifi. γoro oci Yoo Xan Šôn Xan.[174] Ioi Xan Tang Xan.[175] Wen Wang U Wang.[176]

---

166 東洋文庫本此處無標點"."。
167 東洋文庫本此處有標點"."。
168 東洋文庫本此處有標點"."。
169 東洋文庫本此處有標點"."。
170 東洋文庫本爲Jing。
171 東洋文庫本此四字頁面殘缺，大致可辨認-be walitara四字。
172 東洋文庫本此處無標點"."。
173 東洋文庫本此處無標點"."。
174 東洋文庫本此處無標點"."。
175 東洋文庫本此處無標點"."。
176 東洋文庫本此處無標點"."。

Jeo Gung Kungzi'-i ulan-be fisembume.[177] fulehe sekiyen-be moxobume sibkime. xanci oci Mengzi'-i gisun-be kimcime. šu fiyelen arame tucibufi. jalan-be taryabuxangge. terei gungge yala amba qai. ere teiile aqô sume fisembuhe amba tacin-i γônin-be unenggi obure.[178] mujilen-be tob obure ulan-i jorin-be.[179] ilγame faqsalame tucibuhengge. enduringei[180] duqa-de ele gungge bihebi. amaγa mergese kimcime baiicame maqtame saiišame. coxome doro šošoxon-be muqdembume yendebufi. Dulimbai[181] gurun-i niyalma-be encu juγôn-de dosinaraqô[182] okini serengge. terei bilungγa jecen siderilengge jecen lampangγa jecen-i gesengge. emu adali obufi gisureci ombio. siyan šeng si enduringge doro fucihi tacihiyan-be.[183] sasa jafafi fonjixangge. utxai Wen Gung-ni duiibuleme henduhe. xôcin-de tefi abqa-be xarγašara-ci ai encu ni. tuttu seme facihiyašaraqô oci neiileraqô.[184] gingqaraqô oci tuciburaqô. si aiiqa fonjixaqô bici. dubentele banin giyan-i tacin-be giyangnara-de isinaraqô. musei wesihun gurun mujilen-i ulan-be sirame fisembume. enduringge doro-be getukeleme tucibume. Xan-i araxa inenggidari giyangnaxa dasan-i nomun jijungge nomun-i jurγan-be suhe bithe. jai Hiyoošungγa nomun-i jurγan-be badarambuxa jergi bithe. Xan-i banjibuxa banin giyan-i narxôn jurγan bithe-be. tacire urse-de selgiyehe-be daxame. fuxašame tuwaxade saci ombi. ede Sung gurun-i amba bithei niyalma.

---

177 東洋文庫本此處無標點 ".".。

178 東洋文庫本此處無標點 ".".。

179 東洋文庫本此處無標點 ".".。

180 北京首圖本漏寫一個g。東洋文庫本此字爲enduringgei，正確。

181 東洋文庫本爲Dulimba，均可。

182 東洋文庫本此字字跡不同。

183 東洋文庫本此處無標點 ".".。

184 東洋文庫本此處無標點 ".".。

ereni amaɣa jalan-de gebu tutaxa. Juzi'-be[185] ele ujeleme saiišame wesihulehebi. ere yargiyan-i nenehe mergesei erdemu kicen secibe. inu enduringge ejen-i šumilame[186] safi tukiyere[187] -de aqdaxabi. yala julge te-i teiisulebuhe ucaran qai. siyan šeng sini tacixa yabuxangge-be. geren xacin-i bithede acabume narxôšame sibkime oxode. abqa ajigen sere waqa-be sambidere. ede siyan šeng gisun moxofi bederefi. hendume. bi te teni baxafi jaqanjame yabucibe eyeraqô sere gisun-be saxa. bi te teni baxafi niyalma-i niyalma-be dasara gisun-be saxabi sehe. tuttu bi ejeme araxabi..

芝加哥本筆者譯（六）

　　傳播不到外面部落，外面部落的佛教，也進不來。秦朝暴戾，焚書，至海島求神仙之靈丹。此即異端之大開其端，到了漢朝，曹參身處重任，而舉蓋公，一齊講傳黃老之學，所以，論異端之虛無，教之流毒漸深。晉朝又興莊周之論，至唐已不能救。那時好高求遠的聰明人，並不明瞭〔其〕似是而非。那時難道僅有佛教？也因為那時從上即不講正道，以想佔好處的私心而行，〔此風〕大開，所以所有人被迷惑後，全都丟棄自身的正事。因此雖念聖人所遺之書，卻不知其理。性理之學消失後，聞道之賢人少。文公出後，探得堯舜禹湯文武周公之傳，使學子覺察而興之，還推崇孟子，敘明其功無不及禹。不僅如此，其敘明言心為誠言意為正的大學之傳一事，先賢已讚其尤有大功於聖門。此亦為能察明中國之政道所傳錯謬，反入歧途，稱讚此事能說與綏服、要服與荒服所似者一般嗎？先生你將聖道與佛教並列，問說能

---

185 東洋文庫本Juzi'分寫，不過Zi'-be處殘缺。
186 東洋文庫本為šumileme（徵收、徵徵），文意錯誤。
187 東洋文庫本為tukiyecere（讚揚），兩版本文意均可。

否並立一事，不免如文公所說坐井觀天說天小。然而，若不幽悶，不開啓，若不發悶，不使之出。若不是如此問，直至最後不知說天小之過。若論性理之學，盛朝果然整理並彰顯聖人之心傳，使其復在世上閃耀。若閱讀御製日講書經、易經解義與孝經廣義、御製性理精義，可以知道。宋朝的文人，因此都受到讚揚，朱子一人更加受到推崇。這所由爲何。先賢眞是甚有福分，與咱們盛朝所深知者相稱。詳究先生你現在所行一切事情，再與書對著看，想是能知道說天小之過吧！那位先生無話可說，慚愧地承認錯誤，傾心而隨。此友之言可說果眞多聞呢！因此我記錄下來。

北京首圖本筆者譯（六）

從秦朝開始暴戾，焚書，殺害書生，往海島求仙，故異端紛起。漢朝的曹參身負重任，而尙舉蓋公講著黃老的虛無之教，流弊漸深。晉朝又興莊周之論，編立異名。到了唐朝，已不能救，而講求著高遠，失去的更多。聰明人尙不能分辨，所以當時眞的僅流入佛教嗎？也是從上位者開始不能守正，不明道，僅以此求著永生之計，遂肆行無戒。眾人互相訛傳，以至於惑，若不到揚棄應該努力的本分之事的地步不停止。因此雖讀聖賢之書，聞道而正之者有誰呢？所幸文公出，遠則述堯汗、舜汗、禹汗、湯汗、文王、武王、周公、孔子之傳，窮究根源，近則詳察孟子之言，爲文而發揚，〔藉以〕勸世一事，其功眞的大啊！不僅如此，註解闡述大學之意爲誠，意爲正之傳之旨，將此分辨而分出者，更有功於聖門。後世賢人詳察稱頌〔的〕，正是〔其〕振興道統，中國之人不入歧途，此能與那些類似綏服要服荒服者，相提並論嗎？先生你並舉聖道佛教發問一事，正是文公所比喻的，跟坐井望天有何差別呢？然而若不幽悶，不開啓，若不發悶，不使之出。你若不問，到最後講不到性理之學，咱們盛朝續闡心傳，敘明聖道，御製日講書經易經的

解義，及孝經廣義等書，御製性理精義，因向學子傳播諸書，故當翻閱便可以知道。宋朝的大文人，以此留名後世，尤其著重稱讚朱子。此雖眞是先賢的德業，也是靠聖主之深知後推舉。果眞是古今之遇合啊！先生你若將你所學所行，對著各書細心研究，應該知道說天小之過吧！因此先生詞窮，退後說：我現在才得以知道旁行不流之語，我現在才得以知道以人治人之語。因此我記錄下來。

北京首圖本富俊譯（六）

自秦之暴戾，焚書坑儒，求仙海島，異端蜂起。漢曹參身荷重任，輒舉蓋公講習黃老虛無之教，流毒漸深。晉又興莊周之論，別立門戶，迨唐不能救正，妄談高遠，所失益多，明者且不能辨，豈止流於佛教哉？亦由上不守正明道，僅以此求長生之術，遂至肆行無忌，群相煽惑，不至廢棄而不止。雖讀聖賢書，疇有聞道而正之者。幸而文公出焉，遠紹堯舜禹湯文武周公孔子之傳，窮源溯委，近探孟子之言，發爲文章，以警當世，厥功孔鉅。所闡大學誠意，正心傳旨，別而白之，尤有功於聖門，後之賢者考稽贊美，爲能振興道統，不令中國之人走入岐徑也。彼綏服要服荒服之傳，可以概論乎？先生汝以聖道佛教，並舉爲問，不免如文公之所喻，坐井觀天耳。然而不憤不啓，不悱不發，微子之問，終不講及性理之學。我盛朝繼述心傳，闡明聖道，御製日講書經易經解義，及孝經廣義諸書，御製性理精義，頒示學者，翻閱可尋，宋之大儒，皆得藉以垂名後世，朱子尤重襃揚，此固聖賢之德業，亦賴聖主深悉彰美，實爲古今之遇合也。先生汝所學所行，細與各書參考，得毋知天小之非乎？先生唯唯而退，曰：予今而得知旁行不流之說矣！予今而得知以人治人之說矣！因以爲記。

岑毓英與清末雲南社會的「亂」與「治」

黃淑莉*

中央研究院民族學研究所助研究員

　　岑毓英（1829-1889）道光年間出生在廣西西北泗城府西林縣的那勞寨，當代中國學界普遍認定岑毓英族屬爲壯，對於岑是否爲壯族土司的後代，則多有爭議。岑毓英從小受漢文教育，曾到過雲南的廣南府遊學，也曾通過西林縣試與奉議州試，最後因父親重病而終止學業。父親病逝後，正逢太平天國起義時局動盪，岑毓英繼承父志在西林西鄉續辦團練擔任團總，開始了他一生以戰鬥爲伍的軍旅生涯。在三十年的宦海浮沈中，岑毓英當過雲南巡撫（1868-1876）、貴州巡撫（1879-1881）、福建巡撫（1881），官拜雲貴總督（1882-1889），是壯族的首位總督，也是清朝重要的封疆大臣。

　　華語世界裡與岑毓英有關的研究早在八十年代就已啓動，最初多從外交

*　本文初稿由高雅寧與黃淑莉共同完成，初稿以會議論文的形式，發表在由國立政治大學人文中心「現代中國的形塑」研究計畫下之「少數民族與現代中國的形塑」研究團隊，於2014年12月20日所舉辦的「民族互動與文化書寫（二）——邊民在內地」學術研討會。正式稿由黃淑莉修改完成，因論文結構與內容大幅修正，故作者僅列黃淑莉一人。本文作者黃淑莉感謝高雅寧提供資料與討論，評論人林欣怡以及會議參與者提供寶貴修改意見。

史的觀點，探討岑毓英在中法戰爭（1883-1885）中所扮演的角色。[1]近年來，在壯族民族意識的推波助瀾之下，岑毓英的壯族身分使得與岑毓英相關的史料再次成爲民族史的研究焦點，關於岑毓英的祖源、族屬，乃至是否爲土司後裔多有探討。[2]儘管岑毓英所留下的奏稿與族譜資料繁多，有關岑毓英在西南邊疆等地平亂、經略與治理的相關研究，卻寥寥無幾。

　　趙至敏的〈岑毓英與雲南回民起義〉首先注意到岑毓英在雲南官場上快速崛起的戲劇性，以一介廣西落難書生躍身爲舉足輕重的朝廷大員，趙至敏認爲岑毓英的崛起與雲南回民起義密切相關。[3]趙的研究儘管立論清晰，卻無針對岑毓英與馬如龍關係等關鍵史實的陳述。黃家信的〈從被懷疑到受重

1　關於評述岑毓英在中法戰爭的表現與作用之相關研究，例如龍永行，〈評中法戰爭中的岑毓英〉，《中央民族學院學報》，1987年第4期（1987年7月），頁17-21；龍永行，〈中法戰爭中後期和戰後的岑毓英〉，《雲南社會科學》，1988年第3期（1988年6月），頁80-86；黃振南，〈中法戰爭前夕岑毓英與劉永福關係的轉變〉，《廣西民族研究》，1988年第2期（1988年6月），頁107-111；藍陽，〈岑毓英在中法戰爭中的態度和作用〉，《廣西師範大學學報（哲學社會科學版）》，1990年第4期（1990年12月），頁49-54；謝世誠，〈論中法戰爭中的岑毓英〉，《江蘇社會科學》，2009年第6期（2009年12月），頁190-194；施鐵靖，2009，〈試論中法戰爭中的岑毓英——岑毓英研究之二〉，《廣西民族研究》，2009年第4期（2009年12月），頁89-97。關於「回亂」專書有：David G. Atwill, *The Chinese Sultanate: Islam, Ethnicity, and the Panthay Rebellion in Southwest China, 1856-1873* (Stanford, Calif. : Stanford University Press, 2006).以下書名簡稱：*The Chinese Sultanate*.

2　關於岑毓英家族的背景，主要有白耀天、文耀華、夏雲華與陸輝，以及鄧金鳳等人的研究，關於族屬，都認爲岑毓英是當地土著，即壯族，但關於其家族則有兩種不同的看法：非土司家族與土司家族。白耀天主要考證岑毓英去世前一年編纂的《西林岑氏族譜》基本上有很多前後串聯不起來，以及與正史記載內容對應不上的地方。他主張桂西的岑氏首領在元、明兩代活躍了起來，他們是本地人，也就是今天的壯族，是世襲的土官，而非中原南來的官員。岑毓英出生在上林長官司那勞寨，但其先人不是上林長官司土司的近親，他的祖先有可能是當地土人頭目，或者是隨岑子成從泗城到上林峒的岑氏族人。文耀海等人簡單述及岑毓英的祖輩是明代上林長官司的一支岑氏後裔，清初分支到西鄉（含今西林縣那勞、那佐、弄汪、西平及隆林縣岩茶與介廷）墾荒立業。相關研究有：白耀天，〈上林長官司岑氏土官岑毓英的「土司後」〉，《廣西民族研究》，1997年第1期（1997年3月），頁93-100；鄧金鳳，〈岑毓英與廣西岑氏來源〉，《廣西民族學院學報（哲學社會科學版）》，第28卷第3期（2006年5月），頁98-101；文耀海、夏云華、陸輝，〈雲貴總督岑毓英弟兄與廣南〉，《中州今古》，2001年第5期（2001年9月），頁14-16。

3　趙至敏，〈岑毓英與雲南回民起義〉，《中央民族學院學報》，1991年第4期（1991年9月），頁38-43。

用——岑毓英與回民起義〉，在趙至敏的基礎上，根據岑毓英與馬如龍的關係，大膽推論岑毓英加入政府軍之後，儘管不斷立功卻不受重視，一直到岑毓英與馬如龍分道揚鑣之後，才得到清廷信任。[4]黃的研究儘管補足趙的不足，卻只是將岑毓英本人塑造成在官場上積極鑽營的厲害角色，無助於釐清岑毓英何以成為十九世紀末雲南社會最重要的一股政治經濟勢力。

黎瑛、陳煒在〈經略西南：岑毓英的思想及其實踐（1865-1885）〉一文中，整理出岑毓英經略西南的四大方向：第一、體恤邊境人民：岑毓英於光緒8年（1882）奏請永遠裁革雲南通省的夫馬，隔年開始生效；更在中法戰爭後，奏請收留越南難民與原籍為兩廣的北圻人，以安撫流亡。第二、整頓吏治：岑毓英特別重視官吏考核，尤其對武員的要求很嚴格，巡撫總督任內不僅裁汰冗員，對那些與游幕經商者、身家不清者有聯姻關係的官員，更是不假情面的予以裁撤。第三、邊疆興學教化民心：在貴州巡撫任內，開辦苗學；任雲貴總督之時，更廣設義學、重修文廟、恢復書院。第四、加強邊防：同治13年（1874）開始就經常派臨安、開化與廣南府的文武官員探查沿邊情勢；中法戰爭時，派兵協助桂兵，戰後更參與中越邊境的劃界探勘工作，於保衛國土立下汗馬功勞。[5]黎陳兩人只問岑毓英為西南邊疆治理做了什麼，卻略而不談岑毓英經略西南的在地效應，如此迴避導致黎陳兩人對岑毓英經略西南的理解與評述，無法跳脫統治與教化的既定框架。

本文試圖從岑毓英自咸豐6年（1856）入滇以後，至光緒2年（1876）離滇，凡此二十年間於滇省先是「平亂」、後是「治理」的為官任務，探討岑毓英何以成為十九世紀末雲南社會最重要的一股政治經濟勢力。岑毓英以一介

4 黃家信，〈從被懷疑到受重用——岑毓英與回民起義〉，《紅河學院學報》，第2卷第1期（2000年2月），頁19-21。

5 黎瑛、陳煒，〈經略西南：岑毓英的思想及其實踐（1865-1885）〉，《貴州民族研究》，2006年第1期（2006年2月）頁155-161。

落難書生、外省移民，只用了十年的時間，就官拜雲南巡撫，除了他個人出色地統馭能力以外，和馬如龍的「雙人舞步」至爲關鍵。從交戰雙方、被俘相識、併肩作戰、分道揚鑣，乃至岑趁馬之危取而代之，最後反目成仇，岑毓英挾其政府軍的優勢對馬如龍趕盡殺絕。從謀略的角度來看，岑毓英的權力之路是踩在馬如龍的肩膀上前進的，只是岑毓英最後並沒有因爲他與馬如龍和回軍的深厚情誼，轉而尋求回漢「雙贏」的解決方案，反倒以更殘酷的手段屠殺回民。咸同「回亂」之後，雲南回民社群幾乎全被瓦解，回漢關係重新洗牌。岑毓英與地方民團和士紳的關係進入前所未有的蜜月時期，通過建軍、辦礦與興學，岑毓英展現其在整頓地方勢力上的具體成效。咸同「回亂」以後，官拜雲南巡撫的岑毓英，不只是朝廷大員更是雲南地方社會裡最重要的一股政治經濟勢力，岑在雲南所推動的治理，在某種程度上決定了十九世紀末與二十世紀初雲南社會的政經結構。[6]

一、入滇以前的岑毓英及其家族

　　嚴格來說，岑毓英的家族是經商起家的。祖父岑秀岐在那維開馬店，父親岑蒼松始得入學讀書，並於道光9年（1829）應院試成爲郡學生，也算是學文有成。岑毓英的舅父在廣南蓮城鎮南街經商，生母在他出生不到十個月就去世了，父親於道光12年（1832）續弦同鄉的謝氏，繼母生下三個弟與三個妹。[7]

　　在父親的影響下，岑毓英從小就喜愛讀書。道光13年（1833），岑毓英

6　本文在提到「回亂」時加注引號，考量到「回亂」只是清廷對十九世紀中期雲南社會的漢回衝突的單方面觀點，我們認爲這個稱法並不中立。但爲了方便讀者理解，我們還是用一般人較熟悉的「回亂」一詞，但加上引號。關於「回亂」這個事件背後的複雜情況，見後文的描述。

7　〔清〕趙藩編，《岑襄勤公（毓英）年譜》（台北：文海出版社，1967〔1899〕），頁6-7。

四歲，開始跟幾位塾師學習，每天可以學得數十字。[8]父親擔心他讀書太勞累身體太虛弱，要求他在閒暇之時，還要習武。[9]習武原來只是要鍛鍊身體，殊不知，最後岑毓英竟是靠著武功為他贏得「封疆大臣」的名號。

道光22年（1842）徒步到廣南縣城隨舅父居住與學習。到廣南後，他跟隨著建水舉人周虹舫與寶寧貢生殷仲春等人學習，後入廣南書院求學。[10]道光25年（1845），岑毓英回西林應縣試與（奉議）州試，考取西林縣學附生第一名，提督學政周緯雲當面誇獎與鼓勵岑毓英「讀有用書、為不朽人。」[11]從道光25年（1845）到道光29年（1849）這五年當中，他來回於廣南與西林之間，後因父喪提前回西林未能於廣南書院結業。最為後世樂道的是他在廣南刻苦地學習情景，《岑襄勤公（毓英）年譜》裡面記載 「公之遊學廣南也，先後凡歷五年。齏粥其食，繪布其衣，節縮以具脩贄。聞人有書，婉轉假貸，窮日夜默誦，或懷餅就鈔。僦居環堵之室，冬不爐，夏不扇，風雨籌燈，率至丙夜。資用屢不給，同學勸應蓮城書院課試，輒前列，獲獎膏火，藉供薪米。刻苦淬勵，抗希古人。」[12]

道光29年（1849）父親去世，岑毓英與大弟岑毓祥從廣南回西林，接辦其父在道光26年籌組的西鄉團練，道光30年（1850）洪秀全起義之後，隔年開始加入平亂剿匪的行列，不斷地殲滅或活擒清政府視為賊寇的地方反清政府組織。咸豐3年（1853）岑毓英被推薦為縣丞候補，與定安商人葉正邦為競爭縣丞職位發生衝突，兩方人馬械鬥，岑敗走岩界鄉躲避仇家追殺，所幸有當地士紳覃朝明的保護才得以脫險。之後岑毓英帶著一夥人到雲南羅平當

8 〔清〕趙藩編，《岑襄勤公（毓英）年譜》，頁8。
9 〔清〕趙藩編，《岑襄勤公（毓英）年譜》，頁11。
10 〔清〕趙藩編，《岑襄勤公（毓英）年譜》，頁12。
11 〔清〕趙藩編，《岑襄勤公（毓英）年譜》，頁12-13。
12 〔清〕趙藩編，《岑襄勤公（毓英）年譜》，頁14。

礦工，自此展開岑毓英旅居滇省凡二十載的移民生活。

二、岑毓英發跡前的雲南社會

　　咸同年間，在中國的西南三省爆發了三大亂事，廣西的太平天國起義，咸豐元年（1851）洪秀全自封為「天王」，隨後率領太平軍北上，沿途吸收窮人和被剝奪權利者、罪犯、異端分子等加入義軍的行列，咸豐3年（1853）1月太平軍抵達長江邊時，已經有五十萬人，最後落腳南京，統治華中地區長達十年。幾乎同時，貴州境內爆發「苗亂」，東南邊有苗族首領吳八月在黎平一帶起義，北邊與中部有「教匪」、「齋匪」、「號匪」等四處流竄，黔西北有以豬拱箐為主的苗軍，黔西南有以回民為主的「白旗軍」，自咸豐4年（1854）至同治12年（1873）的二十年間，黔省境內遍地烽火。滇省境內長久以來的回漢衝突越演越烈，於咸豐6年（1856）爆發大規模「回亂」，回軍首領杜文秀在大理建立「平南國」，與清王朝對峙長達十八年，期間回軍勢力曾經佔領滇省大部分的城市。儘管各地反叛軍之間並不一定有直接聯繫，與政府軍爆發衝突的理由、動員方式也各有不同，卻很難只是將各地叛亂都只當成是獨立事件，至少滇桂黔三省的政府軍不但必須與轄區內的反叛軍戰鬥，也必須在邊境地區協同他省軍隊與反叛軍對抗，各地反叛軍此起彼落的攻城掠地，政府軍隊疲於奔命，州縣層級的地方政府想要維持一地偏安幾乎是不可能，於是在州縣層級地方政府的鼓勵下，地方團練興起，民間自組武力與反叛軍對抗，企圖維持起碼的社會安寧。

　　在這種情況下，地方政府的行政長官與軍事將領和地方社會的仕紳與團首往往存在一種相互依存又相互競爭的關係。孔飛力（Philp A. Kuhn）在《中華帝國晚期的叛亂及其敵人》一書中指出，地方社會軍事化的現象在清中期就已隨處可見，剛開始還頗具成效，到後來猶如飲鴆止渴，不僅未能有

效恢復地方社會秩序，反倒更加弱化清政府對地方社會的控制能力，[13]其中的關鍵在於朝廷命官和將領與地方仕紳和團首之間是發展出良性的同盟關係，還是惡性的共謀關係，孔飛力甚至大膽宣稱越是遠離帝國中心的邊緣地區，越難出現良性的同盟關係，更多是朝廷命官和將領與地方仕紳和團首，各為私利共謀表面和諧。十九世紀以來，清王朝對雲南社會的治理，就面臨如此的困境。滇省地處偏僻族群複雜，地方勢力向來剽悍，朝廷命官不願久留，任期一滿就想離滇另謀高就，任期當中也只是想明哲保身。清中期以後，隨著滇省移民人口陡然劇增，民間大小衝突越來越多，時至清末在祕密社團的介入下，新舊移民與原居住民之間的衝突已經不再只是隨意零星的小衝突，而是為爭奪礦產、土地等資源而引起的有組織的武裝衝突。[14]在「回亂」爆發之前，滇省朝廷命官對衝突多半選擇視而不見，當衝突越演越烈驚動朝廷之時，官員和將領也只能收買地方仕紳共同粉飾太平，或者迎合地方團練與祕密社團等武裝軍事力量維持一時一地偏安。在朝廷官員與地方勢力的共謀下，在咸同「回亂」大爆發之前，滇省的新舊移民與原居住民之間的衝突早已是沈痾多年積重難返。

根據統計，乾隆40年（1775）雲南人口大約只有四百萬，道光30年（1850）已經增加到了一千萬。[15]根據Atwill的說法，經濟利益是十八世紀末誘使漢人移民入滇的主要原因，而漢人移民潮又符合清朝急欲加強雲南地方治理的既定目標。[16]大量的移民入滇不可避免的破壞了滇省自明改土歸流以來

13 〔美〕孔復禮（Philp A. Kuhn）著，謝亮生、楊品泉、謝思煒等譯，《中華帝國晚期的叛亂及其敵人》（台北：時英出版社，2004）。

14 馬健雄，〈邊防三老〉——清末民初段滇緬邊疆上的國家代理人〉，《歷史人類學學刊》，第10卷第1期（2012年4月），頁87-122。

15 James Z. Lee, "Food Supply and Population Growth in Southwest China, 1250-1850," *Journal of Asian Studies*, 41:4 (August 1982), pp. 711-746.

16 清初以來，一方面是雲南礦產資源的開發，以及特殊的地理位置，清朝政府越來越重視

逐漸形成的政治經濟結構，非法掠奪土地、侵占礦產的情況越來越多，新移民與原居住民之間的衝突時有所聞。[17]到了十九世紀初人群間的衝突已經到了臨界點，小爭端逐漸升級到大規模的暴力事件，根據Atwill的統計，從嘉慶元年（1796）到咸豐元年（1851）之間，雲南省內至少有七十起以上的暴力事件是和回漢／夷漢衝突有關。[18]咸豐6年（1856）到同治12年（1873）的「回亂」可說是回漢／夷漢衝突的全面爆發。[19]

　　在咸豐6年（1856）之前，大約有十五年的時間，雲南各地經常出現「反回」的暴力事件，在每次處理的過程當中，多有地方官員偏袒漢民的情況出現，朝廷大員卻對此卻視而不見，這種刻意無所作為的心態不僅反映官員們的僥倖心態，更反映朝廷命官在滇省難有作為的困境。咸豐以來，雲貴總督、雲南巡撫等朝廷大員幾乎是一年一換，至多兩年，這些朝廷大員多半不願在任內出現重大的亂事，儘管深知滇西一帶漢人的祕密社團行徑猖獗，經常惡意挑起族群衝突，對這些祕密社團的惡行惡作卻是百般容忍，總希望能夠借他們的武力維持滇西社會的片面平靜，因此任由地方官員、仕紳與團首對回民百般挑釁，一再縱容的結果是不斷激化當地本來就已經十分緊張的族群關係。[20]儘管沒有證據顯示地方官員直接策動暴力事件，卻有一些證據顯示地方官員可能是以消極的方式間接參與大規模的「反回」行動。比如：道

雲南這個中國與東南亞貿易的樞紐；另一方面，明末永貞皇帝與地方勢力結盟，再到吳三桂擁兵自重，雲南雖然處於邊陲，卻頻頻給帝國帶來極大的威脅。參見David G. Atwill, *The Chinese Sultanate*, pp. 48-59.

17　馬健雄，〈失業礦工與地方軍事化：清中期雲南西部銀礦業衰退與回民的族群動員〉，《民族學界》，第34期（2014年10月），頁67-104。

18　儘管人群間的衝突所涵蓋的人群面向顯然十分複雜，為行文方便本文沿用史冊上的用法以回漢／夷漢衝突稱之，以下不另作說明。

19　David G. Atwill, *The Chinese Sultanate*, p. 50.

20　David G. Atwill, "Blinkered Visions: Islamic Identity, Hui Ethnicity, and the Panthay Rebellion in Southwest China, 1856-1873," *Journal of Asian Studies*, 62:4 (November 2003), p. 1085.

光19年（1839）的緬寧事件，地方上的漢人民團屠殺了一千七百位回民，儘管沒有官軍直接參與的證據，面對這麼嚴重的暴力事件，官府竟然沒有出兵阻止，令人懷疑這場屠殺回民的行動很可能是在官府默許下進行的。[21]六年之後，道光25年（1845）的10月2日一場發生在保山的大規模屠殺更是駭人聽聞，根據林則徐的說法，保山當地的官員老早就知道當地漢人的祕密社團——香把會準備進行「洗城」行動，地方官員不但未加阻止防範，反倒縱容香把會持續三天三夜的屠殺回民，更假借名義鎖上城門，困住城裡的回民，最終導致八千回民遇難。[22]

　　道光25年的保山屠殺可說是回漢衝突的轉捩點。保山屠殺事件之後，當時的雲貴總督賀長齡在回覆朝廷的奏折中，把責任歸咎於當地回民，扯言回民太強悍漢人無法阻止回民的暴力攻擊，才會導致這麼大規模的傷亡。[23]儘管賀的托辭不全然可信，倒也反映出當地漢人對回民的刻板印象。回民當中也有一些對清廷的官場政治頗為熟悉的文人，深知被派遣到地方的朝廷大員的苟且心態，以及地方官員偏袒漢人的情況。在保山大屠殺之後，以杜文秀為首的幾位回民文人不遠千里跋涉到北京告御狀。[24]儘管朝廷對賀長齡的報告始終存疑，卻一直沒有具體事證可入賀於罪，在回民告御狀之後，朝廷想藉此機會整頓雲南官場，避免日益嚴重的回漢衝突演變成失控的局面，於是據此認定賀已不能勝任雲貴總督之職，將賀貶職降補河南布政使。隨後道光皇帝更指派因兩廣禁菸聞名的能臣林則徐轉任雲貴總督，對保山屠殺事件進行調查，林則徐甫上任就提出「只分良莠，不問漢回」的處理原則，大舉掃蕩事件的主謀——香把會，以及相關的地方勢力，逮捕數二百多位參與

21　David G. Atwill, *The Chinese Sultanate*, pp. 67-69.

22　David G. Atwill, "Blinkered Visions," p. 1085.

23　David G. Atwill, "Blinkered Visions," p. 1085.

24　David G. Atwill, "Blinkered Visions," p. 1087.

屠殺滋事的香把會成員，斬首一百三十八位，徹底瓦解香把會的組織。[25]就連前總督賀長齡也被追究全責，於道光27年遭到革職處分。

回民告御狀的舉動顯示回民十分熟悉清朝官僚與法律系統的運作，甚至可能可以說明，當時滇省回民對朝廷還是有一定的信心，才會不遠千里跋涉到北京，迫使朝廷以更強勢的手段介入處理回漢衝突事件。清廷指派能臣林則徐前往處置，顯示清廷處理回漢衝突與整頓雲南吏治的決心。林則徐瓦解香把會等地方勢力與罪諸前總督的具體行動，以及他本人一絲不苟的執行力，本應可以獲得回民的善意回應，卻在安置受迫害回民的問題上，與保山回民有了劇烈衝突，林則徐本人反倒成了壓垮回漢關係的最後一根稻草，徹底摧毀回民對清政府的信任，粉碎回民以為朝廷大員或可不被地方官員與民間勢力左右、為雲南回民主持公道的希望。

事件的起因是在瓦解香把會之後，受害回民要求歸還被佔領的田產與房屋，表達回原地居住的意願，林則徐為免回漢衝突再起，力主分離回民與漢民的居住地，拒絕讓因香把會迫害而流離失所的回民歸回原址，假意朝廷賞賜要保山附近連同在外流離的回民，搬到滇西靠近薩爾溫江的地方。早幾年前，這片土地原是劃給漢人的屯墾地，後來由於此處瘴癘猖獗不適合居住而作罷，現在又要將這一片漢人不願居住的土地劃給回民，頗有歧視回民之意。更糟糕的是，保山是滇西最重要的商業貿易據點，此地回民多半從事商業活動，新地點非交通要道並不適合從事商業活動。回民對林則徐所提的安置方案十分反感，普遍不願意搬遷，被迫搬離保山者寧願另覓地點居住，也不願遷居薩爾溫江旁的谷地，林則徐的回民安置方案加深回民刻板印象，更加認定官府必然是偏袒漢人。[26]道光28年（1848）底林則徐離開雲貴總督職

25　David G. Atwill, *The Chinese Sultanate*, p. 82.

26　David G. Atwill, *The Chinese Sultanate*, pp. 79-80.

前，在寫給道光皇帝的奏章中，完全無視回民的反彈，大膽宣稱他的處置可以為滇省回漢居民帶來至少十年的平靜。[27]諷刺的是，在林離開後不久，就有一個叫做西庄的漢人民團從滇西的臨安、姚州一帶，挺進楚雄與昆明，沿路打劫礦坑，在各地激起更大的衝突，顯示林則徐對回漢衝突的理解完全脫離地方政治經濟現實。[28]儘管西庄民團之亂的受害者有回有漢有夷，回民的反彈最大，各地回民自組武裝勢力全面反擊，很快地漢人就感受到來自回民更加強烈的威脅。

回漢衝突的情況在咸豐6年（1856）完全失控。面對來自各地回民武裝勢力的威脅，昆明城內的漢人仕紳和地方行政官員聯合起來，發動了一場殺雞儆猴的「滅回」行動。咸豐6年5月9日雲南省按察使清盛發了一張「昆明城內回民各殺無論」的告示—有一種說法是「各」字原是「格」字之誤，屠殺行動持續了三天三夜，五座清真寺全被燒毀，據說有三、四千名回民遇害，而實際遇害人數可能是這個數字的兩、三倍以上。幾天之後，雲南巡撫舒興阿又下了一道行政命令，要求八百里內的回民格殺無論，一位從兵部退休的官員甚至還發了數百份要點指示地方民兵屠殺回民的注意事項。[29]暴力事件很快的傳散開來，不只是昆明城外方圓八十里內的澄江、昭通、臨安與曲靖等處，幾乎全省各府州縣都發生了屠殺回民的暴力行動。[30]對回民的憎恨以及以為消滅回民就能提升漢人的經濟地位的想法，像瘟疫一般蔓延開來，仗著官府的勢力，各地漢人民團毫無留情的對回民趕盡殺絕，回民卻也並非毫無抵抗之力，幾乎就是馬上回擊，反擊的力道之大反倒嚇壞了漢民。

遠在千里之外的朝廷，對於咸豐年間雲南回漢衝突的真實情況一無所

27 David G. Atwill, *The Chinese Sultanate*, p. 85.

28 David G. Atwill, *The Chinese Sultanate*, pp. 86-89.

29 David G.Atwill, "Blinkered Visions," pp. 1805-1806.

30 David G. Atwill, "Blinkered Visions," p. 1806.

知，在幾個明顯仇回的官員刻意的隱瞞下，朝廷將衝突的所有責任都賴給「外回」—指非滇省本地的回民，多在捻亂前後由山西、甘肅等地遷入雲南，朝廷咎責「外回」在滇省恣意滋事挑起禍端，進而要求地方官員應主動尋求地方民團的幫助，合力殲滅不好的回民，完全無視滇省民團在地方上的惡行惡狀。[31]當時的總督恆春，一方面害怕刺激回民，一方面僅有的軍隊又不足以對抗當地漢人武裝勢力，只是按兵不動。總督恆春的無所作為卻引來朝廷的責難，不得以只好出兵。[32]一如所料，政府軍發動攻擊後，當時已經佔領宜良澄江的徐元吉登高一呼，在昆明附近的回民武裝勢力迅速集結到徐麾下，此時根據地在館驛（於臨安和昆明之間）的馬如龍，也在多次進攻臨安城未果之後，北上與徐元吉的回軍會合，昆明城外的大片地區全被回軍佔領。[33]咸豐7年（1857），趁著提督文詳帶兵西征進剿大理的杜文秀之時，馬如龍和徐元吉進逼昆明，雖未能破城而入，馬徐兩人縱容回軍在滇池一帶大肆屠殺居民，死傷無數。總督恆春目睹此一慘絕人寰的景象，對朝廷的迂腐徹底失望，受不了良心的譴責，與他的夫人在回軍破城當天上吊自殺。[34]恆春的死當然不可能獲得朝廷的諒解，朝廷只當他是敗將畏罪自殺，更加認定是朝廷指派的行政官員無所作為，才會導致回軍日益壯大的刻板印象。

　　儘管徐馬兩人麾下的回軍最終並未能成功佔領昆明城，攻城失敗後回軍將領退回各自原來的根據地，在滇東、滇南各處攻城掠地。滇西的杜文秀在咸豐6年（1856）麾軍佔領大理之後，快速串聯滇西回軍建立了平南國。咸豐7年（1857）文詳所率領的迤西軍遠征大理杜文秀，杜被逼出大理退守賓川、劍川。在雲南回民宗教領袖馬德新居中斡旋下，馬如龍與徐元吉的軍隊

31　David G. Atwill, *The Chinese Sultanate*, p. 95.

32　David G. Atwill, *The Chinese Sultanate*, p. 96.

33　David G. Atwill, *The Chinese Sultanate*, p. 107, 116.

34　David G. Atwill, *The Chinese Sultanate*, p. 105.

二度集結再次出兵進逼昆明，迫使文詳的迤西軍不得不回防昆明，杜文秀趁機又回大理。[35]杜回大理後，原本有意拉攏馬如龍授與官階，馬如龍拒絕，假言爲平南國統治雲南鋪路，要求滇西與滇南回軍分治和合，馬等據守滇南伺機攻佔昆明，杜等據守大理穩定滇西局勢。咸豐8年（1858）馬如龍自封大元帥，充分利用他在滇南的優勢，多次攻擊府縣城市，佔領三十五個城市，成功地將滇南一帶的回民民團整合起來。[36]文詳西征失敗後，滇省大多地區都有回軍出沒，馬如龍與杜文秀分爲滇南與滇西回軍最高統帥，政府軍無法處理這麼大面積的暴動，終究只能勉強守住東邊和南邊的交通樞紐，盡力維持昆明與內地的聯繫。

　　繼任恆春的總督吳振棫企圖終止昆明城內外的回漢對立，根據他在咸豐7年（1857）底與8年（1858）春所呈的奏折來看，吳振棫似乎已經成功說服漢人民團和回軍停止攻擊，並且說服回軍領袖馬德新接受清廷的四品官職。[37]意外的是，咸豐8年12月吳振棫突然病逝，[38]吳的繼任者是原本要接雲南巡撫卻假病拖延上任的張亮基，張亮基當上總督之後，所空出的巡撫由滇人徐之銘接任，兩人就任之後推翻吳振棫對馬德新的承諾，主張以更激烈的軍事行動平定回軍。[39]張亮基認爲吳振棫企圖招降回民領袖的策略是不可行的，因爲回民狡詐逐利不可能依約行事。咸豐9年（1859）1月才剛繼任總督的張亮基向朝廷奏報，根據地在曲靖的馬聯生與根據地在館驛的馬如龍聯軍已經佔領安寧進逼昆明，9年春張又奏報通海、昆陽、安寧、祿丰與廣通都

35　David G. Atwill, *The Chinese Sultanate*, p. 116.

36　David G. Atwill, *The Chinese Sultanate*, p. 108.

37　David G. Atwill, *The Chinese Sultanate*, p. 107-108.

38　David G. Atwill, *The Chinese Sultanate*, p. 117.

39　David G. Atwill, *The Chinese Sultanate*, p. 117.

被回軍佔領，[40]再度加深清廷對於招降回軍策略的疑慮。

　　咸豐10年（1860）是總督張亮基從一開始的信心勃勃，到對回軍完全束手無策的一年。咸豐9年（1859）底總督張亮基和巡撫徐之銘開始策動漢人民團攻擊昆明附近的回軍，另一方面又派遣朱克昌於次年二月率軍攻打滇西回軍。初期朱克昌的進展十分成功，迫使杜文秀向馬德新求援，結果反倒促成滇南與滇西回軍的兩大勢力共同作戰，9月朱克昌遭回軍前後夾擊命喪戰場，[41]成功救援杜文秀之後，馬如龍趁機率領滇南回軍從西路進攻昆明，咸豐10年底再度進逼昆明城下，總督張亮基急到吐血，改由徐之銘代理。[42]徐之銘和回軍重啟談判，結果卻是充滿爭議。

　　在咸豐11年（1861）1月的奏折中，徐之銘提到回軍首領馬德新、馬如龍和徐元吉等人已經投降，3月徐之銘又上奏折聲稱徐元吉已經戰死，馬如龍被捕後燒死。[43]總督張亮基獲知徐之銘的奏折內容後非常生氣，隨即上了另一奏折，指控徐之銘和林自清意圖不軌，在奏折中欺騙皇上，並指出馬如龍並未被捕等等。[44]朝廷儘管不全然同意張亮基的指控，卻也意識到與回軍議和一事內情並不單純，必須重新調查，卻一直找不到適當人選。自咸豐11年（1861）春到12年期間，朝廷曾任命兩位雲貴總督，他們都拒絕入滇，一直到咸豐12年等才勉強有潘鐸願為雲貴總督入滇調查徐之銘與馬如龍議和的情況。[45]

40　David G. Atwill, *The Chinese Sultanate*, p. 109.

41　David G. Atwill, *The Chinese Sultanate*, pp. 117-118.

42　David G. Atwill, *The Chinese Sultanate*, p. 121.

43　David G. Atwill, *The Chinese Sultanate*, p. 122.

44　David G. Atwill, *The Chinese Sultanate*, p. 122.

45　David G. Atwill, *The Chinese Sultanate*, p. 123.

圖1 岑毓英嶄露頭角（1857-1861）

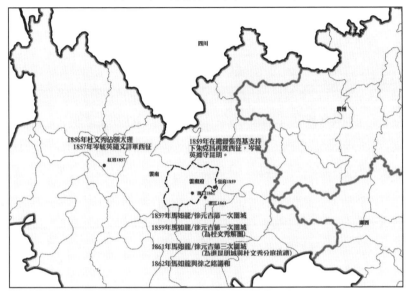

研究「回亂」的歷史學家普遍同意，咸豐10年（1860）馬如龍和徐元吉攻進楚雄城內，成功救援杜文秀之後，在反叛軍中的聲望如日中天、氣勢如虹，卻在次年與徐之銘議和投降，顯然不合情理。最可能的理由是馬如龍和徐元吉與徐之銘議和，假意投降清軍願為朝廷效力，其實只是想藉此光明正大的佔領昆明城，與占領大理城的杜文秀分庭抗禮。[46]咸豐10年（1861）底徐之銘與馬如龍、徐元吉第一次議和之時，雙方的確各懷鬼胎。馬如龍和徐元吉意圖不費一兵一卒進駐昆明城；徐之銘則假意授與馬德新二品官職、馬如龍與徐元吉知府官職，目的卻是為了誘殺馬如龍和徐元吉，馬雖逃過一劫，徐卻因此喪生。[47]破局之後，馬如龍退出昆明城，重新占領楚雄、澄江，等

46　David G. Atwill, 2006, *The Chinese Sultanate*, pp. 124-125, 130.

47　David G. Atwill, *The Chinese Sultanate*, p. 124.

待再次進攻昆明城的機會。儘管第一次議和的結果,馬如龍等人吃了大虧,馬如龍卻沒有放棄假借招降名義進入昆明城的可能性;徐之銘為雲南本地人,深知馬如龍與杜文秀兩人的瑜亮情節,欲借招降馬挫回軍士氣,以回治回借馬之力攻打杜。因此,即使朝廷對於徐馬雙方第一次議和的結果深表懷疑,甚至警告徐之銘可能會因此獲罪,徐之銘馬如龍雙方卻未因此完全放棄議和的可能性。咸豐11年初,岑毓英的介入不僅說服馬如龍與徐之銘等再次合演一場招降的戲碼,自此改變了滇南回軍與政府軍的對戰形勢,促成此次議和也讓岑毓英得以累積龐大的政治資本,尤其岑毓英和回軍將領馬如龍又是競爭、又是合作,既是英雄相惜、又是同病相憐的關係,更是岑毓英在雲南官場與地方治理上影響力日益強大的主要原因。事實上,在促成議和之前,岑毓英只是個能打仗的迤西軍將領而已。

三、岑毓英的權力之路 (1856-1866) [48]

　　岑毓英是在咸豐6年(1856)加入政府軍,當時他從廣西西林的候補縣丞淪落到羅平組織護礦團,若非護礦有功,被迤西總兵福升收編到清軍的隊伍,岑可能也就只是一方民團的霸主。[49]加入迤西軍之後,岑毓英很快的就在在福升軍中展露頭角,第二年(1857)就受到重用,在文詳帶兵攻打滇西回軍之時,隨軍西征一舉攻下趙州紅岩,受賞藍翎。[50]

　　嚴格來說,岑毓英與馬如龍是戰場上的宿敵,兩人自咸豐9年首度交

48 「權力之路」(The Road to Power)原是 Atwill 為馬如龍從一名平凡的地方回軍首領,到成為滇南回軍領袖的歷程所下的副標題,在此用 Atwill 的詞來形容岑毓英,意圖突顯岑毓英與馬如龍兩人的晉升之路,在清官僚制度與雲南地方社會之間,彼此交錯。參見David G. Atwill, *The Chinese Sultanate*, p. 116.

49 文耀海、夏云華、陸輝,〈雲貴總督岑毓英弟兄與廣南〉,頁14;〔清〕趙藩編,《岑襄勤公(毓英)年譜》,頁14-15。

50 〔清〕趙藩編,《岑襄勤公(毓英)年譜》,頁18-19。

戰，一直到咸豐11年馬如龍受降，纏鬥數年交戰多次。咸豐9年總督張亮基在昆明附近策動反擊，岑毓英因前此在迤西軍的優異表現受到徐之銘的賞識，被委予重任與馬如龍的回軍數次交戰，在兩位弟弟毓寶與毓祥的協助下，年底岑毓英大破宜良湯池與取回宜良縣城，即獲同「知縣」留雲南補用。[51] 咸豐10年（1860），朱克昌帥軍西征期間，岑毓英續在滇南用兵，先是攻佔路南州城，獲同「知直隸州」補用，隨後趁勝追擊進攻澄江，然好景不長。當時澄江已被回軍佔領，起初澄江當地的團首何有保和何自清父子意圖與岑裡應外合，一舉攻破澄江城，料想不到滇南滇西回軍重整之後士氣高昂，岑毓英與何有保父子裡應外合仍舊不敵馬軍。岑毓英大敗逃回宜良，回軍再進逼宜良，岑毓英又敗宜良失守，岑本人也被回軍俘虜。

　　咸豐10年總督張亮基的主戰計畫最後以失敗收場，主帥朱克昌戰死沙場，馬如龍兵臨昆明城下，張亮基吐血退職，年底徐之銘臨危受命與馬如龍議和，馬如龍趁機揮軍進入昆明城，在這般樹倒猢猻散的景況下，殊不知岑毓英被俘，竟然會是他為官生涯的轉捩點。

　　宜良敗戰之後，岑毓英被押解到昆明的萬壽宮見馬如龍，同為沙場老將的馬如龍對岑毓英卻是相當友善，有一種說法是岑毓英頭戴白帽以回民的裝扮去見馬如龍，馬因此對岑卸下敵意，加以岑毓英的非漢身分，可能讓馬對岑有所想像，岑似乎也趁機表達他自己並非對朝廷並非一片忠誠，被俘後有數個月的時間，岑毓英在回營飲食與住宿，和馬如龍建立密切關係。[52] 咸豐11年初徐元吉被殺以後，徐之銘和馬如龍的議和幾乎破局，徐之銘內有總督張亮基對議和一事百般責難，外有馬如龍在昆明城外布下重兵，進退兩難。此時身在回營被俘的岑毓英顯然深知徐之銘的苦處與馬如龍的野心，趁

51　〔清〕趙藩編，《岑襄勤公（毓英）年譜》，頁21-23。

52　趙至敏，〈岑毓英與雲南回民起義〉，頁38-39。

此機會居中斡旋，說服馬如龍假意授命爲臨安知府進入昆明城，岑毓英此舉替徐之銘解除了最大危機，讓徐之銘得以逃過朝廷責難，徐之銘感念其出手相救，薦請朝廷授予岑毓英「按察使」官銜。[53]有關岑毓英如何斡旋的材料很少，只知岑被俘的經歷，以及和馬如龍的密切關係，應是重要關鍵。[54]

　　儘管岑毓英只是議和一事當中的配角，兩位主角徐之銘與馬如龍原本都想借彼之力來謀己事累積政治資本，卻因忠誠度被質疑而損及其個人聲望，影響各自後來的發展，岑毓英這個中間人則反倒能在多方角力當中游刃有餘，成爲議和事件最終的獲益者。

圖2　岑毓英與馬如龍共同作戰（1863-1864）

　　徐之銘本人並沒有因議和一事而平步青雲，雖然不至於丟官，卻因此被朝廷懷疑其動機。事實上，有了吳振棫與回軍議和失敗的案例，朝廷對於徐之銘與馬如龍議和一事本來就抱持著懷疑的態度，只是天高皇帝遠，對這兩位莫可奈何，只能一方面破格同意徐之銘擅自對馬如龍等人所承諾的談和條件，在獎勵徐之銘的同時，又懲罰其擅權，功過相抵；另一方面朝廷密諭先後任總督張亮基與潘鐸兩人對議和一事提出調查報告。[55]調查結果讓朝廷頗為意外，在同治2年（1863）初上呈朝廷的奏折中，新任總督潘鐸大大讚揚了馬如龍與徐之銘，聲稱他們兩人把昆明成治理的井然有序。[56]然而，潘鐸的奏折反映了朝廷大員在雲南的弱勢處境。自馬如龍「投降」帶回軍進駐昆明之後，昆明基本上就已經落入回軍的掌控之中，徐之銘雖貴為雲南巡撫卻無實權，只是馬如龍用來應付朝廷的傀儡，在昆明城中的馬如龍早就公開用起馬德新賜封給他的官銜和封印，屏棄朝廷給的知府官銜。[57]朝廷自知贏了面子失了裡子，但為了確保昆明一地偏安，表面上不追究徐之銘將昆明城拱手讓給回軍的過失，卻也對徐之銘的平回策略失去信心，徐隔年就被朝廷革職，同治3年（1864）過世。[58]徐之銘死後，昆明城裡再無朝官，同治4年（1865）12月一位視察昆明的欽差大臣在奏折中，就警告朝廷提督馬如龍實際上是昆明城裡唯一的官。[59]

　　議和一事的另一位主角馬如龍，雖然成功地的掌控昆明城，在回軍當中得以與滇西杜文秀分庭抗禮，卻也因其朝官的角色而此陷入「叛軍」與「官

55　David G. Atwill, *The Chinese Sultanate*, p. 125.

56　David G. Atwill, *The Chinese Sultanate*, p. 126.

57　David G. Atwill, *The Chinese Sultanate*, p. 125.

58　David G. Atwill, *The Chinese Sultanate*, p. 170.

59　David G. Atwill, *The Chinese Sultanate*, p. 169.

軍」的身分衝突，種下眾叛親離的禍根。[60]同治元年（1862）底，馬如龍的世仇臨安知府不滿手下敗將馬如龍掌握雲南省的行政資源，拒絕向省府繳納稅收，次年3月已非昔日阿蒙的馬如龍率兵親征臨安。出乎意料的是，馬如龍離開昆明城後不久，他手下的將領馬榮就從武定出兵進攻昆明城，狙擊總督潘鐸，更與據守曲靖八蜀的馬聯升密謀造反，私下向在大理的杜文秀輸誠，表達願為杜和平南國效命的決心。[61]在城內的岑毓英一方面推回民首領馬德新為「雲貴督事」以安撫回民，停止回漢相殺；另一方面又私下派人到宜良與路南找團練、到臨安找馬如龍等前來救援。馬如龍隨即揮軍北上，與岑內外夾攻驅逐了馬榮安定省城。[62]同治2年（1863）春馬榮和馬聯升敗走尋甸，馬德新被軟禁在昆明城內，馬如龍對於舊部逆反與杜文秀密謀一事非常生氣，自此與杜文秀的衝突表面化，眾叛親離的馬如龍在回軍中的聲望一落千丈，挾雜著私人仇恨馬如龍轉而與岑毓英合作，全力幫助清廷進剿杜文秀的回軍，追剿背叛他的回軍，甚至對自己的舊部也毫不留情。[63]

　　儘管朝廷對於馬如龍的忠誠度仍有疑慮，潘鐸殉職後繼任總督勞崇光卻完全不去探究馬如龍的忠誠度，也不去猜測他的動機，對於平亂一事，完全授權於馬如龍主導，充分發揮「以回制回」的精神。[64]事實證明，勞崇光的判斷是對的。馬如龍與岑毓英於同治2年（1863）共同擊退馬榮和馬聯升之後，兩人併肩作戰，進一步西征，只花了幾個月的時間就直搗滇西平南國的

60　David G. Atwill, *The Chinese Sultanate*, p. 128.

61　David G. Atwill, *The Chinese Sultanate*, p. 127.

62　趙至敏，〈岑毓英與雲南回民起義〉，頁39；David G. Atwill, *The Chinese Sultanate*, p. 129.

63　David G. Atwill, *The Chinese Sultanate*, p. 130.

64　同治2年（1863）貴州巡撫勞崇光轉任雲貴總督，勞崇光在貴州巡撫的任內，貴州亂事方興未艾，他的一貫態度是既不偏袒漢也不偏袒非漢或回，和以前的幾任總督最大的差別在於，勞崇光始終認為雲南的回漢衝突回漢雙方都有責任，他認識認為平「回亂」最大的阻礙不是回民而是漢人民團和士紳，此一任命顯示朝廷對雲南「回亂」的處置終於開始採用務實的策略。參見David G. Atwill, *The Chinese Sultanate*, pp. 131-136.

大本營，儘管最後因退守曲靖的馬聯升回軍又亂，岑毓英回防省城，沒能一
舉殲滅杜文秀的回軍，同治3年（1863）在馬如龍和岑毓英合作攻破滇東的
回軍據點曲靖八署，在尋甸斬了馬榮和馬聯升，屠殺回軍無數。[65]自此，朝
廷完全就只能倚賴馬如龍和岑毓英勉強維持清廷在雲南的統治，儘管四川總
督多次上奏折指控馬和岑兩人圖謀不軌，朝廷也只能睜隻眼閉隻眼。[66]

圖3　岑毓英與馬如龍分道揚鑣（1866-1867）

　　追剿回軍對馬如龍而言並不是個明智的決定，縱然馬如龍還握有兵權，
統領昆明城內的回漢軍隊，且控制整個昆明城，馬如龍的統御卻每況愈下，
朝廷對其仍有戒心，回軍對其存有二心，昆明城內的馬如龍實則進退兩難。
反觀岑毓英於同治2年與馬如龍協同作戰之後，獲得雲貴總督勞崇光的賞

65　趙至敏，〈岑毓英與雲南回民起義〉，頁38-39。
66　David G. Atwill, *The Chinese Sultanate*, p. 137。

識，在勞的推薦下，岑毓英獲朝廷賜「布政使」的頭銜，有賞給「勇巴圖魯」名號。[67]岑毓英也十分懂得如何善用勞崇光的信任，在西征失敗後，同治4年（1865）岑毓英奏請勞崇光，總結他個人入滇十年平「回亂」的心得，直陳西征之所以屢屢失敗，是西征之時沒有穩定的後盾，現在滇東回軍已經肅清，當務之急就是要在滇東建立穩定的軍事基地，以確保雲南與內地的交通運輸不受叛軍影響。岑毓英向勞崇光自薦前往曲靖建立軍事基地，透過「修繕城池、簡練兵馬、勸農興學、減稅恤商」等方式，讓曲靖一地的人民可以按自己的想法經營事業。[68]曲靖根據地是岑毓英在雲南建立個人軍事基地的重要關鍵，岑本人也通過治理曲靖而迅速累積政治資本。

事實上，建立曲靖根據地只是岑毓英與馬如龍等劃清界限的第一步。同治5年（1866）岑毓英更進一步與馬如龍等分道揚鑣。趁著總督勞崇光入滇之時，岑毓英主動建議總督應該坐鎮省城，並獻策平定滇省之亂應先東後西，自請帶兵平定東部苗亂。勞崇光亦覺頗有道理，隨即任命岑毓英東剿在滇黔北部交界豬拱箐一帶叛亂的陶新春叛軍，西路回軍則交由馬如龍一人獨自專辦。[69]隨後，岑毓英更積極爭取在豬拱箐用兵的主導權，上疏勞崇光分析豬拱箐軍情，總結豬拱箐之所以屢克不復，乃因「軍權不一」故「軍不用命」，岑毓英自行請命表示「願率滇軍獨任此役，限百二十〔日〕搗其巢。」同治5年3月岑毓英攻克鎮雄，在勞崇光的保薦下，同治6年（1867）正月，岑毓英被升為「雲南布政使」（這才是個實缺）。儘管雲貴總督勞崇光與四川總督駱秉章都上呈奏折力薦由岑毓英專責，朝廷對岑仍有疑慮，要求新任貴州巡撫劉嶽昭共同會剿豬拱箐，劉嶽昭辭會剿之命，2月岑毓英帶五千餘兵

67 趙至敏，〈岑毓英與雲南回民起義〉，頁40。
68 趙至敏，〈岑毓英與雲南回民起義〉，頁40。
69 〔清〕岑毓英著，黃振南、白耀天標點，《岑毓英集》（南寧：廣西民族出版社，2005），頁3。

平定了貴州的豬拱箐與海馬姑等地的各民族起義，「斬首二萬，拔出男婦四萬餘人。」[70]

岑毓英進軍豬拱箐一路告捷，馬如龍卻征西失利。杜文秀在攻陷昆明以西二十多個城後，趁勝進擊昆明城，兵分四路包圍省城與清軍進行爭奪戰，兩軍對峙一年七個月。同治6年（1867）3月總督勞崇光突然病逝，勞過世之後，對馬如龍忠誠度的質疑又再度浮上檯面，昆明城內軍心潰散，馬如龍情勢岌岌可危。協辦省城防務的岑毓寶向大哥岑毓英求援，岑毓英先派小弟岑毓琦去省城救援，再由大弟岑毓祥留守曲靖，最後自己親率大軍回師昆明，才化解省城的危機。[71]同治7年（1868）岑毓英平豬拱箐苗有功被授予「雲南巡撫」，西征連番失利的馬如龍卻已是強弩之末。救援省城擊潰東征的回軍之後，同治8年（1869），岑毓英藉嵩明、武定楊榮叛亂之際，假平亂之名，揮軍進入昆明城，一舉肅清馬如龍的殘餘勢力。[72]

岑毓英進駐昆明城後，隨即擬定西征計畫。趁著回軍力量被削弱之際發動西征，兵分北、中、南三路，「一路由迤南進攻，牽制威遠、緬寧、雲龍與蒙化等義軍；一路由三姚、永北進攻，截斷鶴慶、麗江、鄧川、浪穹等地的義軍；一路由楚雄、鎮南進攻，直逼大理。」[73]以中間軍為主力，兩翼為輔進行合擊，回軍節節潰敗，到了同治10年（1871），清軍已經直逼大理。同治11年（1872）迤東與迤西全被清軍佔領，當年11月初，大理已經被清軍層層圍住，並以地雷轟破城牆攻進城內，杜文秀（服毒）殉難於下黨村。[74]隔年，岑毓英與楊玉科在大理策動殘酷的殺回行動，屠殺回民數萬，徹底消滅

70　〔清〕岑毓英著，黃振南、白耀天標點，《岑毓英集》，頁4。

71　文耀海、夏云華、陸輝，〈雲貴總督岑毓英弟兄與廣南〉，頁14。

72　趙至敏，〈岑毓英與雲南回民起義〉，頁40。

73　趙至敏，〈岑毓英與雲南回民起義〉，頁41。

74　趙至敏，〈岑毓英與雲南回民起義〉，頁42。

回軍勢力。同治12年（1873），岑毓英因平定「杜文秀之亂」有功授封「太子少保」官銜。[75]

　　岑毓英以一介落難書生、外省移民，只用了十年的時間，就官拜雲南巡撫，除了他個人出色地統馭能力以外，和馬如龍的「雙人舞步」至為關鍵。從交戰雙方、被俘相識、併肩作戰、分道揚鑣，乃至岑趁馬之危取而代之，最後反目成仇，岑挾其政府軍的優勢對馬趕盡殺絕。從謀略的角度來看，岑毓英的權力之路是踩在馬如龍的肩膀上前進的，只是岑毓英最後並沒有因為他與馬如龍和回軍的深厚情誼，轉而尋求回漢「雙贏」的解決方案，反倒以更殘酷的手段屠殺回民。咸同「回亂」之後，雲南回民社群幾乎全被瓦解，回漢關係重新洗牌，岑毓英與地方民團和士紳的關係進入前所未有的蜜月時期，岑在雲南所推動的治理，在某種程度上決定了十九世紀末與二十世紀初雲南社會的政經結構。

四、岑毓英與清末雲南的治理（1868-1875）

　　自同治7年（1868）真除雲南巡撫至同治14年（1875）母喪丁憂去官，岑毓英治理雲南凡七年之久，是嘉慶以來任期最久的雲南巡撫。岑毓英在雲南的治理主要有建軍、礦務與興學三個方面。以下分述之。

（一）建軍

　　岑毓英升任巡撫之後，在毫無外省軍力支援的情況下，只花了不到四年的時間，就平定了紛擾十多年之久的「回亂」，扭轉了自咸豐以來，朝廷地方官在雲南的劣勢。此一軍事行動的基礎，乃是岑毓英於同治7年（1868）

75　趙至敏，〈岑毓英與雲南回民起義〉，頁42。

爲「徵兵籌餉」所提出的章程八條（全文節錄如下）。[76]

　　在此章程中，岑毓英首先陳述他的戰略，他認爲平「回亂」必須兵分三路，一路由南邊牽制威遠、緬寧、雲龍、蒙化等地的回軍，一路由三姚、永北進擊大理以切斷鶴慶一帶的援軍，大軍則由楚雄、鎮南輝君西進直搗大理。根據此一戰略，岑毓英接著提出「選定兵勇數目，以備戰守也」的具體需求，他認爲「三路進兵，須選兵勇六萬。」接著，岑毓英分析滇省兵勇的現狀，表示目前滇省所能調集的兵勇、鄉團已有八萬多人，兵源充足無需外募，當要之務應是「易勇爲兵」。岑毓英解釋，滇省現有綠營、額設馬、步兵三萬七千多人，但是「承平日久，訓練多疏，將不知兵，兵不知戰」，有事只能募集兵勇爲官兵作戰，官兵既然不能作戰，就應當讓這些兵卸甲歸田另募新兵。從現有兵勇、鄉團八萬多人中精選六萬人，其中三萬五、六千名用來補足營兵，其餘二萬四、五千名在「回亂」平定後，即可裁撤歸農。岑毓英進一步解釋此一徵兵計畫的財政規劃，除三萬五、六千名官兵的糧餉照舊外，還可將地方籌捐用來支援鄉勇的餉銀，改由官府向地方招募，不僅不會增加國家財政負擔，還可避免「劣衿團首任意苛斂」的弊端，亂事平定之後，地方所捐贈的餉銀如果還有剩下，就用來增設學堂，朝廷還可以「增加學額」的方式來鼓勵地方捐餉。除了軍費支出以外，岑毓英也提到米糧需求，在常年紛擾之下，米糧欠收所抽厘穀不及所需的十分之一二，因此建議廢除厘金改以米糧代替，如果不夠，再籌價採買，一直到軍務結束爲止。

　　在陳述完滇省可以自行完成的建制之後，岑毓英才開始向朝廷要資源，主要有三：第一，朝廷從來沒有給足過辦理軍務所需兵餉，岑毓英認爲如果能夠恢復徵收鹽、礦、茶等厘金，應該可以解決一半的軍需，再由外省資助一半就大抵足夠；第二，岑毓英請求原本由浙江省提撥的餉銀改由鄉

76　趙至敏，〈岑毓英與雲南回民起義〉，頁41。

省（川、楚）等省來提撥，理由是鄰省和滇省脣齒相依，為顧全大局必然不會拖延；第三，岑毓英要求朝廷授權任命新總兵六員和副將六員，理由是承平太久，以前的武將只熟悉營務不會帶兵，不能上前線打仗對平亂的幫助有限，倒不如再任用一批懂得用兵的將領，讓辦領營務的專心辦理營務，懂得用兵的將領負責帶兵。[77]

　　岑毓英的章程八條頗具說服力，朝廷也同意施行。值得注意的是，表面上看起來就是為平亂設計的徵兵籌餉規劃，實際上的影響卻不只是增加官兵戰力而已，反而是更進一步的削弱朝廷對滇省官兵的掌握。首先，「易勇為兵」用地方兵勇團練取代官兵，等於是將地方團練勢力引進官方軍事體系；「選任鎮將」將賦予岑毓英更大的人事空間，藉以收買滇省團練，作為一個軍事勢力強大的朝廷官員，岑將更有機會成為滇省各地團練的共主；恢復徵收鹽、礦、茶等厘金，意味著岑毓英將有機會介入鹽與礦的開採和茶的貿易；以增加學額的方式鼓勵地方捐贈餉銀，可說是一種「收買」地方士紳的方式；最後，由鄰省提撥餉銀必然能夠增加滇省實際從外省獲得的資助。

　　對清末積弱不振的朝廷而言，採納岑毓英的章程八條猶如飲鴆止渴，卻又是不得不的權宜之計。在曾國藩以湘軍成功對戰太平天國之後，類似的地方軍事重整行動在清末各處可見，其結果是地方軍事武力得到進一步的組織化，近的影響是培植了像岑毓英這類雄踞一方的軍事頭人，遠的影響是種下地方軍閥割據的禍根。做為一個在滇官場闖蕩的外省移民，岑毓英在缺乏在地關係與資源的情況下，也只能依附朝廷來鞏固自己的在地聲望，朝廷與岑毓英實際上是休戚與共，在朝廷充分授權下，岑毓英以官方資源攏絡地方社會裡的士紳與團練首領，不只是岑毓英本人在雲南社會的影響力更加穩固，朝廷對滇的治理也因此獲得短暫的喘息。從另一的角度來看，面對高度組織

77 〔清〕岑毓英，黃振南、白耀天標點，《岑毓英集》，頁4-6。

化的地方勢力，不只岑毓英本人必須屈就於地方勢力回應其無止盡的需求，朝廷也只能睜隻眼閉隻眼，任其與取予求鯨吞蟬食官方資源，卻難有反擊之力。[78]

（二）礦務

自太平天國起義以來，軍需大增，清政府財政吃緊，通貨膨脹導致各種銅鐵貨幣嚴重貶值，同治後期許多貨幣都已經無法流通，俟各地軍務大致抵定，整理財政勢在必行。為此清政府急需找到原料鼓鑄製錢，遂要求滇省恢復籌辦京銅。自乾隆中期以降，滇省礦業勃發，承平之時滇省有銅礦廠三十八處，全盛時期年產六百萬斤，每年辦運京銅三百六十萬斤。道光年間礦場老化，產量尚有七成。咸同「回亂」重挫雲南礦業，銅務停辦，「爐戶逃亡、砂丁星散，各廠硐、礦路或被荒土填塞，或被積水淹沒」，各廠荒廢已久。滇省地方官奉旨籌辦礦務，可說是百廢待舉的一件苦差事。過去，滇省銅礦皆屬官辦，以國帑為工本，選任賢能之事督辦礦務，各地爐戶請領工錢，負責採買、招工。然而，在清政府財政吃緊的情況下，根本無力預先支付銅本。為了應付朝廷要求滇省籌辦京銅的旨意，同治4年（1865），當時的雲南巡撫林鴻年（林雖貴為巡撫，但懼馬如龍軍威，逗留臨安不敢入昆明城，同治5年被以「畏寇逗留」治罪革職）遂倡議以「招商墊辦」的方式，重整雲南礦業。次年，總督勞崇光將招商墊辦推廣到平彝、宣威兩州。所謂招商墊辦，意即招集商人自籌資本辦礦山，產品按市價賣給官府或市場，官府

---

78 根據趙至敏的說法，岑毓英用忠義與利祿來激勵雲南各地的地主豪紳與團練的頭子，授與他們生殺大權，攻打回軍，許多回軍佔領的城池是由地主團練所攻佔的，岑毓英委屈遷就以籠絡這些人，讓他們願意幫忙出謀略與策劃。趙舉的例子是岑毓英先後四次請江川團練首領張中孚來幫忙。參見羅舍，《雲南回民起義史料》，頁411、415、429，轉引自趙至敏，〈岑毓英與雲南回民起義〉，頁43。

徵稅。然而，這只是權宜之計，以滇省當時的情況，根本無法開辦礦業。[79]

　　同治7年（1868）岑毓英眞除雲南巡撫，當此之時巡撫林鴻年早被革職，總督勞崇光又在任內病逝，才剛上任沒多久，岑毓英就奏請朝廷表達籌措京銅一時無法辦理之難處，要求給予四年的緩衝期。岑毓英表示：「積久廢弛之後，驟議開採，所有提辦礦尖，雇募砂丁，購備柴炭，撘灶拉水，以及運腳等項，較前增至數倍，需費甚巨，商民萬難墊辦，應請咨部撥款先行解滇，招接熟悉廠地，誠實可靠之爐戶，發本招丁，設法採辦，並廣覓子廠以資腋集。刻下尋甸州未克，一面在於鄰境另覓炭山，酌加腳費，期無停礦待炭之虞。但廠務初理，事同創始，應請予限四年，盡辦盡運。俟四年限滿，能否照舊額辦供，再行妥議等情詳報前來，臣復批司委員會同確查，再行核辦。」[80]

　　表面上看起來，岑毓英反對「招商墊辦」，主張恢復舊制，由政府來辦礦務。這一切似乎都很合理，籌辦京銅所費不茲，加以軍興四起，民間很難找到有意願的商人投資。然而，岑毓英乃護礦起家，對於地方勢力爭奪銅礦的實際情況頗爲了解，他不可能不知道銅在市場上奇貨可居，利益龐大。若是交給官辦，地方商賈願意投入的資金就少，再加上當時政府財務吃緊，連最基本的軍需餉銀都無力支付，根本不可能另撥銅本開辦銅廠。除此之外，最爲可疑的是同治11年（1872）候補知府徐承勛越級向中央呈遞《採辦滇銅藉貲軍餉》書，徐倡議恢復舊制「放本收銅」的三大好處：一、開辦銅廠可安置砂丁，瓦解回軍；二、開辦銅廠可刺激貿易與農業發展，以利捐厘；三、開辦銅廠可恢復鼓鑄，以通錢法。[81]同年8月，總督劉嶽昭與巡撫岑毓英

79　〔清〕岑毓英著，黃振南、白耀天標點，《岑毓英集》，頁25。

80　〔清〕岑毓英著，黃振南、白耀天標點，《岑毓英集》，頁26。

81　陳理，〈官督商辦與雲南近代新式礦業的產生〉，《中央民族大學學報》，2005年第1期（2005年1月），頁67。

奉旨於三月內議復辦銅章程。[82]若岑毓英等眞心支持「放本收銅」舊制，徐承勛又爲何越級上奏呢？

同治11年11月，岑毓英議復具奏，先是直陳「招商墊辦」的流弊，表示「從前請國帑爲工本，繩以官法，尚慮紛爭滋事。若既非官本，即難繩以官法，其自爲計也，本出無聊，又非恆業，何所顧惜，有礦即爭，無礦即散。市招商市辦廠，不爲無益銅政且恐別滋事端」，藉此表達其對恢復舊制「放本收銅」的支持。話鋒一轉，岑就開始算帳，表示：「惟銅本一項，戶部所議是否即在協滇餉銀內勻用，抑另籌接濟之處，統俟該督撫將辦銅章程奏到，由部酌核奏明辦理等語，伏查各省協滇餉銀，截至同治7年止，歷年已撥未解下八百餘萬兩。又自同治8年奏奉諭旨，連常年兵餉每月撥銀十二萬一千六百餘兩，迄今四年，所得不及三分之一，各省欠解協滇餉銀又不下四百餘萬兩，以至各路軍需萬分掣肘。現在軍務正當得手，需餉尤殷，指日全省肅清，辦理善後各式需費亦巨，此項銅本若由各省協滇欠餉內提用，仍恐有名無實，貽誤匪輕，必須另籌有著之款，劃定撥發，詳請奏明，請旨敕部查照舊章，于前三年預撥銅本。」[83]同治12年朝廷敕令四川、湖北、湖南、江蘇、江西、浙江、廣東各省督撫及粵海關、太平關各監督，提撥銀一百萬兩專爲辦銅工本，務於同治13年夏季全數解滇。

同治13年底，岑毓英再次上奏要求變通銅本做爲起運京銅的運費使用。在此奏折當中，岑先告狀各省允諾協滇銅本一百萬兩，截至上奏之日實到銅本銀僅一十八萬兩。在經費奇缺的情況下，岑毓英表示「在司署等正再三籌劃間」，他已經找到熟悉廠務的地方士紳、商賈來承辦茂麓、寧台、得寶坪與萬寶等四廠廠務，招募爐戶砂丁，領辦京銅一百萬斤，「于同治十三

82　〔清〕岑毓英著，黃振南、白耀天標點，《岑毓英集》，頁110。
83　〔清〕岑毓英著，黃振南、白耀天標點，《岑毓英集》，頁110。

年十二月底交銅五十萬斤，至十四年三月內又交銅五十萬斤」，已經全部都
運到省城交清，不敢通商私賣，應該支薪的項目也不敢支領，因此，上奏
「請酌添銅價運費，並暫行停抽銅課等情。」[84]俟光緒元年（1875）一百萬兩全
數運抵京城，岑毓英再次上奏表明此次京銅解運，「督飭各委員紳商多方調
停，不遺於力，始辦運完竣。今各廠紳商聞將刪減本腳，多以力難賠累，不
敢接辦爲辭。司道等詳加查訪，悉心妥議，實難遽復舊章。擬請仍照前次奏
准，變通章程，發給本腳銀兩，責成各委員督同紳商接續辦運。俟十年後各
廠興旺，民物豐盈，再行規復定制，以免貽誤等情具詳前來。」[85]

從同治11年（1872）到光緒元年（1875）間岑毓英所上呈的奏折來看，
岑雖然表面上同意恢復舊制「放本收銅」，實際上，卻是以各地紳商接續協
辦爲由，將銅廠交由當地紳商辦理，一面向官府要求銅本腳餉銀，一面又以
紳商戮力協辦卻無足夠本腳支持，要求免收釐金。後又以官府財務吃緊無力
負擔全數銅本腳銀，不得不由紳商接辦爲由，要求變更章程，並且表明只有
等到十年之後，「各廠興旺，民物豐盈」，才可能恢復舊制「放本收銅」。據
此，岑毓英巧妙地迫使朝廷接受他以表面上是「放本收銅」實際上「招商墊
辦」的方式籌辦礦務。

光緒2年（1876）岑毓英因馬嘉里事件藉母丁憂調離雲南巡撫之職，繼
任者文格強制推行礦業官辦，由地方官直接管理轄區內的各銅廠，原來認辦
銅額領有部分銅本的紳商損失慘重。加以銅本不足，爐戶生產意願低落，雲
南礦業再度衰退，自光緒2年到光緒9年期間，每年湊運五十萬斤銅猶復拮
据。[86]這種情況一直要到岑毓英回任雲貴總督開始推行「官督商辦」的礦務政

84　〔清〕岑毓英著，黃振南、白耀天標點，《岑毓英集》，頁155。
85　〔清〕岑毓英著，黃振南、白耀天標點，《岑毓英集》，頁196。
86　陳理，〈官督商辦與雲南近代新式礦業的產生〉，頁68。

策之後，才有改善。

　　「官督商辦」可說是巡撫岑毓英籌辦礦務方式的進階版本，亦即以合法的方式招募紳商承辦，並另立機構統一監督管理。「光緒九年（1883），岑毓英責令靠捐納獲取官銜的商人張家齊、卓維芳、關桐青仿照直隸開平廠設立公司，湊集股份，開辦永昌順寧麗江各府銅廠。九月，正式成立雲南礦務招商局」，並給予招商局開採特權。[87]陳理認為，此一舉措乃為雲南自舊式礦業轉型新式礦業的重要關鍵。光緒13年（1887）原招商局更轉型為「雲南礦務公司」，該公司直到光緒32年（1907）才停辦，為滇省規模最大、時間最長的官督商辦企業。[88]是以，同治年間雲南巡撫岑毓英籌辦礦務的方式，儘管與朝廷陽奉陰違，實為滇省清末民初礦業發展奠定基礎。

（三）興學

　　儘管目前中國學術界認定從今日中國的民族分類來看岑毓英是壯族，不過岑毓英無論於公或於私都遵循著儒家傳統與尊崇儒家價值，進行邊疆教化的工作。於公，他上奏要恢復雲南的鄉試、增加學額與教職、修復書院；他在貴州時，也要求苗疆的各廳縣設義學與書院，教化苗民。於私，他一系列的行動──造祖墳（1876）、立家廟（1877）、修族譜（1888）顯示出他對儒家價值的認同，也被當代學者視為一種「漢裔情結」表現。[89]不論是否真有所謂的「漢裔情節」驅使岑毓英投身邊疆教化工作，他在雲南復辦鄉試、以增加學額鼓勵紳商捐輸，乃至修復書院擴大招生、捐款辦學等，不只為十九世紀末的雲南社會培育了文人階層，更將教學推廣到其他非漢少數民族。

87　陳理，〈官督商辦與雲南近代新式礦業的產生〉，頁69。

88　陳理，〈官督商辦與雲南近代新式礦業的產生〉，頁71。

89　鄧金鳳，〈試析壯族的「漢裔情結」──以岑毓英為例〉，《廣西民族研究》，2008年第1期（2008年1月），頁86。

　　岑毓英收復昆明後，就開始多方籌措經費，修復與擴大五華書院（增設了東西書舍三十九間），稍後更將育材書院從城外搬到城內，並以井鹽銷售的稅收，來支付書院的人事與教育經費。同治7年（1868），岑毓英眞除「雲南巡撫」，開始專斷主理滇省行政事務，同年即向朝廷上了《軍務漸清舉辦文闈鄉試》的奏折，要求恢復因「回亂」停止的鄉試，並在同治9年（1870）恢復庚午正科雲南鄉試，還補辦了咸豐8年（1858）正科與咸豐9年（1859）恩科的名額都倂入庚午正科，之前還有四次的名額，也都陸續在以後的鄉試中補齊。[90]同治13年（1874），也就是他因爲平定「回亂」被封爲「太子少保」的後一年，他又給朝廷上了一篇長兩千餘字，提名爲《滇省捐輸請廣額設學》的奏章。這篇奏章主要目的是用滇省人民於戰爭期間義捐的糧餉，去跟朝廷討價還價，岑毓英知道國庫空虛，所以開出的條件是把這些原來平亂後國庫理當補償的「金額」轉換爲雲南的「學額」與「學校捐銀」。[91]雲南歷年捐款換算爲銀兩，將近兩千萬兩，他爭取以三百萬兩加文武鄉試永遠定額各十名，以兩百三十萬兩再加昆明等七十廳、州、縣與鹽井永遠文武學額各一百五十名，以兩百二十萬兩，增設安平等十六廳、永遠學額各一百一十名。[92]光緒2年，也就是「馬嘉理事件」後，他又上《修復滇省書院籌發膏火折》給朝廷，要求修復雲南的書院與發放學生津貼。[93]朝廷批准後，岑毓英用黑水、原井、鹽永等井鹽銷售時收的厘金接濟餉需與隨收經費給生童發

90　施鐵靖，〈岑毓英對西南民族地區文化教育貢獻初探——岑毓英研究之三〉，《廣西民族研究》，2010年第1期（2010年1月），頁77。

91　施鐵靖，〈岑毓英對西南民族地區文化教育貢獻初探——岑毓英研究之三〉，頁77。

92　黎瑛、陳煒，〈經略西南：岑毓英的思想及其實踐（1865-1885）〉，頁159。這裡所謂的「各」是否意味著每個行政單位都增加這樣的名額？若是的話，16個廳X110名額=1,760名額，這已經是好可觀的數字，更不要說是70X150=10,500。其實單一個縣、州或廳，增設的學額是合理的，不過全部算下去，就很可觀。

93　施鐵靖，〈岑毓英對西南民族地區文化教育貢獻初探——岑毓英研究之三〉，頁78。

膏火。另外，還有增設舉人正課與副課，生員正課與副課的膏火（舉人正課十份，每份三兩，副課二十份，每份二兩；生員八十份，每份二兩，副課八十份，每份一兩）。[94]

從上述的材料得知，岑毓英在收復昆明城後，就已經開始運用各種關係，有計畫地進行雲南省的教育事業，筆者認爲給朝廷上的奏折只是增加這些行動合法性。除了恢復與擴大省城的教育事業外，岑毓英也不忘振興他母親老家廣南府的教育事業，他自己捐了紋銀四千兩來辦學，廣南的官紳將此款用來辦「永盛當」（銀行），利用營利，興辦學校，資助貧困生與補助進京趕考的學生。[95]

（四）小結

建軍、礦務與興學，是岑毓英和十九世紀中以後的雲南社會歷史糾結在一起的三條軸線，儘管沒有史料顯示岑毓英和其家人曾參與分配雲南社會的各項經濟利益，也沒有任何史料具體顯示岑毓英或其家人曾與地方勢力結盟。從他所留下來的奏折、遺集，所看到的岑毓英是一個與地方勢力界限分明的朝廷命官，然而，如果說在他之前的朝廷命官之所以無法整頓日益猖獗的地方勢力，最終導致激烈的回漢衝突，是因爲他們無所作爲，那麼岑毓英在建軍、礦務與興學等事務上多有作爲，顯示岑毓英在整頓地方勢力上的具體成效。官拜雲南巡撫的岑毓英，已經讓他自己成爲雲南地方社會裡最重要的一股政治經濟勢力。

照道理來講，岑毓英這位清政府治理雲南最倚賴的朝廷命官，在雲南各個地方勢力之間游刃有餘的廣西移民，應該是要能夠循勞崇光、劉嶽昭

94　黎瑛、陳煒，〈經略西南：岑毓英的思想及其實踐（1865-1885）〉，頁159。
95　黎瑛、陳煒，〈經略西南：岑毓英的思想及其實踐（1865-1885）〉，頁159。

等人從巡撫被拔擢爲雲貴總督的升官模式，光緒元年（1875）劉嶽昭卸任總督後，雲南巡撫岑毓英應該是繼任總督的不二人選。然而，岑毓英卻在光緒2年（1876）藉母喪回鄉丁憂，後又轉任貴州巡撫（1879-1881）、福建巡撫（1881），一直到光緒8年（1882）才以雲貴總督之職回到雲南。岑毓英在雲南的治理之所以出現此間六年的空白，最重要的轉折是光緒元年的「馬嘉理事件」。儘管涉入「馬嘉理事件」沒讓岑毓英爲此被革職處分，卻也讓岑毓英與雲南社會的地方勢力之間的共謀關係受到嚴重打擊。

五、生涯轉折與馬嘉理事件（1875）

岑毓英涉入了光緒元年（1875）「馬嘉理事件」，到底涉案多深？究竟他是眞正的主導者，或者只是「剛好」身爲雲南巡撫，被迫要爲一樁邊境山民劫財害命的謀殺案件負責？若他是主導者，背後的動機是什麼？若他只是剛好是地方父母官，爲何朝廷與英方對他審理此案充滿疑慮？從結果看來，清廷與英國簽訂的《煙臺條約》，開放四個通商口岸，在朝廷的力保下，岑毓英雖然最後免於提交北京審理，得以藉母喪之名回鄉丁憂，往後卻有六年的時間無涉雲南事務，一直到光緒8年（1882），中法戰爭爆發前夕，雲貴兩省在英法環伺下岌岌可危，朝廷才命岑毓英任雲貴總督，統籌西南邊疆的對外用兵。

馬嘉理事件，又稱滇案。1874年（同治13年），英國駐華公使威妥瑪（Thomas Francis Wade，1818-1895）在用盡各種外交手段之後，終於取得清朝總理衙門的同意放行，英國探險隊准持「遊歷護照」從英國殖民地緬甸（當時屬於印度）進入中國，勘測緬甸到中國雲南的陸路交通。同治13年6月，英國駐華公使館派書記官翻譯馬嘉理（Augustus Raymond Margary，1846-1875）攜帶一些清政府頒發的入境遊歷護照從北京出發，經上海、四

川，次年（光緒元年）2月進入雲南緬甸邊境與英國探險隊長陸軍上校柏郎（Horace Browne）會和後，這支有一百九十三名成員的探險隊（包含十五名探測人員和一百五十名英軍士兵），卻在企圖由緬甸八莫進入騰越（今雲南騰衝地區）土司領地蠻允（或曼允）之時遭遇攔阻。2月21日探險隊在盧宋河附近遇襲，馬嘉理出面交涉，交涉過程中爆發劇烈衝突，馬嘉理及其四名中國隨員被擊斃。英國探險隊爲此退回緬甸。[96]

　　馬嘉理事件剛發生之時，岑毓英對此並不在意。案發三個月後，朝廷迫於英國壓力要求審理馬嘉理事件，光緒元年（1875）4月14日，岑毓英派李珍國等人抓了幾名山民，應訊後責爲主謀，以邊疆地區來往商旅遭到搶劫的情況時有所聞爲由，對馬嘉理無辜受害深表遺憾。岑毓英所提出的審理報告，英方非常不滿，一口咬定騰越官員李珍國（1827-1887）才是馬案背後的指使者，要清廷徹底調查。在英國的施壓下，光緒帝派遣欽差大人四川總督／湖廣總督李瀚章與總理大臣薛煥到雲南查案。岑毓英態度旋即一改，以迎合朝廷的劇本，把李珍國提往昆明，讓欽差大人李瀚章訊問。光緒元年10月28日開始進行第一次初審，光緒2年2月初6進行最後一次複審，光緒2年（1876）2月25日，又在英方的要求下進行了一次公開審訊，有英國官員到場觀審，這次審訊有公開表演的意味。[97]就在英國人到場旁聽審訊的後三天，即光緒2年2月28日，岑毓英的繼母謝太夫人去世，7月岑毓英啓程回老家奔喪，11月抵達廣西西林，當月謝太夫人葬在西林那勞寨北那訕山。[98]

　　根據外務部檔案，此案件歷經初審與複審兩階段，前後共進行了八次

96　屈春海、倪曉一，〈馬嘉理被殺案件的審理〉，《歷史檔案》，2007年第4期（2007年11月），頁106。

97　屈春海、倪曉一，〈馬嘉理被殺案件的審理〉，頁109。

98　〔清〕趙藩編，《岑襄勤公（毓英）年譜》，頁162-164。

公開審訊，口供近三萬字，可見中英雙方對馬嘉理事件十分重視。[99]當時的審訊記錄表明有三大類人要爲此案件負責：第一、直接殺害馬嘉理等人的兇手，即當地山民而通凹一行人；第二、騰越官員李珍國等人應爲組織策劃者；第三、當時任雲南巡撫的岑毓英很可能也涉入其中。[100]英國駐華公使威妥瑪據此以武力要脅清廷將岑毓英提京。[101]對於威妥瑪欲將時因繼母過世丁憂去官的岑毓英提京審訊的要求，朝廷裡有兩派意見，分以李瀚章與李鴻章兄弟爲首，李瀚章屬總理衙門，李鴻章是北洋大臣，李瀚章與清廷很多官員都主張不能將岑毓英提京，理由是：岑毓英曾爲國家所倚重的封疆大吏，僅憑英人猜測之辭提訊岑毓英有辱國格；李鴻章則主張既然幾次審訊都沒有直接證據岑毓英是主謀（儘管他背後認爲岑毓英就是主謀），何妨將他提京審判，免落英人口實。[102]最後，朝廷方面做出了一個折衷的決定，一面拒絕威妥瑪提訊朝廷要員岑毓英的要求，一面又是勒令岑毓英丁憂去官。爲維持國格所付出的代價是慘烈的，在英軍的武力威脅下，朝廷只好對英方提出開放內地通商口的要求照單全收。於光緒2年7月26日，由欽差大使李鴻章與英國駐華公使威妥瑪簽訂《煙臺條約》收場，岑毓英免於提京審訊，李珍國與而通凹等人也都被免了罪。[103]李鴻章對此結果非常不滿，數次在私人信件中提及此事，在分別給沈保楨與劉長佑的信件中，李鴻章毫不保留的點名岑毓

99　屈春海、倪曉一，〈馬嘉理被殺案件的審理〉，頁109。

100　屈春海、倪曉一，〈馬嘉理被殺案件的審理〉，頁110-112。

101　方英，〈合作中的分歧：馬嘉理案交涉再研究〉，《史學集刊》，2014年第4期（2014年7月），頁95。不過在一個英國殖民官員柯樂洪（A. R. Colquhoun）與李珍國在廣西百色會面的記錄中，李珍國告訴柯樂洪「馬嘉理死時，他在騰越，而且退休，正在守孝。對此事件表示極大遺憾，並暗示如果他指揮，這事件不會發生。據他說，馬嘉理之死歸咎於騰越的暴徒，他的解釋是邊境地區總是不安全和難以控制的。」參見史暉，〈岑毓英部將李珍國與英國探險家柯樂洪的一次會面〉，「首屆句町國與壯族土司文化學術研討會」，廣西西林：廣西史學會、廣西壯學會，2008年11月10-12日，頁583。

102　方英，〈合作中的分歧：馬嘉理案交涉再研究〉，頁94-95。

103　屈春海、倪曉一，〈馬嘉理被殺案件的審理〉，頁113。

英是事件的主謀，英國人確實是透過李珍國的眷屬知道有人要暗殺與阻攔英國入滇之事。[104]

從岑毓英處理馬嘉里事件的方式、清朝廷對岑毓英與相關人員的處置，以及李鴻章對岑毓英的看法，我們可以看到朝廷與岑毓英、岑毓英與雲南社會，乃至清廷與雲南治理之間錯綜複雜的關係。事件的結果顯示清政府非常倚賴岑毓英在雲南呼風喚雨的能力，寧願簽下一份不平等條約失掉「裡子」，也不願意從於英方壓力提訊岑毓英，以免在雲南地方紳商與政府官員之前失了「面子」。這說明了當時的雲南政治經濟，皆以岑毓英為馬首是瞻的客觀事實。岑毓英平「回亂」立有軍功，又在各地辦廠興學，有深厚的地方基礎，李鴻章在其兄李瀚章被派去雲南審訊岑毓英前，就非常擔心其兄根本不是岑的對手，因為整個雲南的文武官員都是岑毓英之心腹。朝廷在處理岑毓英涉案疑點之時，顯然不得不考慮到雲南當地的社會觀感，一面藉保護岑毓英免受英方脅迫突顯朝廷拉攏雲南紳商對抗英法等國的決心，另一方面又藉岑毓英繼母去世，要求岑以丁憂之名去官回鄉暫別雲南官場。或許「馬嘉理事件」果真如岑毓英所言只是一次擦槍走火的突發事件，或許如英方所指控是一次精密策劃的謀殺事件，事件的發展在中英雙方的經貿角力下，意外將清廷治理雲南的難題搬上檯面，也使得岑毓英在這當中被迫扮演一個重要的角色。

「馬嘉理事件」之後，岑毓英驟然離開雲南，朝廷原想藉此機會清除岑毓英的殘留勢力，整頓滇省地方勢力，在李瀚章的推薦下四川布政使文格倉促接任雲南巡撫。文格繼任滇省巡撫後旋即整頓礦務，卻遭致地方紳商劇烈反彈，不到一年就被調離巡撫之職。文格的繼任者為原雲南布政使潘鼎新（1828-1888）入滇僅兩年，就任雲南巡撫不及一年即因與總督劉長佑不

---

104 屈春海、倪曉一，〈馬嘉理被殺案件的審理〉，頁112。

和調離巡撫職。自光緒3年（1877）起由晚清名臣以收藏和文章出名的杜瑞聯接任，至光緒9年（1883），六年的任期當中，杜以不作爲自處。光緒8年（1882）雲南社會因中法戰爭而紛擾，岑毓英回任雲貴總督，此前在雲南巡撫任內的耕耘奠定基礎，儘管岑的角色卻已經不是雲南地方官，而是統領西南邊疆防禦戰事的最高統帥，岑毓英有更多權力涉入邊疆對外事務，在面對共同敵人與共同利益的驅使下，岑毓英和雲南紳商之間的利益糾葛和合作共謀關係，也隨著岑毓英身分而轉變成與雲南紳商共同對抗英法的結盟關係。

六、結論

　　本文著重在爬梳岑毓英成爲十九世紀末，雲南社會最重要的政治經濟勢力的歷史過程，以岑毓英在雲南崛起的過程窺視雲南社會複雜的政治經濟，提供一個探討國家與地方社會相互角力的媒介觀點。岑毓英雖爲邊民身分，卻是離鄉背井從廣西到雲南的外省移民，自加入迤西軍以來，在官場上凡二十年，終爲清末穩固西南邊疆最重要的朝廷官員。岑毓英的權力之路，體現邊民在漢人仇夷的刻板印象下求生存，往往必須以更極端的手段來獲取朝官信任；儘管曾經立下無數汗馬功勞，岑毓英卻始終只是個封疆大吏，無法進入朝官當中以漢文人爲主的權力核心。岑毓英與雲南地方勢力千絲萬縷的利益糾葛，更加深朝廷對其忠誠度的疑慮。漢人對邊民的刻板印象，不僅在當時左右岑毓英在官場上的晉升之路，甚至影響著後人對岑毓英的評價，當今研究者儘管對岑毓英的領兵作戰的統馭能力讚譽有加，卻多以陰險狡詐形容其人品德行事，若非對其處境有所了解，又怎麼了解岑毓英在官場中生存不易，手腕靈活與廣結善緣實乃其必要的生存之道。

　　本文作爲岑毓英研究的開始，企圖還原岑毓英入滇之後，在軍旅與爲官生涯的幾個重要轉折中，所做的不得不的決定，及其所做決定對清末雲南

治理的影響。後續仍有待更仔細的解讀岑毓英的奏疏、詩文與其所纂修的族譜，以其同時代他人與他往來的書信與記錄等文獻資料，以及英國與法國，甚至越南的檔案材料，才能對岑毓英的一生有更完整的理解，以及他所處的清末西南邊疆整體的政治經濟與族群關係，有更進一步的認識。

第十三輩達賴喇嘛在內地的活動

陳又新

中國文化大學史學系兼任助理教授

一、前言

　　1904年英軍入侵，迫使第十三輩達賴喇嘛（以下簡稱達賴喇嘛）離開西藏，輾轉赴庫倫、青海、五台山及北京。1909年，達賴喇嘛返回西藏，1910年再度離開西藏，暫居於英印的噶倫堡（Kalimpong），直到1913年才又返回西藏。自此推動新政，陸續排漢，與內地陳兵相向，西藏與內地的交通關係幾近斷絕。對長久以來西藏與內地的密切關係而言，不啻是一個極大的轉變。這個轉變除了世界局勢的變化，與西藏面臨內外挑戰之外，也與達賴喇嘛的思想、作爲息息相關。達賴喇嘛流亡在外前後將近十年有餘，其在流亡期間，儘管兩度被清廷廢去名號，但仍設法說明以保持聯繫，足見其對清廷關係情感的深厚。

　　達賴喇嘛在流亡期間的見聞與活動經驗，成爲他日後返回西藏推動新政的實踐，而其在內地的活動是以五台山及北京爲主，此也是達賴喇嘛直接

向清廷提出西藏未來看法的機會。此時的大清帝國雖已是強弩之末，面臨內外交相窘迫之際，但仍力圖整頓西藏、收回主權，致使達賴喇嘛在內地提出有關雙方關係的想法並未受到重視。直到清民鼎革，達賴喇嘛返回西藏後直接付諸實踐，造成西藏與內地的隔絕。對於被忽略的西藏本身的聲音，而影響日後內地與西藏的關係發展，達賴喇嘛在內地活動時，所反應出的相關作為，是本文所要探討的所在。

二、時代背景

十九世紀中葉到二十世紀初期，是大清帝國面臨內外動亂，陷入左右支應困難的時代。在西方國家的武力威逼下，陸續簽下賠款、割地等的不平等條約，而清廷所屬的藩屬也陸續淪為外國的殖民地，西藏地區的處境也岌岌可危。自1835年，英國向錫金（哲孟雄，འབྲས་ལྗོངས།，原為西藏屬地）租得大吉嶺（རྫ་གླིང་།）地方，作為東印度公司的避暑勝地後，隨後吞併印度西北部的克什米爾與原屬西藏的拉達克（ལ་དྭགས།）地區。1860年，英印以兵威同廓爾喀（Nepal，尼泊爾）簽訂條約，1861年與哲孟雄（錫金）簽訂英錫條約，1865年與布嚕克巴（འབྲུག་ཡུལ།，不丹）簽訂條約，至此喜瑪拉雅山的南麓地區已成為英印勢力範圍，直接與北麓的西藏接壤。

1888年3月20日（藏曆2月7日），英軍攻陷西藏邊界隆吐山（ལུང་ཐུར།），清廷駐藏大臣文碩遭革職，升泰為新任駐藏幫辦大臣。此時，英軍持續深入西藏境內的亞東（གཏན་འདུན།）、春丕（ཆུམ་བི།）等地，且擄去住於春丕之錫金國王。是年冬，清廷派升泰赴亞東與英方會談，1890年雙方簽訂了《中英會議藏印條約》八款。1893年，又簽訂有關通商等問題的《藏印續約》九款與附約三款，開亞東為商埠等。不過，西藏拒不遵行上述條約，阻撓英國人來亞東貿易，反對勘定邊界。

　　1895年，第十三輩達賴喇嘛阿旺洛桑土登嘉措季卓曲傑南嘉（ངག་དབང་བློ་བཟང་ཐུབ་བསྟན་རྒྱ་མཚོ་འཇིགས་བྲལ་དབང་ཕྱུག་ཕོགས་ལས་རྣམ་པར་རྒྱལ་བ་དཔལ་བཟང་པོ།，1876-1933）[1] 親政，一方面努力凝聚抗英基礎，一方面鑑於清廷的示弱，在1902年派其辯經侍讀（མཚན་ཞིང་ཁབས་ཞུ་བ།）布里雅特蒙古人阿旺道爾濟（ངག་དབང་རྡོ་རྗེ།，1854-1938）前往俄國進行聯繫，以加強抗英力量。1903年，7月，英國派榮赫鵬上校（Francis Younghusband）和駐錫金行政專員懷特（Claude White）率軍侵入西藏崗巴宗（གཾ་པ་རྫོང་།）。1904年，6月下旬控制了年楚河（ཉང་ཆུ།）以南地區。7月，攻陷江孜（རྒྱལ་རྩེ།），於8月3日進入拉薩。西藏三大寺代表在榮赫鵬壓力之下，簽定了《拉薩條約》八條。清廷除不承認《拉薩條約》，派員進行交涉外，同時革去達賴喇嘛封號，[2] 並派張蔭棠進藏整頓。1905年，派四川總督趙爾豐率兵進入巴塘（འབའ།），推動改土歸流。1906年，清廷與英國簽定《中英續訂藏印條約》。

　　早在1904年英軍前進至江孜時，達賴喇嘛於藏曆6月15日[3] 輕騎簡從離開拉薩，前往蒙古，暫住庫倫（Urga）。1905年，清廷恢復達賴喇嘛封

1　ཕུན་བསྐྱན་བཟས་པ་རྒྱལ་ཁྲིས་ལ་བཟུན་འཛིན།，《ལྷར་བཅས་སྲིད་ཞིའི་གཙུག་ནོར་གོང་ས་རྒྱལ་བའི་དབང་པོ་བཀའ་དྲིན་མཚུངས་མེད་སྐུ་ཕྲེང་བཅུ་གསུམ་པ་ཆེན་པོ་ནར་བ་ར་རྒྱལ་བ་ཐམས་ཅད་མཁྱེན་ཅིང་གཟིགས་པ་ཆེན་པོ་དང་བ་བོ་དང་པོ་མཛད་རྣམ་རྒྱ་ཆེར་བཤད་པ་ཞེས་བ་བའི་ཐོ་ལམ་བཞུགས།》（《天界有寂之頂莊嚴殊勝自在・恩深無比的偉大第十三輩（達賴喇嘛）傳記大海要略殊勝寶鬘》）（以下簡稱《第十三輩達賴喇嘛傳》）（Dharamsala: Tibetan Cultural Printing Press, 1984），頁8。

2　〈諭軍機大臣著將達賴喇嘛名號暫革由班禪暫攝〉（光緒30年7月16日），收入中國藏學研究中心、中國第一歷史檔案館、中國第二歷史檔案館、西藏自治區檔案館、四川省檔案館合編，《元以來西藏地方與中央政府關係檔案史料匯編》，冊4（北京：中國藏學出版社，1994），頁1466。

3　〈有泰為達賴喇嘛潛逃乞代奏暫行褫革其名號班禪來拉薩主持黃教致外務部電〉（光緒30年7月11日），收入中國藏學研究中心、中國第一歷史檔案館、中國第二歷史檔案館、西藏自治區檔案館、四川省檔案館合編，《元以來西藏地方與中央政府關係檔案史料匯編》，冊4，頁1465。

號，[4]1907年前往青海塔爾寺，[5]再轉赴五台山駐錫，以候晉京。1908年9月，奉旨入京觀見。1908年11月28日離京，[6]於1909年11月9日回至拉薩。[7]時值駐藏大臣聯豫爲掌控西藏局勢，與達賴喇嘛相處不善，奏派川軍入藏。六月，四川總督趙爾豐令鍾穎率川軍入藏，達賴喇嘛再度逃往印度噶倫堡。

對於兩度離開西藏的原因，達賴喇嘛說：

> 木龍年，英軍入藏。我若圖自身安寧，媾和結納，勢必危及政治，實係自毀前程。昔因第五輩達賴喇嘛與滿州皇帝結下供施之緣，至今應相互支持。爲稟明情由，不辭辛勞，北上跋涉，經內地、蒙古，在北京紫禁城晉見皇太后和皇帝，深承優禮相待。不久，皇太后和皇帝相繼駕崩。宣統繼位，即向皇上稟明原委，因懷念西藏地區〔བོད་ཕྱོགས〕而歸。適駐藏大臣上書謊奏，陸軍官兵隨後而至，欲奪取西藏地區政權〔བོད་ཕྱོགས་ཆབ་སྲིད〕。我等王臣，不顧勞苦，安抵印度聖地，通過英政府向中國政府申明實情。[8]

4　〈有泰奏請開復達賴喇嘛名號折〉（光緒31年5月29日），收入中國藏學研究中心、中國第一歷史檔案館、中國第二歷史檔案館、西藏自治區檔案館、四川省檔案館合編，《元以來西藏地方與中央政府關係檔案史料匯編》，冊4，頁1471。

5　〈慶恕奏達賴喇嘛由塔爾寺啓程期前往五台山日期摺〉（光緒33年11月30日），收入中國藏學研究中心、中國第一歷史檔案館、中國第二歷史檔案館、西藏自治區檔案館、四川省檔案館合編，《元以來西藏地方與中央政府關係檔案史料匯編》，冊4，頁1479。

6　〈理藩部奏報達賴喇嘛離京時刻及送行禮節摺〉（光緒34年11月29日），收入中國藏學研究中心、中國第一歷史檔案館、中國第二歷史檔案館、西藏自治區檔案館、四川省檔案館合編，《元以來西藏地方與中央政府關係檔案史料匯編》，冊4，頁1491。

7　〈理藩部奏達賴喇嘛回至拉薩摺〉（宣統元年11月18日），收入中國藏學研究中心、中國第一歷史檔案館、中國第二歷史檔案館、西藏自治區檔案館、四川省檔案館合編，《元以來西藏地方與中央政府關係檔案史料匯編》，冊4，頁1500。

8　第十三輩達賴喇嘛，〈第十三輩達賴喇嘛遺誡〉（རྒྱལ་མཆོག་སྐུ་ཕྲེང་བཅུ་གསུམ་པ་ཆེན་པོའི་ཁ་ཆེམས་གནད་བསྡུས་ཕྱོགས་རིག་ཅེས།）；阿洛群則（Alo Chhonzed），《བདག་གི་གནས་ཚུལ་བདེན་ཞིང་གནད་དུ་གྱུར་པའི་སྙིང་ཚིགས་བདེན་དོན་གསལ་བའི་སྒྲོན་མ་ཞེས་བྱ་བ་བཞུགས་སོ།（སྤྱི་ལོ 1920 ནས 1982 བར）》（Australia：Alo Chhonzed，1982），頁26。1940年，查爾斯‧貝爾（Charles A. Bell），出版了《一位達賴喇嘛的畫像：偉大十三輩的生活時代》（*Portrait of a Dalai Lama: The Life and Times of the Great Thirteenth*），將此篇譯爲英文，命名爲第十三輩達賴喇嘛的「政治遺囑」（The last political Testament），並作爲該書的專章加以描述。參見查爾斯‧貝爾，馮其友、何盛秋、劉仁杰、尹建新、段稚荃、莫兆鵬合譯，《十三世達賴喇嘛傳》（北京：西藏社會科學院西藏學漢文文獻編輯室，1985），頁376。1958年，旅居印度噶倫堡（Kalimpong）

　　由此可知，畏懼西藏地區政權不保是達賴喇嘛離開西藏求援的原因，而在供施關係的基礎下，他自然對清廷充滿施以援手的期待。但此時的大清帝國也與外國陸續簽下不平等條約，已成為列強各國瓜分的俎上肉；國內也經過太平天國、捻亂、回亂等內部動亂事件，使國家財政枯竭、威信盡失。儘管施行自強運動，但隨著甲午戰爭的戰敗，宣告強國運動失敗，而有以從內部體制進行全面改革的呼籲。光緒皇帝登基親政後，歷經百日革新變法失敗，被囚瀛台，朝政由慈禧太后掌握，繼而發動義和團事件，引起東南聯省發起不聽朝廷號令的自保運動與八國聯軍入京，終與各國簽下《辛丑條約》，欠下大量賠款，國際地位低落。同時，國內革命黨人舉事頻仍，清廷也開始預備立憲，逐步變動內部的主要組織與人事。此時，清廷仍積極派員進行整頓西藏，全面掌控西藏主權，而離開西藏的達賴喇嘛也輾轉來到北京，向清廷提出個人看法。

三、第十三輩達賴喇嘛到內地

　　自達賴喇嘛離開拉薩，前往蒙古庫倫暫住，清廷即派員前往安撫，[9]以防其離開國境。達賴喇嘛在庫倫期間，一方面設法與沙俄聯繫，企圖得到援助和支持，但無法從願；一方面與當時同屬格魯派的蒙古政教領袖哲布尊丹巴

的藏族塔爾欽（G.Tharchin）將此藏文木刻本重新排版，同時由（Lobsang Lhalungpa）重新譯成英文，印成小冊子流通。1989年，大陸學者湯池安，以〈第十三世達賴喇嘛土登嘉措「遺囑」辨析〉為題，發表在《中國藏學》，第4期，他根據《第十三世達賴喇嘛文集》中被分類在〈教誨西藏與大西藏眾生政教二規取捨之告示·天鼓鼓聲〉函內的這篇全文中譯，並逐一反駁查爾斯·貝爾的「政治遺囑」說法，並將之正名為《靈丹妙藥·透明洞察·人天甘露》而非「遺囑」。參見湯池安，〈第十三輩達賴喇嘛土登嘉措「遺囑」辨析〉，《中國藏學》，1989年第4期（1989年11月），頁95。

9　〈諭軍機大臣現派延祉前往庫倫迎護達賴喇嘛未到任前著德麟照料〉（光緒30年9月26日），收入中國藏學研究中心、中國第一歷史檔案館、中國第二歷史檔案館、西藏自治區檔案館、四川省檔案館合編，《元以來西藏地方與中央政府關係檔案史料匯編》，冊4，頁1466。

呼圖克圖（ᠴᠳᡳᠳᡳᠳᡳᠳᡳ）關係不洽，終於1907年離開庫倫，前往青海塔爾寺，準備返回西藏。但此時張蔭棠正奉清廷之命進藏整頓，渠建議朝廷推延其返回時日，以爭取時間。[10]因此，在清廷邀請入京覲見的建議下，達賴喇嘛於當年11月27日由青海塔爾寺啓程，三日後抵西寧經蘭州，[11]再赴山西五台山駐錫等候入京。1908年9月28日到京，於11月28日離京。[12]1909年2月7日再返塔爾寺暫駐，[13]4月16日起程返回西藏，[14]終於11月9日返抵拉薩。[15]

　　達賴喇嘛一行在前往內地期間，除了沿途的宗教與參訪活動之外，達賴喇嘛個人的接觸與想法，是影響內地與西藏關係發展的關鍵。對此，分從渠在五台山與北京的相關活動進行說明。

（一）駐錫五台山

　　清廷特別將五台山普壽寺重新整修，作爲達賴喇嘛等候進京覲見駐錫之處。達賴喇嘛在五台山等候召見歷時半年有餘，期間的供需皆由山西省支應與派員照顧。達賴喇嘛在五台山主要的活動是參訪當地名勝古刹，與進行

10　張蔭棠，〈上外部傳陳招待達賴事宜說帖（九月）〉，收入吳豐培編輯，《清季籌藏奏牘》，冊3（台北：學海出版社，1970），〈張蔭棠奏牘〉，卷5，頁33。

11　〈慶恕奏達賴喇嘛由塔爾寺啓程期前往五台山日期摺〉（光緒33年11月30日），收入中國藏學研究中心、中國第一歷史檔案館、中國第二歷史檔案館、西藏自治區檔案館、四川省檔案館合編，《元以來西藏地方與中央政府關係檔案史料匯編》，冊4，頁1479。

12　〈理藩部奏報達賴喇嘛離京時刻及送行禮節摺〉（光緒34年11月29日），收入中國藏學研究中心、中國第一歷史檔案館、中國第二歷史檔案館、西藏自治區檔案館、四川省檔案館合編，《元以來西藏地方與中央政府關係檔案史料匯編》，冊4，頁1491。

13　〈慶恕奏敕封達賴喇嘛名號禮成摺〉（宣統元年2月21日），收入中國藏學研究中心、中國第一歷史檔案館、中國第二歷史檔案館、西藏自治區檔案館、四川省檔案館合編，《元以來西藏地方與中央政府關係檔案史料匯編》，冊4，頁1496。

14　〈慶恕奏報達賴喇嘛啓程日期并與塔爾寺交涉摺〉（宣統元年4月18日），收入中國藏學研究中心、中國第一歷史檔案館、中國第二歷史檔案館、西藏自治區檔案館、四川省檔案館合編，《元以來西藏地方與中央政府關係檔案史料匯編》，冊4，頁1499。

15　〈理藩部奏達賴喇嘛回至拉薩摺〉（宣統元年11月18日），收入中國藏學研究中心、中國第一歷史檔案館、中國第二歷史檔案館、西藏自治區檔案館、四川省檔案館合編，《元以來西藏地方與中央政府關係檔案史料匯編》，冊4，頁1500。

佛教法事，且不時與由西藏等地而來的各級人員見面。比較引人注意的是外籍人士的到訪，計有：美國公使柔克義（William Woodville Rockhill，1854-1914）、德國駐天津領事館官員、日本國參謀部副總長和一位和尚，以及俄使館官員等。[16]然而，在清廷官員的層層護衛之下，達賴喇嘛僅能與之短暫會晤，無法詳談。例如在雨天與美國公使柔克義見面的場景，在《第十三輩達賴喇嘛傳》中記載：

> [1908年]五月間，當[達賴喇嘛]駐錫於五台清涼聖地的文殊寺菩薩頂〔འཇམ་དཔལ་གྱི་ཆེ་ཁང་ནས་སྟེང་།〕。……美國駐北京欽差主僕二人來訪。接見的時候，在菩薩頂長長的石階前站列漢軍、侍寢的西藏衛兵、以及四重多的侍者，尊者的跟前有戒律堪布充當口譯，以圓滿對話內容。在渠等獻哈達與伴手禮後，尊者請每人享用置於矮桌上的油炸果子、水果、奶茶、並親賜哈達，隨後[美國欽差]下石階而返。此欽差抵達時，雨下如石，……。接見美國欽差之時……，不但由口譯詳加譯述尊者話語，且在辭行時，欽差自己也用藏語請求摸頂祝福，尊者也樂意加持，雙方皆露出愉快的樣子，渠多次言道：「祝達賴喇嘛的心思皆能與佛陀的事業等同。」[17]

曾經在1907年，奉命到塔爾寺與達賴喇嘛見面的俄羅斯國內臣洪謝（ཧང་ཤེ་ཡིན་མེ།）再度攜帶禮物到五台山，請達賴喇嘛對該國王儲進行加持，[18]同時

16　伍昆明主編，《西藏近三百年政治史》（廈門：鷺江出版社，2006），頁239。

17　《第十三輩達賴喇嘛傳》，頁403-404。關於柔克義與達賴喇嘛見面時的誇大記載，已為美國印第安納大學Elliot Sperling教授所駁，本文不再討論。參見Elliot Sperling, "The Thirteenth Dalai Lama at Wutai Shan: Exile and Diplomacy," *Journal of the International Association of Tibetan Studies*, Issue 6, December 2011, An online journal published by the Tibetan and Himalayan Library, p. 309。

18　《第十三輩達賴喇嘛傳》，頁409。

也接見俄羅斯地方巡官（ དམག་དཔོན་གྲོང་པ། ）[19]；此外，達賴喇嘛也接見了日本的僧人。[20]雖然達賴喇嘛會晤外國人士短暫，但在晚清國庫緊張之時，山西省接待達賴喇嘛的費用不貲，難免引起非議，甚至有當地報紙指稱達賴為「魔鬼」、「為有害全藏之人」，呼籲政府儘快採取措施，派精明強幹的官員迅速整頓西藏內政外交，不讓達賴喇嘛參與政治。[21]

（二）在北京的活動

1908年9月28日，達賴喇嘛到了北京。由於北京是眾所矚目之地，也是自1652年，清廷接待第五輩達賴喇嘛進京以來，第二位進京的達賴喇嘛。因此，清廷對於迎送的細節，特別在「接待達賴喇嘛節略」[22]中有詳細的安排，以慎重其事。主要分為兩部分行程進行，即：五台山與北京部分，前者由山西巡撫負責，後者由理藩部等在京各司負責。

一般百姓對達賴喇嘛到京的看法，根據《第十三輩達賴喇嘛傳》的記載：

> 當時有「卜卦」〔མོ།〕文內容也說：在皇上所管轄的大小領地中，對於達賴喇嘛的信仰，支那地方人的普通語與方言裡，只要聽到活佛〔達賴喇嘛〕的名稱就自心裡生起信仰，……現在〔達賴喇嘛〕從遠方而來，皇帝派代表前往迎接。到北京時，眾皆歡欣鼓舞的說：「活佛真的來了！現在一定要去拜

---

19 《第十三輩達賴喇嘛傳》，頁404。

20 《第十三輩達賴喇嘛傳》，頁401。

21 盧祥亮，〈清末公共輿論中的十三世達賴喇嘛〉，《理論界》，2012年第11期（瀋陽：遼寧省社會科學界聯合會，2012），頁120。

22 〈奏定接待十三世達賴喇嘛節略〉（光緒34年6月），《宮中雜檔》，中國第一歷史檔案館藏，收入中國藏學研究中心、中國第一歷史檔案館、中國第二歷史檔案館、西藏自治區檔案館、四川省檔案館編，《元以來西藏地方與中央政府關係檔案史料匯編》，冊4，頁1481-1482。

見。」、「達賴喇嘛是佛教的教主，也是西藏政治的保護者，權勢大到像土皇帝〔གནམ་བདག་ཤོས〕一樣，現在是皇帝的銅牆鐵壁〔ལྕགས་རི〕，是皇上管轄所不及地區的護衛與助手〔སྐྱབས་རོགས〕。」[23]

　　以上只是達賴喇嘛單方面表達民間對渠進京的看法，但實際上，輿論中關於西藏實行政教分離的主張呼聲很高，而清廷決意整頓西藏也是不容更改。朝野上下都認為應趁達賴喇嘛在內地之時，積極對西藏進行整頓，尤其以張蔭棠的密電最具代表性，他說：

> 現達賴已到北京，我羈留之固無不可，惟當此各國觀聽所集，稍著痕跡恐滋議論，且傷藏人感情。計莫如奏請優加達賴封號，月給厚糈，似可藉考校經典為詞，供養於黃寺。……一面迅飭藏臣密籌布置，……則政權歸我掌握，達賴特為傀儡耳。收回政權為保藏一定辦法。……在辦理者，相機因應，不露痕跡，無傷藏人之感情也。此次達賴喇嘛覲見禮節，聞各國使臣甚為注意，如皇上起迎賜達賴坐，雖舊制有此，不妨稍為變通，參酌各國使臣及蒙古王公覲見儀注，皇上不必起迎，達賴跪拜後起立奏對數語即時宣退，以示嚴肅賜。陛見之後或即恩賜讌享再行賞座或派親貴及蒙古王公陪享，亦不失優待之典。達賴體制舊甚尊崇，王公大臣均不請謁。現今時勢似不宜仍沿舊制，賞賚不妨優隆，體制亟應裁抑，當未陛見之先，應使人授意令其拜謁邸樞以盡屬藩之禮，且無論與何項漢官相見，均應以賓主禮相待，不得仍前抗踞，此亦對主國所宜，然而有繫於各國注視也。[24]

　　其次，也有報導稱：有的大臣奏請封達賴喇嘛為「蒙藏教王」，專管教

23　《第十三輩達賴喇嘛傳》，頁422。

24　張蔭棠，〈上外部請准達賴會銜奏事說帖（九月）〉，收入吳豐培編輯，《清季籌藏奏牘》，冊3，〈張蔭棠奏牘〉，卷5，頁33。

務，禁止干涉西藏政治，建議朝廷實行政教分開，如「示達賴、班禪以羈縻之術，崇以虛禮而收其實權」，更有報導稱整頓西藏是中國主權所在，改革藏政不用受達賴喇嘛的制約。[25]

至於在北京的各國使節，更是趁此機會設法與達賴喇嘛見面，達賴喇嘛也陸續派員前往英、美、法、德、日、俄的公使館致意。雖有清廷的管制，但外國訪客依然絡繹於途，迫使外務部於10月通知各外國駐華機構，規定達賴喇嘛接見外國使節時間訂為每日12時至15時，且須有一位中國政府官員在場陪同接見。[26]在日本的《內廳偵察達賴報告》中指出，當時被達賴喇嘛接見的外交官，按時間順序即有美國、法國、日本、奧國、俄國、丹麥、荷蘭、德國、瑞典、葡萄牙、英國、比利時、義大利等國的公使，[27]顯見當時各國政府對達賴喇嘛與西藏的興趣極為濃厚。例如達賴喇嘛與英國公使朱爾典（John Newell Jordan，1852-1925）的見面，雙方就設法化解1904年英印侵入西藏的戰爭行為，[28]為未來西藏與英印等國的發展關係埋下伏筆。

達賴喇嘛在北京黃寺駐錫後，不久就由清廷御前大臣、御前侍衛與理藩部堂官等前往說明與演練晉見皇太后及皇帝時的禮儀。[29]但是由於要在皇帝面前下跪磕頭，被達賴喇嘛拒絕，於是最初觀見的日期推遲了，直到達賴喇嘛妥協，同意在皇帝面前跪一條右腿後才被召見。[30]10月3日（藏曆9月20日），達賴喇嘛在文武侍衛從人鼓樂之下進入皇宮，在理藩部堂官的引領

25 〈清末公共輿論中的十三世達賴喇嘛〉，頁120。
26 《西藏近三百年政治史》，頁240。
27 索文清，〈一九〇八年第十三世達賴喇嘛晉京朝觀考〉，《歷史研究》，2002年第3期（2002年6月），頁81。
28 查爾斯·貝爾，馮其友等合譯，《十三世達賴喇嘛傳》，頁63。
29 《第十三輩達賴喇嘛傳》，頁416。
30 Melvyn C. Goldstein, *A History of Modern Tibet, 1913-1951* (London: University of California Press, 1989), p. 49.

下，達賴喇嘛先在仁壽殿（ར་ཚེའི་ཁང）的南碧樓（ན་པ་ཀེ་ལུ་ཁང）左室晉見慈禧太后。隨後，再前往仁壽殿右偏殿晉見皇帝。在《第十三輩達賴喇嘛傳》中記載了此次見面的對話內容如下：

> 慈禧：「達賴喇嘛旅途勞頓否？」
>
> 達賴喇嘛：「承皇太后慈悲，不累。」
>
> 慈禧：「從西藏出來幾天了？」
>
> 達賴喇嘛：「已經有四年了，不確定有多少天。」
>
> 慈禧：「在北京安排、食宿一切妥善否？」
>
> 達賴喇嘛：「一切皆好。」
>
> 慈禧：「達賴喇嘛到了北京，到各個寺廟與名勝多走走。」
>
> 達賴喇嘛：「正有此意。」[31]
>
> 光緒：「達賴喇嘛旅途勞頓否？」
>
> 達賴喇嘛：「承皇上恩典，不累。」
>
> 光緒：「駐錫五台山以來，水土是否妥好珍攝否？」
>
> 達賴喇嘛：「一切都好。」
>
> 光緒：「北京氣候冷熱如何？」
>
> 達賴喇嘛：「與西藏不同，但冷熱適宜。」[32]

上述對答皆由通事喇嘛口譯，再由御前大臣轉譯，也只是尋常寒暄話語，並未觸及敏感問題，但這段對話內容的記載，除了打破清廷歷來嚴禁記錄皇帝與臣屬對話的細節之外，也顯示出慈禧太后與光緒皇帝對達賴喇嘛與西藏地位的既有態度，以及達賴喇嘛在此次覲見中並未得到滿意的答案。於

31　《第十三輩達賴喇嘛傳》，頁 417-418。

32　《第十三輩達賴喇嘛傳》，頁 422-423。

是在10月19日（藏曆10月6日），皇帝在紫光閣賜宴時，達賴喇嘛才公開提出了看法。適逢慈禧太后生日，達賴喇嘛於10月21日（藏曆10月9日）也呈進壽禮，最後受封爲「誠順贊化西天大善自在佛」[33]。不久，光緒與慈禧太后陸續駕崩，達賴喇嘛爲光緒皇帝與慈禧太后二人進行聖蓮花手觀音供養等追荐法會，從藏傳佛教的觀點裡，達賴喇嘛似乎也見到「皇帝與皇太后二者幻身的形狀，如幻眼幻化般迅即聚攝昇天，此時諸天也來到二位跟前行禮，頗瓦（ འཕོ་བ །）時的法眼所見也是如實顯現。」[34]隨後，達賴喇嘛辭歸，於1908年11月28日（藏曆10月28日）早上離開北京。[35]總計達賴喇嘛在京，與當時清朝的二位最高領導人慈禧太后與光緒共見三次面。

四、西藏自地自處

達賴喇嘛從1904年離開西藏，到入京觀見，已經四年有餘。儘管在流亡寄人籬下期間，達賴喇嘛仍掌握西藏的政教現況，每天仍如常進行調度指揮，西藏各政府部門的公私事務都迅即報知，獲得處理，如同在西藏親政時一般。[36]達賴喇嘛在進京沿途，不僅留心內地的大城市與城市建築、人文、習俗現況，財富力強的大小差別處、文官武備的範圍等等的所有優缺之處，同時也在能力範圍內參與其事，[37]然最重要的是向清廷直接提出自己的主張。

---

33 〈諭內閣達賴喇嘛封爲誠順贊化西天大善自在佛〉（光緒34年10月初10日），《宮中雜檔》，中國第一歷史檔案館藏，收入中國藏學研究中心、中國第一歷史檔案館、中國第二歷史檔案館、西藏自治區檔案館、四川省檔案館合編，《元以來西藏地方與中央政府關係檔案史料匯編》，冊4，頁1487。

34 《第十三輩達賴喇嘛傳》，頁426-427。

35 〈理藩部奏報達賴喇嘛離京時刻及送行禮節摺〉（光緒34年11月29日），收入中國藏學研究中心、中國第一歷史檔案館、中國第二歷史檔案館、西藏自治區檔案館、四川省檔案館合編，《元以來西藏地方與中央政府關係檔案史料匯編》，冊4，頁1491。

36 《第十三輩達賴喇嘛傳》，頁428。

37 《第十三輩達賴喇嘛傳》，頁427-428。

（一）主張的提出

　　根據《第十三輩達賴喇嘛傳》的記載，達賴喇嘛趁著與慈禧太后及光緒皇帝見面的機會，尤其是在紫光閣賜宴時，多次公開表達自己對駐藏大臣有泰與張蔭棠二人昧於西藏利益作為的不滿，且當面數落譴責彼二人。[38] 這次的晉京，達賴喇嘛除了談論佛法之外，同時也提出了：

> 對於西藏地方的王統政教臣民等的前後利弊，歷來不良的陋習、思想與軍隊都將盡全力逐一進行改革，以期自地自處得以真正永固〔 རང་ས་རང་གནས་མཆོག་ཏུ་བརྟན་ ཕྱོགས་བཞིན་ཏོ།།〕。所有的佛教正法皆依循宗喀巴的顯密雙運教示與修行傳承，將一切漢、蒙、藏三族眾生的利益常駐於心，以及以無限的方式等，期如同過去諸祖宗皇帝的法度一般，全心全力的進行，持續的逐步改善。[39]

　　對此，光緒皇帝與慈禧太后二人的回應，都視達賴喇嘛為西藏地方的宗教領袖，只要求其加強對範圍內各個寺院的戒律傳習，而達賴喇嘛的回答是：

> 將依循過去法度的平順基礎，未來仍要續以黃帽教法傳承堅固的進行。從現在開始西藏的重大事務，可以由〔達賴喇嘛〕自己稟報〔皇上〕金聽〔གསན་ ལགས།〕；否則可以由駐藏安辦〔大臣〕與西藏方面一同稟報金聽。這也是能帶給漢、藏同道〔རྒྱ་བོད་མཛའ་ལམ།〕，以及依循過去法度的漢藏二者〔情誼〕都得以堅固長久。[40]

　　達賴喇嘛以西藏政教領袖的身分向清廷提出：未來諸事將直接向皇帝或

38　《第十三輩達賴喇嘛傳》，頁422-423。
39　《第十三輩達賴喇嘛傳》，頁424。
40　《第十三輩達賴喇嘛傳》，頁424。

與駐藏大臣一起上報，以使西藏得以自地自處，漢藏情誼眞正永固。這種主張與清廷僅將之視爲西藏宗教領袖的立場，差異極大。

(二) 清廷的反應

儘管清廷與達賴喇嘛間的立場不同，但仍是在承認清廷對西藏的統治基礎前提下提出，而此時清廷已派員進藏整頓，設法鞏固對西藏主權，且奉命進藏的張蔭棠已返京述職，故而達賴喇嘛對渠等的反感，清廷並未予理會。重要的是如何回應未來西藏的重大事務由達賴喇嘛本人直接向皇帝稟報，或與駐藏大臣一同稟報的提議。對於此事，清廷官員意見不一，歸納有三種：

> 說者謂歷輩達賴向由藏臣轉奏，照舊制應不准行。或謂達賴本主黃教，關於教務之事應准其會奏，關於政務之事應不准其會奏，庶於允准之中，仍寓限制之意。或又謂如准達賴會奏，則達賴之權愈重，而駐藏大臣辦事將更無權。以上諸說各持一故，言之成理。[41]

但，張蔭棠卻有不同的看法，他說：

> 達賴如請單銜具奏，固不可行。若但求得與駐藏大臣，會奏似於事實尚無妨礙。何者，蓋今之西藏情勢異昔，拘邊舊制似非所宜，且政教糅雜，分之甚難，實不足以示限制。又查西藏政權，從前原操諸駐藏大臣，今則久成守府，一切事權實握於達賴之手。今值其以是請，正可因勢利導，藉以收回政權。蓋既與駐藏大臣會奏，則西藏重大事件，達賴必待奏准，始能施行，而凡所奏事項，駐藏大臣轉得而鑒察之限制之，況其會銜具奏，則非會銜不得單行具奏可知。凡藏臣見爲事理不合者，可以不允其會銜，彼即不能具

---

41 張蔭棠，〈上外部請准達賴會銜奏事說帖 (九月)〉，收入吳豐培編輯，《清季籌藏奏牘》，冊3，〈張蔭棠奏牘〉，卷5，頁36。

奏，即會奏之件，其准駁之權，仍在政府。若有疑似，猶可交議，理藩部亦
得而限制之。凡事須請朝旨則主國之權，益形堅固。[42]

根據張蔭棠的看法，清廷雖不准許達賴喇嘛單銜具奏，但可准其與駐藏
大臣具銜會奏，此對於收回西藏主權是有助的。但是，無論達賴喇嘛所提的
建議或是清廷官員的處理意見不一，都是在西藏是清廷統轄下的藩屬認知中
進行。因此，清廷對達賴喇嘛的意見並不回應，除依慣例仍給尊崇外，且在
加賜封號時，明白要求他：「到藏以後，務當恪守主國之典章，奉揚中朝之
信義，並化導番衆，謹守法度，習爲善良。所有事務，依例報明駐藏大臣隨
時轉奏，恭候定奪。」[43]至此，達賴喇嘛到京覲見皇帝的成果，除了得到一個
在原封號加上「誠順贊化」之外，一切如舊，他的期待是落空了。數日後，
光緒皇帝與慈禧太后陸續駕崩，溥儀繼位廟號宣統，由於正值國喪與新君繼
位期間，一切不便，達賴喇嘛也離京，清廷對於達賴喇嘛所提的諸事，也未
採取更進一步的措施。

最後，《第十三輩達賴喇嘛傳》中在提及將依循宗喀巴教法，致力改善
之後，又加上了「對於全般與特別的現在西藏與大西藏地方（ བོད་དང་བོད་ཆེན་པོའི་ཕྱོག
ས） 範圍內各個寺院的戒律傳習。」[44]的敘述。顯見達賴喇嘛在北京已提出了
西藏的範圍，只是沒有明確詳細指出。根據對此範圍的前後敘述，可知達賴
喇嘛所認知的西藏自地自處是以宗教，是以格魯派所掌控的範圍爲之。其中
可以分爲：現在的西藏與大西藏兩個地方，前者是屬於當時的西藏本部，以

---

42 〈上外部請准達賴會銜奏事說帖（九月）〉，收入吳豐培編輯，《清季籌藏奏牘》，冊3，〈張
　　蔭棠奏牘〉，卷5，頁36。

43 〈諭內閣達賴喇嘛封爲誠順贊化西天大善自在佛〉（光緒34年10月初10日），《宮中雜檔》，
　　中國第一歷史檔案館藏，收入中國藏學研究中心、中國第一歷史檔案館、中國第二歷史檔
　　案館、西藏自治區檔案館、四川省檔案館合編，《元以來西藏地方與中央政府關係檔案史
　　料匯編》，冊4，頁1487。

44 《第十三輩達賴喇嘛傳》，頁424。

及青海南部與康區西部的一部分,與清廷所劃定的西藏範圍大致相同。後者是傳統的西藏範圍,但此一傳統西藏範圍,常因時代環境不同而有所變動。藏文中的「大西藏」一辭,雖然在唐代長慶3年(823)時期的「唐蕃會盟碑」(ཁྲ་བའི་རྡོ་རིངས།) 中的:「蕃漢二國所守見管本界,以東悉為大唐國境,已(以)西盡是大蕃境土(བོད་ཆེན་པོའི་ཡུལ)。」[45]出現與對其範圍有籠統的描述,然早在建中4年(783)「唐蕃清水會盟」中已經記載唐蕃兩國的邊界,即:

> 唐地涇州右盡彈箏峽,隴州右極清水,鳳州西盡同谷,劍南盡西山、大度水。吐蕃守鎮蘭、渭、原、會,西臨洮,東成州,抵劍南西磨些諸蠻、大度水之西南。盡大河北自新泉軍抵大磧,南極賀蘭囊它嶺,其間為閒田。二國所棄戍地毋增兵,毋創城堡,毋耕邊田。[46]

在《第十三輩達賴喇嘛傳》中所提的「大西藏」主要是沿襲第五輩達賴喇嘛阿旺羅桑嘉措(ངག་དབང་བློ་བཟང་རྒྱ་མཚོ,1617-1682)所撰《西藏王臣記》中所提的「大西藏的疆域〔བོད་ཆེན་པོའི་རྒྱལ་ཁམས།〕,上部阿里〔སྟོད་མངའ་རིས།〕部分……,中部衛藏〔བར་དབུས་གཙང།〕部分……,下部多康〔སྨད་མདོ་ཁམས།〕部分……。」[47]的傳統西藏三區範圍,它相當於清代的西藏本部,以及青海、康區全部、與甘肅南部有藏族居住的地方,是以民族分布界線作為國界。[48]這是傳統東方以民族文化作為國家界線的範圍,與西方國家以地理分界的範圍概念不同。同時,第十三輩達賴喇嘛所處的時代,西藏已是清朝所轄的屬地,所指也只是西藏與內地

45　〈唐蕃會盟碑〉,王堯編著,《吐蕃金石錄》(北京:文物出版社,1982),頁3。

46　〔宋〕歐陽修、宋祁、范鎮、呂夏卿等合撰,《新唐書》(台北:臺灣商務印書館,2010),卷216,〈吐蕃傳〉。

47　第五世達賴喇嘛,《西藏王臣記》(གངས་ཅན་ཡུལ་གྱི་ས་ལ་སྤྱོད་པའི་མཐོ་རིས་ཀྱི་རྒྱལ་བློན་གཙོ་བོར་བརྗོད་པའི་དེབ་ཐེར་རྫོགས་ལྡན་གཞོན་ནུའི་དགའ་སྟོན་དཔྱིད་ཀྱི་རྒྱལ་མོའི་གླུ་དབྱངས་ཞེས་བྱ་བ) (北京:民族出版社,1981),頁10。

48　歐陽無畏,〈敦的疆界和邊界〉,收入《西藏研究》(台北:中國邊疆歷史語文學會,1960),頁139。

省區與藩屬的分界。不過，此以傳統民族劃分的大西藏範圍，卻成為1913年由英印外交官麥克馬洪（Henry McMahon，1862-1949）在西姆拉會議中提出，後通稱「麥克馬洪線」（McMahon Line）的「內、外藏」大西藏範圍，造成民國期間西藏與內地及鄰近國家邊界紛爭。

五、與清廷的關係

達賴喇嘛與清廷的關係，在1913年2月，由印度返回拉薩時，2月13日（藏曆水牛年1月8日）發布五點的文告（《水牛年文告》）[49]的前言中說：

> 往昔成吉思汗和俺達汗等蒙古時代，以及中國明朝歷代帝王時期、到第五輩達賴喇嘛時期與滿清皇帝，西藏與中國乃植基於施主和僧侶間的供施關係，數年以前，中國川、滇當局竭力使我們的領土殖民化，藉口維持貿易市場治安，派遣大量軍隊入藏，因此我率同部屬離開拉薩，至印藏邊境，希望以電報使北京瞭解，西藏與中國之間是施主與僧侶的供施關係，而非一方臣屬於另一方的隸屬關係。[50]

這種關係的維持，達賴喇嘛到內地時已有含蓄的表示，當在流亡印度時便公開提出：「西藏對中國一直極為和順行事。然而，儘管如此，漢人仍然剝奪了西藏的所有權利，並且……，連我這個國家首腦同我左右的人均無法在自己的國內安身。」[51]隨而，達賴喇嘛請「俄國政府會同英國政府，或獨自

49　其中的第一、二點是對於西藏佛教僧侶的管理與嚴守戒律的要求。第三點是對世俗官員在執行公務時須公正誠信以免傷及百姓。第四點是針對邊境的防務。第五點則是充分開發土地與徵稅等。

50　達賴喇嘛，《水牛年文告》，（藏文），《བོད་ཀྱི་དོན་རྒྱལ་རབས》，（藏文）（Kalimpong：Shakapa House，1976），頁221。

51　陳春華、郭興仁、王遠大譯，〈達賴喇嘛來信內容簡述〉，收入《俄國外交文書選譯（有關中國部分1911.5-1912.5）》（北京：中華書局，1988），頁53-54。

提請中國恢復他的權力。如果不能做到這一點，達賴喇嘛將請求把問題提交國際公權。」[52]

　　儘管中華民國第一任大總統袁世凱提出恢復達賴喇嘛名號，[53]但達賴喇嘛卻答以：「達賴封號乃前清皇帝所革黜，仍須由清帝復還，且皇帝為明智弘善之嘉班陽，不敢違背。」[54]予以婉拒。此顯示出達賴喇嘛以過去與清廷的關係為藉口，婉拒袁世凱的復號善意，也說明渠認為國民政府與西藏的關係仍需重新確定，並不因改朝換代所能順利取代或繼承。

　　其次，當達賴喇嘛在西藏主政時，在1923年借英之助把中國軍隊驅回打箭鑪時，英國藉此討償聾隅（ མོན་ཡུལ། ）、賈隅（ རྒྱ་ཡུལ། ）兩地作為報酬，但是達賴喇嘛一待川、康方面的軍事告一結束後，反而以：「聾隅、賈隅是中國大皇帝的土地，現時不過由我暫為代管，所以我沒有權能夠自由處分這兩地，所以我不能割讓給你！」[55]另外，在西藏學法的法尊法師也轉述了其師憶及英國駐印總督有一年供給西藏許多的槍械和用品後，便向達賴喇嘛索一個地方來設立醫院，救濟人民，並做一點小商業。但達賴喇嘛堅決的謝絕說：「這西藏地方全是中國皇帝所有，我不過暫代管理而已，故此事不能滿君所願。」[56]雖然，以上二事皆是傳自拉薩格魯派寺院的傳聞，但也說明了達賴喇嘛以與清廷的傳統關係，來護衛西藏土地免於割讓的外交手腕。

52　〈達賴喇嘛來信內容簡述〉，《俄國外交文書選譯（有關中國部分1911.5-1912.5）》，頁52-53。

53　〈蒙藏局奉發袁世凱恢復達賴喇嘛封號令給鍾穎與達賴喇嘛咨行及照會〉（民國元年10月31日），元字第103號，收入中國藏學研究中心、中國第一歷史檔案館、中國第二歷史檔案館、西藏自治區檔案館、四川省檔案館合編，《元以來西藏地方與中央政府關係檔案史料匯編》，冊6（北京：中國藏學出版社，1994），頁2353。

54　〈姚錫光代呈赴藏勸慰員楊芬報告致袁世凱呈〉（民國2年7月），收入中國藏學研究中心、中國第一歷史檔案館、中國第二歷史檔案館、西藏自治區檔案館、四川省檔案館合編，《元以來西藏地方與中央政府關係檔案史料匯編》，冊6，頁2381。

55　歐陽鷙，《大旺調查記（手稿）》（台北：國立政治大學邊政研究所印行，1986），頁93。

56　法尊，《西藏與西藏佛教》（台北：天華出版社，1980），頁156。

　　最後，在1932年，達賴喇嘛圓寂前一年，也仍說：「昔因第五輩達賴喇嘛與滿洲皇帝結下供施之緣，至今應相互支持。爲稟明情由，不辭辛勞，北上跋涉，經內地、蒙古，在北京紫禁城晉見皇太后和皇帝，深承優禮相待。」[57]由此可知，在達賴喇嘛的認知裡，西藏與內地的關係是自第五輩達賴喇嘛以來的「供施關係」（མཆོད་ཡོན），且是他一貫遵守的原則。

　　但是，在第五輩達賴喇嘛進京時，並未像蒙元時代忽必烈與八思巴所結成的上師與弟子「供施關係」，他並未成爲順治皇帝的上師，更未成爲領清朝全部天下的帝師。清廷除了封第五輩達賴喇嘛爲「西天大善自在佛所領天下釋教」的西藏地區宗教領袖的頭銜之外，同時也賜封與第五輩達賴喇嘛結成供施關係，且掌控西藏政權的顧實汗爲「遵行文義敏慧顧實汗」，希其「作朕屛輔，輯乃封圻。」[58]也就是：清廷既是掌西藏政、教二人的共同主子，也是達賴喇嘛宗教上的施主。[59]因此，在清廷的認知裡，達賴喇嘛只是朝廷轄下的西藏宗教領袖，除了給予尊榮之外，陸續在西藏設置與達賴喇嘛地位平等的駐藏大臣、駐軍護衛。況且在1792年，清廷特別創立蒙、藏佛教中靈童轉世的認證，以金瓶掣籤爲制度，[60]達賴喇嘛等藏傳佛教中高級轉世靈童的確認，都須經過朝廷的核准。基於此，清末的整頓藏政、收回主權

57　第十三輩達賴喇嘛，〈第十三輩達賴喇嘛遺誡〉（རྒྱལ་མཆོག་སྐུ་ཕྲེང་བཅུ་གསུམ་པ་ཆེན་པོ་ཡི་ཁ་ཆེམས་བཀའ་རྩོམ་ཉིན་བྱེད།）；阿洛群則（Alo Chhonzed），《བོད་ཀྱི་གནས་ལུགས་བདེན་འབྲེལ་སྙིང་བསྡུས་ཀྱི་སྐོར་ཞིག་བྱ་བ་ལོ་ཙ་ཆོས་མཛད་ཏ་གཏམས་（ཐེ་ལི1920 ནས1982 བར）》，頁26。

58　《大清世祖章皇帝實錄》（台北：華聯出版社，1964），卷74，頁18上-20上，順治10年4月丁巳。

59　陳又新，〈第五輩達賴喇嘛進京與交流〉，《第9屆文化交流史暨輔大歷史學系在台50週年：傳承與涵化國際學術研討會會議論文集（三）》（台北：天主教輔仁大學歷史學系，2013），頁24。

60　〈福康安等奏供奉金瓶於大昭佛樓及八世達賴喇嘛歡欣情形摺〉（乾隆57年12月初1日），《宮中硃批奏摺》，中國第一歷史檔案館藏，收入中國藏學研究中心、中國第一歷史檔案館、中國第二歷史檔案館、西藏自治區檔案館、四川省檔案館合編，《元以來西藏地方與中央政府關係檔案史料匯編》，冊3（北京：中國藏學出版社，1994），頁794-795。

當然是於理有據而名正言順。

雖然達賴喇嘛與清廷對彼此關係的認知觀點不同，但在大清帝國仍然存在之時，這種關係一直被維持著。在清廷國勢衰微，達賴喇嘛到京提出了這種「供施關係」的確認時，已然不被重視，反而以既有立場處理，直到清民鼎革之後，西藏與內地必須設法重新建立關係。

六、結論

第十三輩達賴喇嘛阿旺洛桑土登嘉措是在傳統的西藏社會的背景下成長的政教領袖，他是處於十九世紀末到二十世紀上半，西方強權在世界各地相互侵略與競爭，以及清民鼎革的時代。當達賴喇嘛面臨困境，逃離西藏前往內地北京時，主要是抱持直接向清廷皇帝求援，以改善未來西藏的希望。為此，達賴喇嘛依照清廷的安排自塔爾寺啓程到五台山暫駐半年有餘，等候進京，到京覲見時又以下跪一足之禮見面，顯見達賴喇嘛認同西藏是清廷的藩屬之一。雖此時清廷本身已無暇自顧，但仍以宗教領袖屬性來看待達賴喇嘛，除隆重的接待迎送之外，更以既定立場，堅持西藏主權的收回。致使達賴喇嘛在京所提出的訴求落空，三年後，返回西藏，即按照自己想法處理與內地的關係。

達賴喇嘛在內地活動期間，目睹內地城市與清廷的實際情況，儘管他不時與清廷之外的國家代表接觸，建立關係；但基於與清廷供施關係的維護，並未作出出賣清廷的行為。雖然達賴喇嘛在京提出的意見落空而返時，發現清廷的收回主權作為並無改變，因而再度離開。趁清民鼎革之際，達賴喇嘛重返西藏掌政，即運用其與過去與清廷的關係為藉口，避免西藏淪為英印等國際勢力的殖民地，以與英印等國所建立的關係，阻擋了新成立國民政府對西藏主權的要求。同時按照自己的想法推動新政，充實軍隊，設法自固，以

軍力阻隔西藏與內地交通。儘管到了民國時期，當雙方關係需要再重新建立
與定位時，面臨國際勢力的不斷掣肘，以及各自內部不同意見的干擾，但達
賴喇嘛對與內地維繫供施關係的堅持，同時也給了彼此留下改善關係的有利
空間。

鄂多台在北京的生活——以《鄂庚垣手書日記》爲主 ***

隋皓昀

馬偕醫護管理專科學校兼任助理教授

關於鄂多台（odotai）[1]的研究寥寥無幾。[2]鄂多台（1865-1921），[3]號庚

＊　本文承蒙計畫主持人藍美華教授、與談人劉學銚教授、定宜莊教授及匿名審查人惠賜寶
　　貴意見，并李信成教授及林士鉉教授惠助本文的進行暨胡文茜、劉芳妤、蕭淑慧等助理
　　及林淑禎助教負責出版等事宜，其中蕭淑慧助理尤爲費心校看本文，謹此特申謝忱，本
　　文文責概由作者承擔。

＊＊　謹以此文紀念李毓澍老師。

1　鄂多台之蒙古名，請見《蒙文白話報》，第2號（1913年2月），〈法令〉，收入徐麗華、李德
　　龍主編，《中國少數民族舊期刊集成》，冊2（北京：中華書局，2006），頁230，蒙古文。
　　本文採用波普（N. Poppe）的蒙古文轉寫法。

2　馬非百，〈百足之蟲　死而不僵——一個沒落的蒙古貴族家庭的地租剝削及其他活動〉，
　　收入中國人民政治協商會議全國委員會文史資料研究委員會編，《文史資料選輯》，輯
　　96（北京：中華書局，1960），頁140-172；王政堯，〈《車王府曲本》的流失與鄂公府本事
　　考〉，《歷史檔案》，2010年第1期（2010年2月），頁98-102+116。近年出版俞冰主編的《歷
　　代日記叢鈔》（北京：學苑出版社，2006），未收錄鄂多台日記。常寶，〈清末民國時期110
　　名蒙古族地方精英流動、演變狀況一覽表〉，亦未見鄂多台的蹤影。參見常寶，《漂泊的
　　精英：社會史視角下的清末民國內蒙古社會與蒙古族精英》（北京：社會科學文獻出版
　　社，2012），〈附錄〉，頁391-406。

3　鄂多台的生年是據其投保華安企嫒保壽公司時填寫的資料。參見鄂多台，《鄂庚垣手書日
　　記》，〈壬子年九月初三日辛酉（1912年10月12日）〉，收入北京大學圖書館館藏稿本叢書
　　編委會編輯，《北京大學圖書館館藏稿本叢書》，冊7（天津，天津古籍出版社，1991），頁
　　83，以下簡稱《日記》；注釋中的紀事年月並附西曆。卒年則據〈大總統指令第二千二百
　　七號〉，《政府公報》（重印本），第2004號，1921年9月22日（台北：文海出版社，1971），

垣、[4]庚元，[5]喀爾喀圖什業圖汗部後路中右旗人。[6]出身爲公銜二等台吉，[7]貴胄
法政學堂修業，[8]民國元年入參議院，遂加授鎮國公銜頭等台吉，晉升輔國
公。鄂多台身處變動的民國社會，國內的政治領導中心有袁世凱領導的軍方
勢力、國民黨及殘存的清室分峙；同時亦有蒙古、西藏的分裂力量左右其
間，國外復有列強眈眈於後；國內社會則瀰漫著革除清廷殘餘的風氣，值此
亂離之世，鄂多台如何保全家族，其間之艱難曲折頗值深究。本文擬就鄂多
台身處的民國社會中經濟、政治等層面的變化，探討鄂多台在民國社會的活
動。

一、政治變局中的身分

　　鄂多台進入臨時參議院，[9]是因駐京蒙古王公組成的聯合會推舉所致。[10]蒙

頁571-572。

4　鄂多台，《日記》，〈丁巳年六月二十三日甲申（1917年8月10日）〉，冊8（天津：天津古籍
　　出版社，1991），頁993，粘貼「鄂四先生庚垣施助洋伍圓」的浮籤。

5　鄂多台於民國7年填寫〈陸軍部簡明履歷格式〉時提及庚元之號。參見鄂多台，《日記》，
　　〈戊午年六月初八日癸亥（1918年7月15日）〉，收入北京大學圖書館藏稿本叢書編委會
　　編輯，《北京大學圖書館館藏稿本叢書》，冊8，頁1181。《參議院議決案附編》收載的〈議
　　員名號鄉貫席次職任一覽表〉也稱別號庚元。參見李強選編，《北洋時期國會會議記錄彙
　　編》，冊8（北京：國家圖書出版社，2011），頁391。

6　〈蒙回藏汗王公札薩克銜名表（民國六年版）〉，收入馬大正主編，《民國邊政史料匯編》，
　　冊14（北京：國家圖書館出版社，2009），頁237。

7　〈蒙回藏汗王公札薩克銜名表（民國六年版）〉，收入馬大正主編，《民國邊政史料匯編》，
　　冊14，頁237。〈陸軍部簡明履歷格式〉，載於鄂多台，《日記》，〈戊午年六月初八日癸亥
　　（1918年7月15日）〉，冊8，頁1181。鄂多台在清末以蒙古語言文字純熟，揀爲二等侍衛兼
　　二等台吉，後升爲頭等侍衛。參見〈禁城寒柝〉，《申報》（上海），第5310期，1888年1月
　　26日，版1；〈光緒二十一年閏五月初七日京報全錄〉，《申報》（上海），第7979期，1895
　　年7月8日，版12。參見「申報（1872-1949）資料庫」：http://spas.egreenapple.com/WEB/
　　INDEX.html。

8　鄂多台民國9年填寫的〈陸軍部要自書簡明履歷〉，載於鄂多台，《日記》，〈己未年十二月
　　初八日乙酉（1920年1月28日）〉，冊8，頁1376。

9　鄂多台是民國元年4月27日到院，參見《參議院議決案附編》收載的〈議員到院及離院日
　　期一覽表〉，收入李強選編，《北洋時期國會會議記錄彙編》，冊8，頁381。

10　聯合會在外蒙古王公的部分原先推舉那彥圖、帕勒塔、鄂多台、多隆武及祺誠武等五

古王公聯合會是那彥圖（nayantu）、貢桑諾爾布（güngsangnorbu）[11]及博迪蘇（bodisu）[12]等倡首建於宣統3年末，其宗旨爲「開通蒙古風氣，改良政治，保存權利，聯絡全體，互相輯睦。」[13]就鄂多台《日記》所載，除了蒙古王公內部的聯繫[14]外，主要在於表達駐京蒙古王公全體的利益。聯合會初創之際，參議員阿穆爾靈圭假借鄂多台等八人之名，彈劾蒙藏事務局[15]副總裁兼署總

人，核諸〈各蒙旗駐京王公銜名住址一覽表〉，關於外蒙各旗分，主要分爲喀爾喀中路中左旗、舊土爾扈特部落以及喀爾喀後路中右旗等，這份名單適相符合代表性；後於民國元年4月21日呈送參議員正選及備選名單時，其中外蒙古正選參議員部分，新添車林巴布一員，然喀爾喀後路中右旗郡王車林巴布是個返鄉不明道路遠近及公事俱忙妄室，「一事不知」之人，是以蒙古聯合會操縱民初國會蒙古議員選舉之意圖昭然可見。參見鄂多台，《日記》，〈壬子年二月初三日丙申（1912年3月21日）〉，冊7，頁9；《蒙藏院行政統計表》，收入馬大正主編，《民國邊政史料匯編》，冊15（北京：國家圖書館出版社，2009），頁277-282；〈蒙古聯合會呈送選定參議員等文（附單）〉，《順天時報》（北京），第3065號，1912年5月1日，版5，呈文；馬非百，〈百足之蟲　死而不僵——一個沒落的蒙古貴族家庭的地租剝削及其他活動〉，頁141-142。

11　貢桑諾爾布及那彥圖之蒙古名，參見《蒙文白話報》，第2號（1913年2月），〈法令〉，收入徐麗華、李德龍主編，《中國少數民族舊刊集成》，冊2，頁227，蒙古文。

12　博迪蘇之蒙古名，請見《蒙文白話報》，第2號（1913年2月），〈法令〉，收入徐麗華、李德龍主編，《中國少數民族舊刊集成》，冊2，頁229，蒙古文。

13　〈孫總統（孫中山）又致蒙古王公電〉，載於渤海壽臣輯，《辛亥革命始末記》（要件），收入沈雲龍主編，《紀念中華民國建國六十週年史料彙刊》，冊2（台北：文海出版社，1971），頁925；〈蒙古王公聯合會章程〉，《辛亥革命始末記》（各省），收入沈雲龍主編，《紀念中華民國建國六十週年史料彙刊》，冊1（台北：文海出版社，1971），頁683；王柯，〈從「勤王大清」到「滿蒙獨立」——川島浪速的「滿蒙獨立運動」〉，收入王柯，《民族主義與近代中日關係：「民族國家」、「邊疆」與歷史認識》（香港：中文大學出版社，2015），頁144-149。

14　那彥圖約鄂博噶台至聯合會討論麤麤口分案。參見鄂多台，《日記》，〈壬子年十一月初九日丁卯（1912年12月17日）〉，冊7，頁106。

15　爲遵照《蒙古優待條件》，消除藩屬舊稱，肇造五族共和，袁政府決定理藩部歸併內務部，遂致內務部業務激增；內務部原欲增添次長一名，爲參議院法治股審查會否決，於是建請籌設蒙藏事務局。參見孫宏年，〈蒙藏事務局與民國初年的邊疆治理論析〉，《中國邊疆史地研究》，2004年第1期（2004年1月），頁32-33；〈蒙藏事務局沿革記上〉，《蒙文白話報》，第2號（1913年2月），〈要聞〉，收入徐麗華、李德龍主編，《中國少數民族期刊集成》，冊2，頁302-301。《蒙文白話報》採用「蒙漢合璧」的方式刊行，民初編定漢文頁碼時已錯亂不清，現今出版者不察，致使漢文頁碼倒錯；另可見《藏文白話報》，第2號，亦刊有此文。

裁姚錫光，[16]意欲扶持蒙古人就任，[17]鄂多台為此致「辨呈文」於國務院總理趙秉鈞，闡言：

> 風聞有人在大總統〔袁世凱〕前反对姚君錫光，並蒙藏統一會等情云云。闻信之餘，不勝詫異。想蒙藏政務為目之急，以姚君充任総裁，议员昌勝欢迎，正顾淂人之慶，且姚君办理会務，委係實事求事，向為蒙人欽佩，並無反对各情。至反对公函，议员毫不知情，更無許可附名各事，特此声明。[18]

阿穆爾靈圭因事未能遂意，即在聯合會中鼓動，要求召開特別會，進行聯合會總監選舉，[19]政府則於成案後十日之內，於元年9月9日發布貢桑諾爾布擔任蒙藏事務局總裁。[20]再如科爾沁賓圖郡王棍楚克蘇隆因故久未到任，[21]

---

16 〈任命姚錫光為蒙藏事務局副總裁並兼署總裁。此令〉，《政府公報》（重印本），第91號，1912年7月30日，頁109；〈蒙藏事務局沿革記上〉，《蒙文白話報》，第2號，〈要聞〉，收入徐麗華、李德龍主編，《中國少數民族舊期刊集成》，冊2，頁296-295。

17 據《順天時報》所載，蒙古聯合會要求國務院會議蒙古事務，須用蒙古人為官；蒙藏局成立時，即有喀拉沁王貢桑諾爾布充任之傳聞；蒙藏局運作之後，對姚錫光的攻訐益多，指稱姚氏所謂「熟諳蒙務」之名，不過是陪從善耆同遊內蒙古，而且清代內蒙古事簡，今日外蒙及西藏的亂象紛呈，姚氏「實無事可辦」。參見〈用蒙人為蒙官問題〉，《順天時報》（北京），第3094號，1912年6月2日，版7，時事要聞；〈蒙藏局之局長〉，《順天時報》（北京），第3148號，1912年8月7日，版7，時事要聞；〈副總統密電誌要〉，《順天時報》（北京），第3156號，1912年8月16日，版7，時事要聞；〈姚錫光不諳蒙務〉，《順天時報》（北京），第3161號，1912年8月22日，版7，時事要聞。

18 鄂多台，《日記》，〈壬子年六月二十二日壬子（1912年8月4日）〉，冊7，頁57-58。鄂多台，〈壬子年六月三十日庚申（1912年8月12日）〉，自註「現五族平等時代，不淂私存意見」的理解。頁61。蒙藏交通公司曾三次致函大總統要求儘速將姚錫光扶為正總裁。參見〈國務院批蒙藏交通公司等團體三次請改姚錫光為正總裁呈〉，《政府公報》（重印本），第107號，1912年8月15日，頁131-132。正文引文中的闻、对、议员、淂、办、会及声等字均屬當時庶民流行的俗用字，若遇現今字碼中未載之字，不另行造字，逕以正體字處理；註釋引文內「私」字的加框是原日記中該字之墨色略顯模糊，依據筆順判讀。

19 這次選舉中貢桑諾爾布得15票，獲選為總監。參見鄂多台，《日記》，〈壬子年七月十九日己卯（1912年8月31日）〉，冊7，頁68-69。

20 鄂多台，《日記》，〈壬子年七月二十九日己丑（1912年9月10日）〉，冊7，頁73；《西北雜誌》，第1期，〈命令〉，收入徐麗華、李德龍主編，《中國少數民族舊期刊集成》，冊1（北京：中華書局，2006），頁31。

21 棍楚克蘇隆的政治立場頗富玄機，1912年6月間前赴庫倫之事，實情為何仍不甚明悉。

那彥圖轉任行政官，蒙古聯合會於是針對現況的變化，準備遞補參議員，[22]鄂多台則藉此向那彥圖提名自家子弟「車林端多布、車林桑都布，又鄂博噶台」，那彥圖指示「即与聯合会商定，如否，只可到察哈尔來電，補充」，[23]車林桑都布趁此時機於民國元年10月補職爲參議員。[24]

地方選舉涉及全體國民，爲使民國政府即快獲致外國的承認，因此袁政府力行各地選舉，但外蒙古地方選舉全無消息，在京蒙古王公爲此提出辦法，袁總統指示，「所有本屆各蒙古地方，尙未依法舉行衆議院議員選舉調查及組織參議院議員選舉會者，擬請即由前派之蒙古地方選舉監督烏裡雅蘇台將軍那彥圖就近在京參照法令，分別舉辦。」[25]籌備國會事務局遂於2年2月中頒布〈蒙古正式議員選舉辦法〉，指出「蒙古各處亂事尙未平靖，正式國會議員斷難如法選舉，現已決定變通辦法。開聞阿邸〔阿穆爾靈圭〕等與在京之各蒙古王公會議，以除各盟旗正式選舉外，其餘如未足額，即以在京之各蒙人選補，除貢桑諾爾布、那彥圖等已入政界外，仍以祺誠武、鄂多台、達賚、博迪蘇、熙淩阿、唐古色、葉顯揚及明晰法理之各在京蒙人互選」，並就此組織「蒙古選舉事務所」。[26]祺誠武及鄂多台據此呈請蒙藏事務

現說爲依附博格多汗政府，然中方亦行拉攏，除晉封親王，並將他出走外蒙古之事，指稱爲查究獨立案，棍楚克蘇隆後暴卒於1913年5月31日。參見白南定，〈民國初期東蒙古局勢〉（呼和浩特：內蒙古大學碩士論文，2010），頁26。鄂多台參與辦理棍楚克蘇隆的追悼會，並於民國五年在雍和宮舉行棍楚克蘇隆三週年的奠祭。參見鄂多台，《日記》，〈癸丑年五月二十二日戊寅（1913年6月26日）〉、〈丙辰年四月二十三日辛酉（1916年5月24日）〉，冊7，頁190-191、頁712-713。

22 那彥圖擔任烏里雅蘇台將軍及參議員辭職。參見鄂多台，《日記》，〈壬子年五月十九日庚辰（1912年7月3日）〉、〈壬子年五月二十四日乙酉（1912年7月8日）〉，冊7，頁43、45。

23 鄂多台，《日記》，〈壬子年六月二十三日癸丑（1912年8月5日）〉，冊7，頁59。

24 鄂多台，《日記》，〈壬子年九月初九日丁卯（1912年10月18日）〉，冊7，頁86。

25 〈臨時大總統指令第十一號〉，《藏文白話報》，第4號（1913年4月），〈法令〉，收入徐麗華、李德龍主編，《中國少數民族舊期刊集成》，冊6（北京：中華書局，2006），頁391-392。

26 《大公報》，1913年2月21日，轉引自王品，〈民初第一屆國會關于蒙古地區議員的選舉述論〉（北京：中央民族大學碩士論文，2006），頁30。

局備案組織「在京選舉會」，各方分別提出口袋人選，[27]其選舉法爲「輪轉互投」，[28]選後鄂多台及其子車林桑都布分別成爲圖什業圖汗部及車臣汗部的代表。[29]

民國初年各政黨林立，蒙古議員也成爲競相爭取的對象。處於這種資訊混雜的時代，鄂多台接受阿穆爾靈圭的建議，加入共和黨。[30]鄂多台在共和黨內並不活躍，[31]然而若是選舉正副會長、推舉參議院正副議長候選人，[32]或

27 鄂多台，《日記》，〈癸丑年二月十三日庚子至十七日甲辰（1913年3月20-24日）〉，冊7，頁151-153。鄂多台與那彥圖言及欲「組織四部落投票選舉」，鄂多台開出選舉名單二十九人，那彥圖則舉出百餘人。

28 鄂多台描述這種投票方式，著實令人困惑。「其投票法均由陸大坊等在街東房院內，所有均在彼給伊名條，一報某人名，認冊上某人名，輪轉互投。余所投之票作廢，由彼炤另報數票。」並說明當時「籌辦選舉事務所投票即亂不清。」參見鄂多台，《日記》，〈癸丑年二月二十八日乙卯（1913年4月4日）〉，冊7，頁157。

29 外蒙古及西藏地區的自立，未能辦理選舉，議員名額多爲指派，且有不屬本籍者。如五四運動中遭受學生攻擊的曹汝霖在接獲蒙古參議員證書之前，一無所知，事後才知是袁總統的恩惠；其他如汪榮寶（江蘇人）、林長民（福建人）與易宗夔（湖南人）亦因之成爲蒙古眾議員。參見鄂多台，《日記》，〈癸丑年二月二十七日甲寅（1913年4月3日）〉，冊7，頁156；張朋園，《中國民主政治的困境，1909-1949──晚清以來歷屆議會選舉述論》（台北：聯經出版事業公司，2007），頁87；併見該書附錄〈第一屆國會議員名錄（一）參議院議員名錄〉，頁296；〈外蒙未選任參議員〉，《順天時報》（北京），第3097號，1912年6月17日，版7，時事要聞。

30 阿穆爾靈圭告知有關大同黨、統一黨及共和黨的訊息，建議加入共和黨，鄂多台遂接受共和黨黨證；日記中未見鄂多台參加政黨的背景以及決定因素。參見鄂多台，《日記》，〈壬子年四月二十四日丙辰（1912年6月9日）〉、〈壬子年五月初一日壬戌（1912年6月15日）〉，冊7，頁33、35；張玉法，《民國初年的政黨》（台北：中央研究院近代史研究所，2002，再版），頁315。

31 共和黨歡迎各都統代表、工商代表及奈曼王、敎漢三喇嘛、郭爾羅斯貝勒蒞京的活動，鄂多台均未出席。參見鄂多台，《日記》，〈壬子年十月初二日庚寅（1912年11月10日）〉、〈壬子年十月初十日戊戌（1912年11月18日）〉，冊7，頁93、96。蒙古議員加入政黨，非關理念，而是實利。譬如進步黨準備民國二年推舉王紉山競選參院議長，因「欠二票，要求庚［指鄂多台］与車［指車林桑都布］答，後日開会，面談可也。」參見鄂多台，《日記》，〈癸丑年七月二十四日戊寅（1913年8月25日）〉、〈癸丑年九月初一日甲寅（1913年9月30日）〉，冊7，頁214、226。

32 鄂多台，《日記》，〈癸丑年二月二十九日丙辰（1913年4月5日）〉、〈癸丑年三月初五日壬戌（1913年4月11日）〉，冊7，頁158、161。

會外交際幹事員，[33]或與鄂多台自身相關或感興趣的，如介紹黨員[34]與歡迎新議員，[35]鄂多台多會積極參與。有時也會因附議同儕議員的質詢書，[36]與民間團體進行聯繫，多只是露臉就走。[37]對於中華民國國慶以及南方革命領袖，鄂多台卻有截然不同的態度，面對北來的孫中山及黃興是否出席歡迎，蒙古議員意見不一，[38]鄂多台卻表達極高的會見興趣。[39]然而是否參與民國元年的國慶日，後因「聞得大清門匾撤去，改中華門」，鄂多台決定不參與國務院及參議院舉行的慶祝會。[40]鄂多台這種態度在住京蒙古王公之間雖較爲特

33　共和黨推舉的幹事員是蒙古參議員代表陸大坊及蒙古衆議員代表熙鈺。參見鄂多台，《日記》，〈癸丑年三月十一日戊辰（1913年4月17日）〉，冊7，頁163。

34　討論車林扎布入黨，並與王家裏介紹趙福多、崔連興及布爾格特入黨。參見鄂多台，《日記》，〈壬子年十月十三日辛丑（1912年11月21日）〉、〈癸丑年二月初二日己丑（1913年3月9日）〉、〈癸丑年三月十九日丙子（1913年4月25日）〉，冊7，頁98、146、166。

35　鄂多台，《日記》，〈癸丑年壬子年正月十四日辛未（1912年3月2日）〉，冊7，頁137。

36　鄂多台附議質問不嚴辦江西都督李烈鈞違法拘拿商會議員書。參見〈參議院議決案彙編·乙部四〉，收入李強選編，《北洋時期國會會議記錄彙編》，冊8，頁208-209。

37　保商會主要幹部宴請議員看戲，鄂多台自云：「地仾人多，少坐，走矣。」參見鄂多台，《日記》，〈癸丑年四月二十七日癸丑（1913年6月1日）〉，冊7，頁180。

38　阿穆爾靈圭雖然提出出席人選，又不欲蒙古議員都去。參見鄂多台，《日記》，〈壬子年七月十九日己卯（1912年8月31日）〉，冊7，頁69。

39　蒙藏統一會在喇嘛印務處歡迎孫中山伉儷的活動，鄂多台全家前往。參見鄂多台，《日記》，〈壬子年七月二十日庚辰（1912年9月1日）〉，冊7，頁69。

40　參見鄂多台，《日記》，〈壬子年八月二十九日戊午（1912年10月9日）〉、〈壬子年九月初一日己未（1912年10月10日）〉，冊7，頁82、83。大清門改匾事件，引起清皇族的熱議，隆裕太后指出不宜「因此小端，挑起惑感」，隨後隆裕太后及宣統不出宮之傳聞。參見〈大清門改稱中華門之影響〉，《順天時報》（北京），第3206號，1912年10月16日，版7，時事要聞。鄂多台的政治認同見諸日記，其紀年有宣統年號、共戴年號、民國紀年及洪憲年號。共戴年號僅見於日記記錄之初書眉之處，並指八輩哲布尊丹巴呼圖克圖創立的「日光帝、共戴年」稱謂。《日記》中的蒙古文拼寫疑爲naran gerletü，經請教藍美華教授，轉寫爲naran gereltü；袁世凱的洪憲年號，蒙藏院遵令譯成蒙古文；張勳復辟時，改記爲「大清帝國宣統九年五月十三日」，其失敗後復記爲「中華民國」。記事上則以陰曆及星期制爲主，國曆爲輔。總括來看，鄂多台並不認同民國，不過袁世凱取消帝制後，鄂多台言「又經國破時代，第三次矣」，間接承認民國的存在。參見鄂多台，《日記》，〈宣統四年壬子正月壬寅初一日甲子（1912年2月18日）〉、〈乙卯年十二月十七日丁巳（1916年1月21日）〉、〈丁巳年五月十三日丁巳（1917年7月1日）〉、〈丁巳年五月二十六日丁巳（1917年7月14日）〉、〈丙辰年二月二十二日辛酉（1916年3月25日）〉，冊7，頁635、682；冊8，頁970、978。

殊，但仍脫離不出小團體的格局。

　　清室退位後，首先藉由理藩部例年「办理端陽節紗葛賞蒙古外边行走，並喇嘛等」[41]的年節性活動，持續聯繫蒙古王公。鄂多台等分獲隆裕太后「賞紗一件」，鄂多台並於入養心殿謝恩時，額外獲頒「御前大臣御前行走內廷行走‧御前侍衛乾清門行走」的職銜，[42]並得皇家的頒賞衣物，[43]同年底時清室則透過〈十二月二十三日年例〉，「賞給蒙古王公、台吉、呼圖克圖、喇嘛等瓷器等件」，並照例賞福字等，[44]藉以重建清廷與諸臣之間的慣例性活動；蒙古王公因之恢復皇宮內太后、皇帝及貴妃的生辰貢奉賀禮與內廷的回賞的聯繫。[45]總統府見清廷拉攏在京王公之際，亦頒布「蒙古住京王公進一位命令」，鄂多台因之得授鎮國公銜頭等台吉，[46]邀此榮寵，鄂多台親「至總統府投柬致謝」[47]後，隨即晉升輔國公。[48]府方並於舊曆新春致贈「大總統賚品」，[49]拉攏蒙古王公之心不言可喻。

41　引文中的「喇嘛」二字，日記原文爲滿文，轉寫爲lama。參見鄂多台，《日記》，〈壬子年四月初十日壬寅（1912年5月26日）〉，冊7，頁28-29。本文採用穆麟德夫（Paul Georg von Möllendorff）的滿文轉寫法。

42　日記中載此職，記爲滿文，其原文轉寫爲gocika amban gocika de yabure dorgi yabure gocika hiya kiyan cing men yabure. 參見鄂多台，《日記》〈壬子年四月二十一日癸丑（1912年6月6日）〉、〈壬子年四月二十三日乙卯（1912年6月8日）〉，冊7，頁32-33。

43　鄂多台，《日記》，〈壬子年八月初五日甲午（1912年9月15日）〉，冊7，頁74。

44　鄂多台，《日記》，〈壬子年十二月十五日壬寅（1913年1月21日）〉、〈壬子年十二月十六日癸卯（1913年1月22日）〉，冊7，頁120-122。清廷進行頒賞時，蒙古王公堅持「蒙古銜名均照民國進封寫」的插曲。

45　鄂多台特別註記皇上萬壽、莊和珣貴妃千秋、榮惠瑨貴妃千秋、端康瑾貴妃及敬懿瑜貴妃的生辰。參見鄂多台，《日記》，冊8，頁1088。隆裕太后萬壽時，鄂多台且著朝服至皇極殿行禮。參見鄂多台，《日記》，〈癸丑年正月初十日丁卯（1913年2月15日）〉，冊7，頁135。

46　鄂多台，《日記》〈壬子年十月十三日辛丑（1912年11月21日）〉，冊7，頁98。

47　鄂多台，《日記》〈壬子年十月二十四日壬子（1912年12月2日）〉，冊7，頁101。

48　鄂多台，《日記》，〈壬子年十一月二十三日辛巳（1912年12月31日）〉，冊7，頁113。

49　鄂多台，《日記》，〈壬子年正月十四日辛未（1912年3月2日）〉，冊7，頁137。

　　民國元、2年的蒙俄協約案，聯合會成員以「衆不成認，登報」[50]表明反對之意，然而後續的發展，迫使該會爲首諸人聯合質詢參議院，[51]復針對「中俄協約否決蒙古大体囘旋」等約文字眼，致書大總統袁世凱、國務院及參衆兩院。[52]民國2年7月傳聞衆議院通過中俄協約，依《臨時約法》體制，同意案移付參議院，參議院內部爲得到蒙古王公的認可，召開祕密會交付審查，[53]最後參議院否決中俄協約草案。[54]爲彰顯蒙古問題，王公聯合會討論「蒙古全体退席」的可行性，其間進步黨及國民黨均分別表明拉攏之意。[55]

　　民國2年11月初，袁世凱藉口國民黨江西湖口倡亂，下令解散該黨，並追繳該黨議員證書徽章。鄂多台雖非國民黨員，對此亦有親身體驗：

> 晚七点四區派人查看是否國民党，將共和党証據查驗明白去後。十一点，復本區率巡警多名，似辦盜案形式，檢查搜找，一次將參议院徽章证書勒令缴銷，持去矣。[56]

50　鄂多台，《日記》，〈壬子年十月初九日丁酉（1912年11月17日）〉，冊7，頁96。

51　住京蒙古王公具名質詢爲那彥圖、阿穆爾靈圭、貢桑諾爾布、熙凌阿、鄂多台、卓凌阿、德色賴託布、祺誠武、唐古色（註明代簽）、棍布札布、祺克愼、蘇珠克爾巴圖爾及都凌阿等人。參見鄂多台，《日記》，〈癸丑年四月二十五日辛亥（1913年5月30日）〉，冊7，頁179。

52　鄂多台，《日記》，〈癸丑年五月十一日丁卯（1913年6月15日）〉，冊7，頁185。

53　出席祕密會的蒙古議員爲金永昌、鄂多台及車林桑都布。參見鄂多台，《日記》，〈癸丑年六月初五日庚寅（1913年7月8日）〉、〈癸丑年十一日丙申（1913年7月11日）〉，冊7，頁195、196。

54　〈關於蒙古事件中俄協約咨請同意案〉，衆議院表決通過，參議院否決，形成憲政僵局。參見〈衆議院議決案彙編·同意案〉，收入李強選編，《北洋時期國會會議記錄彙編》，冊9（北京：國家圖書出版社，2011），頁101-103。

55　共和黨參議員汪榮寶等起草書正蒙古議員的質問政府書，國民黨設憲政公會，並於會中展示中俄協約。參見鄂多台，《日記》，〈癸丑年六月十三日戊戌至十七日壬寅（1913年7月16-20日）〉、〈癸丑年十月初十日壬辰（1913年11月7日）〉，冊7，頁197-199、244-245；張玉法，《民國初年的政黨》，頁384-385。

56　鄂多台，《日記》，〈癸丑年十月初七日己丑（1913年11月4日）〉，冊7，頁242。

　　鄂多台隨向那彥圖尋援，盼望「能挽囘时，作毌庸议，不能挽囘，祈将〔車林〕端多布遞補」，[57]但終究難以挽回既成之局。[58]另一方面袁政府爲避免滿蒙藏議員產生離貳之念，遂有「該黨〔國民黨〕非漢族之議員已早經宣告脫黨者，〔予以〕分別維持」[59]的辦法，於是令鄂多台等蒙古議員開寫過去與各政黨互動之事，並一一分晰呈報。鄂多台兄長鄂博噶台認爲府方的態度是「所有帶证抠之议負徽章仍须缴還等语，再有党证徽章者尚须斟酌」，[60]最後「兩院议負被取徽章证書至四百餘人，不能到院列席，以至不足法定人數，不得已於十四号起暫行停發议事日程。」[61]袁世凱並進一步，於同年底藉由各省都督、民政長官電斥立法機關的無作爲，要求解散，給資回籍，所有殘存國會議員統由籌備國會事務局補發歲費及返籍旅費。[62]

　　蒙古議員卻受限於中俄蒙的國際情勢，無法安心返鄉，在京期間雖可得蒙藏事務局代政府撥交口分米，卻屢有拖延遲付的情事。蒙藏院爲謀解決此一經濟困局，呈請設立翊衛處，[63]設置都翊衛使、翊衛使、翊衛副使及翊衛官等職，其職掌：「都翊衛使、翊衛使、翊衛副使應充慶賀各侍班祀天、祀孔、陪祀、嗪經典禮派往行禮等差；翊衛官應充壇廟站班及蒙囘藏王公覲見

57　鄂多台，《日記》，〈癸丑年十月初九日（1913年11月6日）〉，冊7，頁243。

58　〈被取銷資格之議員名單〉，《順天時報》（北京），第3580號，1913年11月8日，第2張。

59　〈取消議員資格後之善後‧滿蒙藏議員有轉機〉，《順天時報》（北京），第3579號，1913年11月7日，版9，時事要聞。

60　鄂多台，《日記》，〈癸丑年十月十四日（1913年11月11日）〉，冊7，頁247-248。袁世凱追繳議員證書，意在使國會自行消滅。參見張玉法，《民國初年的政黨》，頁413。

61　鄂多台，《日記》，〈癸丑年十月十七日己亥（1913年11月14日）〉，冊7，頁249。

62　鄂多台，《日記》，〈癸丑年正月初九日庚申（1913年2月14日）〉，冊7，頁286。

63　蒙藏事務局於民國3年改稱蒙藏院。參見鄂多台，《日記》，〈甲寅年四月初十日庚寅（1914年5月4日）〉、〈甲寅年十二月二十二日丁卯（1915年2月5日）〉，冊7，頁319、419。

筵宴時招待等差」，[64]依其職級分別支付夫馬費。[65]策令頒布，住京蒙古王公的反應各有不同，阿穆爾靈圭授都翊衛使，即表謝忱，其同旗貝子阿勒坦巴圖爾亦附呈致謝；[66]熙凌阿不知翊衛使「此戥爲何物」；[67]鄂博噶台及鄂索爾圖則具函辭職；[68]鄂多台及其子車林桑都布等授予翊衛副使與翊衛官之職後，公告脫黨聲明，[69]履行翊衛站班之責，「在居仁堂門外西向東立」，[70]並據此申辦夫馬費。[71]

　　袁世凱死後，黎元洪接任，召見住京蒙古王公，詢問：「在京水土服否」，又謂：「總統非我一人可成，蒙古諸位，人皆有分。」[72]爲恢復法統，召開舊國會，「舉行第二次國会開会式」。[73]後因與段祺瑞交閧，招來張勳，導

64　《大總統府軍事處》，冊2，收入中國第二歷史檔案館編，《北洋政府檔案》，冊48（北京：中國人檔案出版社，2010），頁639-640。後於實務中又增「致祭蒙古王公」。參見〈改訂翊衛處辦法〉，《蒙藏院行政概要・封敘類》，收入馬大正主編，《民國邊政史料匯編》，冊14，頁529。因雍和宮喇嘛誦經，爲袁世凱祝壽，派都翊衛使阿穆爾靈圭觀禮。參見《藏文報》，第6期（1915年9月15日），〈文牘〉，收入徐麗華、李德龍主編《中國少數民族舊期刊集成》，冊10（北京：中華書局，2006），頁273-274。

65　都翊衛使夫馬費二百元、翊衛使夫馬費一百元、翊衛副使夫馬費八十元及翊衛官夫馬費五十元。《大總統府軍事處》，冊2，頁639。

66　《日記》〈甲寅年十二月十九日甲子（1915年2月2日）〉、〈甲寅年十二月二十五日庚午（1915年2月8日）〉，冊7，頁417、425。

67　鄂多台，《日記》，〈甲寅年十二月十九日甲子（1915年2月2日）〉，冊7，頁417。

68　鄂多台，《日記》，〈乙卯年正月二十四日己亥（1915年3月9日）〉，冊7，頁435。

69　民國元年12月23日的大總統令，規定依照御前行走年資高下，授予都翊衛使各官。鄂多台曾於民國2年初授職，4年初再獲此職，其公告是「鄙人前對共和党曾列微名，現充翊衛付使，自應脫離党籍關係。」參見〈改訂翊衛處辦法〉，《蒙藏院行政概要・封敘類》，頁528。鄂多台，《日記》，〈癸丑年正月十七日甲戌（1913年2月22日）〉、〈甲寅年十二月十八日癸亥（1915年2月1日）〉、〈乙卯年正月二十日乙未（1915年3月5日）〉，冊7，頁138、416、433。

70　居仁堂舊稱海晏堂，爲慈禧太后於光緒三十年（1904）爲舉辦外交活動興建的洋房，袁世凱更改今名。參見鄂多台，《日記》，〈乙卯年二月十四日己未（1915年3月29日）〉，冊7，頁448；祝勇，《民國的憂傷：民國初年的憲政傳奇》（香港，香港中和出版有限公司，2014），頁140。

71　鄂多台，《日記》，〈乙卯年正月二十六日辛丑（1915年3月11日）〉，冊7，頁436。

72　鄂多台，《日記》，〈丙辰年五月十一日己卯（1916年6月11日）〉，冊7，頁725。

73　鄂多台，《日記》，〈丙辰年七月初一日戊辰（1916年7月30日）〉，冊7，頁754。

發清室復辟，國會再次解散。事平後，國會改選，因參議院選舉法規定「現任官吏無選舉权」，[74]要求蒙藏院提交選舉調查冊。住京蒙古王公認爲「其翊衛使非官吏之性質，無薪俸、等級」，[75]經選舉事務所解釋，「將軍、都統、翊衛使、薦任官皆爲官吏」，[76]因此約集翊衛處諸人「願辞厾投票者听」，[77]於民國7年6月13號阿穆爾靈圭、柴噶爾、熙凌阿、達賚、祺誠武及鄂多台等向翊衛處集體辭職，[78]蒙藏院發函證明上述諸人「均免本厾」，並重新任命一批翊衛使官吏。[79]那彥圖「因将軍開除」，車林端多布等人則「因翊衛官開除」，[80]重新獲得被選舉權。

選舉的方式爲「用人若干投票」。鄂多台找來連同本人計十三人，那彥圖找鑾興衛，共二十四人，「分佈個人依照寫畢，如法投甌，各投四次」，[81]衆議員當選者爲圖盟代表車林桑都布，參議員當選者爲鄂多台等人。[82]選後鄂多台接受陸軍部委任令，「充本部谘议」[83]，獲取安福俱樂部屢次施贈的幫

74　鄂多台，《日記》，〈戊午年四月二十一日丁丑（1918年5月30日）〉，冊8，頁1152。參議院以「既爲行政官，即不能充議員，此是當然之事」，接受那彥圖的辭職。參見〈參議院第三十五次會議速記錄〉，收入李強選編，《北洋時期國會會議記錄彙編》，冊1，《參議院會議速記錄：一次之三十五次》（北京：國家圖書出版社，2011），頁590。

75　鄂多台，《日記》，〈戊午年四月二十一日丁丑（1918年5月30日）〉，冊8，頁1152。

76　鄂多台，《日記》，〈戊午年五月初五日辛卯（1918年6月13日）〉，冊8，頁1161。

77　鄂多台，《日記》，〈戊午年五月初二日戊子（1918年6月10日）〉，冊8，頁1156。

78　鄂多台，《日記》，〈戊午年四月二十九日乙酉（1918年6月7日）〉，冊8，頁1158-1159。

79　鄂多台，《日記》，〈戊午年五月十三日己亥（1918年6月21日）〉，冊8，頁1167。

80　鄂多台，《日記》，〈戊午年五月初三日己丑（1918年6月11日）〉，冊8，頁1160。

81　鄂多台，《日記》，〈戊午年五月初五日辛卯（1918年6月13日）〉、〈戊午年五月初七日癸巳（1918年6月15日）〉，冊8，頁1161、1162-1163。

82　鄂多台，《日記》，〈戊午年五月初七日癸巳（1918年6月15日）〉、〈戊午年五月十五日己亥（1918年6月23日）〉，冊8，頁1163、1168；《參議院彙編：中華民國八年第二屆第二期常會》，參見〈參議院議員一覽表〉，收入李強選編，《北洋時期國會會議記錄彙編》，冊11（北京：國家圖書出版社，2011），頁33-34。

83　自註「此委任令爲聘委，不爲戰員」，此職在8年2月中，因陸軍部「部款竭蹶，將以不支」，要求「自行辞去部差」，不過日後的紀錄，鄂多台依舊支領谘議薪俸。參見鄂多台，《日記》，〈戊午年五月二十四日庚戌（1918年7月2日）〉、〈己未年正月十四日丁酉（1919年

貼，[84]重新納入北洋國會議員的行列。

　　蒙藏院爲優獎鄂多台堅守翊衛副使職責的辛勞，民國5年起頒贈三等嘉禾章，兩年後續頒二等大綬嘉禾章，8年續晉寶光嘉禾章，[85]始終不洽鄂多台之意，[86]於是自行以「鎮國公鄂○○」向外發文。[87]民國9年內閣總理靳雲鵬大行封贈在京蒙古王公爵銜之時，鄂多台僅得於日記書眉處蓋上「鎮國公章」，聊以自慰。[88]鄂多台從清末直至生命晚期，其政治身分幾多變化：公爺－參議員－翊衛副使－參議員，特別是民國年間被強奪的參議員資格，對於一個與祖居地幾無聯繫[89]的北京寄寓者而言，喪失的是以政治地位換取在社會及經濟發展上的通行證，影響不可謂之不深刻。在此大環境下，鄂多台輕忽個人性質的民國獎章，重視可傳之後代的清朝爵位，也就不足爲異了。

2月14日）〉、〈庚申年十一月初七日甲寅（1920年12月16日）〉，冊8，頁1173-1174、1204-1205、1361。陶菊隱指出安福國會議員當選後，段祺瑞內閣分別聘任他們爲顧問、諮議，每月給以乾薪從二百元至一千元不等。鄂多台可以支領諮議薪俸，應是安福議員每次投票前，動員的結果。參見陶菊隱，《北洋軍閥統治時期史話》，冊4（北京：生活・讀書・新知三聯書店，1957），頁155。

84　鄂多台在民國8、9年間前後領取安福俱樂部（an fu bu日記中滿文的轉寫，下同）每次送發的端午幫貼或補助費三百元（ilan tanggū yuwan），支持安福部選舉之事。參見鄂多台，《日記》〈己未年五月初四日甲申（1919年6月1日）〉、〈己未年十月初一日戊寅（1919年11月22日）〉、〈庚申年三月二十五日辛未（1920年5月13日）〉、〈庚申年四月初三日戊寅（1920年5月20日）〉，冊8，頁1263、1345、1425、1431。

85　〈蒙回藏王公札薩克銜名表（民國八年版）〉，收入馬大正主編，《民國邊政史料匯編》，冊14，頁291。鄂多台，《日記》，〈丙辰年九月十四日庚辰（1916年10月10日）〉、〈戊午年正月二十六日甲寅（1918年3月8日）〉、〈己未年十一月十日丁巳（1919年12月31日）〉，冊8，頁800、1103、1362-1363。

86　民國6年10月中，鄂多台以「本爵之封不實，……要世襲鎮國公」。參見鄂多台，《日記》，〈丁巳年九月初三日（1917年10月18日）〉，冊8，頁1022。

87　鄂多台，《日記》，〈己未年正月二十二日乙未（1919年2月22日）〉，冊8，頁1210。

88　鄂多台，《日記》，〈庚申年十二月十二日癸未（1921年1月20日）〉，冊8，頁1546。鄂多台身故後，蒙藏院總裁貢桑諾爾布呈報總統府的爵號，仍爲「鎮國公銜輔國公」。參見〈大總統指令第二千二百七號〉，《政府公報》（重印本），第2004號，1921年9月22日，頁571。

89　車王府眾人亟欲了解庫倫事變，於是遣派存格夫婦抵庫探明情況，另外就《日記》觀之，鄂多台並無歸返外蒙古的紀錄。參見鄂多台，《日記》，〈壬子年三月二十七日己丑（1912年5月13日）〉、〈壬子年四月二十六日戊午（1912年6月11日）〉，冊7，頁24、33-34。

二、地產糾紛及營商

（一）地產糾紛

民國肇建，滿洲蒙古親貴喪失政治上的特有地位，影響所及，民間佃戶紛起抗租的行為：

> 自去歲軍興以來，莊頭等承領順、直各州縣境內差地各佃戶應交租項，多有藉端不交者。莊頭等於去歲差期，業已竭力籌措，勉為交納。追至今春，莊頭等赴鄉追索欠租，各佃均不認交。乃鄉間紛紛傳說，有謂大清皇帝已經退位，莊頭即同消滅者；有謂已歸中華民國徵收錢糧，一地不能交兩租者。[90]

直隸一帶各州縣議會漠視袁世凱與清室洽簽的《關於大清皇帝辭位後之優待條件》，進而倡言「擬將旗租改為國課之議」，某些地區的民意機關率爾推行，如永清縣地區就下令「按村散佈公啓，煽惑佃戶止交旗租。」[91]在此社會經濟變革氛圍之下，鄂多台等住京蒙古王公亦同遭地產糾紛之厄難。

鄂多台接掌車王府的府務後，[92]首先面臨府內各項收支的問題。[93]民國元年9月中接獲薊州莊頭來信，言及「因不能交租事」[94]，年底薊州莊頭汪永泰

---

90 〈溥儀內務府會計司三路莊頭為請立保佃收租章程事之稟文〉，中國第一歷史檔案館藏，全宗號：26，目錄號：476，案卷號：802。轉引自王立群，〈民國時期河北旗地變革研究（1912-1934）〉（北京：首都師範大學博士論文，2009），頁131-132。

91 〈溥儀內務府為所屬莊頭請擬保佃收租章程事行總統府函稿〉，中國第一歷史檔案館藏，全宗號：26，目錄號：476，案卷號：802。轉引自王立群，〈民國時期河北旗地變革研究（1912-1934）〉，頁132-133。

92 王政堯認為鄂多台接掌府務，是出於車王五太太之力。參見王政堯，〈《車王府曲本》的流失與鄂公府本事考〉，頁100-101。

93 常年收入的部分，主要是薊州、順義縣楊各庄及宣化府的旗租；常年支出則有吉祥廳房租、馬號溝、管事房月例、蘇拉差役月例及公主陵月例。參見鄂多台，《日記》，〈壬子年四月初八日庚子（1912年5月24日）〉，冊7，頁27-28。

94 鄂多台，《日記》，〈壬子年八月初五日甲午（1912年9月15日）〉，冊7，頁74。

親來交租，說明民前一年得租金若干，「本年均未交」，鄂多台要求莊頭「速查地畝、莊佃，爲民國查收契稅，……開寫清楚，送交本宅。」[95]另一方面也清查田畝檔冊，但「在內府查地畝案，無從查考」，[96]以及順天府回文要求「查核〔公主〕祭田地畝」。[97]更令車王府急迫的是，地方上已有「盜典租地情事」。[98]鄂多台爲此召集友朋商酌地畝案，提出「爲民國契據事，清查畝，並不爲租」[99]的行動準則。爲求瞭解地畝現狀，遣派趙荺階、趙麒佩父子與張其得赴薊州「清查和惠和碩公主祭田地段」，[100]至薊州裴家屯莊頭之家後，趙荺階傳訊地戶，令張其得與在地莊頭「丈量地畝、房戶園地」，對於不服順的佃戶「派差鎖押」。[101]

　　趙家父子回返後，從趙麒佩口中得知，「該莊頭面子順從，其壯丁唆使土匪打擾，通全差皂、稿案，無法辦理」，[102]復又因張其得「查驗不遂，該縣〔知事胡中英〕推诿了事」，[103]鄂多台遂透過身邊友朋于文光及鄭沛溶等人的

95　對於社會上流行「豁免錢糧之說」，鄂多台公府嚴正聲明「只准免交壬子年（1912）年節欠交銀各五十兩，以後不得援以爲例，從此不得拖欠」。參見鄂多台，《日記》，〈壬子年十一月十六日甲戌（1912年12月24日）〉，冊7，頁109-110；馬非百，〈百足之蟲　死而不僵——一個沒落的蒙古貴族家庭的地租剝削及其他活動〉，頁154。

96　鄂多台，《日記》，〈壬子年十二月十六日癸卯（1913年1月22日）〉，冊7，頁121-122。

97　鄂多台，《日記》，〈癸丑年四月十七日癸卯（1913年5月22日）〉，冊7，頁176。

98　鄂多台，《日記》，〈癸丑年二月初六日癸巳（1913年3月13日）〉，冊7，頁148。

99　鄂多台，《日記》，〈癸丑年五月初三日己未（1913年6月7日）〉，冊7，頁183。

100　馬非百，〈百足之蟲　死而不僵——一個沒落的蒙古貴族家庭的地租剝削及其他活動〉，頁149。

101　馬非百，〈百足之蟲　死而不僵——一個沒落的蒙古貴族家庭的地租剝削及其他活動〉，頁151-152。

102　造意違抗之人除一般佃户外，尚有二班頭及頭快等人，對於這種類似勾匪行徑，鄂多台致書薊縣營左哨　瑞之，要求嚴拿緝匪。參見鄂多台，《日記》，〈癸丑年六月二十七日壬子（1913年7月30日）〉、〈癸丑年六月二十八日癸丑（1913年7月31日）〉、〈癸丑年十月十二日甲戌（1913年11月9日）〉，冊7，頁202-203、246。

103　鄂多台，《日記》，〈癸丑年七月二十七日辛巳（1913年8月28日）〉，冊7，頁215

關係，值胡中英赴京時，希望可以相約見面，[104]並接受恩少岩建議，寫結義蘭譜，寄交胡中英。[105]這是鄂多台首次運用漢人官場習風的作法，胡中英亦遵照順天府行文「派役堪丈清查」，[106]並相應「傳集各佃，斷令暫交現租每畝一吊以示體恤，惟不得援以為例」，[107]暫時再確立車王府與薊縣佃戶的租佃關係。

鄂多台與新任薊縣知事黃耀曾相善，[108]並得到黃氏的臂助，[109]然屢有佃戶「盜典地畝，抗不交租」[110]的情事。民國3年10月底鄂多台攜張其得同往薊縣，以瞭解地畝問題的成因。至莊頭家，知汪永泰控告尹連第侵佔地，因「並無憑據，想係如此」的答覆，新任知事黃國琯認為汪永泰「平時將原有地畝隨意引兌，至公府查地之時，則妄指他人之地，或指他人侵佔，以圖

104 胡中英直言「川資不敷，礙不酬應」，于文光立刻借錢一百元大洋。參見鄂多台，《日記》，〈癸丑年十一月十八日庚午至二十日壬申（1913年12月15-17日）〉，冊7，頁262-263。

105 信中首言：「清卿仁兄大人閣下，前寄蕪函，附去蘭譜，計登籤閣矣。」參見鄂多台，《日記》，〈癸丑年十二月初四日乙酉（1913年12月30日）〉、〈癸丑年十二月初八日己丑（1914年1月3日）〉，冊7，頁269、272。馬非百指出蘭譜就是拜把的帖子，參見馬非百，〈百足之蟲　死而不僵──一個沒落的蒙古貴族家庭的地租剝削及其他活動〉，頁157。

106 鄂多台，《日記》，〈甲寅年九月二十一日戊戌（1914年11月8日）〉，冊7，頁383。

107 馬非百，〈百足之蟲　死而不僵──一個沒落的蒙古貴族家庭的地租剝削及其他活動〉，頁158。

108 鄂多台與黃耀曾多次在京共餐，黃氏赴縣接事時，並致贈禮品。後得黃氏透露，「始而絕了然（薊畝案）一二」。參見鄂多台，《日記》，〈甲寅年正月十四日乙丑（1914年2月8日）〉、〈甲寅年正月十五日丙寅（1914年2月9日）〉、〈甲寅年正月二十四日乙亥（1914年2月18日）〉、〈甲寅年三月十二日癸亥（1914年4月7日）〉，冊7，頁288、289、310。馬非百，〈百足之蟲　死而不僵──一個沒落的蒙古貴族家庭的地租剝削及其他活動〉，頁159。

109 張其得提及「要告示，（黃耀曾）皆允辦矣」，並於告示中闡明「伏查坐落周各莊關帝廟圈地四十畝，又裴家屯龍王廟圈地四十畝，俱經撤回，由府另行派人經理。至在圈租項，循照　章，妥定。按年六月十五日并九月十五日兩期收起租項，誠恐仍有習佃延抗滋擾，請批示立案，賞發佈告，俾眾周知等情。」參見鄂多台，《日記》，〈甲寅年二月十五日丙申（1914年3月11日）〉，冊7，頁299。馬非百，〈百足之蟲　死而不僵──一個沒落的蒙古貴族家庭的地租剝削及其他活動〉，頁158-159。

110 蔣立明及吳煥等人抗不交租的行為，始見胡中英任內。參見鄂多台，《日記》，〈癸丑年九月二十四日丁丑（1913年10月23日）〉、〈癸丑年十二月二十八日己酉（1914年1月23日）〉，冊7，頁237、281-282。

掩飾」，最後以「公府查地，須該莊頭出爲指分，從輕拘禁十日。」[111]然鄂多台行前曾委請與黃國瑄較爲親善的姚畏堂代爲緩頰一二，但因「初会無識之故」，姚畏堂並未「代致黃國瑄信」。[112]至此鄂多台根據汪永泰提供的證據，指明李會及李芸抗租不交，尹連第是換佃耕種等種種違犯租契的行爲，縣方要求車王府交付證據。[113]黃國瑄閱後並根據來證的內容，指出「查閱該項帳簿所載周各莊老爺廟香火地四十畝，刻在賬簿末行，字跡墨色，又與通篇帳簿不符。且雍正年間，該廟尙係觀音院，未經改稱關帝廟。縣志碑文，歷歷可考，其爲現在添寫，毫無可疑。」[114]對於這個案子，黃國瑄建議鄂多台「上訴」，[115]地畝案隨即轉入另一階段的抗爭。

薊縣知事審判結束前，該縣紳董王潤支使尹連第與五莊會首張秀等復遞公稟「假办孝堂爲名，扱称提出魁公府香火地廿畝，並提龙王廟香火地四十畝，归会，充作孝費，如款不敷，再提周各庄庙產四十 畝 等 語」，[116]勝訴後，遂在地「招住持入庙，並征稅香火地。」[117]鄂多台接獲訊息後，約魁璋說

111 馬非百，〈百足之蟲 死而不僵——一個沒落的蒙古貴族家庭的地租剝削及其他活動〉，頁155。

112 鄂多台並不知姚畏堂藉由「宴席中頭疼」及「拒收禮」等行爲，表明不願趟混水的態度。參見鄂多台，《日記》，〈甲寅年四月二十七日丁未（1914年5月21日）〉、〈甲寅年閏五月廿日己亥（1914年7月12日）〉、〈甲寅年六月初八日丁巳（1914年7月30日）〉、〈甲寅年九月二十一日戊戌（1914年11月8日）〉，冊7，頁324、341、347、384-385。

113 會堂上黃國瑄問，「該地有何瀎擄」，（鄂多台）答以悵票爲璩，（因）其龍票契紙現在口外舍姪處收存，不易取看」，鄂多台表明返京後將會寄交賬簿。參見鄂多台，《日記》，〈甲寅年九月二十一日戊戌（1914年11月8日）〉、〈甲寅年十一月十三日己丑（1914年12月29日）〉，冊7，頁382-383、403。

114 京師審判廳民國六年六月判決書，轉引自馬非百，〈百足之蟲 死而不僵——一個沒落的蒙古貴族家庭的地租剝削及其他活動〉，頁156。

115 鄂多台雖認爲「其情理太難耳」，但一週之內就找到合作的李謙律師。參見鄂多台，《日記》，〈甲寅年十二月初七日壬子（1915年1月21日）〉、〈甲寅年十二月十三日戊午（1915年1月27日）〉，冊7，頁411、415。

116 鄂多台，《日記》，〈甲寅年十一月初九日己酉（1914年12月25日）〉，冊7，頁401。註釋引文內的「畝」「等」「語」三字是原日記中各該字之墨色略顯模糊，依據筆順判讀。

117 裴家屯已將周各庄的關帝廟所收款項，作爲學堂之費。參見鄂多台，《日記》，〈甲寅年十

明莊頭張昌太欺主，藉興學以霸地之惡行，[118]另一方面再尋覓有力證據。[119]此時京師地方審判廳開庭，庭訊中汪永泰「乱说一回，所问非所荅」，[120]車府庄頭爲求勝訴，納交謝儀，「又云高等〔審判廳〕業經安置妥当了」，[121]判決結果「仍無效駁囘」。[122]鄂多台遂訴諸蒙藏院，以「薊县祭田因地涉讼，法官偏斷，喪失利权，请查照公判」，[123]蒙藏院回覆「呈奉批，此案業經終審，不得再有呈訴。」[124]鄂多台至此喪失本族裔有力的迴護。

　　鄂多台在蒙藏院覆文前，以行政程式「至京兆尹署投文地冊」，列舉薊縣、順義縣及公主園寢等地畝項目，「按照財政部新章邀件補契」，[125]然僅有

二月初十乙卯（1915年1月24日）〉、〈乙卯年二月二十一日丙寅（1915年4月5日）〉，冊7，頁413、453。

118 魁公府庄頭張昌太對於名下交租之事俱云無有，魁璋對魁公府捐香火地廿畝興學一事毫無所悉。參見鄂多台，《日記》，〈甲寅年九月十八日乙未（1914年11月5日）〉、〈甲寅年十一月十一日丁亥（1914年12月27日）〉，冊7，頁380-381、403。鄂多台此舉不僅保護本族裔的利益，回擊王潤的妄行，并暗示在地者常有的自行其是，爲自家的保產案添有力的說明。

119 同治八年周各庄有「自行傷人命，莊頭王士奎被革，本府管起三年」之卷宗。鄂多台託人代查，回以「其同治八年卷宗難以查找」。參見鄂多台，《日記》，〈甲寅年十二月初十日乙卯（1915年1月24日）〉、〈甲寅年十二月十九日甲子（1915年2月2日）〉，冊7，頁413、417。

120 鄂多台，《日記》，〈乙卯年三月二十五日己亥（1915年5月8日）〉，冊7，頁479。

121 鄂多台，《日記》，〈乙卯年四月十九日癸亥（1915年6月1日）〉，冊7，頁497。

122 鄂多台，《日記》，〈乙卯年六月初六日己酉（1915年7月17日）〉，冊7，頁523。

123 鄂多台九月底送件，十月下旬得蒙藏院抄錄判決書之訊，十一月下旬收蒙藏院公函，不准再行陳訴。參見鄂多台，《日記》，〈乙卯年八月二十一日癸亥（1915年9月29日）〉、〈乙卯年九月十七日己丑（1915年10月25日）〉、〈乙卯年十月十八日己未（1915年11月24日）〉，冊7，頁565、585、601。

124 〈蒙藏院辦理各蒙旗控訴案件一覽表（民國四年）〉，《蒙藏院行政統計表》，收入馬大正主編，《民國邊政史料匯編》，冊15，頁473。

125 鄂多台，《日記》，〈乙卯年七月十七日庚寅（1915年8月27日）〉、〈乙卯年七月十八日辛卯（1915年8月28日）〉，冊7，頁543-545。

公主園寢「地畝查符」[126]與順義縣地畝可以補契。[127]王潤復又爭奪孟家樓北
廟，[128]是時鄂多台已委請雷中夏處理薊縣地畝案，建議提交京兆尹辦理。[129]
鄂多台於是「著軍服至京兆尹署，見王達，遞稟」，[130]希望藉由軍方的背景，
期驥可改鬥鼠於竊的悶氣，後聽聞王達嫁女，於是備厚禮請慶和堂代為送
交，[131]並致函「為分晰車王府、鄂公府之名目，並吹噓三子之官戚之意。」[132]
京兆尹王達遂令薊縣知事茹臨元「作速判決」，判決書為「雙方選住持，地
永為廟中香火之用。」[133]鄂多台以「仍無主权」，「呈请求再審」，不為京兆尹
署接受，要求「將黑地契拠存县，永作香火之用。」[134]同年4月王潤在京師地
方審判廳民事庭為廟地呈控鄂多台及劉永順，[135]庭訊時王潤「仍以同治六年
重修事辯論，當庭駁之以同治四年人命案事，又仍以县誌碑文為证，亦駁之

126 蒙藏院公函要求繳交升科費，鄂多台至清查官產處說明不升科之事，京兆尹清查官產處同意「園寢不升科」。參見鄂多台，《日記》，〈乙卯年十二月十八日戊午（1916年1月22日）〉、〈乙卯年十二月二十日庚申（1916年1月24日）〉、〈丙辰年正月二十四日癸巳（1916年2月26日）〉，冊7，頁636、637、660。
127 鄂多台，《日記》，〈丙辰年正月二十四日癸巳（1916年2月26日）〉，冊7，頁660-661。
128 鄂多台，《日記》，〈乙卯年四月二十七日辛未（1915年6月9日）〉、〈乙卯年八月三十日壬申（1915年10月8日）〉，冊7，頁520、570。
129 雷中夏指出王潤是薊縣紳董，「在該辦無益，……改辦提案，由京兆辦理。」京兆尹王達透露王潤「本薊人，勢力大，無清止(無盡止)。」參見鄂多台，《日記》，〈丙辰年二月二十五日甲子（1916年3月28日）〉、〈丙辰年二月二十六日乙丑（1916年3月29日）〉，冊7，頁683、684；〈丁巳年十一月初六日乙未（1917年12月19日）〉，冊8，頁1055。
130 鄂多台，《日記》，〈丙辰年三月二十二日辛卯（1916年4月24日）〉，冊7，頁696-697。
131 鄂多台，《日記》，〈丙辰年七月十四日辛巳（1916年8月12日）〉、〈丙辰年七月十五日壬午（1916年8月13日）〉，冊7，頁762。
132 鄂多台，《日記》，〈丙辰年九月十七日癸丑（1916年10月13日）〉，冊8，頁801。
133 鄂多台，《日記》，〈丁巳年二月初九日癸卯（1917年3月2日）〉、〈丁巳年閏二月初九日壬申（1917年3月31日）〉，冊8，頁870、893。
134 鄂多台，《日記》，〈丁巳年閏二月初九日壬申（1917年3月31日）〉、〈丁巳年閏二月十二日乙亥（1917年4月3日）〉，冊8，頁893、894。
135 鄂多台，《日記》，〈丁巳年三月初三日乙未（1917年4月23日）〉，冊8，頁909-910。

毫無產权關係。」[136]爲謀勝訴，雷中夏力言須賄賂廳長，[137]六月地方審判廳判決「以原卷批囘，兩造眞實証拠」，[138]鄂多台直言此「当見〔雷〕振远交涉如何，用錢買毒葯。」[139]庭訊雖不利，鄂多台仍聽從雷中夏的意見執著轉移管轄，京兆尹署答以「本廳未便照准」，[140]雷中夏認爲「地方廳無转移權力，另設法在高等廳逓呈，请转移」，[141]經過多年的堅持，鄂多台終於得到「薊县契冊驗妥，应繳照费」[142]的機會，而有所獲益。[143]

(二) 營商

　　鄂多台在地產糾紛中明瞭遜清賞地「改買賣字順，民國契其價甚廉」，[144]卻無改於其力謀投資商業的舉措。民國年間官商結合的案例處處可見，房山煤礦公司在集資階段，邀請鄂多台家人「入局協辦事件」，[145]他亦關注相關的礦務企業，[146]並藉機委辦出售察哈爾的燈籠樹、野馬崖及張八縣等地畝四萬餘頃。[147]相對於土地收成的獲益，鄂多台更重視覓尋合夥者，將手

136 鄂多台，《日記》，〈丁巳年四月初三日乙丑（1917年5月23日）〉，冊8，頁937。
137 鄂多台，《日記》，〈丁巳年三月二十五日丁巳（1917年5月15日）〉，冊8，頁929。
138 鄂多台，《日記》，〈丁巳年四月二十三日乙酉（1917年6月12日）〉，冊8，頁948。
139 鄂多台，《日記》，〈丁巳年五月十二日癸卯（1917年6月30日）〉，冊8，頁969。
140 鄂多台，《日記》，〈戊午年正月十五日癸卯（1918年2月25日）〉，冊8，頁1096。
141 鄂多台，《日記》，〈戊午年正月二十六日甲寅（1918年3月8日）〉，冊8，頁1103。
142 鄂多台，《日記》，〈己未年正月二十二日乙巳（1919年2月22日）〉，冊8，頁1209-1210。
143 馬非百據薊縣縉紳董王潤所提的地畝證據，以鄂多台不明土地坐落、畝數及佃户姓氏，復又缺乏契券底冊，任由地庄頭任意扳诬，迨所行不遂後，透過地方官吏、蒙古聯合會，乃至大總統等，介入訴訟，攘奪土地。參見馬非百，〈百足之蟲　死而不僵——一個沒落的蒙古貴族家庭的地租剝削及其他活動〉，頁154-161。然《日記》中卻無明確記載最終勝訴之因，似與鄂多台長年的堅持併民國7年重爲國會議員以及王潤暨逃佃佃户尹連第等貲財不勝負荷司法程序有關。
144 鄂多台，《日記》，〈乙卯年五月初十日甲申（1915年6月22日）〉，冊7，頁509。
145 鄂多台，《日記》，〈壬子年九月初三日辛酉（1912年10月12日）〉，冊7，頁83。
146 商人瞿潤田籌款辦理宣化礦礦公司。參見鄂多台，《日記》，〈甲寅年七月十二日庚寅（1914年9月1日）〉、〈甲寅年七月十四日壬辰（1914年9月3日）〉，冊7，頁357、358。
147 鄂多台，《日記》，〈乙卯年二月二十五日庚午（1915年4月9日）〉，冊7，頁454。

中的資產轉為生財的工具，慶昌亨就是第一個以車王府身分投資的店號。

　　慶昌亨設於東安市場，[148]初開市時市面甚好。[149]店商孔俊亭於民國2年8、9月間與鄂多台商定合同，[150]轉移經營權。但孔俊亭暗埋虧帳，適值鄂多台參議員身分被取締，遂於11月中連夜搬空慶昌亨貨物，搬屋者指出孔俊亭內外均有欠帳。[151]事發後，有人建言興訟取財，[152]但鄂多台「言明不經官，該舖長应將傢俱、舖底合同交出，東家自忍矣」，[153]丁榮三為鋪長孔俊亭說合，直指「孔账開不出來，除長支尚有瞎账二百餘，使伊認將舖底交出」，[154]磋商月餘，出具「歇業保結」：

> 具保結人丁荣三，係大興县民，年卅一岁，在廊房三条胡同，開設裕源印刷公司生理。今有素識之孔俊亭，北通县民，係东安市場内路东慶昌亨廣貨甫鋪長，現因孔俊亭無力成做，呈報歇業，以後如有軅輆不清等情，均有找同荣鋪保裕源印刷公司承受，恐口無凭，出具保結是實。中華民國二年十二月日具保結人丁荣三、裕源印刷公司。將此結即交左區收，俟报过歇業後，發告示為凭。[155]

---

148 鄂多台，《日記》，〈癸丑年三月二十四日辛巳（1913年4月30日）〉、〈癸丑年四月十五日辛丑（1913年5月20日）〉，冊7，頁167、175。

149 鄂多台，《日記》，〈癸丑年四月二十二日戊申（1913年5月27日）〉，冊7，頁178。

150 慶昌亨合同簽定前，鄂多台已借給孔俊亭三千多元。參見鄂多台，《日記》，〈癸丑年七月十五日己巳（1913年8月16日）〉、〈癸丑年八月初二日丙戌（1913年9月2日）〉，冊7，頁210、217。

151 鄂多台，《日記》，〈癸丑年十月十五日丁酉（1913年11月12日）〉，冊7，頁248。

152 鄧亦安建言，「非告不可，罷名係進繳不財，無財產產，無產定以二□期有期徒刑。」參見鄂多台，《日記》，〈癸丑年十月二十日壬寅（1913年11月17日）〉，冊7，頁251。註釋文字的□是指原日記中字不易辨認。

153 事發後第四日鄂多台妻愛新覺羅‧善培親往慶昌亨「起回破爛貨四肩，……傢俱仍未取回。」參見鄂多台，《日記》，〈癸丑年十月十八日庚子（1913年11月15日）〉、〈癸丑年十月十九日辛丑（1913年11月16日）〉，冊7，頁250。

154 鄂多台，《日記》，〈癸丑年十月二十一日癸卯（1913年11月18日）〉，冊7，頁251。

155 引文中的刪除號為原日記刪去之文。參見鄂多台，《日記》，〈癸丑年十一月二十七日己卯

　　慶昌亨歇業後，雖仍有債務糾葛，[156]然幸獲轉售，[157]於財務不無微補，車王府的第一次投資案就此慘澹收場。嗣後鄂多台處理薊縣的土地爭議，直至地產補契後，再度萌生投資商號之舉，然車王府與鄂伯噶台及鄂索爾圖等三家已不願再合資經營，[158]遂由鄂多台獨力投資與黃魁合股經營勝祥號，其契約如下：

> ……立合同人思畏堂鄂入資本現洋四千元整，交領東人黃魁係新城縣北康辛莊人。承領民國九年九月二十號即庚申年八月初九日，開設勝祥號絨線洋廣雜貨鋪生理，……號中一切事件，由領東人專責管理。如有重大事件，商承東家核辦。惟號中用人由領東人選擇誠實之人助理一切，東家不得干涉。領東人不准私用浮水印作保及指鋪底借貸等情。……自開市日起，每年一小結，三年一大帳，開除號中一切辛金日用雜項等外，天賜餘利，共作十股，至期按股均分。平日一概不准長支越使。倘有私弊，神其鑒之。所有股份開列於後：思畏堂作東股五股、領東人黃魁三股。此合同共繕二紙，雙方各執一張以為永照。[159]

　　勝祥號營業後，「催款甚股」，[160]鄂多台陸續投入資金，至民國10年2月初勝祥號提交經營不善的紅單，載明虧損六百餘銀元。[161]兩次營商的挫敗，

　　（1913年12月24日）〉，冊7，頁265-266。
156 鄂多台，《日記》，〈癸丑年十一月十二日甲子（1913年12月9日）〉，冊7，頁260-261。
157 鄂多台，《日記》，〈甲寅年正月十二日癸亥（1914年2月6日）〉、〈甲寅年正月二十九日庚辰（1914年2月23日）〉，冊7，頁288、295。
158 車王府內言，「四家各做各生意」。參見鄂多台，《日記》，〈戊午年正月二十三日辛亥（1918年3月5日）〉，冊8，頁1101。
159 馬非百，〈百足之蟲　死而不僵——一個沒落的蒙古貴族家庭的地租剝削及其他活動〉，頁166。
160 鄂多台，《日記》，〈庚申年九月初一日癸卯（1920年10月12日）〉，冊8，頁1497。
161 鄂多台，《日記》，〈辛酉年正月十二日癸丑（1921年2月19日）〉，冊8，頁1565。

表明車王府（或鄂多台）僅是資金的提供者，加以資訊上的不對稱，並不能有效地監督商鋪的經營，兩造以「誠信」作爲合作的紐帶，投資方常有所託非人的疑慮，或許這也是住京蒙古王公與漢人合夥做生意時，難以迴避的心理壓力。即便如此，鄂多台仍執意投資經營，實有見於外國勢力唆使下，蒙藏地方的自立及內犯，所帶來的政治動亂，以及社會氛圍對於舊領主佔有土地的質疑與攻擊，在在皆不利於住居在內地的滿蒙藏人士。鄂多台汲汲於保家業及興商業，誠爲因應變局所做不得不然的考量。

三、交遊

鄂多台的交遊大抵是以其身分與所衍生的相關工作爲核心，其婚喪喜慶的各種酬酢與漢人無大差異。蒙藏事務局僉事何賓笙母七旬壽誕，鄂多台致送硃箋、桃團對一付，並託善壽延作文奉聯，又送宴席。[162]不久善壽延過逝，爲善家張羅葬儀，鄂多台自雲「所進人情在三分之一」，[163]鄂多台對於親家與友朋的子姪婚禮亦多所致意。[164]鄂多台與同僚、親家及友朋的交往之外，較須注意的是與選民的互動，[165]見諸《日記》的主要是張博泉及恩少岩。

---

162 〈國務總理陸徵祥呈據兼署蒙藏事務局總裁姚錫光，呈請任命陳毅、劉昌言爲參事，羅迪楚、馬爲瓏爲秘書，何賓笙、劉正雅、范其光、黃恭輔、張仁壽爲僉事，應照准。此令〉，《政府公報》（重印本），第108號，1912年8月16日，頁18；鄂多台，《日記》，〈壬子年九月初八日丙寅（1912年10月17日）〉、〈壬子年九月初九日丁卯（1912年10月18日）〉，冊7，頁85-86。

163 鄂多台，《日記》，〈壬子年九月十二日庚午至十三日辛未（1912年10月21-22日）〉、〈壬子年九月十七日乙亥（1912年10月26日）〉，冊7，頁87-88。

164 鄂多台於英親家子定嶧庭婚禮先致贈喜幛，並親往賀，定嶧庭回謁時，來磕頭。沈鈞之子沈瑞午婚禮時致贈禮金，沈瑞午回謁時送首飾戒指。參見鄂多台，《日記》，〈庚申年九月初三日乙巳（1920年10月14日）〉、〈庚申年九月初四日丙午（1920年10月15日）〉、〈庚申年九月十二日甲寅（1920年10月23日）〉，冊8，頁1497、1498、1501；鄂多台，《日記》，〈庚申年九月二十九日辛未（1920年11月9日）〉、〈庚申年十月小初十日壬午（1920年11月20日）〉，冊8，頁1510、1515。

165 第一屆參議員選舉時，鄂多台動員奎星元、松雯青、恩少岩、張博泉、王茂亭，並崇芝及荷高等人。參見鄂多台，《日記》，〈癸丑年三月初五日壬戌（1913年4月11日）〉、〈癸丑年

鄂多台仰賴恩少岩之處，多為撰寫訟狀與代謄文稿，[166]至於張博泉，雙方的來往較為密切，經常進行許多休閒性的活動如打球、看電影及看戲等。[167]鄂多台為深化於漢族社會，特於「〔張〕博泉家借麻雀牌，〔當〕晚打牌至三點，〔眾始〕散」，[168]後為磨練牌技，以其他的娛樂作輸贏的標的。[169]嗣後恩少岩病重乃至亡故以及張博泉的家喪，鄂多台均依禮法處理，[170]亦可謂之另類的「服務選民」。

民初山西肇亂，富厚的五台山久為各家勢力所覬覦，其中以革命領袖閻錫山為最著。[171]鄂多台為與久失音訊的五台山儘速恢復關連，逕行聯絡五台山的扎薩克堪布喇嘛，使之進京，並由蒙藏統一會安排謁見內閣總理趙秉鈞與袁大總統，會後府方致贈2千兩銀。[172]另一方面調查五台山各寺的損失，[173]袁政府「通告給五台山撫賑銀二萬兩」，[174]報館因錯印撫賑金額之處，

三月二十九日丙戌（1913年5月5日）〉，冊7，頁161、169。

166 鄂多台，《日記》，〈壬子年十一月十九日丁丑（1912年12月27日）〉、〈癸丑年正月初八日乙丑（1913年2月13日）〉，冊7，頁111、134。

167 鄂多台，《日記》，〈壬子年正月初七日庚午（1912年2月24日）〉、〈壬子年正月初九日壬申（1912年2月26日）〉、〈壬子年三月初三日乙丑（1912年4月19日）〉，冊7，頁1-2、16。

168 鄂多台，《日記》，〈壬子年正月初八日辛未（1912年2月25日）〉，冊7，頁2。

169 鄂多台與張博泉打牌互有勝負，有時贏戲一日及輸西域樓飯一餐。參見鄂多台，《日記》，〈壬子年二月十二日乙巳（1912年3月30日）〉，冊7，頁11。

170 鄂多台，《日記》，〈甲寅年二月二十四日（1914年3月20日）〉、〈甲寅年二月二十七日（1914年3月23日）〉、〈丙辰年二月十一日（1916年3月14日）〉，冊7，頁303、304、675。

171 閻錫山發布告示，要五台山分糧，以供兵餉之用。參見鄂多台，《日記》，〈壬子年四月二十八日庚申（1912年6月13日）〉，冊7，頁34。

172 堪布將所得銀兩分配，雍和宮佟喇嘛取去千兩銀，蒙藏統一政治會得五百兩。參見鄂多台，《日記》，〈壬子年三月初七日己巳（1912年4月23日）〉、〈壬子年三月二十一日癸未（1912年5月7日）〉、〈壬子年三月二十九日壬午（1912年5月15日）〉，冊7，頁17、22、24。

173 五台山有十七廟受損，其中屬章嘉者五廟，並失糧數目。參見鄂多台，《日記》，〈壬子年五月初九日庚午（1912年6月23日）〉、〈壬子年五月初十日辛亥（1912年6月24日）〉，冊7，頁39-40。

174 鄂多台，《日記》，〈壬子年五月十五日丙子（1912年6月29日）〉，冊7，頁42。

由經手人沈鈞更正，[175] 沈氏且不因宋教仁刺殺案，延誤承辦所有安慰各寺僧衆文書及告示等事項。[176] 扎薩克堪布喇嘛返回五台山之事，[177] 沈鈞敦請政府委派兵官進行保護。[178] 倒姚事件不遂之後，鄂多台、熙淩阿、沈鈞與存瑞等四人獲聘爲蒙藏事務局顧問，[179] 沈鈞與存瑞於元年9月前赴張家口歡迎章嘉呼圖克圖（以下簡稱章嘉），[180] 章嘉遂於同月抵京，由鄂多台遞哈達，貢桑諾爾布接待，並安排謁見宣統及隆裕。[181] 沈鈞這種勇敢任事的態度，本爲鄂多台所嘉善，雙方的關係又因鄂多台私下請託代覓友朋工作之事愈加深切。[182]

　　正當沈鈞率領同仁再度前往張家口經理庫倫業務之際，爲甘珠爾瓦呼圖克圖之商卓特巴扎薩克喇嘛阿克旺彥林丕爾（漢號蘇靜賢）首告，內容

---

175 鄂多台，《日記》，〈壬子年五月二十七日戊子（1912年7月11日）〉、〈壬子年六月初二日壬辰（1912年7月15日）〉，冊7，頁46、47。沈鈞之名在《日記》中有各式的異寫，綬青、綬卿及受青。原爲北京豫教女學堂經理，後接蒙藏統一政治會副會長，姚錫光請之協辦蒙藏事務局事務。參見〈北京豫教女學堂經理沈鈞等致袁大總統函〉，收入《臨時公報》，冊8，1912年2月20日（台北：中國國民黨中央委員會黨史史料編纂委員會，1983），頁3-4；鄂多台，《日記》，〈壬子年三月十四日丙子（1912年4月30日）〉，冊7，頁20。

176 鄂多台，《日記》，〈壬子年六月初七日丁酉（1912年7月20日）〉、〈壬子年六月十二日壬寅（1912年7月25日）〉，冊7，頁49、51-52。

177 在場歡送者馮國璋、段祺瑞、馬金敍、阮中樞與姚錫光代表。參見鄂多台，《日記》，〈壬子年六月十五日乙巳（1912年7月28日）〉、〈壬子年六月十八日戊申至十九日己酉（1912年7月31日-8月1日）〉、〈壬子年七月初十日庚午（1912年8月22日）〉，冊7，頁53、54-56、65。

178 馬金敍不欲派兵，沈鈞指出可與馮國璋商借雍和宮守兵，並由蒙藏統一會承擔兵餉。參見鄂多台，《日記》，〈壬子年六月十六日丙午（1912年7月29日）〉、〈壬子年六月十八日戊申（1912年7月31日）〉，冊7，頁54、55。

179 《公報》內將鄂多台另作鄂多泰。〈蒙藏事務局呈國務總理商請延聘問員文（附單）〉，《政府公報》（重印本），第109號，1912年8月17日，頁166。

180 〈蒙藏事務局照會沈顧問鈞、存顧問瑞赴張家口歡迎章嘉呼圖克圖等並招待文〉，《政府公報》（重印本），第145號，1912年9月22日，頁420。

181 鄂多台，《日記》，〈壬子年八月十六日乙巳（1912年9月26日）〉、〈壬子年八月二十三日壬子（1912年10月3日）〉、〈壬子年八月二十六日乙卯（1912年10月6日）〉，冊7，頁78、80、81。

182 鄂多台，《日記》，〈壬子年九月二十日戊寅（1912年10月29日）〉，冊7，頁89。鄂多台宴請蒙藏事務局內工作人員，對於沈鈞的出現，甚表歡喜。參見鄂多台，《日記》，〈癸丑年正月初十日丁卯（1913年2月15日）〉，冊7，頁135。

涉及「統一會吞款案」，於民國2年4月初被羈押，[183]6月旋被「定以七年有期徒刑」。[184]民國3年以後沈家踏上尋求特赦的道路，[185]先後請託姚錫光與熙凌阿，姚、熙二人屢屢推託，有時說須待姚、熙面談後才能署名上書大總統，有時姚錫光又推說手頭有要務，[186]至此鄂多台已知「沈綏卿事恐不能辦矣」。[187]

　　民國4年6月中忽接沈鈞來信，至沈家商談，「並託保釋署名」，[188]9月初大總統頒布特赦令，釋放沈鈞，[189]沈鈞的獲釋應當是推動袁世凱帝制需人協

183 甘珠爾瓦呼圖克圖親至北京，袁政府頒贈賞款，據稱賞款為沈鈞及存瑞所侵吞。〈奇奇怪怪之騙局〉，《申報》（上海），第14427期，1913年4月8日，版6，參見「申報（1872-1949）資料庫」：http://spas.egreenapple.com/WEB/INDEX.html；鄂多台，《日記》〈壬子年十一月初一日己未（1912年12月9日）〉、〈癸丑年二月二十三日庚戌（1913年3月30日）〉、〈癸丑年三月初三日庚申（1913年4月9日）〉，頁104、155、160；〈國務總理熊希齡呈大總統轉據蒙藏事務局開單代遞甘珠爾瓦呼圖克圖貢品請鑒核文並批（附單）〉，《蒙文白話報》，第14號（1914年2月），〈文牘〉，收入徐麗華、李德龍主編，《中國少數民族舊刊集成》，冊2，頁731-730。

184 鄂多台，《日記》，〈癸丑年五月初九日乙丑（1913年6月13日）〉，冊7，頁185。姚錫光疑涉此案，日記中記有「沈綏青為伊等被姚錫光連落，地方廳候訊。」參見鄂多台，《日記》，〈丙辰年九月十三日己卯（1916年10月9日）〉，冊8，頁800。

185 侵吞賞款案中，佟寶本是貢桑諾爾布安排協辦者，送於民國2年6月中前首先摘出；存瑞及沈鈞俱為姚錫光所聘，繼而存瑞也因章嘉之助，於民國3年6月後釋出，獨留沈鈞擔此汗名含冤與續後的清償。參見鄂多台，《日記》，〈癸丑年五月初九日乙丑（1913年6月13日）〉、〈甲寅年三月十七日戊辰（1914年4月12日）〉，冊7，頁185、313；〈大總統申令〉，《政府公報》（重印本），第757號，1914年6月14日，頁195-196；〈大總統批令〉，《政府公報》（重印本），第803號，1914年7月30日，頁509-510。

186 鄂多台，《日記》，〈甲寅年三月十七日戊辰（1914年4月12日）〉、〈甲寅年又五月十四日癸巳（1914年7月6日）〉、〈甲寅年 五月十七日丙申（1914年7月9日）〉、〈甲寅年六月初九日戊午（1914年7月31日）〉，冊7，頁313、339、340、348。

187 鄂多台，《日記》，〈甲寅年七月十九日丁酉（1914年9月8日）〉，冊7，頁360。

188 鄂多台，《日記》，〈乙卯年五月初五日己卯（1915年6月17日）〉、〈乙卯年五月十九日癸巳（1915年7月1日）〉，冊7，頁506、515。

189 鄂多台，《日記》，〈乙卯年七月二十七日庚子（1915年9月6日）〉，冊7，頁550-551。〈大總統申令〉，《政府公報》，第1198號，1915年9月6日，頁6-7，參見「民國時期期刊全文數據庫（1911-1949）：1-9輯」：http://www.cnbksy.cn/shlib_tsdc/simpleSearch.do。

濟事務。[190]沈鈞雖免除徒刑，但舊債仍未了，[191]遂透過仲介人，與蘇喇嘛商洽，期間蒙藏院亦有追索前債之語，[192]民國5年2月初沈鈞先行解消官債，[193]經過漫長的磋商，蘇喇嘛終於認可沈鈞的努力，要求以現洋支付舊債。[194]帝制案失敗後，沈鈞曾一度向鄂多台勸捐工廠，[195]6年轉任北京證券交易所經紀人後，[196]鄂多台時至沈鈞家中用餐，偶遇醫者，求治身體疾病，[197]雙方保持穩定的友好關係。

四、結論

　　民國肇建，國內政經氣候丕變，蒙藏人士專屬的公領域爲日漸崛興漢人勢力所侵入，民初五台山的亂局、蒙藏參眾議員在法律層面的名額，乃至民國4年到8年外蒙古的自治及撤治，主其事者俱與蒙藏人士無關；蒙藏事務局內的倒姚事件，也就不足爲奇，此住京的蒙古親貴在政治上日漸衰敗的來由。民間團體故意漠視《清室優待條件》，政府爲解決紛爭而屢屢施行的清查官產行動，均不斷修正滿洲蒙古親貴的經濟板塊，然若株守地畝之利，[198]

---

190 鄂多台，《日記》，〈乙卯年八月初四日丙午（1915年9月12日）〉，冊7，頁555。

191 地方審判廳執行處傳票：「其沈某赤貧，無力找人擔保，凍積珏項。再該原告並未在京，俟伊來面繳銷案去。」參見鄂多台，《日記》，〈乙卯年八月初八日庚戌（1915年9月16日）〉，頁557。

192 鄂多台，《日記》，〈乙卯年九月十三日乙酉（1916年10月21日）〉，頁580。

193 先歸還司法部七百元，每年再繳交五百元，分六年償清，並推去鄂多台等原保諸人。參見鄂多台，《日記》，〈丙辰年正月初五日甲戌（1916年2月7日）〉，冊7，頁648-649。

194 鄂多台，《日記》，〈丙辰年正月二十五日甲午（1916年2月27日）〉、〈丙辰年正月二十八日丁酉（1916年3月1日）〉，冊7，頁662-663、665。

195 鄂多台，《日記》，〈丙辰年十二月十四日己酉（1917年1月7日）〉，冊8，頁842。

196 鄂多台，《日記》，〈丁巳年五月初二日戊午（1917年6月10日）〉，冊8，頁1158。

197 鄂多台，《日記》，〈庚申年八月初一日癸酉（1920年9月12日）〉，冊8，頁1478。

198 〈昌平縣張鴻山與那彥圖地畝涉訟案縣公署判決聲明控訴案〉，《京師高等審判廳》，冊9，收入中國第二歷史檔案館編，《北洋政府檔案》，冊36（北京：中國人檔案出版社，2010），頁343-375。

不免導致社會經濟上日趨陵夷。

　　鄂多台在政局亂象與地產糾紛之中，意圖尋覓出一條活路，接觸漢人[199]與結合漢人謀利，是其身爲蒙古小貴族所習知的立場。可是民初社會的商營環境更須政界身分與地產擔保，政界身分的變化，使得地產中主佃關係的維護成爲鄂多台在漢人社會中擴大影響力的根本所在，遂不得不盡心於斯；營商嘗試中的幾仆幾起，代表鄂多台領導車王府突破政治及地產困局的意志，終究不敵民初北京社會的惡劣環境及險惡人情。

　　地畝所有權的爭奪戰之前，鄂多台的生活與交遊充滿著對於新鮮事物的好奇與嘗試；地權糾紛爆發後，鄂多台身邊的友朋提供諸多適用於漢人社會的建議，如在官僚階層中使用蘭譜，或延聘律師以法律程式對抗。訴訟的過程雖不甚順利，但想鄂多台爲解決地畝問題，而與胡中英義結金蘭，不免令人感覺突兀，但也可見鄂多台姿態之低與身段柔軟。

　　長期的訴訟加劇鄂多台身體及心理上的疾病，使其益發重視人與人的交流，以麻雀牌與戲曲[200]這類與朋友同好的休閒，舒緩訴訟引發的心靈壓力。

---

199 鄂多台對汪永泰批評最多，說其狡獪之至、可惡已極。參見鄂多台，《日記》，〈癸丑年五月十六日壬申（1913年6月20日）〉、〈甲寅年三月十四日乙丑（1914年4月9日）〉，冊7，頁188、312。

200 王政堯指出鄂多台與富連成的過從，並言及鄂多台日記中不時可見的「看戲的時間、地點、原因、劇碼、劇情、演員、劇種、戲單、評價等……只有戲迷才會樂此不疲！」參見王政堯，〈《車王府曲本》的流失與鄂公府本事考〉，頁101。

新疆突厥語系穆斯林在內地（1930-1945）——以艾沙為例[*]

平山光將

日本中央大學歷史學博士

一、前言

　　筆者一直關注1949年以後海外新疆突厥語系穆斯林[1]之新疆獨立的議題，意即1949年以後，他們從新疆逃亡土耳其，在當地展開獨立運動，中華民國政府透過外交途徑，或者攏絡該難民，援助該難民回國升學、給他

---

[*]　本文請藍美華教授修改中文遣詞，向藍教授深表致謝。

[1]　新疆突厥語系穆斯林包括維吾爾、哈薩克、柯爾克孜、塔吉克、烏茲別克、塔塔爾、撒拉各民族。雖然本文提到的艾沙在現在中共民族識別的角度來說，屬於維吾爾族，但本文沒有將他們認定為維吾爾人，使用「新疆突厥語系穆斯林」一詞。其原因有兩個方面：一是艾沙等新疆突厥語系穆斯林知識分子自認是新疆突厥族，他們也認為維吾爾是新疆突厥族的一個部落；二是1935年，新疆省政府主席盛世才承認維吾爾族名稱，一律禁止使用「纏回」等稱謂，可是國民政府還沒有正式承認「維吾爾族」的稱謂，將「新疆突厥語系穆斯林」看做「回族」或「回民」。1949年以後，中共展開民族識別工作時，「維吾爾族」的稱謂被中華人民共和國承認。「回族」、「回民」的族群概念在1949年以前模糊不清，這些族群概念往往包括漢語穆斯林與新疆突厥語系穆斯林，如前所述，中共進行民族識別之後，1949年之前的「回族」、「回民」分為回族、維吾爾、哈薩克、柯爾克孜、塔吉克、烏茲別克、塔塔爾、撒拉、東鄉、保安等民族，本文提到的漢語穆斯林是指現在的回族，所謂「漢回」。

們貸款等，以應對新疆獨立運動。[2]1930年代新疆突厥語系穆斯林加入南京國民政府之後，他們一方面與中央政府有密切的關係，受到中央政府的經濟援助，另一方面政府官員運用政府的資源提出他們自己的政治訴求、強調自己的族群認同。在新疆突厥語系穆斯林政治精英中最爲代表的人物爲艾沙（Eysa Yusup Alptekin），本文透過艾沙的活動探討他們在內地的活動。

對於民國前期內地新疆突厥語系穆斯林的前人研究者中，新免康專門研究艾沙在南京的各種活動，可是他的研究重點在於艾沙的思想側面與族群認同，甚少牽涉到艾沙的政治活動等。[3]本文主要探討艾沙的政治側面、分析他對新疆突厥語系穆斯林的國內活動、國際活動，以及在國民政府與跨族群框架中的定位。

本文所參考的史料是中央研究院近代史研究所檔案館收藏的外交部與朱家驊檔案，以及國史館、中國國民黨黨史館相關檔案史料，還有艾沙創辦的《天山月刊》、《邊鐸半月刊》等期刊史料。

本文首先探討1930年代艾沙的政治活動與言論活動，其次檢討在南京新疆突厥語系穆斯林社群的特點，最後檢視抗戰期間艾沙的政治活動與國際活動。

二、1930年代艾沙的活動

1940年代，內地與新疆開闢公路、航線之前，來往甚少，兩地心理與文化的隔閡嚴重。民國初期，新疆省國會代表住在北京，可是他們離開新疆

2　平山光將，〈邊政或僑務？中華民國政府遷臺後對中東地區西北穆斯林難民的政策〉，中央研究院近代史研究所學術演講，2014年7月10日。

3　新免康，〈ウイグル人民族主義者エイサ・ユスプ・アルプテキンの軌跡〉，收入毛里和子編，《現代中國の構造變動7中華世界——アイデンティティの再編》（東京：東京大学出版会，2001），頁153-175。

很久，與新疆的關係已經疏遠，有的甚至不懂維文。[4]1930年代自新疆到內地的新疆突厥語系穆斯林經過蘇聯或印度來到內地，住在內地的人數甚少，他們在政界與內地回教界中的影響力並不強，艾沙嘗試加強新疆與內地之間的關係、亦在新疆的治理上扮演重要的角色。南京國民政府方面爲瞭解新疆問題與建立新疆政治新秩序，支持新疆突厥語系穆斯林成立新疆同鄉會，並建立中央政治學校附屬蒙藏學校招攬其子弟。本文主要探討新疆突厥語系穆斯林來到內地的背景、新疆同鄉會與中央政治學校附屬蒙藏學校的情況，並透過「新疆回教風俗辨」事件檢驗艾沙的言論。

（一）艾沙的來京與言論活動

　　1920年代至1930年代初期，新疆省政治情勢不穩定，政變與內亂頻頻發生，蘇聯與英國等外國勢力窺探新疆，呈現出內憂外患的狀態。1928年，金樹仁發動政變、殺害楊增新後，被南京國民政府任命爲新疆省政府主席。他錄用漢族官員爲新疆省政府官員，禁止新疆突厥語系穆斯林到麥加朝覲，將哈密王歸土改流，引起哈密穆斯林的不滿，造成哈密暴動。隨即引發新疆各地的暴動，最後演變成東土耳其斯坦伊斯蘭共和國的成立。此外，金樹仁得到蘇聯的支持，卻沒有得到南京國民政府的認同，他擅自與蘇聯締結「新蘇協定」。1933年，金樹仁被盛世才扳倒，被迫離開新疆，中華民國政府命盛世才接任新疆省政府主席。盛世才得到蘇聯的援助，蘇聯則利用盛世才擴張其在新疆的政治影響力，盛世才隨即推動包括民族平等在內的六大政策。

　　1930年代初期以後，受到新疆政治情勢的影響，新疆突厥語系穆斯林開始任職於南京國民政府，最爲代表的人物是艾沙。艾沙的全名是艾沙・玉素甫・阿布甫泰肯（Eysa Yusup Alptekin），1901年出生於新疆英吉沙（中文

4　趙瑞生譯，〈北京政府時代之新疆議員〉，《天山月刊》，第1卷第3期（1934年），頁33。

名字：疏附）沙牙里克莊，他在駐安集延領事館擔任過書記官，來到南京。依據艾沙留下的履歷與來京經過的記錄，艾沙的曾祖父為伯克，祖父設立漢學、教授漢文，以溝通漢回情感，其父親亦自漢學學校畢業，曾擔任督學、傳道員、交涉分局局長、農會會長等職務，1928年艾沙的父親逝世。艾沙的父親支持革命，辛亥革命時參加伊犁起義，之後加入中國國民黨。他在去世之前，目睹英吉沙縣長走私鴉片牟取利益，向新疆省政府告密，但遭該縣縣長扣留，生命垂危始被釋放，不久後謝世。[5]1923年，艾沙受英吉沙縣縣長委任，擔任縣立漢文學校的維文教師，1925年，擔任交涉局分局長、縣署翻譯官，翌年調任駐蘇聯安集延領事館主事兼維文翻譯。他在安集廷時，目睹共產主義地下活動猖獗，看到金樹仁與蘇聯之間締結的「新蘇協定」內容後，開始具有反蘇意識。艾沙對金樹仁與蘇聯抱有很大不滿，正好領事館秘書趙某得病，艾沙陪同趙某經過西伯利亞到北平，在北平遇到新疆學生，就同他們前往南京。[6]艾沙來到南京之前，函告蔣介石，譴責金樹仁與盛世才對新疆人的暴行，亦強調新疆與內地必須團結，得到蔣介石的賞識。艾沙來到南京之後，在軍事委員會參謀本部服務，亦擔任立法委員，艾沙陪同黃慕松前往新疆，對新疆進行「宣慰」，可是盛世才將黃慕松與艾沙扣押，他們迫不得已回到南京，「宣慰」活動失敗。[7]

　　1.《邊鐸半月刊》、《天山月刊》期刊的出版

　　艾沙來到南京之後，結識漢語穆斯林的政府官員王曾善。王曾善，山東省臨清縣人，曾留學土耳其，回國後，曾任職中國國民黨中央黨部、擔任立

5　「艾沙」，《軍事委員會委員長侍從室》，國史館藏，入藏登錄號：129000024070A。

6　「艾沙」，《軍事委員會委員長侍從室》，國史館藏，入藏登錄號：129000024070A。

7　平山光將，〈中華民国期における政府と回民知識人・回民社会の関係に関する研究〉（東京：中央大学大学院博士論文，2013），頁114。

法委員，[8]此後，艾沙與王曾善成為摯友。艾沙的祖父開設漢學學校，艾沙受過漢學薰陶，漢語能力很強，[9]他與南京的漢語穆斯林社群關係很密切，例如與南京回教相關期刊晨熹社建立關係，投稿至《晨熹》期刊。艾沙不僅投稿至南京回教相關期刊，亦自己創辦漢、維雙語的期刊——《邊鐸半月刊》、《天山月刊》，經費來自軍事委員會參謀本部。艾沙創辦這兩種期刊的目的是，提醒內地知識分子對新疆問題的關心，並強烈譴責蘇聯與金樹仁及盛世才的勾結等，也讓新疆突厥語系穆斯林瞭解三民主義等中國國民黨的黨義、南京國民政府的邊疆政策。

　　艾沙在《邊鐸半月刊》向內地讀者訴說新疆教育的危機。他曾在英吉沙縣的公立學校教過書，感受到新疆突厥語系穆斯林教育落後，其原因如下：一則他們對漢族不信任，不愛漢書；二則新疆省的學校規定與他們的風俗習慣不合，例如新疆省的公立學校尊孔，師生必須向孔子像鞠躬，可是回教教義禁止偶像崇拜，尊孔儀式與回教教義有所抵觸；三則教學法不良，經常體罰。[10]艾沙在《邊鐸半月刊》中提出新疆教育改革的辦法：

（一）取消，漢語，回文，國民，及一切不合實際之學校。

（二）積極改善師資，速於迪化，疏附，哈密，肅州等地各設師範學校一所，從事新式教師人才之訓練，並提高教員之待遇。

（三）廢止強派學生制度，屬行宣傳政策，設法因勢利導，養成人民自動來學之風尚，並應亟謀提高「學漢文者」之地位，以示優異，而資獎掖。

（四）在首都設立「回民專科學校」，由中央通令新省政府每年派遣學生若

8　賈福康，《台灣回教史》（台北：伊斯蘭文化服務社，2002），頁181-183。

9　「艾沙」，《軍事委員會委員長侍從室》，國史館藏，入藏登錄號：129000024070A。

10　艾沙作，矯如述，〈新疆回民教育之回顧與瞻望〉，《邊鐸半月刊》，第1卷第2期（1934年），頁6-7。

干名，來京留學，並應於肅州設立留學學生招待處藉資觀瞻，而求進益，畢業後，仍資遣回新服務。[11]

　　艾沙在新疆教育改革的辦法中強調，新疆的教育改革從擺脫伊斯蘭傳統的教育體制框架開始，廢除麻德拉撒等回教學院、私塾等，成立師範學校，培養教師人才，提高中文學習者的地位，以融合國民教育體制。艾沙所提案的「回民專科學校」後來以中央政治學校附屬蒙藏學校回民班的形式成立。

　　艾沙亦在《天山月刊》試圖向內地漢族讀者或漢語穆斯林讀者說明新疆的危機，透露新疆人的心聲：

> 但我們不能不說的，是地方政治之黑暗。那種強暴無理的行為，凡有血氣之倫，誰都不能忍受的！自哈密民變，以至南疆獨立，首領與民眾，一面反抗地方政府之貪暴，〔不但地方政府，連本地的封建制度〕一面向中央陳說，希望對民眾加以撫慰，對強暴加以制裁。然而漢視中央命令之迪化政府，國內言論多不加擇別，對之似懷好感，期其戡定為生存而鬥爭的「民變」！似此種立場不明之論調自與中央政策背道而馳，且與溝通漢回文化，從邊鐸到天山內附的工作，極相抵觸。穆罕默德教信徒之後裔，和各民族一樣，是不甘於忍受壓迫的，居住在新疆的土耳其族欲求解放，思合中華民族〔滿、漢、蒙、藏、苗〕，共同從帝國主義鐵踏之下解放出來，以期一勞永逸。漢族是我們的長兄，是我們的首領。長兄應該知道小弟弟們的病痛，醫好他們的病痛，才能和長兄共同擔負沉重的擔子。[12]

　　雖然艾文中批判盛世才脫離南京國民政府的獨立傾向，亦對1933年成

11　艾沙作，矯如述，〈新疆回民教育之回顧與瞻望〉，《邊鐸半月刊》，第1卷第3期（1934年），頁3-4。

12　艾沙，〈從邊鐸到天山〉，《天山月刊》，第1卷第3期（1934年），頁1-2。

立的東土耳其斯坦伊斯蘭共和國表示同情，認爲該共和國的成立是新疆突厥
語系穆斯林對南京國民政府的一種訴苦。艾文強調新疆人從帝國主義解放出
來，漢族才是中華民族的長兄。可是艾沙所編的《邊鐸半月刊》與《天山月
刊》期刊中有維文版，艾沙在這兩種期刊維文版中強調自己的民族認同。[13]
按照新免康的說法，艾沙在《天山月刊》期刊維文版將東土耳其斯坦看作祖
國，他一面追求新疆獨立，一面觀察民國前期的政治趨勢，謀求新疆的高度
自治。[14]

　　不管如何，艾沙在《邊鐸半月刊》與《天山月刊》中批判帝國主義與共
產主義在新疆的活動、以及盛世才與蘇聯的勾結，可是艾沙的言論活動遭致
其他在南京的新疆突厥語系穆斯林與盛世才的抗議，產生後續效應。

　　2.《邊鐸半月刊》與《天山月刊》期刊風波

　　有些新疆突厥語系穆斯林知識分子對艾沙的活動非常不滿，比如法國巴
黎出版的維文期刊《新土耳其斯坦》中有署名窩克台的一篇文章批判艾沙之
言論。對此，艾沙的摯友趙瑞生反駁道，艾沙之言論活動並不是支持新疆獨
立，只不過想加強內地與新疆的關係而已。[15]其實，批評艾沙言論活動的還有
《邊鐸半月刊》與《天山月刊》期刊，其內容亦產生新一輪風波。1935年3月，
在京新疆突厥語系穆斯林杜和新在江蘇省高等法院控訴艾沙，他的訴狀透露：

> 該痞奸詐多端危害民國證據確鑿，無可或掩，萬懇迅賜予辦法。以安人心
> 旦，爲破壞疆土統一者戒邊氓，雖愚向化情殷肅電待命無任悚惶。新疆旅京
> 纏民代表杜和叩眞。[16]

13　新免康，〈ウイグル人民族主義者エイサ・ユスプ・アルプテキンの軌跡〉，頁160-161。

14　新免康，〈ウイグル人民族主義者エイサ・ユスプ・アルプテキンの軌跡〉，頁171。

15　趙瑞生，〈答窩克台〉，《天山月刊》，第1卷第1期（1934年），頁4-6。

16　「杜和新電蔣中正有關艾沙冒充新疆人民謀不軌請予法辦」（1935年3月11日），〈新疆問
　　題（五）〉，《蔣中正總統文物》，國史館藏，典藏號：002-080101-00056-004。

　　杜和新的身分不明，于右任接到杜和新的控訴書之後，將其直接寄給蔣介石，[17]杜和新有什麼理由控訴艾沙？如前所述，艾沙在《邊鐸半月刊》與《天山月刊》的維文版強調新疆突厥語系穆斯林的族群認同，可是從杜看來，艾沙的言論乃是煽動新疆獨立。

　　新疆省政府主席盛世才亦對《邊鐸半月刊》與《天山月刊》的內容表示強烈抗議，盛世才怎麼知道這兩種報刊的記載內容？艾沙由南京寄來的信，偶然誤寄到迪化，盛世才看到艾沙的來函之後，發現艾沙係新疆人，對新疆各民族挑撥離間，試圖破壞新疆全域，[18]盛世才並將來函轉寄給哈密軍司令的堯樂博士。[19]堯樂博士看到艾沙的來信後，譴責艾沙的《邊鐸半月刊》與《天山月刊》，認為這兩種期刊不僅詆毀南京國民政府，亦有新疆脫離中華版圖的陰謀。[20]盛世才收到堯樂博士的來信之後，函致蔣介石透露，雖然艾沙任職於軍事委員會參謀本部，可是他寫的新疆消息並非事實，盛世才希望蔣介石對這兩種期刊檢查內容、必究真相，亦希望徹底究辦。[21]艾沙被杜和新控告之後，軍法司開始審查艾沙案，在軍法司審查艾沙所辦期刊期間，《天山月刊》暫停出版，艾沙亦被停職，江蘇省高等法院審查《天山月刊》維文

17　「于右任電蔣中正有關艾沙煽動回部獨立請予防範」（1935年3月6日），〈新疆問題（五）〉，《蔣中正總統文物》，國史館藏，典藏號：002-080101-00056-004。

18　「盛世才電蔣中正據堯樂博士電請中央緝解艾沙到新疆依法懲辦文電日報表等二則」（1935年4月3日），〈一般資料呈表彙集（二十三）〉，《蔣中正總統文物》，國史館藏，典藏號：002-080200-00450-018。

19　〈堯樂博士〉，《軍事委員會侍從室檔案》，國史館藏，入藏登錄號：129000099014A。堯樂博士，《堯樂博士回憶錄》（台北：傳記文學出版社，1969）。堯樂博士，1889年新疆英吉沙縣出生，祖籍是新疆哈密，失學後擔任過新疆宣慰使等職務。

20　「盛世才電蔣中正據堯樂博士電請中央緝解艾沙到新疆依法懲辦文電日報表等二則」（1935年4月3日），〈一般資料呈表彙集（二十三）〉，《蔣中正總統文物》，國史館藏，典藏號：002-080200-00450-018。

21　「黃慕松等電蔣中正新疆纏民杜和新控告艾沙案經檢閱天山月刊回文譯述為懷柔邊民略示寬大江蘇高等法院予以不起訴處分等文電日報表等二則」（1935年5月13日），〈一般資料呈表彙集（二十四）〉，《蔣中正總統文物》，國史館藏，典藏號：002-080200-00451-061。

版，結果是該期刊沒有危害國家安全的記載，決定不起訴艾沙，艾沙復職於軍事委員會參謀本部。[22]

（二）艾沙在南京的政治活動

艾沙在南京的政治活動是爲新疆謀求政治利益，特別是他的政治活動主要分爲控訴原新疆省政府主席金樹仁，以及在中國國民黨中央委員會上提出與新疆相關的案件。金樹仁在盛世才政變之後，離開新疆逃亡南京，他到南京時，因是甘肅人而受到在南京甘寧青同鄉會的熱烈歡迎。1934年，艾沙向江蘇省高等法院控告金樹仁外患罪，南京新疆同鄉會也要求中國國民黨中央委員會嚴格處理金樹仁的案件，可是金樹仁在法院審理過程中因健康不佳，被釋放出獄。

不管如何，就艾沙的政治活動可以看出，這些活動代表新疆的利益，也強調新疆與內地的關係，南京國民政府或中國國民黨中央委員會從邊疆國防的角度支持艾沙的政治活動。可是艾沙自己辦的期刊中則強調自己的民族認同，批評盛世才的暴虐，遭致盛世才的憤怒，艾沙甚至遭南京新疆突厥語系穆斯林提起訴訟，面臨失職的危機。

三、新疆突厥語系穆斯林社群的形成與其問題

1930年代初期以後，新疆突厥語系穆斯林紛紛來到首都南京，其主要目的是任職於南京國民政府部門、或是上學。值得一提的是，他們建立了南京新疆同鄉會，以該會爲主軸，向南京國民政府請願新疆議題、展開互助合作的活動等。新疆突厥語系穆斯林知識分子上的學校是中央政治學校附屬蒙

---

22 「楊杰電蔣中正擬將天山月刊復刊及請示恢復艾沙之軍事委員會邊務組參議職或調委他職等文電日報表」（1935年5月26日），〈一般資料呈表彙集（二十四）〉，《蔣中正總統文物》，國史館藏，典藏號：002-080200-00451-145。

藏學校，蒙藏學校在民國初年爲培養蒙藏等邊疆地區的政府幹部而成立，可是南京國民政府受到1930年代邊疆危機的影響而開始高度關注新疆議題。另外，艾沙向南京國民政府部門提出了成立蒙藏學校回民班的請願，獲得南京國民政府同意。

(一) 南京新疆同鄉會的成立與其性質

何炳棣曾經研究過北京會館的起源與特點，指出清末民初以前的會館在狹義上是指同鄉所共有的建築，在廣義上是指同鄉組織。[23]民國初年以後，中華民國憲法明確保障結社自由，會館被同鄉會取代，會館的功能主要爲接待來京有科舉的、聯絡同鄉商業人士的感情，而同鄉會的功能爲救濟災民以及來京的同鄉貧民，建立同鄉學校，也扮演與政府部門溝通的角色。[24]1949年以後，同鄉會增加新的政治功能，比如香港的蘇浙旅港同鄉會到台北參加中華民國的雙十國慶儀式、[25]中華民國政府遷台後的台灣亦成立很多的同鄉會，各省同鄉會的目的乃是配合「反共抗俄」，聯誼同鄉人士。[26]

與內地各省同鄉會相比，新疆同鄉會的數量並不多，內地的新疆同鄉會只有在首都南京 (抗戰期間新疆同鄉會搬到重慶)、北平、西安與蘭州四地成立，本文主要探討南京新疆同鄉會。該新疆同鄉會的歷史並不長，筆者認爲這是因爲與新疆突厥語系穆斯林來到內地的時間較晚有關。

新疆突厥語系穆斯林知識分子最早來到南京的時間大約是1927年，到1935年爲止，有兩批自新疆來的青年，第一批爲加拉力丁阿訇率領的十六位青年、由新疆經過青海、甘肅抵達南京；第二批爲伊斯麻乃阿訇率領的十一

---

23 何炳棣，《中國會館史論》(台北：臺灣學生書局，1966)，頁11。

24 孫向群，《近代旅京山東人研究》(濟南：齊魯書社，2013)，頁134-152。

25 孔東，《蘇浙旅京同鄉會之研究》(台北：臺灣學生書局，1994)，頁62-63。

26 鍾艷攸，《政治性移民的互助組織——台北市之外省同鄉會 (1946-1995)》(台北：稻鄉出版社，1999)，頁23-28。

位青年，他們由新疆經過印度，從海路到南京，[27]他們是爲了投考國立中央大學、國立中央大學實驗小學或中央政治學校附屬蒙藏學校回民班而來京。

　　南京新疆同鄉會成立的時間爲1930年代初期，艾沙爲該會委員之一。艾沙爲該同鄉會的發展而試圖興建新疆會館，呼籲蔣介石與朱家驊等政府官員捐款，[28]請願書內容如下：

> 本省之危機已迫，不辭勞苦，跋涉東來，願效微勞，以聯絡感情、溝通文化。先擬選送新疆青年，東來求學，翻譯應讀，以增進回民知識。鼓勵新疆商人內來經商，籌辦定期刊物，宣揚中央德意，使新疆民眾瞭解國家情形，則情感日親隔閡自去。然後，有精誠團結之可言，雖有外侮復何，所畏今擬興建新疆會館，以便進行各項事業，資力薄弱無由舉辦用，敢求助於各界之君子。[29]

　　艾沙試圖爲新疆會館扮演南京與新疆之間聯絡的角色，新疆會館所以能發揮功能，乃是透過新疆商人經商、透過定期期刊宣揚中央德意。興建新疆會館的贊助人是蔣介石、陳果夫、孫科、朱家驊、吳鐵城以及賀耀祖等南京國民政府官員，值得一提的是原新疆省政府主席金樹仁也爲贊助人之一。[30]爾後，興建新疆會館委員會成立，該委員會除了艾沙之外，亦有朱家驊、陳果夫、吳忠信以及賀耀祖等。朱家驊在中國國民黨中央委員會第五屆三中全會上，提出爲鞏固西北國防起見，應在南京建立新疆會館的案子，結果朱氏

27　汪沛，〈旅京新疆回族同胞調查〉，《突崛》，第4卷第3、4期（1936年6月），頁54。

28　「興建新疆會館募啓」（1931年月日不明），〈興建新疆會館〉，《朱家驊檔案》，中央研究院近代史研究所檔案館藏，檔號：301/01/15/003。

29　「興建新疆會館募捐啓」（1931年月日不明），〈興建新疆會館〉，《朱家驊檔案》，中央研究院近代史研究所檔案館藏，檔號：301/01/15/003。

30　「興建新疆會館募捐啓」（1931年月日不明），〈興建新疆會館〉，《朱家驊檔案》，中央研究院近代史研究所檔案館藏，檔號：301/01/15/003。

的案件獲得通過，之後建立了新疆會館。[31]

如前所述，民國初年以來的各省同鄉會係從會館的功能轉變過來，同鄉會的資金來源多爲民間捐款，同鄉會與商界的關係很密切。[32]就以南京新疆同鄉會的性質而言，該同鄉會與其他各省同鄉會在扮演外地同鄉人或本地人與中央政府之間溝通的角色上具有共同之處，比如南京新疆同鄉會向政府控告盛世才的暴虐等。南京新疆同鄉會具有高度政治性，可說是半官方社團。

（二）中央政治學校附屬蒙藏學校回民班的成立

1913年，中華民國北京政府蒙藏院成立蒙藏學校，國民政府軍北伐結束之後，蒙藏學校被納入中央政治學校的編制內，1930年11月中央政治學校附屬蒙藏學校在南京正式掛牌，到1935年11月爲止，蒙古族班、藏族班一共有270名學生就讀。[33]如前所述，中國國民黨中央委員會因新疆危機不得不考慮在蒙藏學校設立回民班，南京的漢語穆斯林亦要求南京國民政府重視回民教育，正如馬心互就曾批評南京國民政府高度重視蒙藏教育，而輕視回民教育的情況：

> 中央對於蒙藏教育的情形如是，然而吾人回顧與蒙藏二族情形相同的回民教育又有何人援助？在這裡我們公正無私本良心而言，肯定的答覆這個答案，中央對於回民教育，的確是少注意！而較蒙藏教育，何啻於天淵！試看在回民教育方面，有何特殊的設施，有目共睹，非吾人的信口雌黃，妄加批判。我們別的不論，即以現在南京「回民教育促進委員會」而論，該會的成立，原是幾個熱心從事於回民教育的人士發起的，在他們深感到回民的衰

31　「勛鑒前爲籌資在京興建新疆會館事荷」（1931年月日不明），〈興建新疆會館〉，《朱家驊檔案》，中央研究院近代史研究所檔案館藏，檔號：301/01/15/003。

32　孫向群，《近代旅京山東人研究》，第6章。

33　汪沛，〈旅京新疆回族同胞調查〉，頁55。

敗及一切落伍，逐有此會的發端，意欲作一個推進回民教育文化，及一切事業的原動力。但是雖然有這幾個熱心的人士，在他們竭心盡力，將此會成立起來，總以經費困難，卒陷於進退維穀、滯而不進的情景中，掙扎著它的壽命。中央政府在名譽上雖予以援助，而在實際上，以客觀態度，袖手作壁上觀，絕未盡力襄助！此可證明中央對回民教育之少注意了。[34]

馬文發表的時間為1935年8月，蒙藏學校回民班成立於同年10月，其實中國國民黨中央委員會因資金吃緊而暫時停收蒙古班與藏族班，以便成立回民班，[35]馬文發表時，中央委員會已經開始進行蒙藏學校回民班籌備工作。除了前述加拉力丁阿訇率領的十六位青年、以及伊斯麻乃阿訇率領的十一位青年之外，南京新疆同鄉會與天山月刊社亦於1934年冬天派遣加拉力丁到新疆北部，選送新疆突厥語系穆斯林到南京。[36]艾沙對蒙藏學校回民班的運作扮演重要的角色，這些學生到上海之際，艾沙迎接他們，護送至南京，他們到京之後，艾沙仍繼續接待。[37]南京新疆同鄉會對於蒙藏學校回民班的教學提出建議，主要是湊足留京學生教育基金、酌發學生來京之旅費或津貼、成立國文補習班、將三民主義、中國革命史等知識灌輸給蒙藏學校回民班的學生。[38]

蒙藏學校回民班的教學情況如何，以及其特點在哪裡？在汪沛所進行的

34　馬心錦，〈中央對蒙藏回教育應同時並重之我見〉，《突崛》，第1卷第3期（1935年8月），頁29-31。

35　〈中政蒙藏學校添辦回民班　收容赴京纏回學生〉，《突崛》，第2卷第9期（1935年9月），頁27。

36　汪沛，〈旅京新疆回族同胞調查〉，頁55。

37　〈新疆纏回學生第二批抵京　共二十人曾由印度香港等地參觀各院部各團體然後入校〉，《突崛》，第2卷第11、12期合刊（1935年11月），頁36。

38　新疆旅京同鄉會，〈新疆旅京同鄉對本省教育之觀感及建議〉，《突崛》，第4卷第3、4期合刊（1936年6月），頁9-11。

有關南京新疆突厥語系穆斯林調查中，可以窺見之。

表1　中央政治學校附設蒙藏學校授課時間表

初中部補習班甲組						
節次	時間	星期一	星期二	星期三	星期四	星期五	星期六
		學程	學程	學程	學程	學程	學程
1	8-8:50	紀念週	國文	國文	黨義	國文	國文
2	9-9:50	紀念週	數學	數學	國文	數學	公民
3	10-10:50	地理	歷史	地理	公民	歷史	音樂
4	11-11:50	英文	英文	自習	國文	英文	小組訓練
5	1-1:50	國文	圖畫	回文	回文	黨義	體育
6	2-2:50	數學	體育	回文	回文	自習	自習
7	3-3:50	自習	自習	軍事訓練	名人演講	自習	自習
8	4-4:50	自習	自習	軍事訓練	名人演講	自習	自習

資料來源：汪沛，〈旅京新疆回族同胞調查〉，《突崛》，第4卷第3、4期（1936年6月），頁56。

表2　中央政治學校附設蒙藏學校授課時間表

初中部補習班乙組						
節次	時間	星期一	星期二	星期三	星期四	星期五	星期六
		學程	學程	學程	學程	學程	學程
1	8-8:50	紀念週	數學	數學	自習	數學	公民
2	9-9:50	紀念週	國文	國文	公民	國文	國文
3	10-10:50	常識	常識	常識	國文	常識	音樂
4	11-11:50	英文	英文	黨義	小組訓練	英文	國文
5	1-1:50	數學	圖畫	回文	回文	自習	體育
6	2-2:50	國文	體育	回文	回文	黨義	自習
7	3-3:50	自習	自習	軍事訓練	名人演講	自習	自習
8	4-4:50	自習	自習	軍事訓練	名人演講	自習	自習

資料來源：汪沛，〈旅京新疆回族同胞調查〉，頁57。

　　在表1、表2上可以看到，中央政治學校附屬蒙藏學校補習班的教學內容除了國文、數學、英文、音樂以及體育課之外，亦有黨義與軍事訓練課程，值得一提的是該校補習班沒有理科。筆者認爲蒙藏學校補習班的課程，由學生的年齡與教育程度來決定，甲組中有歷史與地理課程，乙組中竟有公民課程，甲、乙班中有回文課，蒙藏學校回民班大部分的學生爲新疆突厥語系穆斯林，所以表1、表2裡面的回文爲維吾爾語。蒙藏學校的校園生活完全軍事化，該校裡面設有清眞餐廳與新蓋的清眞寺，[39]蒙藏學校回民班學生的國語能力參差不齊，老家接近甘肅省一帶的同學，國語能力很高，距離甘肅遠的同學，國語能力都很差，[40]蒙藏學校回民班同學的國語能力有可能直接影響到國文課的成績，可是國語不諳熟的同學來到南京，經過一年的訓練，他們都會說國語了。[41]從蒙藏學校回民班同學的語言能力來看，剛來到南京的所有同學不一定懂國語，該校的教學一定有困難，所以該校回民班是否具有用維吾爾語教學的可能性，這一點有待分析。中央政治學校具有培養公務員的性質，他們畢業以後，有的回到新疆從事邊疆工作，有的則留在南京服務於軍隊或政府部門。

（三）南京新疆突厥語系穆斯林社群的特點

　　南京新疆突厥語系穆斯林在南京穆斯林人口當中是少數群體，而且除艾沙等南京國民政府官員之外，多因語言隔閡而與其他南京漢語穆斯林群體甚少有交往。1930年代的南京有南京回教青年會、中華回教公會等回教社團，艾沙擔任南京回教青年會的幹事。[42]南京回教青年會成立於1935年4月

39　汪沛，〈旅京新疆回族同胞調查〉，頁56。

40　汪沛，〈旅京新疆回族同胞調查〉，頁56。

41　汪沛，〈旅京新疆回族同胞調查〉，頁56。

42　傅統先，《中國回教史》（台北：臺灣商務印書館，1968），頁203。

28日，該青年會由在南京西北各省同鄉會與南京回教青年組成，爲回教、國家而推動社會事業等。[43]除了艾沙之外，南京其他新疆突厥語系穆斯林亦沒有加入回教社團。在南京新疆突厥語系穆斯林的社群究竟與南京漢族社群或漢語穆斯林社群有交往，還是孤立？其特點又在哪裡？汪沛曾經對此做過訪問調查。

表3　旅京新疆突厥語系穆斯林的名單

原名	新名	別號	年齡	籍貫	通訊處
麥斯武德			50	伊犁	中央黨部
艾沙			30	疏附	立法院
艾煥新			19	伊犁	中央大學
穆維新			20	伊犁	中央陸軍軍官學校
來以謀			20	疏附	軍政部兵隊
柯能			12	疏附	中央大學實驗小學
穆拉特			6	疏附	中央大學實驗小學
儀斯麻乃			36	疏附	新疆同鄉會
法圖麥（女）			24	疏附	新疆同鄉會
斐子良			20	伊犁	新疆同鄉會
哈的爾			40	疏附	新疆同鄉會
馬得公			45	庫車	新疆同鄉會
哈三			40	疏附	新疆同鄉會
克力穆			49	疏附	新疆同鄉會
加拉力丁			50	和闐	曉莊中政分校
哈美新			20	伊犁	曉莊中政分校

43　傅統先，《中國回教史》，頁203。

原名	新名	別號	年齡	籍貫	通訊處
蘇賴曼	蘇敬新		20	疏附	曉莊中政分校
塔希爾	塔惠新		20	哈密	曉莊中政分校
胡塞英	胡啓新		19	庫車	曉莊中政分校
尼雅子	倪祖新		19	於闐	曉莊中政分校
吳書爾	吳範新		19	吐魯番	曉莊中政分校
伊斯蘭	伊德新		18	於闐	曉莊中政分校
海母杜拉	海煥新		21	吐魯番	曉莊中政分校
圖遐遜	圖禮新		16	哈密	曉莊中政分校
艾沙	艾銘新		16	於闐	曉莊中政分校
艾麥特	艾日新		15	哈密	曉莊中政分校
哈米特	哈善新		14	哈密	曉莊中政分校
鐵米爾	鐵模新		14	疏附	曉莊中政分校
穆罕默尼牙子	麥式新		13	吐魯番	曉莊中政分校
穆沙	穆克新		12	哈密	曉莊中政分校
於素福	於又新		14	吐魯番	曉莊中政分校
柯而班阿吉	柯爾邦	新邦	18	葉爾光	曉莊中政分校
阿理姆	阿禮樸	新禮	23	疏附	曉莊中政分校
阿不杜熱以模	熱懿模	新模	20	疏附	曉莊中政分校
海大以挨提	海大一	新統	21	庫車	曉莊中政分校
卡雪扭阿吉	卡雪梅	新華	24	疏附	曉莊中政分校
蘇來旦阿吉	蘇來陽	新陽	18	哈密	曉莊中政分校
穆罕麥德	麥睦德	新佑	26	疏附	曉莊中政分校
哈迪爾	哈迪爾	新啓	26	疏附	曉莊中政分校
哈斐子	哈斐之	新章	20	和闐	曉莊中政分校

原名	新名	別號	年齡	籍貫	通訊處
克裡姆	克禮模	新範	18	和闐	曉莊中政分校
穆宰麥德一明	穆以明	新明	18	和闐	曉莊中政分校
麥哈蘇特	麥蘇特	新蘇	17	皮山	曉莊中政分校
古拉姆	古賴母	新永	18	庫車	曉莊中政分校
亞色音	亞或英	新聲	17	疏附	曉莊中政分校

資料來源：汪沛，〈旅京新疆回族同胞調查〉，頁57-58

　　從南京新疆突厥語系穆斯林的名單中可以看到，南京新疆突厥語系穆斯林的身分大致為南京國民政府部門的官員、軍人、南京新疆同鄉會的員工、國立中央大學實驗小學及中央政治學校附屬蒙藏學校回民班的學生，在表格中的曉莊中政分校是指中央政治學校附屬蒙藏學校回民班。在南京新疆突厥語系穆斯林中疏附人最多的原因與艾沙有關，他的籍貫是疏附，帶領他的同鄉到南京，所以他們的籍貫偏重在疏附、伊犁、和闐、哈密、庫車、吐魯番等地，籍貫中沒有迪化等地的人。回民班的學生年齡相差很大，最小的只有十二歲，最大的竟然有五十歲，該校的平均年齡大約為二十歲左右。南京新疆突厥語系穆斯林的人數只有五十名左右，占南京的穆斯林人口比例很小，而且除了艾沙等南京國民政府官員之外，南京大部分的新疆突厥語系穆斯林均為學生。如前所述，他們的生活都在學校裡面，且生活已經軍事化，除了與南京新疆同鄉會的交流之外，基本上似與外界隔絕。

（四）艾沙與「新疆回教風俗辨」事件

　　如前所述，除了艾沙等南京國民政府官員之外，南京新疆突厥語系穆斯林因語言文化隔閡以及學校的性質而甚少與漢族及漢語穆斯林交往，他們人

數亦甚少，漢族往往誤會他們的風俗習慣，甚至漢族媒體工作者因對其產生誤會而造成侮辱回教案件。

1930年代中國各地發生侮辱回教的案件，最具代表性的案件是北平北新書局侮辱回教的案件，起因是北新書局出版的書籍中有「穆罕默德是豬八戒的後代」的荒唐記載，北平的回教界如成達師範學校與北平各清眞寺對北新書局進行抗議活動，成達師範學校的《月華》期刊出版《北新書局侮教案件》專號。經過北平回教界與北新書局雙方協商，北新書局公開道歉，此侮教案件得到解決。可是1930年代中期以後，中國各地侮教案件層出不窮，如四川、南京、上海等地商務報上刊登〈新疆纏回婦女婚姻風俗特寫〉的文章，1936年3月30日北平《全民報》也刊登這篇文章，其主要內容如下：

> 〔新疆通訊〕東土耳其斯坦人或各纏回，與漢回教同而族別者也。該族婦女面若脂玉，頸紫霞，口若唇紅，乃美人之結晶，故其居留地哈密，逐爲世界生產美女之聖地。行破瓜禮俗稱開窟窿，屆時，須送至阿哄主教處爲之誦經後，即施行手術，而以初夜權爲報焉，否則無人承配也，婚姻係採折衷主義，父母不能絕對包辦，如戀愛成熟，男方即同媒人及阿哄至女家徵婚，若後允許，即念經爲定，續下聘禮，該地女早熟，故以十五歲出閣者爲多，新婚面遮綢帕，須父兄抱持主馬，哭聲嚶嚶，親族之手而別，至男家。云云。[44]

對北平《全民報》侮教案件反應最敏捷的不是新疆突厥語系穆斯林，而是漢語穆斯林，雖然兩者的交往甚少，可是漢語穆斯林對他們深表同情。除了他們都是穆斯林之外，還有其他的原因，乃因金吉堂等漢語穆斯林將中國境內的穆斯林視爲一個「回族」。[45]在南京的陝甘寧青新同鄉會常務理事張君

44　〈平市侮教事件經過〉，《月華》，第8卷第10期（1936年），頁7-8。

45　金吉堂，《中國回教史研究》（北平：成達師範學校出版部，1935），頁29-39。

秀等得知〈新疆纏回婦女婚姻風俗特寫〉的報章後,他們與北平天橋清眞寺
教長商談應對措施,之後北平各清眞寺聯合向北平《全民報》發出抗議,[46]內
容如下:

> 敬啓者〔三十日〕得閱 貴報各地通訊欄內,載有新疆回教婦女婚姻風俗特寫
> 一文,內有「生女十歲,須舉行風俗爪禮,送主教處施以手術,而侮及回教
> 之主教」云云。批閱之下不勝驚異,查此項記載,不獨侮辱回教婦女,甚且
> 侮及回教之主教。主教乃回教之領袖表率,今貴報既侮辱主教,亦即侮辱全
> 體回教也。[47]

　　北平《全民報》的報章中惹起漢語穆斯林憤慨的地方,是新疆突厥語系
穆斯林婦女到了十歲以後,請阿訇動手術,當然,回教的風俗習慣也好,他
們的風俗習慣也罷,並無此做法。抗議書還譴責北平《全民報》,認爲該報
的報導離間民族感情。[48]隔天,北平《全民報》向北平各清眞寺表示道歉,可
是此侮教案件尚未結束,案件雪上加霜,後果越來越嚴重。4月3日,北平
《時言報》轉載北平《全民報》的〈新疆纏回婦女婚姻風俗特寫〉,這起侮教
案件又起軒然大波,北平回教界代表向北平《時言報》表示強烈抗議,之後
北平《時言報》方面表示歉意。[49]可是部分北平漢語穆斯林的心情很激動,到
北平《全民報》與《時言報》,與這兩家報社的員工造成肢體衝突,回教人士
有二十人受傷,公安抓到兩位北平漢語穆斯林。北平回教界代表要求公安釋
放他們,可是公安卻在法庭起訴他們,北平回教界召開緊急會議,決定要求
事項:其一是封閉報社,二是懲罰報社員工,三是賠償全體回教界的損失,

46　〈平市侮教事件經過〉,頁8。
47　〈北平教案始末〉,《月華》,第8卷第12期(1936年),頁2。
48　〈北平教案始末〉,頁8。
49　〈北平教案始末〉,頁9。

四是請北平市政府方面不得再有侮教事件；大約五千人北平回教界人士上街遊行抗議。[50]結果是，北平市長派員出面斡旋，這兩家報社刊登更正啓事，北平市政府發出保教令，「新疆回教風俗辨」事件乃暫告平息。[51]

　　與漢語穆斯林相比，新疆突厥語系穆斯林對「新疆回教風俗辨」事件的反應緩慢，該侮教事件發生十天過後，南京新疆同鄉會才來電聲援，電文爲「牛街清眞寺轉全體教胞公鑒平教胞爲各報登載哈密通訊侮辱回教致被教胞搗毀本會，正向中央進行並已電平市當局速釋被捕者新疆旅京同鄉會叩佳。」[52]

　　艾沙爲「新疆回教風俗辨」事件撰寫了一篇文章，透過該文可以看到內地新疆突厥語系穆斯林的處境、以及對這起事件的看法。首先，艾沙在文中強烈譴責漢族對他們的處境與風俗習慣無知，甚至有偏見，稱：

> 從專制時代，他們對新疆回族的認識是非常低微和鄙視的，他們對我們的語言文字，風俗習慣是漠不關心的，你若是向一個曾去過新疆的漢人或漢官，你問他們爲甚麼不學回文回語呢？是牲口說的話，學它有甚麼用呢。一個在新疆住了二、三十年的漢人，他們對回族的風俗習慣都是沒有深刻的明瞭。自從我們到了內地以後，看見了去過新疆的漢人，那些關於新疆的書籍，所說的關於新疆的情形，除了某大員因地位及環境關係，多有顧慮暨羅前部長文幹及其左右能忠實地介紹新疆情形外，如果與事實對照起來，作文章的人，好多是些空話假話。[53]

　　該文提到，漢族對新疆突厥語系穆斯林的語言文化沒有興趣，甚至連到

50　〈北平教案始末〉，頁9。
51　〈北平教案始末〉，頁9-20。
52　〈平市侮教事件經過〉，頁11。
53　艾沙，〈新疆纏回婦女婚姻風俗特寫〉，《晨禧》，第2卷5月號（1936年），頁18。

過新疆的漢族亦蔑視他們的語言，他們回到內地以後，卻開始撰寫新疆旅遊記，記載內容與新疆實際情況有很大的落差。如前所述，艾文中提到的羅文幹被南京國民政府派遣到新疆，嘗試對盛世才進行「宣慰」，可是受到盛世才的監控，羅文幹的「宣慰」遭到失敗而告終，1930年代的艾沙在文中經常強調內地與新疆、與民族團結，以及漢族對新疆突厥語系穆斯林的無知、不關心、偏見不利於國家團結，艾沙一一反駁〈新疆纏回婦女婚姻風俗特寫〉的報章內容。首先，艾沙反駁「哈密美女」的那一分段：

> 在我們自己看起來，那裏有這般如花似玉的美麗呢？況且他所說的只有一個哈密，這是由內地去新疆第一個較大的稱譽，哈密的樹林很少，近吐魯番熱帶之區，那裡的女人，顏色確正與他所說的相反，他們的面色是黑黑的，那理有甚麼面若脂玉，顏若紫霞。諸君要知道，新疆的婦女也多半是與內地的鄉下農婦相似，他們也是幫助耕作，新疆不是沒有太陽，怎麼會個個白得如玉呢？而且儘以一個哈密地方婦女就能代表全疆婦女嗎？這真是一個大大的笑話！[54]

然後，艾沙亦批評〈新疆纏回婦女婚姻風俗特寫〉中的新疆婦女的貞操觀，他指出：

> 新疆女子不許與外教人結婚是對的，可是只要他是一個回教的人，或者是加入回教的，他也能聚新疆的女子，新疆多妻的制度不是沒有，可是對一個男子的多妻，在宗教上他不是隨便可以辦得到的，關於此種情形，亦在將來介紹新疆風俗文中細述。再有聲明者，新疆十三、四歲的年輕女子結婚，不是沒有的，這種風俗雖然不好，可是新疆人對處女觀念很為重視，他們以為一

54　艾沙，〈新疆纏回婦女婚姻風俗特寫〉，頁20-21。

個女子，若過了這個青春時期，他們的處女膜，便會因生理上的關係而變化，他們將得不到眞正的處女爲妻，雖然這種思想不能認爲他很對，但是這點上也可證明破瓜禮這件事絕對不是回族的風俗。[55]

在艾沙對〈新疆纏回婦女婚姻風俗特寫〉的反駁中可以看到，艾沙透過這段文字強調新疆婦女有嚴格的貞操觀，認爲這起「新疆回教風俗辨」事件歸咎於漢族對新疆突厥語系穆斯林風俗習慣的無知。

綜上所述，內地，尤其是首都南京的新疆突厥語系穆斯林大部分是南京國民政府官員或中央政治學校附屬蒙藏學校回民班的學生，他們在南京回教界中是一個少數群體，他們因語言文化隔閡而與漢語穆斯林的交往甚少，可是在「新疆回教風俗辨」事件的案例中可以看到，漢語穆斯林對他們甚表同情，而漢族卻對他們的語言文化無知，甚至加以侮辱。

四、抗戰期間艾沙的活動

抗戰爆發以後，國民政府的首都自南京經過漢口後遷到重慶，艾沙亦跟著國民政府到重慶，這也是他主要的活動舞台。隨著日軍侵攻，日本的回教政策逐漸擴張到中國西北，接觸到西北軍閥如馬步芳等。日本的回教政策不僅針對中國西北穆斯林，亦牽涉到中東國家。對此，重慶國民政府嘗試抵抗日本的回教政策，動員中國穆斯林。艾沙在抗戰期間的活動是其中之一。艾沙在國內外的活動一面配合政府政策，一面運用政治資源推動符合新疆突厥語系穆斯林利益的措施。

(一) 抗戰期間艾沙的活動

抗戰時期艾沙的活動主要分爲三個方面：一是艾沙的「宣慰」活動；二

55　艾沙，〈新疆纏回婦女婚姻風俗特寫〉，頁22。

是組成國際訪問團；三是救濟在內地就學的新疆突厥語系穆斯林。

1.艾沙的西北「宣慰」活動

抗戰爆發以後，日軍勢力逐漸擴大到華北、華中、華南一帶，差點到西北，日軍的轟炸機也到寧夏等西北各地轟炸，重慶國民政府決定派遣艾沙到陝西、甘肅、青海等省，艾沙對西北「宣慰」的目的主要有三：一則西北為國防上的重要防線，對西北四馬與阿訇進行抗日宣傳；二則新疆哈薩克族難民因盛世才的壓迫而逃亡甘肅酒泉，有他們在那邊被日本利用的謠言，因此艾沙前去調查；三則新疆過來的難民都安置在蘭州，艾沙前往慰問；四是艾沙的家人住在蘭州，到那裡探親。[56]

1938年12月27日，艾沙由漢口出發，31日抵達西安，他在那裡印了以新疆同鄉會名義的〈告西北回教同胞書〉，內容敘述帝國主義侵略弱小民族的情形，以及日本對西北同胞的陰謀等，艾沙到西安的清真寺進行抗日宣傳，艾沙還到蘭州會見甘肅省政府主席朱紹良，之後艾沙到蘭州的各清真寺拜訪阿訇，散發傳單給他們。1939年2月9日，艾沙與來自新疆的堯樂博士一起出發到青海省會西寧會見馬步芳，艾沙與堯樂博士見到新疆哈薩克族難民，艾沙對他們承諾，是要他們的子弟能受教育、改良他們的生產方式，亦即牧養軍馬等。[57]可是後來馬步芳將新疆哈薩克族難民驅逐，有部分新疆哈薩克族難民被迫經過西藏抵達印度，[58]艾沙本來打算到寧夏與甘肅涼州一帶，可是他接到蔣介石來電而回到重慶。有部分重慶國民政府官員以懷疑的態度看待艾沙的活動；1942年9月，艾沙請假到甘肅，可是他在當地的言行卻引人懷疑，比如何應欽致吳鐵城的函中透露：

56　艾沙，〈赴西北的動機和經過〉，《回教大眾半月刊》，第3期（1939年），頁45-49。

57　艾沙，〈赴西北的動機和經過〉，《回教大眾半月刊》，頁45-46。

58　王希隆、汪金國，《哈薩克跨國民族社會文化比較研究》（北京：民族出版社，2004），頁63。

據報立法委員艾沙請假赴蘭後，言行頗多令人懷疑，近往河西，與纏回及哈薩克往來甚密，後由彼主持成立酒泉新疆同鄉會，彼私人散放哈薩克賑款二千元。經密查雖尚無不軌信行，惟該員將來回渝後，必對哈薩克問題多取建議，有形成治絲益棼之可能，逑轉知關係方面。注意其言行等語。[59]

　　艾沙以前因在期刊中強調新疆的利益與自己的民族認同而遭指控起訴，何應欽懷疑艾沙以酒泉新疆同鄉會爲活動地盤，透過救濟新疆哈薩克族難民籠絡他們，運用他們進行新疆獨立運動，從何應欽的來函，可知有部分漢族重慶國民政府官員一面對艾沙的活動不信任，一面希望透過艾沙的建議，瞭解新疆哈薩克難民之情況。

　　2.艾沙的國際活動與平反杜文秀的活動

　　1933年艾沙來到南京之後，已經加入南京回教青年會，擔任幹事職務，抗戰期間艾沙亦加入中國回教救國協會。清末民初以後，中國回教界嘗試成立全國統一性的回教社團，比如中華回教公會等，可是社團組織鬆散，內部糾紛嚴重，均遭失敗而告終。抗戰爆發後，這種缺乏全國性回教社團的狀態有所變化。在重慶國民政府的支持下，白崇禧等中國回教界重量級國民政府官員組成中國回教救國協會。該協會成立的宗旨主要有四個方面：一是抗日救國；二是回教改革；三是提高回教界教育水準；四是促進與國際回教界的宗教交流。[60]中國回教救國協會具有傘狀結構，以該協會理事會爲中心，設立省級與市縣級的分會，該協會的指揮完全是從上而下，同時也扮演下情上達的角色。艾沙加入中國回教救國協會理事會，負責新疆議題。筆者擬以艾沙與馬賦良的印度、中東回教訪問團的活動爲例，探討艾沙在中國回

59 「何應欽致吳鐵城函」（1942年10月8日），《特種檔案》，中國國民黨中央傳播委員會黨史館藏，館藏號：特9/43.9。

60 〈補充支分區會組織要點〉，《中國回教救國協會會刊》，第1卷第8期（1940年），頁26。

教救國協會裡面的活動。

　　艾沙與馬賦良以中國回教救國協會代表的身分訪問印度與沙烏地阿拉伯，救濟新疆突厥語系穆斯林難民、遏制日本對印度與中東的回教政策。馬賦良，1916年出生於北京，私立北平輔仁大學畢業後，開始在重慶國民政府工作，[61] 艾沙本來打算經過蘇聯到土耳其訪問，可是蘇聯政府沒有給他簽證，他們只好經過東南亞與印度訪問中東國家。艾沙與馬賦良從重慶出發，經過香港、新加坡抵達印度。兩人會見甘地，艾沙請求甘地救濟新疆哈薩克族難民，因為有部分難民受到馬步芳的打壓，經西藏逃亡印度。艾沙與馬賦良抵達沙烏地阿拉伯的麥加，向各國朝覲團進行抗日宣傳，他們到土耳其透過廣告進行抗日宣傳，經過伊朗抵達印度與緬甸。[62] 艾沙與馬賦良救濟新疆哈薩克族難民子弟，帶他們到緬甸，中華民國駐仰光領事館與華僑救災總會接待一行人，之後艾沙一行經過滇緬公路抵達雲南。[63]

　　值得一提的是，艾沙在緬甸仰光會見清季雲南回民事變領袖杜文秀的親戚楊會庭，楊會庭向艾沙訴苦杜文秀之受屈與其革命事蹟。艾沙進入雲南大理之後，迎來了大理回教代表，遇到馬吉祥，雲南回教界代表提出五點請求：「（一）索回大理回教原有清眞寺；（二）索回適當之產業〔依清眞寺經常及興辦中小學之款項〕；（三）表彰杜公革命功績，重建杜公墓及編纂杜公事略，以正人心；（四）調查雲貴兩省咸同年間所受損失及設法補救保護；（五）提高回教在文化方面之待遇及注意回教青年之出路。」[64] 雲南大理的清

61　「台灣省入境申請書」（1951年11月23日），〈馬賦良〉，《朱家驊檔案》，中央研究院近代史研究所檔案館藏，檔號：301/01/23/329。

62　平山光將，〈中華民国期における政府と回民知識人・回民社会の関係に関する研究〉，頁150-152。

63　「艾沙電朱家驊」（1940年4月1日），〈新疆人事：艾沙卷〉，《朱家驊檔案》，中央研究院近代史研究所檔案館藏，檔號：301/01/15/008。

64　「艾沙電朱家驊」（1940年4月1日），〈新疆人事：艾沙卷〉，《朱家驊檔案》，中央研究院近

眞寺在清季雲南回民事變之後，破壞殆盡、面目全非，雲南大理回教界代表
透過艾沙，請求重慶國民政府促進回教教育、平反杜文秀在歷史上的地位、
以及頌揚杜文秀在反清革命中的貢獻，[65]艾沙回到重慶之後，給朱家驊一個
建議：

> 鈞座　伏祈設法恢復大理回教原有清眞寺及其產業、稍事修理杜文秀墓
> 道，追篤杜一適當名義，倘能施行，則不但憤屈卒平，而緬滇中外回教，同
> 仰中樞浩德，衆口皆碑，傳之日遠此在國際宣傳方面孜孜定然巨偉，且日人
> 屢欲覓口實挑撥漢回感情，今後更無所藉口矣，又滇省回民衆多，智識亦
> 開，民性強毅有爲，居住要地，經茲慰勵，來日爲國效忠機會良多。鈞安[66]

　　艾沙強調，非設法恢復雲南大理清眞寺、提高回教教育水準不可，否則
大理的漢語穆斯林對自己的處境與歷史地位不滿，他們的不滿對回教國際宣
傳相當不利，日本方面亦利用大理回教界的不滿情緒，嘗試挑撥離間。重慶
國民政府沒有對杜文秀進行平反，卻遲至中共建政之後，才開始評價杜文秀
的事蹟，中共歷史學家如何評價杜文秀？田汝康指出，杜文秀在雲南回民事
變之際，處理英國等對外關係是正確嚴肅的，杜文秀抗拒英國的領土野心，
可是對杜文秀派遣前往英國的代表劉道衡借用英國勢力推翻清朝的統治，認
爲他的賣國行爲是可恥的。[67]

代史研究所檔案館藏，檔號：301/01/15/008。

65　「艾沙函朱家驊」（1940年4月1日），〈新疆人事：艾沙卷〉，《朱家驊檔案》，中央研究院近
　　代史研究所檔案館藏，檔號：301/01/15/008。

66　「艾沙電朱家驊」（1940年8月28日），〈新疆人事：艾沙卷〉，《朱家驊檔案》，中央研究院
　　近代史研究所檔案館藏，檔號：301/01/15/008。

67　田汝康，〈有關杜文秀對外關係的幾個問題〉，收入白壽彝主編，《中國回回民族史》，上冊
　　（北京：中華書局，2003），頁607-623。

(二)新疆突厥語系穆斯林在內地的問題

　　新疆突厥語系穆斯林在內地生活遇到很大的問題。如前所述,來到南京的學生因語言與風俗習慣的差別,產生與漢族社區及漢語穆斯林社區之間的隔閡。

　　中央陸軍軍官學校有新疆突厥語系穆斯林的學生,他們因不習慣內地的生活而患病,症狀為兩足發紅疼痛,患病者共有三十五人以上,在該校附屬醫院治療,患病的原因是缺乏攝取肉與豆類。[68]其實,三十五人本來被艾沙送過來,可是他們素質較差、缺乏讀書的興趣、不願意接受軍事訓練,而且水土不服。[69]艾沙以中國回教救國協會的名義致函朱家驊,要求重慶國民政府改善新疆突厥語系穆斯林的待遇:

> (一)單獨開班　該生等不通漢語,應請軍校單獨開班,專請教官先為之補
> 　　　習漢文。
> (二)改良飲食　新疆飲食習慣與內地不同,應請按其習慣加給麵食,並使
> 　　　食飽。
> (三)注意醫藥該生等初至內地,飲食氣候多感不慣,故常患病擬請對於彼
> 　　　等醫藥特加注意。
> (四)設沐浴室　回教最重清潔時,須要沐浴,擬請加設沐浴室,以重衛生。
> 以上數項務懇[70]

　　筆者認為,新疆突厥語系穆斯林因語言隔閡與飲食習慣的差異,沒有產

---

68 「陳繼承函朱家驊」(1941年4月1日),〈新疆、西藏、蒙古學生報考中央軍事學校〉,《朱家驊檔案》,中央研究院近代史研究所檔案館藏,檔號:301/01/15/002。

69 「陳繼承函朱家驊」(1941年4月10日),〈新疆、西藏、蒙古學生報考中央軍事學校〉,《朱家驊檔案》,中央研究院近代史研究所檔案館藏,檔號:301/01/15/002。

70 「艾沙函朱家驊」(1941年9月14日),〈新疆、西藏、蒙古學生報考中央軍事學校〉,《朱家驊檔案》,中央研究院近代史研究所檔案館藏,檔號:301/01/15/002。

生對學習與軍事訓練的興趣，中央陸軍軍官學校也可能因沒有講究衛生，致該校學生染病。艾沙致朱家驊的函件已經轉給教育部長陳立夫，可是相關情形仍不斷發生，該校有部分新疆突厥語系穆斯林學生請求退學回籍，[71]或是有的潛逃被通緝。[72]

　　我們也可以看到因生活困窮而試圖自殺的案例，如鐵道部維文翻譯員麥睦德試圖自殺，幸虧傷勢不重，住院治療。[73]麥睦德爲新疆喀什疏附人，年輕時到印度學過回教教義、阿拉伯語與土耳其語，學成後，到印度德里再學醫學，之後開設藥局。麥睦德回到中國之後，進入鐵道部南京火車站診所工作，抗戰暴發以後，他前往蘭州與西寧擔任印度語與土耳其語廣播員，回到重慶之後，開始辦理新疆同鄉會的事務，可是生活困窮，患了憂鬱症，[74]麥睦德康復後，親自向重慶國民政府辭去新疆同鄉會的工作，回到老家。[75]我們從新疆突厥語系穆斯林在内地的問題中可以看到，重慶國民政府對他們，尤其是中央陸軍軍官學校的穆斯林學生的照顧不周到，而且往往忽視穆斯林的生活習慣，引起他們不滿，甚至產生學校與他們之間的隔閡，也直接影響到中央陸軍軍官學校對他們的教學工作。

（三）政府對内地新疆突厥語系穆斯林學生的救濟

　　如前所述，重慶國民政府對中央陸軍軍官學校新疆突厥語系穆斯林學生

71　「陳立夫函朱家驊」（1941年6月11日），〈新疆、西藏、蒙古學生報考中央軍事學校〉，《朱家驊檔案》，中央研究院近代史研究所檔案館藏，檔號：301/01/15/002。

72　「陳武民函朱家驊」（1941年6月14日），〈新疆、西藏、蒙古學生報考中央軍事學校〉，《朱家驊檔案》，中央研究院近代史研究所檔案館藏，檔號：301/01/15/002。

73　「新疆旅京同鄉會函朱家驊」（1939年4月10日），〈新疆、西藏、蒙古學生報考中央軍事學校〉，《朱家驊檔案》，中央研究院近代史研究所檔案館藏，檔號：301/01/15/002。

74　「張理覺函朱家驊」（1940年12月1日），〈新疆人事：其他人事卷〉，《朱家驊檔案》，中央研究院近代史研究所檔案館藏，檔號：301/01/15/014。

75　「穆維新函朱家驊」（1940年1月26日），〈新疆人事：其他人事卷〉，《朱家驊檔案》，中央研究院近代史研究所檔案館藏，檔號：301/01/15/014。

的照顧不周到，招致學生不滿，因而考慮改善他們的生活處境。1942年12
月，重慶國民政府決定頒發給在重慶工作的蒙古、西藏、新疆的國民政府職
員賞金共三萬元，這筆獎金透過蒙古、西藏、新疆各同鄉會頒發，重慶國民
政府也頒發給在內地就學之蒙古、西藏、新疆的邊疆青年共九十人，計四萬
五千元的賞金。[76]可是蒙古、西藏、新疆各同鄉會請求重慶國民政府擴大救
濟對象，亦即在內地就學的全部邊疆學生共計一百四十九名，[77]中國國民黨
組織部部長兼教育部長陳立夫回覆道，他答應擴大救濟對象，因物價上漲而
對蒙古、西藏、新疆各同鄉會以及邊疆青年學生之賞金金額增加，共八十九
萬二千元，[78]陳立夫對於擴大救濟的對象與賞金上漲的原因，除了物價上漲
之外，尚有邊疆人士或青年的家鄉過去遭日軍攻陷，與家庭的經濟關係斷裂
有關。[79]重慶國民政府對邊疆人士與學生展開救濟活動的政治原因是，除了
改善他們的待遇之外，尚有盛世才歸順中央政府、新疆省政府納入中央政府
的直接管轄內等政治因素，盛世才歸順中央政府，由於艾沙等新疆突厥語系
穆斯林政府官員與盛世之過去關係不佳，艾沙等擔心盛世才報復。重慶國
民政府方面認為艾沙等為新疆省突厥語系穆斯林的優秀分子，因此給予他們
極大救濟，加以籠絡。[80]

76　「年節擬請頒發旅渝蒙古西藏新疆三同鄉會賞金共三萬元在內地各校之蒙藏及新疆回教學
　　生仍請依往例每人另頒發五百元以示體恤謹簽請鈞裁」（1942年12月28日），《邊疆人士救
　　助與例賞（二）》，《國民政府》，國史館藏，典藏號：001-059000-00004-003。

77　「為蒙古西藏新疆三旅京同鄉會及蒙藏新疆青年同志年節獎金可否仍前頒發或酌予增加簽
　　請鑒核」（1943年12月18日）〉〈邊疆人士救助與例賞（二）〉，《國民政府》，國史館藏，典
　　藏號：001-059000-00004-004。

78　「呈請比照上年成例加倍頒發蒙藏新三同鄉會及在校邊疆青年同志一六三名年節賞金以示
　　優撫由」（1945年12月21日），〈邊疆人士救助與例賞（二）〉，《國民政府》，國史館藏，典
　　藏號：001-059000-00004-005。

79　「呈請比照上年成例增加五倍頒發蒙藏新三同鄉會暨在校邊生一○九八名年節賞金以示優
　　撫由」（1947年12月30日），〈邊疆人士救助與例賞（二）〉，《國民政府》，國史館藏，典藏
　　號：001-059000-00004-007。

80　「年節擬請頒發旅渝蒙古西藏新疆三同鄉會賞金共三萬元在內地各校之蒙藏及新疆回教學

五、結語

　　雖然新疆突厥語系穆斯林在內地的人口並不多，服務於中央政府部門的更少。1930年代之後，由於新疆政治情勢的變化，部分逃亡內地，服務於南京國民政府，尤其是艾沙在內地的活動甚爲活躍。艾沙除了在南京擔任立法院議員的職務之外，也致力於《天山》等期刊的出版、促成南京新疆同鄉會的成立、以及回教侮教案件的應對。抗戰期間，艾沙透過對西北地區的「宣慰」、以中國回教救國協會代表的身分訪問印度、中東國家進行抗日宣傳，會見杜文秀的後裔以及大理漢語穆斯林，展開杜文秀的平反活動。

　　政府方面的想法，是透過艾沙將國家權力直接滲透到新疆及在內地的新疆突厥語系穆斯林社群，可是政府的想法與艾沙的有所出入。艾沙的想法是運用政治資源推動有利於新疆的措施，有的政府官員懷疑他謀求新疆獨立，政府與他的關係往往是若即若離。這種若即若離的關係在日本宣布投降之後更爲明顯。

　　中華民國政府對艾沙等新疆突厥語系穆斯林所提出的新疆高度自治或新疆獨立運動採取強烈措施。艾沙走向新疆高度自治的道路，他提出的要求不僅被中華民國政府拒絕，也遭到漢語穆斯林強烈反對。[81]1952年，艾沙逃亡土耳其之後，大肆宣傳新疆獨立，於是中華民國政府救濟土耳其、沙烏地阿拉伯等中東地區的新疆突厥語系穆斯林難民，企圖遏止獨立運動滋生。[82]艾沙等新疆獨立運動的領袖到亞非國際會議以及世界回教聯盟大會上宣傳獨立，爭取各國領袖的支持與認同，可是孫繩武等中華民國政府代表團反駁艾

　　生仍請依往例每人另頒發五百元以示體恤謹簽請鈞裁」（1942年12月28日），〈邊疆人士救
　　助與例賞（二）〉，《國民政府》，國史館藏，典藏號：001-059000-00004-003。

81　平山光將，〈中華民国期における政府と回民知識人・回民社会の関係に関する研究〉，頁
　　95。

82　平山光將，〈邊政或僑務？中華民國政府遷臺後對中東地區西北穆斯林難民的政策〉。

沙之獨立言論，雙方產生激烈的爭執。[83]

　　不管如何，1945年之前艾沙的政治活動代表新疆的利益，致力於內地與新疆之關係的加強，向政府官員與內地知識分子說明新疆的情況，透過政治管道改善內地新疆突厥語系穆斯林的生活條件等。不但如此，艾沙高度重視中國穆斯林的利益，消除漢族對中國穆斯林風俗習慣的誤解，嘗試展開平反杜文秀的活動等。

　　本文中提到的新疆突厥語系穆斯林政府官員中著重於艾沙的活動，甚少提到其他官員的活動，也沒有探討艾沙等任職於政府的政府官員與新疆當地傳統知識分子之間的關係，這些問題，有待筆者日後繼續探討。

83　孫繩武，「世界回教聯盟大會第六屆大會報告」，〈世界回教聯盟〉，《外交部檔案》，中央研究院近代史研究所檔案館藏，檔號：152.11/0044。

來台新疆人之介紹

蔡仲岳

國立臺灣大學歷史學系博士候選人

　　台灣作爲一個移民社會，在族群構成上，除了熟知的所謂「四大族群」外，鮮爲人知的是，大約在民國40至70年代（1951-1990）期間，還先後有來自亞洲中心的新疆移民，雖然爲數不多，但其來到台灣的過程卻是一波三折，在當時的時空環境下，他們來台灣的背景，極具歷史意義。直至今日，成爲台灣多元社會中的一分子，對於台灣多元文化的形塑，亦有其貢獻。

一、中華民國新疆籍人口的外移

　　自民國20年代（1930年代）起，由於受到各種政治事件的因素，造成了新疆人口大量外移。[1]

　　民國41年（1952），中華民國駐土耳其大使館根據艾沙[2]的報告，指出自

---

[1]　朱慧玲，〈新疆籍華僑華人在西亞〉，《八桂僑刊》，第4期（1999年11月），頁10。

[2]　關於艾沙之簡介，請參看平山光將，〈新疆突厥語系穆斯林在内地（1930-1945）——以艾沙爲例〉，《邊民在内地》（台北：政大出版社，2018），頁341-342。

民國21年（1932）起，從新疆外移的人口主要分布於1.喀什米爾、2.巴基斯坦和3.沙烏地阿拉伯等三處。其中，1.於喀什米爾，計有555人，包含（1）民國21至35年（1932-1946）移居之70人，（2）民國38年（1949）流亡之130人，（3）民國39年（1950）與中共作游擊戰失敗，經西藏出逃之哈薩克族355人；2.於巴基斯坦，約1,200人，包含（1）自民國21至35年（1932-1946）到達該地者，確數不明，（2）民國26年（1937）因為反對盛世才，輾轉由甘肅、青海、西藏，於民國31年（1942）到達之哈薩克族約800人，（3）民國38年（1949）逃亡者；3.於沙烏地阿拉伯，約8,000人，包含（1）民國22年（1933）出逃者，約3,000人，[3]（2）於盛世才時代，因朝聖而來者，（3）因反對盛世才而出逃者，（4）與馬呈祥同時逃出，於民國38年（1949）到達者。[4]對此，中華民國外交部亞西司之後進一步指出，民國38年（1949），中共進軍新疆後，大批新疆居民為避免遭中共殺害，相率逃亡出國，其中分別有隨伊敏、艾沙，或隨馬呈祥、王曾善，又或隨堯樂博士等出逃者。[5]

　　除了前述於民國21年至民國38年間（1932-1949），新疆人外移至喀什米爾、巴基斯坦、沙烏地阿拉伯等地以外，民國38年（1949）後，尚有中華民國新疆籍人口流亡至阿富汗的情形。據中華民國外交部於民國53年（1964）的統計，當時流亡阿富汗的新疆難民約有1,000人。[6]復據中國大陸災胞救濟

3　「亞西司說帖四」，〈新疆難民移居土耳其〉，《外交部檔案》，中央研究院近代史研究所檔案館藏，館藏號：11-04-01-09-02-005，檔號：109/0005，頁171。

4　「中華民國駐土耳其大使館代電」（1952年4月5日），〈新疆難民移居土耳其〉，《外交部檔案》，中央研究院近代史研究所檔案館藏，館藏號：11-04-01-09-02-005，檔號：109/0005，頁18-20。

5　「亞西司說帖一」，〈新疆難民移居土耳其〉，《外交部檔案》，中央研究院近代史研究所檔案館藏，館藏號：11-04-01-09-02-005，檔號：109/0005，頁167。

6　「滯留阿富汗新疆難胞被迫遷移案說帖」，〈滯留阿富汗新疆難民〉，《外交部檔案》，中央研究院近代史研究所檔案館藏，館藏號：11-04-13-03-01-001，檔號：119.5/0001，頁59。此處值得注意的是，在外交部該說帖中，首先指出「據報現居阿富汗之新疆難胞共七〇一人」，然而又言「我駐土大使館電報，新疆分裂派人士艾沙，正與聯合國難民高專公署駐

總會於民國58年（1969）的統計，增加爲1,870人。[7]根據旅居阿富汗之新疆難民代表穆罕默德沙比克的說法，其係因遭中共指爲反革命分子，進而受到鬥爭清算，被判刑四年，妻子也被逼改嫁等種種迫害，故於民國50年（1961）自新疆逃出。

對此，根據大陸學者的研究，旅居西亞地區的新疆籍華僑之成因，除少數因經商、朝覲而出國外，主要係1.民國20年代（1930年代）因喀什東突厥斯坦共和國解體而出逃，2.民國20年代（1930年代）爲躲避盛世才的屠殺而出逃，3.民國38年（1949）隨馬步芳出逃，4.民國38年（1949）受「反動牧主」拜克裏脅迫而出逃，5.民國51年（1962）在伊塔事件中出逃等因素。[8]因此，前述根據中華民國外交部檔案所歸納出中華民國新疆籍人口外移的因素，其實亦已受到大陸學者所承認。

二、海外新疆人與中華民國政府的關係

民國38年（1949），由於內戰的緣故，中華民國政府遷至台灣，廣祿等新疆籍立委、政府官員，搭乘行政院專機隨中央政府赴台。[9]民國40年

土代表立浦氏商洽，接運現滯阿富汗之新疆難胞一千人赴土」。顯然，所謂新疆難胞七百零一人或一千人至少必有一者爲誤。對此，我們根據民國57年（1967）旅居土耳其的新疆籍國大代表韓木札赴中華民國駐土耳其大使館的報告指出「一九六一年有我新疆難胞約一千人，由印度逃入阿富汗」等語，採信當時流亡阿富汗的新疆難民約有一千人的說法。參見「中華民國駐土耳其大使館代電，關於新疆胞七十人來土事」（1968年1月26日），〈滯留阿富汗新疆難民〉，《外交部檔案》，中央研究院近代史研究所檔案館藏，館藏號：11-04-13-03-01-001，檔號：119.5/0001，頁217。

7　中國大陸災胞救濟總會編輯指導委員會編，《救總實錄（四）》（台北：中國大陸災胞救濟總會，1980），頁2380。

8　朱慧玲，〈新疆籍華僑華人在西亞〉，頁8-9。此外，亦有學者指出，因爲中共在民國38年（1949）占領蘭州後，國民黨特務和上層人員東歸之路已被堵死，所以只能取道新疆外逃。而新疆當地居民由於不了解中共的政策，伴隨著混亂的形勢和謠言，許多都隨波逐流地逃往國外。參見王慶丰，〈維吾爾族華僑移居西亞地區史探〉，《華僑歷史》，第3期（1986年10月），頁48。

9　鋒暉，〈追憶廣祿先生〉，收入於「新疆錫伯語言學會」：http://www.xjsibe.com/xblscl_

（1951）5月1日，原本留在新疆打游擊戰的新疆省主席堯樂博士，因戰事失利，輾轉由巴基斯坦、印度、菲律賓等地抵達台灣。[10]由於，除前述少數新疆籍政府官員已抵台獲得安置，尚有大批流亡海外的新疆人有待接濟，因此，同年7月1日，在台北設置新疆省政府主席辦公處，[11]藉以號召團結流亡和追隨政府之海內外新疆同胞，同時敦睦中東、中亞伊斯蘭國家，以利僑民之居留和謀生，並策劃光復後省政重建工作。[12]

　　在流亡海外的新疆人中，除了流亡沙烏地阿拉伯者，生活情形較佳，其中一部分亦已取得沙烏地阿拉伯國籍，[13]還有極少部分流亡出國時帶有護照、財產者，可以自由前往各國，或於居留地取得該國國籍以外，絕大部分在生計上皆有困難，需要救濟。特別是民國39年（1950），印度、巴基斯坦、阿富汗等國，相繼承認中共當局在大陸之政權，而與中華民國斷交後，在中共當局的施壓下，流亡該各國的新疆難民，被迫離境，甚至面臨被遣返回中國大陸的命運。對此，新疆省前副主席伊敏和艾沙與土耳其政府交涉，土耳其政府以語言、宗教、血統之關係，准予收容一千八百五十名新疆難民，並於民國41至43年（1952-1954）分批陸續抵達土耳其。[14]

　　只是，由於伊敏、艾沙等人，有新疆獨立運動之背景，[15]且土耳其政府

content.asp?id=38。（2015年6月13日點閱）

10　〈堯樂博士抵馬尼拉〉，《中央日報》（台北），1951年4月27日，版1。

11　該機構於堯樂博士病故後，改為新疆省政府辦事處，以掌管海外數十萬維、哈各族事務。參見記者，〈政府遷台後之邊政措施〉，《中國邊政》，第95期（1986年10月），頁8。

12　法提會、耿慶芝口述，〈漫談新疆省政府辦事處〉，國立政治大學人文中心學術演講，2015年4月11日。此演講活動由「少數民族與現代中國的形塑」研究團隊舉辦。

13　「亞西司說帖四」，〈新疆難民移居土耳其〉，《外交部檔案》，中央研究院近代史研究所檔案館藏，館藏號：11-04-01-09-02-005，檔號：109/0005，頁171。

14　「亞西司說帖一」，〈新疆難民移居土耳其〉，《外交部檔案》，中央研究院近代史研究所檔案館藏，館藏號：11-04-01-09-02-005，檔號：109/0005，頁167。

15　「亞西司說帖五」，〈新疆難民移居土耳其〉，《外交部檔案》，中央研究院近代史研究所檔案館藏，館藏號：11-04-01-09-02-005，檔號：109/0005，頁172。

對新疆難民之收容、救濟、安置亦非屬慈善性質。[16]因此，在此期間華禮伯克（即本書法提合文章中之卡里貝克）、韓木札等新疆籍哈薩克人，透過新疆省政府主席辦公處向台北中央再再表達不願遷入土籍，而願追隨政府，請求接運，以回到在台灣的「祖國」。[17]對此，台北方面經內政部、外交部、財政部、國防部、僑務委員會、中國大陸災胞救濟總會、新疆省政府主席辦公處等跨部會研擬，原已同意接運該一百人來台。[18]然而，由於中華民國與印度、巴基斯坦等國已無邦交關係，須透過外交管道，輾轉由鄰近邦交國與印、巴協商接運事宜，導致接運過程費時。在當時環境不許繼續居留的情況下，使得以華禮伯克、韓木札為首的100人等，被迫遷居土耳其。[19]

　　民國52年（1963），中共當局向阿富汗施壓，阿富汗限令自中國大陸流亡至境內之新疆籍難民須於翌年3月前離境，否則將予以遣返新疆。台北中央獲報後，即透過駐土耳其大使館與土耳其政府交涉，試圖循前例將滯留阿富汗新疆難民遷居土耳其。經土耳其同意，並與阿富汗商安後，由聯合國難民高專公署補助旅費，[20]於民國54年（1965）將該批新疆難民遷居土耳其。[21]

　　必須說明的是，雖然這些海外新疆人，因出於便於居留及工作權利，而

16　「駐土耳其大使館代電，關於新疆難民陸續由克什米爾及巴基斯坦等地前來土耳其情形」（民國1954年1月26日），〈新疆難民移居土耳其〉，《外交部檔案》，中央研究院近代史研究所檔案館藏，館藏號：11-04-01-09-02-005，檔號：109/0005，頁133。

17　「新疆省政府主席辦公處代電，為轉送新疆同胞來函希檢存以作參攷由」（1953年4月20日），〈新疆難民移居土耳其〉，《外交部檔案》，中央研究院近代史研究所檔案館藏，館藏號：11-04-01-09-02-005，檔號：109/0005，頁80-118。

18　「行政院秘書處函」（1954年5月4日），〈新疆難民移居土耳其〉，《外交部檔案》，中央研究院近代史研究所檔案館藏，館藏號：11-04-01-09-02-005，檔號：109/0005，頁157-161。

19　「亞西司說帖一」，〈新疆難民移居土耳其〉，《外交部檔案》，中央研究院近代史研究所檔案館藏，館藏號：11-04-01-09-02-005，檔號：109/0005，頁168。

20　「滯留阿富汗新疆難胞被迫遷案說帖」，〈滯留阿富汗新疆難民〉，《外交部檔案》，中央研究院近代史研究所檔案館藏，館藏號：11-04-13-03-01-001，檔號：119.5/0001，頁59。

21　「外交部收電」（1965年10月15日），〈滯留阿富汗新疆難民〉，《外交部檔案》，中央研究院近代史研究所檔案館藏，館藏號：11-04-13-03-01-001，檔號：119.5/0001，頁156。

必須入當地國籍。不過根據中華民國外交部的說法，由於當時國籍法並無明文規定中華民國僑民必須喪失中華民國國籍後始能取得他國國籍，因此就中華民國的立場，這些海外新疆人並未喪失中華民國國籍，仍以華僑視之。[22]

據此，即便移居土耳其、沙烏地阿拉伯的新疆難民，由於宗教信仰關係，皆頗得當地政府優遇，一般生活皆可維持，不過中華民國政府仍會透過麥加朝覲團託帶救濟金，予以象徵性救濟，以示政府關切宣慰之意。[23]此外，中國大陸災胞救濟總會之後仍陸續撥款，以救助流亡土耳其、沙烏地阿拉伯等地須緊急救濟之新疆難民；又為根本解決其生活問題，亦曾舉辦小額貸款，以便移居該二地之新疆難民，藉以從事手工業或其他小本經營。至於流亡巴基斯坦、喀什米爾等地的新疆難民，由於這些國家與中華民國並無邦交，因此在後續的救濟工作上，僅能透過當地僑界協助，或由鄰近之邦交國代辦賑濟。[24]

三、接運來台

從中華民國對海外新疆難民安置的具體作為來看，基本上是以就地、就近安置為原則，而非將其全數接運來台。這除了與當時的國際情勢、時間不允許加上對新疆突厥語穆斯林的不信任[25]等外部因素有關外，尚有新疆人來台後可能面臨到語言隔閡、習俗不同、難以就業等內部因素的考量。例如，民國53年（1964），旅土耳其新疆僑胞莫罕默德，因生活困難，向台北中央

22　「亞西司說帖二」，〈新疆難民移居土耳其〉，《外交部檔案》，中央研究院近代史研究所檔案館藏，館藏號：11-04-01-09-02-005，檔號：109/0005，頁169。

23　「亞西司說帖四」，〈新疆難民移居土耳其〉，《外交部檔案》，中央研究院近代史研究所檔案館藏，館藏號：11-04-01-09-02-005，檔號：109/0005，頁171。

24　李正裳主編，《谷正綱先生與救總》（台北：中國災胞救助總會，1991），頁70-74。

25　平山光將，〈新疆突厥語系穆斯林在內地（1930-1945）——以艾沙為例〉，《邊民在內地》，頁369。

請求接運，遷居台灣，並表達願意服兵役等情。時駐土耳其大使館即建議：

> 該僑生活困難，固屬實情，但台灣就業亦頗不易。該僑所具就業技術條件甚
> 差，並有語言之隔閡，如不預爲謀妥其在台之工作，赴台亦同樣發生生活困
> 難問題，與在土耳其無殊，而土耳其新疆僑胞甚多，尚可互相救濟。查我旅
> 居海外僑胞眾多，對於貧僑之救助，仍以海外僑胞互相救濟爲上策。[26]

　　中華民國對流亡海外之新疆人雖然採取就地安置、海外僑胞互相救濟
爲基本態度，但也全非無特例。例如，民國60年（1971），旅巴基斯坦新疆
難民塞以提阿不都拉汗，因受嚴重政治壓力，逃至伊朗，在伊又無法生活，
進退維谷。因此，經中華民國駐伊朗大使館建議，台北中央以「收攬海外人
心，培育邊疆青年」爲名，同意將其一家八口接運來台。[27]其後，又陸續有旅
巴基斯坦新疆難民一百餘人申請「返回祖國」。[28]

　　值得注意的是，在接運塞以提阿不都拉汗一家八口的具體辦法方面，
原擬由中國大陸災胞救濟總會洽國內航業界，遇有赴波斯灣及紅海貨船或油
輪，惠予免費運回，並編列接待六個月的預算，接待項目包含：1.伙食費，
大口每人每月500元，中口每人每月400元，小口每人每月300元；2.零用
金，大口每人每月200元，小口每人每月100元；3.被服及日用品費，大口每
人1,000元，小口每人600元；4.房租，每幢每月租金約2,000元；5.廚師費，

26　「駐土耳其大使館函，關於莫罕默德請求赴台事」（1964年9月19日），〈滯留阿富汗新疆難
　　民〉，《外交部檔案》，中央研究院近代史研究所檔案館藏，館藏號：11-04-13-03-01-001，
　　檔號：119.5/0001，頁65。

27　「商討約旦及伊朗青、甘、新等省回教難胞馬登雲等五戶廿五人申請回國定居會議紀錄」
　　（1971年3月31日），〈伊朗、新疆、約旦西北難胞返台定居〉，《外交部檔案》，中央研究院
　　近代史研究所檔案館藏，館藏號：11-04-09-10-01-001，檔號：162.5/0001，頁87。

28　「新疆省政府主席辦公處函，爲新疆籍旅巴基斯坦難民申請來台函復　查照辦理由」（1971
　　年4月16日），〈伊朗、新疆、約旦西北難胞返台定居〉，《外交部檔案》，中央研究院近代
　　史研究所檔案館藏，館藏號：11-04-09-10-01-001，檔號：162.5/0001，頁90。

廚師兼打雜一人每月支2,500元。然因無法以輪船接運回國,復由內政部、新疆省政府及救總重新編列由德黑蘭至台北單程機票全票每張美金461.7元,半票每張美金230.58元的接運經費,並將接待期減為3個月。至於工作方面,則洽請省、市政府,按其志願技能,設法予以安置。[29]

此外,民國59年(1970),中華民國為培育邊疆人才作為將來復國服務桑梓之幹部,由中國大陸災胞救濟總會、教育部、內政部、蒙藏委員會、新疆省政府主席辦公處等單位,商討接運海外邊疆青年學生回國升學辦法。大致擬定:1.凡流亡海外邊疆青年,[30]不分性別,志願回國者,得向旅居地使領館或向中國大陸災胞救濟總會申請保送;2.經核准後,由中國大陸災胞救濟總會代辦入境證及來台機票;3.邊疆在台學生之待遇標準(1)主副食費每人每月650元,(2)零用金每人每月200元,(3)住宿費每人每月250元,(4)交通費每人每月60元,(5)書籍費照實際需要,憑學校通知單發給,(6)服裝費每人每年1,200元,(7)醫藥費憑醫院收據發給;4.又為保存邊疆回國升學學生宗教、風俗、習慣、語言及生活方式,研訂(1)蒙藏回各族分別集體居住、(2)分別提供各學生原有生活方式及其膳宿、(3)經常介紹聯絡使與在台疆人士保持接觸、(4)盡量鼓勵參加在台邊疆人士所舉辦之佛節法會及其他紀念活動、(5)設法購贈邊疆各項文字書刊以供閱讀、(6)延聘熟諳邊

---

29 「商討流亡約旦、伊朗青、甘、新義胞接運來台安置就業會議報告事項及議程」,〈伊朗、新疆、約旦西北難胞返台定居〉,《外交部檔案》,中央研究院近代史研究所檔案館藏,館藏號:11-04-09-10-01-001,檔號:162.5/0001,頁74-75;「商討流亡約旦伊朗青、甘、新義胞接運來台安置就業會議紀錄」(1971年4月21日),〈伊朗、新疆、約旦西北難胞返台定居〉,《外交部檔案》,中央研究院近代史研究所檔案館藏,館藏號:11-04-09-10-01-001,檔號:162.5/0001,頁105。

30 所謂邊疆青年,以蒙古、西藏、新疆地區為範圍。而邊疆青年學生族籍之認定,由救總分別會同蒙藏委員會、新疆省政府主席辦公處予以審核。參見「中國大陸災胞救濟總會研究發展考核委員會研討接運海外邊疆青年學生回國升學辦法會議紀錄」(1970年6月29日),〈商討接運海外邊疆青年學生回國升學有關問題〉,《中華救助總會檔案》,國立政治大學人文中心藏,館藏號:001-0018-0002,頁9。

疆文字人士授以各該族語文以免日久遺忘；5.而邊疆學生回國升學，畢業後
志願留台服務者，得由中國大陸災胞救濟總會商請有關機關界與工作，反攻
時得由政府派赴邊疆各地工作，以收人地適宜之效等各項優待辦法。[31]

　　根據中國大陸災胞救濟總會的統計，自民國60年（1971）8月至民國75
年（1986）5月，先後有自土耳其、沙烏地阿拉伯、阿富汗等地接運新疆學
生共12批計42人來台升學。[32]而根據法提合先生所提供新疆省政府辦事處之
資料，由新疆省政府辦事處成立以來所承接返國培育保送升學之學生，則共
計有409人次。[33]

　　在此歷史的脈絡下，截至民國79年（1990）止，據新疆省政府辦事處
的資料，在台的新疆人數，計有133戶，共485人。[34]也是在這樣的歷史淵源
下，新疆省政府辦事處於民國79年（1990）與國立政治大學邊政研究所，邀
請法提合（哈薩克）、廣定遠（錫伯）、阿不都艾里（維吾爾）、寇玉蘭（柯爾
克孜）等在台新疆人，進一步舉辦了首屆新疆文化研習會，藉以促進台灣人
及第二代新疆子弟對新疆的認識。[35]這些歷史的種種，讓位於太平洋上的台
灣與位於歐亞大陸最深處的新疆同胞有了密切的交流與互動，彼此共同形塑
了台灣的多元文化。

31　「中國大陸災胞救濟總會研究發展考核委員會研討接運海外邊疆青年學生回國升學辦法會
　　議紀錄」（1970年6月29日），〈商討接運海外邊疆青年學生回國升學有關問題〉，《中華救
　　助總會檔案》，國立政治大學人文中心藏，館藏號：001-0018-0002，頁12-13。

32　李正寰主編，《谷正綱先生與救總》，頁451。

33　法提合、耿慶芝口述，〈漫談新疆省政府辦事處〉。

34　法提合、耿慶芝口述，〈漫談新疆省政府辦事處〉。

35　郭江東，〈首屆「新疆文化研習會」紀要〉，《中國邊政》，第110期（1990年6月），頁53。

從老外到新住民 —— 一個哈薩克人在台灣

法提合　口述
前駐台北土耳其貿易辦事處經濟顧問

耿慶芝　撰寫
駐台北土耳其貿易辦事處資深秘書

一、顛覆絲路的萬人大逃亡

我來自土耳其，本名叫「阿布都帕達克」（哈薩克語 Abdulfatih 的譯音），出生於 1952 年 10 月 10 日。1971 年來台求學後，由當時在台的新疆省政府辦事處為我起了一個中文名字，叫「法提合」。自此，我就開始正式以這個名字做為我的中文姓名了。有時，別人會稱我一聲法先生，讓我很不自在地勉強接受自己姓「法」。因為，事實上「法提合」三個字，不過是我的名字的翻譯罷了，裡面其實是不包括我的姓在內。如果要更正確些的話，我的全名應該叫「阿布都法提合・烏恰爾」（Abdulfatih UÇAR）才對。

說到我的中文名，就想起在大學唸書時，每到考試，就會出現一個可笑的現象，那就是他們把我的名字拆成三份來編排座位，如：阿布都、法提合

及烏恰爾。以致於，我有三個座位，但三個都是我，也都不是我。我要坐在其中哪個位置才好？自己都被搞得糊塗了。最後，他們還是以法提合為主。

　　現在，就讓我們一塊把時光拉回到45年前，在我才剛從土耳其的依滋米爾市（Izmir）的一所私立高中畢業時說起吧！當我腦海裡，對未來的前途仍浮現著一片茫然之際，即奉父命前往了一個對我來說既陌生又遙不可及的國度——Formosa（福爾摩沙）！我之所以稱它為Formosa，也是因為台灣在稍早時，曾被譽為是「美麗的寶島」（Formosa）。在我居住的國度，在那個時代，鮮少有人知道它其實就叫「台灣」。父親在我有記憶以來，平均每三年就會到這個地方去開一次會。當時，中華民國政府跟土耳其都是聯合國的會員國，雙邊也都互設了大使館。

　　而，我的父親韓木札（Hamza），自幼生長在中國新疆塔城地區的沙灣縣。他是個標準的哈薩克男子漢，更不用說他從小就是在馬背上生長的。說起哈薩克民族，自從兩千多年前以來，即游走在阿爾泰地區及中亞的大草原間。同時，世世代代都保存著他們固有的文化與傳統。他們早已過慣了逐水草而居，以及騎在馬背上自由奔馳的游牧生活。他們從來不曾想到，有一天要離開天山腳下屬於哈薩克民族那片遼闊的大草原！

　　1947年，中華民國政府在南京召開第一次國民大會時，家父和另一位叫達里列汗（Delilhan CANALTAY）的哈薩克族同胞，被蔣主席介石先生提名為國大代表。豈料，在1949年間，中國共產黨起而反抗，掀起了國共交戰。最後，中國國民黨因戰事挫敗，遭到共軍迫退，自中國大陸向外地四處竄逃。蔣主席所領導的中國國民黨政府，帶領了大部分的軍人，被逼退到附近的台灣省。在這般混亂不堪又無政府的局勢下，父親為了要保衛自己的家園不受到中共的迫害，除了自立自強，也別無選擇；乃自組了游擊隊，來抵擋共軍的侵略。

就在1949年，當中共建國後，新疆歸屬中共的管轄範圍。因此，中共的解放軍部隊一路圍攻北疆，而進入到哈薩克族人所居住的草原游牧區，迫使大部分的哈薩克族同胞，不得不離鄉背井。於是乎，家父與當時的另一位領袖卡里貝克（Qalibek HAKIM），只得帶領著上千的族人，排除萬難，歷經了長達四年、千辛萬苦、長途跋涉的逃亡生活。最終，他們沿著絲路的山區向西的方向行走，攀山越嶺，才輾轉抵達了目的地──土耳其。這起新疆哈薩克民族大遷移的真實悲慘故事，卻是活生生在我的成長過程中，陪伴我一起走過。

期間，他們曾試著與中共談判，希望能簽署雙方互不侵犯條例。同時，也希望能夠保存哈薩克民族基本的文化與傳統生活習俗，進而在宗教的信仰上，也能彼此相互尊重。其主要原因是，新疆少數民族大多信奉的是伊斯蘭教，又多以游牧生活為主，希望中共能在維護這些基本人權架構的前提下，讓其繼續過著自由遷移的生活。但，中共不但不領情，反倒還堅持必須依照他們所制訂的條例行使，這讓平日過慣自由自在生活的哈薩克族人，實無法接受。他們在不堪自己所生長的故土遭到侵襲與迫害情況下，與中共的談判也因此破滅。乃於1949年底，近四千戶的哈族同胞，陸續地聚集到巴里坤的草原上，將各部落領袖都聚集在一起，準備開一場大會，共同研商對策。到後來，他們用投票的方式來決定未來的命運。因為，他們的信仰告訴他們，只要有存活的機會，就有重返家園的一天。所以，他們最後選擇了──逃亡。從那天起，他們還是依照平日的生活型態聚在一起過生活，表面上看去，並沒有甚麼變化。但是，他們心中卻非常明白，逃亡的日子終將會到來。

就在1950年的4月天，整個新疆仍是一片白雪茫茫的大地。此時，共軍帶領著大批軍隊，已圍攻到了他們所聚居的巴里坤營地。裝甲部隊也正荷槍

實彈地展開他們的攻勢。共軍用了強硬的手段，佔領了這片他們生長的故土。儘管哈薩克人被譽為草原上善戰的民族，縱使他們的射箭技巧與生俱來，也個個抱持著「只要每射一發，就要讓一個敵人倒下！」的英勇信念，但是在共軍槍砲彈藥猛烈的攻擊下，他們即使有著三頭六臂的本事，恐怕也難抵擋得了這樣無情炮火的摧殘。就這樣，約莫一萬五千個族人，預估有四千餘戶人家，各自騎上自己的馬匹，右手持著馬鞭，左手還牽著駱駝，老老少少，男男女女，攜家帶眷地在狂沙飛舞間竄逃。那種萬人騎馬逃亡的場面，真可謂史無先例。婦女們，身上能背的，能扛的，也都全背上了身。他們儘管有許多的割捨不下，終究還是無奈地被迫離開了這個曾孕育他們無數代先民的「黃金搖籃」之地。

二、我的誕生是個奇蹟

就在他們一路翻山越嶺的漫長旅途中，先是遇到在穿越西藏的喜馬拉雅山時，不僅要提防山形高險陡峻，同時，還要應付高山症所帶來的不適。許多人在這裡因此喪命。其次，在配備與糧食的短缺下，跟著逃難隊伍行進的牲畜，基於長時間沒有青草可以餵食，促使牠們因飢餓而死去的，更是不計其數。

當越過西藏之後，大家終於好不容易地來到了崑崙山。再沿著山脈，步步難行卻又不得不面對恐慌，一步接一步地沿著唯一通往西方的絲綢之路前進。在經歷了好長一段飢寒交迫、疲憊不堪以及高山險境的路程之後，終於抵達了印度的邊境。在通過印度邊界時，當地的公安人員立即要求大家在入境前，必須先繳出身上的所有槍械，才能獲准入境。

感謝當時在印度政府的協助下，不但收留了我們這批來自中國新疆哈薩克的難民，他們還將我們安置在適宜畜牧同時也是印度最美的大自然草原區

——喀什米爾的山區。大多數的人,在長途跋涉的煎熬下,早已疲憊不堪,更同時都患有了嚴重的營養不良及風濕症。幸好,抵達了印度之後,在同胞們彼此相互的照應下,總算暫時得到了稍稍的療癒。而我,也在此時此刻,從身懷六甲逃難至此的母親腹中,呱呱落地!

　　根據母親的口述,當時正值嚴寒的冬季,沒有任何方法可以得知當時到底是幾月幾日?是在10月分?亦或是11月? 母親也說不準,只感覺到自己就要生產了。於是,她獨自騎著馬,悄然來到了一處長年積雪的喀什米爾山區附近,循著雪水流經的河畔,找了一間可以暫時隱避的驛站住了進去。就這樣,雙手抓緊牆上的木棍,嘴裡還咬著厚厚的一塊布條,用雙腿站立的方式,獨自將我就這樣地生了下來!母親在休息片刻後,用她身穿的一塊布將我裹住,便一手拉著韁繩,一手抱著我,慢慢騎著馬兒來到河流邊,為我倆清洗。之後,她在附近找一塊斜切面的石頭,把連在我倆身上的那條臍帶,跨在一顆岩石上,再將她手上的石頭當作尖刀使用。就這樣,在我倆相連的臍帶上,來回割了幾下,我這才分娩。說到這裡,我的心就如同被當時的那塊尖石給再次割傷似的,為著母親當年在如此惡劣不堪的環境下受的苦難而不捨。對母親的養育之恩,我除了感恩,還是感恩。伊斯蘭的聖訓中有云:「天堂之門,還在母親腳底之下!」讓我此生銘記於心。

　　當我誕生的消息傳出後,頓時,在整個族群中,燃起了大家的一陣歡欣。那也是在逃亡的這段苦難日子以來,第一次大家好不容易有了展露笑容的理由。就在我一歲半那年,我們向土耳其政府申請的移民手續終於獲准了。大家這才搭上了船,移往那與我族同種同文化且語言及宗教都相同的,也是我們最終所追求的目的地——土耳其,定居了下來。

三、父親以製作皮革及皮衣為主業

　　經過了這場逃亡的歷程，倖存的幾位部落的領導中，除家父之外，還有卡里貝克（Qalibek）及達里列汗等人，大家也都分頭領軍，帶著這批僅存的一千五百名族人平安地抵達了土耳其。並在土耳其當局的安排下，大家分散居住在幾座不同城市的村落中，如：土耳其的尼得市－阿爾泰村（Nide-Altay Köy），孔亞市－伊斯米勒村（Konya-Ismil Köy），開瑟雷市－亞和拉勒（Kayseri-Yahlali），伊斯坦堡市－擇廷布奴（Istanbul-Zeytinburnu），以及我居住的馬尼沙省沙里里縣（Manisa-Salihli）等地。

　　早期的哈薩克族人是沒有自己的姓氏的，大家到了土耳其定居之後，為了配合土耳其民主憲政的體制下「身為土耳其的公民，都必須要有屬於自己家族的統一姓氏」的規定；因此，父親在我們要報戶籍時，就將我們的家族姓氏取為「烏恰爾」（UÇAR＝意指「飛翔」）。我想這要算是我們抵達了土耳其後，第一件真正享受到所謂人權自主的待遇了。

　　家父在土耳其靠西部馬尼沙省（Manisa）的沙里里縣（Salihli）落腳後，一直以來，都是以製作皮革及皮革製品為其主業。起初，他們身無分地來到了異地，卻要照料一家老小，還包括許多當時因流離失散或在逃亡途中喪父喪母的孤兒們。乃至於，我們這一整個家庭算起來，恐怕超過三十多口人，從老到少，有男有女，大大小小也都仰賴在父母親的扶養下。因此，父母親只得咬緊牙關，日夜不斷辛勤地工作，以盡全力來讓大家溫飽過日。就這樣，跟著來到土耳其的同胞們，在別無更好的選擇下，也都陸續地開始跟著父親的腳步，學做這項對他們來說最在行的皮革製造業。

　　長時間下來，皮革的生意總算是漸入佳境。因此，大家才逐漸離開了這個家，各自到別處自立門戶，並改善了大部分的經濟狀況。我不得不感到佩

服與驕傲的是，當年土耳其仍處在農工業社會的時期，製作皮革或皮衣的技術要算是從父母親這輩哈薩克人來到土耳其之後，才開始有的新興工業。簡單的說，製造皮衣的技藝，也才因而傳入了土耳其。今日的土耳其，在過了近半個世紀後，已然成爲歐洲許多著名時尚品牌廠家相爭的皮衣代工廠了！

四、維族同胞多半與國民政府遷移至台灣定居

國民政府自1949年退居到台灣之際，維吾爾族的新疆省主席堯樂博士（Yulbars）先生，也帶領了一批維吾爾族的同胞隨著國民政府一同遷往台灣。在國民政府抵達台灣不久之後，便設立了新疆省主席堯樂博士的辦公室。直到後期，因堯樂博士主席辭世，政府才又正式更名爲「新疆省政府辦事處」。也因爲新疆省政府在國民政府遷台後，仍繼續扮演著聯繫海內外新疆人事務的唯一重要窗口。在當時，中華民國在土耳其也設有大使館，至國民政府遷往台灣後，所有中華民國的友邦國家紛紛在台灣重新設立臨時大使館，而大家一心仍抱持著總有一天再重返祖國的信念。那段日子，被稱爲是台灣的動員戡亂時期，又叫作戒嚴時期。

父親在土耳其，一直爲著旅居土耳其的新疆同胞們，積極地與在台灣的國民政府保持密切的聯繫，並轉達當地同胞的心聲。更同時，凝聚著旅居土耳其的新疆所有同胞，對中華民國政府的向心力。乃至於，在我上小學後，父親就經常透過駐土耳其的中華民國大使館，以及在台的新疆省政府辦事處，一直與政府保持著良好的聯繫。自國民政府在台重建後，家父經常在每年的雙十國慶之際，帶領著土耳其的新疆同胞們，回到台灣來參與國慶大典。或每隔三年，與另一位旅居在土耳其伊斯坦堡市的達里列汗代表一同回台參加國民大會的會議。他們並將台灣當時進步與繁榮的景象以及政府對海外僑民所表達的關懷與慰問之意，待返回土耳其後，一一轉達給居住在土耳

其的新疆同胞們。家父在土耳其旅居期間，一直致力於爲同胞的生活謀求安定與福利。同時，不斷與當地朝野在爲維繫雙邊友好等事務上，付出了他極大的辛勞和努力。

五、第一次踏上台灣的土地

就在1971年的夏天，我剛從土耳其的依滋米爾高中畢業，即奉父命被送到台灣來留學。當時，剛滿19歲的我，對台灣這塊土地毫不知情，只聽說它位在遙遠的東方，並居住著許多中國人，叫福爾摩沙（Formosa）。與我隨行的，包括我在內，共有十個學生。其中，兩個是女的，其他都是男的。大家的名字分別爲：阿巴泰（女）、狄莉白（女）、穆斯達法布達哲（男）、阿里汗（男）、馬合穆（男）、哈費斯（男）、阿里（男）、孫拜依（男）、小穆斯達法（男）和我等十人。

還記得我們這群子弟兵剛來的那年，在土耳其的機場，是在一位到土耳其留學的台灣學生的帶領下，一塊同行來台的。這位學生不是別人，正是日後在國立政治大學邊政研究所任教的唐屹教授。他在土耳其取得博士學位回國後，一直致力於研究中國各個少數民族的文化與語言等工作，不遺餘力，直到他後來晉升爲民族研究所[1]所長，也直到他退休爲止。幸好，當年有他這位大哥哥帶領著我們，讓大家一路搭乘泛美航空的班機，經過約旦轉機，再飛到泰國，經香港後，總共花費了三天的時間，才終於輾轉平安地抵達了台灣。我們也成爲第一批海外經由「中國大陸災胞救濟總會」理事長谷正剛先生協助，接濟回國求學的新疆子弟。

起初，他們將我們安插在華僑中學，並爲我們這些由海外回台就讀的邊疆民族都編排在一起。其中也有從印度回國的西藏學子，以及從其他國度前

1　1990年8月1日「邊政研究所」改名爲「民族研究所」。

來的蒙古學子等，都集中在同一個班上，一起學習國語；我們這個班級就叫「邊疆班」。那年我們是7月分抵達台灣的。隔了三個月後，父親即與達里列汗代表，相繼帶領著一批同胞從土耳其來台灣參加10月國慶。母親依西肯（Isken UÇAR）也在這次跟隨著父親一塊來台參與國慶活動，並順道來探望我。因為我是母親唯一親生的獨子，這也難怪，自我年幼以來，她就一直對我非常溺愛，經常喜歡把我抱在懷裡，久久不放。

話說，在我唸小學的時候，有一天放學回家，跟著幾個要好的同學們順著農田的捷徑小道往回家的路上走著。沿途看到路邊的野樹上，長滿著小顆小顆的紅莓果。我們一路上就這麼邊採邊吃，一路吃回家。不料，才剛進家門沒多久，也不知道是路邊小紅莓的問題，或者是我個人身體狀況的問題，總之，我的那張臉，就這樣開始漸漸地紅腫了起來。最後，竟腫得像個麵團似的。母親見狀，急忙帶我前往住家附近的醫院給醫生診斷。可是，一家看完，又接著一家，幾乎每家診所的醫生都查不出我的病症，使得母親更加焦急，也十分地納悶。幾天後，母親看我精神狀況越來越差，心想，我必定得的不是普通的小毛病。於是，不顧一切地將她手邊的工作暫時擱下，將我從床上使勁地一把往她的肩上扛起，沿路背著我，搭上了小巴往鎮上的大車站去，再從大車站搭上了到離我們住的城市最近的另一個較大的城市，也是土耳其在愛琴海的第三大商業城——依滋米爾市（Izmir）的一所國立醫院求救。開始時，醫生在我全身上下做了一番繁複的檢驗，之後搖著頭跟母親說：「根據驗血報告指出，令郎罹患的是嚴重的『白血症』。」母親聽了之後，傷心不已，因為白血症在當年，可是一種絕症。但，醫生又告訴母親：「雖然如此，但只要不給令郎吃到任何有帶鹽分的食物，他的抵抗力應該會慢慢轉好。」因此，母親特別在我住院期間，非常小心地控管著我的飲食。她配合著醫生給她的處方，同時，也絕不再在給我的食物中添加任何一粒

鹽。但，這卻又使得不太願意配合的我，提不起胃口來。因此，當母親要餵我吃飯時，總得要大費周章連哄帶騙地將食物一口一口地送入我嘴裡，我才肯把飯給吞下。就在某一天，我實在太想吃有鹹味的東西了。此時，正巧一個跟我很要好的同伴來到醫院探望我，我便要他為我到街上去買一個「思密特」（Simit）[2] 來給我吃。

想想看，不帶鹽的食物，對當時不太聽話的我，不但說什麼都吃不進去，而且我也有些叛逆，不太願意配合醫生的指示。因此，這位與我同齡的朋友，哪裡知道我吃了這種麵包會發生什麼事呢？他只知道，奉我之託，盡好朋友的本分罷了。所以，便偷偷地趁著護士不注意，迅速地將這圈圈麵包剝開來，三口併作兩口地往我嘴裡塞，讓我吃個夠！誰知？這下可好！我的臉，又因此再度開始腫了起來。醫生一問之下，才知道是我自己犯規，偷吃了不該吃的鹽分。結果，前不久才剛解除點滴針管的我，這下又得重新再將點滴的針頭，往我身上給扎回去。那個同伴見狀，才知道自己闖下了大禍，害他內疚了好久。母親更是難過地對我說：「媽媽再也不離開你半步了！」她唯一能做的，除了守在我身邊照顧著我，也只有將我的生命交托給全能的「真主阿拉」了！

打從我生病的那天起，母親一刻也不離地陪在我身旁，就怕失去她的這個唯一的兒子。她的口中唸唸有詞，無時無刻不在為我誠心地祈禱著！也或許是因為母親的愛心感動了真主，在經過住院後三個月，醫生對母親說：「妳的孩子今天有了起色！看來他有希望了！」果然，再過了一個星期，我竟然痊癒了！當時，就連醫生都很驚訝地直呼：「真是個奇蹟啊！」

也許因為母親將我從死神面前給救了回來，從此，母親堅持要每天都背著我上下學。直到……我讀完初中為止。那怕我的個子已長得都比母親還

2　一種帶有鹹味的芝麻圈圈麵包。

高了，她仍然是那麼堅持地要背著我。讓我回想起這段往事，心中對母親的愛，更是無法言喻！

六、透過中國災胞救濟總會及新疆省政府辦事處的協助來台就讀

據我所知，我們是第一批從海外來台唸書的新疆學子。透過當時中華民國駐土耳其大使館的協助，幫我們辦理來台的所有簽證手續。那年，駐土耳其的大使，正是過去的海軍總司令黎玉璽將軍。而我們也是透過了「中國大陸災胞救濟總會」的支助，才得以被接應來台。

這期間，唐屹博士仍是本著一貫初衷，對我們就如同自己的兄弟般，不時地給予關懷和指點。唐屹博士當年是留學土耳其的學生之中，少數拿到博士學位的一位。回台後，他在教育、學術以及政壇上，都有相當傑出的表現；對台灣的社會以及少數民族的研究，更是付出了莫大的貢獻。

除此之外，我們在台灣所有食、衣、住、行以及入學的分發等事務，均交由「新疆省政府辦事處」來安排處理。這個被在台的新疆少數民族視爲大家長的新疆省政府辦事處，也一直陪伴著我們長大，直到學業完成爲止。

七、準備在台灣長期抗戰

早期要出遠門到海外去，算是一件不容易的事，不但機票費用昂貴，同時簽證手續也較複雜。我們是一群由救總接濟來台的外僑學生，在來台灣之前，他們已告知我們，在我們求學期間，從來到這裡唸書開始，一直到學業完成爲止，僅僅提供每人一張來回機票。也就是說，我們在唸書期間，若想返家，除非自己付旅費，否則是沒有機會讓我們每年返鄉的。當時，旅居土耳其的新疆同胞們，大多數的家庭經濟狀況都還是很貧困，因此許多家庭的孩子沒有上學的機會，甚至爲了貼補家用，許多孩童從小還要幫著父母在路

邊擺攤，兜售他們的手工皮件。既然我們能這麼幸運地被中華民國政府接應來台灣唸書，除了感恩之外，我們還能有什麼渴求呢？因此，來台前，我們也告訴了自己：「我們得要有在台灣做長期抗戰的心理準備了。」

　　剛來的前三個月，我們和其他一塊來的夥伴們，都碰到了許多問題，尤其在「食」的方面。記得第一次想要為自己做些家鄉的料理時，還特地跑到了傳統菜市場去採買。那個時代，台灣還沒有一家所謂的超市。我到了市場後，試著四處尋找我認識的食物。最後，在一個攤販處發現一大塊乳白色軟軟的塊狀物體。很想問老闆那是不是乳酪，但我中文不好，老闆的英文不好，兩人雞同鴨講，比手畫腳了半天。最後，我姑且買了幾塊回宿舍，準備讓好友們驚喜一下。還自以為台灣跟土耳其一樣，隨處就能買到如此便宜的乳酪呢！誰知我才剛咬下第一口，就發現味道完全不同，趕緊往垃圾桶給扔了。之後，過一陣子才知道那東西叫「豆腐」。早期，台灣甚至要買個法國麵包都很難。由於我們不吃豬肉，在台灣的社會裡，畢竟宗教與風俗習性有所差異，讓我們在食事上的確感到相當頭痛。幸好新疆省政府辦事處找來一位住在台灣的哈薩克族的長輩叫焦羅巴依（Jorobay），到學校來為我們掌廚。他也是在1949年間，跟著堯樂博士主席及一批維吾爾族的同胞們一塊來台定居的。當他來台不久，便在台灣娶了一位本地的漢族姑娘為妻，也是我們後來一直稱呼的焦媽媽。也幸好有焦伯伯這麼會烹調的長輩來照顧我們的伙食，才總算暫時解決了我們飲食的問題。

　　母親這趟來看我，似乎已料到我們開始想念家鄉的食物；在她的行囊中，裝的全是我們正在懷念的一些食品。讓我對這些從家鄉遠道而來的每一樣東西，都感到彌足珍貴。母親這次的來訪，也可說是我在台灣求學期間，最後一次看到她的身影了。在他們參加完國慶的所有活動之後，終於要跟我們道別了。明知天下沒有不散的宴席，但心中卻是百般地不捨。當時，我和

所有的夥伴們，全都一起到了松山機場去給父母親送行。那是我最難過的一次了。因為我知道，與父母這一別，將會有很長的一段日子無法再相見了。在機場送別母親時，特別將母親緊抱在懷裡，久久不願放開。就這樣，等我再看到母親，已是10年後的事了。

八、剛抵台灣的第一年即面臨到中華民國退出聯合國的局面

　　1971年的10月25日，對我來說，是個很深刻的日子。我們才剛歡度了來台後的第一個雙十節，同時又剛在10月25日那天，為著慶祝台灣光復節而跟著全國放了一天的假。兩天後的10月27日，卻在電視上看到新聞不斷地播出有關聯合國在召開第二十六屆大會上宣布，就「中華人民共和國在聯合國組織中的合法權利問題」進行表決後，結果贊同中華人民共和國在聯合國的安理會中取代中華民國政府，成為唯一代表中國與中華民族主權合法的政府。蔣總統中正先生也在電視上，用著激情憤怒且高吭的聲調，對著全國同胞表示：「我們已於日前宣告正式退出聯合國。」蔣總統並形容聯合國這項表決結果為「排我納匪案」。

　　台灣在蔣中正的領導時期，與美國其實一直保持著相當友好的關係。在當時，美國是支持中華民國的友邦國家之一。多年以來，自中華民國政府遷來台灣後，台灣就一直有美軍駐紮。記得，走在那條過去被大家稱作「老外大街」的中山北路上，幾乎到處是美軍的身影，因為他們的基地就在中山北路靠雙城街附近。

　　在校生活，無論再怎麼忙碌，一到週五，我們依照慣例，必定會前往位於台北市新生南路上的台北清真寺去做禮拜。而每到週五的晚上，我也會給家人寫信。因為寫信在資訊未開發的那個時代，是我們唯一能與家人聯繫的最好的管道。這麼多年待在台灣，所有來自土耳其的消息，可說幾乎是藉

由與家人不斷的書信往來，才得以得知一些有限的資訊。父親和母親，也會經常不斷地來信給我鼓勵，也因為有著這股力量，才給了我許多的信心與毅力。收到家中的來信，在當年可是一種莫大的欣慰；有時天天盼著來信的那種心情，也會茶不思，飯不想。相信那種心情，也只有我們這些遊子們才能體會了。尤其，當你連日收不到半封來信時，你的心就像承載了幾十公斤的石頭似的，既沈重又焦慮。而這起起伏伏的心情，會一直延續到收到了報平安的家書後，才得以平靜下來。由此可見，書信往來對我們當年的生活，是多麼重要的精神糧食啊！哪怕，只有幾行字，也都能撫慰我們遊子的心靈。

九、台灣的鄉親

1972年2月分的寒假，我們在台灣度過了第一個中國的農曆年。同時，也與台灣的朋友一起感受中國年的氣氛。尤其在除夕夜的晚上，一到了12點整，家家都會在門口放鞭炮。第一年來的時候，把我們都嚇壞了，以為發生什麼爆炸事件；後來，我們聽了這裡的朋友介紹過年的由來之後，覺得很有趣。有些習俗跟我們很雷同，例如：過年時，大家都會到親友或附近的鄰居家去拜年，發發壓歲錢給小朋友們討個吉利等等。這跟我們在土耳其過伊斯蘭的節慶很像。台灣人的真誠與熱情的一面，更是使得我們在台灣能一天比一天過得更開心的主要原因之一。加上我們剛到台灣時，透過新疆省政府辦事處的安排，讓我們認識了在台居住的一些新疆人的家庭。他們大多是跟隨蔣介石及當時的新疆省主席堯樂博士，一塊遷到台灣來的維吾爾族人士。例如，當年的立法委員阿布都拉，就曾在我們一開始就讀華僑中學的期間，親自到校來，教導我們公民與道德的課程。他也藉著上課期間，教我們許多生活上該注意的禮節和須知，畢竟台灣的生活習性與我們成長的環境有著很大的落差。經過他的洗禮後，讓我們在未來的生活中，減少了許多誤解與困

難。又如，當年跟我父親同時被提名為新疆省國代的一位叫艾再孜的維族長輩，也是給我們許多幫助的台灣長輩。當時，除了維族人士居多，也有少數幾位是蒙古族和錫伯族的人士。其中，唯獨一家哈薩克族的家庭，那就是當時在僑中就讀時，為我們掌廚的焦羅巴依先生（我們都稱他為焦伯伯）。由於大家都來自新疆，所以彼此都很親切；因此在台灣留學期間，我們都視這些長輩為自己最親近的家長了。

十、剛踏入大學之門

　　我們終於結束了在華僑中學六個月的語言訓練。次年的2月分，我們被正式分發到大學唸書。當我們在填寫個人志願時，我也特別寫信跟父親討論過。原本我想唸的是醫科，但醫科需要花費更長時間在台灣學習研究，所以父親建議我朝工學院的方面選讀。最後，我聽了父親建議，填選了土木工程系就讀。因此，我被分發到國立臺灣大學。另外跟我一起被分發到台灣大學的，還有我們的同伴——穆斯達法布達哲。而其餘的八位，全部分到了國立政治大學的不同科系。

　　但因為我們來台時，他們為了加強我們的中文程度，幫我們進修了近半年的時間，乃至於趕不及上大學的上學期。我們是從下學期開學時，才開始正式進入到學校唸書的。因此，我們入學後，還得在未來的學年中，利用其他時間將上學期的科目學分補回來，這是我們比一般本地生吃虧的地方。卻又因為我們是外籍生，學校也瞭解我們入學狀況，所以特例給我們個別入學考，也給我們以加分的方式順利通過考試標準。這也是依照當年中華民國政府所制定的憲法「保障少數民族升學的名額」條例而實行的。

十一、參加了第一次校外女學生家中的生日派對

　　過完了一個溫馨的寒假後，學校也快開學了。就在一年級下學期快開學不久前，我和幾位從土耳其一同來台唸書的新疆朋友們，受邀參加了中國文化學院（今已改爲中國文化大學）舞蹈系的一位女學生家庭中所舉辦的私人生日派對。其實，在那個年代的年輕人，最前衛的娛樂活動莫過於參加同學家中開的狂歡舞會了。但是，當時的民風普遍都還很保守，加上政府有許多政策上的設限，連在自己家中開一場舞會，過了11點都可能會被警察取締。甚至服裝儀容不合規定，也都會被路上巡邏的警察給攔住，除了被帶回警局盤訊之外，還會通知校方；最後，你可能因此遭到學校記大過或開除學籍等處分。這就是所謂的白色恐怖。當時的女子高中以下的學生，要剪髮到耳上一公分，而男生則要剃成一公分的小平頭，這是我難以理解的事。在土耳其或在其他西方國家，這是多麼不可思議的事啊！唸書不就是要來求知識的嗎？這跟你頭髮的長短有何關聯呢？但不管怎麼說，我們當時可是一群拒絕剪髮的僑生。因此，我們幾位還留著披肩長髮來到了舞會的現場，讓在場的學生們，個個都看傻了眼；加上我們操著一口超不標準的中文，三句中夾一句英文地跟人溝通，讓在場的朋友們，把我們當成是外太空來的怪物。從我們的穿著打扮，可以看出我們是完全沒有被同化的外國人！

　　當晚，舞會開到準11點散會，我們也在現場認識了幾位女同學。只是11點一到，大家就像灰姑娘似的，一溜煙就全都散了。這次的舞會很特別，不是因爲主人辦了一場什麼了不起的舞會，而是我們在場所認識的其中一位女孩，日後成了我孩子們的母親。這段緣分，讓我先賣個關子，放在後面再跟您細訴吧！

十二、被強制剪短髮

　　因為台灣在不久前才退出聯合國，在這之後又開始實施新的且更嚴謹的戒嚴管制，下令所有台灣的老百姓，在服裝儀容上須遵照政府所下的命令。最明顯的一條就是男子不得留長髮過肩，也不許穿著奇裝異服。晚上11點後，不准有任何商店繼續營業，午夜12點以後，不得在外遊蕩，否則一律受罰。除此，更不可以隨意在公共場所討論與大陸相關的議題，甚至是閱讀各種大陸所出版的刊物等，都可能會觸犯到刑罰或被視為叛亂分子來做處置。雖然我們有點不服，因為對我而言，這是一種不合乎自由民主且非常無理的規定。但不服又奈你何？這就是當時一開始在台灣所遇到的怪現象，而當時我們還太過年輕，這些都寫在我黃金時代的回憶中。

　　記得後來，為了要辦理入學手續，卻就在註冊當下，因為我們都留著一頭披肩的長髮而遭到校方拒絕。校方的態度很強硬，非得要我們把頭髮剪短後，才肯受理註冊。我們實在氣不過，差點因此放棄入學唸書。幸好，氣消了之後，想了一想，終於還是乖乖地去理髮店把我那頭心愛的長髮給剪了！畢竟，我們是來唸書的，不是為了留長髮才到此地的。只是，頭髮被剪短後，自己對著鏡子時，看了都覺得可笑！

十三、足球是我從小就喜歡的運動

　　或許是因為從小我就生長在一個足球風氣一直很盛的國家，加上同時我本身也對這項運動特別偏好的緣故，所以在僑中唸書時，幾個緬甸僑生及香港僑生和我們這群土耳其來的邊疆生都會聚在一塊踢球；大家以球會友，彼此建立起很好的默契與深厚的友誼。其中一位熱愛踢球的緬甸僑友，在我還在僑中學國語時，他們就已經組成了一支足球隊。熱心的他，更經常出錢又

出力地把我們這些愛踢球的僑友們都集合在一起，組成一支叫「僑青」的足球隊，讓彼此間有更多切磋球技的機會。不但如此，他們也常舉辦各種友誼賽，跟在台灣的校隊比賽。

　　就因為在這樣的基礎下，當我一進到台灣大學的第一年，就被學校徵選為足球校隊的一員。每天除了上課之餘的時間，幾乎都能在球場上看到我的足跡。當時，真不知從哪兒來的體力？年輕時，不但能跑，能跳，只要有球踢，我一定是跑第一。也許是我的球技，加上過人的體力使然，讓我為學校在全國大專院校的比賽中，爭得了不少的好成績。在我們自組的僑青足球隊的隊友當中，有一位來自香港的友人，叫盧國雄；他的父親在香港是位相當具有影響力、在僑界頗具聲望的大老，名叫盧鐵山先生。他因為熱愛足球，除了送孩子來台灣留學，自己在香港也擁有一支非常優秀且經常代表香港政府參與重要賽事的叫「東方」的足球隊。經這位同學的推薦，加上他父親在香港的球隊也正積極地在培養新人以增加實力，我被這個球隊相中，並特別聘請我在那年暑假開始參與他們在香港的國際青年盃的比賽，直到這個比賽結束為止。因此，大學才進去一學期，就跟校方申辦了下學期的休學手續，並在暑假期間便前往香港踢球去了。這是我在人生中感到最值得驕傲與難忘的一段精彩的時光。在香港的這段期間，我不但有幸能接受國際級教練給予的正統與嚴格的球技訓練，在當地也受到了他們熱忱的照顧。讓我感到最值得的是，交到了許多我這一生中最好的朋友。而這些朋友們，至今雖與我分別在世界各地居住，大家卻仍是經常保持著良好的聯繫。

十四、與耿小妹再度重逢

　　香港的賽事在1973年底的寒假來臨前，終於告一段落。我為香港東方足球隊寫下了個人的歷史，也留下無數的美好回憶與歡樂！但畢竟學校的課

業才是我們來台留學最主要的目的，所以我於1974年初，回到了台灣，再度重返台大校園，辦理復學的報到手續。

巧的是，就在寒假結束後剛要開學不久前，有一天晚上，我和幾位好朋友一塊到餐廳用餐，卻碰上了在一年前我們曾參加中國文化學院舞蹈系一位女同學生日舞會時，與她有過一面之緣的耿小妹（我之所以稱她小妹妹，是因為我還記得去年認識她時，她還未滿16歲）。她剛好也跟她班上的一位好同學一塊到那家餐廳去喝咖啡。一個從國中剛畢業，才剛踏入學院的新生，她可是足足比我小了6歲。所以，剛認識她時我記不得她叫什麼名字，只有管她叫「耿小妹」了。又因為她的個兒小，皮膚被曬得黑亮黑亮，加上一雙濃眉的大眼，因此我對她的印象特別深刻。但是因為當天舞會結束時，大家都沒有留下任何的聯絡電話，乃至於失去了聯絡。當時我的中文還不夠好，所以她的名字一時也叫不上來。沒想到，在整整過了一年後的今天，竟會在這兒巧遇。更沒想到，大家見了面，像是認識了好久的朋友一樣，一見如故，相談甚歡！

大家提起去年參加她同學的生日派對時，她開始興奮地對我說：「還真是巧啊！今晚的重逢，與其說是來得巧！不如說是來得好！」原來，她的那位同班同學，就在兩天後生日又到了，今年也要在家中辦生日派對。「看來我們還真是有緣啊！」她接著說。

兩天後，我便受耿小妹之邀，當她的舞伴，再度去參加了她那位同學的生日派對。而因為參加了這兩次的生日派對，讓我們日後也成了好朋友、好哥兒們！從此，大家經常往來，也常利用課業之餘或假日相約到西門町去吃飯、看電影。

當然，既然是哥兒們，耿小妹看我們這些土耳其來的新疆好友，常為了在外用餐感到傷腦筋，索性經常熱情地邀請我們大夥兒到她家中做客。同

時，她都會很細心地交待傭人為我們做些我們能吃的菜，讓我們有賓至如歸的感覺。從此，我們也成了耿小妹家中的常客，甚至與她的父母及兄弟姊妹都變成了熟識的好朋友。

十五、總統蔣公逝世的訊息突然傳來

　　1975年的春天，下午剛踢完一場足球，覺得很疲憊。吃完晚飯，才進到宿舍不久，窗外就傳出嘩啦嘩啦的下雨聲。還記得，當天剛好是4月5號，也剛好是中國的清明節。我才剛洗完澡準備上床入睡時，突然透過窗外的光影，傳來一道閃電，緊接著來的是「轟隆！」一聲打雷的巨響。那股雷聲，威力大到幾乎要畫破整個天空的感覺，還真是把我給驚嚇住了！

　　不久後，我打開收音機時，就聽到電台播出一則快報，還真是令人感到相當意外的消息：「蔣總統中正先生於今晚11點50分，在台北士林官邸，因心臟病發病逝……！」

　　號外！號外！讓我一整晚聽到了這個訊息之後，不但不敢相信，也因此徹夜難眠。當晚，幾乎全宿舍的學生都被這個消息給震驚地睡不著覺。從半夜一直不斷地播放到隔日，幾乎一天都沒有斷過，不一會兒就在整個台灣傳遍開了。當時，我為此除了感到很意外外，也感到很遺憾。

　　次日，當我出門要到校上課時，發現不只在校園內，就連校外的行人，各個都在左手臂上套上了黑色布條，讓我感受到，整個台灣的老百姓都籠罩在國喪的悲傷氣氛之中。而中華民國的一代領袖——蔣中正先生，也從今後告別國事，與世長辭！當天起，由嚴家淦副總統繼任了元首的職務。三年後，國民大會將當時的行政院長蔣經國先生，推上了中華民國第六任總統的舞台，正式接任其父蔣中正先生未完成的遺志。這可說是我來台灣，繼台灣退出聯合國之後，所面臨到的第二件重大的國際事件。

　　1977年，就在我唸完大三要升大四的那年暑假，我聽許多外僑朋友說日本是個打工的天堂，許多留學生都利用放寒暑假期間前往日本打工賺學費。我跟這群與我一塊從土耳其來台唸書的好友們聽了之後，也決定去一探究竟。坦白說，我們在台唸書期間，生活上的經濟來源全仰賴中國災胞救濟總會所撥給的助學津貼，每個月能領到的不多。而我們一天三餐都得在校外吃飯，這筆零用金光是用來吃飯就已經不夠了，更別說是想在外頭找個房子住了。幸虧，學校還有提供宿舍讓我們住，否則生活恐怕很難度過。因此，我們經常碰到月中以後，就已身無分文了。幸好台灣是個處處充滿人情味的地方，雖然有時身上沒錢吃飯，但是只要到學校附近的一些常去的餐廳，老闆都會自動打個折扣；甚至沒錢付餐費時，還可以跟老闆先賒個帳，到下個月領了零用金才跑去清償。那個年代的台灣才剛由農業社會進入到農工的時期，人們都還是保有著一份真誠與相互關懷的熱忱。縱然這裡不如家中來得舒適，但卻經常得到許多人的幫助，讓我們總是那麼的幸運，這也就是為什麼我們能在台灣交到那麼多好朋友的原因。所以，我們一聽到有這樣的機會，既能到日本走走，又能工作賺錢，真是何樂而不為呢？於是，我跟哈費斯及馬合穆三人分頭跟幾個朋友湊了錢，買了三張單程的機票，並在學校放暑假的第一天，就立即飛往日本去了。

十六、日本打工記趣

　　剛到了東京，發現這裡的物價跟台灣比起來，要高出好幾倍。我們三個人身上帶的盤纏本來就不多，連吃碗路邊的拉麵都捨不得。第一天到達東京的晚上，三人就累癱，在車站附近的公園長凳上睡了一晚，打算第二天一早起來就去找工作做。現在回想起來，當時那種不知天高地厚的年輕時代，還真是有點天真又愚蠢的可笑。幸好，那是在夏季裡，睡在街頭不覺冷。想

想，當時要是在冬季，我們不就要凍死在路邊了嗎？說著說著，第二天，我們一早醒來，先到車站附近找一家便宜的早餐店，各自點了一份三明治和三杯熱茶，一結帳，竟然算算也要台幣兩、三百塊。在當時，這樣的消費若是在台灣，可以吃頓豐富的大餐了。

吃完早餐後，我們的精神果然也稍微回復些，開始四處在街上閒逛，邊找工作，邊熟悉環境。就這樣一整天，從早上逛到了天黑，從一般的餐廳開始挨家挨戶地問到了咖啡廳，再從咖啡廳又問到清潔工，卻都沒人要請工讀生。在兩腿走得快發軟的時候，竟看到有某公司在看板上張貼了「召募工作夥伴」的幾個廣告字樣，更吸引人的是，它還註明了「高薪」二字。於是，我們從失望中又再燃起了希望；三人活像個鄉巴佬進城似的，一路走走問問，終於在一處巷內找到了這家公司。

我們從公司的外觀看去，感覺它是個很莊嚴的地方，但一進到裡面，我們大概就知道它是在做哪一種行業了。但為了想騎馬找馬，先聽聽老闆怎麼說；心想，只要能給我們一份工作和薪水，做什麼都無所謂了！原來，這是一家葬儀社，店長跟我們面試時，知道我們是外籍生，加上日文一句也不懂，讓他覺得有些尷尬。他說，原先他是要聘僱兩位禮儀師，但我們一句日文也不懂，所以他也只能跟我們說聲抱歉。我們再三地懇求店長，希望他能隨便給我們一份打零工的工作做也罷！於是，店長點了點頭說：「其實，還有其他的工作也一直需要人幫忙，如果你們願意的話……但這個工作雖然薪資給得更高，卻很少人願意接受。」店長說完後，望著我們三人手上還拎著行李，想必是還沒有住處。於是，他說只要我們願意留下來做這份工作的話，他可以安排我們住宿。我們心想，人都從台灣飛來這裡了，還有什麼不敢的？說著說著，我們三人用自己家鄉的語言做了一次溝通之後，再跟店長用比手畫腳的方式詢問說，到底他要我們做甚麼？薪資又是如何呢？店長這

才很正經地對我們說：「年輕人！你們要做的是，替亡者洗屍。」我們聽了之後，本想當場拔腿就跑，但店長接著又說：「我會付你們很豐厚的薪資。」看來，重賞之下必有勇夫，這句話果真在我們這三個不怕死的年輕人身上應驗了。因為光洗一具屍體就能賺到一萬圓日幣！對我們而言，這真是個不錯的收入。如果依照當時的一萬圓日幣來換算台幣的話，也有台幣一千多元了。當年在台灣，一個秘書的工資每月最多也只能領到三千元台幣，就算是個很不錯的待遇了。我們在心中掙扎了好一會兒，最後三人相互看了一下，便跟店長點了點頭，表示願意一試。店長一看我們答應了，臉上也露出了親切的笑容。同時安慰著我們說，這可是一份「神職」，要我們在工作前先把心態調整好，一回生，二回熟，不久就會習慣了。當晚，我們便睡在店長安置的一個房間內，雖然心裡還沒能調適過來，但環境似乎也給了我們一個最大的考驗。次日，我們便開始正式上班了。在我們為亡者洗屍時，基本上我們會先做一次禮拜，並先將自己洗淨後，再進入澡池內進行洗屍。我剛開始，真的有點緊張害怕，但依照洗屍專人的指導後，只要按步就班地去進行，似乎也就不再那麼困難了。只是，我們非常清楚地告訴自己，那絕不是我想要做的。於是，我們三人為了要早日脫離這份工作，每天仍利用下了班之餘，繼續找尋下一個較合適的工作。

　　就在一個禮拜後，我們依照慣例，都會找一家在住處附近的居酒屋吃晚餐。那天，只見我們去的這家餐廳高朋滿座，卻不見有人在幫忙老闆端茶、端盤給客人。老闆一人又要忙著招呼客人，又要進廚房料理，讓我們全看在眼裡。於是，我們待到快打烊時，見老闆一人正收拾著碗盤，廚房流理台的水槽內還堆滿了未洗的餐盤。因此，我們就直接問老闆是否需要請工讀生。老闆說，就是因為請不到工讀生，所以才一個人埋頭苦幹；而且現在的年輕人也做不住，大多是來不到一個月就吵著要離職，才會害得他手忙腳亂。那

天晚上，我們跟老闆談了許久，最後老闆終於決定要請我們三人一塊在他餐廳上班，同時還可以有地方讓我們住；只要是我們肯上班，他也會負責我們三餐的伙食。這個條件太好了！我們不想放棄，所以第二天一早，我們就跟葬儀社的店長辭職了。親切的店長並沒有為難我們，不但如此，還在我們離開公司時，很誠懇地跟我們說聲「謝謝，辛苦了！」店長還說，歡迎我們隨時有需要時，再回去上班；但我心裡明確地告訴自己說：「我再也不要回來了。」

日本在當時是個工業發展很先進的國家，世界上有許多的電器產品都要仰賴日本的技術。走在東京的街頭，各式各樣的吸睛的櫥窗擺飾，以及年輕人的摩登打扮和電車的便利性，果然讓我開了眼界。這裡的年輕人，個個都很獨立。幾乎一到了20歲，大家都會自動去找份工作做，論誰都不願依賴父母。即便是家中很富裕的環境下長大的孩子，他們還是為了要自我訓練，培養獨立自主的能力，而自己在外自食其力。這是我到了此地最值得學習的地方，也是此行最大的收穫之一。

在這三個月的期間，我接到耿小姐從台灣來信，告知她的父母近期將有機會到東京開會，並且會找時間來探望我。同時，她也在我到了日本的這段期間，自行到清真寺接受了教長的洗禮，正式信奉了伊斯蘭教，而成為了我們的穆斯林教胞。我讀完這封信後，心中卻是一則以喜，一則以憂。喜的是，她能認同我們的信仰；憂的是，未來她尋找的對象也必須要是與她同信仰的人，才能結為夫妻。

不久後，耿伯父及伯母終於如耿小姐所說到了日本，來參加他們的扶輪社年會，也特別跟我見了一面。耿伯父看起來雖然是個很嚴肅的人，但卻經常給我許多正面的關懷與鼓勵。這回見面，彼此都處在他鄉，即便我有心想要好好地接待他們，但卻心有餘而力不足。倒是，伯父及伯母因在台灣曾

受過日本教育之故，能說一口標準的日語；至少他們到了日本，在語言上的溝通根本不成問題。我們當時就約在伯父伯母下榻的飯店裏面碰面；不但沒幫上他們的忙，反而還被他們招待了在飯店裡享用一頓非常高級的日式料理，讓我心中感到頗難為情。他們這般真誠的關懷，讓我這離家已多時的遊子，深深感受到一股暖流進入了我的心底。就在我們用餐的同時，伯父也跟我談了許多他們過去的人生經驗，並鼓勵著我要勇敢地面對未來人生的挑戰。臨別時，他們還在我的褲袋裡塞了些錢，要我一定記得好好照顧自己，別餓著了！我想，這也許是阿依夏要他們這麼做的，但不管怎麼說，這次的會面，讓我與伯父及伯母的感情更拉近了許多；他們的來訪，令人倍增感動。回想自己在台灣居住的這些年來，幸虧得到耿家多所照料，才讓我不至感到無依又無靠。而我與耿小姐從交往至今，算起來也有一段不算短的日子了，彼此間所建立起的友誼，也因此變得更為深厚穩定。

　　三個月的暑假就要接近尾聲了，我們在日本打工，除了在餐廳裡學到了專業洗碗技巧不說，也學到了不少實用的日語會話。當然，在吃盡不少苦頭之後，我們也賺足了下學期的生活費。就在我們踏上回台灣的旅途時，讓我有種像是要踏上回家的旅途一般，內心的期盼與喜悅真是難以形容；那種迫不及待想回台灣的心情，還是這幾年來頭一次對台灣產生這種特別思念的感受。從此，我漸漸地愛上這塊土地，與生長在這塊土地上的朋友們；我已經開始把它當做了我的第二個家了。

十七、「指腹為婚」是哈薩克民族傳統的習俗

　　土耳其自1970年開始，社會已潛在著當時的政黨與朝野間的相互對立情形，那可說是土耳其民主主義彰顯的階段。許多大學校內的學生，無論是在公開或私下祕密的場合，都已逐漸開始明顯地出現了左派與右派對立的現

象。因為母親早已感受到那種即將會有不安的社會現象，為了避免我在土耳其上了大學之後，會跟著這群學生們參加各種抗爭活動而無法靜下心來讀書，所以我的母親早在這之前，就要求父親將我送往別處。但母親的心中卻又很矛盾，怕我到了國外唸書之後，會認識異地的女子，娶妻後定居在外，一去不歸。因此，在父親決定要安排我來台唸書的同時，就在我高中一畢業的那年暑假，他們就為我訂了親。後來，才安心地將我送到台灣來唸書。

依照過去哈薩克人的傳統習俗，尤其在當年那種保守的社會裡，大多的婚姻都是「指腹為婚」，在土耳其當地的土耳其人也不例外。只因當年父親把他最大的義女畢巴媞希（Bibatiş）許配給了與他從新疆一同逃難到土耳其的患難之交哈里斐阿爾泰（Halife ALTAY），兩家成為親家。之後，他們生下了一個女兒，要是論輩分，他們的女兒該是我的外甥女；但我倆從小一塊長大，年齡又相當，他們就索性在我們倆的身上標上了註記。這種指腹為婚的習俗，在少數民族中是相當普遍的，它就如同是一種條件的交換。只因為當年父親將女兒許配給了哈里斐阿爾泰，今天他為了要報答父親的恩惠，所以兩家似乎從小就已說定了，一旦他們生下女兒的話，就許配給我。這種習俗對於我們新一輩已接受了新思想教育的年輕人而言，的確有些不能接受，更何況許配給我的還是我的外甥女，想到了就覺得有些荒唐。但當年年紀還很輕，不敢違抗父命，所以就在我即將出發來台灣的前一週，父母請來了對方的家長，在我的家中，一來是為我餞行，二來也為我們兩人順便辦了一場「訂親儀式」。就這樣，雙方在彼此都不確定是否願意的情況之下，互換了訂婚的婚戒，算是完成了儀式。

這位與我有著婚約的外甥女，在我來到台灣之後也曾經常給我寫信。至少在我剛來台灣的前兩年，平均每個月都會按時給我來一封信；到了她考上伊斯坦堡的某所大學後，也都還會來幾封信。可是，我發現越到後期，越久

才來一封信；最後她乾脆以學校課業繁重爲由，竟拖了好一段時間不再給我寫信了。直到有一天，我再收到她的來信時，內容有「既然我們彼此都是自家人，爲甚麼我們的父母還要硬把我們倆人湊成夫妻呢？」之類的暗示語。在當下，我的回覆總是勸她不要想太多，如果眞有任何不妥，或許將來等我唸完書回去之後，雙方可以再做溝通。

　　就因爲我們已有了這樣的婚約在，我也不知該如何回答是好？事實上，我內心的衝擊也很大，只不過我不願因爲己見而違背父親的意思罷了！怕只怕，日後會因此而傷了兩家多年的感情與和氣。之後，這個名義爲我未婚妻的外甥女，又在將近過了半年無音訊後的某一天，在我還受到連日來的困惑時，又突然來了封信。這回，她在信中很直接地提及，希望我們能將這門根本談不上什麼感情的婚事早點退掉。她坦誠自己在大學唸書時，認識了一位校內的男同學，彼此十分談得來，卻因爲我們之間的這層婚約關係，讓她有一種被束縛的痛苦；她既無法公開地跟她所喜愛的人在一起，又不能當面告訴家人她想退婚，令她感到極度的苦惱！

　　剛好，那年父親又到了台灣來開國民大會了，索性我也利用了這個機會，將這件事當面稟報父親，並整整與父親談了一個晚上。我相信，當時父親聽到後，必定非常失望。然而，當晚我也趁著這個難得的機會，將我個人在台灣與耿家所建立的這段深厚友誼也告訴了父親。父親聽完後，沒有多說什麼，只是語重心長地對我說：「既然這門親事與你無緣，那也是阿拉的旨意，無需因此而難過，一切就等你唸完了書再說吧！」

　　父親那年的來訪，也在我的安排下，與耿小姐一家人，包括她的父母親在內，一塊吃了一頓豐盛的晚餐。那頓晚餐中，雙方家長在替自己的兒女相親的意味頗爲濃厚。之後，父親見過耿小姐，知道她的家世背景之後，對我們之間的交往並沒有表示任何反對的意見。但，父親仍囑咐我要儘早唸完大

學，等畢了業就儘早回土耳其去，把這門不合適的親事給退掉，才好讓雙方可以及早再去尋找自己喜歡的對象。父親說出這番話之後，我心中的那塊石頭也就頓時放了下來，我向父親承諾說，只要我一唸完書必定立即返鄉。

最後，我在父親要離開台灣的前夕，對父親更明確地告白，希望父親未來能成全我，讓我娶耿小姐為妻。次日，我陪同父親一塊到松山機場的路上，他拍拍我的肩，安慰著我說：「兒子，不如先教教耿小姐說些土耳其語吧！這對她未來會有幫助的。」說完後，父親就搭機返回土耳其了。其實，父親會這樣說，似乎已經點了半個頭了。只是，他不敢輕易答應我，也是因為他得回去跟母親商議，只要母親肯答應，一切都好辦。

十八、我為她取了一個教名叫「阿依夏」

在我到日本打工的那年，聽說了耿小姐已在台北清真寺正式成為了穆斯林。在我從日本回到台灣之後，她便要求我為她取一個教名。我為此沈思了一個晚上，最後給她取了「阿依夏」（Ayse）這個名字，它不但是伊斯蘭的聖名，在女性穆斯林的教胞中，也是許多人都愛用的名字。尤其，阿依夏這個名字是來自先知穆罕默德的第二任妻子的名字，我之所以會為她取這個名字，其實是別有用心的。

母親在生我之前曾懷過一個孩子，在孩子未出世前，母親已先替她取好了這個名字。母親告訴我說，當年她心想，如果生的是女兒，就叫阿依夏，若是個兒子，就給他起名為帕達克[3]。可惜的是，當時因為在逃亡的路途中，母親沒有足夠的營養，加上過於勞累的情況下，好不容易已懷胎十個月大的嬰兒，到了要出世時，竟因胎位不正，導致母親難產。母親也因為大量出血，還差點喪了命！幸好，最後平安地保住了自己的性命，但她腹中的孩

3　哈薩克語，與我土文名字「法提」同義不同音。

子卻因此不幸夭折。母親當時知道自己懷的是女娃之後，更是傷心不已。後來每當母親想起此事，都會跟我提起這段傷心的回憶。因此，在我要給耿小姐取名字的時候，同時讓我也聯想到這個夭折的姊姊。我相信，有一天如果母親知道耿小姐的名字跟她那個未出世的女兒同名的話，母親或許會對阿依夏有一種親切感，那也是一件好事。過去，我一直稱呼耿小姐的中文名字「慶芝」，但自從我給它取了阿依夏這個名字之後，我從那天開始便改口叫她「阿依夏」了。

十九、土耳其校園開始了左派與右派的相互鬥爭

在台灣唸書的期間，很少能在新聞媒體上聽到土耳其的消息，對土耳其這些年所發生的變化，大多是從親友的信函所得知。我還聽說，當地的大學生們開始加入左派及右派的鬥爭行列，經常有許多大學生因為理念不同而開始在校園內打群架，甚至也有人攜帶手槍到校，只要發覺跟自己不是同一黨派的，就互相舉槍射殺。這類的訊息不斷地從四面八方接踵而來，我也開始感到憂慮，畢竟家人都在土耳其，不知他們都怎麼度過的？當時，我那位外甥女，也在大學裡跟著她的同學們一塊加入了右派的行列。家人來信告知，許多人都看到我這位未婚妻，跟著一群年輕人在街上四處開始散發傳單，並加入了學生的抗爭學運。家人還說，要我別急著回土耳其去，尤其在這個局勢很不安定的情況下，要我還是暫時待在台灣比較安全。我當時已很強烈地感受到，土耳其很可能即將要發生內戰了。

土耳其境內每天有消息傳出，尤其是大學生們個個都在參與各黨各派的組織行動，因此，根本無心上課。又因為校內不斷發生左派及右派的衝突事件，造成了每天都有許多死傷的學生，並且人數還一直不斷地在攀升。

這段期間，是我到台灣唸書以來，聽到最多關於土耳其消息的時候了。

土耳其也因為處在這種危急的狀態下，多數的大學都紛紛關閉，為的是不讓學生來到校內相互殘殺！可是，幾個大城市的學生們不但沒有因此罷休，反而越演越烈，最後竟演變成一場國家的內戰。因為這些學生都是血氣方剛的年輕人，要他們主動停息罷休，還真是不容易。由於暴動的激進分子都是年輕人，一發不可收拾；就連當時的警察都無法將他們驅離。於是，就在1980年9月12日這一天，因為整個土耳其的幾個大城市幾乎都鬧得沸沸騰騰，連老百姓都怕被路上的槍砲流彈波及，深怕一不注意就會被這些激進分子所攻擊，幾乎都不敢出門。所幸，土耳其當時的三軍總司令柯南‧艾弗倫（Kenan EVREN）將軍，在政府無計可施的情況下，基於保衛國家、平定社會動盪的前提，主動下令軍人發動武力來鎮壓企圖在國內叛變的百姓；同時，指派軍人挨家挨戶連夜搜索藏匿槍枝的老百姓們，一律揪出繳械，國家這才暫告平定。日後，艾弗倫將軍被國會推派，當選為下一任的國家元首。

　　土耳其的局勢稍進入佳境之後，母親也在此時來封信，表達她對我的思念之外，更希望她已在外飄流近十載的兒子，能夠早日學成歸來。遺憾的是，當時我的課業還有些學分尚未修完，否則還真想立刻就飛回去。

二十、阿依夏全家對我們的照顧

　　在台的這段期間，多虧阿依夏幫助我，在我課業上輔導許多。當初在僑中學國語時，中文的底子並沒有打好，加上生活及語言各方面都還來不及適應，就把我們送入大學就讀。別說是我們不懂中文，老師在課堂用中文講解時，我都聽得一知半解，也只能下了課跟同學借筆記，回去請阿依夏慢慢幫我講解，直到我理解為止。其次，中文書寫也還感到很困難的我，甚至許多筆記都還是請阿依夏替我抄寫的。

　　記得，在我來台的第六年，也就是1976年的夏天，父親及達里列汗代

表兩人合力再度透過新疆省政府辦事處，向大陸災胞救濟總會爭取到第二批海外新疆學子來台就讀。這次來台的學生，比我們當年來的人數還多。他們總共十三個人，來了兩個女學生及十一個男學生，有的初中剛畢業，有的高中畢業，年齡約在16至19歲之間。因為他們的到來，也把我無形間擠進了大哥哥的身分。想到我們當年來台灣時曾鬧過的許多的笑話，也碰了不少釘子，因此在這些新來的弟妹們尚未涉入台灣的生活之前，我也本著同胞的情誼，義務地當起了他們的兄長。只憑自己這些年居住在台灣的經驗，我經常和這些小老弟們，利用聚在一塊吃飯或運動的機會，用閒聊的方式來講述我們過去的點滴。同時，也盡可能地將「台灣的生活入門絕活」教給他們，使他們能更容易學習與適應。至少，他們比我們幸運的是，起碼已有前人為他們開了路，指引著他們繼續往前行。加上我們把自己在台灣所建立的人脈關係，都在瞬間傳給了他們，更讓他們不至於像當年的我們一樣感到無助。

這些孩子們，平日除了在校唸書，大多都跟我一樣有著踢足球的嗜好。所以，我們的老僑青足球隊立刻收納了這些新進的球員，讓他們在台灣唸書期間也有一個正常的抒發管道。更因此，使得我們僑青足球隊的氣勢如虎添翼，遇到各類賽事總是越戰越勇，越打越優異。這也是讓他們大家共處異鄉，雖然遠離至親的關愛，而彼此能夠建立深厚友誼與凝聚在一起的最好的方式。阿依夏經常會陪著我們，並到球場來給大家打氣加油，還會經常帶她親自準備的點心和水，給這些孩子們享用。日久，大家也都像一家人似的，彼此相互照應，互相關懷。

其實，這些年來，阿依夏的父母親是我最要感謝的恩人之一。阿依夏從小生長在一個富裕的家庭中，父親過去是台大醫院著名的心臟及腸胃科的外科主治大夫，母親也曾是台大婦產科助產士。她父親與母親兩人白手起家，並與前台大外科主任徐傍興教授共同創辦了徐外科醫院，擔任該院的主治大

夫兼副院長一職；之外也在1955年間，在當時仍屬偏僻的永和地區，創立了第一所私人醫院，叫「金陵外科醫院」。

　　在他們那個時代，除了白天要面對許多的病患之外，還得耐心地兼顧教養他們所擁有的八個子女，而阿依夏是這個家中「排行老五」的孩子。或許因為他們職業的關係，他們又都很疼愛孩子，那怕是別人家的小孩，他們也都相對地給予幫助與關懷。耿伯母更是一位相當具有母愛的好母親。每當我們身體感到不適時，一定會到他們開的私人診所去看病，而他們從未對我們這群土耳其來的學生們收取任何的醫療費用。除此之外，他們基於愛屋及烏的關係，也視我們如自己的孩子一樣，經常從旁給予幫助；光是我個人，這些年來就不知在耿家吃了多少餐，他們也從不計較。阿依夏也都一直在我身邊，陪伴著我；每當我遭遇到困境時，只要有她在，就能化險為夷。也或許是她家庭教育的關係，他們每個人都很活潑熱情，對人誠懇，樂善好施，讓我這個做大哥哥的看在眼裡，又怎能不心存感激呢？

　　記得有一回，幾個小老弟們突然跑來宿舍找我。當天剛好是禮拜五，大家都身無分文，打算到宿舍來跟我借錢吃飯。原本，當晚我打算約阿依夏去吃頓晚餐，順便看場電影的。但，此刻大家都跑來我宿舍，等著跟我混一頓晚餐吃；我也感覺到，這些孩子們大概肚子都餓得沒錢吃飯了。只是，就快到月底了，我也好不到那兒去，就連自己明天的生活都成問題了，又如何借錢給他們呢？但我於心不忍，怎能看著這些小老弟們餓著肚子，而我卻還想跟女朋友去約會、看電影呢？最後，我只好硬著頭皮打了通電話跟阿依夏說抱歉，為了要讓這幾個小老弟們飽餐一頓，也只有犧牲我跟阿依夏倆人的約會了。那年，我剛從台大的十三宿舍搬到位在辛亥路的國際青年活動中心，租了一間屬於自己私人的小房間，方便大家到我這裡來窩著，好給他們有一種回家的感覺。這也是為什麼他們經常喜歡跑到我住處跟我一塊喝茶聊天

的原因之一。但，我當時把口袋的錢全部掏了出來，算了一算，竟然只剩下70塊台幣，最多也只能買兩個法國麵包；可是，現在屋內就有6、7個大男生在，這點錢哪能夠讓他們吃飽呢？

　　正在愁著的時候，阿依夏卻突然出現在我的宿舍樓下，讓我又驚又喜。等我下去迎接她時，善解人意的阿依夏果不其然地提著大包小包的食物來找我。只見她笑著說：「你們大家都還沒吃飯吧？我也餓了，可以讓我進你宿舍，跟你們一塊用餐嗎？」我們回到了我住的宿舍之後，她便開始鋪桌擺椅，像是在家中準備要開飯的樣子。這些弟弟們跟著好奇起來，不知阿依夏姊姊的葫蘆裡到底賣著什麼藥？不一會兒，阿依夏把她從家中做好的生菜沙拉（蕃茄，小黃瓜加洋蔥）倒在大盤子裡，又從紙袋中掏出幾條長形的法國麵包。另外，帶了兩罐牛肉醬罐頭及幾包生力麵。她先把生力麵一包包都拆開來，放入一個大碗裏，用熱水泡著，再將泡熟的麵湯水倒掉，留下瀝乾的熟麵條。就這樣，不到十分鐘，桌上竟變得五顏六色，看起來相當豐盛的感覺。她還要我幫忙把麵包切好後，平均分給大家。接下來，再在整鍋泡好瀝乾的泡麵上面倒入罐頭裡的牛肉醬料，讓廉價的泡麵頓時成為高級的義大利肉醬麵。最後，她對著我們笑著說：「各位，請不要客氣，今晚的大餐算我的。」、「來來來，大家開動吧！」讓在場的每一個人都看傻了眼。就這樣，大家擠在我那不到五坪大的宿舍裡，邊享用著晚餐，邊說邊笑地度過了一個溫馨又美好的感恩餐會。這畫面，頓時讓我想起了「耶穌最後的晚餐」，那頓晚餐，雖然沒有著大魚或大肉，但是至今回想當時吃起來的那種味美的滋味，卻是沒有一餐可以媲美。說真的，憑著她一個小女子，居然輕輕鬆鬆地把幾個正在發愁的大男孩給擺平了。她好比小天使般出現在我們的面前，又用最快速的方式，讓我們全都吃得又飽又滿足。我的心中，除了感激之外，也被她那顆善良又熱忱的心給打動了。俗話說的好：「要征服一個男人，就

必須先征服他的胃！」我想，她把我們都打敗了！

　　阿依夏在1978年從中國文化學院舞蹈音樂專修科系畢業後，才剛滿19歲，她就立刻前往日本，學習不同的技藝，以培養她自己獨立的個性。對此，我不但非常贊成，並鼓勵她去多學習一些有助於她未來在社會上創業的相關技能。於是，她一畢業就離開了台灣，前往日本美容學院去進修了；這也是我們自從交往以來，要算是第二次長時間的分別了。在這段日子裡，我們除了書信往來之外，也只有在寒暑假的期間才能碰得到面，每每要分開時，心中就有一種不捨的感覺。這種感覺越濃厚，就令人越分不開。我猜想，我們應該是從那個時候起，彼此才真正走入了所謂的戀愛期吧？

　　1980至1981年是我在台灣唸書的最後一年，我與耿小姐多年來相處，共同寫下不少美好的回憶，而我們的情感不止於男女之間的愛情，它應該要算是一種另類的「革命情感」才對。自我倆相識到相知，又從相知到相惜。一路走來，倆人不知攜手度過了多少寒暑，也經歷了許多風風雨雨的日子，甚至更嚐到不少酸甜苦辣的滋味。然而，就在我們共創了這段寶貴而甘苦交替的黃金歲月之後，即將就要隨著我們的學業終了而宣告結束。這是多麼教人心有不甘啊！

二十一、與阿依夏在台灣私訂終身

　　1981年5月底，我終於在讀了7年的大學後，完成了我的學業，而阿依夏也在當年的2月分從日本回到了台灣，同年的5月分我與阿依夏共同合資經營了一家小小的美容院，就附屬在我所參加的那個僑青足球隊裡頭的資深隊友簡明亮先生，當時所經營的一個足球俱樂部裡。

　　果然，開張不久，生意就相當穩定，也讓我感到很欣慰。其實，我早已計劃在那年的7月分返回土耳其當兵。所以，我鼓起了最後的勇氣，再次寫

信回家給父母，除了告知我已順利畢業的訊息之外，也悄悄地跟父母提及我打算與阿依夏在台灣辦理結婚登記的想法。因為時間不允許我們有更多的考慮，就在我準備要回家的那個剛入夏季的6月底的某一天，當我一邊在幫著阿依夏收拾著美容院裡的雜物、一邊拿起掃把掃著地時，心中猶豫了許久，才終於鼓起了勇氣對阿依夏說出了我這些年一直擱置在心中許久，卻又遲遲說不出口的話來。我將掃把停放在一邊，用著很認真的口吻，告訴阿依夏說：「阿依夏，我們結婚吧？」

阿依夏起初以為我在開玩笑，她還沒意會過來，後來我又重複地說了一遍：「我們結婚吧？」阿依夏這才發覺我不是在鬧著玩的。她笑了笑，點了點頭跟我說：「我得先回去問問父母親再說。」畢竟她是還在父母身邊倍受保護的孩子，說什麼都得先得到父母同意才行，更何況這可是件終身大事。所以，當晚我到了阿依夏家，等著耿伯父從醫院裡看完他最後一個病人。之後，我對耿伯父說：

「伯父！我就要回土耳其了。」

「是嗎？什麼時候呢？」伯父問。

「就在下個月了！」我說。

接著，我不等伯父把問題問完，便深深地吸了一口氣：「伯父！我……我……想，我想跟慶芝訂婚，希望您成全我吧！」

說完，伯父就把阿依夏也叫到他的面前。我和阿依夏很緊張地坐在伯父看診的桌位旁，就像是在讓醫生問診的病人似的，跟伯父面對面的談話。伯父看著阿依夏，又問我說：「阿依夏還需要繼續唸書呢！將來你們就算結了婚，我還是希望我的女兒能多唸點書。你會讓她繼續去大學唸書嗎？」其實，我也不敢肯定，但阿依夏跟我使了一個眼神，意思是先答應伯父再說；所以在那個當下，我也只能點點頭說：「當然！我會的，伯父！」

　　就在那個週末，我們在中山北路的一家叫「皇上皇」的港式餐廳訂了一桌酒席。來參加的，除了阿依夏的一家人之外，也只請了一、兩個要好的朋友，把這12人座的一桌酒席給坐滿罷了。在耿伯父與伯母的見證下，我們就這樣簡簡單單地訂婚了。

　　訂完婚後，我又給母親寫了信，告訴她我已這麼做了。起初母親來信時，並不是很贊成這門婚事；她認為，阿依夏不可能適應我們在土耳其所過的生活。加上親友們到時會用什麼異樣的眼光來看待阿依夏？日後對阿依夏又會造成什麼樣的傷害？最後，母親跟父親都認為，這件事應該留到我回土耳其，將兵役的問題解決後，再做考慮才對。縱然父母說得再有道理，但是我比誰都了解阿依夏，所以我沒有順從父母的意思，就擅自做主，訂下了這門親事了。

　　同年的8月14日，就在我要離開台灣的前一週，我跟阿依夏倆人私下步上法院的禮堂，當天我們個別找了自己當年在校最要好的同學，來當彼此的見證人。我們也只有花了36塊台幣（當時換算匯率，連一塊美金都不到的金額）的手續費，在法院的公證人和倆位好友的見證下，終於就這樣「結婚了」！

　　阿依夏的父母得知後，雖然有點遺憾沒能到場參加，但他們了解，我當時只是個窮學生，能在國外不靠著任何人的力量，大膽地向自己喜歡的女子求婚，並屏除了過去那些舊有的婚姻禮俗，也算是一種值得鼓勵的表現。但是，他們仍希望能在未來等我回去當完兵之後，帶著父母親一塊來台灣，再補請酒席。我當下點頭答應了，就這樣，我倆在1981年的8月14日當天結為了夫妻。當晚，我們又在訂婚時的同一家餐廳，訂了兩桌酒席，宴請了阿依夏的兄弟姐妹和我倆在台灣最好的朋友們，讓這段一直被認為是「不可能結合」的婚姻成為可能之後，與大家共同分享。

隔了一週後，我即匆匆踏上回家的旅途。臨走前，我對阿依夏承諾：「等我當完兵，我一定會再回來。」

二十二、再次回到自己生長的家園

我終於在台灣求學的漫長 10 年後，於 1981 年的 8 月 22 日踏上了返鄉的旅程。

在我回到了土耳其的家時，就像回到了兒時記憶一般，既興奮，又緊張！尤其是一到家門，就看到許多親友及街坊的鄰居們，全都聚集在家門前來迎接我，讓我好感動，也好開心！才剛踏入家門的第一步，那圍繞在門檻四周令我熟悉的「婦人手」花（土文叫 hanim el）所散發的芳香依舊，讓我更確定我回來了！還有，父親從我小的時候就親手摘種在家中後院的粉色大馬士革玫瑰花，竟也開滿了整個花園，大門前的那棵白桑椹老樹也都長滿了密密麻麻的果實。我這才甦醒了過來，「我終於回到家了！我真的回來了！」

記得 10 年前，在我出門時，也就是現在這個季節，當時家中的情景跟我剛進家門所看到的景象，沒有多大改變；就連我的房間所有的擺飾，也都沒有一樣不在原來的位置上。我興奮的喊著：「挨色倆姆阿雷困（El'Selamumaleyqum）！」[4]、「爸！媽！我回來了！」、「您們的兒子帕達克回來了！」母親聽見，從屋內匆忙地走出來，一見到我，簡直不敢相信，她興奮的淚水一湧而出。母子倆人相互地擁抱在一起，那股莫名的暖流直入我心底，這才總算暫時滿足了我這 10 年來朝思慕想、盼望能再度與家人重逢的心願。當晚家中特地為我宰了一頭羊，來歡迎我的到來；大哥、二哥及我出國之後才進門的大嫂，以及未曾逢面的姪兒姪女們，全都聚集在一起，讓我倍感溫馨。

4　穆斯林打招呼及問候的用語。

二十三、登門退婚

一週後，我和父母親搭上了長途的巴士，從我住的馬尼沙省的沙里里市，來到了第一大城伊斯坦堡市，只為著到我的義姊家中拜問。其實，最重要的目的還是為了上門，將我與她女兒在10年前訂過的那門親事給退掉。這次的造訪，也是雙方家長在我還未回土耳其之前就已事先談妥的協議，那就是「親自登門退婚」。我相信，這對於兩家的家長而言，都感到十分遺憾；但對於兩個當事人來說，一邊是男無情，一邊是女無意，又如何結為歡喜冤家呢？

幸好，當年還是女方先提出退婚的要求，所以這也算是了了彼此一樁心事了。對我們來說，訂婚是一種承諾，所以雙方都很重視這個儀式，會找一位教長來為我們主持並做見證。而退婚儀式也同樣很正式，將訂婚時所佩帶的婚戒重新經過在場的教長公證，雙方將它互換了回來。從此，這門親事就再也不存在了。

二十四、正式入伍從軍

1980年9月起，伊朗及伊拉克為了雙邊的領土問題已經正式開戰了；1981年夏天當我回土耳其入伍後，雙邊更是打得如火如荼。在經過了兩個月的集訓後，幸好我被分發到土耳其的離家不到150里路的西部、靠愛琴海的土耳其第三大城依滋米爾市（Izmir），並順利當上預備軍官。我每週到了週末，都可以放假回家探望父母親，真可說是再幸運也不過了。當年的社會仍處於郵政電信很不發達的時代，平日從土耳其寄一封國際航空信件到亞洲國家，一來一往，就必須耗費三個月的光景。剛回土耳其的那段時間，我忙著當兵入伍的手續，來不及給我在台灣的妻子寫信報平安，想必她應該正在為

我擔憂著吧！這天，我從軍中放假返家，終於找到了一個空檔，便靜靜地坐在花園裡的一棵大樹下，給阿依夏寫了第一封報平安的信。我為了要將我在此的生活情景敘述給阿依夏聽，就足足寫了七大張，還把我在軍中唯一照的一張大頭照附在信封裡，一塊給寄了出去。

果然，在接下來的三個月後，見到了阿依夏的回函，也讓我盼了許久的心情得到了一絲安慰。這封來信是郵差先生親自交到母親手中的，因為我還沒放假，母親替我妥善地保管著，直到我放假回家，她才將信函親自交到我的手中。

其實，做母親的都能讀兒女的心思，我在閱讀阿依夏來信的同時所展露出的喜悅，又豈能瞞騙得了母親的雙眼呢？母親問道是誰的來信時，我剛開始還瞞著她說：「沒什麼，只是個在台灣唸書的同學寫來的。」母親卻又接著問：「是男？是女？」我還繼續瞞著她說：「是個男同學寫的。」現在想起，當時的民風多麼地封建保守啊！

其實，母親在接到阿依夏自台灣寫來的第二封信時，或許就已經猜到是個女孩寫來的了。她見我憂鬱寡歡的樣子，索性主動地跟我提起阿依夏。母親說，既然我已回到家中，台灣的一切就拋到腦後吧。如果我願意的話，巷尾有個好人家的女兒，長得不但標緻，而且家中的環境以及父母親的教育種種，她早都替我打聽好了。還跟我說，咱們兩家算得上「門當戶對」之類的話！母親接著又說：「或許找一天，等你再放假回來，大家可以見見面。若中意的話，咱們就去提親，你看怎麼樣？」聽完了母親這番話之後，我非常懊惱，當場對母親說，我當完兵之後，就會立刻到台灣去娶我自己選好的女孩子，希望母親從今後就請不要再為我擔這份心了。當時，母親有些不諒解。我索性直接將我與阿依夏已在台完婚之事稟告了她，並要母親從旁將這個事實轉告父親。母親這才終於完全明白了我心中的想法。父親在台灣見過

阿依夏，他雖然沒有表示「不贊成」我們的交往，但父親仍希望我可以先當完兵，順利找到一份工作之後，再考慮結婚的問題。

然而，就在我入伍不到一年之後，父親的健康狀況竟開始起了變化。這真是，人算不如天算啊！

二十五、母親開始懷疑父親的腦部是否出了問題

父親仍跟過去一樣，習慣一個人外出辦事，但最近卻經常會記不得回家的路。剛開始，還以為父親只是對地方不熟悉，難免迷了路，但是越到後面，這種怪現象發生的機率越頻繁，甚至父親到家附近的鎮上去辦事，也都會有這種現象發生。加上說話老是顛三倒四，前後不一，就連個性也容易暴躁了起來。這絕不是過去的父親會有的狀況；更何況父親是一個頭腦相當聰明，做任何事都很小心清楚的人。過去的父親，說話溫文儒雅，不像近日的他，動不動就莫名其妙地大發脾氣，口出惡言。因此，母親開始懷疑父親是否生病了，立即委託大嫂打電話給我，要我向軍中請個假，好好帶父親到醫院去做一次徹底的檢查。

那天，我把父親帶到依滋米爾的大醫院去，找了一位專業的腦科醫生檢查，果然他們在父親的腦部發現他有積水的現象。醫生還特別囑咐我，希望家屬能及早讓父親住院開刀治療，否則會越來越嚴重，後果將不堪設想。當下聽到這個訊息，我別無選擇，只能遵照醫師的建議，立即為父親開刀，好歹快快將他腦部的積水取出再說。腦部開刀是一項大手術，需要長時間的休息及復甦。萬萬沒想到，父親竟從那次開完刀之後，就再也沒有離開過醫院了。

我尚有七個多月的服役期，無法長期陪在父親身邊照顧他，加上母親年歲已大，我不忍讓她一人留守在醫院照顧父親，真是蠟燭兩頭燒，不知如何

是好？除了無奈，也很無助。

　　記得父親頭一次開過刀之後，稍微清醒了許多，大家都還認為，父親休息一陣子，等出院就會沒事了。因此，我請大嫂平日到院來陪著父親，我則到了下午軍中下班後，才匆匆趕往醫院與她替換。父親的狀況沒有因為開過刀而好轉起來，反倒是才過了一個月，父親又開始出現異常，甚至漸漸地連自己家人都不太認得了。當時就算在依滋米爾市當兵的我，距離醫院不算太遠，卻也無法時時守在父親身邊，實感到相當憂慮。

　　此時，心中突然想到了我遠在台灣的妻子阿依夏。當晚，我用無比沈重的心情，提起筆寫信告訴阿依夏父親生病的消息，以及家中目前的狀況。我告訴她說，因為目前家中沒有人幫母親打理家務，讓她無法分身來照顧父親，加上我又在軍中服役，還未退伍，只得平日靠大嫂在醫院代為看顧著。我也只能一到假日，在別無選擇的餘地之下，連家也不回，就直接奔往醫院來跟大嫂輪班。由於爸爸病情並未好轉，腦部積水的情況還是持續地會出現，每間隔不久就又得要開一次刀取出。醫生已經斷定，爸爸得的是「腦溢血」，除了開刀將腦部的積水取出之外，似乎當下沒別的辦法；否則，父親就會像個植物人一樣，永遠躺著等人去照顧。坦白說，此時真希望能有阿依夏在我身邊，要是她在，一定會為我分擔這些憂慮的，起碼留在家中陪伴著獨居的母親也好。那晚外面飄著雪，我在病房的一角，邊望著父親的病容，邊拿起紙筆，開始寫信給阿依夏。我在信中寫道：

　　阿依夏吾妻：

　　別來無恙？快過年了，很想念妳！不知你們都平安嗎？

　　我父親突然在三個月前生病了，醫生診斷是腦溢血症，目前已開腦部手術，並住在加護病房，恐短期之內難以康復。我在軍中服役一切都很平

順，勿念！唯，一到假日就要趕往醫院去照顧父親。因此，未能得空給你寫信，實感抱歉！

近日，土耳其到處已經開始下雪了。軍中發給了我們每人一套很厚重的外套，我希望它能夠陪我度過這個寒冷的冬天。我還剩下七個多月的服役期就可以退伍了，本來預計一當完兵，大約在明年年底，當父親即將到台灣參加國民大會之際，順便可以舉辦我倆的婚宴。可是照目前情況來看，這個計畫只有交給真主阿拉來安排了。萬一家父不幸病重而無法親自到台灣去的話，希望妳轉答我對妳爸媽的歉意。因為，這是我當初對他們的承諾。只怕會無法實現，還請倆位長輩多體諒！同時，我希望妳能過來這裡協助我，跟我一起渡過家中所面臨的困境。待一切都平順之後，我們可再次回台補請親友們酒席也不遲。此信函到達時，恐已又過了三個月的時間，只怕屆時，父親的狀況恐將轉變為何？實不得而知。只希望當妳接獲此信後，請先代我問候爸爸、媽媽及所有兄弟姊妹們平安。同時，也請將我目前的狀況與爸媽商量一下，希望他們能讓妳在七月分，剛好也是我退伍的時候，前來土耳其一趟！雖然，我很希望能親自到台灣去接妳過來，但我實在分不了身！除了請妳原諒之外，我也相信，妳是個堅強的女性，妳一定能辦得到的！希望事不宜遲！願阿拉保佑！

法提 親筆

1982年12月25日

　　三個月後，終於收到阿依夏的回信。但她可能不知道，父親經過了這三個月的期間，又動了幾次腦部手術，病情也日趨嚴重。那年，當我6月分一退伍之後，便立即給在台的新疆省政府辦事處的主任堯道宏先生拍了一封電報，除了告知他們父親目前的病況之外，也請他們代轉了另一封電報給在台

灣的阿依夏。我還記得，當時電報是唯一最迅速的傳輸媒介，但是費用十分昂貴。通常會收到電報的，必定是非常的緊急，否則人們一般是不會採用這個方式傳訊。因此，我在給阿依夏的電報內容中，只寫了幾個字：「父親病危，盼於近期趕來土耳其一趟，餘言後敘！」

二十六、花了一週的時間才飛到土耳其的阿依夏

當阿依夏接獲之後，心急如焚，卻又不知如何是好，也只能先將她自己手邊還正在經營的美容院給暫時停歇了。其實，我已委請新疆省政府辦事處的人員協助幫忙阿依夏購買機票，畢竟當時的她還很年輕，許多事情在那個時候也非常不方便；加上，這是她第一次前往一個極度陌生的國家，對她而言會是一大考驗。幸好，新疆省政府辦事處對於前往土耳其的一切出國手續都很熟悉，他們要她先去鄰近國家拿土耳其入境的簽證，再直接由當地出發到土耳其即可。台灣早期還有土耳其大使館時，就可以辦簽證，自從台灣退出聯合國後，與土耳其就正式斷交，從此中華民國的公民也只得前往鄰近國家的土耳其大使館辦理簽證。若是論地理的遠近來說，到香港辦理土耳其簽證會是比較順道，但據我所知，當年台灣人民是不易進入香港的，除非要有當地的保證人；而且光是辦香港的入境手續，也得等上好幾個月。因此，日本就成了唯一台灣到土耳其辦理簽證的最佳途徑。

阿依夏在當時電信不發達的情況下，雖然想告知她將準備出發到土耳其來的訊息，但她光是為了打通電話，從在台灣開始，就一直無法順利地與我聯繫上。當時我已將父親從原先的依滋米爾市的院所轉往了首都安卡拉的一所公立醫院，也是土耳其最著名的醫院「安卡拉大學附屬醫院」。我幾乎24小時陪同在父親的身邊，就算她打到家中給我，我也接不到了。聽阿依夏說過，她是如何為了打通電話給我，這一路上可吃盡不少苦頭。當她出發後，

先到日本取得了簽證，曾試著要與我打通電話，卻因為當時土耳其電訊還沒有直撥系統，所以必須透過第三國來轉接。因此，打通國際長途電話，除了得親自前往電信局去等候之外，為了用人工轉接的方式，都得在局裡等候一整天；萬一打不通，得再重新撥號，那又得再等上一整天。可想而知，那個年代與現在資訊進步非凡的情況，簡直是不可同日而語啊！

　　阿依夏在出發之前，曾遭到父母及家人的極力反對。他們認為，當時中東每天都在打仗，新聞也頻頻播出當地炮火連天的畫面。伊朗及伊拉克的情勢一直都處在緊張而危急的狀況下，許多在當地的外籍人士早已撤離的撤離、躲藏的躲藏了。令他們不解的是，他們的寶貝女兒阿依夏，居然還敢在這個時候吵著要往「烽火戰區」裡鑽？也難怪，做父母的會如此擔心是非常正常的。但是，當阿依夏不顧一切將我在這裡的情況告知他父母後，他們見阿依夏的心意堅定，非去不可，並極力反抗父命，他們最終也只能答應了。就在7月中旬，阿依夏由台灣開始出發了。先到達反方向的日本東京，向土耳其大使館申請到土耳其的簽證之後，接著搭乘日航班機，過境台灣，再抵達香港。經過在香港長達48小時的過境滯留之後，再繼續轉乘泰國航空班機飛往曼谷，接著又在曼谷為了轉乘約旦航空班機，滯留了三天三夜；最後，終於在第四天的中午搭上了約旦航空飛往伊斯坦堡的班機。又在巴林過境，再飛到約旦，然後必須再滯留一晚。據知，兩伊開戰時飛機無法經過其炮戰的領空，必須等到雙方停止交戰的剎那間，在數小時內由航空公司人員宣布登機，方可繼續飛行，否則唯一的選擇，也就是等待了。

　　也因為當年兩伊在打仗的關係，東南亞的航空班機幾乎都停止飛往中東等國，要不就得繞道，先飛往蘇聯方向，再飛往歐洲國家，根本沒有其他選擇的機會。幸好，在當年約旦航空在台灣有代理，也是從亞洲到中東及土耳其唯一首選乘坐的航空了。但因為它一週僅飛一班，加上國與國間的航空都

沒有聯結，只得轉了又轉，換了又換，等了又等，才能抵達目的地。這一路來，從日本開始飛行到抵達目的地，加起來整整耗費了阿依夏一週的時間，才好不容易抵達土耳其的伊斯坦堡。

或許好事總是多磨的！當阿依夏抵達伊斯坦堡，卻發覺了另一個她沒想到的問題，那就是這裡的人大多是聽不懂也不會說英語的，但她卻一句土語都不會，再度給了她另一個考驗。

她從伊斯坦堡國際機場轉乘國內班機，好不容易抵達了離我家最近的依滋米爾城市的機場，再由機場搭上了開往市區的巴士。上車時，她詢問了司機先生，在這個城市裡最著名的旅館是哪一家，司機推薦了阿依夏一家就在巴士的終點站前的百年老飯店，叫Efes Hotel。據說，這家旅館是當地最豪華也是眾所週知的五星旅館，但對阿依夏而言，目的只是為了想找個顯著的目標，以及希望能在旅館內請個會通英語的接線生，幫她撥打電話罷了。由於我離開台灣時留給她的電話號碼是以前的舊區域碼，她請接線生打了整整一天，還是沒打通。次日，她突然想到過去那些在台灣唸書的學生中，有一位才剛回到土耳其不久，而她有他在土耳其的電話。因此，她又請旅館的接線生替她再試試這個學生的電話號碼，居然打通了。他們彼此聯絡上之後，他替阿依夏打了電話到我家，可惜我當時在安卡拉的醫院裡，不在家中；他留了言請家人找到我之後，要我立刻回電到阿依夏住的旅館。我接獲消息，立刻從醫院的公用電話打給了阿依夏住的旅館，兩人這才終於在分別兩年後，再度聽到彼此那熟悉又懷念的聲音。

當晚，我將父親獨自留在院中，急忙請了一位專門的看護，要她陪伴在父親身邊。我開心地告訴那位護士說：「我的妻子從台灣來找我了，我得去接她，過兩天我就會回來，一切就拜託你了。」護士聽了，比我還開心地點點頭，叫我「快去！快去！」

　　就這樣，心中充滿著興奮又緊張的心情，匆匆搭上了長途的夜巴士，經過了12個小時的路程，直到第二天的上午11點左右才抵達依滋米爾市。一出巴士站，立刻揮手叫了一輛計程車，飛快地趕到了當時她下榻的艾菲索斯旅館[5]。在好不容易熬過兩年後的今天，終於又與阿依夏重逢了。

　　我們一同搭著巴士駛向回我家的路，沿途聽著阿依夏不停地述說著她這趟漫長旅途的經歷。見她說著說著，時有感嘆地邊擦著眼角的淚水，邊敘述著她是何等辛苦才抵達土耳其的。我聽了，又好笑又難過，也趁這個時候把家中所發生的一切，一五一十地說給了阿依夏聽。雖然看到她心中的喜悅真是難以言表，但我也得讓她知道，她這趟來土耳其，其實正好是家中面臨最不好的時機。阿依夏聽完我說的一番話之後，臉上也漸漸開始由喜轉憂；我想，她心中應該已經明白，自己此趟到土耳其所要擔負的任務了。阿依夏點了點頭，握住我的手說：「放心吧！我們一起努力克服，一切都難不倒我們的！」聽完她這句話之後，讓我心中再度充滿了信心，相信我倆同心協力，一切都會度過的。

　　眼看巴士就快到家了，我禁不住再次提醒阿依夏，當這班巴士抵達時，她可就要開始面對並要勤奮地學習，如何扮演一位哈薩克家族的好媳婦角色了。因為到時會有許多人等著看我們的笑話，我叫阿依夏一定要多忍耐，因為她將進入到一個連她都無法想像的家庭與生活。至於她該如何去面對與適應，這就是她最大的考驗了。但我相信這是緣分，以她一位剛滿24歲的年輕女孩，能夠在當時那種環境下，如此堅強又勇敢地獨自一人遠渡重洋，憑著我的一通電報，什麼話也不用說，自十萬八千里的台灣就這樣飛來。在我們那個年代，這可真算是奇人奇事，又怎能不令我感動呢？

5　Efes Hotel，今已改名為瑞士飯店Swiss Hotel。

二十七、阿依夏正式過門當哈薩克家族的媳婦

　　阿依夏來的當天上午，家中也從大陸新疆來了另一位客人，那就是母親失散多年的弟弟。接著阿依夏又在下午抵達了家裡，一時家中顯得格外地熱鬧，來家中道賀的親友們頓時把家中裡裡外外都給塞爆了；把阿依夏嚇得躲進了房裡，再也不敢出來。直到晚餐前昏禮的叫拜聲從清真寺傳出後，這些來看熱鬧的鄰居們才肯各自離去。晚餐時，母親透過我用中文翻譯，對阿依夏說了許多話，並叫阿依夏要多擔代些，叫她明天睡飽之後，就收拾些簡單的行李，跟我一塊到安卡拉去照顧臥病在床的父親。於是，隔天晚上，阿依夏還沒休息夠，就跟著我搭上夜巴士，再匆匆返回到首都安卡拉去了。

　　阿依夏到了醫院，第一眼見到父親，嚇了一跳，因為父親已變得跟她過去在台灣所見到的模樣簡直判若兩人。父親不但身形瘦弱許多，頭部也因為開刀而布滿了一條條數不清縫合過的傷疤。重要的是，他竟然變得跟植物人一樣，躺在床上，兩眼望著天花板，連說句話都很困難。阿依夏見狀，心中非常難過，立刻上前握著父親的手，輕聲地叫著：「阿塔！阿塔！我是阿依夏，我來看您了！」正當她這樣重複地叫著父親時，父親突然把頭轉向阿依夏，居然奇蹟似的使出勁來，用著顫抖的聲音叫出了「阿依～～～夏」的名字，讓我和阿依夏都開心得不得了。畢竟，在阿依夏還沒出現之前，他早變得誰是誰都搞不清了，加上他連開口說話的力氣也都幾乎喪失了，居然看到阿依夏還認得出她。不但如此，父親的面部還露出了淺淺的微笑，連續地叫了幾聲阿依夏的名字。你說，怎不教人高興呢？

　　阿依夏見到父親病得如此嚴重，也總算明白了我當時為何急著要她儘早趕到土耳其了。從那刻起，我倆一塊在醫院裡24個小時輪流看顧著父親。有著阿依夏在旁邊陪伴著我一起照顧父親，他的氣色漸漸好轉許多。竟然，

有一天突然甦醒過來，跟我們說了很多話，他也認出阿依夏來，知道她是遠從台灣來的那個漢族女孩。

阿依夏每天幫父親做全身的按摩，讓父親不致因為長期臥床而手腳萎縮，也經常將父親扶下床坐上輪椅，推著到醫院的室外曬曬太陽；甚至擔心父親會長褥瘡，還懂得每天為父親用熱毛巾拭擦身體，幫著把屎把尿。父親從原先認不得人，甚至說不出話，漸漸能開口說幾句話了。有時，我們說些開心的事給他聽，他竟也跟著笑了起來。只要阿依夏餵他吃飯，他會一口接著一口把飯全都吃光，在旁觀望的我，心中那分喜悅真是難以形容。我真的很感謝阿依夏能來此地陪我一起照顧父親。她雖然生長在一個富裕的家庭中，但從她進到我家的那刻開始，我卻完全沒有再看到一絲她在自己家中，被父母捧在手心的那種驕寵的性格出現過。我也從來不知道，她對照顧病人竟然這麼有耐性，不但將父親照顧得無微不至，甚至也還會多分心來照顧我。

母親聽到父親病情稍有了起色，心中好高興，便派了我的二哥連夜從沙里里的家中，來到醫院跟我們替換幾天，好讓我跟阿依夏可以回家休息休息。原來，母親早有計畫，讓我和阿依夏趁著父親還健在，能在鄉友們的祝福下，為我倆辦個簡單的宗教儀式的婚禮，好讓這附近仍很純樸保守的親友鄰居們不致於說閒話。畢竟，在我住的鄉間，還是處在男女授受不親的思想中；我與阿依夏尚未正式宣布結婚，也難免會惹來一些閒言閒語。

因此，我們一到家的第二天早上，母親早已經吩咐大嫂去把所有附近的鄉親們都邀請到家來，還請來了這裡較德高望重的長輩與教長來頌經。我跟阿依夏都還在睡夢中，就被大嫂給叫醒了，客廳裡塞滿了人，正在等著見證我和阿依夏的結婚儀式。

母親在我們從安卡拉回來時，並沒有事先告訴我要在家中舉辦這個儀

式，所以我和阿依夏從安卡拉回來已是凌晨三點多了。誰知才沒睡幾個鐘頭，一大清早就被大嫂給叫起床，還聽到大嫂在房門外敲門，要我們穿上正式的服裝出來，說是客人都來了，要來見證我倆的結婚儀式。我這一聽，才從床上驚訝地跳了起來，「什麼？大家在等著見證我們的伊馬母泥卡（Imam Nika）？」[6]

　　大嫂從她的衣櫃裡翻著翻著，找出了一件米白色絲質的長袖洋裝遞給了阿依夏，很急地說：「穿！穿！快穿上！」。阿依夏還沒來得及搞懂要她穿上這件正式的洋裝用意為何，因為當時的阿依夏還沒學會土耳其語，大嫂也沒太多時間說明一切，只得比手畫腳，叫她照著穿上；阿依夏在摸不著邊的情況下，也只有恭敬不如從命了。接著，大嫂又將一條金蔥的大方巾往阿依夏的頭上戴去，讓阿依夏整個人從頭到肩膀都給遮了起來。我擔心阿依夏不了解我們的風俗習慣，趁著大嫂邊替阿依夏裝扮，我也連忙在旁邊急著跟阿依夏解說。我告訴阿依夏，今天母親安排了替我倆舉辦傳統的伊斯蘭教的婚禮。待會我們一出房門，會有兩個人將她帶往大門外，然後再從大門外進到屋裡來。這就好比中國人說的「媳婦過門儀式」。然後，要參見公婆，接著進入大廳後，要跪在教長的面前，讓教長來主持我們倆的婚禮。阿依夏才終於明白，今天竟然是我倆的伊斯蘭宗教的結婚儀式。不管怎麼說，一切都來得突然，我們卻也在毫不知情且憂喜參半的情況下，讓這裡的鄉親教友們見證了我倆異國戀情的婚姻。當天，母親也為我們在家中舉辦了一個非常簡單而隆重的哈薩克喜宴，並宴請了所有附近的親朋好友，到家中祈禱，宰了三隻羊請大家吃。

　　母親對阿依夏說：「從今天起，妳就是家中的一分子了，雖然因為父親

6　Imam Nika指的是，經過教長與六人以上的見證下，在真主的面前，以古蘭經發誓而相互同意，結合為夫妻的傳統伊斯蘭宗教儀式。

還正臥病在床，所以我們才會這麼倉促又簡單地辦理你們的終身大事，在父親有生之年先行完禮，也讓父親能夠因此沾到妳跟法提的喜氣。未來的日子還很長遠，而這只是個開始，我相信凡事都一樣，先有苦，後有樂！」母親要阿依夏能多諒解家中目前的處境，阿依夏沒有任何的怨言，只是點頭微笑，並與母親相互擁抱，意味著婆媳連心。

二十八、父親因罹患腦溢血而不幸病逝家中

父親在阿依夏過門不到兩個月後，病情再度惡化，醫生也無能為力，宣布不再建議給父親動最後的手術了，並決定讓父親舒舒服服地離開人世。

還記得那是在1983年的10月初，再過三天後，也就要過那年的「古爾邦節」[7]了。醫生拔除了父親所有插在身上的針頭及管線，告訴我們說，他可能活不過一個禮拜了，不如趁今天就將他帶回家中，還可以好好與家人共度他最後的一次古爾邦節，總比他在醫院孤獨地離開會更好些。於是，10月4號晚上，父親被一位鄉親梅利克大哥（Melik abi）的大兒子穆札費爾（Muzafer）特地開著廂型轎車，從沙里里的家中來到安卡拉迎接父親回家。他讓父親平臥在車內，小心翼翼地，連夜由首都安卡拉的醫院又開著12個小時的車程，終於把父親在他入院幾個月後的今晚，平安地送抵了沙里里的家中。當父親到了家之後，臉色有些蒼白，加上路途遙遠，道路不免多所顛簸，讓父親顯得更為憔悴，幾乎在家昏睡了一整天。大嫂的父親是一位留著白色大腮鬍的教長，他也特別到家中來探望父親，並靜坐在父親的身邊，不斷地為父親祝唸古蘭經，也不停地為他禱告著。附近的所有鄉親們，聽到了父親回家的消息，也都紛紛地來到家中慰問，並為父親做禱告。

7　每年依照伊斯蘭教的年曆推算，古爾邦節又稱宰牲節，是最盛大的一個節慶，如中國的農曆年一般。

　　說也奇怪，就在父親經過了兩天兩夜的高燒不退後，體溫卻突然間回復了正常。而且，這天剛好也是伊斯蘭教的古爾邦節的頭一天。父親一大清早便從昏迷中，漸漸地甦醒了過來。讓隨伺在側的母親見狀，心中一陣喜悅，並立刻把我和阿依夏從房裡叫了出來。父親居然自己從床上坐了起來，好像已經知道自己回到了家中似的。他抬頭看了看天花板，又轉頭看看身旁的母親，再看看我和阿依夏，他竟然一個一個人的名字全都叫得出來。母親開心地在父親的耳邊輕輕地告訴父親說：「阿依夏是咱們家的媳婦了。」父親竟然也點了點頭，表示他都明白。接著，父親很吃力地對母親說：「阿……依夏，阿……依夏，房子……房子！」母親想了一想，大致瞭解父親想說什麼，便回答父親道：「你放心吧！我的恰勒[8]，我會給他們蓋一棟屬於他們自己的房子的。」說完，父親在古爾邦節當天下午見了許多來訪的親友之後，到了傍晚他又昏睡過去了。從此，不管我們如何再叫他，卻都再也甦醒不過來了。

　　當天晚上，母親看著父親睡得如此安詳，呼吸卻很薄弱，她心裡已經有了底，便請來大嫂的父親再次來為父親頌讀古蘭經。同時，要這些圍坐在家中的親友們，大家開始，每人用小茶匙輪流將碗裡的「沾沾水」[9]一口接一口地送入父親的口中，算是送父親的最後一程與祝禱。我和阿依夏也跟著大家，一個接著一個排著隊向前給父親喝水。卻也不知怎麼地，心中那股難過與不捨是我過去從未有過的感覺。母親給父親餵完最後一口聖水之後，這些與母親多年來一直相依為命的鄰居好友們，為了不讓母親留在父親的身旁而感到憂愁，便好意地將她帶往了家中的另一個客廳裡，試著邊陪伴她邊安慰著她。此時，前來給父親祝福的人潮，卻也越到深夜越踴躍。直到了將近凌

8　哈薩克族對年長的男性的稱呼，也是太太對老伴的稱號。
9　指阿拉伯參加取回的聖水。

晨三點整，為父親祝禱唸經的教長伯父，一整夜不眠不休唸著古蘭經的頌經聲音突然中斷，母親便已知道這意味著父親已經離開了。接著，母親以哈薩克傳統的哭悼方式，從心中發出她人生最悲傷的情感，哭唱著喪夫的種種不捨之情；讓所有在場的親友們聽了，也都跟著悲傷地哭唱了起來。而我，卻因為忙著處理父親的後事，當下竟難過得哭不出來。

　　父親走得非常安詳，如同在睡夢中離去，大家都說這是他的福氣。當年父親的歲數僅63，如此早逝，真是令人遺憾與不捨。次日，我們從一早就開始為父親的遺體做最後的大淨之後，將父親以兩塊白色的棉紗裹身，放入了木箱，並蓋上繡滿著古蘭經文的絨布幛。到了正午的禮拜時，由所有在場的男士親友們，將父親的遺體從家中扛到了附近約五百公尺遠的清真寺內，讓眾人隨著教長的悼念詞，一同為父親的歸真而祈禱祝唸，之後隨即在清真寺旁的墓園裡下葬了。

　　當天，家中塞滿了來哀悼與祝唸的親友，有的甚至是遠從國外搭機前來，為的就是要送父親最後一程。父親的一生經歷了無數的傳奇，他帶領著數萬個鄉親共同歷經了逃難的生涯，在經過多年後，能在另一個國度重新帶領著自己的族人，打造出屬於他們自己的新家園。這些經歷是多麼地不容易啊！然而，他並無因此懈怠，相反地，父親總是含辛茹苦地為族人在朝野間奔波著，不斷盡心盡力地為鄉親們謀取福利。因此，他在世時，深受這些旅居在土耳其海外的哈薩克同胞們的敬重。也因此，當父親辭世之後的三年期間，幾乎天天都有來自四面八方的親友們到家中給父親唸古蘭經。由於依照哈薩克的習俗，凡是遠道而來的客人，必定為他宰羊致意，這算是最高的禮節了。我們也為父親的喪事，依照傳統哈薩克的習俗，跟著母親為父親守孝守了整整三年，而這三年服喪期，我們為前來悼念父親的遠道親友所宰的羊，就有370幾隻了。當時，甚至在台灣的新疆省政府辦事處堯樂博士主

席的夫人劉淑靜女士及其二公子堯道明先生，也都由台灣特地前來為父親悼念。可想而知，家中幾乎是沒有一天清閒過，母親和大嫂每天幾乎都為了招呼來往家中弔祭的客人而忙碌著。依照哈薩克族的習俗，只要每來一位，就得陪著一塊哭唱一次，直到當下的客人再三上前來慰問勸阻為止。而這一哭哭唱唱的日子，竟讓來到土耳其連一句話都還沒學會的阿依夏，也跟著母親陪哭了整整三年。

在父親過世後，家中一直籠罩著一片哀傷的氣氛。自從母親唯一的一位已失散多年的弟弟，因為大陸剛實施對外開放政策的關係，被父親聯絡上了，當年就立刻以探親名義申請他到土耳其來作客。他是從小被母親的父母所領養的義弟·這位舅舅名叫馬旦，雖然跟母親沒有血親關係，但感情卻很深厚。巧的是，他到土耳其的那天，剛好也是阿依夏抵達家中的同一天。所以，當天我們家中從早上馬旦舅舅抵達，又接著下午阿依夏的相繼到來，使得家裡頓時在一天當中，同時來了兩位遠從東方的稀客。鄉親及鄰居們得知此一佳音，也都紛紛地手持著一袋袋裝滿了糖果和許多銅板的塑膠袋，準備來給我一家人道賀及灑喜[10]。因此，當天家中也從早到晚、接二連三地不斷有人上門灑喜。那是我見到母親這些年來最開心的一天，之後就一直沒見母親的笑容。阿依夏也在來土耳其幾個月後懷了我們的頭一胎寶寶。在她懷孕的這段日子裡，可說是她吃盡最多苦頭的日子；不但要面對剛剛喪夫的母親，同時又要服伺這位由新疆來的舅舅，同時還要學習我們的語言。每天從早到晚客人來來去去，她還得忙著煮茶燒飯兼洗衣。我在一旁看了心裡很不好受，畢竟她過去在自己家中可是連個碗都沒洗過的千金小姐，但卻一點也

---

10 灑喜，是新疆哈薩克族的一種傳統習俗。凡是誰家有各種喜事，包括結婚生子或有遠道的客人來訪，甚至各類值得慶賀的好事，他們都會帶著喜糖和錢幣到當事人家中去道賀，並把帶去的喜糖往當事人身上灑去，以表對他的慶賀。而，周遭在場的人，也都跟著上前去撿這些灑落一地的糖果來吃。這也象徵著一種沾喜。

幫不上她的忙。舅舅到土耳其10個月後，即將要返回他的老家新疆，他便給阿依夏肚子裡的孩子取了名。舅舅告訴我說，如果生兒子，就叫他達兀雷德（Devlet），倘若生個女兒，就叫她娥芮絲（Iris）。

二十九、我當爸爸了

在次年的5月21日晚上，當時還處在伊斯蘭的齋戒月，母親在一個星期前，被我們送往家中附近的天然溫泉渡假區去靜養，當晚家中還來了幾位客人。阿依夏把晚上的開齋飯都已準備就緒，正等著大家上桌時，她開始感到陣陣的腹痛。我趕緊打電話請鄰居開著車來，帶我們到家附近的那所公立醫院。因為當時的醫院設備不足，除了生產的孕婦可以待在待產室之外，其餘家屬一概不准進入；我將阿依夏送進了待產房後，就被拒於門外。當時，我擔心的並非只是她是否能順利生產，而是怕她與醫生及護士們無法溝通。就這樣，整個晚上我們在待產室的外頭走來走去，每出來一位護士，我就抓著問：「阿依夏生了沒？」但他們都搖著頭，回答說：「再等等吧！」甚至有一位助產護士走出來跟我說：「今晚就有35個產婦在裡面等著臨盆，該生的自然會生，別那麼心急。」那是我感覺到過得最漫長的一個晚上。在經過一整個晚上的等待與焦急，從晚上8點被送進醫院待產的阿依夏，聽說被打了五針的催生針，居然都還沒生。我擔心地一直在為她祈禱，希望真主保佑她一切都能平安順利。

當晚，大嫂和幾位跟阿依夏常聚在一塊的媳婦淘們，也都陸續地趕到醫院來陪伴我，可惜大家等了一整晚，都沒有傳來阿依夏的好消息。母親當晚人在附近的溫泉區，還未得知此事，我不想驚動她，只想給她個驚喜。當晚過了半夜兩點，阿依夏還是沒生，真像是在跟大家開玩笑似的，大家等到開始沒有耐性了，都紛紛從醫院離開了，因為當時齋月已經開始了，大家得回

去做飯給把齋的家人吃。最後，剩我跟大嫂倆倦倒在待產室外的長椅上。天色漸漸亮了，只見一個個產婦們，抱著她們剛生下的寶寶走出產房，並由家人帶著出院，唯獨阿依夏仍在裡面待產。最後，約清晨5點45分，附近的清真寺開始傳來了晨禮的喚拜聲：「阿拉～呼阿可唄！阿拉～呼阿可唄！～……!」[11]在此同時，一位護士也從產房走出來，大聲地問道：「誰是阿依夏女士的家屬？」我從半睡半醒中立刻站了起來：「我！是我！我是他的丈夫！」護士很開心地來到我們面前，跟我說：「恭喜你，太太平安地生下了一個很健康的男孩！」我聽了之後，心中一陣喜悅，眼眶也開始泛紅，連忙要大嫂派人去把母親接到醫院來，因為我希望她是第一個抱孫子的人。在父親過世之後，母親便終日以淚洗面，她已經好久沒高興過了，我只希望這個孩子的出世，能給母親帶來更多的歡樂。

　　阿依夏生完孩子，不到一個小時，院方就要求要她出院了。雖然這對阿依夏來說，是有點不通情達理，尤其院方也剛好卡在早晚班的醫護人員交接時段。當時公立醫院的病房短缺，沒有多餘的病房可以提供給產婦休養，大多都是一生完後，立即出院回家休息，之後再由院方派人到家中給產婦換藥；除非是剖腹生產的婦人，才有資格住院。幸好，阿依夏很堅強，剛生完孩子，雙腿的麻痺未退，就被大嫂和鄰居的一位婦人給攙扶出院了。也幸好家中還有個大嫂在，可以幫忙教我們如何照顧寶寶。母親在當天一早趕到了醫院，並第一個從護士的手中將剛出世的寶寶接了過來，並凝視了好久。見母親高興得連一句話都說不出來，只是不停地點頭說：「真像他的阿塔[12]啊！」

　　Devlet（達兀雷德）這個名字，是舅舅在回新疆前為孩子取的名字，我

11　意指：至大的真主。

12　爺爺。

們也爲了紀念舅舅的第一次到訪，就將這孩子的土耳其名字取做Devlet[13]。

　　孩子生下一個半月後，阿依夏的身體也復原地差不多了。於是，她要求要返回台灣一趟，因爲去年此時在她到土耳其的時候，買的是張一年效期的來回機票，眼見這機票就要過期了，再不搭乘就得作廢。加上她來的這一年中，家裡發生了太多太多的事，讓她承受了不少苦頭，想想也該是讓她回家見見父母的時候了。當然，母親對於阿依夏在這個節骨眼要離開，其實並不是很贊同。她認爲孩子還在哺乳期，就跟母親分開，不知會不會對孩子造成不良的影響？後來想想，阿依夏離家整整一年，相信她的父母必定也非常地掛念她。尤其，在那個資訊不發達的年代，阿依夏在來土耳其的這一年中，幾乎沒給家人寫過兩封信；這對阿依夏來說，真的很爲難。因此，母親接受了阿依夏的請求，同意幫她照顧孫子，讓她安心地回娘家。

　　誰知，阿依夏這一去過了四個月都沒有回來，讓母親十分焦急。母親經常會跟我說，阿依夏可能不適應我們的生活，所以回到台灣後，就不想再回來了；如果她再不回來，我可是要爲你再找個老婆來照顧你的兒子了。當時說得我心中很不是滋味，還經常爲此跟母親鬧脾氣；最後我也沈不住氣兒，看著小兒一天天長大，母親從早到晚爲了照顧他，也快累出病了。於是，我訂了最近期的班機，決定飛到台灣去，把阿依夏親自給帶回來。兩伊戰爭仍持續地延燒當中，經過了兩天的飛行旅途，終於抵達了台灣。阿依夏在父母的身邊，自是過得自由自在的生活，但她更是思念遠在土耳其與她才相處一個半月的小兒子達兀雷德。這次，因爲我的到來，岳父岳母在開心之餘，又將我多留滯了兩個月，倆人才雙雙趕回了土耳其。在臨行前，岳父替他未逢面的外孫子達兀雷德取了一個中文名字，叫「德富」。算是給大兒子的一樣紀念品。

13　意指：國家或富裕。

三十、母親離家三十五年後的第一次返鄉

　　過完了冬天，母親也在次年（1985年）5月中旬，申請到中國的簽證，獨自回到新疆老家探親，一去也就是半年的光景。這是母親自1950年離開家鄉35年以來，第一次返鄉。只可惜，再回到家鄉時，除了父親已不在人世，無法與她共享親友久別重逢的歡樂之外，她和父親離鄉背景的期間，老家的親人也經歷了文革的鞭策。而今，好不容易在開放之後，父親曾寫了許多的信回去給親友們；正當大家在期盼著父親與母親能一同返鄉之際，父親卻又不幸患了腦溢血不治而離開了人世。母親這趟的返鄉之旅，可說是肩負了父親生前的遺志一起出發。母親這趟返鄉，行頭還真不少，為了回老家見親人，禮物可是一樣也不少。她這一去就是半年，這六個月來就像在考驗我與阿依夏的看家本領。雖然這是阿依夏過門到家中以來第一次持家，母親臨走時什麼話都沒說，只告訴我們：「這個家交給你們了！阿拉保佑！」還好，一切都很平安地過去了。當母親由新疆回來之後，心情自然開朗多了，不像一年多前父親剛過世，母親幾乎沒有一天開心過。這次，她從老家回來，看到阿依夏把家裡布置得乾乾淨淨，所有家中的舊座墊和桌巾全都換新了，小孫子德富也開始會走路了。母親很訝異地告訴我說：「看來阿依夏不但聰明，而且也很能幹。她已經可以開始用我們的語言跟我溝通了。同時，我們的風俗習慣她也都學會了不少。」母親還希望我也能帶著阿依夏回老家去，認識認識所有親戚朋友們。

三十一、為二哥辦婚事

　　在第二年（1986年）春天一到，我跟母親先為二哥哈潤（Harun）續絃。透過媒人的介紹，給他找了一位與他年紀相當並在土耳其生長的哈族姑娘，

叫艾再婕（Azize）。婚前兩人並不認識，但二哥過去曾結過婚又離了婚，自此一直單身。因爲單身，終日無所事事，就喜歡跟朋友喝酒鬧事，讓母親很憂心。

　　說到二哥，其實是父親過去在新疆時娶的大娘所生下的三個孩子之一。大娘生的三個孩子中，老大是個女兒，老二跟老三是個兒子。父親很早就娶老婆了，當時大娘年紀比父親大，生了三個孩子都還很小，她就生病過世了。父親當時也很年輕，同時被蔣公蔣中正先生提名爲國代，他爲了要兼顧家庭和許多鄉親的事務，一個人眞是難爲。他聽到親友們介紹，某某的長輩有個長得非常漂亮又有才華的女兒，他就單槍匹馬，帶著他給母親家中的許多聘禮，其中還包括七匹馬和三隻駱駝及數十隻的羊，才把母親給娶了回來。但母親當時也非常年輕，從未離開過家，是在她半推半就的情況下，被父親給娶進門，卻又在過門不到半個月，就跟著父親開始展開逃亡的生活，其間她還要扶養大娘所生的三個幼小的孩子。雖然我是母親唯一生下的兒子，但她卻不分彼此地，將我們這些孩子們含辛茹苦地一個個扶養長大。

　　大姊阿克莉瑪（Aklima）長大後，嫁給了當時與父親一同作戰的另一位領袖卡里貝克（Qalibek）的大兒子，大家都住在附近不遠處，可以經常往來。大哥艾再孜（Aziz）在我到台灣唸書的第一年時也結婚了，娶的是我們家巷尾一位也是跟著父親一塊從新疆到土耳其來的教長的女兒，叫潔內特（Cennet）；家中也幸虧有了她，替母親分擔了不少家務事。隔年，二哥跟著娶老婆，但因爲他年輕不懂事，喜歡喝酒鬧事，給家人帶來許多困擾，才過門不到半年的二嫂，對於二哥的行爲無法忍受，因此兩家只好協議離婚。這段日子我都在台灣，所以沒有參與。等我唸完書回到家，二哥的壞習性依舊，讓母親非常失望。阿依夏來了之後，二哥在阿依夏的照顧之下，加上可以無止盡伸手要錢的父親又過世了，他也只能硬著頭皮開始找些工作給自己

賺點生活費。在我們住的鄉下，如果不是自己創業，要找份像樣的工作的確不是很容易。因此，他跟著母親及大哥，在家裡學做皮件。好不容易地，母親見他慢慢懂事，惡習也改了不少，想了想，對他最好的辦法還是再給他找個老婆成家。也因此，我和阿依夏在計畫要前往新疆探親的前一個月，立即為二哥籌辦了他的婚禮，好讓二哥能安定地過自己的生活。

　　只可惜好景不長。就在8月底我倆才抵達新疆三個多月之後，剛從北疆的一路上探訪完許多過去常聽父母親提到的那些親友的同時，我們終於又回到了烏魯木齊下榻的旅館。因此，趕緊找了個機會給家中打電話報平安。豈料原本興致勃勃地想與家人分享我們在此地的情況，卻聽到大嫂在電話的那頭傳來讓我倆感到驚訝又氣憤的消息。大嫂說，二哥喝酒的老毛病犯了，仍像過去一樣，一天到晚嗜酒如命。二嫂一氣之下，不顧一切地跑回了自己的娘家，也不再打算回來了！聽完這段話，讓我們在旅途中，不但玩得心不安，反而有一種歸心似箭的感覺。

三十二、和阿依夏第一次去新疆尋根

　　就這樣，本想在新疆多待些時候再走的我們，想到這裡的親戚們跟我們好不容易見到了面，大家又如此熱情地接待我們，使得我們真有些依依不捨。尤其，所到之處大家也都一定用最高規格的迎賓禮俗來接待我倆，並為我倆宰羊祝禱與慶祝。光是在新疆的這幾個月來，他們因為我們的到來而宰殺的羊就有378隻了。但是，新疆太大太大了！雖然我們足足花了近四個月的時間，密集地走訪了所有能去到的親友家，但是當我們把地圖一攤開來看，卻只不過才走了北疆的四分之一罷了！

　　我們就像來尋根似的，親自走訪了不知多少人家，擁抱了多少的親友，踏上這塊過去一直是我夢想的故鄉，讓我留下許許多多歡笑的印記。在這

裡，白天跟著大家騎馬奔馳在天山腳下的大草原，帶著成群的羊兒馬兒，
也跟著大夥們到山坡上打獵，玩刁羊、姑娘追等等。到了黃昏，回到氈房，
等著大夥一塊圍坐並帶著感恩與愉悅的心，共享我們祈禱過的現宰羊肉及
那用柴火慢慢燜煮出的手抓飯。夜晚，與兄弟姊妹們圍坐在星空下，拿著哈
族傳統的冬不拉，邊彈唱著，邊跳起我們的民族傳統舞蹈－卡拉鳩嘎。氈房
在大草原上，像一朵朵的蘑菇。太陽一下山，氣溫開始慢慢下降，可從白天
的三、四十度高溫，掉到夜晚的零下好幾度。天山腳下一天四季的變化，昨
晚才被成群馬兒剛吃禿了的草原，次日，隨著日出溫暖的太陽與露水的滋
潤後，又變爲綠油油的一片嫩草，難怪新疆的馬兒肥又壯。這一切一切的景
象，讓我們真的捨不得離去。無奈，天下沒有不散的筵席，要不是家中還有
許多事情等著我們回去處理，我真想一輩子住在這裡。就在我們挨家挨戶地
向眾親友們一一告辭的同時，彼此也許下了「期待早日再相見」的心願。

在我們出門時，大兒子德富才剛滿兩歲。等我們從新疆回到家時，他已
兩歲半了。我要說的是，孩子幾乎快記不得自己爸媽長什麼樣了。

這回我們到新疆，其實是母親刻意安排的。她除了希望我能親自看到自
己的故鄉以及親人之外，她也希望阿依夏同樣能學習到哈薩克人真正的傳統
習俗。果然，這趟被我們日後稱做是婚後的第一次「蜜月之旅」的新疆行，
無意間使得阿依夏與母親之間聊天的話題又更多元了，也讓原本有著隔閡的
婆媳關係也因此變得感情融洽了許多。看來，這趟旅行值得了！

三十三、尋找新工作

父親離開人世已整整滿三年了，家中往來悼念的親友比起前兩年來說減
少了許多，陪著母親爲父親整整三年服喪的日子，這才正式宣告圓滿結束。
由於回來土耳其的這些年我都在家中處理父親的遺業，從未有機會到外頭去

找份工作做。我擔心家中會因此坐吃山空,而沒有人來賺錢養家。就在此時,我收到了一封從旅居德國的親友來信表示,當地的「自由歐洲之聲和自由之聲哈薩克部」電台(Radio Free Europe and Radio Liberty Kazakh Section)正在徵考會說哈薩克語的播音員,要我過去試試看。我跟母親和阿依夏商量之後,他們也表示很贊成。於是,我獨自飛到了德國慕尼黑(Munich)的電台去接受面試。一週之後,我完成了徵試,又立刻回到了土耳其的家中。

竟然在此時又收到了一封從台灣「新疆省政府辦事處」的來信,其內容表示,因為目前新疆省政府隨著省主席堯樂博士的辭世,一切事務皆暫時交由其長子堯道宏主任秘書來代理。同時,他們希望能聘請我回台灣,接任海外新疆同胞的聯繫工作,也向中央廣播電台正計劃用維吾爾語開播的一個新的外語新聞節目,推薦了我去擔任主播。我看完信後,覺得每件事總是來得那麼地突然,害我一時無法抉擇。因為德國的電台給了我很優渥的待遇,福利又好,環境也極佳,一旦被錄取,他們還會讓我的家屬一同搬到德國去住。趁著在等候德國方面給我的回覆之際,我再次與母親及阿依夏商討了許久。阿依夏一聽到台灣要我回去工作,高興地舉起雙手贊成,因為這樣她便可以與她的家人更為親近了。但我完全是看母親的決定為主。從母親的角度,德國離土耳其較近,就算到德國工作,有事還可以經常往返,而台灣離土耳其太過遙遠,這樣就無法經常回來探望她。主要是,她捨不得我們離開她。

過了一個多禮拜,德國的電台也來信了。上面寫著「恭喜你通過了面試!歡迎你加入本電台的行列!」這下可好,我真不知該做何選擇是好?台灣方面希望我能在當年的暑假以前去報到,而德國電台卻要我在近期內就過去。我跟阿依夏考慮再三,加上孩子也已經超過上幼稚園的年齡了,阿依夏認為到台灣我們有許多機會可以發展,但在德國,雖然待遇不錯,可是畢竟

我們必須花很多時間去適應它。孩子需要上學，她必須幫孩子溫習功課，到了德國，大家得重新學另一種語言，這樣她如何去教導孩子的課業？說到這裡，我們倆人最終選擇了放棄德國，起碼阿依夏到台灣既可以跟家人團聚，還可以找份工作做，對大家都好。

於是，我們在回土耳其居住了近八年後，再度舉家到台灣定居。我們唯一不捨的是將母親一人留守在土耳其的家中。母親在我們離開土耳其時，曾一度感到難過，經我們對她說明後，他也就釋懷了。只是，母親才跟孫子建立了彼此的感情，卻又要與他分別，讓她難過了好久好久。

1987年的10月初，阿依夏帶著德富先跟隨著土耳其海外歸國僑胞，一起回台灣參加了當年的雙十國慶。結束後，她便繼續留在台灣，並把德富送進了我們在永和住處附近的幼稚園。我也在11月的中旬，將土耳其家中的一些瑣碎的事務處理完之後，便隨後抵達台灣。隔週的週一，我就到新疆省政府辦事處報到，並正式受聘為辦事處的海外聯絡及辦事員一職。

三十四、八年後重回台灣生活工作

不瞞您說，當年在我們離開台灣的那個時候，台灣仍是個純樸又充滿著人情味的社會，美金也一直保持在1美元兌換40塊台幣，然而我們再回來後，居然美金跌到了26塊台幣。區區幾年的時間，台灣也從一個剛起步的工商社會，轉型步入到中小企業的時代，人們說話的語氣也在改變，最常聽到的就是「台灣錢淹腳目」這句話，讓我們覺得頗不能適應。尤其，許多過去在台大附近常去光顧的老店，也都改建得幾乎差點認不得，只剩下幾家餐廳還是過去的老闆在經營。西門町一直是我們過去最喜歡逛街的地方，也漸漸地沒落，而轉向東區發展。物價跟著水漲船高，讓我對這裡的一切開始感到陌生。過去，好歹到老店家吃飯，老闆娘還都讓你賒賒賬，大家見了面，

起碼點個頭笑笑，而今台灣的人，似乎一見面就開始將話題擺在股票或證券上。當年，因為蔣經國先生在位時積極推動十大建設，也宣布解除戒嚴令，讓台灣走向經濟開放並提升貿易出口量，使國家能邁向一個世界工業的主要生產國之一。更因為提倡民主，中華民國第一次出現了除中國國民黨以外的第一個在野黨，那就是「民主進步黨」，讓整個台灣開始走向多元的社會。

　　德富剛到台灣時脖子上還掛著一串奶嘴，之後被他的外公嚴格制止，才忍痛將這個習慣給改了。相信當時的德富一定很氣，也很不能適應這種都市的生活。出生在土耳其的他，習慣了每天在家被奶奶捧在手心裡，要什麼就給什麼。何況，平日在家中還可以在大院子裡跑跑跳跳，誰都不會阻止他。誰知到了台灣，所遇見的人不但沒一個認得的，就連語言也無法溝通，他才發覺到，他到了另一個跟他生長的環境完全不同且陌生的地方。所以，剛來的那個月，因為我不在身邊，他又看不到他的奶奶，加上這裡的人不像他在奶奶家那樣可以讓他為所欲為，他簡直無法想像，也不能接受。但一個月過後，他開始認清他將要在這裡居住很長的時間，所以只好學著聽話，不多久，也就不再那麼淘氣了。由於我們一到台灣之後，就一直跟著阿依夏住在岳父的家中，主要是阿依夏的父母，不願讓我們在外頭租房子住；因為一來我們工作尚未穩定，二來他們也想跟這個初次見面的小外孫德富多相處一陣，好讓彼此可以培養感情。幸好，才過了三個月的時間，德富來到幼稚園裡，跟著其他的小朋友們一起上課，一起玩樂，很快地跟老師和同學們熟識後，都打成了一片。小孩學習語言的能力遠比大人要快多了，他才上學三個月，就已經開始嘰哩呱啦地說起中文了。這不止讓我感到很欣慰，同時也讓我能安心地上班工作。

　　我在新疆省辦事處工作期間，主要業務是聯絡海外的新疆籍同胞，如同當時我如何被他們申請來台灣讀書一樣，替這些海外的學生們申請來台就

讀，並負責管理。此外，也辦理邀請每年旅居土耳其或海外各國的新疆同胞
們，來台參加雙十國慶的聯絡、接待和翻譯等工作。另外，每週有三個工作
天的下午，還要前往圓山附近的中央廣播電台擔任維吾爾語廣播及翻譯新聞
稿等工作。雖然看起來工作量不算多，薪資也不是很高，但至少一切都還算
穩定。爲了解決自己上下班的交通問題，我把兩個月的工資省下，買了第一
部摩托車代步。我開始慢慢地找回了過去在台灣一塊兒踢足球的好朋友們，
趁著放假日的時間，大家重新聚在一起踢足球，並再度組成一個中年足球
隊，隊名就叫三友。就在我到新疆省政府辦事處工作不到幾個月的時間，就
在第二年（1988 年）的一月天，新聞突然傳出了蔣經國總統因心臟病發不幸
逝世的消息，接著李登輝接任蔣經國先生還未結束的三年的任期。許多政策
也都因爲在立法院中多了在野黨的發言，開始變得熱鬧非凡；這應該說是台
灣史上剛要進入民主社會的開端。

　　阿依夏將德富送往幼稚園後也曾找了幾份工作，但都因爲時間上較難
以配合孩子的上下課時間，加上好的工作本來就不容易找，因此在沒有找到
穩定適合的工作之前，暫時待在自己的家中，協助爸爸媽媽料理家務，同時
也可兼顧到孩子放學後的照料，可說是一舉兩得。我們在回台灣之前，就已
聽說阿依夏的母親身體出了些問題，甚至可能要開刀住院，這也是阿依夏爲
什麼一直勸我跟她搬回台灣來的主要原因之一。那年 10 月的慶典之際，母
親因爲非常思念她的寶貝孫子，也特別報名參加了土耳其的僑團，來台參加
國慶，順道來探望大家。我們爲了母親的到來，感到好開心，尤其是阿依夏
的父母親，跟母親都還沒有機會見到面，這要算是他們第一回認識彼此。所
以，他們也都希望母親這趟來台，能到家中作客，並多住些日子。而德富知
道他的「阿帕」[14]就要來看他了，可是比誰都興奮。哈薩克族有一項傳統的習

14　阿薩克族稱年長的婦人爲阿帕。

俗：凡是家中的幼子都必須留守在家裡，擔負起照顧父母的責任。通常，幼子也會將自己的第一個兒子獻給父母，讓父母去養育他、教導他，就如同是父母生下的孩子一樣地去寵愛他。所以，孩子在私底下雖然知道你是他的親生父母親，但是在我們的父母親面前，卻只能稱我們做「哥哥」和「嫂嫂」。這表示做兒子和媳婦的你們，是誠心誠意要將孩子送給父母當他們的孩子。

　　這回，與母親一同隨團來台參加國慶的土耳其及其他海外的新疆僑胞們，是由我第一次負責擔任他們全程的接待與翻譯。大家在台期間，承蒙當時的李總統登輝先生在總統府接見，我也在當下擔任僑團團長及李總統的居間翻譯員，讓我心中感到非常地榮幸。這是母親繼1971年與父親一同來台之後，間隔了17年，才再度踏上台灣的土地，相信母親的感觸應該比我更深才對。在這次的台灣之行，母親享受了短暫卻又很滿足的天倫之樂；能跟她唯一的兒子及寶貝孫子歡聚一堂，對她來說，再遙遠也都值得了。只可惜，她只有在台灣待了兩個月的時間，就踏上了回家的旅途。阿依夏的父母親和母親雖然在語言上無法溝通，但他們的熱情接待讓母親深深感動。母親在臨別時，只跟我和阿依夏說了一句話：「請你們要好好地把孩子養大，其它什麼事都不要擔心。為了我們將來能再相聚，我會照顧好我自己，你們就安心地工作吧！」母親總是表現得非常堅強，但她內心的煎熬，我比誰都清楚。想當年我來台灣讀書，她整整等了我10年，好不容易盼到我回家，我卻娶了一位台灣籍的漢族姑娘做媳婦。當她從喪夫的痛苦中剛走出來，好不容易得到一個可愛的孫子，兩人剛築起深厚的感情，卻又因為我們的工作關係，再度遠走它鄉，誰都沒有留在家中陪伴她。只怪當年父親去世得太早，讓母親久久無法釋懷。想到這裡，讓我不禁又難過了起來，我那眼眶中不停打轉的淚珠，終於隨著母親離別的身影，一湧而出。

三十五、新疆省政府辦事處被行政院下令裁撤

德富終於上小學了，個性也變得比較內向。因為他讀的是私立小學，從一年級開始就是全天班，所以阿依夏也找了一家保險公司的工作做。感覺上，一切生活剛剛要上軌道，誰知新疆省政府辦事處卻傳出要被裁撤掉。新疆省政府辦事處多年來一直是堯家的天下，雖然過去這個辦事處是為當年的新疆省主席堯樂博士所設立的臨時辦公室，但畢竟它有存在的理由與必要性。在蔣中正時期，為了要與中東和中亞間保持友好，堯樂博士主席的確有著他的功能性，但自從中華民國退出聯合國至今，再也沒有人喊出要「反共抗俄」的口號了。畢竟，戒嚴已經解除，加上民進黨一心想以台灣獨立為建黨的目的，使得許多過去的老國大代表被民進黨立委要求下台。

雖然當時的台灣仍是中國國民黨的天下，但李總統在上任後不久，即宣布廢止動員勘亂時期臨時條款。我總認為，時代已不再屬於過去一黨獨大的社會了，許多的決策也都在改變中。新疆省政府辦事處當時的主任，起先一直是由堯主席的大公子堯道宏擔任，後來因年歲已大、身體違和，乃由其弟堯道明主任秘書來代理其公務。不久後，堯道宏因病去世，行政院即從銓敘部委派了一位侯紀峪先生，擔任辦事處的新主任，還有部分的工作人員也都從其他部會轉任。問題是，他們都是漢族人士，對於新疆人的習性及風土民情不甚了解，乃至於辦事處經常鬧出許多笑話。當侯主任最後在立院被質詢時，許多事情他都處於狀況之外，讓整個辦事處以沒有彰顯出在處理新疆或新疆少數民族的許多功能為由，遭到杯葛。

三十六、受邀參加第一屆全球海外哈僑大會

1991年10月分，我們忙完了最後一次接待雙十國慶回國僑胞的任務之

後，年底正當西方國家在歡度聖誕節的同時，世界上發生了一項值得關注的重大國際新聞，那就是，蘇聯在戈巴契夫所領導下的政權瓦解了。1991年12月25日當天，戈巴契夫正式對國際媒體宣布，過去64年來的共產主義社會，從今天起正式走入歷史，蘇聯將解體，成為獨立國協的資本主義國家。過去，他們將哈薩克斯坦併吞成為了俄羅斯帝國的殖民地，進而成為蘇聯的領土之一；那裡的人跟新疆的哈薩克族有著同樣的血統，都是突厥民族。自蘇聯解體成為事實之後，哈薩克斯坦在宣布蘇聯瓦解前兩週的12月16日，也提前宣布了獨立。這對我們來說，可是一個天大的好消息。除此之外，烏茲別克斯坦、塔吉克斯坦以及吉爾吉斯斯坦等地區，也都相繼宣布獨立，分別成為獨立國協的國家。

　　次年5月分，我突然收到了一份來自哈薩克共和國政府所發出的邀請函，讓我感到驚訝並思索了許久。我不太敢相信自己的眼睛，因為從小到大，哈薩克對我來說一直是個民族，沒想到它卻在我有生之年成了一個以哈薩克為名的獨立國家了，這讓我的內心感到多麼驕傲與自豪啊！

　　自哈薩克共和國獨立以來，新政府經過了六個月的整頓期，即立刻積極地對外召開「第一屆全球哈僑大會」。我也經由土耳其的哈族鄉親推薦，成為唯一旅居台灣的哈族僑胞代表受邀前往，讓我感到相當榮幸。因為大會是在那年的7月分舉行，適逢學校放暑假之故，我特別想到在政大民族所擔任所長的唐屹先生，迫不及待地立刻打電話，告知他此一訊息。唐教授一聽，興奮地對我表示，他非常願意與我同行，共同參與見證這個歷史重要的一刻。因此，唐教授去函外交部，希望能獲得兩人這趟出行的旅費補助。但外交部對此不以為然，雖來函答應將給予補助，卻只提供唐教授一人的機票部分補助而已；並表示，哈薩克目前係屬與我國不友好關係，讓唐教授相當失望，回絕了他們的補助，決定自費參與這次的大會。同時，唐教授認為這是

個相當難得且重要的新聞議題，邀約了在中國時報國際新聞部的一位曹姓女記者，三人就這樣帶著探險的精神出發了。當時，我們的飛行航線是由台灣搭乘新航到土耳其，再由土耳其轉搭土航直達哈薩克的首都阿拉木圖。抵達時，在入境室的移民署關卡，因為唐教授與曹小姐既沒有取得該國的簽證，又沒有大會的邀請函，所以被拒於關口，不准許入境。我一時心急，與移民官溝通再溝通，他們建議我個人先入境，然後再想辦法請大會相關人員補發他們的邀請函，這樣就可以放行了。於是，我請唐教授在入境室外等我去替他們想辦法。唐教授了解這個狀況，和曹小姐只得等候在外。一個小時後，我帶著幾位在阿拉木圖機場裡巧遇的親戚，請他們陪我一塊出去到入境室，假裝唐教授是他們邀請來的貴賓。我的親戚也很配合，出去之後先與唐教授在移民官面前相互擁抱，演了一場親友久別後重逢的熱情流露戲碼，然後用哈薩克語告訴移民官說，他們是我特別邀請來的貴賓及國家特派的新聞採訪記者。就這樣，通情理的哈薩克移民官便放行，讓唐教授與曹小姐跟著我的親戚一塊兒混了進來，此行所遇上的第一個闖關的探險任務算是圓滿達成。

這次的哈僑大會中，雖然我們是全球來訪的僑團中人數最少的國家，但卻吸引了他們的目光，在他們對台灣完全沒有任何概念的情況下，經由我和唐教授一路的介紹，讓他們非常感動，也頓時感到興趣。因此，阿拉木圖市的市長還特別約見我及唐教授，並主動對我們提出要簽署與台灣建立友邦的意向書。我們告訴市長，我們是以個人身分到此參加的，無法代表官方簽署此意向書，但市長仍非常熱忱地要我們將此書轉呈給台灣的外交部，並期望早日實現雙邊的邦誼。唐教授與我見證了這歷史的一刻與真實感人的畫面，也在當地受到熱情的哈薩克人接待，讓我們感到不虛此行。

回到台灣，我們立刻將此一訊息呈給當時的外交部長錢復先生，並建議我國把握這個難得的機會，立即採取積極的建交行動，因為這必定是最佳的

時機。不料外交部的回函謹表示感謝我們所呈之報告，卻未對此事有任何行動或重視。不久後哈薩克共和國決定與中國建交，並立即宣布不發給持中華民國護照的國籍人士入境簽證，讓我這個既愛台灣又愛我哈族同胞的台灣新住民，感到有些心灰意冷！

三十七、被轉到僑務委員會任職

　　1992年1月16日，因接獲行政院來函通知要裁撤新疆省政府辦事處的公文，大家都感到相當遺憾；雖然當時侯主任上任以後，很想利用機會多做些推廣工作，宣導新疆少數民族的文化。辦事處在1990年2月堯道宏主任仍在職期間，第一次與「中國青年反共救國團」總團部在劍潭的青年活動中心合辦了一場為期一週的「新疆文化研習會暨新疆文物展」的活動。但因為當時活動經費短缺，全憑熱心的鄉親贊助了大部分的展品，包括我個人及內人阿依夏也將自己親至新疆探親時收集回來的哈薩克民族在生活中的各種傳統文物，提供出來供大家參觀。這些文物對於台灣的民眾來說，在當時是非常少見又珍貴的手工藝品，因此那次的展覽深受各界的好評。

　　當然，一次短時間的展覽及研習活動，對推廣的成效來說的確還是有所不足的。乃於1992年年初的那個寒假（那是侯主任到任後的第二年），辦事處在要裁撤之前，又主動與救國團總團部以及蒙藏委員會聯合舉辦了更大型的冬令自強活動，活動主題就叫「新疆各民族生活介紹暨新疆文物展」。這也是新疆省政府辦事處所舉辦的最後一次文化推廣活動了。此時，辦事處的氣氛已不像過去那樣，不再有許多新疆同胞們經常往來於此的熱絡情況了。

　　行政院本想將我們辦事處與蒙藏委員會合併成少數民族委員會，但蒙藏委員會覺得不妥，不願合併。因此，辦事處在無適當人選帶領下，加上當年的民進黨極力反對，新疆省政府辦事處只好面臨遭行政院下令裁撤的命運，

正式走入了歷史。

我自1988年的8月16日到任新疆省政府辦事處至1992年1月16日止，整整服務滿四年，因此他們將我轉任到僑務委員會第二科擔任雇員，繼續處理中亞、中東及西亞等地區的僑務聯繫及翻譯的工作。幸好當時中央廣播電台所開立針對大陸民眾播放的維吾爾語新聞節目仍持續開播，我才可以在基本工資之外，還有這項工作所帶來的額外收入。雖然薪資不算很優渥，但對我來說，能過著平安穩定的生活，讓孩子順利地成長，比什麼都感謝了。

三十八、第二個兒子出生和他的姓名

1992年剛轉入僑委會工作不久，阿依夏就有了身孕。她的工作一直不太固定，從一家保險公司換到一家私人的內科診所，待了近10個月後，又換到一家簽證中心。她才剛適應新的工作環境，就懷孕了。大兒子德富也在不知不覺中，升上了小學四年級，變得越來越懂事乖巧，每天會自己打理自己的功課，在校成績也都得到優等。

他從知道母親肚子裡有了小寶寶的那天開始，都會經常在閒暇之餘，幫著母親做家事還會學習打掃，讓我很欣慰。他知道父母工作賺錢給他讀書不容易，平日也不隨便吵著要買任何東西，即便帶著他到玩具店，想買個獎品鼓勵他，他也都搖搖頭說不要。

阿依夏在簽證中心的工作服務到第十個月，也是她即將要臨盆的日子，她決定請辭，好好在家帶孩子。11月3日是她的預產期，但卻一直拖了整整九天。11日晚上，我們受邀到一位也是來自土耳其的哈族小老弟阿爾廷拜克（Altinbek）家中做客。阿爾廷拜克是晚我六年到台灣來留學的哈薩克族學生，我們習慣稱他拜克，他一直跟我有著共同踢足球的嗜好，也曾參與我們過去所組的僑青足球隊，並為僑青隊拿下不少漂亮的紀錄。畢業後，他申請

到中華民國身分證之後，同時被台北市銀徵召到他們的職業足球隊去踢球，從此他即成為台北市銀的正式職員。不久後，他回到自己的家鄉娶了妻子，帶著她一同到台灣來居住。因此，我們可算是從過去唸書的時期一直交往到現在，彼此在台相依爲命的難兄與難弟了。他們夫妻倆婚後在台灣生下了一個兒子，因當時他的太太在懷胎八個月時患有高血壓症，所以腹中的孩子被迫緊急以剖腹方式生了下來。不幸在生產過程中，嬰兒有缺氧的現象，雖在當時順利將其生命保住，但三個月後他們發現孩子因患有腦性麻痺而影響了雙腿無法站立，讓他們的內心相當受打擊。事後，他們將心情調整後，兩人決定勇敢地將孩子好好扶養長大，並全心給予他盡可能的照顧與關愛。他們爲了這個孩子雖受盡了百般的辛勞與折磨，但只要看著孩子開心地笑著，他們就比得到什麼都滿足了。這對夫婦眞值得我們佩服！他們也是少有懂得感恩的人，經常把我和阿依夏對他們過去在唸書時如何如何的照顧，掛在嘴上，把我跟阿依夏當做自己的親生大哥和大嫂一樣尊敬。

　　這天剛好是週末，拜克夫婦見阿依夏因爲預產期已超過了好幾天，卻還沒有動靜，就乾脆邀請我們到他們家中小聚，目地也是希望阿依夏能趁機多走動走動。那晚，大家品嚐了他們親手爲我們做的新疆「揪片子」[15]。這道看似很普通的一道麵湯，光要揉麵、麵塊就得花上半天的功夫了；加上得先用牛肉切成丁，再搭配一些蔬菜熬湯，也得花上數個小時，才能熬出美味的肉湯；最後卻被我們不到20分鐘，就給一口氣吃光光。實在太美味了，那可是我的最愛呢！每次可以讓我吃下兩大碗，絕對不是問題。餐後大家又依照哈薩克的傳統習俗煮一壺奶茶，圍坐在一起，閒話家常，享受家庭的溫馨與樂趣。當晚我們聊得很開心，幾乎忘了時間，幸好隔天是國父孫中山先生誕辰紀念日，全國都放假一天。

15　類似我們北方人吃的「貓耳朵」。

　　就在大夥享用完了他與妻子為我們做的新疆餐點後，我們起身離開前為這一家人做了感謝恩典的祈禱，然後就帶著大兒子和阿依夏一路騎著摩托車返回了永和的住處。阿依夏當晚到拜克夫婦家爬了上上下下共6樓的樓梯，在返家的途中就開始感覺到肚子有些疼痛了，到了半夜3點多，就見紅了。我們趕緊將她送往離家較近的三軍總醫院，大約在上午8點多左右，阿依夏終於平安地產下了我的第二個兒子「韓木札別克」（Hamzabek），讓我頓時喜極而泣，趕緊給母親及親友們報喜。阿依夏生這兩個孩子相隔了幾乎快10年的時間，這次的生產讓她又吃盡了苦頭，當護士將她推到病房時，我們見她全身發出紅疹塊不說，雙眼也因生產時用力過度而造成眼角微血管爆裂，雙眼呈現紅色。幸好這並不影響她的身體狀況，四天後我們帶著剛來到這個世界的小別克平安地出院了。

　　在阿依夏父母親的照料下，這次阿依夏總算補回了她上一胎沒有做好的月子。老二又是個兒子，對德富來說，他比我們更開心。他很希望能有個弟弟作伴，陪著他一塊玩耍，盼了好多年，終於讓他給盼到了。阿依夏的父母也特別給幼子取了個中文名字叫「德貴」，他們說，德富加上德貴，咱們一家就富貴融融了。由於幼子的名字是和阿依夏為了要紀念先父韓木札而取的，所以叫他「韓木札別克」（Hamzabek）；哈薩克的習俗是，在某個名字後面加上「別克」（Bek）的話，表示是繼某人之後，如西方人稱的「某某二世」。哈薩克人依傳統的道德倫理來說，孩子們尊稱自己的父親或年長的男士叫「阿塔」（Ata），不能直呼他們的名字，否則是件不禮貌或不敬的事。我們給孩子取了先父的名字，若在人前，就無法直接把孩子的全名道出；若他人問道孩子叫什麼名，我們就只能回答說他叫「阿塔別克」（Atabek）。這樣，他們就懂了！

　　說到了我們的姓名，我就有一連串說不完的故事。由於我們是從國外

搬遷回來的新住民，只要是中華民國的公民，包括原住民及少數民族在內，都必須依循當時政府的政策，要有一個漢文姓名。也就是說，這些被稱爲少數或原住民族的同胞，除了他們既有的原名之外，當你到戶政事務所去登記時，都需將它翻譯成漢語或另取一個漢名。每每在政策更動時，就會有許多關於姓名該如何去統一規劃的問題出現。就拿過去的我來說吧！我個人是在土耳其長大的新疆人，從小一直使用著土耳其的外文姓名；等我到了台灣，要去申請中華民國身分證時，只好改以漢名「法提合」來作爲我的中文名字，但它卻不能完全把我的全名翻譯出來，因爲這個中文姓名只是以我的「名」去翻譯出來的。到了我的大兒子要申請登記時，政策變了，規定少數或原住民族不能只有登記名字而沒有姓氏，因此大兒子的漢名取做「德富」，加上姓氏，他就得叫做「德富烏恰爾」（Devlet UÇAR）。

　那倒也罷！可是問題又出現了，當幼子出生的時候，我也不清楚在何時政策居然又改變了。這次他們說，政府已頒布要恢復這些原住民及少數民族的原名，同時都要從父姓。這下可好，我既不姓「法」，我的名字中也沒有我的原姓氏，幼子的名字按照翻譯來說叫「韓木札別克」，但得依照新政策規定，灌上父親的姓氏。如此一來，他們就將我的幼兒的全漢名登記爲「法韓木札別克」，讓我覺得眞是荒唐極了！當我一再解釋這個不是他的父姓時，他們卻又說，難道你不叫法提合嗎？我說，我中文是叫法提合，但那裡面沒有我的姓，如果嚴格說起來，我們都得更名，並灌上姓氏。我想，他們是無法理解我的感受的，我也懶得再去爭辯什麼，只好順著他們的意，隨他們怎麼塡，就怎麼是吧！我心想，這是台灣，我們只能恭敬不如從命了。從此，每次到家裡來進行戶口調查的稽查員，都會好奇地問到同樣的問題：「爲什麼你們一家四口的姓都不同？」，我也只能傻傻地笑著回答說：「我也很想知道爲什麼。」這個問題看似無解，卻也讓我們延用了數十載，至今仍

是無解。

三十九、土耳其在台灣設立了二十年來首度的官方代表處

　　1993年的7月分，幼子德貴在滿八個月大時，正好哥哥德富剛放暑假，母親希望我們能帶他回到土耳其去，好讓她老人家抱抱這個在台灣生的小孫子。我因公務在身，不便請長假，所以就叫阿依夏獨自帶著兩個孩子回去。就在他們回家渡假期間，台灣外交部的亞西司打了個電話通知我，有位土耳其長官要到台灣來訪問，希望我能陪同並協助翻譯及接待。這位來訪的貴賓是當時一位土耳其在任的國會議員叫伊思麥特・賽斯金（Ismet SEZGIN）先生。賽斯金先生的到訪原來還背負著一項任務，那就是與我外交部協商設立雙邊經貿辦事處。在他來訪期間，我都一路隨行在側，雖然只是短短數日，但與賽斯金先生卻建立了十分良好的友誼。他在與外交部的會談中順利達成了雙邊互設機構的協議之後，當下回過頭來對著我說：「一切都進行得順利圓滿，現在只欠東風了！」我當時不明白他所指的東風是什麼？

　　賽斯金先生竟突然問起了內人阿伊夏，大概是我們在閒聊之餘，他心中已有了些想法吧！賽斯金先生用半風趣的口吻，問了我幾個問題。

　　他說：「阿伊夏目前有在從事任何工作嗎？」

　　我說：「沒有！」

　　他又問：「阿伊夏是穆斯林嗎？」

　　我說：「但願阿拉接受。是的，她是！」

　　他問：「她能說土語嗎？」

　　我答：「可以！」

　　賽斯金先生緊接著問：「我如果聘用阿伊夏做為辦事處開辦的秘書，你想，阿伊夏會同意嗎？」

又說：「因為我一回到當地，就得立刻寫報告呈給外交部了。」

說完，我才終於會意過來。賽斯金先生說，他只給我三秒鐘考慮。我實在不知該不該替阿依夏做這個決定，但直覺已經從我的口中，不經大腦地思考，把肯定的答案給脫口而出：「會的！賽斯金先生，阿依夏正好沒事，我想她會願意接受的。」、「好極了！畢竟她是咱們土耳其的媳婦，這個職務不請她，請誰呢？」賽斯金先生說道。

一旁的外交部亞西司人員看我愣著不說話，連忙拉拉我的衣袖，提醒我說：「你還不快跟賽斯金先生說聲謝謝，還等什麼呢？」、「是！說的是！那就萬事拜託了，賽斯金先生！」我說。就這麼簡短的幾句對話，賽斯金先生似乎已對我做了一次完整的面試了。賽斯金先生在台短暫訪問的行程結束後，便匆匆地返回了土耳其。

9月初，阿依夏帶著兩個兒子從土耳其探望母親回來，我耐不住性子，立刻將這個訊息傳達給她，讓她有個心理準備。但在一切都未成定局之前，我告訴阿依夏何不利用等待的空檔多練練打字。當年，電腦是什麼，大家都還不認識；秘書到底要做些什麼，阿依夏說，她完全沒概念。但，我相信阿拉自有安排吧！

四十、駐台北土耳其貿易辦事處的籌備與成立

德富剛升上了五年級不久，就在11月12號，我們正在慶祝幼子德貴剛滿週歲的生日時，突然接到了一通電話。對方是一位會說中文的土耳其人，一聽對方用北京腔的國語跟我問候時，我就已覺得聲音很耳熟了，但或許相隔多年的關係，一時猜不出他是誰。直到對方幫我在電話中，把我倆過去唸書時的片段往事給提示了之後，我這才想起，他居然是當年在我剛來台灣唸書時就認識的一位土耳其籍公費留學生，名叫艾可德（Bilal AYKURT）。

　　當年他在台就讀政大社會系時，我才剛進到台大，而我就讀大二時，他已畢業回國去了。原來，艾可德先生回國之後便進入土耳其安卡拉大學擔任中文系教授，之後又考上外交部的工作，放棄了教員的工作而正式走入外交的生涯，一做就做了10年了。現在，他已是位有資歷的外交官員了。我非常高興，也非常意外，竟然能在台灣與他再度重逢。

　　艾可德先生在10年前第一次外派時，被派到了日本，一待就是四年；之後又被調往北京，再待了四年。最後，回外交部再職訓兩年後，便以領事顧問的職稱被調派來台灣，協助剛卸任大使職務的梅廷‧施爾曼（Metin SIRMAN）先生，一同前來台灣開設「土耳其貿易辦事處」。他打這通電話給我，是為了要通知我在這個月底帶著阿依夏到信義路五段的世貿中心，前往他們已預訂承租的辦公室會面。我聽了當下立刻告訴阿依夏說：「恭喜妳！妳被錄用了。」

　　1993年11月28日，阿依夏一早就到台北世貿中心二樓展覽館的B204-205室報到。當時台灣外交部幫他們暫時將辦事處安插在展覽館二樓的兩個連在一起的空辦公室，雖然辦公室空間不算大，但地點卻十分理想。那天起，阿依夏即開始著手工作，先將辦公室大致清掃一下，接著忙裡忙外的鋪桌擺椅，開心地迎接這個20年來從未與台灣有過接觸的土耳其官方所建立的機構即將在三天後開辦了，這是多麼具有歷史意義的一天啊！能為辦事處做開館的籌備工作，讓阿依夏感到開心無比，他們將辦公室從內部毫無任何家具，也沒有任何文具用品開始，一樣一樣地去採買、訂購。12月1日當天，土耳其貿易辦事處正式地在台成立了。

　　首任的辦事處代表施爾曼先生、領事顧問艾可德先生、經濟顧問卡布蘭（Seytan KAPLAN）先生等三位是從土耳其被外派來台開館的官員，加上阿依夏這位在台聘僱的秘書，整個辦公室就從這四位開始。

　　土耳其貿易辦事處的主要事務先是辦理國人到土耳其的簽證，以及協助台土雙邊貿易進出口的文件認證，但稍早的台灣鮮少有人聽說過土耳其，以至於剛成立的第一年並沒有太多的成長機會。剛成立的新機構也需要靠政府的力量去做更多的推動與文宣，才能發揮出功效，這一年土耳其方面只是在試水溫，並非很積極，但一切運作隨著業務的增加，也慢慢在擴展中。

　　一年半之後，這位首席代表施爾曼先生因患有心臟疾病，需要在短期內進行開刀手術治療，因此他堅持要返回土耳其，原先每任任期應為三年，這時被迫緊急調派第二任代表來台替換他的職位。當時我和阿依夏還特別到他住的榮民總醫院去探望他，施爾曼代表無奈地說，他很喜歡台灣，但身體狀況不佳，讓他被迫要回去面對開刀治療。他在台灣雖僅短短的一年半，但他溫文慈藹的性情以及平易近人的態度，讓我們彼此建立了非常融洽的友誼，只希望他回到土耳其後能聽到他康復的消息。

四十一、加入了土耳其貿易辦事處的團隊

　　7月下旬，施爾曼代表回國，一個月後，土耳其的外交部才又派了另一位剛卸任的大使尤思・索勒馬斯（Yuksel SÖYLEMEZ）先生來台接任。這位新到任的代表有著一頭銀白色的頭髮，全身散發著藝術家的氣息。據說，他在外交界是個以「美食外交」著名的資深大使，也因為他的到任，讓原先在辦事處擔任經濟顧問的卡布蘭先生突然要求辭職。卡布蘭先生在土耳其原先是一名傑出的商人，經土耳其外交部聘請來台灣協助代表處理經貿方面的事務，可惜他也因為身體狀況不佳，希望趁此交接之際與施爾曼先生同進退。雖經索勒馬斯代表慰留，但他離職的意願仍然堅定，所以代表只好批准了。索勒馬斯代表才剛抵達台灣就碰到經濟顧問辭職一事，讓他感到頓時失去了一個幫手。

　　當他正在煩著如何請人來接替卡布蘭先生的職位時，我剛好出現在辦事處。我是基於禮貌來拜會代表，目的是來向他表示歡迎之意；誰知索勒馬斯先生第一眼見到我，眼睛為之一亮。他問道：「法提！你目前在那裡服務？你的中文說得如何？」我還以為他只是隨口問問，也就很自然地回答道：「我目前在台灣的一處政府機構工作，已近五年了，我的中文能說能聽也能寫。另外，我在這裡的中央廣播電台主持一個維吾爾語的新聞播報節目。」才剛說完，我還沒來得及上前跟他握手道賀，他卻走回到他的座位，要我過去坐在他辦公桌前的座椅上。

　　接著，索勒馬斯先生很認真地對我說：「法提！你要先答應我一件事，因為如果你不答應，我就再也不理你了！」、「但，我也只給你三秒鐘考慮的時間喔！」哇！心想，這可難倒我了，也開始越坐越緊張了。「是！先生，我洗耳恭聽！請儘管吩咐吧！」我摒住呼吸說道。

　　索勒馬斯先生說：「我這個人很會看人，所以我只需花三秒鐘就下定決心了。我希望接下來我要跟你談的事，你也只需花三秒鐘的考慮時間就可以回答我的問題了。」

　　「你既然可以為中華民國政府工作，難道你不願為土耳其效忠嗎？」

　　「我想聘用你為我辦事處的經濟顧問，你願意過來幫助我嗎？」

　　「可是，我……」

　　「沒什麼好可是的了！我知道你目前有工作在身，但我願意以比你目前的薪資高出五千塊的代價來聘用你，這樣可以嗎？」

　　其實他不用給我高薪，我也不是不願意。但，這也太過突然了吧？

　　三秒鐘過了，索勒馬斯先生雙眼直視著我，等著我開口回答他。我深吸了一口氣，神情顯得有些僵硬地回答他說：「敬愛的代表，我非常願意在您的領導下為您工作，只怕我做得不好，會讓您失望！」

　　說完後，便看到索勒馬斯先生哈哈地大笑了起來。他說：「放心吧！我從來不做後悔的事！你以為我這頭白髮是怎麼來的？何況，目前我才剛到任，許多的事都還要仰賴你的協助。卡布蘭先生竟在我剛上任的第一天就跑來跟我請辭，你說這不等於是砍了我一隻胳臂嗎？我會給你時間去準備的。只要你將來進了辦事處工作後，我們可以攜手為這個辦事處做許多許多的事呢！若是你答應了，也就是給我帶來最好的歡迎禮了。」

　　索勒馬斯先生的這番話，深深地讓我感動！一位德高望重的大使先生如此看得起我，看來我也只有恭敬不如從命了！再說，阿依夏在辦事處工作就快兩年了，未來我真要來上班，我們不就成了同事了嗎？這對我來說也不算是件壞事吧！最後，我起身向索勒馬斯先生握手，他卻裝得像個孩子似的，把手藏在背後，對我說：「我不握！除非……你要親口說你答應我。」

　　「哈哈！」我也笑了起來，一邊點了點頭，一邊說：「好的！我答應您！」、「但，也讓我回去跟我的長官商量，辦理完辭職手續後，我就過來！」大使先生說：「太好了！法提，謝謝你願意與我一起來打拼。我們歡迎你！」

　　這一切來得真的太過突然了。原來，當一位成功的外交家不光只是口才要好，還要具備像索勒馬斯先生這樣有說服的能力與魄力才行，今天的面談可是讓我又上了一課。我很感謝索勒馬斯先生對我的器重，我想我將來一定會好好地努力，以不辜負他對我的期望。

　　次日，我向僑務委員會遞上辭呈。當時的委員長是章孝嚴先生，也是我的最高長官，他在我的辭呈上閱後居然批的是「慰留」，並請我到他的辦公室面談。章委員長一見到我，便用著很誠懇的語句慰留我，並關心我的辭意。在與委員長面對面談話時，他告訴我說，希望我能再多待一小段時間。他說，他將有重任要分派予我，只是時間上還未能確定。我心想，已經答應

了索勒馬斯先生，恐難以再反悔，於是我只有婉拒了委員長的好意。在這同時，我也向章委員長透露未來將進入到土耳其駐台代表處服務，因為他們急需要一位對台灣政治與經貿都很瞭解的人來協助他們度過這個草創期，我能說國語及土耳其語，對他們來說會是更好的幫手；依照目前情況分析，辦事處真正需要我的協助，所以我請委員長多體諒我的辭意。

最後，章委員長知道他慰留不成，看我辭意堅定，也只能對我抱以祝福與鼓勵。他在我要離開他辦公室時，補充地說：「或許你到了該單位服務之後，對於台灣及土耳其雙邊的溝通會更有助益！」他對此表示樂觀及讚許。

於是，我在當年的9月底離開了僑務委員會，正式進入了我人生的另一個轉捩點──任職土耳其貿易辦事處。不久後，章委員長被調升至外交部擔任部長，我這才明白當時他為何對我說出那番話，或許他已得知、但又尚未確認自己是否即將被派至外交部接任部長。他要我再多留些時候，莫非是要帶我進入外交部擔任某些職務？但這一切都是阿拉的安排，我既已選擇到土耳其貿易辦事處上班，就如同索勒馬斯大使所說：「我從不做後悔的事！」既來之，則安之吧！

進到土耳其貿易辦事處服務不久，我再度與章委員長在一個偶然的機會下面對面談話，竟然是因為當時土耳其來了一位官員，而我正巧被派擔任這位官員的隨行翻譯。我們有了這個機會到外交部去拜會部長。能在這樣的機會下再度與我的老長官碰面，讓我心中感到特別地榮幸。當時我可得稱呼他一聲「部長好」，但兩人見了面後，章部長不但沒有忘記我，還微笑著對我說「大家又碰面了」。我想，我們彼此心中所產生的默契，恐怕也只有我跟章部長才能理解了。這些點點滴滴，都成為我人生中美好的回憶。

四十二、親見索勒馬斯大使推動外交的魄力

　　進了土耳其貿易辦事處之後，時間過得非常迅速。就在三年半之後，隨著索勒馬斯代表在台灣的積極推廣，從過去每個月只有兩、三百人到土耳其，到每月平均成長百分之二十，最後平均每月都突破上千人的數字。這對大家來說，是件可喜的事，尤其當年辦事處仍是缺乏許多硬體設備，在沒有經費的情況下，連要印製各種文宣都很困難。索勒馬斯先生確實有他的一套宣傳手法，那就是他最拿手的「美食外交」。在他到任的兩個星期之後，他從土耳其聘請了一位年輕的廚師來台，為我們在台灣首度辦理土耳其國慶活動掌廚，烹調道地的土耳其美食，那次的國宴讓在場受邀的貴賓都讚不絕口，造成了轟動。

　　索性，在沒有其他宣傳廣告的經費之下，索勒馬斯先生就固定在每週五晚上邀請10至12位各行各界不同領域的精英或頂頭上司們來家中作客，品嚐道地的土耳其美食佳餚，吸引他們對土耳其產生興趣，進而能到土耳其觀光或購買當地的產品等等。他這種獨特的外交手腕，吸引了許多媒體爭相採訪報導，不但他個人的知名度提升，也讓許多人注意到土耳其這個對大家都很陌生的國家。當他要離開台灣的時候，我們為他算了一算，光是每週受邀到代表官邸用餐的貴賓，三年來就已超過五千人，難怪索勒馬斯先生在任時，每天至少有一家媒體會報導土耳其的相關訊息。這些免費的宣傳，全都是因為他跟大家所保持的良好友誼所致。

　　索勒馬斯先生本身除了是一位非常傑出的外交家之外，也是一個很有藝術天賦的油畫及拼貼畫大師。他在工作之餘，幾乎沒有間斷過自己在藝術上的創作，三年多以來，光是他在台灣創作的作品，就讓它開了幾次個人畫展。此外，他也相當積極推動雙邊的貿易，從他來台任職後，台土間才又開

始展開了一些貿易的往來。

　　初期，台灣出口到土耳其最大宗的產品要算是汽車零配件，到了後期，開始進入到文具、玩具、紡織品以及一些電子產品等，使得辦事處的業務蒸蒸日上。那年，索勒馬斯先生9月1日上任，不到兩個月我們的辦公室就從一開始位在台北世貿一館二樓被夾在許多商品展示間的一間小辦公室，搬到了隔壁棟較高級又寬敞的國際貿易大樓19樓，我們辦事處這才終於穩定下來。他行事的風格是我這些年來在辦事處服務期間，所見到的歷任代表之中，最積極也最有魄力的一位了。

　　我們辦事處從1993年底開辦以來，為了雙方經貿能更密切的往來，跟台灣一直在洽談要如何在雙方交通運輸上搭建起更迅速有效又便捷的橋梁。這項議題，自索勒馬斯先生來台上任之後，即開始著手進行了。只可惜，當時的台灣與中國大陸之間還是處於緊張的局面，所以談了幾回並未得到滿意的結果。

　　1998年底索勒馬斯先生卸任，由下一任已退休的大使蘇冉寇克（Teoman SURENKOK）先生來接任。在索勒馬斯先生離別前夕，大家為他舉辦了離別的晚宴，他特別囑咐我及內子，要我們一定堅持著繼續推動雙邊的貿易，同時他強調，希望我們能一直留守在辦事處，不要輕意地辭去。他說，他離開後，將來的人不一定和他的作風相同，但基本上我們只要扮演好我們個人在自己的崗位上該做好的工作就行了，就正如這些年來我們是如何盡力地協助他，讓他完成他所進行的每一項任務般，去協助下一位長官，這樣就對了！在他跟大家揮手告別的同時，留給我們一句忠告說：「記住！永遠不要把別人當傻瓜，否則真正傻的人是你自己！」這句話的含義頗深，我想，我會帶著這句至理名言，繼續往前邁進。

四十三、渴望時光能倒流

　　時光不停地流轉，大兒子德富在他讀完初中後，隨即被阿依夏送往美國唸書，當時他僅15歲。許多人不明白，為什麼孩子這麼小就讓他一個人到外地去留學？我想，這一切應該都是阿拉的安排吧！德貴因為與哥哥相隔兩地，兩人的感情變得更加親密。哥哥從小就懂得疼愛弟弟，從不讓弟弟受人欺負；他們兄弟倆的年齡相差近10歲之多，所以鮮少見到兄弟之間吵鬧的情形。如今愛護他有加的大哥不在身邊，德貴似乎也開始學習自己照顧自己的能力，使得家中一片和諧，也讓我們可以安心地在職場上打拼。

　　今年是2016年，也是德富到美國滿17年的日子。去年他從美國唸完了大學並工作了一年後，我們把他給召喚回來，一家四口趁著年底休假一起回到土耳其去探望我多年獨自守候在家的老母親。母親看到我們全家回來看她，高興得每天都睡不著覺，半夜還會不定時地爬起來，替我跟孩子們蓋蓋被。母親今年已邁入92歲了，除了雙腳因長期患有風溼而無法自如的行動之外，其它方面都還算康健。她為我們一家人能再團聚一堂，已獨自在這個家守候近30年了。

　　回想我這一生，自19歲來到台灣讀書，28歲回土耳其服兵役，30歲成家，卻在同期喪失了我最敬愛且僅享年63歲的父親。又因為工作關係，不得不在我36歲那年，再度離開自己的家園，回到台灣這塊我所熟悉的土地來，之後，就一直定居在這裡了。我除了趁每年年假的時候，回去探望老母親一個月的時間之外，其餘的日子都是她一個人獨居，自己打理自己的生活起居。父親過世之後，他過去的豐功偉績也隨著入土，漸漸地被世人所淡忘。他和母親在年輕時照顧了許多的家庭，幫著大家把生活過得更安定，也扶養了許多並非自己親生的孩子們長大，幫助他們成家立業。

　　俗話說，人在人情在。過去父親在的時候，大家經常往來家中，母親光是每天忙著接待這些進出家門的鄉親教友們，就把她給忙壞了。加上母親平日也是位樂善好施的人，經常分享她生活中所有的物資給貧苦或需要幫助的人。哪怕家中只剩一塊麵包，她都不忘分一半給附近的獨居老人。與父母親同輩的鄉友們，在我來台之後也都一個個離開人世，讓母親的生活隨著年紀增長而感到更加地寂寞。就連大哥及二哥，也在10多年前因患有長期的疾病而相繼過世，家中過去那種人丁興旺的場面恐怕也難再看到了。這些曾被父母親幫助過的人，當他們生活條件進入佳境之後，卻鮮少懂得再回頭來報恩。自從母親年邁後，身體狀況一年不如一年，但過去經常受母親照顧的一些鄉親的後代子孫們，即便他們居住在附近，也都不願意到家中來探望母親。時代是不同了，但我總認為，人與人之間的感情交流不該因為時代的變遷而改變才對。我多麼渴望時光能倒流，讓我重回母親身邊，當回過去的那個不聽人使喚的帕達克。

　　搖了搖頭，回顧這45年的歲月。就在這次母親節的前夕，因為早上與阿伊夏騎著摩托車上班，經過我們每天必經的基隆路，卻在塞車等紅燈時，被後面一個年輕人騎著他的機車硬是擠到我們身邊，並擦撞到我的機車，讓我與阿依夏當場倒地。肇事機車主卻頭也不回地繼續往前衝。使得我們受傷之後還得自己到院就醫。幸好，阿依夏沒有什麼大礙，而我卻是除了一些皮肉外傷，還加上胰臟因車禍的撞擊導致急性發炎，被迫在醫院躺了10多天，這也是我來台灣這麼多年頭一次住進醫院。看來，人生多麼不尋常，經常所發生的事都不是在自己的計畫之中。也或許，真主阿拉給了我這個機會，要我利用這段時間好好休息，也才有這個機會讓我好好地回顧。

四十四、從一個被人視為「老外」的怪物開始，成為後期的新台灣人

德富與德貴兩個孝順的孩子每天輪流從早到晚跑到醫院來陪伴我，讓我感到好欣慰。就算這輩子沒有讓我在台灣功成名就，升官發財，但擁有這兩個乖巧懂事的好兒子，對我來說，就是我最大的滿足與收穫了。

光陰似箭，為了工作，為了扶養孩子，時光一溜煙，人生已在不知不覺中過了一甲子。上個月，我跟現任的土耳其貿易辦事處的代表艾瑞康（Ismet ERIKAN）先生提出了將於今年7月退休的請求。其實，我在去年就已打算回鄉，只是被艾瑞康代表給慰留了。艾瑞康代表是辦事處自1993年開辦到今天為止第八任的代表，既年輕也非常地積極，在20多年後的今天，辦事處也在他上任之後終於實現了雙邊的航空直航，簽證也改為免費的電子簽證。目前，前往土耳其旅遊的人數更是大幅地成長，已然成為台灣目前最熱門的旅遊國之一，也因為有了直航，土耳其與台灣組成經貿團體，彼此針對各項產品的推廣與交流等等，都有明顯的成長。我們這個辦事處，從過去的零到有，從大家對它的陌生到如今成為大家的話題與焦點，對我們這些最早在這裡工作的職員來說，真的很欣慰。辦事處也因為業務量年年增長，從過去的一位增加到五位秘書，從秘書隨身攜帶型的手動打字機開始，到現在每隔兩、三年就給全體員工們更換新的電腦設備，真是不可同日而語。

我想辭職的理由很單純，除了年資已到，主要還是想早點返家，陪伴我遠在土耳其無親無伴又無人照料的老母親。我為母親在這漫長的時光所忍受的兩地相思之苦，感到好無奈啊！別說人都會老，我這不也已經進入老年了嗎？想到這兒，讓我想起賀知章的〈回鄉偶書〉：「少小離家老大回，鄉音無改鬢毛摧，兒童相見不相識，笑問客從何處來？」讓人頗有同感。近日，母親也經常在她的談話中，透露出自己可能無法再照顧自己了之類的暗示語，

要我們早日退休返鄉，陪伴她度過她最後的餘生。

　　我想，人生應該不只是為工作而忙碌，雖然它也重要。我在台灣的這些年，從一個被人視為「老外」的怪物開始，走過了國民黨遷台後的戒嚴期，再到蔣經國先生的十大建設，一直到後期的經濟發展，成為了亞洲的四小龍之一。又見到，中國從六四天安門事件，九七年的香港回歸大陸，再到後期對台灣開放的種種政策，甚至台灣政黨的輪替。我剛到台灣來唸書時，從未想過自己要在這裡落地生根，也萬萬沒有料到自己會掉進了台灣的深淵，讓自己成為了台灣的新住民。

　　我與阿依夏的緣分極深！我們可以從生長在不同的國度，到我來台與她相遇，到我們結為夫妻，再到我們能在同一工作單位成為21年的老同事。從這看來，這不叫緣分，又叫什麼呢？很高興，這輩子有她與我作伴。雖然生活中難免為了一些事情也會有爭執的時候，但我們總是將這些不愉快或惱人的事情很快地忘掉，因為我們有著太多無法割捨的回憶，以及共同要努力的目標。

　　我很感謝阿依夏的一家人，尤其是她父母親。雖然他們已雙雙辭世，但他們在世時給予我的支持與教誨，讓我在台灣社會立足，感到受用無窮。

　　今天是大兒子德富滿32歲的生日，這是他到美國定居17年後，第一次與全家人一同在台灣歡度他的生日。他出生時的記憶還歷歷在我腦中，沒想到他竟然已經大到可以成家了，真希望他也能很快地找到一位合適的女孩，陪伴他一同邁向他們更幸福的人生。加油吧！孩子們，這個世界等著你們去發掘。

　　願「真主阿拉」保佑！

後記

　　本文初稿完成於2016年5月22日。是年8月，法提合先生從服務了22年的台北土耳其貿易辦事處榮退後，隨即返回土耳其照顧獨居母親。卻不幸在兩個月後發現罹患了肺腺癌末期，經對抗病魔無效，於2017年5月3日蒙眞主寵召歸眞。茲僅以此文紀念法提合先生65年的精采人生。

.